Mißler-Behr

Fuzzybasierte Controllinginstrumente

nbf neue betriebswirtschaftliche forschung

(Folgende Bände sind zuletzt erschienen:)

Band 248 Dr. Gabriele Helfert
Teams im Relationship Marketing

Band 249 Dr. Frank Huber
Spieltheorie und Marketing

Band 250 Dr. Christiane Weiland
Die Wirkung bankaufsichtlicher Eigenkapitalanforderungen

Band 251 Dr. Astrid Simanek
Markt- und kompetenzorientierte Geschäftsfeldplanung

Band 252 Dr. Jochen Bigus
Risikoanreizproblem und nicht gleichrangige Gläubigeransprüche

Band 253 Univ.-Doz. Dr. Sonja Grabner-Kräuter
Die Ethisierung des Unternehmens

Band 254 Dr. Thomas Ritter
Innovationserfolg durch Netzwerk-Kompetenz

Band 255 Dr. Gerhard Satzger
Kapitalintensive Leistungen im globalen Wettbewerb

Band 256 Dr. Michael Noeske
Durchlaufzeiten in Informationsprozessen

Band 257 Dr. Marcus Rodermann
Strategisches Synergiemanagement

Band 258 Dr. Dietrich von der Oelsnitz
Marktorientierter Unternehmenswandel

Band 259 Dr. Thorsten Blecker
Unternehmung ohne Grenzen

Band 260 Dr. Alexander Philipp Mrzyk
Ertragswertorientierte Kreditwürdigkeitsprüfung bei Existenzgründungen

Band 261 PD Dr. Michaela Haase
Institutionenökonomische Betriebswirtschaftstheorie

Band 262 Prof. Dr. Robert Neumann
Die Organisation als Ordnung des Wissens

Band 263 Prof. Dr. Norbert Klingebiel
Integriertes Performance Measurement

Band 264 PD Dr. Insa Sjurts
Kollektive Unternehmensstrategie

Band 265 PD Dr. Markus Voeth
Nutzenmessung in der Kaufverhaltensforschung

Band 266 Dr. Peter Kajüter
Proaktives Kostenmanagement

Band 267 Prof. Dr. Frank Schirmer
Reorganisationsmanagement

Band 268 Prof. Dr. Sabine Fließ
Die Steuerung von Kundenintegrationsprozessen (Arbeitstitel)

Band 269 PD Dr. Renate Hecker
Regulierung von Unternehmensübernahmen und Konzernrecht

Band 270 in Vorbereitung

Band 271 PD Dr. Frank-Martin Belz
Integratives Öko-Marketing

Band 272 PD Dr. Martin Reckenfelderbäumer
Der Beitrag zentraler Dienstleistungsbereiche zur Wettbewerbsfähigkeit von Unternehmen
(Arbeitstitel)

Band 273 PD Dr. Magdalena Mißler-Behr
Fuzzybasierte Controllinginstrumente

Band 274 Dr. Werner Mussnig
Ein integratives Konzept für ein zeitgemäßes Kosten- und Erlösmanagement
(Arbeitstitel)

Band 275 Prof. Dr. Peter Buxmann
Informationsmanagement in vernetzten Unternehmen

Band 276 PD Dr. Andreas Grüner
Scorecardbasiertes Cockpit Controlling
(Arbeitstitel)

Band 277 PD Dr. Udo Terstege
Bezugsrechte bei Kapitalerhöhungen

Band 278 in Vorbereitung

Band 279 in Vorbereitung

Band 280 PD Dr. Jörg Freiling
Reorganisationen aus der Sicht des Resource-based View (Arbeitstitel)

Band 281 Dr. Ruth Stock
Der Zusammenhang zwischen Mitarbeiter- und Kundenzufriedenheit

Magdalena Mißler-Behr

Fuzzybasierte Controllinginstrumente

Entwicklung von unscharfen Ansätzen

Deutscher Universitäts-Verlag

Die Deutsche Bibliothek - CIP-Einheitsaufnahme

Mißler-Behr, Magdalena:
Fuzzybasierte Controllinginstrumente : Entwicklung von unscharfen Ansätzen / Magdalena Mißler-Behr.
- Wiesbaden : Dt. Univ.-Verl. ; Wiesbaden : Gabler, 2001
(Neue betriebswirtschaftliche Forschung ; Bd. 273)
Zugl.: Augsburg, Univ., Habil.-Schr., 2000
ISBN 3-8244-9049-8

1. Auflage März 2001

Lektorat: Ute Wrasmann / Annegret Eckert

Der Gabler Verlag und der Deutsche Universitäts-Verlag sind Unternehmen der Fachverlagsgruppe BertelsmannSpringer.

www.gabler.de
www.duv.de

Druck und Buchbinder: Rosch-Buch, Scheßlitz
Printed in Germany

ISBN 3-8244-9049-8

Vorwort

In Theorie und Praxis wird seit langem um den genauen Bedeutungsinhalt von Controlling gerungen. Heute versteht man Controlling vielfach als Steuerung, die durch Planung und Kontrolle sowie ein aussagefähiges Informationssystem unterstützt wird.

Controlling entwickelt sich jedoch. Controlling lebt. Sowohl das Umfeld als auch die Zielschwerpunkte und Aufgabenfelder des Controllings haben sich seit Beginn des Controllings bis heute wesentlich gewandelt und werden sich auch in Zukunft weiterentwickeln. Dies wird auch deutlich durch die Verlagerung des Schwerpunkts im Controlling vom Operativen hin zum Strategischen. Die Änderungen gehen einher mit neuen Unsicherheitskonstellationen für die Unternehmen, die ganz unterschiedlich begründet sind. Beispiele hierfür sind die zunehmende Unternehmensgröße, die schwierigere Kommunikation in großen Organisationen, umfassendere Planungsaufgaben, eine Fülle von oft unscharfen Daten, Erklärung und Beurteilung von qualitativen Zusammenhängen und Strukturen sowie die Bewertung komplexer Systeme. Aus dieser Perspektive heraus kann die Hauptaufgabe des Controllings in der Sicherstellung konsequenter Unsicherheitsbewältigung für die Unternehmen gesehen werden.

Unsicherheiten im Controlling sind jedoch in der Regel nicht stochastischer sondern unscharfer Natur. Mit Hilfe der *Fuzzy Set-Theorie* oder *Theorie der unscharfen Mengen*, die 1965 von Lotfi A. Zadeh begründet wurde, können linguistische Unsicherheiten realitätsnah dargestellt und aufgearbeitet werden. So können z.B. Ausdrücke und Bewertungen wie *hoher Gewinn* oder *niedrige Kosten* konkret in ihrem Kontext abgebildet und weiterverarbeitet werden. Ebenso können z.B. Wenn–Dann Aussagen inhaltserhaltend weiterverarbeitet werden. Die erfolgreiche Anwendung der unscharfen Mengen in der Regelungstechnik ist bereits überzeugend gelungen, ihr Potenzial für die Wirtschaftswissenschaften wird gerade erst entdeckt.

Hier setzt die vorliegende Arbeit an. Zuerst wird die Unschärfe als Wesensmerkmal des Controllings herausgearbeitet. Darauf aufbauend wird eine inhaltliche Abgrenzung des Controllings versucht. Anschließend werden die Grundbegriffe und wesentlichen Arbeitsweisen der Fuzzy Set-Theorie anschaulich dargestellt, die in den nachfolgenden Kapiteln des Buches benötigt werden. Aufbauend auf diesem Rüstzeug wird zuerst das Anwendungspotenzial der unscharfen Mengen im Controlling motiviert. Als Beispiele dienen hierzu die Portfolioanalyse, Kennzahlensysteme und Zielhierarchien, Entscheidungsmodelle und das Projektmanangement.

Den Hauptteil der Arbeit bildet die unscharfe Modellierung von drei Controllinginstrumenten: Break-Even-Analyse, Szenarienauswahl und Target Costing. Die Break-Even-Analyse wurde ausgewählt, weil sie ein sehr bekanntes operatives Controllinginstrument ist und ihre stochastischen Ansätze nur wenig Akzeptanz gefunden haben. Die Szenarioanalyse ist ein strategisches Controllinginstrument. Besonders bei der Auswahl geeigneter Szenarien gibt es bis heute noch keine Standardverfahren. Dies ist vor allem auf die

Komplexität und Unstrukturiertheit in der Szenarienauswahl zurückzuführen. Das Target Costing, als ein Instrument des Kostenmanagements, soll bereits in der Entwicklungs- und Designphase von Produkten helfen, die Kostenstruktur der Produkte am Markt zu orientieren. Sämtliche Daten des Target Costing sind unscharfer Natur. Dies sollte sich auch im Ergebnis widerspiegeln. Zuerst werden die klassischen Instrumente vorgestellt sowie die ihnen innewohnende Unschärfe herausgearbeitet. Anschließend wird dargestellt, wie die Unschärfe im jeweiligen Fall aufgearbeitet, modelliert und weiterverarbeitet werden kann. Die Aussagekraft und die Realitätsnähe der fuzzifizierten Instrumente werden durch je eine Fallstudie veranschaulicht.

Interessant ist dieses Buch für DozentInnen und Studierende der Betriebswirtschaftslehre, insbesondere für die Fachgebiete Controlling und quantitative Betriebswirtschaftlehre. Das Buch wendet sich auch an Praktiker und Führungskräfte aus den Bereichen des Controllings, der Unternehmensplanung, der Unternehmensberatung und der Wirtschaftsprüfung. Ihnen will die Arbeit zeigen, dass die Fuzzy Set-Theorie ein vielfältiges Instrumentarium bereitstellt, mit dem Unschärfe im Controlling dargestellt, operationalisiert und aufgearbeitet werden kann. Der Leser soll durch die Arbeit angeregt werden, neue unscharfe Ansätze für eigene Problemstellungen und Instrumente aufzustellen und zu lösen. Das Anwendungspotenzial hierzu ist groß.

Die vorliegende Arbeit wurde im Juli 2000 als Habilitationsschrift an der Wirtschafts- und Sozialwissenschaftlichen Fakultät der Universität Augsburg angenommen. Das Forschungsprojekt wurde von 1996 bis 1998 im Rahmen des Bayerischen Habilitations-Förderpreises durch das Bayerische Staatsministerium für Wissenschaft, Forschung und Kunst unterstützt. Ganz herzlich möchte ich mich hierfür bei Herrn Staatsminister Hans Zehetmair als Vertreter des Staatsministeriums bedanken.

Ich möchte mich auch ganz herzlich bei all denjenigen bedanken, die durch ihre Diskussionsbereitschaft und Anregungen zur Entstehung dieser Arbeit beigetragen haben. Hier sind vor allem Herr Prof. Dr. Otto Opitz und Herr Prof. Dr. Günter Bamberg sowie alle Kollegen vom Institut für Statistik und Mathematische Wirtschaftstheorie der Universität Augsburg zu nennen. Herrn Prof. Dr. Dr. h.c. Adolf G. Coenenberg, Lehrstuhl für Betriebswirtschaftslehre mit dem Schwerpunkt Wirtschaftsprüfung und Controlling an der Universität Augsburg, danke ich für die Übernahme des Zweitgutachtens.

Ganz besonderer Dank gebührt meiner Familie. Sie hat mir zu jeder Zeit den Rückhalt gegeben, der für das Entstehen einer solchen Arbeit notwendig ist. Ihr sei dieses Buch gewidmet.

Für Franz, Runa und Onno

Magdalena Mißler-Behr

Inhaltsverzeichnis

Abbildungsverzeichnis

Tabellenverzeichnis

Abkürzungsverzeichnis

Abb.	Abbildung
bspw.	beispielsweise
bzgl.	bezüglich
bzw.	beziehungsweise
d.h.	das heißt
DBW	Die Betriebswirtschaft
DUV	Deutscher Universitätsverlag
DV	Datenverarbeitung
eds.	editors
EDV	elektronische Datenverarbeitung
EG	Europäische Gemeinschaft
erw.	erweiterte
et al.	und andere
f	folgende Seite
ff	folgende Seiten
GmbH	Gesellschaft mit beschränkter Haftung
H.	Heft
Hrsg.	Herausgeber
i.e.S.	im engeren Sinne
IO	Industrielle Organisation
ISDN	Integrated Services Digital Network
i.w.S.	im weiteren Sinne
Jg.	Jahrgang
krp	Kostenrechungspraxis
OR	Operations Research
p	page
PC	Personal Computer
pp	pages
No.	Number
Nr.	Nummer
R&D	Research and Development
S.	Seite
Tab.	Tabelle

u.a.	unter anderem
u.ä.	und ähnliches
usw.	und so weiter
vgl.	vergleiche
Vol.	Volume
WiSt	Wirtschaftswissenschaftliches Studium
z.B.	zum Beispiel
ZfB	Zeitschrift für Betriebswirtschaft
ZP	Zeitschrift für Planung

Symbolverzeichnis

α	griechischer Buchstabe *alpha*
β	griechischer Buchstabe *beta*
i, j	Laufindizes
$	Dollarzeichen
%	Prozentzeichen
∞	Unendlich
$\emptyset$	leere Menge oder durchschnittlich
X	Grundmenge X
$X^n = X \times X \times \ldots \times X$	kartesisches Produkt
$\tilde{A}$	unscharfe Menge A
$\mu, \mu(x)$	Zugehörigkeitsfunktion $\mu, \mu(x)$
$X_\alpha, [\ldots]_\alpha$	α-Niveaumenge
$X_{>\alpha}, [\ldots]_{>\alpha}$	strenge α-Niveaumenge
$F(X)$	Menge aller Fuzzy-Mengen von X
$L(x)$	linke Gestaltfunktion
$R(x)$	rechte Gestaltfunktion
x_α	α-Quantil
$a + b$	Addition zweier Zahlen a und b
$a - b$	Subtraktion zweier Zahlen a und b
$a \cdot b, a \times b$	Multiplikation zweier Zahlen a und b
$\frac{a}{b}, a/b$	Division zweier Zahlen a und b
$a \oplus b$	erweiterte Addition zweier Zahlen a und b
$a \ominus b$	erweiterte Subtraktion zweier Zahlen a und b
$a \odot b$	erweiterte Multiplikation zweier Zahlen a und b
$a \oslash b$	erweiterte Division zweier Zahlen a und b

$a = b$	Gleichheit zweier Zahlen a und b
$a \neq b$	Ungleichheit zweier Zahlen a und b
$a \leq b$	a kleiner oder gleich b
$a < b$	a kleiner b
$a \geq b$	a größer oder gleich b
$a > b$	a größer b
$a \approx b$	a ist ungefähr gleich b
$a \succeq b$	a wird gegenüber b präferiert oder gleich bewertet
$a \succ b$	a wird gegenüber b präferiert
$a \preceq b$	a wird gegenüber b als geringwertiger oder gleichwertig eingeschätzt
$a \prec b$	a wird gegenüber b als geringwertiger eingeschätzt
$\sum_{i=k}^{n} a_i$	Summe der Zahlen $a_k, \ldots, a_n$
$[a, b]$	abgeschlossenes Intervall zwischen a und b
(a, b)	offenes Intervall zwischen a und b
$(a, b]$, $[a, b)$	halboffene Intervalle zwischen a und b
min	Abkürzung für Minimum
max	Abkürzung für Maximum
med	Abkürzung für Median
sup	Abkürzung für Supremum
lim	Abkürzung für Limes, Grenzwert
$\forall$	für alle
(a_1, a_2)	Tupel
$(a_1, \ldots, a_n)$	n–Tupel
$(m_l, m_r, l, r)_{LR}$	LR-Intervall
$(m, l, r)_{LR}$	LR-Zahl
$I\!R$	Menge der reellen Zahlen

$\{1, \ldots, n\}$	Menge mit den Elementen $1, \ldots, n$
$a \in \{\ldots\}$	a ist Element der Menge $\{\ldots\}$
$a \notin \{\ldots\}$	a ist nicht Element der Menge $\{\ldots\}$
$A \subset B$	A ist echte Teilmenge von B
$A \cap B$	Schnittsmenge von A und B
$A \cup B$	Vereinigungsmenge von A und B
a^T	transponierter Vektor a
A^T	transponierte Matrix A
$A_{(i \times j)}$	Matrix A mit i Zeilen und j Spalten
$f: A \rightarrow B$	Abbildung f von A in B
$\tilde{f}$	unscharfe Abbildung f
$y = f(x)$	Funktionsgleichung
$\int_a^b f(x)\, dx$	bestimmtes Integral von f in $[a, b]$

1 Motivation, Ziel und Aufbau der Arbeit

1.1 Motivation

Das Controlling hielt zu Beginn der zwanziger Jahre in amerikanischen Unternehmen Einzug und etablierte sich in deutschen Unternehmen seit den sechziger Jahren. Seitdem wird um seine inhaltliche Abgrenzung und exakte Definition in Theorie und Praxis gerungen.[2] Zu Beginn der Diskussion konzentrierten sich in Deutschland die Bemühungen des Controllings hauptsächlich auf kurzfristige Aspekte wie Soll-Ist-Abweichungen, die im Rechnungswesen und der Kostenrechnung anzusiedeln sind.[3] Controlling stand hier im Wesentlichen stellvertretend für die Übersetzung des Wortes *to control* als *kontrollieren*.[4] Diese Sichtweise erwies sich jedoch als viel zu eng. Neben kontrollieren heisst *to control* auch *steuern, führen*. Mit **zunehmender Bedeutung der Komplexität, Dynamik, Unsicherheit,**[5] **Vernetztheit und Schnelligkeit der Veränderungen der Unternehmensumwelt und -innenwelt** trat der Steuerungsaspekt im Controlling in den Vordergrund. Die Notwendigkeit eines strategischen Controllings wurde erkannt, auch wenn die Realisierung des strategischen Controllings in der Praxis bis heute oft zu wünschen übrig lässt.[6] Darauf aufbauend wurde die Forderung nach einem ganzheitlichen, vernetzt denkenden Controlling aufgestellt und ausgearbeitet.[7]

Diese Entwicklungen im Controlling sind darauf zurückzuführen, dass im Zeitablauf die Unternehmen mit **immer größer werdenden Unsicherheiten und Unbestimmtheiten zu kämpfen haben. Die auftretenden Unsicherheiten** sind dabei von **unterschiedlicher** Natur.

Während die **Komplexitätsproblematik** anfangs vornehmlich durch Unternehmenszusammenschlüsse begründet war, galt es anschließend, im Besonderen der Datenkomplexität Herr

[2] Einen kurzen Abriss über die historische Entwicklung des Controllings gibt z.B. Bramsemann (1993), S. 25-28 und Lingnau (1998). Hierbei ist zwischen der Entwicklung des Controllings in Amerika und Deutschland zu unterscheiden, da in diesen beiden Ländern unterschiedliche Ausprägungen und unterschiedliche Aufgabenschwerpunkte des Controllings diskutiert werden. Vergleiche hierzu z.B. Horváth (1996 a), S. 31-72. Zur Controlling-Entwicklung in Deutschland siehe z.B. Weber/Bültel (1992). Einen kurzen umfassenden Überblick über die Entwicklung des Controllings aus unterschiedlichen konzeptionellen Sichtweisen gibt z.B. Coenenberg/Baum (1987), S. 1-7. Hier wird Controlling als Teil der Managementfunktion, als Teil des Führungsprozesses, als Element der Organisationsstruktur und als Tätigkeitskomplex beleuchtet.

[3] Wie sich die Aufgaben des Controllings im Laufe der Zeit im Spiegel von Stellenanzeigen änderten, zeigt z.B. die empirische Studie von Weber/Kosmider (1991) und die aktualisierte Auswertung in Weber (1998 a), S. 9 auf.

[4] Die Diskussion über die etymologische Bedeutung des Begriffs Controlling beschreibt z.B. Bramsemann (1993), S. 44 f.

[5] Vergleiche zu diesen Begriffen z.B. Coenenberg/Baum (1987), S. 21.

[6] Ein Bild über den Entwicklungsstand des Controllings im deutschsprachigen Bereich vermitteln z.B. die empirische Studie von Niedermayr (1993) und die dort angegebenen Arbeiten, die sich auf den Veröffentlichungszeitraum von 1976 bis 1993 beziehen.

[7] Vgl. hierzu z.B. das Lehrbuch von Müller (1996).

zu werden, die durch die Einführung der EDV initiiert wurde. Heute tritt die Komplexität vor allem in Form einer umfassenden, stark differenzierten Unternehmensumwelt und Globalisierungstendenz[8] auf. Die Unbestimmtheit lag somit anfänglich in den komplexeren und damit schwierigeren Kommunikationsstrukturen, während durch die Einführung der EDV die sinnvolle und zielgerichtete Datenselektion den Unsicherheitsfaktor verkleinern soll.

Zur Komplexität kommt inzwischen die **Vernetztheit der einzelnen Einflussbereiche** der Unternehmen hinzu. Solange die Unternehmen hauptsächlich auf Nachfragemärkten agierten, genügte in der Regel eine vorwiegend isolierte Betrachtung des Unternehmens für eine erfolgreiche Unternehmensführung. Dies änderte sich grundlegend auf globalen Angebotsmärkten mit internationaler Konkurrenz. Sämtliche Einflussbereiche, die auf das Unternehmen wirken, und ihr gegenseitiger Wirkungszusammenhang müssen bei weitreichenden Entscheidungen berücksichtigt werden. Dazu ist es jedoch notwendig, die Abhängigkeiten sowie die Wirkungsrichtung und Wirkungsstärke der Beziehungen der Einflussbereiche zu kennen. Genau hier liegt das Unbestimmtheitspotenzial; denn es kann im Allgemeinen weder exakt angegeben werden, welche Einflussbereiche und konkreten Einflussfaktoren auf das Unternehmen wirken, noch können das Beziehungsgefüge und die Stärke der einzelnen Einflussfaktoren untereinander bzw. auf das Unternehmen eindeutig beschrieben werden.

Die Beantwortung dieser Fragen wird außerdem wesentlich durch die **zunehmende Dynamik und Schnelligkeit** erschwert, mit der sich die Märkte und ihr Zusammenwirken ändern. Während viele Entscheidungen bis dato auf langjährigem Erfahrungswissen begründet wurden, gilt es nun, auftretende Neuerungen und Veränderungen schnell und richtig zu erfassen, zu bewerten und in den Gesamtzusammenhang einzuordnen. Erschwert wird dies dadurch, dass Neuerungen und Veränderungen oft wenig oder keinen Vorlauf zeigen, sondern plötzlich auftreten.

Deshalb "muss sich das Controlling von seiner primär nachrechnenden Funktion lösen und sich zunehmend als **proaktives und zukunftsgerichtetes Unterstützungs- und Steuerungssystem** ... verstehen".[9] Nicht mehr Faktenwissen beherrscht das Controlling, sondern qualitative Größen und Einschätzungen von wichtigen zukünftigen Unternehmensgrößen, relevanten Sachverhalten und Beziehungsgeflechten, die zu entscheidungsrelevanter Information aufbereitet werden müssen. Hier liegt ein "großer Diagnose- und Gestaltungsbedarf"[10] für das Controlling vor.

Aus den aufgezeigten Entwicklungen "resultiert ... eine wachsende Unsicherheit hinsichtlich zukünftiger Ereignisse. Demzufolge muss genau an dieser Stelle ein zukunftsorientiertes Controlling seinen Ansatzpunkt finden".[11] **Unsicherheit kann als das originäre Wesensmerkmal des Controllings betrachtet werden, die es in Zukunft konsequent anzugehen und zu verringern gilt.**

Eine der wichtigsten zukünftigen Aufgaben des Controllings wird es deshalb sein, zu lernen, gezielt **mit unsicheren Informationen umzugehen, sie aufzubereiten, operationalisierbar zu machen** und ständig bemüht zu sein, in einem iterativen Prozess die unsicheren Informationen zu evaluieren, um dadurch bessere Entscheidungen treffen zu können. Dabei muss es möglich werden, die Unsicherheiten systematisch, logisch und verständlich aufzuarbeiten. Eine Aufarbeitung der Unsicherheiten 'aus dem Bauch heraus' kann nicht als ausreichende, rational

[8] Ursachen, Folgen und Implikationen der Globalisierung werden z.B. bei Welge/Holtbrügge (1998), S. 36 ff diskutiert. Hier sind auch weitere Literaturhinweise zu finden.

[9] Steinle/Eggers/Lawa (1995 a), S. 5.

[10] Steinle/Eggers/Lawa (1995 a), S. 5.

[11] Steinle/Eggers/Lawa (1995 a), S. 13.

begründete Entscheidungsunterstützung des Managements betrachtet werden. Außerdem würde ein derartiges Vorgehen der Transparenzfunktion des Controllings widersprechen.

Die Unbestimmtheit, die vor allem im strategischen Controlling und bei zukunftsgerichteten Entscheidungen auftritt, resultiert oft aus einem **Mangel an Informationen oder aus einem Mangel an begrifflicher Schärfe über zukünftige Werte, Ereignisse, Ziele, Beziehungen oder Restriktionen**. Formulierungen wie *angemessener Gewinn, ausreichende Kapitaldeckung* oder *kreditwürdig* sind vage. Sie müssen in ihrem Kontext interpretiert werden und waren bisher mit den herkömmlichen Darstellungsmöglichkeiten im Allgemeinen nur ungenügend oder gar nicht abbildbar. Eine systematische Integration solcher Größen in eine rationale Entscheidungsfindung ist deshalb sehr schwierig. Entsprechendes gilt für Einordnungen wie *hoher, mittlerer* sowie *niedriger Marktanteil* oder *wahrscheinliche, neutrale* oder *nicht wahrscheinliche Zukunftsentwicklung*. Der menschliche Geist und die menschliche Sprache können mit solchen Einordungen arbeiten und sie z.B. auch mit *Wenn-Dann-Regeln* sinnvoll weiterverarbeiten. Ein Beispiel dafür ist: *Wenn die Kaufkraft steigt und die Motortechnik deutlich verbessert werden kann, dann wird der Absatz überdurchschnittlich steigen.* Sind Einschätzungen zukünftiger Werte wie z.B. des Gewinns, der Kosten oder des Umsatzes anzugeben, wird im Allgemeinen mit **erwarteten Werten** gearbeitet. Häufig sind jedoch **viel mehr Informationen** über den Sachverhalt vorhanden, die in einem einzigen Wert gar nicht abgebildet werden können. Dazu gehören Bandbreiten, in denen der Wert mit Sicherheit liegt, oder Bandbreiten, in denen er sicherlich nicht liegt. Es sind oft auch Einschätzungen möglich, die z.B. besagen, dass ein vorgegebener Wert zu 50% realisierbar erscheint. Wünschenswert wäre es, derartige Informationen konsequent weiterverarbeiten zu können. Gleichzeitig sollte das Unsicherheitspotenzial im Rahmen der Weiterverarbeitung erhalten und sichtbar gemacht werden können.

Es stellt sich deshalb die Frage, ob und wie solche Informationen operationalisiert werden können, um sie einem systematischen, rationalen Controlling zur Verfügung zu stellen. Hier erscheint es möglich, mit Hilfe der **Fuzzy Set-Theorie**, die auch die **Theorie der unscharfen Mengen** genannt wird, neue Wege im Controlling zu beschreiten.

Die Fuzzy Set-Theorie wurde 1965 von Lofti Asker Zadeh, Professor für Systemtechnik und Elektronik an der University of Berkley in Kalifornien, begründet.[12] Nach anfänglichen Schwierigkeiten begann sich seine Theorie der unscharfen Mengen vor allem im ingenieurwissenschaftlichen Bereich durchzusetzen. Erfolgreiche Anwendungen sind z.B. die vollautomatische Steuerung der U-Bahn in der japanischen Stadt Sendai oder mit Fuzzy Logik arbeitende Waschmaschinen, Antiblockiersysteme (ABS) oder Antriebsschlupfregelungen (ASR) bei Fahrzeugen.[13]

Die **Fuzzy Set-Theorie zeichnet sich besonders dadurch aus**, dass sie

- linguistische Unsicherheit modellieren,
- Systemverhalten mit umgangssprachlichen Begriffen definieren,
- komplexe Systeme übersichtlich entwickeln,
- nichtlineare Zusammenhänge modellieren,
- Syteme entwickeln, für die keine mathematischen Modelle existieren,

[12] Vgl. Zadeh (1965).

[13] Einen kurzen geschichtlichen Überblick sowie eine Fülle von technischen Anwendungsbeispielen sind z.B. in von Altrock (1993), S. 5-15 zu finden.

- viele Parameter berücksichtigen und
- Unbestimmtheit in klassische scharfe Modelle übertragen kann.

Trotz dieser Punkte ist klar, dass die Fuzzy Set-Theorie eine Hilfsfunktion wahrnimmt und ihr sinnvoller Einsatz von Fall zu Fall überprüft werden muss. Die Fuzzy Set-Theorie ist jedoch häufig in der Lage, verhältnismäßig schnell, unkompliziert und dem Sachverhalt angemessen Unbestimmtheit zu modellieren und bessere Problemlösungen zu generieren als das mit herkömmlichen Methoden bisher möglich war.

Erste Autoren weisen auf **das mögliche Potenzial der unscharfen Mengen speziell für das Controlling hin**;[14] dies ist sicherlich auch dadurch motiviert, dass die Anzahl der betriebswirtschaftlichen Fuzzy-Anwendungen inzwischen im Steigen begriffen ist.[15] Da "eine schlecht vorhersehbare Welt des Wandels ... nicht mit Instrumenten für eine beherrschbare, stabile Welt bewältigt werden"[16] kann, müssen sich auch die Instrumente des Controllings an den Wandel anpassen und versuchen, gezielt auf die Unbestimmtheit einzugehen. Da "der Controller ... nicht Zahlen, sondern Fähigkeiten zu vermitteln"[17] hat, sollte er für neue Methoden, die ihm z.B. bei seiner Planungsunterstützungsfunktion des Managements helfen, aufgeschlossen sein. Es gilt zu überprüfen, ob die Fuzzy Set-Theorie dem Controller bei wesentlichen, zukunftsgerichteten Fragestellungen helfen kann, bessere Lösungen zu finden. Die Theorie der unscharfen Mengen wird durchaus als geeignetes Mittel angesehen, "um reale Entscheidungsprobleme eines Unternehmens zu modellieren, insbesondere da die Teildaten und deren Interdependenzen so integriert werden können, wie sie ein Nichtcontroller aus einer Fachabteilung sieht".[18] Da "an den Controllingaufgaben sicherlich nicht die einzelnen Instrumente und die Einzelaufgaben neu sind, sondern deren Verknüpfung zu einem System",[19] liegt ein erster Ansatzpunkt darin, zu versuchen, Unbestimmtheit in den existierenden Controllinginstrumenten aufzudecken. Anschließend können mit Hilfe der Fuzzy Set-Theorie die Unbestimmtheit abgebildet und unscharfe Zusammenhänge erfasst werden. Bei Betrachtung der Zusammenhänge werden auch Einflüsse berücksichtigt, die von ausserhalb auf die Einzelaufgabe wirken. Zudem ist es möglich, große Aufgaben in Teilaufgaben zu zerlegen. Die Unbestimmtheit wird dann zuerst nur in den Teilaufgaben aufgearbeitet, bevor anschließend die unscharfen Einzelergebnisse zu einem Gesamtergebnis zusammengefasst werden. Hierbei werden explizit die Wirkungszusammenhänge und die Abhängigkeiten der Teilaspekte berücksichtigt. Auf diese Weise entstehen ganze Bewertungssysteme.

Gelingt bei mehreren Controllinginstrumenten eine erfolgreiche Anwendung der Fuzzy Set-Theorie, ergibt sich daraus ein Lerneffekt für den Umgang mit der Unbestimmtheit. Als Ergebnis können neue Anwendungen erwachsen, die heute noch nicht absehbar sind. Die Chance, auf diese Weise ein schlagkräftiges, auf Bewältigung von Unbestimmtheit ausgerichtetes, zukunftsorientiertes Controllinginstrumentarium mit Unterstützung der Fuzzy Sets aufzubauen, sollte genutzt werden.

Hierzu will die vorliegende Arbeit einen Beitrag leisten.

[14] Siehe hierzu z.B. Kraus (1997) oder Ossadnik (1996), S. 318-331.

[15] Ein Eindruck über die Bandbreite der möglichen betriebswirtschaftlichen Anwendungen wird z.B. in Biethahn/Hönerloh et al. (1997) und in Popp (1994) vermittelt.

[16] Berthel (1984), S. 10.

[17] Horváth (1996 a), S. 76.

[18] Kraus (1997), S. 341.

[19] Horváth (1996 a), S. 74.

1.2 Ziel der Arbeit

Aus den vorangegangenen Ausführungen ergibt sich das Ziel der Arbeit unmittelbar. Die wesentlichen Punkte sind:

- Der Stellenwert der Unbestimmtheit im Controlling soll herausgearbeitet werden. Unbestimmtheit ist als das eigentliche, originäre Wesensmerkmal des Controllings zu sehen. In allen Controlling-Konzeptionen ist die Unbestimmtheit implizit enthalten. Es stellt sich die Frage, ob nicht eine einfachere, auf Unbestimmtheit basierende Controlling-Konzeption das Wesen des Controllings stärker herausarbeiten kann. Auf diese Weise wäre eine besser verständliche Abgrenzung des Controllings sowohl in der Theorie als auch in der Praxis möglich. Zusätzlich ließen sich die nicht einheitlichen unternehmensspezifischen und die sich inhaltlich wandelnden Controllingausprägungen begründen.

- Unsicherheit tritt im Alltag überwiegend in sprachlicher Form auf. Beispiele wie *hohe Gewinne* oder *starke Abhängigkeiten* können vom Anwender im jeweiligen Kontext richtig verstanden und interpretiert werden. Doch wie können solche interpretierenden Aussagen operationalisiert werden, damit man mit ihnen arbeiten kann? Hier kann die Theorie der unscharfen Mengen helfen, denn sie ermöglicht gerade sprachliche Unsicherheiten formal abzubilden und mit ihnen zu arbeiten. Dazu werden die wichtigsten Grundbegriffe und Konzepte der Fuzzy Set-Theorie dargestellt und erläutert. Diese Grundlagen sind notwendig, um unscharfe Anwendungen und ihre Funktionsweise zu verstehen.

- Ein Gefühl für das Anwendungspotenzial der unscharfen Mengen soll geschaffen werden. Dazu wird der Unschärfecharakter einiger typischer Controllingaufgaben und -instrumente aufgearbeitet und ihre unscharfen Lösungsmöglichkeiten skizziert. Hierbei geht es nicht um die Modellierung der Unschärfe als solches. Vielmehr stehen das prinzipielle Verständnis und die prinzipielle Arbeitsweise der Anwendungen im Vordergrund.

- Mit Hilfe von drei neuen Anwendungen wird detailliert gezeigt, wie die Fuzzy Set-Theorie in bestehende Controllinginstrumente integriert werden kann und welche Verbesserungen dadurch bei der Anwendung der Instrumente erreichbar sind. Dabei werden unterschiedliche Arten der Aufarbeitung der Unschärfe benutzt.

1.3 Aufbau der Arbeit

Am Ziel orientiert sich der Aufbau der Arbeit; er ist in Abbildung 1.1 graphisch veranschaulicht.

In **Kapitel 2** wird zuerst auf das Zusammenwirken von Unbestimmtheit und Management bzw. Controlling eingegangen. Unbestimmtheit ist eine wesentliche Bestimmungsgröße für das Management. Dabei hat sich das Verhältnis von Management und Unbestimmtheit im Laufe der Zeit geändert. Die Änderungen gingen mit dem Wandel der äußeren und inneren Bestimmungsgrößen des Managements und damit auch des Controllings einher. Hieraus ergeben sich neue Anforderungen an das Controlling, die den Aspekt der Unbestimmtheit stärker fokussieren, als dies bisher der Fall war.

Der Wandel der Bestimmungsgrößen zeigt sich auch in der fortlaufenden Neuformulierung und in Anpassungen der Controllingkonzeptionen. Der Anstoß für die jeweilige Controllingkonzeption kann in unterschiedlichen Aspekten und Stärken der Unbestimmtheit gesehen werden. Deshalb schließt sich die Frage an, ob eine auf Unbestimmtheit basierende Controlling-Konzeption nicht einfacher, besser abgrenzend und gleichzeitig umfassender ist als die bisherigen Konzeptionen.

Soll die Unbestimmtheit gezielter im Controlling behandelt werden, so ist sie systematisch und analytisch im Controllingprozess und im Controllinginstrumentarium aufzuarbeiten und zu verankern. Dabei kann die Fuzzy Set-Theorie helfen. Sie ist in der Lage, sprachliche Unbestimmtheit abzubilden und zu operationalisieren. Deshalb werden in **Kapitel 3** die wesentlichen Grundbegriffe und Grundkonzepte der Theorie der unscharfen Mengen vorgestellt. Besonderer Wert wird dabei auf eine anschauliche Darstellung gelegt.

Auf diesem Grundwissen aufbauend wird in **Kapitel 4** das Anwendungspotenzial der unscharfen Mengen im Controlling motiviert. Anhand der Portfolioanalyse, von Kennzahlensystemen und Zielhierarchien, Entscheidungsmodellen und der Projektplanung wird der jeweilige Unschärfecharakter exemplarisch aufgezeigt und unscharfe Lösungsmöglichkeiten werden andiskutiert.

Bei drei speziell ausgewählten Controllinginstrumenten wird im Einzelnen konkret gezeigt, wie die Unbestimmtheit modelliert und mit der Fuzzy Set-Theorie aufgearbeitet werden kann. In einer unscharfen Break-Even-Analyse (**Kapitel 5**) werden erweiterte Rechenoperatoren genutzt, um die Unbestimmtheit in das existierende Modell einzubringen. Vorteil dieser Vorgehensweise ist, dass wesentliche Annahmen des Grundmodells der Break-Even-Analyse erhalten bleiben, aber dennoch die Unbestimmtheit ins Modell übertragen wird. Dadurch bleibt das unscharfe Modell einfach, erlaubt aber gleichzeitig eine umfassende, verständliche und anschauliche Darstellung der Unbestimmtheit in den Input- und Ergebnisgrößen des Modells. Insofern ist das unscharfe Modell den stochastischen Modellen der Break-Even-Analyse überlegen.

Eine Aufgabe der Szenarioanalyse ist die gezielte Auswahl von Szenarien, damit diese in die strategische Planung integriert werden können. Für den Szenariobewertungs- und -auswahlprozess wird in **Kapitel 6** ein wissensbasiertes, unscharfes Regelwerk vorgestellt, das mit Hilfe der Fuzzy Logik ausgewertet wird. Der Vorteil des Ansatzes im Vergleich zu anderen liegt darin, dass das Regelwerk allgemeingültig in sämtlichen Szenarioanalysen angewandt werden kann. Der konkrete Bezug zur aktuellen Analyse wird durch die Beschreibung der unscharfen und qualitativen Eigenschaften, die ein Szenario erfüllen sollte, hergestellt.

In **Kapitel 7** wird schließlich das Unbestimmtheitspotenzial im Target Costing Prozess aufgezeigt. Es wird im klassischen Modell nicht berücksichtigt. Durch Anwendung der unscharfen Mengen gelingt es, im Zielkostendiagramm zu einer Bereichspositionierung statt zu einer Punktpositionierung zu gelangen. Mit Hilfe der Bereichspositionierung können die im Modell enthaltenen Unbestimmtheiten visualisiert und die sich daraus ableitenden Handlungskonsequenzen wesentlich realitätsnaher beurteilt werden.

Eine zusammenfassende Betrachtung findet in **Kapitel 8** statt.

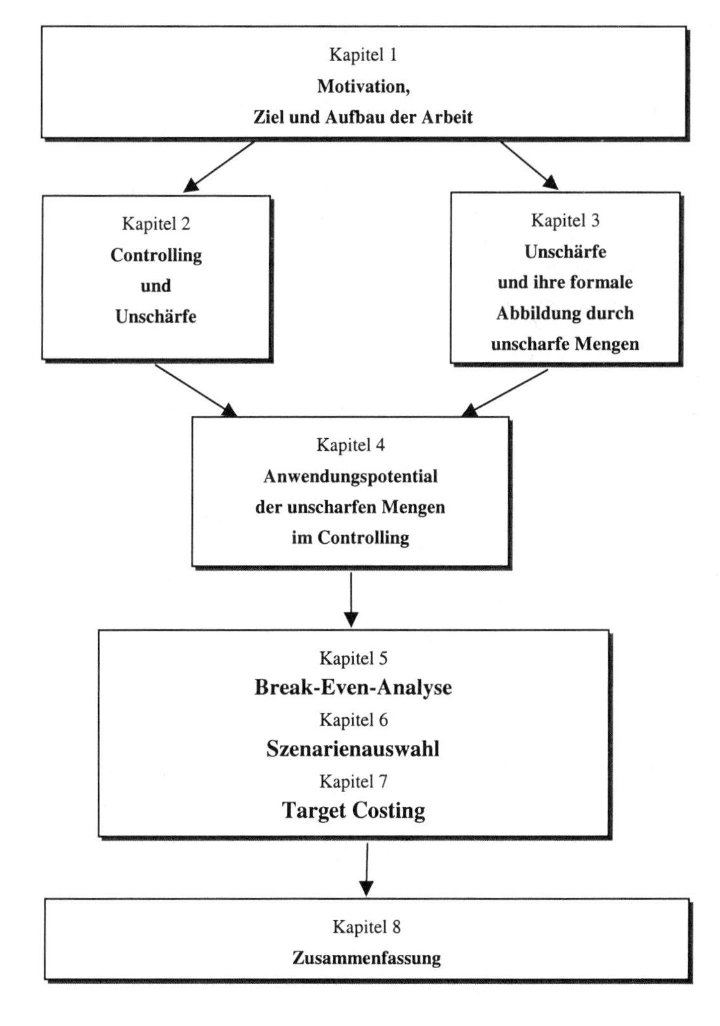

Abbildung 1.1: Aufbau der Arbeit

2 Controlling und Unschärfe

2.1 Unschärfeproblematik im Management und Controlling

Komplexe, schlecht strukturierte Problemstellungen sowie der ständige Wandel und die vorherrschende Dynamik charakterisieren die Arbeit des strategischen Managements und somit auch des Controllings bei seiner Aufgabe, das Management zu unterstützen.[20] Sowohl aus der Komplexität als auch aus der Dynamik der Unternehmensumwelt und des Unternehmens selbst resultiert das Phänomen der Unschärfe.[21]

Diese Ausgangssituation verschärft sich seit Jahren. Bereits zu Beginn der achtziger Jahre wurde deshalb nachdrücklich gefordert, dass zwischen den existierenden quantitativen Methoden, die oft aus dem Bereich des Operations Research stammen, und den praktischen Bedürfnissen des Managements neue Brücken geschlagen werden.[22] Viele quantitative Methoden erscheinen nicht mehr angemessen, da sie von klar strukturierten Problemen, eindeutigen Zusammenhängen und fest vorgegebenem Datenmaterial ausgehen, selbst dann, wenn sie zur Lösung zukünftiger Problemstellungen beitragen sollen.[23]

"In betriebswirtschaftlichen Problemlösungsprozessen kommt qualitativ-verbalen Informationen, zum Teil vage formulierten Aussagen, Zielvorstellungen und Restriktionen ein zentraler Stellenwert zu. Solche Faktoren sind für die Entwicklung nicht nur numerisch präziser, sondern auch realitätsadäquater Modelle von wesentlicher Bedeutung."[24] Qualitative und vage Größen bzw. Informationen gänzlich außer Acht zu lassen, um die gängigen formalen Modelle anwenden zu können, "hieße gerade auf diejenigen Informationsquellen zu verzichten, die in der Realität einen eventuell bedeutsamen Einfluss" auf den Management- und Planungsprozess haben.[25] Im Gegenteil, Daten und Informationen, die z.B. im Planungsprozess oder bei der Entscheidungsfindung benutzt werden, sollten in ihrer ursprünglichen Form erfasst und weiterverarbeitet werden, damit ihre Aussagekraft und ihr Charakter erhalten bleiben.[26]

Das Gleiche gilt für die Verknüpfung qualitativer Aussagen oder mehrerer Zielkriterien. Werden zwei Aussagen oder Ziele z.B. verbal durch ein *und* verbunden, hat diese Und-Verknüpfung in der Regel eine andere Bedeutung als die uns aus der dualen Logik bekannte Und-Verknüpfung. Entsprechendes gilt für den Gebrauch einer Oder-Verknüpfung bzw. für Wenn-Dann-Aussagen. Im jeweiligen Kontext bzw. im Gespräch ist die Bedeutung der gewählten Verknüpfung in der Regel klar. In den üblichen formalen Modellen werden die Verknüpfungen jedoch häufig

---

[20] Zur Begriffsabgrenzung zwischen Controlling, strategischem Controlling und strategischem Management siehe z.B. Baum/Coenenberg/Günther (1999), S. 8 ff.

[21] Siehe Bea/Haas (1997), S. 76.

[22] Siehe z.B. Mentzel (1982).

[23] Siehe hierzu z.B. die Kritik von Carlsson (1984), S. 16 f am Operations Research bei der Lösung von Managementaufgaben.

[24] Milling (1982), S. 716.

[25] Milling (1982), S. 717.

[26] Siehe hierzu z.B. auch Zimmermann (1982), S. 369 f.

nur durch einfachste Operatoren oder durch meist lineare Funktionen wiedergegeben, die den eigentlichen Inhalt nur ungenügend abbilden können.

"The human brain is said to think and reason in imprecise, non-quantitative, vague terms, and it is said that this gives us the ability to decipher sloppy handwriting and understand distorted speech; but it also gives us the ability to summarize information, to focus on relevant information and to concentrate upon essential aspects when making decisions under uncertainty. The last-mentioned three abilities are often cited as "essential" for managers-to-be."[27]

Die Bedeutung der qualitativen Information für den Planungsprozess oder die Entscheidungsfindung "legt die Vermutung nahe, dass die kognitiven Prozesse sich nicht auf die traditionelle zwei- oder mehrwertige Logik beschränken, sondern auf einer Logik mit unscharfen Wahrheiten, unscharfen Verbindungen und unscharfen Ableitungsregeln basieren."[28] "The world is mostly grey but, all too often, people in leadership and management positions try to lead and manage as if it were black and white."[29] Ist diese Schwarz-Weiß-Malerei aber nicht eine Reduzierung des Tatsächlichen auf das, was wir beherrschen, nämlich scharfe Modelle und Lösungskonzepte mit eindeutigen Annahmen und festen Daten? Wenn wir erkannt haben, dass gerade durch das Unscharfe und das Vage die aktuelle Realität und die zukünftigen Entwicklungen besser beschrieben und behandelt werden können, sollten wir daran interessiert sein, das Unscharfe auch in unsere Lösungsmethoden zu integrieren, um durch unscharfe Instrumente bessere, realistischere Hilfestellungen zu erreichen.

Gerade hier kann die Fuzzy Set-Theorie helfen. Die Theorie der unscharfen Mengen nimmt Abstand von der üblichen Schwarz-Weiß-Betrachtung und ermöglicht es, die vorhandenen Grautöne formal zu beschreiben und mit diesen Grautönen zu arbeiten. Die Fuzzy Set-Theorie versucht, verbale Informationen realitätsgetreu mit Hilfe von linguistischen Variablen abzubilden. Durch linguistische Größen und hierarchische Bewertungssysteme wird es möglich, komplexe Sachverhalte systematisch zu beschreiben und in die einzelnen Bestandteile zu zerlegen. Wirkungszusammenhänge können mit Hilfe von Wenn-Dann-Regeln realitätsgetreu beschrieben werden, obwohl ihre exakte mathematische Beschreibung nicht möglich ist. Ein typisches Anwendungsgebiet hierfür eröffnet der strategische Planungsprozess, da dort strategische Erfolgsfaktoren als Wenn-Dann-Hypothesen verstanden werden.[30]

"Fuzzy set theory proposes to be able to give a consistent representation of linguistically formulated knowledge in a way which allows the use of precise operators and algorithms. In other words, we should be able to get adequate representations of complex and subjectively perceived management problems, but still be able to carry out the problem-solving in an intellectually and scientifically acceptable manner."[31]

Dabei geschehen Beschreibung und Aufarbeitung der Unbestimmtheit in der Fuzzy Set-Theorie einerseits sehr realitätsnah und nah an der üblicherweise benutzten Umgangssprache, andererseits aber auch sehr systematisch und mathematisch exakt. Dadurch existiert eine natürlich Brücke zwischen Problemstellungen des Managements und ihrer formalen Abbildung und Beschreibung durch unscharfe Mengen. Das formale unscharfe Modell kann somit viel leichter durchschaubar, verständlicher, realistischer und dadurch auch glaubwürdiger für die Anwender werden, als dies oft bei scharfen Modellen der Fall ist.

[27] Carlsson (1984), S. 19.

[28] Milling (1982), S. 717.

[29] Duignan (1998), S. 3.

[30] Siehe hierzu vor allem Baum/Coenenberg/Günther (1999), S. 40 ff.

[31] Carlsson (1984), S. 12.

Die wesentlichen Vorteile für das Management im Umgang mit Unbestimmtheit und ihrer Aufarbeitung durch die Fuzzy Set-Theory sieht CARLSSON zusammenfassend in folgenden Punkten:[32]

- "ill-defined concepts and vague data need not be unduly specified",
- "uncertainty need not be equalized with randomness",
- "complexity can be tackled, even if it is impossible to formulate the structure of a problem in any precise, mathematical terms as the insight we may have in the problem can be given in lingiustic terms only",
- "inexactness and uncertainty convey more information about a decision problem than a rigidly defined conceptual structure".

Die Unschärfeproblematik und der durch sie ausgelöste Wandel kommt besonders deutlich in den Veränderungen der externen und internen Unternehmensumwelt und in der Entwicklung der verschiedenen Controlling-Konzeptionen zum Ausdruck.

2.2 Unschärfe in der externen und internen Unternehmensumwelt

Zu Beginn des zwanzigsten Jahrhunderts sind die Aufgaben des Controllings vornehmlich im finanzwirtschaftlichen Bereich angesiedelt. Mit der Zeit nehmen planungsrechnerische, budgetbezogene und informationsversorgende und -aufbereitende Aufgaben zu. Begründet wird diese Aufgabenerweiterung vor allem durch **Unternehmenszusammenschlüsse**.[33] Durch die Entwicklung von Kleinunternehmen zu Großunternehmen und weiter zu multinationalen Konzernen tritt immer stärker die Problematik einer angemessenen, effektiven internen Kommunikation und damit auch einer Koordination zu Tage. Es gilt, die Unsicherheit darüber aufzudecken, welche Informationen an welcher Stelle im Unternehmen wie aufbereitet benötigt werden. Dies ist bis heute eine der zentralen Fragestellungen des Controllings geblieben.

Intensiviert wird diese Problematik dadurch, dass die Umweltkonstellationen, in denen ein Unternehmen agiert, nicht mehr wie bisher als statisch erachtet werden können. **Zunehmende Veränderungen, Turbulenzen und Diskontinuitäten** müssen berücksichtigt werden. Die Notwendigkeit des Planens wird erkannt, da nicht mehr von eindeutigen Zukunftsentwicklungen ausgegangen werden kann. Mehrere Möglichkeiten für unsichere Zukunftsentwicklungen sind bei längerfristigen Entscheidungen mit einzubeziehen. Einflüsse von außen sind zu berücksichtigen. Spätestens seit der ersten Ölkrise Anfang der 70-iger Jahre wird diese Problematik ganz offensichtlich. Entsprechend ändert sich die Blickrichtung des Controllings. War das Controlling anfänglich **operativ** geprägt, so ist inzwischen die Notwendigkeit einer **strategischen** Ausrichtung erkannt worden. Zudem ist eine Weiterentwicklung zu einer **ganzheitlichen**, systemorientierten und vernetzten Ausrichtung des Controllings festzustellen.[34] Die beiden letzten Entwicklungsstufen sind vornehmlich dadurch begründet, dass das wachsende Unsicherheitspotenzial ausserhalb und innerhalb des Unternehmens erkannt wurde. Die zielgerichtete Schaffung von Erfolgspotenzialen wird zur vordringlichsten Aufgabe der Unternehmensführung, damit der

[32] Vgl. hierzu auch Carlsson (1984), S. 20.

[33] Vgl. hierzu z.B. Weber (1998 a), S. 2-7.

[34] Siehe hierzu auch Müller (1996).

Unternehmenserfolg langfristig gesichert ist. Die Auswirkungen der Unternehmenskomplexität und der zunehmenden Veränderungen, Turbulenzen und Diskontinuitäten schlagen sich auch in internen Bestimmungsgrößen nieder. Während in den Anfängen des Controllings von statischen, **quantitativen Daten** ausgegangen wurde, treten immer stärker **qualitative Daten** in den Vordergrund. Qualitative Daten haben jedoch in der Regel einen unsicheren Charakter. Sie weisen mehrere mögliche Entwicklungsverläufe auf, müssen bewertet, selektiert und interpretiert werden.

Da der strategische Aspekt des Controllings immer wichtiger wird, ändern sich auch die verwendeten Zielgrößen der Unternehmen. Während in ruhigen, wachstumsorientierten Zeiten die Steuerungsgrößen **Kosten**, **Erlöse** und damit **Gewinn** und **Liquidität** zur Unternehmenssteuerung genügen, sind heute das Aufdecken von **Chancen- und Risikopotenzialen** sowie von **Unternehmensstärken und -schwächen** die wesentlichen Erfolgsgaranten für ein Unternehmen. Werden aus diesen Analysen die richtigen Erfolgsfaktoren erkannt und ausgebaut, nehmen auch die eher kurzfristigen Steuerungsgrößen Gewinn und Liquidität eine positve Entwicklung.[35]

Entscheidungen des Managements basieren heute nur noch zum Teil auf eindeutigem **Faktenwissen**. Um frühzeitig die richtigen Weichen für eine erfolgreiche Unternehmensführung stellen zu können, müssen **Einschätzungen**, **Beurteilungen** und **Bewertungen** über zukünftige Entwicklungen in die Entscheidungen einfließen. Es muss versucht werden, Wissen über die Zukunft zu erlangen, das in der Regel unsicher ist. Dieses unsichere Wissen gilt es zu systematisieren und zu operationalisieren, um es zielgerecht in die Entscheidungen einfließen zu lassen. Dabei kann z.B. das Orten schwacher Signale mit Hilfe eines strategischen Radars und der Aufbau von Früherkennnungssystemen helfen.

Abbildung 2.1 (Seite 12) fasst stichwortartig die wichtigsten Aspekte zusammen, die den Wandel des Controllings bedingen und aufzeigen. Der Trichter verdeutlicht das Ausmaß der Unbestimmtheit. Je weiter die Zeit voranschreitet, desto stärker und ausgeprägter beeinflusst die Unbestimmtheit das Controlling.

[35] Zu den Begriffen Erfolgspotenzial und Erfolgsfaktoren vergleiche z.B. Fischer (1993 a), S. 16-19.

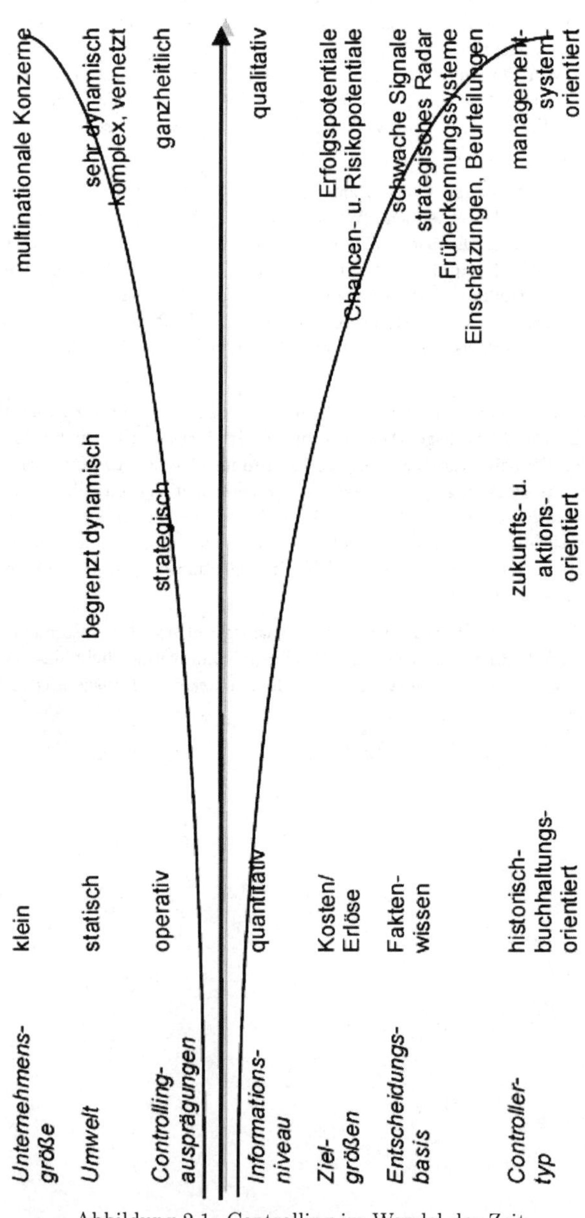

Abbildung 2.1: Controlling im Wandel der Zeit

2.3 Unschärfe in den Controlling-Konzeptionen

Die Entwicklungstendenz der Controlling-Konzeptionen in der deutschen Literatur wird im Folgenden skizziert, um die jeweiligen Schwerpunkte der Unbestimmtheitsaspekte herausarbeiten zu können.[36]

Den Ausgangspunkt bildet die **gewinnzielorientierte Controlling-Konzeption**, die "die Sicherung der Gewinnerreichung bei allen Entscheidungen und Handlungen der Unternehmung" als zentrale Problemstellung betrachtet.[37] Die Sicherstellung der Gewinnerreichung ist hierbei Ausgangspunkt sämtlicher Überlegungen. Begründet wird diese Sichtweise dadurch, dass die Entscheidungsträger und die Unternehmensbereiche vielfach Individual- und Bereichsziele verfolgen. Die zunehmende Unternehmenskomplexität und die Arbeitsteilung erlauben egoistische Handlungsmotive der einzelnen Entscheidungsträger. Deshalb ist es notwendig, die Entscheidungsträger durch spezielle Maßnahmen auf den Gesamtgewinn als oberstes Ziel der Unternehmung zu verpflichten.[38]

Eine Weiterentwicklung bilden die **rechnungswesenorientierten Ansätze**, in deren Mittelpunkt "weniger die funktionale Ausweitung als die materielle Veränderung des Rechnungswesens" steht. "Ziel der Ansätze sind die zukunftsorientierte Ausrichtung des Rechnungswesens und die Zentralisation von Rechnungswesen sowie Planungs- und Kontrollrechnung zu einer quantitativen Planung, Kontrolle und Steuerung des Unternehmensgeschehens zur Sicherung der Liquiditäts- und Gewinnziele bei allen Entscheidungen und Handlungen des Unternehmens."[39] Diese Ansätze werden auch **eingeschränkt informationsorientiert** genannt.[40]

Die "**informationsorientierten Ansätze** bauen auf den rechnungswesenbezogenen Ansätzen auf. Sie postulieren ebenso das Informationsziel des Controllings, allerdings mit einem erweiterten Informationshintergrund, nämlich dem gesamten unternehmerischen Zielsystem. Ein zentrales Merkmal der Ansätze ist deshalb eine Erweiterung der informatorischen Basis des Controllings. Als generelle Aufgabe des Controllings wird die Koordination der Informationsbeschaffung und des Informationsbedarfs in den Vordergrund gerückt."[41] Da die "Informationsüberflutung bei gleichzeitigem Fehlen der tatsächlich benötigten Informationen ... auf eine mangelnde Abstimmung zwischen Informationsbedarf, Informationsbereitstellung und Informationserzeugung zurückzuführen" ist, ergibt sich für die informationsorientierte Konzeption eine wichtige und eigenständige Problemstellung.[42]

Eine echte Weiterentwicklung stellt die **planungs- und kontrollorientierte Konzeption** dar.

---

[36] Eine umfassende Darstellung der Konzeptionen sind z.B. in Harbert (1982) oder Niedermayr (1993) zu finden. Überblicksartige Darstellungen verschiedener Controllingansätze werden z.B. in Coenenberg/Baum (1987), S. 1 ff, Eschenbach/Niedermayr (1995), S. 51 ff, Hahn (1996), S. 175 ff, Küpper (1997), S. 5 ff, Küpper/Weber (1995), S. 59 ff, Niedermayr (1993), S. 10 ff und Schweitzer/Friedl (1992), S. 144 ff gegeben. Praxisorientierte Controlling-Konzeptionen werden beispielhaft bei Ossadnik (1996), S. 9 ff aufgezeigt. Die Sichtweisen des Controller-Vereins in Gauting und des österreichischen Controllerinstituts sind bei Weber (1998 a), S. 14 ff und S. 16 ff abgedruckt.

[37] Küpper (1997), S. 7.

[38] Ebenda.

[39] Niedermayr (1993), S. 16 und die dort angegebene Literatur.

[40] Siehe Niedermayr (1993), S. 16.

[41] Niedermayr (1993), S. 17. Vgl. dort auch die aufgeführten informationsorientierten Definitionen von Controlling und die dort angegebene Literatur.

[42] Küpper (1997), S. 11.

Ihr geht es "um die Verknüpfung und gegenseitige Abstimmung von Planung, Vorgabe, Kontrolle und Informationsversorgung."[43] Aus ihrer Sicht ist Controlling "ein funktionsübergreifendes Überwachungsinstrument, das den unternehmerischen Entscheidungsprozess sowohl durch eine zweckmäßige und koordinierende Gestaltung der Planung-, Kontroll- und Informationssysteme als auch durch eine Informationsbeschaffung, -verarbeitung und -weitergabe unterstützt".[44] Die planungs- und kontrollorientierte Sichtweise betont ausdrücklich die Notwendigkeit eines strategischen Controllings.[45] Dadurch wird auch unverkennbar, dass die gewinnziel- und informationsorientierten Sichtweisen des Controllings in der planungs- und kontrollorientierten Konzeption enthalten sind.

Einen Schritt weiter geht HORVÁTH, der **zusätzlich** zu Planung und Kontrolle einen Schwerpunkt auf die **Koordination**sfunktion des Controllings legt. Er definiert Controlling als "Subsystem der Führung, das Planung und Kontrolle sowie Informationsversorgung systembildend und systemkoppelnd ergebniszielorientiert koordiniert und so die Adaption und Koordination des Gesamtsystems unterstützt. Controlling stellt damit eine Unterstützung der Führung dar: es ermöglicht ihr, das Gesamtsystem ergebniszielorientiert an Umweltänderungen anzupassen und die Koordinationsaufgaben hinsichtlich des operativen Systems wahrzunehmen. Die wesentlichen Probleme der Controllingarbeit liegen an den Systemschnittstellen".[46]

Die systembildende Koordination umfasst u.a. das Planungs- und Kontrollsystem. Es ist eine Gebilde- und Prozessstruktur zu schaffen, die zur Abstimmung von unterschiedlichen Aufgaben beiträgt. Dazu gehört auch die Adaption und Anpassung an zu erwartende Ereignisse, um mögliche Störungen im vorhinein abzufangen oder abzumildern. Die systemkoppelnde Koordination konzentriert sich auf die Koordinationsbelange im Unternehmen, die z.B. in zukünftigen Ereignissen oder Störungen begründet sind. Dazu gehören z.B. die Aufrechterhaltung und Anpassung von Informationsverbindungen oder die Herstellung neuer bzw. die Änderung bestehender Informationskanäle zwischen Teilsystemen der Unternehmung.[47]

Die **eigentlichen koordinationsorientierten Ansätze** konzentrieren sich auf das Koordinationsproblem als solches und fassen es viel weiter.[48] Sie sehen "die zentrale Aufgabe des Controllings in der Koordination der unterschiedlichen Teilsysteme der Unternehmensführung".[49] Führungsteilsysteme sind hierbei das Wertesystem, Planungssystem, Kontrollsystem, Informationssystem, Personalführungssystem und Organisationssystem. Ihre Vertreter sehen die Funktion des Controllings "im Kern in der Koordination des Führungsgesamtsystems zur Sicherstellung einer zielgerichteten Lenkung".[50]

Kritiker halten dieser Konzeption entgegen, dass sie insgesamt zu weit geht und nur schlecht abzugrenzen ist.[51] Ihnen erscheint "die Abgrenzung zwischen Controlling und Betriebswirt-

---

[43] Coenenberg/Baum (1987), S. 4. Vgl. auch die dort angegebene Literatur.

[44] Ebenda.

[45] Vgl. z.B. Küpper (1997), S. 12.

[46] Horváth (1996 a), S. 141. Das Controlling-Verständnis von Horváth wird anschaulich in den Abbildungen 2.25 und 2.26 auf den Seiten 139 und 140 in Horváth (1996 a) dargestellt.

[47] Siehe hierzu Horváth (1996 a), S. 117 ff.

[48] Siehe hierzu im Besonderen Küpper (1987), (1988) und (1997), S. 13-29, Lehmann (1992), Schmidt (1986) oder Weber (1992 a) und (1995), S. 29-51.

[49] Weber (1995), S. 29.

[50] Küpper/Weber/Zünd (1990), S. 283.

[51] Vgl. z.B. Schildbach (1992) oder Schneider (1991) und (1992 b).

schaftslehre fließend".[52] Auch die Praxis steht dieser Konzeption eher kritisch gegenüber, da sie ihr zu weit führt, zu wenig fassbar und praxisfern erscheint.[53] Befürworter sehen dagegen in der "Koordination im Führungsgesamtsystem ... eine eigenständige und wichtige Problemstellung, ... deren Bedeutung durch den Ausbau der Führungsinstrumente gewachsen" ist.[54]

Abbildung 2.2 (Seite 15) zeigt zusammenfassend eine schematische Abgrenzung der verschiedenen Komponenten der bisher besprochenen Konzeptionen. Zudem ist ersichtlich, wie die Konzeptionen aufeinander aufbauen bzw. voneinander abhängen.

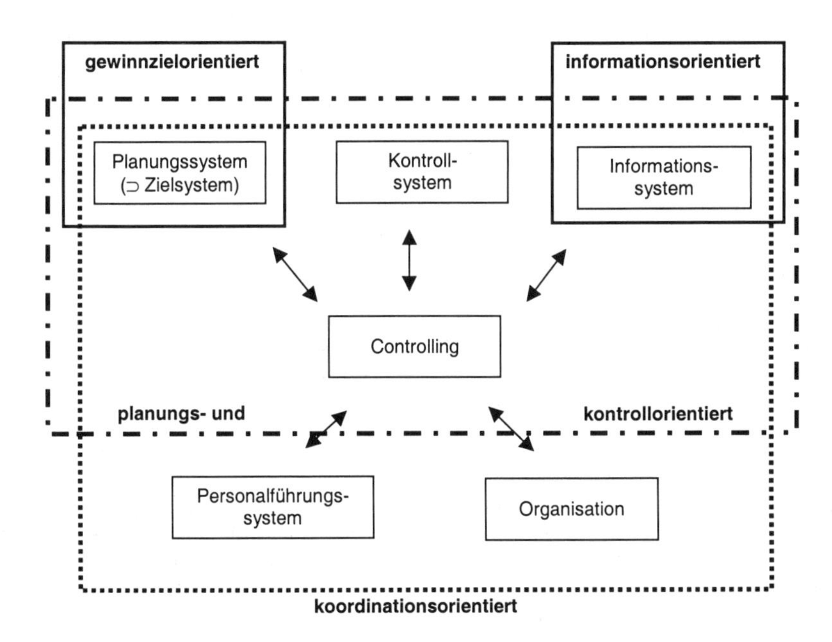

Abbildung 2.2: Schematische Abgrenzung der bisherigen Controlling-Konzeptionen

Die Entwicklung der Controllingkonzeptionen geht einher mit der Entwicklung und der Wahrnehmung der Unbestimmtheit. Die Wahrnehmung und das Bewusstsein der Unbestimmtheit orientiert sich dabei in der Regel an konkreten Problemstellungen. Die gewinnorientierte Controllingkonzeption geht z.B. aus dem Bewusstsein hervor, dass der Gewinn das eigentliche Unternehmensziel ist. Doch auch in wirtschaftlich guten Zeiten generiert sich Gewinn nicht von selbst. Die Gewinnerzielung hängt von vielen inneren und äußeren Einflüssen und Unwägbarkeiten ab, die die Unternehmen teilweise mitgestalten und mit verursachen können. Mit der Vorgabe des Gewinnziels ist eine eindeutige Orientierung bei der Entscheidungsfindung auch in unsicheren Situationen gegeben.

Der Gewinn, der eine Größe der Bilanz sowie der Gewinn- und Verlustrechnung ist, hat jedoch

[52] Küpper (1997), S. 17.

[53] Vgl. z.B. Deyhle (1991 a) und Remmel (1991).

[54] Küpper (1997), S. 17.

eine überwiegend kurzfristige und vergangenheitsorientierte Bedeutung. Deshalb ist die Notwendigkeit von zukunftorientierter Planung und Kontrolle erkannt worden, denn nur durch die Schaffung von Erfolgspotenzialen ist die langfristige und ausreichende Gewinnerzielung gewährleistet. Chancen und Risiken aus der Unternehmensumwelt sind mit den Stärken und Schwächen des Unternehmens abzustimmen. Ohne eine umfassende und zielgerichtete Informationsbeschaffung und -aufbereitung, die besonders die zukünftigen Entwicklungen berücksichtigt, ist dies jedoch nicht möglich.

Je umfassender das Planungs- und das Kontrollsystem werden, desto größer sind die Auswirkungen auf weitere Teilsysteme der Unternehmung wie Organisation, Personal, Unternehmenskultur und dergleichen. Zentrale Aufgabe ist somit ein erfolgreiches Schnittstellenmanagement, das in der koordinationsorientierten Sichtweise zum Ausdruck kommt.

Die neuere Diskussion um eine Controllingkonzeption wurde von WEBER angestoßen. Er versucht den Zweck des Controllings durch die **Sicherstellung rationaler Führung** zu begründen.[55] Dieser Vorschlag birgt im Grunde genommen nichts Neues,[56] da Rationalität seit jeher als Wesensmerkmal des Controllings betrachtet wird. WEBER versucht hierbei aber, weg von einer spezifischen Problembetrachtung zu kommen und sich hin zu einem konzeptionellen Rahmen für eine allgemeingültige Sichtweise des Controllings zu bewegen.

Dazu setzt er bei den Grundelementen der Unternehmensführung an. Er betrachtet vier Schritte im idealtypischen Führungsprozess: Willensbildung, Willensdurchsetzung, Ausführung und Kontrolle.[57] Willensbildung geschieht durch Reflexion und Intuition. Reflexion bedeutet, dass "ausreichendes explizites Wissen (z.B. in Form eines Entscheidungsmodells) zur Verfügung steht, um zukünftiges Handeln festzulegen".[58] Reflexion ist somit ein bewusster Prozess, in dem Wissen rational und systematisch verarbeitet wird und der beobachtet werden kann. Wissensdefizite schränken den Einsatz der Reflexion ein. Intuition liegt vor, wenn das Wissen nur in den Köpfen steckt und nicht genau erklärbar und exakt formulierbar ist. Dann liegen erhebliche Wissensdefizite vor, so dass die Willensbildung "anhand einer groben, durch Erfahrung gewonnenen Wissensbasis" erfolgt und "nicht an ein strukturiertes Vorgehen gebunden" ist. Intuition ist somit ein unbewusster Prozess, in den vor allem Wissen aus früheren Erfahrungen eingeht. Dieser Prozess ist im Allgemeinen nicht nachvollziehbar und überprüfbar.[59]

In komplexen und dynamischen Situationen ist es oft nicht möglich, das geforderte Maß an sicheren und eindeutigen Informationen zu gewinnen. Dadurch kommt es zu einer faktischen Beschränkung des bewussten Wissens. Die Einsatzmöglichkeit von Reflexion ist begrenzt. Der unbewusste Datentransformationsprozess der Intuition wird zur Unterstützung der Entscheidungsfindung benötigt. Dadurch vergrößert sich die zugrunde gelegte, teils intuitiv begründete Wissensbasis erheblich.[60] Insgesamt gilt: "Je weniger Wissen über einen Ausführungstatbestand vorliegt, desto größer ist die Notwendigkeit intuitiver Lösungsfindung. Je größer der intuitive Lösungsanteil ausfällt, desto weniger ist die gefundene Lösung reflexiv hinterfragbar. Je weniger die Lösung reflexiv hinterfragbar ist, desto größer ist der Spielraum für die Führungskraft, eigene Ziele einfließen zu lassen, ohne dass dies offensichtlich wird".[61]

---

[55] Vgl. hier und im Folgenden Weber (1998 a), S. 29-36.

[56] Vgl. hierzu auch die Übersicht der unterschiedlichen Controlling-Konzeptionen und ihre Zwecksetzungen bei Küpper (1997), S. 8 f.

[57] Siehe Weber (1998), S. 30.

[58] Weber (1998 a), S. 29 f.

[59] Vgl. Weber/Brettel/Schäffer (1996), S. 52 f.

[60] Weber/Brettel/Schäffer (1996), S. 54 ff.

[61] Weber (1998 a), S. 32.

Nach dieser Sichtweise ist es deshalb die Aufgabe des Controllings, durch "reflexive Führungselemente ein Gegengewicht zu intuitiven, mit "unternehmerischem Fingerspitzengefühl" getroffene Entscheidungen und Maßnahmen zu bilden", denn Controlling hat eine angemessene Rationalität (bzw. ... Reflexivität) der Führung sicherzustellen.[62]

WEBER versucht in seinem Ansatz, den Blickwinkel ausdrücklich auf die wesentlichen Grundgedanken des Controllings zurückzuführen, um so zu einer umfassenden und dennoch einfachen Konzeption zu kommen. Der Zugang zum Controlling wird durch die Sicherstellung einer rationalen Führung viel einfacher und greifbarer als das z.B. bei der umfassenden koordinationsorientierten Konzeption der Fall ist. Die Orientierung am Führungsprozess und an dessen Ausgangssituation ist durch die Unterstützungsfunktion des Controllings für das Management im Grunde genommen vorgegeben. Dieser Ausgangspunkt erweist sich als viel konkreter als die Betrachtung der einzelnen Aspekte des Führungsgesamtsystems.[63] Die Frage, der WEBER in seinem Ansatz nachgeht, lautet: Warum ist die Managementunterstützung durch das Controlling eigentlich nötig? Was sind die originären Gründe hierfür? Seine Antwortet lautet: Die oft fehlende Rationalität hat letztendlich Controlling begründet. Deshalb hat das Controlling dafür zu sorgen, dass die intuitive Willensbildung soweit wie möglich in eine reflexive Willensbildung übergeführt wird, da dann die Rationalität wieder gegeben ist.[64]

Gründe für fehlende Rationalität und Reflexion sind z.B. die zunehmende Dynamik, Komplexität und Vernetztheit.[65] Aus diesen Merkmalen "resultiert das Phänomen der Ungewissheit".[66] Die Ungewissheit findet ihren Ausdruck in der intuitiven Wissensbasis. Um diese für die Entscheidungsfindung rational und systematisch zugänglich zu machen, muss entweder die Ungewissheit beseitigt werden, damit Faktenwissen entsteht, oder es muss ein Weg gefunden werden, das vorhandene unscharfe Wissen systematisch und objektiv aufzuarbeiten. Ist eine rationale und öffentlich zugängliche Verknüpfung von reflexivem und intuitivem Wissen möglich, ergibt sich eine wesentlich umfassendere und facettenreichere Basis für die Entscheidungsfindung.[67] Der Entscheidungsprozess wird dann für alle Beteiligten nachvollziehbar, auch wenn intuitives Wissen in die Entscheidung einfließt.

Das Kernproblem des Controllings liegt somit nicht in der Sicherstellung rationaler Führung, sondern in der **Sicherstellung konsequenter Unsicherheitsbewältigung**. Gelingt es, Unsicherheiten aufzuarbeiten oder den Umgang mit ihnen zu operationaliseren, sind verstärktes rationales Führen und Handeln eine logische Konsequenz.

Auch diese Sichtweise ist nichts Neues, sie wurde jedoch bis heute nicht mit dem nötigen Nachdruck in den einzelnen Controllingkonzeptionen postuliert. Und dies obwohl schon Ende der

---

[62] Weber (1998 a), S. 32 und 33.

[63] Auch bei der umfassenden koordinationsorientierten Controlling-Konzeption sind inzwischen Einschränkungen vorgenommen worden. Die besondere Bedeutung des Planungssystems wurde z.B. betont. Dadurch soll erreicht werden, dass diese Sichtweise auch auf Non-Profit Unternehmen übertragen werden kann beziehungsweise verständlicher für die Controlling-Praxis ist. Vgl. hierzu z.B. Weber (1998 a), S. 26-28.

[64] Aus dieser Sicht ist die Koordination nur ein Hilfsmittel um Rationaltität zu erreichen. Koordination ist nicht der Ursprungsgedanke des Controllings, sondern eine Folgeerscheinung. Diese Meinung vertritt z.B. auch Becker (1990), S. 309. Eine entgegengesetzte Meinung vertritt z.B. Küpper (1997), S. 6.

[65] Diese Aspekte werden vor allem im ganzheitlichen Controllingansatz in den Vordergrund gestellt. Siehe hierzu z.B. Müller (1996) oder auch Baum/Coenenberg/Günther (1999), S. 40 ff.

[66] Bea/Haas, (1997), S. 76.

[67] Vgl. auch Reichmann (1995), S. 9.

achtziger Jahre zu lesen war, dass "der controllingspezifische Gegenstandsbereich u.a. auf der Einsicht gründet, dass vielfach veränderte Situationen erst in einem Stadium erkannt werden, in dem die bedrohenden Auswirkungen unvermeidlich Konsequenzen zeitigen bzw. die Chancenpotenziale unwiderruflich verstrichen sind. Damit Probleme aber nicht zu spät erkannt und deren Ursachen rechtzeitig analysiert werden, ist eine Einrichtung notwendig, die eine Reduktion der Unsicherheit herbeiführt. ... gerade bei destabilen Rahmenbedingungen erscheint ein Controlling unverzichtbar".[68]

Eine frühzeitige systematische Unsicherheitsbewältigung legt den Grundstein für ein vorausdenkendes schnittstellenorientiertes Handeln. Dadurch wird vermieden, dass ein Unternehmen den Entwicklungen hinterher hinkt und ihm nur noch rein reaktives Handeln möglich ist. Werden Unsicherheiten nicht berücksichtigt und aufgearbeitet, ergibt sich eine mangelhafte, verkürzte und teilweise sogar unrealistische Informationslage. Wird diese dann für eine detaillierte Planung und Steuerung benutzt, leidet zwangsläufig auch die Prognose- und damit die Entscheidungsqualität im Führungsprozess.[69] Doch gerade die Entscheidungsqualität gilt es durch das Controlling zu verbessern. Denn Controlling hat "die Aufgabe, Informationen über Veränderungen bereitzustellen, um Entwicklungen rechtzeitg erkennen und Korrekturmaßnahmen frühzeitig einleiten zu können."[70] Die Sicherstellung solcher Handlungsmuster ist eine der Grundfunktionen des Controllings.[71]

Die gängigen Controllingkonzeptionen berücksichtigen den Unsicherheitsaspekt nicht ausreichend. Sie sind im Allgemeinen eher vergangenheitsorientiert und nicht proaktiv zukunftsgerichtet.[72] Ausdrücklich haben nur MATSCHKE und KOLF[73] den Gedanken der Unsicherheitsreduktion in ihrer Konzeption vertreten. Auch BECKER sieht die Hauptfunktionen des Controllings in einem antizipativen interagierenden Handeln und in einer dadurch möglichen Koppelung von Steuerungs- und Regelungsinformationen im Sinne einer komplexen antizipativen Steuerung und Regelung.[74]

Die Sicherstellung einer konsequenten, antizipativen Unsicherheitsbewältigung deckt die Grundideen der bereits in der Literatur vorgeschlagenen Konzeptionen ab und stellt somit einen einfachen, umfassenden Ansatz dar, der die originären Grundgedanken des Controllings aufgreift:

- Durch eine aktive, vorausschauende Unsicherheitsbewältigung können Unternehmen wesentlich besser bei der Erreichung ihrer langfristigen Gewinnziele unterstützt werden. Erfolgspotenziale können frühzeitig erkannt, aufgedeckt und mitgestaltet werden, so dass neben kurzfristigen Gewinnbetrachtungen eine längerfristige Gewinnerreichung und -verbesserung möglich wird. Dieser Gesichtspunkt findet sich z.B. im Shareholder-Value Ansatz wieder.[75]

---

[68] Coenenberg/Baum (1987), S. 7.

[69] Vgl. hierzu Becker (1990), S. 305.

[70] Grob (1996), S. 141. Vgl. auch die dort angegebene Literatur.

[71] Siehe Coenenberg/Baum (1987), S. 7.

[72] Vgl. hierzu z.B. die Übersicht über die Controlling-Konzeptionen bei Küpper (1997), S. 8 f. oder einer der vielen anderen entsprechenden Auflistungen.

[73] Siehe Matschke/Kolf (1980), S. 601.

[74] Siehe Becker (1990), S. 304-313.

[75] Zur Diskussion des Shareholder-Values siehe insbesonders Bischoff (1994), Bühner (1990), Günther (1997 b), Lewis (1994), Pape (1997), Rappaport (1986) und (1995), Raster (1995), Speckbacher (1997) oder die an diesen Stellen angegebene Literatur.

- Um Veränderungen, Turbulenzen, Diskontinuitäten oder Trends frühzeitig erkennen zu können, muss eine systematische Informationsbeschaffung, - auswertung und -verwertung gewährleistet sein. Sie muss unscharfe Informationen umfassen. Dies ist besonders wichtig in Zeiten großer Dynamik und Komplexität. Mit der auftretenden Informationsflut erhält auch die Informationsselektion einen besonderen Stellenwert.

- Die Notwendigkeit einer systematischen Planung und Kontrolle ist offensichtlich, denn nur so kann vorausschauende Information aktiv verarbeitet und überprüft werden. Unsicherheiten ermöglichen häufig eine Vielzahl von Planungsalternativen, die bewertet und auf ihre Wirkung hin untersucht werden müssen. Durch den Versuch der frühzeitigen Unsicherheitsaufbereitung erhält besonders die strategische Kontrolle einen zentralen Stellenwert. Prämissen, Zusammenhänge oder Wirkungsweisen sind ständig im aktuellen Kontext zu überprüfen und zu beurteilen, damit die Planung den aktuellen und zukünfigen Erfordernissen gerecht werden kann.

- Zur Sicherstellung einer konsequenten Unsicherheitsbewältigung ist deshalb die Integration und Koordination von Planung und Kontrolle auch über verschiedene Unternehmensebenen unabdingbar. Dabei ist die Koordination jedoch nur eine von der Unsicherheitsbewältigung abgeleitete Funktion des Controllings und wird nicht als originäre Funktion gesehen.

- Um rational zu handeln, muss ausreichendes Wissen vorhanden sein. Neben dem Faktenwissen kommt dem unscharfen Wissen eine immer größere Bedeutung zu. Um vom intuitiven zum rationalen Handeln zu kommen, muss deshalb versucht werden, das unscharfe Wissen zu operationalisieren oder gar in Faktenwissen zu transformieren. Somit begründet sich die Notwendigkeit, Unschärfe adäquat abzubilden und in die Überlegungen der Unternehmensführung systematisch aufzunehmen. Je früher dies geschieht, desto besser. Durch eine dergestalt systematische Unsicherheitsbehandlung und -bewältigung wird die Unternehmensführung flexibler, kann agieren statt zu reagieren und ist somit besser in der Lage, die zukünftigen Erfordernisse für das Unternehmen zu erkennen.

Die Sicherstellung konsequenter Unsicherheitsbewältigung kann sowohl auf Profit- als auch auf Non-Profit Unternehmen gleichermaßen angewandt werden. Die Intensität der Unsicherheitsbewältigung hängt vom konkreten Umsystem und der Größe der Unternehmung ab und ist deshalb unternehmensindividuell zu gestalten. Eine eindeutige organisatorische Einordnung ist nicht erforderlich, vielmehr sollte ein entsprechendes Bewusstsein im ganzen Unternehmen aufgebaut werden.

Abbildung 2.3 (Seite 20) fasst die besprochenen Controlling-Konzeptionen zusammen und zeigt ihren generellen Zusammenhang auf. Die koordinationsorientierte Konzeption umfasst die planungs- und kontrollorientierte Konzeption. Diese wiederum deckt im Wesentlichen die informationsorientierte Konzeption ab, die umfassender als die gewinnzielorientierte Konzeption ist. Durch die Sicherstellung rationaler Führung soll eine Integration der zuvor beschriebenen Sichtweisen erreicht werden. Denkt man die Idee der Sicherstellung rationaler Führung weiter, wird ersichtlich, dass das eigentliche Anliegen des Controllings die Unsicherheitsbewältigung ist.

Stellt man die Unsicherheitsbewältigung in den Vordergrund des Controllingverständnisses, so

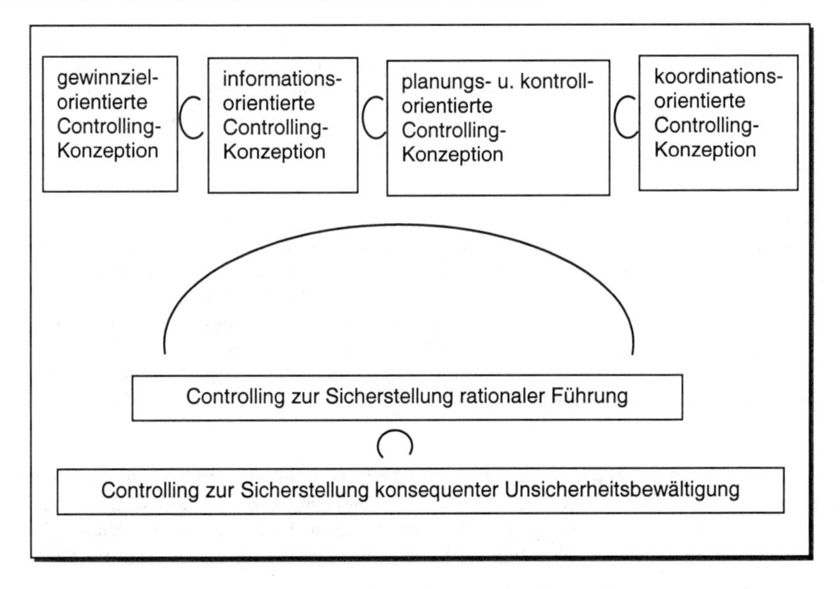

Abbildung 2.3: Zusammenhang der verschiedenen Konzeptionen

bilden die Führungsteilsysteme Planung,[76] Kontrolle und Informationssystem die Kernstücke eines Controllingsystems.[77] Die Planung ist stark vorausschauend. Das Arbeiten mit schwachen Signalen und der Umgang mit unscharfer Information sind Bestandteile des Planungssystems. Unterstützt wird die Planung von einem breit ausgelegten Kontrollsystem, zu dessen Aufgaben auch die Prämissenkontrolle gehört.[78] Die Kontrolle ist einerseits rückwärtsgerichtet und prüft, ob die gesetzten Ziele erreicht wurden. Anderseits ist sie vorwärtsgerichtet, indem sie Maßnahmen initiiert, die dazu führen sollen, dass zukünftige Planwerte auch bei aktuellen Abweichungen erreicht werden. Das Planungs- und das Kontrollsystem sind durch einen Regelkreis verbunden.[79] Dadurch wird eine zielgerichtete Steuerung gewährleistet.

Planung und Kontrolle müssen auf einem umfassenden, zukunftsgerichteten Informationssystem

[76] Ausführliche Darstellungen über das Wesen der Planung, den Planungsprozess und die Planungsinstrumente können z.B. bei Adam (1993), Berens/Delfmann (1995), Coenenberg/Baum (1987), S. 13-112, Dannenberg (1990), S. 15 ff, Gaydoul (1980), S. 47-130, Hahn (1996), Hahn/Taylor (1997), Hauke/Opitz (1996), Homburg (1998), S. 55-204, Kreikebaum (1993), Küpper (1990), Mag (1995), Rabl (1990), Schneeweiß (1991) und (1992), Welge/Al-Laham (1992) oder Wild (1982) gefunden werden. In den angegebenen Stellen werden teils ganz unterschiedliche Schwerpunkte und Sichtweisen vertreten. Einen historischen Abriss zur Entwicklung von Planung, Planungsinstrumenten und Strategie gibt Günther (1991), S. 20 ff.

[77] Vgl. hier und im Folgenden auch Coenenberg/Baum (1987), S. 11 ff und Baum/Coenenberg/Günther (1999), S. 3 ff.

[78] Ausführungen über die Kontrolle sind in allen neueren Controlling-Lehrbüchern wie z.B. bei Hasselberg (1989), Köhler (1976), Sjurts (1995) oder Stoermer (1996) zu finden.

[79] Zum Controlling als Regelkreis oder kybernetisches System siehe z.B. Baum/Coenenberg/Günther (1999), S. 4 und 7, Becker (1990), Coenenberg/Baum (1987), S. 10, Günther (1991), S. 51 ff oder Müller (1996), S. 37 ff.

basieren.[80, 81] "Es geht darum, alle für Planung und Kontrolle benötigten Informationen mit dem notwendigen Genauigkeits- und Verdichtungsgrad am richtigen Ort und zum richtigen Zeitpunkt bereitzustellen".[82] Neben internen Informationen werden die externen Informationen, die das Umfeld der Unternehmung beschreiben, immer wichtiger. Deshalb müssen die Komplexität und Dynamik beziehungweise die Veränderungen in der Unternehmensumwelt erfasst und beschrieben werden. Damit dies frühzeitig und richtungsweisend geschehen kann, ist ein Informationssystem darauf auszurichten, auch qualitative Informationen aufzunehmen und zu verarbeiten. Ein strategisch ausgerichtetes Radarsystem sollte deshalb in der Lage sein, das Management für neue Aspekte und Entwicklungen zu sensibilisieren. Somit hat das Informationssystem eine unterstützende, aber auch eine eigenständige Funktion.

Das Controllingsystem bildet gewissermaßen die Klammer um die drei Führungsteilsysteme Planung, Kontrolle und Informationssystem und hat für die Ausgestaltung der einzelnen Teilsysteme sowie ihr Zusammenspiel zu sorgen. Abbildung 2.4 (Seite 22) verdeutlicht den ausgeführten Gedankengang. Controlling hat die notwendige strategisch orientierte Kommunikation in und zwischen den Systemen sicherzustellen, zukunftsgerichtete Rahmenbedingungen für Planung, Kontrolle und Informationssystem zu schaffen und die methodische Weiterentwicklung bestehender und neuer Instrumente voranzutreiben. Controlling hat zielgerichtet und zukunftsorientiert gestalterisch tätig zu sein.

Weitere Führungsteilsysteme wie Koordination, Organisation und Personal tragen ebenfalls zu einem erfolgreichen Controlling bei. Ihre Aufgaben ergeben sich aus den Vorgaben und den Notwendigkeiten von Planung, Kontrolle und Information.

So wie sich die Sichtweisen des Controllings weiterentwickeln, so ergeben sich auch neue Aufgaben und Herausforderungen für ein zukunftsgerichtetes Controlling.[83] Wesentlich für die Weiterentwicklung des Controllings wird nicht nur sein, dass der Stellenwert der Unbestimmtheit angemessen vertreten wird, sondern auch, dass gelernt wird, mit der Unbestimmtheit systematisch und methodisch umzugehen. Wie kann Unbestimmheit operationalisiert und umgesetzt werden? Das wird die entscheidende Frage bei der Positionsbestimmung der Unbestimmtheit im Controlling sein.

Bleibt zu hoffen, dass die Operationalisierbarkeit der Unbestimmtheit nicht den gleichen Weg nimmt wie die Implementation von Strategien: "Die Beschäftigung mit strategischen Visionen gilt auch heute noch sowohl für Wissenschaftler wie auch für Praktiker als wesentlich vornehmere und anspruchsvollere Aufgabe als jene der <<bloßen Umsetzung>> einer Idee".[84]

Die Theorie der unscharfen Mengen oder Fuzzy Set-Theorie kristallisiert sich als Hilfsmittel bei der Operationalisierung von Unschärfe in jüngster Zeit heraus. Sie ist in der Lage, sprachliche Unschärfe und somit *weiche* Informationen abzubilden und zu operationalisieren. Sie kann mit

[80] Die Bedeutung der Informationsversorgung und der Informationssysteme für das Controlling wird z.B. bei Horváth (1996 a), S. 323-740 beschrieben.

[81] Zu Information, Informationssystemen, Informationsbedarf und Informationsangebot siehe z.B. auch Beiersdorf (1995), Biethahn/Huch (1994), Dörfler (1986), Gaydoul (1980), S. 151-221 oder Schaufelbühl (1987).

[82] Horváth (1996 a), S. 327.

[83] Einen umfassenden Überblick über neue Entwicklungstendenzen erhält man mit Hilfe der Sammelbände von Mayer/Liessmann/Freidank (1999), Rieder (1997 a), Risak/Deyhle (1991) und Steinle/Eggers/Lawa (1995 a). Besonders zu erwähnen sind in diesem Zusammenhang auch die Arbeiten von Blazek (1997), Eschenbach (1997), Fischer (1996), Horváth (1997), Rieder (1997 b) oder Weber (1997).

[84] Bea/Haas (1997), S. 175.

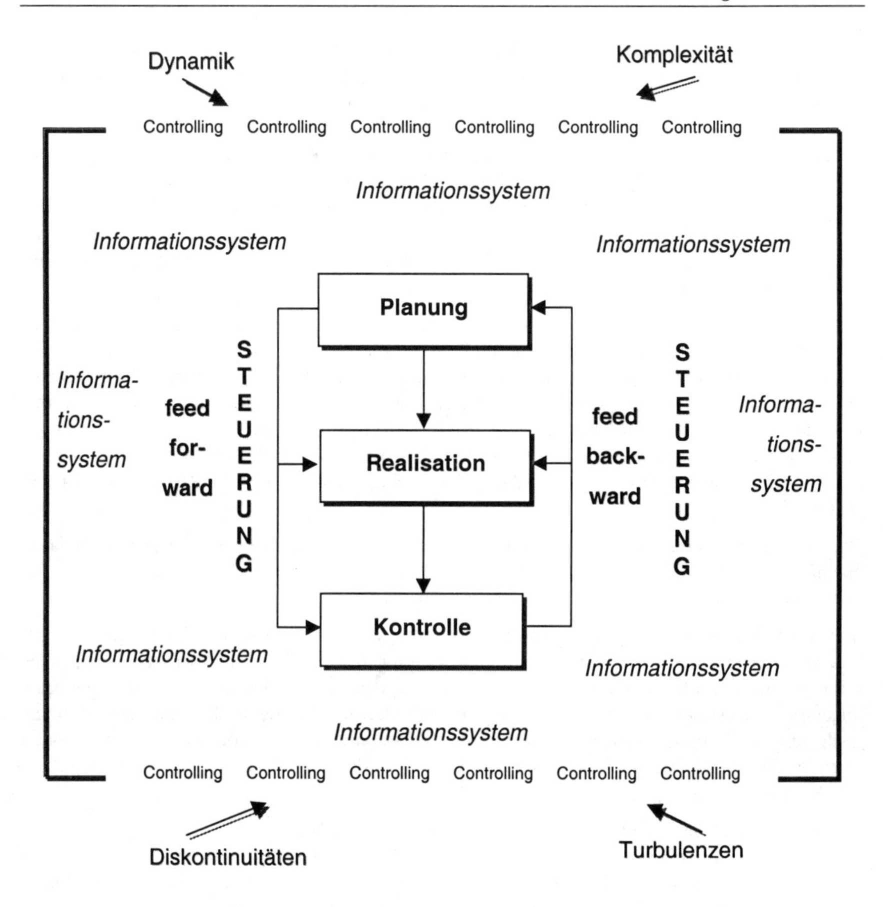

Abbildung 2.4: Zugrunde gelegtes Controllingverständnis

Hilfe von fuzzy logischen Wenn-Dann-Regeln Wirkungszusammenhänge auf sprachlicher Ebene formulieren und so beispielsweise unscharfe Beurteilungs- und Entscheidungssysteme aufbauen. Da sie es auch ermöglicht, komplexe Beurteilungsprozesse in kleine Einheiten zu zerlegen und diese wieder zusammenzuführen, kann sie auch den Dezentralisationsgedanken unterstützen.[85]

Bevor das Anwendungspotenzial der Theorie der unscharfen Mengen in Controllinginstrumenten aufgezeigt wird, sind die Grundlagen zur Anwendung der Theorie zu legen. Deshalb wird im nächsten Kapitel zuerst auf die Fuzzy Set-Theorie selbst eingegangen. Dabei stehen die Einordnung der Theorie der unscharfen Mengen sowie ihre wichtigsten Grundbegriffe und grundlegende Arbeitsweisen im Vordergrund. Die Tiefe der Einführung orientiert sich am Verständnis, das für die nachfolgenden Kapitel der Arbeit notwendig ist.

[85] Auf das Anwendungspotenzial der Fuzzy Set-Theorie im Controlling weisen konkret z.B. Kraus (1997) und Ossadnik (1996), S. 318 ff hin.

3 Unschärfe und ihre formale Abbildung durch unscharfe Mengen

Unscharfe Mengen erlauben eine formale Abbildung von begrifflicher Unschärfe. Typische Problemstellungen im Management sind häufig durch begriffliche Unschärfe charakterisiert. Bevor das Anwendungspotiential der unscharfen Mengen im Controlling aufgezeigt wird, ist es sinnvoll, eine Einordnung der Fuzzy Set-Theorie bezüglich des Bestimmtheitsgrades der von ihr benutzten Daten und Informationen vorzunehmen. Dabei ist im Zusammenhang mit der Fuzzy Set-Theorie eine teilweise verwirrende Begriffsvielfalt zu finden. Diese wird kurz skizziert, um sich dann auf einen einheitlichen Begriff festzulegen. Des Weiteren werden die prinzipiellen Ziele und Vorgehensweisen der Fuzzy Set-Theorie besprochen. Um die Fuzzy Set-Theorie anwenden zu können, müssen die formalen Grundlagen bereitgestellt werden. Die wichtigsten Grundbegriffe und grundlegenden Konzepte der Theorie der unscharfen Mengen werden besprochen und veranschaulicht. Die Tiefe der formalen Einführung orientiert sich dabei am Verständnis für die unscharfen Mengen, das für die nachfolgenden Kapitel der Arbeit notwendig ist.

3.1 Einordnung und Begriffsbildung

Wesentlicher Bestandteil der betrieblichen Planungs- und Entscheidungsprozesse sind die zugrunde gelegten problemrelevanten Daten und Informationen. Sie können unterschiedliche Bestimmtheitsgrade aufweisen. Zwei Formen von Bestimmtheitsgraden werden unterschieden:[86]

a) Mangel an Information

b) Mangel an begrifflicher Schärfe

Zu a): Liegt die Unbestimmtheit in einer nicht ausreichenden Informiertheit begründet, unterscheidet die Entscheidungstheorie zwei grundlegende Situationen:[87]

Sicherheitssituation: Die Sicherheitssituation ist dadurch gekennzeichnet, dass alle benötigten Daten bekannt sind. In der Praxis gibt es selten eine umfassende und vollständige Informationslage. Deshalb tritt die Sicherheitssituation nur selten auf.

Unsicherheitssituation: In einer Unsicherheitssituation sind die benötigten Daten nicht bekannt. Es werden zwei Fälle von Unsicherheit unterschieden: Risiko und Ungewissheit. Eine **Risikosituation** liegt vor, wenn Wahrscheinlichkeiten für das Auftreten der verschiedenen Ausprägungen der unbekannten Daten angegeben werden können. Von **Ungewissheit** spricht man, wenn die Angabe dieser Wahrscheinlichkeiten nicht möglich ist.

---

[86] Hier wird der Einteilung von Schneeweiß (1991), S. 34 ff gefolgt. In der Literatur wird eine Vielzahl von unterschiedlichen Einteilungen diskutiert. Siehe hierzu z.B. Dubois/Prade (1989), Klir (1987), Resconi/Klir/Harmanec/St. Clair (1996) oder Zimmermann (1997).

[87] Das Grundmodell der betriebswirtschaftlichen Entscheidungslehre wird z.B. bei Bamberg/Coenenberg (1996), S. 12 ff beschrieben.

Auch Ungewissheitssituationen treten selten in der Praxis auf, da oft wenigstens subjektive Wahrscheinlichkeiten für das Auftreten von verschiedenen Ausprägungen aufgrund von subjektiven Einschätzungen der Situation festgelegt werden können.

Beide Unsicherheitssituationen, die auf dem Mangel an Informationen basieren, fassen wir unter dem Begriff **stochastische Unsicherheit** zusammen.[88]

Zu b) Der Mangel an begrifflicher Schärfe wird oft auch als **Unschärfe**, **Vagheit** oder **Fuzziness** bezeichnet. In der Literatur werden drei Arten von Unschärfe unterschieden:[89]

Intrinsische (lexikalische) Unschärfe

Unter intrinsischer oder lexikalischer Unschärfe wird die inhaltliche Unsicherheit oder Undefiniertheit von Wörtern oder Sätzen verstanden. Sie drückt die Unschärfe menschlicher Empfindungen aus. Beispiele sind *stabile Währungen*, *hoher Gewinn*, *gute Produktqualität*, *gute Konjunkturlage*, usw. Die Adjektive von lexikalischen Ausdrücken liefern keine eindeutige Beschreibung. Die Bedeutung ergibt sich erst im jeweiligen Kontext. Da sich bei der menschlichen Kommunikation die Bedeutung von Wörtern und Sätzen aus dem Zusammenhang ergeben, haben intrinsische Ausdrücke dort keine negativen Auswirkungen. Häufig erleichtern sie sogar die Kommunikation.

Informationale (informale) Unschärfe

Informationale Unschärfe basiert auf dem Überfluss an Informationen. Die Informationsmenge ist so groß, dass sie gar nicht ganz aufgenommen und verarbeitet werden kann. Informale Unschärfe tritt bei Begriffen auf, die zwar exakt definiert sind, zu deren umfassenden Beschreibung jedoch eine Vielzahl von Merkmalen notwendig ist, die dann zu einem Gesamturteil aggregiert werden.

Ein Beispiel für informationale Unschärfe ist der Begriff *Kreditwürdigkeit.*[90] Eine Person gilt als kreditwürdig, wenn sie in der Lage ist, den ihr gewährten Kredit entsprechend den Vereinbarungen zurückzuzahlen. Nach dieser Definition kann die Kreditwürdigkeit erst abschließend nach Zurückzahlung des Kredits beurteilt werden. Eine Bank möchte die Kreditwürdigkeit jedoch vor Vergabe des Kredits beurteilen. Dazu sind besonders die finanzielle und persönliche Situation des Kreditnehmers wichtig. Die finanzielle Situation kann durch Merkmale wie *belasteter Grundbesitz* und *sonstige Vermögenswerte*, die die Besicherung beschreiben, überprüft werden. Bei der persönlichen Situation spielen z.B. die *Leistungsfähigkeit* und *Leistungsmotivation* oder die *Gewinnorientierung* und die *soziale Integration* des Kreditnehmers eine Rolle. Zur Beurteilung der Kreditwürdigkeit genügt es jedoch nicht, nur die oben genannten Merkmale zu überprüfen. Es ist auch zu klären, wie die Merkmale im Einzelnen zur Beurteilung beitragen.

Relationale Unschärfe

Unscharfe Relationen sind Aussagen, in denen die Beziehungen zwischen den betrachteten Objekten keinen zweiwertigen Charakter haben. Beispiele sind *viel besser*, *etwa gleich* oder *erheblich kleiner.*

---

[88] Es sind auch eine Reihe von Mischformen zwischen der Risiko- und Ungewissheitssituation möglich. Siehe hierzu z.B. Bamberg/Coenenberg (1996), S. 119 ff.

[89] Siehe Rommelfanger (1994), S. 4 oder auch Zimmermann (1993 a), S. 4-7.

[90] Das Beispiel geht auf Zimmermann (1993 a), S. 5 ff zurück.

Unschärfen verschiedener Art können auch verknüpft werden. Ein Beispiel für die Kombination von intrinsischer und relationaler Unschärfe liefert folgende Aussage: " *Wenn das Marktwachstum gering ist, nimmt der Marktanteil nur mäßig zu*".[91] *Geringes* Marktwachstum gibt intrinsische Unschärfe wieder, *nimmt mäßig zu* entspricht relationaler Unschärfe.

Die drei Arten der Unschärfe werden unter dem Begriff **linguistische Unsicherheit** zusammengefasst.[92] Die Fuzzy Set-Theorie liefert das Instrumentarium, um linguistische Unsicherheit zu modellieren.

Abbildung 3.1 fasst die Einordnung der Fuzzy Set-Theorie zusammen.

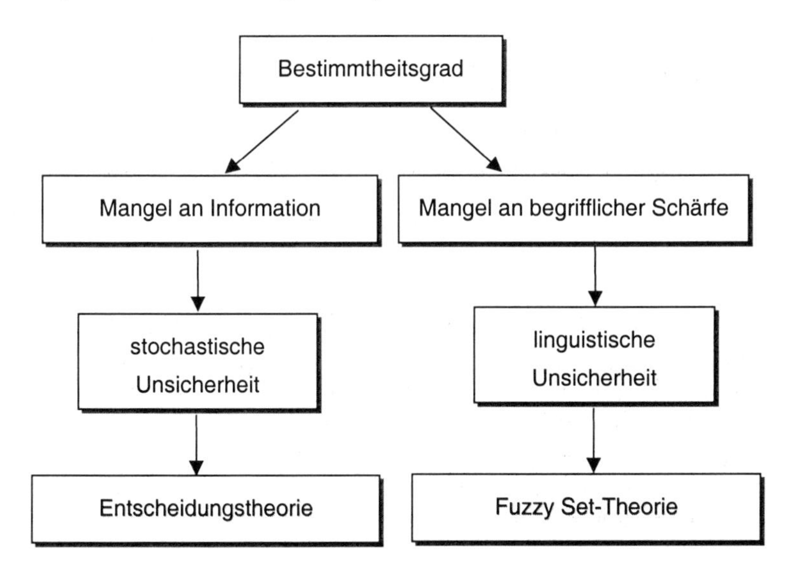

Abbildung 3.1: Einordnung der Fuzzy Set-Theorie

In den vorangegangen Kapiteln wurden ohne Differenzierung die Begriffe Unsicherheit,[93] Unbestimmtheit, Ungewissheit, Unschärfe, Fuzziness oder Vagheit benutzt. Dies wurde bewusst getan, da sie auch in der Literatur nicht einheitlich benutzt werden.[94] Werden im Folgenden Situationen behandelt, die durch Mangel an begrifflicher Schärfe charakterisiert sind, wird ab

[91] Keil (1996), S 105.

[92] Weitere Grobaufteilungen von Unbestimmtheit sind z.B. bei Kahlert/Frank (1994), S. 7, Keil (1996), S. 104, Klir/Yuan (1995), S. 268, Rommelfanger (1994), S. 4. oder Zimmermann (1995 b), S. 1 f zu finden.

[93] Der Begriff Unsicherheit wird hierbei nicht ausschließlich im entscheidungstheoretischen Sinne benutzt. Vgl. hierzu z.B. Bamberg/Coenenberg (1996), S. 16 f.

[94] Biewer (1997), S. 1 ff und Spies (1993), S. 17 ff gehen auf diese Problematik ein und beschreiben, in welchen Bereichen unterschiedliche Arten und Begriffe von Unsicherheit auftreten. Biewer versucht auch einen historischen Abriss des Phänomens Vagheit zu geben. Dabei greift er z.B. auf Arbeiten von Russel (1923), Peirce (1902) oder Black (1937) zurück, die u.a. Aspekte der philosophischen, psychologischen und linguistischen Vagheit betrachten. Die entsprechenden Literaturquellen sind bei Biewer angegeben.

jetzt der Begriff der **Unschärfe** benutzt werden. Der rechte Ast von Abbildung 3.1 (Seite 25) charakterisiert somit Unschärfe. Abbildung 3.2 (Seite 26) zeigt, welche Begriffe im Umfeld der Fuzzy Set-Theorie in dieser Arbeit unter dem Begriff Unschärfe zusammengefasst werden.

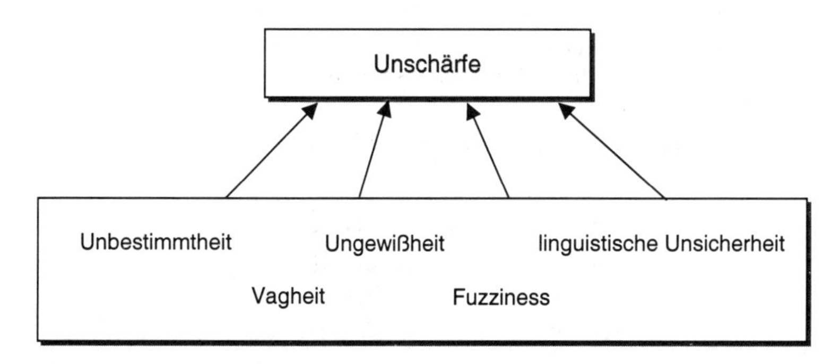

Abbildung 3.2: Begriffsbildung

3.2 Ziele und Vorgehensweisen der Fuzzy Set-Theorie

Als praxisorientierte Ziele der Fuzzy Set-Theorie haben sich im Wesentlichen vier Aspekte herauskristallisiert:[95]

- **Modellierung von Unschärfe**
  Erstes Ziel ist es, intrinsische, informationale und relationale Unschärfe mit Hilfe von unscharfen Mengen besser und adäquater als mit anderen Theorien zu modellieren und zu verarbeiten.

- **Komplexitätsreduktion**
  Zweites Ziel ist es, durch die Anwendung von unscharfen Begriffen komplexe Datenmengen, ihre Struktur und ihren Zusammenhang zusammenfassend und vereinfachend darstellen zu können. Der wesentliche Informationsgehalt soll dabei jedoch erhalten werden. Dadurch sollen komplexe Systeme erfassbar und formulierbar gemacht werden.

- **Relaxierung klassischer zweiwertiger Verfahren**
  Typische Entscheidungsprobleme werden häufig auf zweiwertige Modelle reduziert. Optimierungsverfahren unterscheiden z.B. zwischen zulässigen und nicht-zulässigen Handlungsalternativen oder zwischen einer optimalen oder nicht-optimalen Lösung. Häufig sind die anstehenden Probleme jedoch nicht von dieser zweiwertigen Art. Reale Probleme erlauben Abwägungen, Substitutionen oder Bandbreiten, in denen agiert werden kann. Deshalb sollte eine Anpassung der Modellsprache an die wirkliche Problemstruktur angestrebt werden. Hierbei will die Fuzzy Set-Theory helfen.

- **Bedeutungserhaltendes Schließen**
  Werden Schlüsse mit Hilfe der dualen Logik gezogen, wird der Inhalt der verwendeten Aussagen nicht benutzt. Maßgeblich sind nur die Wahrheitswerte *wahr* und *falsch* der

[95] Vgl. z.B. Zimmermann (1995 b), S. 8.

einzelnen Aussagen bei der Schlussfolgerung. Um menschliche Schlussfolgerungen zu modellieren, müssen jedoch der Inhalt und die Bedeutung der eingehenden Wörter und Sätze beachtet werden. Die Fuzzy Logik, ein Konzept aus der Fuzzy Set-Theorie, hat zum Ziel, bedeutungserhaltende Schlüsse zu ziehen.

Zusätzlich sei angemerkt, dass die Fuzzy Set-Theorie die Wahrscheinlichkeitstheorie oder andere Unsicherheitstheorien nicht als Ganzes ersetzen will, sondern das Ziel verfolgt, diese Theorien nur dort angemessen zu ersetzen, wo sie die adäquatere Darstellung und Behandlung der Problemsituation bietet.[96]

Um die angestrebten Ziele zu erreichen, verwendet die Theorie der unscharfen Mengen im Wesentlichen zwei Vorgehensweisen:[97]

- **Algorithmische Vorgehensweise**
  Die algorithmische Vorgehensweise versucht im Allgemeinen, bereits bestehende scharfe Modelle oder Methoden zu fuzzifizieren, wenn dadurch die Modelle und Verfahren realistischer werden. Häufig werden aufgrund der Modellannahmen die benötigten Inputgrößen auf einen festen Wert reduziert, damit ein zweiwertiges Modell angewandt werden kann. Besser wären dagegen oft unscharfe Begriffe oder unscharf formulierte Wertebereiche als Inputgrößen. Die algorithmische Vorgehensweise in der Fuzzy Set-Theorie versucht die gegebenen realistischen unscharfen Informationen und Zusammenhänge in das bestehende Modell zu integrieren, um dadurch bessere und realitätsnähere Lösungen zu finden. Ziel ist dabei häufig nicht mehr, eine beste Lösung, sondern vielmehr eine zufriedenstellende Lösung zu finden.[98]

- **Wissensbasierte Vorgehensweise**
  Unscharfe Mengen werden in wissensbasierten Ansätzen hauptsächlich dazu benutzt, menschliches Wissen inhaltserhaltend formal abzubilden. So wird es möglich, menschliches Erfahrungs- und Expertenwissen DV-technisch zu verarbeiten. Dazu sind vier Schritte nötig:

  - *Wissensakquisition*
    Allgemeines Wissen über die Problematik muss zusammengetragen und festgehalten werden.
  - *Wissensdokumentation*
    Das spezielle Wissen der Experten wird im Allgemeinen durch Regeln formuliert. Das Regelwerk bildet die Wissensbasis.
  - *Wissensverarbeitung*
    Das sprachlich oft unscharfe, linguistisch formulierte Wissen wird inhaltserhaltend in einer Inferenzmaschine weiterverarbeitet.

[96] Vgl. hierzu auch von Altrock (1993), S. 13 oder Zimmermann (1997), der versucht, typische Anwendungsfälle für die verschiedenen Unsicherheitstheorien zu charakterisieren.

[97] Vgl. z.B. Zimmermann (1995 b), S. 9 f.

[98] Günther (1991), S. 41 stellt zusammenfassend die Entwicklung der strategischen Planungsinstrumente im Zeitablauf vor. Bei den Planungsinhalten zeigt sich, dass nicht mehr Optimalität zählt, sondern dass zunehmend zufriedenstellende Lösungen gesucht werden, die die Anpassungsfähigkeit der Unternehmen unterstützen.

- *Übersetzung*
  Dazu sind Eingangsgrößen in unscharfe Begriffe, die in der Wissensbasis benutzt werden, zu übersetzen (Fuzzifizierung). Andererseits müssen die unscharfen Ergebnisse des Inferenzprozesses häufig auch wieder in Ausgangsgrößen zurückübersetzt werden (Defuzzifizierung).

Eine quantifizierende Modellierung von unscharfen Sachverhalten muss sich auf Bereiche beziehen, die einen Konsens hinsichtlich der Quantifizierung erlauben.[99] Die Fuzzy Set-Theorie galt "lange Zeit als unpräzise und als wissenschaftlich unseriös".[100] In Wahrheit aber differenzieren unscharfe Mengen präziser und stellen mehr Informationen bereit. "Sie sind, und darin steckt ein Schuss Ironie, einfach genauer".[101]

Die Fuzzy Set-Theorie hat bisher eine besonders breite Anwendung in den Ingenieurwissenschaften gefunden.[102] In den Wirtschaftswissenschaften mehren sich die Anwendungen in den letzten Jahren.[103, 104] Die Inhalte der Fuzzy Set-Theorie können jedoch noch nicht als Standardwissen der Wirtschaftswissenschaften aufgefasst werden. Deshalb werden im Folgenden die wesentlichen Grundbegriffe und Grundlagen der Fuzzy Set-Theorie dargestellt. Es ist nicht beabsichtigt, eine komplette Übersicht über die Fuzzy Set-Theorie zu geben. Es werden ausschließlich diejenigen Begriffe und Konzepte beschrieben, die für das Verständnis der weiteren Arbeit notwendig sind. Für eine umfassendere Einarbeitung in dieses Gebiet steht eine reichhaltige Literatur zur Verfügung.[105]

[99] Vgl. Demant (1993), S. 4.

[100] McNeill/Freiberger (1994), S. 16.

[101] McNeill/Freiberger (1994), S. 50.

[102] Vgl. hierzu z.B. Mamdani/Gaines (1981), Sugeno (1985) oder Zimmermann/von Altrock (1994).

[103] Vgl. z.B. Biethahn/Hönerloh/Kuhl/Nissen (1997) oder Popp (1994).

[104] Ein aktueller Überblick über betriebswirtschaftliche Anwendungen von Fuzzy Technologien ist auch im Internet auf der Seite *http://www.wifak.uni-wuerzburg.de/wilan/wifak/bwl/bwl2/research/fuzzybwl.htm* (Stand: 31.01.00) zu finden. Einige Links im Zusammenhang mit Fuzzy Technologien sind auf *http://www.wifak.uni-wuerzburg.de/wilan/wifak/bwl/bwl2/namen/erben.htm* (Stand: 31.01.00) zusammengestellt.

[105] Kurze Einführungen in die Fuzzy Set-Theorie geben z.B. die Artikel oder Arbeitspapiere von Dutta (1993), Kruse/Gebhardt/Klawonn (1991), Lehmann/Weber/Zimmermann (1992), Mißler-Behr/Lechner (1996), Munakata/Jani (1994), Nauck/Kruse (1997), Popp/Protzel/ Weierich/Wetzel/Bitterlich/Lödel (1993) oder Zimmermann (1983) und (1993 c). Einen umfassenderen Überblick über die Theorie geben z.B. die Bücher von von Altrock (1993), Bandemer/Gottwald (1993), Biewer (1997), Bothe (1995), Demant (1993), Flemming (1977), Geyer-Schulz (1986), Kahlert/Frank (1994), Klir/Folger (1988), Kruse/Gebhardt/Klawonn (1993), Lowen (1996), Reznik (1997), Rommelfanger (1994), Schulte (1993), Tilli (1993) oder Zimmermann (1993 a), (1995 a), (1995 b) und (1996). Mehr in allgemeiner Form wird das Wesen und Gedankengut der Fuzzy Set-Theorie z.B. bei Drösser (1994), Kosko (1993), McNeill/Freiberger (1994) beschrieben. Eine Zusammenfassung von richtungsweisenden Aufsätzen zur Fuzzy Set-Theorie ist bei Dubois/Prade/Yager (1993) zu finden. Lowen (1996), S. 241-404 enthält eine aktuelle Bibliographie von mehr als 150 Seiten über die Fuzzy Set-Theorie.

3.3 Formale Grundelemente der Fuzzy Set-Theorie

3.3.1 Grundbegriffe

Die Fuzzy Set-Theorie kann als Verallgemeinerung der klassischen Mengenlehre[106] oder als Verallgemeinerung der dualen Logik[107] aufgefasst werden. Im Allgemeinen wird der Zugang über die Mengenlehre gewählt, so auch in dieser Arbeit.

Während in der klassischen Mengenlehre ein Element eindeutig einer Menge zugeordnet ist oder nicht, ermöglicht die Fuzzy Set-Theorie eine graduelle, abgestufte Zuordnung der Elemente zu einer Menge. Deshalb wird jedem Element ein sogenannter **Zugehörigkeitsgrad** zugeordnet. Der Zugehörigkeitsgrad gibt an, inwieweit ein Element die betrachtete Mengeneigenschaft besitzt. Zugehörigkeitsgrade sind meistens auf das Intervall $[0, 1]$ normiert.

Beispiel 1:

Zwei Beispiele für unscharfe Mengen sollen dies verdeutlichen:

Nach Abschluss des Prüfungsjahres beurteilt eine Wirtschaftsprüfungsgesellschaft sieben ihrer Mandanten bezüglich der Eigenschaft "*gesundes Unternehmen*". Ein mögliches Ergebnis der Beurteilung zeigt Abbildung 3.3 (Seite 29).

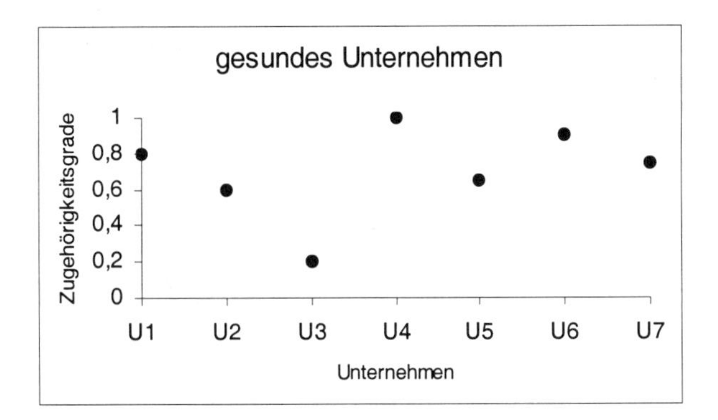

Abbildung 3.3: Unscharfe Menge "*gesundes Unternehmen*"

Durch Abbildung 3.3 (Seite 29) wird auch die unscharfe Menge *gesunde Unternehmen* $\tilde{A}$ eindeutig repräsentiert und graphisch dargestellt. Die Punkte • geben die Grade der Zugehörigkeit der Unternehmen zur unscharfen Menge an.[108] Die Festlegung der Zugehörigkeitsgrade erfolgt in der Regel subjektiv, da sie oft auf Beurteilungen und Einschätzungen beruht. Deshalb ist die absolute Lage eines unscharfen Elements nicht allein aussagekräftig. Vielmehr muss auch die

[106] Eine kurze Einführung in die klassische Mengenlehre kann z.B. bei Biewer (1997), S. 47-54 oder bei Opitz (1997), S. 86-154 gefunden werden.

[107] Grundelemente der dualen Logik werden z.B. bei Opitz (1997), S. 60-85 erklärt.

[108] Häufig werden die Punkte, die die Zugehörigkeitsgrade von endlich vielen Elementen in einem solchen Diagramm symbolisieren, linear verbunden. Dann haben diese Verbindungslinien inhaltlich keine Bedeutung. Sie dienen ausschließlich der besseren Visualisierung der Höhenunterschiede der Zugehörigkeitsgrade.

Gesamtlage aller Elemente zueinander berücksichtigt werden. Dadurch wird verständlich, dass Zugehörigkeitsgrade in der Regel Richtwerte sind.

Unternehmen U4 aus Abbildung 3.3 (Seite 29) besitzt z.B. einen Zugehörigkeitsgrad von 1 zur unscharfen Menge der *gesunden Unternehmen.* U4 repräsentiert somit ein mustergültiges Unternehmen. Bei Unternehmen U6 sind bereits leichte Abstriche zu verzeichnen. Dies drückt sich in einem Zugehörigkeitsgrad von 0,9 aus. Vergleicht man die Unternehmen U2 und U5, so wird U5 ein wenig besser beurteilt als U2. Beide Unternehmen erhalten Beurteilungen über 0,5. U3 weist den geringsten Zugehörigkeitsgrad von 0,2 auf. Dieses Unternehmen zeigt Ansätze eines gesunden Unternehmens auf, an denen in Zukunft intensiv gearbeitet werden muss.

Neben der graphischen Darstellung kann auch eine aufzählende Schreibweise für die unscharfe Menge der *gesunden Unternehmen* $\tilde{A}$ aus Abbildung 3.3 (Seite 29) benutzt werden:

$$\tilde{A} = \{(U1; 0,8),\ (U2; 0,6),\ (U3; 0,2),\ (U4; 1),\ (U5; 0,65),\ (U6; 0,9),\ (U7; 0,75)\}$$

Jedes Mengenelement aus $\tilde{A}$ besitzt zwei Komponenten. Betrachten wir das erste Mengenelement $(U1; 0,8)$, so bezeichnet die erste Komponente ein Element aus einer scharfen Grundmenge X. X beinhaltet in unserem Beispiel die Unternehmen $U1$ bis $U7$. Die zweite Komponente des Tupels gibt den Zugehörigkeitsgrad des Elements zur unscharfen Menge *gesunde Unternehmen* an. Die Menge $\tilde{A}$ unseres Beispiels besitzt endlich viele Elemente und ist somit diskret.

Ein weiteres Beispiel stellt die unscharfe Menge *angemessener Gewinn* $\tilde{B}$ dar. Die Beurteilung dieser Größe hängt z.B. vom betrachteten Unternehmen, von der Konjunkturlage, von der Branche oder vom Betrachter ab und muss deshalb situativ erfolgen. Abbildung 3.4 (Seite 30) zeigt drei mögliche unterschiedliche Bewertungen.

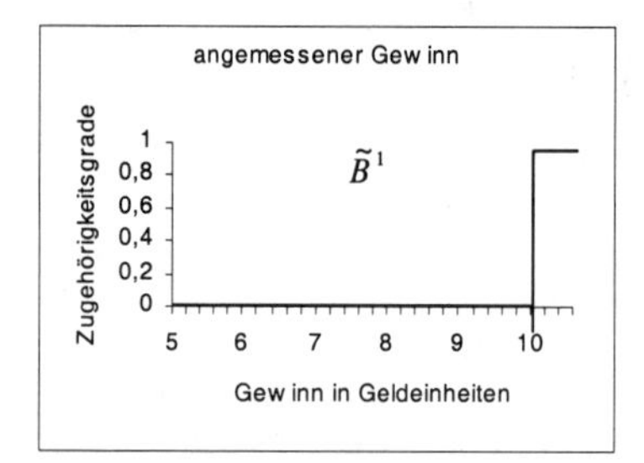

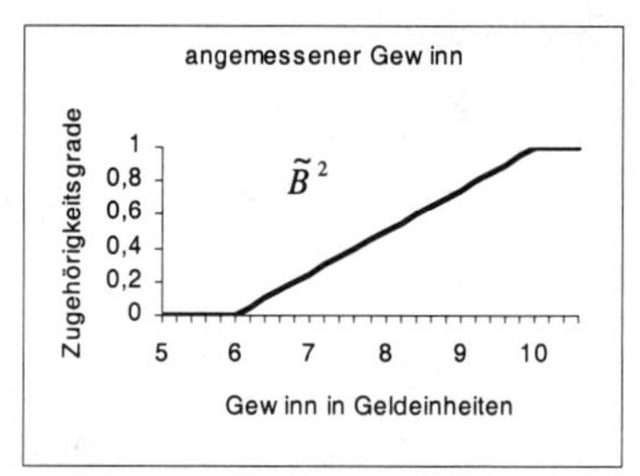

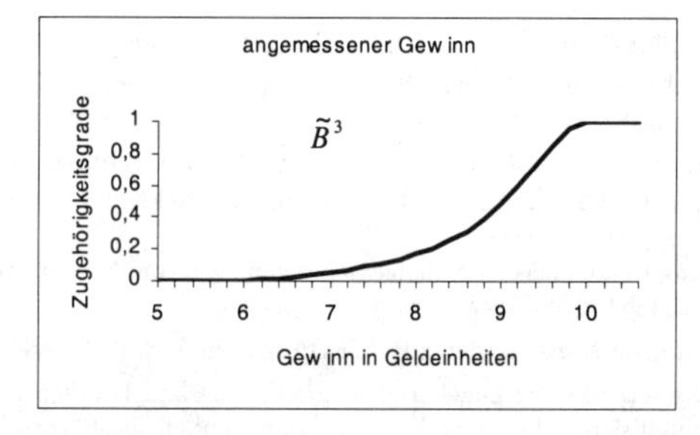

Abbildung 3.4: Beispiele für die unscharfe Menge "*angemessener Gewinn*"

Die linke obere Graphik in Abbildung 3.4 (Seite 30) zeigt eine scharfe Beurteilung $\tilde{B}^1$ des *angemessenen Gewinns*. Der Gewinn wird als angemessen mit einem Zugehörigkeitsgrad von 1 bewertet, wenn er 10 Geldeinheiten nicht unterschreitet. In allen anderen Fällen betragen die Zugehörigkeitsgrade 0. In diesen Fällen wird der Gewinn als unangemessen beurteilt. $\tilde{B}^1$ entspricht somit einer scharfen Menge. Die Zugehörigkeitsfunktion μ_1 wird in diesem Fall auch **charakteristische Funktion** genannt.

Eine derart polarisierende Beurteilung wird in der Realität kaum auftreten. Typischer wird sein, dass die Beurteilenden angeben können, bis zu welchem Betrag ein Gewinn unangemessen erscheint und ab welchem Betrag der Gewinn als angemessen mit einem Zugehörigkeitswert von 1 beurteilt wird. Zwischen diesen beiden Punkten wird eine graduell abgestufte Beurteilung vorgenommen.

Zur Beschreibung der abgestuften Beurteilung wird in der rechten oberen Graphik von Abbildung 3.4 (Seite 30) im Intervall $[6, 10]$ eine lineare Funktion zur Beschreibung des *angemessenen Gewinns* $\tilde{B}^2$ verwendet. Derartige stückweise lineare Zugehörigkeitsfunktionen bieten sich immer dann an, wenn der Anwender keine weiteren Hinweise auf spezielle Punkte der Zugehörigkeitsfunktion besitzt oder seine Einschätzungen gleichmäßig verteilt sind.

Sind die Anwender dagegen der Meinung, dass die Zugehörigkeitsgrade für Gewinne, die größer sind als 6 Geldeinheiten, aber nahe bei 6 liegen, eher klein und die Zugehörigkeitsgrade für Gewinne, die zwar größer als sechs aber kleiner und nahe 10 sind, eher groß sein sollten, so kann z.B. die untere Graphik aus Abbildung 3.4 (Seite 30) mit $\tilde{B}^3$ die Einschätzungen der Anwender realistisch wiedergeben.

Alle drei Zugehörigkeitsfunktionen μ_i aus Abbildung 3.4 (Seite 30) zeigen kontinuierliche unscharfe Mengen, deren Grundmenge die reellen Zahlen sind. Formal lassen sich die Zugehörigkeitsfunktionen der oben abgebildeten unscharfen Mengen $\tilde{B}^i$ folgendermaßen beschreiben:

$$\mu_1(x) = \begin{cases} 0 & \text{für } x < 10 \\ 1 & \text{für } x \geq 10 \end{cases}$$

$$\mu_2(x) = \begin{cases} 0 & \text{für } x < 6 \\ \frac{x-6}{4} & \text{für } x \in [6,\ 10] \\ 1 & \text{für } x > 10 \end{cases}$$

$$\mu_3(x) = \begin{cases} 0 & \text{für } x < 6 \\ \left(\frac{1}{1+(x-10)^2}\right) - \frac{1}{17} \cdot \left(\frac{10-x}{4}\right) & \text{für } x \in [6,\ 10] \\ 1 & \text{für } x > 10 \end{cases}$$

Bei beiden Beispielen wird offensichtlich, dass die Zugehörigkeitsgrade häufig Ausdruck von subjektiven Einschätzungen sind. Dabei kann es sich sowohl um individuelle Einschätzungen als auch um aggregierte Einschätzungen einer Gruppe handeln. Je genauer die Informationen der Entscheidungsträger bezüglich der betrachteten Mengeneigenschaft sind, desto eher nähert sich die Zugehörigkeitsfunktion der charakteristischen Funktion an. Die Gestalt einer Zugehörigkeitsfunktion ergibt sich aus der jeweiligen Anwendung.

Formal lässt sich eine unscharfe Menge folgendermaßen beschreiben:

Definition 1:

Sei X eine beliebige Grundmenge mit Elementen $x \in X$ und $\mu : X \to [0,1]$ eine Abbildung, die **Zugehörigkeitsfunktion** genannt wird. Eine **unscharfe Menge $\tilde{A}$ in X** ist dann eine Menge geordneter Paare

$$\tilde{A} = \{(x,y) \in X \times [0,1] \mid x \in X \text{ und } y = \mu(x)\}.$$

Jede unscharfe Menge $\tilde{A}$ ist somit eindeutig durch ihre Zugehörigkeitsfunktion beschrieben. Die Elemente der Menge X stellen den Definitionsbereich, die Zugehörigkeitsgrade $\mu(x)$ die Bildmenge der Zugehörigkeitsfunktion dar.[109]

Bei der Interpretation einer unscharfen Menge wird häufig nicht die ganze Zugehörigkeitsfunktion betrachtet, sondern nur Teile davon. Interessant sind besonders diejenigen Teilmengen einer Grundmenge, deren Zugehörigkeitsgrade ein vorgegebenes Niveau $\alpha \in [0,1]$ nicht unterschreiten. Diese Mengen werden **α-Niveaumengen** genannt.

Beispiel 2:

Wir betrachten die unscharfen Mengen $\tilde{A}$ und $\tilde{B}^2$ aus dem vorhergehenden Beispiel (siehe die Abbildungen 3.3 (Seite 29) und 3.4 (Seite 30)).

Diejenigen Unternehmen aus der Grundmenge von $\tilde{A}$, die von der Unternehmensberatungsgesellschaft mit einem Zugehörigkeitsgrad von wenigstens 0,7 bewertet wurden, können durch die $0,7$-Niveaumenge

$$X_{0,7} = \{U1,\ U4,\ U6,\ U7\}$$

beschrieben werden. Die jeweiligen Zugehörigkeitsgrade betragen 0,8, 1, 0,9 und 0,75. Die Grundmenge X ist dabei die Menge aller Unternehmen, die von der Unternehmensberatungsgesellschaft geprüft werden.

Diejenigen angemessenen Gewinne aus $\tilde{B}^2$, die einen Zugehörigkeitsgrad von wenigsten 0,5 besitzen, lassen sich durch die $0,5$-Niveaumenge

$$Y_{0,5} = [8;\ \infty)$$

beschreiben. Denn es gilt: $\mu_2(8) = 0,5$ und $\mu_2(x) > 0,5$ für $x > 8$. In diesem Fall stellt die α-Niveaumenge ein Intervall dar. Die zugrunde gelegte Grundmenge Y für die angemessenen Gewinne sind hierbei die reellen Zahlen.

Häufig interessieren auch die 1-Niveaumenge, 0-Niveaumenge und das Komplement der 0-Niveaumenge. Für $\tilde{A}$ enthält die 1-Niveaumenge das Element U4. Die strenge 0-Niveaumenge umfasst alle Unternehmen mit positivem Zugehörigkeitsgrad. Deshalb sind sämtliche Unternehmen U1 bis U7 Elemente der strengen 0-Niveaumenge. Das Komplement der strengen 0-Niveaumenge enthält nur Elemente mit einem Zugehörigkeitsgrad von 0. Für $\tilde{A}$ ist diese Menge leer.

[109] In der jüngeren Literatur wird die unscharfe Menge meist ausschließlich durch die Zugehörigkeitsfunktion definiert. Siehe hierzu z.B. Biewer (1997), S. 56 oder Lowen (1996), S. 21. Die hier benutzte Mengenschreibweise lehnt sich an Hauke (1998), S. 18 an. Die typische, üblicherweise benutzte mengentheoretische Schreibweise ist z.B. bei Zimmermann (1996), S. 11 f zu finden.

Die 1-Niveaumengen beschreiben diejenigen Elemente, die die unscharfe Eigenschaft eindeutig besitzen. Bei $\tilde{B}^2$ wird die 1-Niveaumenge durch das Intervall $[10, \infty)$ beschrieben. Elemente mit einem Zugehörigkeitsgrad von 0 besitzen die unscharfe Mengeneigenschaft nicht. Einen Zugehörigkeitsgrad von 0 weisen die Gewinnne aus dem Intervall $(-\infty; 6]$ auf. Sie werden als eindeutig unangemessen beurteilt. Die strenge 0-Niveaumenge von $\tilde{B}^2$ erstreckt sich dagegen über das Intervall $(6, \infty)$. Sie beschreibt diejenigen Gewinneinheiten, die nicht für unangemessen gehalten werden.

Die formale Definition von α-Niveaumengen lautet:

Definition 2:

Sei $\tilde{A}$ eine unscharfe Menge in X mit der Zugehörigkeitsfunktion $\mu : X \to [0,1]$ und sei $\alpha \in [0,1]$. Dann heißt die Menge

$$X_\alpha := \{x \in X \mid \mu(x) \geq \alpha\}$$

α-Niveaumenge von $\tilde{A}$.[110] Die Menge

$$X_{>\alpha} := \{x \in X \mid \mu(x) > \alpha\}$$

heißt **strenge α-Niveaumenge** von $\tilde{A}$.

Die strenge 0-Niveaumenge wird auch **stützende Menge** von $\tilde{A}$ genannt. Jede α-Niveaumenge ist eine scharfe Menge.

Eine weitere wichtige Eigenschaft von stetigen unscharfen Mengen ist die **Konvexität**. Sie macht eine Aussage über den generellen Verlauf einer Zugehörigkeitsfunktion. Da eine Zugehörigkeitsfunktion in der Regel Einschätzungen und Bewertungen wiedergibt, wird sie sinnvollerweise keinen zickzackförmigen oder wellenförmigen Verlauf aufweisen. Vielmehr erscheint ein Verlauf vernünftig, der

- zuerst ansteigt und dann gegebenenfalls abfällt oder
- ansteigt und dann auf hohem Niveau verbleibt oder
- von hohem Niveau abfällt.

Beispiel 3:

Abbildung 3.5 (Seite 34) verdeutlicht diesen Sachverhalt an zwei Beispielen.

Die Abbildung zeigt links eine konvexe und rechts eine nicht-konvexe unscharfe Menge.[111] Die Zugehörigkeitsgrade in der linken Graphik steigen bis zum Werte 1 an, bevor sie dann recht schnell bis zum Wert 0 wieder abfallen. Hier liegt eine homogene Bewertung vor. Aus formaler Sicht ist eine konvexe unscharfe Menge dadurch charakterisiert, dass zwischen zwei Elementen

---

[110] α-Niveaumengen werden häufig auch als α-Schnitt, α-Cut oder α-Level Cut bezeichnet.

[111] Aus dem Verlauf der Zugehörigkeitsfunktion der linken Graphik wird ersichtlich, dass die Zugehörigkeitsfunktion einer konvexen unscharfen Menge selbst nicht konvex sein muss. Zum Begriff der Konvexität einer Funktion siehe z.B. Opitz (1997), S. 431.

x_1 und x_2 kein drittes Element existiert, dessen Zugehörigkeitsgrad kleiner ist als der kleinere der beiden Zugehörigkeitsgrade von x_1 und x_2. Dieser Sachverhalt ist auch in der linken Graphik beispielhaft verdeutlich, da der Zugehörigkeitsgrad von Punkt $\lambda x_1 + (1-\lambda)x_2$ sowohl über dem Zugehörigkeitsgrad von x_1 als auch dem von x_2 liegt.

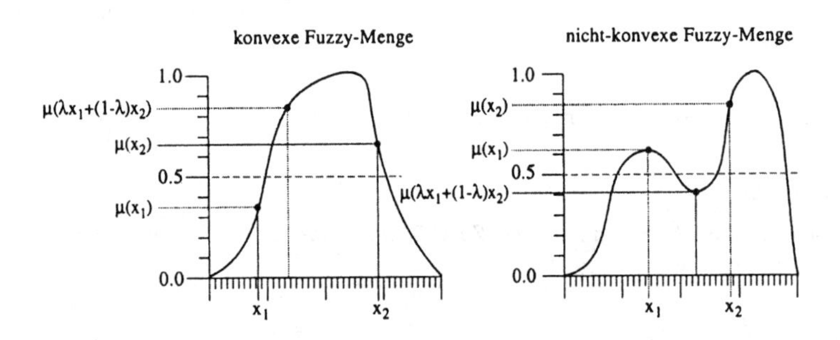

Abbildung 3.5: Konvexe und nicht-konvexe unscharfe Mengen [112]

Die rechte Graphik hingegegen beschreibt ein inhomogenes Bewertungsschema. Die Zugehörigkeitsfunktion weist zwei Bereiche des Anstiegs und zwei Bereiche des Abstiegs auf. Deshalb ist auch am lokalen Minimum $\lambda x_1 + (1-\lambda)x_2$ der Zugehörigkeitsgrad kleiner als der Zugehörigkeitsgrad von x_1 und x_2. Somit ist die oben beschriebene, charakterisierende Eigenschaft für eine konvexe unscharfe Menge nicht erfüllt.

Weitere unscharfe konvexe Mengen zeigen die Zugehörigkeitsfunktionen aus Abbildung 3.4 (Seite 30) des ersten Beispiels.

Formal wird eine konvexe unscharfe Menge wie folgt definiert:

Definition 3:

Sei $X \subset I\!R$ eine klassische konvexe Menge. Die unscharfe Menge $\tilde{A}$ in X, die durch die Zugehörigkeitsfunktion $\mu : X \to [0,1]$ bestimmt ist, heißt **konvex**, wenn für alle Elemente $x_1,\ x_2 \in X$ und $\lambda \in [0,1]$ gilt:

$$\mu(\lambda x_1 + (1-\lambda)x_2) \geq \min\{\mu(x_1),\ \mu(x_2)\}$$

Bei konvexen unscharfen Mengen bilden die α-Niveaumengen zusammenhängende Bereiche. In der linken Graphik von Abbildung 3.5 (Seite 34) wird z.B. die 0,5-Niveaumenge durch ein abgeschlossenes Intervall beschrieben, während in der rechten Graphik zwei Intervalle zur Beschreibung benötigt werden.[113]

Konvexe unscharfe Mengen lassen sich zudem häufig leichter weiterverarbeiten als beliebige unscharfe Mengen.[114]

[112] Entnommen aus Biewer (1997), S. 68.

[113] Zur Bestimmung der Niveaumengen kann man sich an den gestrichelten Linien in Abbildung 3.5 (Seite 34) durch den Punkt $\mu = 0,5$ orientieren.

[114] Siehe Biewer (1997), S. 68.

Ein grundlegendes Konzept der unscharfen Mengen sind die sogenannten **linguistischen Variablen.**[115] Linguistische Variablen sind dadurch begründet, dass z.B. in der "betrieblichen Planung und Entscheidung ... eine Fülle von Informationen benötigt" werden, "welche teilweise präzise, exakt und quantitativ erhältlich, überwiegend jedoch unpräzise, vage oder verbal beschrieben sind".[116]

Eine linguistische Variable ist eine Größe, deren Werte sprachliche Ausdrücke, sogenannte **linguistische Terme** sind und keine exakten Zahlen. Die scharfe Größe *Gewinn* kann z.B. konkrete Werte in den reellen Zahlen annehmen. Die linguistische Variable *Gewinn* nimmt z.B. die Werte *niedrig*, *mittel*, *hoch* an. Die konkrete Bedeutung der linguistischen Terme *niedrig, mittel* und *hoch* wird jeweils durch eine Zugehörigkeitsfunktion festgelegt. "Damit wird die approximative Charakterisierung von Phänomenen ermöglicht, deren quantitative Erfassung aufgrund der Komplexität oder der unzureichenden Definition bisher nicht möglich war."[117]

Zusätzlich zur Beschreibung der unscharfen Phänomene ist es mit Hilfe von linguistischen Variablen und ihren Termen möglich, WENN-DANN-Regeln natürlich sprachlich zu formulieren und inhaltserhaltend weiter zu verarbeiten. Die Verarbeitung von unscharfen Regeln wird unter dem Stichwort Fuzzy Logik in Abschnitt 3.3.6 (ab Seite 63) besprochen.

Formal lassen sich eine linguistische Variable und ihre Werte folgendermaßen beschreiben:

Definition 4:

Eine **linguistische Variable** ist ein Vektor[118] (L, T(L), X, B) mit folgender Bedeutung:

L:	**Name** der linguistischen Variablen
T(L):	Menge der linguistischen Werte von L, diese Menge wird auch **Termmenge** genannt
X:	**Grundmenge**, auf der die linguistische Variable definiert ist
B:	**semantische Regeln**, die jedem linguistischen Term eine Zugehörigkeitsfunktion über die betrachtete Grundmenge zuordnen

Das folgende Beispiel soll die Bestandteile der formalen Definition und das Konzept der linguistischen Variablen veranschaulichen.

[115] Zadeh (1975) selbst erweiterte seine Fuzzy Set-Theorie in einem Artikel von 1975 um das Konzept der linguistischen Variablen.

[116] Werners (1994), S. 244.

[117] Keil (1996), S. 129.

[118] Einige Autoren wie z.B. Zadeh (1975) oder Zimmermann (1996), S. 131 beschreiben eine linguistische Variable mit Hilfe eines 5-elementigen Vektors. Zusätzlich zu den hier angegebenen vier Bezeichnungen, geben sie noch syntaktische Regeln, die die Benennung der Terme der linguistischen Variablen mittels einer "generativen Grammatik" (vgl. Bandemer/Gottwald (1993), S. 104) aus einer Grundtermmenge erzeugen. Diese Angaben sind jedoch nicht nötig, da die gesamte Termmenge eindeutig durch T(L) beschrieben werden kann. Sinnvoll erscheint die Angabe des Quintupels in solchen Fällen, in denen die Zugehörigkeitsfunktionen der generierten Termmenge algorithmisch durch die Grundtermmenge bestimmt werden soll. Dazu werden dann sogenannte linguistische Modifikatoren zur Anwendung gebracht. Vgl. hierzu z.B. Zimmermann (1996), S. 135 f oder Bothe (1995), S. 88 f.

Beispiel 4:

Die Bewertung der Rentabilität einer Investition wird durch die Begriffe *niedrig*, *mittel* und *hoch* kategorisiert. Die zugrunde liegende linguistische Variable kann folgendes Aussehen haben:

L:	Rentabilität
T(L):	{niedrig, mittel, hoch}
X:	Teilmenge der reellen Zahlen, die mögliche Rentabilitäten charakterisiert
B:	$\{\mu_{gering}, \mu_{mittel}, \mu_{hoch}\}$

Die Zugehörigkeitsfunktionen, die die Bedeutung der linguistischen Terme beschreiben, müssen konkret angegeben werden. Sie sind in Abbildung 3.6 (Seite 36) graphisch dargestellt.

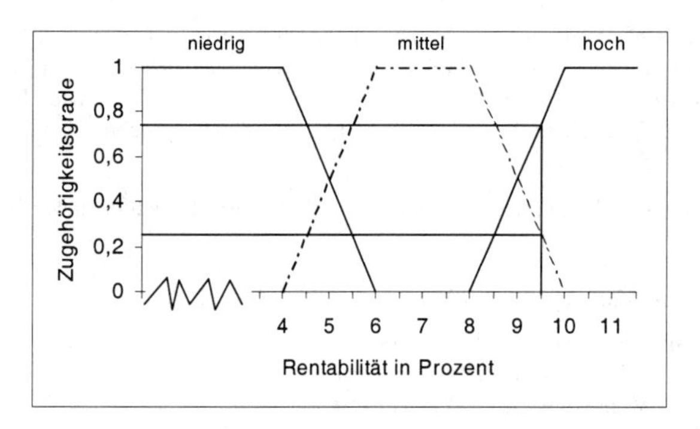

Abbildung 3.6: Semantik der linguistischen Variablen *Rentabilität*: I

Abbildung 3.6 (Seite 36) lässt erkennen, dass eine Rentabilität von weniger als 4% als eindeutig *niedrig* mit einem Zugehörigkeitsgrad von 1 eingestuft wird. Entsprechend gelten 6%-8% als *mittel* bzw. mehr als 10% als *hoch* mit Zugehörigkeitsgrad 1.[119] Zwischen diesen Rentabilitätsangaben wurden abgestufte Beurteilungen vorgenommen. Dadurch kann auch der Fall eintreten, dass ein konkreter Wert zwei Zugehörigkeitsgrade annimmt. Betrachten wir z.B. den Punkt $x = 9,5$ in Abbildung 3.6. Dieser Punkt wird mit einem Zugehörigkeitsgrad von 0,25 als *mittel* und einem Zugehörigkeitsgrad von 0,75 als *hoch* beurteilt. Die entsprechende umgangssprachliche Formulierung könnte lauten: Eine Rentabilität von $9,5\%$ entspricht eher einer hohen Rentabiltät als einer mittleren. Im jeweiligen Kontext mag die umgangssprachliche Formulierung den miteinander Kommunizierenden klar sein. Aber erst durch die konkrete Festlegung der Zugehörigkeitsfunktionen der linguistischen Terme wird die inhaltliche Bedeutung festgeschrieben und ist somit auch für Außenstehende genau verständlich.

Auch bei der Beschreibung der Zugehörigkeitsfunktionen der linguistischen Terme steht deren generelle Abgrenzung voneinander im Vordergrund. Die Beschreibung der Terme ist im Gesamtzusammenhang zu sehen. Der Verlauf der Zugehörigkeitsfunktionen sollte zwar so genau wie möglich festgelegt werden, der Aufwand sollte jedoch im Verhältnis zum Ertrag stehen. Im Allgemeinen wird die Angabe des generellen Verlaufs der Zugehörigkeitsfunktionen

[119] Gelegentlich ist neben dem Begriff **Zugehörigkeitsgrad** auch der Ausdruck **Erfüllungsgrad** zu finden. Je nach Zusammenhang und gewählter Formulierung kommt durch den Begriff Erfüllungsgrad besser zum Ausdruck, dass die Erfüllung einer Mengeneigenschaft durch den Zugehörigkeitsgrad bewertet wird.

genügen. Die dennoch benutzte exakte funktionale Beschreibung der Zugehörigkeitsfunktionen dient hauptsächlich der numerischen Unterstützung bei der Weiterverarbeitung von unscharfen Bewertungen und Informationen.

Analytisch lassen sich die Zugehörigkeitsfunktionen aus Abbildung 3.6 folgendermaßen darstellen:

$$\mu_{niedrig}(x) = \begin{cases} 1 & \text{für} \quad x \leq 4 \\ -0,5x+3 & \text{für} \quad 4 < x \leq 6 \\ 0 & \text{für} \quad x > 6 \end{cases}$$

$$\mu_{mittel}(x) = \begin{cases} 0 & \text{für} \quad x \leq 4 \\ 0,5x-2 & \text{für} \quad 4 < x \leq 6 \\ 1 & \text{für} \quad 6 < x \leq 8 \\ -0,5x+5 & \text{für} \quad 8 < x \leq 10 \\ 0 & \text{für} \quad x > 10 \end{cases}$$

$$\mu_{hoch}(x) = \begin{cases} 0 & \text{für} \quad x \leq 8 \\ 0,5x-4 & \text{für} \quad 8 < x \leq 10 \\ 1 & \text{für} \quad x > 10 \end{cases}$$

Würden jedoch im Gegensatz zur oben benutzten Beschreibung der linguistischen Terme aus Abbildung 3.6 (Seite 36) charakteristische Funktionen für die Zugehörigkeitsfunktionen gewählt, könnte die Semantik der linguistischen Variablen *Rentabilität* wie in Abbildung 3.7 (Seite 37) aussehen. Die Terme *niedrig, mittel* und *hoch* haben nun scharfen Charakter. Der Punkt $x = 5$ ist hierbei rechter Eckpunkt des *niedrigen* Bereichs und $x = 9$ rechter Eckpunkt des *mittleren* Bereichs.

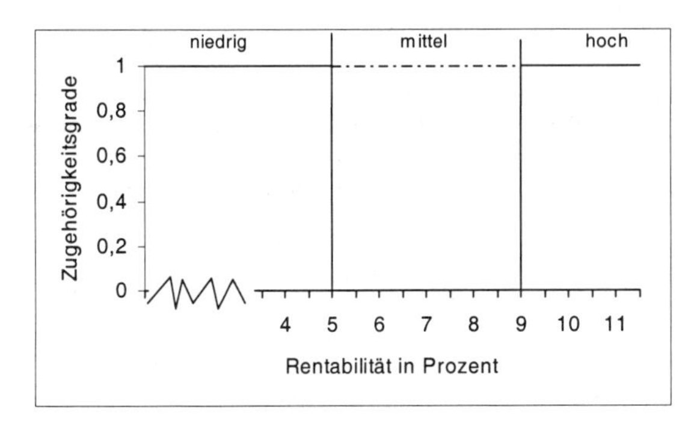

Abbildung 3.7: Semantik der linguistischen Variablen *Rentabilität*: II

In diesem Fall würde der Punkt $x = 9,5$ als eindeutig *hoch* bewertet werden und der Punkt $x = 9,0$, der zuvor in Abbildung 3.6 (Seite 36) einen Zugehörigkeitsgrad von 0,5 zu *mittel* und zu *hoch* aufwies, wäre eindeutig *mittel*. Der Punkt $x = 9,05$ wäre bereits eindeutig *hoch*. Eine differenzierte Beurteilung der linguistischen Terme, wie sie Abbildung 3.6 (Seite 36) repräsentiert, ist jetzt nicht mehr möglich.

Durch die Wahl von unscharfen und scharfen Mengen zur Beschreibung der linguistischen Terme wird im letzten Beispiel deutlich, dass es mit Hilfe von linguistischen Variablen möglich ist, einen weichen Übergang zwischen umgangssprachlichen Termen zu definieren. In der zwischenmenschlichen Kommunikation wird ein weicher Übergang meistens verstanden und kann eindeutig interpretiert werden. Dieses Phänomen konnte jedoch bisher ohne das Konzept der linguistischen Variablen nicht formal abgebildet werden.

Deutlich wird durch obiges Beispiel auch, dass die Bedeutung einer linguistischen Variablen in ihrem Kontext zu sehen ist. Die Beurteilung der Rentabilität einer Investition A kann ganz anders aussehen als die einer Investition B. Maßgeblich für die Beurteilung sind z.B. Aspekte wie die Branche, die Laufzeit, die Wettbewerbssituation und ähnliche Größen.

Die Grundmenge X, auf der eine linguistische Variable definiert ist, bildet oft eine natürliche Basis. Im letzten Beispiel war die Grundmenge z.B. durch eine Teilmenge der reellen Zahlen, die charkteristisch für Rentabiltäten ist, gegeben. Sie konnte somit durch die reellen Zahlen abgebildet werden, da auch negative Prozentwerte beziehungsweise Prozentwerte über 100 möglich sind. Natürliche Grundmengen liegen auch solchen unscharfen Größen wie dem *Gewinn*, dem *Umsatz* oder der *Eigenkapitalquote* zu Grunde. Es ist jedoch mit Hilfe von linguistischen Variablen auch möglich, Größen auf künstliche Grundmengen wie z.B. die Intervalle $[0, 1]$ oder $[0, 100]$, zu definieren.[120] Ein Beispiel hierfür gibt HAUKE, der die *Produktqualität* als linguistische Variable formuliert.[121]

Typische Anwendungen für linguistische Variablen in Planungs- oder Entscheidungssituationen treten überall dort auf, wo eine Kategorisierung oder sogar eine vollständige Ordnung von Werten vorgenommen werden soll. Eine umgangssprachliche Beurteilung gemäß *hoch/niedrig*, *sehr klein/klein/mittel/groß/sehr groß*, *wahr/falsch*, *stark/mittel/schwach* oder *nie/selten/gelegentlich/oft/immer*[122] für eine Situation oder eine Größe kann den Ausgangspunkt zur Formulierung einer entsprechenden linguistischen Variablen bilden.

3.3.2 Zur Konstruktion von Zugehörigkeitsfunktionen

Zugehörigkeitsfunktionen drücken meistens subjektive Einschätzungen oder Beurteilungen aus. Häufig werden zur Modellierung ihres Verlaufs mathematisch einfach zu behandelnde Funktionen wie dreiecksförmige, trapezförmige, Z-förmige, S-förmige, glockenkurven-ähnliche oder stückweise lineare Abbildungen gewählt, die die Einschätzungen von Experten genügend exakt wiedergeben können. Abbildung 3.8 (Seite 39) zeigt einige typische Verläufe von Zugehörigkeitsfunktionen.[123] Dabei haben sich einige Methoden für die Konstruktion von Zugehörigkeitsfunktionen herauskristallisiert. Ein Überblick darüber ist beispielsweise bei HAUKE zu finden.[124]

Zugehörigkeitsfunktionen können z.B. mit Hilfe von Angaben über sogenannte **Stützstellen** konstruiert werden. Hierbei muss der Anwender Werte vorgeben, an denen die Zugehörigkeits-

[120] Siehe hierzu z.B. Werners (1993), S. 144 ff.

[121] Siehe Hauke (1998), S. 25 f.

[122] Vgl. Keil (1996), S. 131.

[123] Vgl. zu den typischen Verläufen von Zugehörigkeitsfunktionen z.B. von Altrock (1993), S. 154 oder Popp/Protzel et al. (1993), S. 6. Auch Dombi (1990) zeigt typische mathematische Verläufe von Zugehörigkeitsfunktionen auf und diskutiert ihre Eigenschaften. Siehe außerdem Turksen (1991) und Zysno (1981).

[124] Vgl. Hauke (1998), S. 27 ff und die dort angegebene Literatur. Siehe auch die bei Biewer (1997), S. 60 angegebene Literatur und Smithson (1987), S. 77-108.

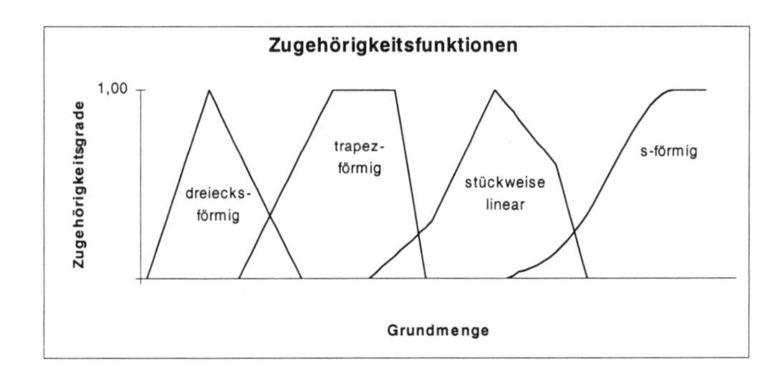

Abbildung 3.8: Typische Zugehörigkeitsfunktionen

funktion z.B. die Werte Null, Eins und je nach Anzahl der benötigten Stützstellen weitere Zugehörigkeitswerte annimmt. Die so bestimmten Stützstellen werden miteinander verbunden. Hierzu werden unterschiedliche Funktionsverläufe benutzt.[125] Liegen ausreichend viele Stützstellen vor, gilt besonders die Wahl von stetigen, stückweise linearen Zugehörigkeitsfunktionen als praktikabel.[126] Als Näherungsfunktionen werden besonders häufig dreiecksförmige oder trapezförmige Zugehörigkeitsfunktionen benutzt.[127] Zu ihrer Konstruktion genügt bereits die Angabe von drei bzw. vier Stützstellen. Zugehörigkeitsfunktionen mit ausschließlich linearen Teilästen werden sehr häufig bei technischen Problemstellungen angewandt.[128] Bei ökonomischen Anwendungen wird auch für s-förmige Funktionsverläufe plädiert,[129] "die sich an die Nutzentheorie bzw. die Normalverteilung anlehnen"[130] und in der Lage sein sollen, das menschliche Beurteilungsverhalten besonders gut nachzubilden.[131] Dies ist unter anderem dadurch begründet, dass geringe Abweichungen von den für sicher gehaltenen Werten nur kleine Reduzierungen der Zugehörigkeitswerte bedingen, während große Abweichungen von diesen Werten eine überproportionale Reduzierung der Zugehörigkeiten mit sich bringen.

Einen anderen Ansatzpunkt wählen jene Vorgehensweisen, die Zugehörigkeitsfunktionen aus statistischen Daten konstruieren. Das Datenmaterial wird meist nicht speziell für die Konstruktion der Zugehörigkeitsfunktionen erhoben, sondern stellt Sekundärmaterial dar. Die benötigten Stützstellen werden dabei durch Quantilswerte aus dem statistischen Material bestimmt.[132] Dadurch erhält die Bestimmung der Zugehörigkeitsfunktionen einen objektiveren Charakter und wird glaubwürdiger.

[125] Vgl. z.B. Schwab (1983), S. 22 ff oder Zimmermann/Zysno (1982).

[126] Vgl. Rommelfanger (1994), S. 176.

[127] Vgl. Werners (1984), S. 152 f.

[128] Technische Anwendungen mit dreiecksförmigen, trapezförmigen oder stückweise linearen Zugehörigkeitsfunktionen beschreiben z.B. von Altrock (1993) oder Tilli (1993). Ökonomische Anwendungen mit dreiecksförmigen, trapezförmigen oder stückweise linearen Zugehörigkeitsfunktionen sind z.B. bei Cunha (1989), Dederichs (1993), Forschner (1996), Paysen (1992) oder Weber/Zygan/Barczewskt/Rust (1996) zu finden.

[129] Ökonomische Anwendungen mit s-förmigen Zugehörigkeitsfunktionen beschreiben z.B. Bagus (1992), Hazebrouck (1998) oder Schwab (1983).

[130] Rommelfanger (1994), S. 156. Vgl. auch Rommelfanger (1993 a), S. 39 f.

[131] Vgl. hierzu z.B. Zimmermann (1987), S. 208 ff und Zysno (1981).

[132] Einen solchen Ansatz wählten z.B. Lütz (1996) oder Scheffels (1996).

Einen entsprechenden Ansatz verfolgt auch SCHEFFELS,[133] der ein wissensbasiertes System zur Unterstützung der Jahresabschlussprüfung auf Basis von unscharfen Mengen entwickelte. Hierzu werden Bilanzkennzahlen der geprüften Unternehmen mit Hilfe von linguistischen Variablen bewertet. Die Bewertungen spiegeln dabei das Beurteilungsverhalten von Prüfungsexperten wider und basieren auf in Datenbanken verfügbaren branchenspezifischen Vergleichsgrößen.[134]

Zur Bewertung werden Bilanzkennzahlen als linguistische Variablen mit den Termen *niedrig*, *durchschnittlich* und *hoch* formuliert. Die benötigten Stützstellen ihrer Zugehörigkeitsfunktionen werden aus Quantilswerten[135] der Vergleichsdaten abgeleitet. Dabei wird folgende Vorgehensweise, die auch in Abbildung 3.9 (Seite 40) schematisch wiedergegeben ist, benutzt:

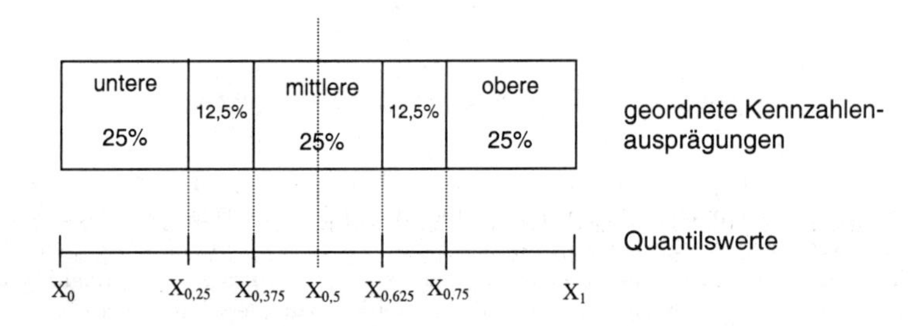

Abbildung 3.9: Quantilsabstände des Grundschemas

Der Term *durchschnittlich* besitzt Zugehörigkeitsgrade von 1, wenn der Wert der Bilanzkennzahl im Bereich der mittleren 25% der Vergleichsunternehmen der betrachteten Branche liegt. Entsprechend wird die Kennzahlausprägung eindeutig mit *niedrig* oder *hoch* bewertet, wenn sie innerhalb des Bereichs der unteren bzw. oberen 25% der Vergleichsunternehmen liegt. Der Term *durchschnittlich* weist Zugehörigkeitsgrade von 0 auf, wenn seine Nachbarterme die Zugehörigkeit 1 besitzen. Entsprechend weisen die Terme *niedrig* und *hoch* Zugehörigkeitsgrade von 0 auf, wenn der Term *durchschnittlich* Zugehörigkeitsgrade von 1 besitzt.[136] Abbildung 3.10 (Seite 41) zeigt den generellen Verlauf der Zugehörigkeitsfunktionen der linguistischen Terme in Abhängigkeit von den Quantilswerten. Es werden hier beispielhaft lineare Zugehörigkeitsfunktionen verwendet.[137]

---

[133] Vgl. Scheffels (1996), S. 68 ff.

[134] Die Vergleichsdaten wurden der Bilanzdatenbank HOPPENSTAT des Hoppenstedt Verlags, Darmstadt, entnommen. Diese Datenbank enthält die Jahresabschlussinformationen aller deutschen Aktiengesellschaften und der größeren GmbHs. Insgesamt sind etwa 5000 deutsche Unternehmen in der Datenbank erfasst. Vgl. Scheffels (1996), S. 70.

[135] Quantilswerte können für Daten ab ordinalem Datenniveau gebildet werden. Das α-Quantil x_α einer geordneten Datenreihe gibt den Wert an, der von wenigstens $100 \cdot \alpha\%$ der betrachteten Datenpunkte nicht überschritten und von wenigstens $100 \cdot (1-\alpha)\%$ nicht unterschritten wird. Werden zur Beschreibung von kardinalen Daten Quantilswerte statt dem arithmetischen Mittel verwendet, haben Ausreißerdaten keinen Einfluss auf die Ergebnisse. Außerdem kann mit Hilfe mehrerer Quantilswerte die Gesamtlage der Datenmenge umfassend beschrieben werden. Vgl. z.B. Bamberg/Baur (1998), S. 119 oder Vogel (1989), S. 18 f.

[136] Dieses Grundschema kann für die Beurteilung von Bilanzkennzahlen, die den Charakter von Risikoindikatoren besitzen, abgeändert werden. Vgl. hierzu Scheffels (1996), S. 76 ff.

[137] Scheffels (1996), S. 69, schlägt z.B. vor, die rechten und linken Äste der Zugehörigkeitsfunktionen auf die Funktion e^{-x^2} zurückzuführen.

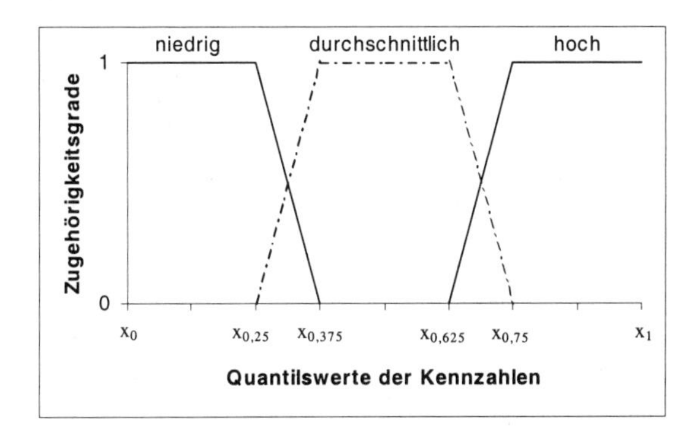

Abbildung 3.10: Empirisch ermittelte Zugehörigkeitsfunktionen

"Das beschriebene Verfahren ist sehr einfach und für den Anwender leicht nachvollziehbar. Es ermöglicht außerdem eine "automatische" Berücksichtigung der Branchenentwicklung im Zeitablauf, da eine konjunkturell bedingte Veränderung der Häufigkeitsverteilung eine entsprechende Verschiebung der Zugehörigkeitsfunktionen zur Folge hat", wenn die Daten aktualisiert werden. "Darüber hinaus hat es den großen Vorteil, dass sich Lage und Breite" der 1 und 0-Niveaumengen "flexibel an die "Streuung" der möglichen Ist-Ausprägungen einer Kennzahl anpassen, die je nach Art der Kennzahl ... beträchtlich variieren kann".[138]

Bei der Konstruktion von Zugehörigkeitsfunktionen von linguistischen Termen, ist es meist sinnvoll, darauf zu achten, dass sich die Summe der Zugehörigkeitswerte über jedem Punkt der Grundmenge maximal zu Eins addiert bzw. genau den Wert Eins annimmt, wie das z.B. auch in Abbildung 3.10 (Seite 41) der Fall ist. Es macht z.B. keinen Sinn, einen vorgegebenen Wert als eindeutig *niedrig* mit einem Zugehörigkeitswert von Eins zu beurteilen und diesen Wert gleichzeitig für *durchschnittlich* mit einem Zugehörigkeitsgrad größer Null zu halten. Die Ordnung, die die Terme einer linguistischen Variablen widerspiegeln, findet sich auch in den Zugehörigkeitsfunktionen wieder. Zudem sollte die gesamte Grundmenge durch positive Zugehörigkeitsgrade abgedeckt sein, da sonst eine kleinere Grundmenge angegeben werden kann.

3.3.3 Verknüpfung unscharfer Mengen

In realen Entscheidungssituationen verfolgt das Management häufig mehrere Zielsetzungen gleichzeitig. Wurden Zielkriterien wie z.B. der *angemessene Gewinn* und eine *wesentliche Kostensenkung* als unscharfe Mengen formuliert, stellt sich die Frage, wie unscharfe Mengen verknüpft werden können. In der klassischen Mengenlehre werden Mengen mit Hilfe des Durchschnitts und der Vereinigung verknüpft. Diese beiden Mengenoperationen entsprechen dem logischen UND bzw. ODER in der zweiwertigen Logik.[139] Sie bilden den Ausgangspunkt für die Entwicklung von Verknüpfungsoperatoren unscharfer Mengen.

[138] Scheffels (1996), S. 76.

[139] Siehe Opitz (1997), S. 96.

Beispiel 5:

Zur Stärkung ihrer Marktposition beabsichtigt eine Unternehmung, ein *gesundes* und *innovatives* Unternehmen der Branche zu übernehmen. Sieben mögliche Übernahmekandidaten wurden bereits ausgewählt und anhand der Kriterien *gesundes Unternehmen* und *innovatives Unternehmen* separat bewertet. Das Bewertungsergebnis wird durch die unscharfen Mengen $\tilde{G}$ für *gesundes Unternehmen* und $\tilde{I}$ für *innovatives Unternehmen* beschrieben und ist in Abbildung 3.11 (Seite 42) graphisch dargestellt.

In aufzählender Schreibweise sehen die unscharfen Mengen folgendermaßen aus:

$$\tilde{G} = \{(U1;0,8),\ (U2;0,6),\ (U3;0,2),\ (U4;1),\ (U5;0,65),\ (U6;0,9),\ (U7;0,75)\}$$
$$\tilde{I} = \{(U1;0,6),\ (U2;0,5),\ (U3;0,8),\ (U4;0,3),\ (U5;0,9),\ (U6;0,6),\ (U7;0,6)\}$$

Abbildung 3.11 (Seite 42) liefert nicht unmittelbar eine Entscheidung, da beide Zielsetzungen getrennt voneinander beurteilt werden.

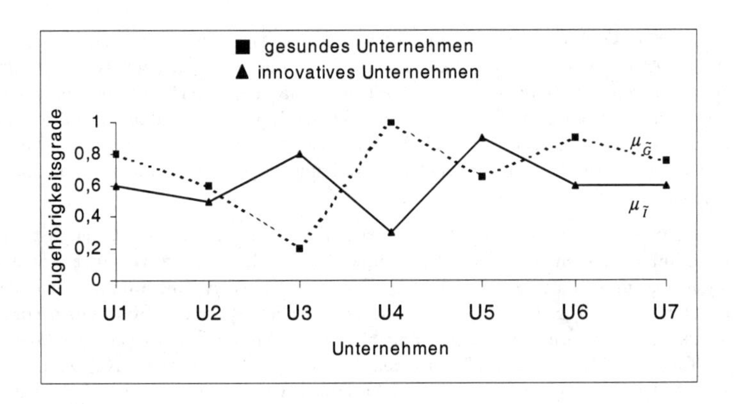

Abbildung 3.11: Unscharfe Mengen *gesundes Unternehmen* und *innovatives Unternehmen*

ZADEH[140] schlug in Analogie zur klassischen Mengenlehre vor, den Durchschnitt (logisches UND) zweier unscharfer Mengen mit Hilfe des sogenannten **Minimum-Operators** und die Vereinigung (logisches ODER) zweier unscharfer Mengen mit Hilfe des sogenannten **Maximum-Operators** zu realisieren.

Einigt sich die Unternehmensleitung darauf, dass das zu übernehmende Unternehmen gleichzeitig möglichst *gesund* **und** *innovativ* sein soll, so kann sie sich am kleinsten Zugehörigkeitsgrad der beiden Zielkriterien orientieren. Je besser das schlechter erfüllte Zielkriterium bewertet wird, desto besser wird die Gesamtbeurteilung des Unternehmens bezüglich der Eigenschaften *gesund* **und** *innovativ* ausfallen. Diese Vorgehensweise entspricht der Anwendung des Minimum-Operators und somit der Durchschnittsbildung der beiden unscharfen Zielsetzungen.

Für Unternehmen U1 ergibt sich somit folgende Bewertung:

$$\mu_{\tilde{G}\cap\tilde{I}}(U1) = \min\{\mu_{\tilde{G}}(U1),\ \mu_{\tilde{I}}(U1)\} = \min\{0,8;\ 0,6\} = 0,6$$

140 Vgl. Zadeh (1965), S. 340 f.

Die Bewertung sämtlicher Übernahmekandidaten lautet:

$$\tilde{G} \cap \tilde{I} = \{(U1; 0,6), \ (U2; 0,5), \ (U3; 0,2), \ (U4; 0,3), \ (U5; 0,65), \ (U6; 0,6), \ (U7; 0,6)\}$$

Nach diesem Kriterium sollte U5 übernommen werden, da dieses Unternehmen den höchsten Zugehörigkeitsgrad von 0,65 zur Menge der *gesunden* **und** *innovativen* Unternehmen besitzt. U5 ist jedoch dicht gefolgt von U1, U6 und U7, die jeweils einen Zugehörigkeitsgrad von 0,6 vorweisen können. Vergleicht man die Ergebnisse im Detail, so zeigt sich, dass U5 einen Zugehörigkeitsgrad von 0,65 zur Menge der *gesunden Unternehmen* besitzt und gleichzeitig das innovativste aller Unternehmen ist mit einem Zugehörigkeitsgrad von 0,9. Die Unternehmen U1, U6 und U7 gelten als gesünder als U5 mit den Zugehörigkeitsgraden von 0,8/0,9/0,75. Die Beurteilung von U1, U6 und U7 bezüglich der Innovationskraft fiel für alle drei Unternehmen gleich aus: als Zugehörigkeitsgrad ergab sich der Wert 0,6. Somit führte für U5 die Bewertung als *gesundes Unternehmen* und für U1/U6/U7 die Bewertung als *innovatives Unternehmen* zum Endresultat.

Zusätzlich zeigt sich an diesem Beispiel, dass mit dem Minimum-Kriterium keine differenzierte Beurteilung der Unternehmen U1/U6/U7 möglich ist, obwohl sich ihre Zugehörigkeitsgrade bzgl. der Bewertung *gesundes Unternehmen* unterscheiden. Dies ist dadurch zu begründen, dass bei der Endbeurteilung nur das jeweils schwächste Kriterium berücksichtigt wird.

Bei Verwendung des Minimum-Operators bringt der Entscheidungsträger somit eine insgesamt vorsichtige Grundeinstellung zum Ausdruck. Die Entscheidung orientiert sich am schwächsten Zielkriterium. Der Minimum-Operator kann in gleicher Weise auf beliebig viele Zielkriterien ausgedehnt werden.

Genügt es dem Management des übernehmenden Unternehmens jedoch, dass das zu übernehmende Unternehmen **entweder** *gesund* **oder** *innovativ* ist, erscheint die Anwendung des Maximum-Operators, der der Vereinigung entspricht, angebracht. Zur Entscheidungfindung orientiert man sich am höchsten Zielerreichungsgrad.

Somit lautet die Bewertung der Übernahmekandidaten in diesem Fall:

$$\tilde{G} \cup \tilde{I} = \{(U1; 0,8), \ (U2; 0,6), \ (U3; 0,8), \ (U4; 1), \ (U5; 0,9), \ (U6; 0,9), \ (U7; 0,75)\}$$

Hiernach sollte U4 übernommen werden, da dieses Unternehmen den höchsten Zugehörigkeitsgrad zum Menge der *gesunden Unternehmen* vorweisen kann. Bei Verwendung des Maximum-Operators genügt dem Entscheidungsträger bereits eine hohe Einzelbewertung für eine hohe Gesamtbewertung. Die Entscheidung orientiert sich somit am stärksten Zielkriterium und spricht für eine eher optimistische Grundeinstellung des Entscheidungsträgers.

Der Durchschnitt und die Vereinigung zweier unscharfer Mengen können nun entsprechend obigem Beispiel wie folgt definiert werden:

Definition 5:

Seien $\tilde{A}$ und $\tilde{B}$ zwei unscharfe Mengen über X mit den jeweiligen Zugehörigkeitsfunktionen $\mu_{\tilde{A}}$ und $\mu_{\tilde{B}}$. Dann wird die **Schnittmenge** bzw. die **Vereinigungsmenge** der unscharfen Mengen durch das Minimum bzw. Maximum der beiden Zugehörigkeitsgrade von $\mu_{\tilde{A}}$ und $\mu_{\tilde{B}}$ beschrieben:

$$\mu_{\tilde{A}\cap\tilde{B}}(x) = \min\{\mu_{\tilde{A}}(x),\ \mu_{\tilde{B}}(x)\} \qquad \forall\ x \in X \qquad \text{bzw.}$$

$$\mu_{\tilde{A}\cup\tilde{B}}(x) = \max\{\mu_{\tilde{A}}(x),\ \mu_{\tilde{B}}(x)\} \qquad \forall\ x \in X$$

Mit der Zeit wurde jedoch erkannt, dass die Bedeutung des Begriffs *und* bzw. *oder* bei realen Entscheidungsproblemen häufig anders verwendet wird, als dies in der zweiwertigen dualen Logik der Fall ist. Deshalb wurden sowohl weitere Operatoren für die Durchschnittsbildung und die Vereinigung als auch sogenannte **kompensatorische Operatoren** entwickelt.[141] Kompensatorische Operatoren basieren auf der Einsicht, dass bei menschlichen Entscheidungen häufig ein Ausgleich zwischen guten und schlechten Zielkriterien stattfindet. Somit passt häufig ein umgangssprachlich benutztes UND bzw. ODER inhaltlich nicht mit einem logischen UND bzw. ODER zusammen. Die Werte eines umgangssprachlichen UND bzw. ODER liegen oft zwischen denen des logischen UND bzw. ODER, da niedrige Bewertungen eines Merkmals durch hohe Bewertungen eines anderen Merkmals ausgeglichen werden können. Dies haben empirische Untersuchungen auch bestätigt.[142] Da die Kompromissbereitschaft von Entscheidungsträgern von Situation zu Situation anders ausfällt, sind viele Operatoren durch Parameter flexibilisiert worden, um sie auf die jeweilige Situation einstellen zu können.[143]

Beispiel 6:

In Fortführung des obigen Beispiels will das Management nun nicht, dass das zu übernehmende Unternehmen **entweder** *gesund* **oder** *innovativ* im ausschließenden Sinne ist, sondern es soll *gesund* **oder** *innovativ* **im kompensatorischen Sinne** sein. Deshalb sollen die Zugehörigkeitsgrade der Zielkriterien gemittelt werden. Abbildung 3.12 (Seite 45) zeigt die Ergebnisse dieser kompensatorischen Beurteilung als Punkte • im Vergleich zu den Einzelbeurteilungen.

Die Bewertung der Übernahmekandidaten lautet bei Anwendung des arithmetischen Mittels als kompensatorischer Operator ($\cup_\emptyset$):

$$\begin{aligned}\tilde{G} \cup_\emptyset \tilde{I} = \ &\{(U1;0,7),\ (U2;0,55),\ (U3;0,5),\ (U4;0,65),\\ &(U5;0,775),\ (U6;0,75),\ (U7;0,675)\}\end{aligned}$$

Die resultierenden Zugehörigkeitsgrade liegen nun zwischen den Ergebnissen bei Anwendung des Minimum- und Maximum-Operators. Bester Übernahmekandidat wäre im aktuellen Fall Unternehmen U5, dicht gefolgt von U6.

[141] Wesentliche Beiträge leisteten hier im deutschsprachigen Raum z.B. Rommelfanger/Unterharnscheidt (1988) oder Zimmermann/Zysno (1983). Zusammenfassende Darstellungen der Operatoren sind z.B. bei Biewer (1997), S. 82 ff oder bei Lowen (1996), S. 49 ff zu finden. Sowohl Biewer als auch Lowen verdeutlichen dabei die Auswirkungen der unterschiedlichen Operatoren auch graphisch. Vgl. z.B. Lowen (1996), S. 65-114.

[142] Siehe hierzu z.B. die Arbeiten von Rommelfanger/Unterharnscheidt (1988), Thole/Zimmermann/Zysno (1979) oder Zimmermann/Zysno (1983).

[143] Mögliche Vorgehensweisen bei der Auswahl der konkreten Operatoren sind bei Biewer (1997), S. 109 ff aufgezeigt.

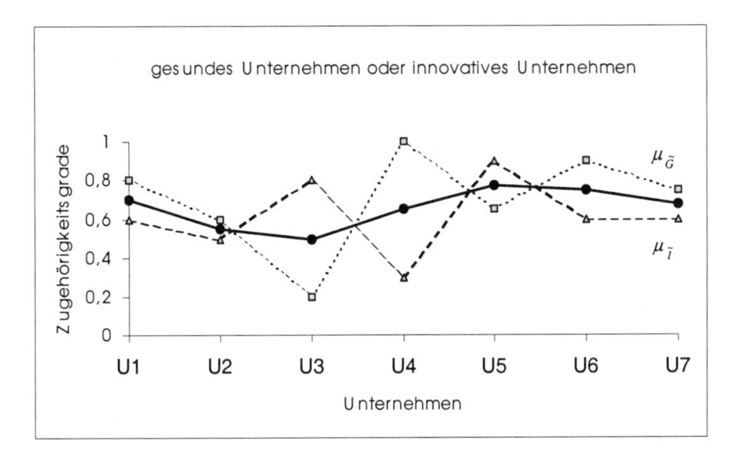

Abbildung 3.12: Anwendung eines kompensatorischen Operators

Insgesamt haben sich somit drei Klassen von Operatoren herauskristallisiert, die kurz kategorisiert, aber im Weiteren nicht thematisiert werden:[144]

Konjunktionen

Zu den Konjunktionen gehören die sogenannten **t-Normen** oder **triangularen Normen**. Sie bilden das unscharfe Äquivalent zur klassischen mengentheoretischen Durchschnittsbildung und zum logischen UND.[145] Werden unscharfe Mengen durch t-Normen verknüpft, ist der resultierende Zugehörigkeitsgrad kleiner als das Ergebnis bei Anwendung des Minimum-Operators. Deshalb beschreiben Konjunktionen sogenannte *harte* UND-*Verknüpfungen*.

Disjunktionen

Zu den Disjunktionen gehören die sogenannten **t-Conormen** oder **s-Normen**. Sie stellen Operatoren dar, die als Übertragung der Vereinigung konventioneller Mengen und somit des logische ODER verstanden werden können.[146] Werden unscharfe Mengen durch s-Normen verknüpft, ist der resultierende Zugehörigkeitsgrad größer als das Ergebnis bei Anwendung des Maximum-Operators. Deshalb beschreiben Disjunktionen sogenannte *weiche* ODER-*Verknüpfungen*.

Interjunktionen

Zu den Interjunktionen gehören die **mittelnden** oder **kompensatorischen** Operatoren. Sie können als UND/ODER-Verknüpfungen interpretiert werden, da sie von den

[144] Vgl. hierzu Dyckhoff (1994), S. 223-226. Die wichtigsten Operatoren dieser Klassen werden z.B. bei Rommelfanger (1994), S. 22 ff und Zimmermann (1996), S. 27 vorgestellt. Zur axiomatischen Begründung von Operatoren siehe auch Hamacher (1978).

[145] Biewer (1997), S. 85 und 87 oder Hauke (1998), S. 52 haben übersichtsartig einige der wichtigsten t-Normen zusammengefasst. Welche mathematischen Eigenschaften sie besitzen, zeigt die Tabelle bei Biewer (1997), S. 87.

[146] Biewer (1997), S. 85 und 87 oder Hauke (1998), S. 54 haben übersichtsartig einige der wichtigsten t-Conormen zusammengefasst. Welche mathematischen Eigenschaften sie besitzen, zeigt die Tabelle bei Biewer (1997), S. 87.

Konjunktionen und Disjunktionen begrenzt werden. Je nach Lage des Ergebnisses einer kompensatorischen Operation modelliert die Aggregation ein *weiches* UND oder ein *hartes* ODER.[147]

Für die besprochenen Klassen von Operatoren kann somit folgende Reihung angegeben werden:

$$\text{Konjunktionen} \leq \text{Minimum-Operator} \leq \text{Interjunktionen} \leq \text{Maximum-Operator} \leq \text{Disjunktionen}$$

Abbildung 3.13 schematisiert diese Anordnung und beschreibt gleichzeitig die inhaltliche Wirkung der Operatorklassen.

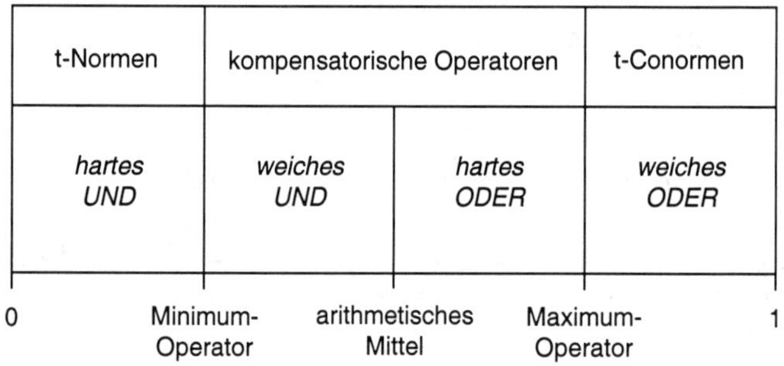

t-Normen	kompensatorische Operatoren		t-Conormen
hartes UND	*weiches UND*	*hartes ODER*	*weiches ODER*

0 — Minimum-Operator — arithmetisches Mittel — Maximum-Operator — 1

Abbildung 3.13: Operatorklassen und ihre Anordnung

Für den Anwender stellt sich die Frage, welcher der vielen Operatoren für ein spezielles Problem am geeignetsten ist. Diese Frage kann nicht generell beantwortet werden. ZIMMERMANN nennt pragmatisch orientierte Kriterien für die Auswahl eines Operators wie die Erfüllung mathematischer Eigenschaften, die reale Angemessenheit, die Anpassungsfähigkeit, die Kompensationsfähigkeit, die rechnerische Effizienz usw.[148] Eine eindeutige Auswahl ist aus diesen Kriterien nicht abzuleiten. Die Auswahl kann jedoch dadurch wesentlich eingeschränkt werden.

3.3.4 Rechnen mit unscharfen Mengen

Im letzten Abschnitt wurden Vorschläge gemacht, wie die grundlegenden Mengenoperationen für die Vereinigung oder den Durchschnitt auf unscharfe Mengen definiert werden können. Hier schließt sich die Frage an, ob sich auch Rechenoperationen auf unscharfe Mengen verallgemeinern lassen. Damit wäre eine weitere Art der Verknüpfung unscharfer Mengen gegeben. Mit Hilfe des **Erweiterungsprinzips** können algebraische Operationen auf unscharfe Mengen übertragen werden. Da hier jedoch erhebliche Schwierigkeiten auftreten können, beschränkt man sich häufig auf Konzepte spezieller **Fuzzy Zahlen** und **Fuzzy Intervalle**. Die auf unscharfe Mengen angewandten grundlegenden Rechenoperationen, sogenannte **erweiterte Operationen**, lassen sich bei diesen Konzepten auf uns bekannte scharfe Rechenoperationen zurückführen.

[147] Eine Liste von kompensatorischen Operatoren ist z.B. bei Biewer (1997), S. 90 oder bei Hauke (1998), S. 56 zusammengestellt. Aggregationscharakteristika der mittelnden Operatoren werden bei Biewer (1997), S. 102 f graphisch aufgezeigt.

[148] Vgl. Zimmermann (1993 a), S. 24 ff oder (1996), S. 41 f. Auch Dyckhoff (1994) geht auf diese Kriterien ein.

3.3.4.1 Erweiterungsprinzip

Das Erweiterungprinzip bietet "eine allgemeine Verfahrensweise zur Übertragung von Konzepten der klassischen Mathematik auf unscharfe Mengen"[149] an. Es kann benutzt werden, um ganze Theorien zu fuzzifizieren.[150]

Bereits in seinem ersten Artikel von 1965 schlug ZADEH vor, wie "die Zugehörigkeitsfunktion des Funktionswerts einer Funktion zu bestimmen" sei, "der eine unscharfe Menge als Argument übergeben wird".[151] Als Antwort ergab sich, dass "die Zugehörigkeitsgrade der Elemente der resultierenden unscharfen Wertemenge ... gleich den Zugehörigkeitsgraden der Elemente der unscharfen Argumentmenge" ist.[152]

Ein Beispiel soll das Vorgehen beim Erweiterungsprinzip erläutern:

Beispiel 7:

Ein Unternehmen beschreibt in vergröberter Form seinen erwarteten Gewinn für das Jahr 1999 durch folgende diskrete unscharfe Menge $\tilde{A}$:

$$\tilde{A} = \{(4;0,4),\ (5;0,7),\ (6;1),\ (7;0,5)\}$$

Zusätzlich werden bereits absolute Gewinnsteigerungen für das Jahr 2000 geschätzt. Auch diese werden als diskrete unscharfe Menge $\tilde{B}$ formuliert:

$$\tilde{B} = \{(2;0,2),\ (3;0,6),\ (4;1),\ (5;0,7)\}$$

Die neue Gewinnschätzung $\tilde{G}$ für das Jahr 2000 ergibt sich als erweiterte Addition der beiden unscharfen Mengen $\tilde{A}$ und $\tilde{B}$. Dazu addiert man zum ersten Gewinnwert 4 aus $\tilde{A}$ die erste absolute Erhöhung 2 aus $\tilde{B}$ hinzu. Die neue Gewinnschätzung für 2000 beträgt 6 Geldeinheiten. Diesem Wert stehen aber die beiden Zugehörigkeitswerte 0,4 und 0,2 der Summanden gegenüber. Der kleinere der beiden Zugehörigkeitsgrade wird der Gewinnschätzung von 6 Geldeinheiten zugewiesen.[153] Ein vorsichtiges Verhalten wird hier zugrunde gelegt.

Nach dem gleichen Prinzip geht man vor, wenn man zum ersten Gewinnwert 4 aus $\tilde{A}$ die zweite absolute Erhöhung 3 aus $\tilde{B}$ addieren will. Es ergibt sich eine Gewinnschätzung von 7 Geldeinheiten für das Jahr 2000 mit einem Zugehörigkeitsgrad von 0,4. Auf sämtliche paarweise Kombinationen aus $\tilde{A}$ und $\tilde{B}$ wird dieses Vorgehen angewandt. Tabelle 3.1 (Seite 48) zeigt die entsprechenden Ergebnisse. Dazu sind in der linken Spalte der Tabelle die Elemente und direkt darunter die entsprechenden Zugehörigkeitsgrade von $\tilde{A}$ eingetragen. Die entsprechenden Angaben für $\tilde{B}$ stehen in der dritten Zeile. Die inneren Elemente der Tabelle stellen die einzelnen Ergebnisse des ersten Schritts der erweiterten Addition der einzelnen Kombinationen von a_i und b_j dar.

[149] Hauke (1998), S. 60.

[150] Siehe Kruse/Gebhardt/Klawonn (1993), S. 64.

[151] Biewer (1997), S. 128.

[152] Biewer (1997), S. 128.

[153] Es wird hier das Erweiterungsprinzip nach ZADEH benutzt, dessen Prinzip später auf Seite 49 beschrieben wird.

$\tilde{A}$	$\tilde{B}_2$			
a_i $\mu(a_i)$	b_{2j} $\mu(b_{2j})$			
	2 (0,2)	3 (0,6)	4 (1)	5 (0,7)
4 (0,4)	**6** **(0,2)**	**7** **(0,4)**	8 (0,4)	9 (0,4)
5 (0,7)	7 (0,2)	**8** **(0,6)**	**9** **(0,7)**	10 (0,7)
6 (1)	8 (0,2)	9 (0,6)	**10** **(1)**	**11** **(0,7)**
7 (0,5)	9 (0,2)	10 (0,5)	11 (0,5)	**12** **(0,5)**

Tabelle 3.1: Beispiel für das Erweiterungsprinzip

Betrachten wir die Ergebnisse aus Tabelle 3.1, so stellen wir fest, dass einige Additionsergebnisse mehrfach auftreten. Dies sind in unserem Beispiel die Werte 7, 8, 9, 10 und 11. Somit haben wir auch hier mehrere Zugehörigkeitsgrade zu einem Wert. In diesem zweiten Schritt der erweiterten Addition wird nun nach einem Vorschlag von ZADEH der maximale Zugehörigkeitsgrad dem endgültigen Ergebniswert zugeordnet. Wurde im ersten Schritt der erweiterten Addition eine vorsichtige Einstellung bei der Festlegung der Zugehörigkeitsgrade eingenommen, so zeigt sich im zweiten Schritt logischerweise eine selbstbewusstere Grundhaltung. Dem Ergebiswert 7 wird deshalb ein Zugehörigkeitsgrad von $\max\{0,4;\ 0,2\} = 0,4$ zugeordnet. Beim Ergebniswert 9 ist das Maximum aus vier Zugehörigkeitsgraden zu bilden:

$$\mu(9) = \max\{0,4;\ 0,7;\ 0,6;\ 0,2\} = 0,7$$

Die endgültigen Resultate der erweiterten Addition aus unserem Beispiel sind in Tabelle 3.1 fett gedruckt. In aufzählender Schreibweise hat die unscharfe Menge der erwarteten Gewinne $\tilde{G}$ für das Jahr 2000 folgende Form:

$$\tilde{G} = \{(6;0,2),\ (7;0,4),\ (8;0,6),\ (9;0,7),\ (10;1),\ (11;0,7),\ (12;0,5)\}$$

Abbildung 3.14 (Seite 49) fasst die Ergebnisse des Beispiels zusammen und veranschaulicht die diskreten unscharfen Mengen

- der erwarteten Gewinne für 1999 (gestrichelte Verbindungslinie),

- der absoluten geschätzten Gewinnsteigerungen für 2000 (gepunktete Verbindungslinie)

sowie die Auswirkungen der erweiterten Additon dieser beiden Mengen, die in der unscharfen Menge

- der erwarteten Gewinne für 2000 (durchgezogene Verbindungslinie)

resultiert.

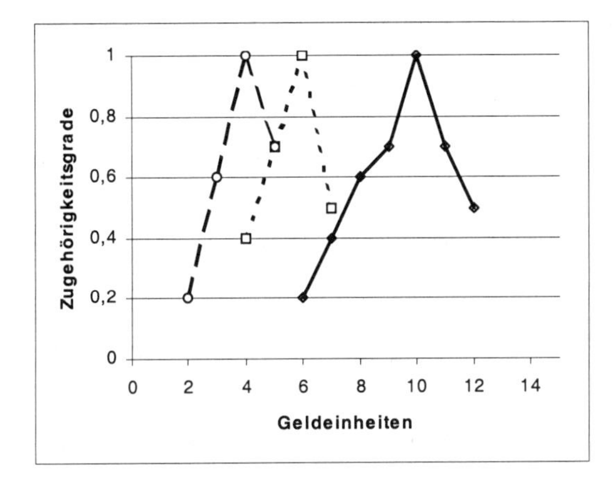

Abbildung 3.14: Veranschaulichung des Erweiterungsprinzips

Verallgemeinert man das oben beispielhaft beschriebene Vorgehen beim Erweiterungsprinzip nach ZADEH,[154] so kommt ein Maximin-Kriterium zur Anwendung.[155] Werden zwei unscharfe Mengen $\tilde{A}$ und $\tilde{B}$ durch eine beliebige Verknüpfungsvorschrift f zu einer unscharfen Ergebnismenge $\tilde{C}$ verknüpft, so wird in zwei Schritten vorgegangen:

- Ausgehend von den Grundmengen A und B zu $\tilde{A}$ und $\tilde{B}$ werden zuerst alle Elemente $a_i \in A$ mit den Elementen $b_j \in B$ durch die Funktion f verknüpft:

  $$c_k = f(a_i,\, b_j)$$

  Die Ergebnisse der scharfen Verknüpfung werden in der Menge C zusammengefasst, die die Grundmenge zu $\tilde{C}$ bildet.

- Zur Bestimmung der Zugehörigkeitsgrade der Elemente $c_k \in C$, werden die Zugehörigkeitsgrade von $\mu_{\tilde{A}}(a_i)$ und $\mu_{\tilde{B}}(b_j)$ aus $\tilde{A}$ und $\tilde{B}$ benötigt. Ergibt sich c_k durch die Verknüpfung von a_i und b_j, so wird zunächst der kleinere der beiden Zugehörigkeitsgrade von a_i bzw. b_j gewählt:

  $$\min(\mu_{\tilde{A}}(a_i),\, \mu_{\tilde{B}}(b_j))$$

  Ergibt sich der gleiche Wert c_k bei der Verknüpfung mehrerer unterschiedlicher Paare $(a_i,\, b_j) \in A \times B$, so wird für jedes Paar der minimale Zugehörigkeitsgrad bestimmt. Anschließend wird aus den ermittelten Minima der größte Wert als endgültiger Zugehörigkeitsgrad von c_k festgelegt.

---

[154] Eine allgemeine formale Definition des Erweiterungsprinzips ist bei Rommelfanger (1994), S. 47 gegeben. Hier wird auch kurz angedeutet, dass auch andere t-Normen als der Minimum-Operator beim Erweiterungsprinzip zur Anwendung kommen können.

[155] Das Maximin-Kriterium wird z.B. in der Entscheidungstheorie oder Spieltheorie benutzt. Vgl. z.B. Bamberg/Coenenberg (1994), S. 107 und 164.

Zusammenfassend kann die Bestimmung von $\mu(c_k)$ folgendermaßen formal beschrieben werden:

$$\mu(c_k) = \sup_{c_k = f(a_i, b_j)} (\min(\mu_{\tilde{A}}(a_i),\ \mu_{\tilde{B}}(b_j)))$$

Das oben beschriebene Vorgehen für die Verknüpfung zweier unscharfer Mengen kann entsprechend auf beliebig viele unscharfe Mengen übertragen werden. Hinter der Verknüpfungsvorschrift f können sich sehr einfache Operationen wie die Grundrechenarten, aber auch beliebig anspruchsvolle Abbildungen verbergen. Bei anspruchsvollen und komplexen Operationen kann die Anwendung des Erweiterungsprinzips sehr aufwendig und kompliziert werden.[156]

Die erweiterten Operationen der Addition, Subtraktion, Multiplikation und Division werden häufig durch die Symbole $\oplus$, $\ominus$, $\odot$ und $\oslash$ dargestellt. $\tilde{A} \oplus \tilde{B}$ entspricht damit der erweiterten Addition der unscharfen Mengen $\tilde{A}$ und $\tilde{B}$.

3.3.4.2 Fuzzy Zahlen, Fuzzy Intervalle, LR-Darstellungen

Die erweiterten Rechenoperationen werden vorwiegend auf spezielle Klassen unscharfer Mengen angewandt. Dazu gehören die **unscharfen Intervalle** und die **unscharfen Zahlen**. Sie sind in der Regel leicht zu modellieren, können Unschärfe angemessen repräsentieren, sind effizient zu verarbeiten und weisen günstige algebraische Eigenschaften auf.[157]

Von besonderem Interesse sind Zugehörigkeitsfunktionen, die über die reellen Zahlen definiert sind und stetig, konvex sowie normalisiert sind.

Beispiel 8:

Abbildung 3.15 (Seite 51) zeigt beispielhaft sechs unscharfe Mengen mit diesen Eigenschaften. Die Zugehörigkeitsfunktionen aller abgebildeten Mengen sind stetig. Die unscharfen Mengen mit den Bezeichnungen A, B, D, E und F sind normalisiert, da ihre Zugehörigkeitsgrade im ganzen Intervall $[0, 1]$ liegen. Der maximale Zugehörigkeitsgrad von C ist kleiner 1. Deshalb ist C nicht normalisiert. Alle abgebildeten unscharfen Mengen außer E sind zudem konvex.

Zusätzlich zu den oben beschriebenen Eigenschaften besitzen die mit A und D bezeichneten Mengen jeweils nur einen Punkt, in dem der Zugehörigkeitsgrad 1 angenommen wird. Solche unscharfen Mengen werden auch unscharfe Zahlen genannt. B und F besitzen dagegen ganze Intervalle, in denen der Zugehörigkeitsgrad 1 angenommen wird. Solche unscharfe Mengen heißen unscharfe Intervalle. C und E sind weder unscharfe Zahlen noch unscharfe Intervalle, denn die unscharfe Menge C ist nicht normalisert und die unscharfe Menge E nicht konvex.

Somit können die wesentlichen Begriffe formal definiert werden:

[156] Bei Hauke (1998), S. 63 f ist ein Beispiel dafür zu finden, wie zwei unscharfe Mengen, deren Zugehörigkeitsfunktionen durch Exponentialfunktionen beschrieben sind, addiert werden.

[157] Vgl. Schulte (1993), S. 59. In diesem Sinne äußern sich auch andere Autoren wie z.B. Kahlert und Frank (1994).

[158] Entnommen aus Biewer (1997), S. 134.

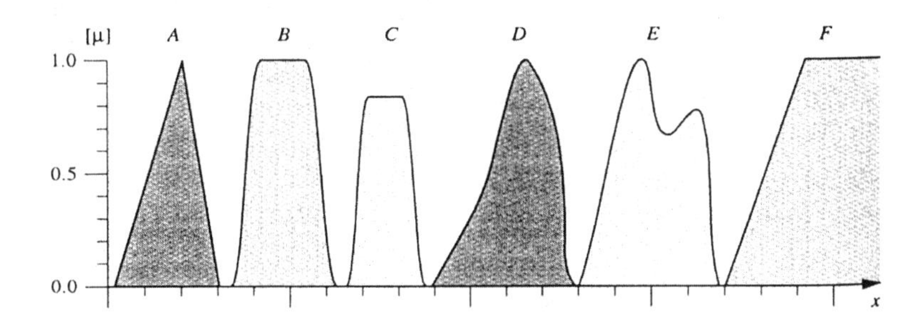

Abbildung 3.15: Typen unscharfer Mengen [158]

Definition 6:

Eine konvexe, normalisierte unscharfe Menge $\tilde{A}$ in $I\!R$ mit Zugehörigkeitsfunktion μ heißt **unscharfes Intervall** bzw. **Fuzzy Intervall**, wenn gilt:

- Es existiert mindestens eine reelle Zahl r mit $\mu(r) = 1$.
  Diese reelle(n) Zahl(en) r mit $\mu(r) = 1$ heißt (heißen) **Modalwert(e)** von $\tilde{A}$.
- Die Zugehörigkeitsfunktion μ ist stückweise stetig.

Ein Spezialfall des unscharfen Intervalls ist die **unscharfe Zahl**. Eine unscharfe Zahl ist ein unscharfes Intervall, das genau eine reelle Zahl r mit $\mu(r) = 1$ besitzt. In diesem speziellen Fall heißt r **Gipfelpunkt** von $\tilde{A}$.

Die Zugehörigkeitsfunktionen unscharfer Intervalle zeichnen sich durch typische Bestandteile, die in Abbildung 3.16 (Seite 52) visualisiert sind, aus:

- Die 1-Niveaumenge, die auch **Kern** oder **Gipfelbereich** bzw. im einelementigen Fall **Gipfelpunkt** genannt wird, beschreibt den Bereich der Grundmenge, die die Eigenschaft der betrachteten unscharfen Menge vollständig annimmt.
- Rechts und links der 1-Nivaumengen ist der Verlauf der Äste der Zugehörigkeitsfunktion anzugeben. Die beiden Äste können spiegelsymmetrisch verlaufen, sie können jedoch auch von grundsätzlich unterschiedlicher Gestalt sein. Sie werden **linke** und **rechte Referenzfunktion** je nach ihrer Lage zur 1-Niveaumenge genannt.
- Kennt man den generellen Verlauf der Referenzfunktionen, stellt sich die Frage, wie weit sich die Referenzfunktionen links und rechts von der 1-Niveaumenge ausdehnen. Die Ausdehnung kann im Allgemeinen mit Hilfe der 0-Niveaumenge bzw. ihres Komplements beschrieben werden. Die Differenz zwischen dem linken Eckpunkt der 1-Niveaumenge und dem linken Eckpunkt der 0-Niveaumenge wird **linke Dehnung** oder **linke Spannweite** genannt. Die Differenz zwischen dem rechten Eckpunkt der 0-Niveaumenge und dem rechten Eckpunkt der 1-Niveaumenge wird **rechte Dehnung** oder **rechte Spannweite** genannt. Bei Referenzfunktionen, die sich asymptotisch der Abszisse nähern, können die Spannweiten nicht direkt in der oben beschriebenen Form angegeben werden. In diesem Fall kann die Spannweite einer stetigen Referenzfunktion durch die konkrete Angabe

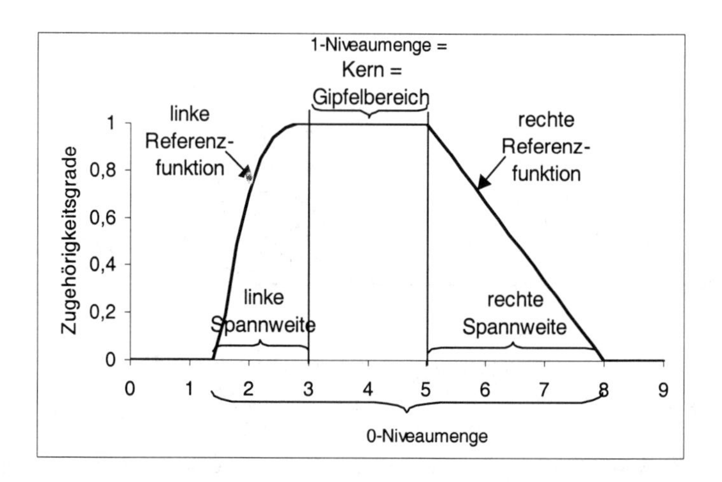

Abbildung 3.16: Typische Bestandteile eines unscharfen Intervalls

eines Punkts der Grundmenge und des dazugehörigen Zugehörigkeitsgrades bestimmt werden.[159]

Beispiel 9:

Abbildung 3.17 (Seite 52) zeigt sechs typische Funktionsverläufe für rechte Referenzfunktionen.

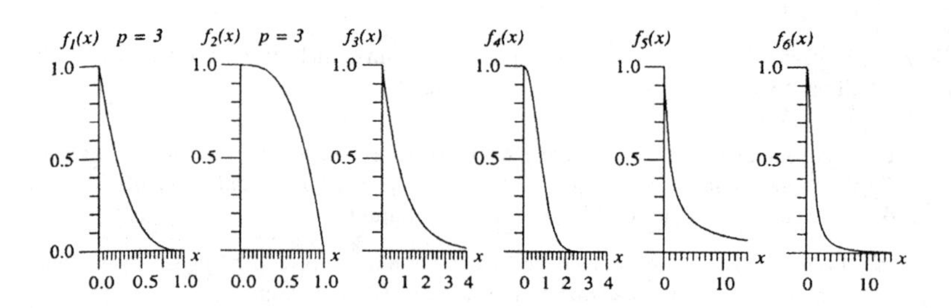

Abbildung 3.17: Typische Referenzfunktionen [160]

Die Funktionen haben folgende analytische Gestalt ($p \in (0, \infty)$ und $x \in [0, \infty)$):

$$
\begin{aligned}
f_1(x) &= \max(0,\ 1 - x)^p \\
f_2(x) &= \max(0,\ 1 - x^p) \\
f_3(x) &= e^{-x} \\
f_4(x) &= e^{-x^2}
\end{aligned}
$$

[159] Siehe hierzu auch das Beispiel auf Seite 54 oder Biewer (1997), S. 136 f.

[160] Entnommen aus Biewer (1997), S. 137.

$$f_5(x) = \frac{1}{1+x}$$
$$f_6(x) = \frac{1}{1+x^2}$$

Alle Funktionen sind hier als rechte Referenzfunktionen abgebildet. Natürlich können sie auch spiegelbildlich als linke Referenzfunktionen benutzt werden.

Besonders häufig wird auch die lineare Funktion, die durch $f(x) = \max(0,\ 1 - x)$ analytisch beschrieben werden kann, als Referenzfunktion benutzt. Ebenso können stückweise lineare Funktionen recht einfach als Referenzfunktionen formuliert werden.

Damit Referenzfunktionen von unscharfen Intervallen einheitlich beschrieben werden können, müssen sie einige formale Eigenschaften aufweisen.[161] Dann ist es möglich, eine standardisierte Schreibweise für spezielle unscharfe Intervalle und unscharfe Zahlen zu vereinbaren. Dazu bedient man sich der sogenannten **LR-Darstellung** von unscharfen Intervallen und unscharfen Zahlen. Neben der einheitlichen Darstellung hat diese Klasse von unscharfen Mengen die Eigenschaft, dass mit ihnen verhältnismäßig einfach gerechnet werden kann. Die Anwendung der erweiterten Operationen auf diese Klasse von unscharfen Mengen ist am weitesten verbreitet. Denn LR-Intervalle "bieten über die Definition eines Paares sogenannter Referenzfunktionen eine parametrische Repräsentation unscharfer Intervalle, die vielfache Gestaltungsoperationen für die Festlegung des Verlaufs der Zugehörigkeitsfunktionen bietet und zugleich sehr effizient verarbeitet werden kann".[162]

Zur einheitlichen Beschreibung von LR-Intervallen oder LR-Zahlen werden folgende Angaben benötigt, die auch in Abbildung 3.18 (Seite 53) beispielhaft beschrieben sind:

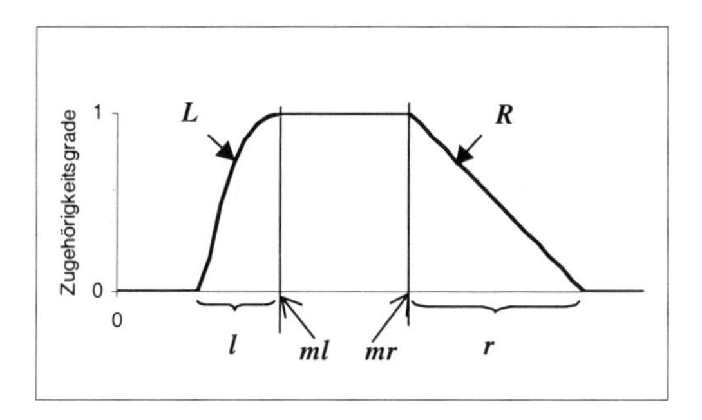

Abbildung 3.18: Größen zur Beschreibung von LR-Intervallen oder LR-Zahlen

- die äußeren rechten und linken Eckpunkte der 1-Niveaumenge der Zugehörigkeitsfunktion: ml und mr,
- die linke und rechte Referenzfunktionen, die im Folgenden mit L und R abgekürzt werden,

[161] Vgl. z.B. Biewer (1997), S. 135.

[162] Biewer (1997), S. 135.

- die linke und rechte Spannweite zur Beschreibung der Ausdehnung der Zugehörigkeitsfunktion: l und r.

Mit diesen Angaben ergibt sich folgende formale Definition:

Definition 7:

Ein Fuzzy Intervall $\tilde{A}$ heißt **LR-Intervall**, wenn zwei Referenzfunktionen L und R und vier Parameter $ml,\ mr,\ l,\ r \in I\!R$ mit $ml \leq mr$ und $l,\ r > 0$ existieren, so dass für alle $x \in I\!R$ gilt:

$$\mu_{\tilde{A}}(x) = \begin{cases} L\left(\frac{ml-x}{l}\right) & \text{falls} \quad x \leq ml \\ 1 & \text{falls} \quad x \in [ml,\ mr] \\ R\left(\frac{x-mr}{r}\right) & \text{falls} \quad x \geq mr \end{cases}$$

Ist $ml = mr = m$ so sprechen wir von einer **LR-Zahl**.

Die linke und rechte Referenzfunktion L und R sind Abbildungen von $[0, \infty) \rightarrow [0, 1]$. Aus den Argumenten der Zugehörigkeitsfunktion ergibt sich, dass die linke Referenzfunktion monoton steigend ist für $x \leq ml$ und dass die rechte Referenzfunktion monoton fallend ist für $x \geq mr$. Die Punkte ml und mr mit $\mu(ml) = \mu(mr) = 1$ bzw. der Punkt m mit $\mu(m) = 1$ werden **Gipfelpunkte** genannt.

Da ein LR-Intervall $\tilde{A}$ durch die Angabe der Gestaltfunktionen L und R sowie der Parameter ml, mr, l und r eindeutig bestimmt ist, hat sich folgende allgemeine Schreibweise durchgesetzt:

$$\tilde{A} = (ml,\ mr,\ l,\ r)_{LR}$$

Eine LR-Zahl wird beschrieben durch:

$$\tilde{A} = (m,\ l,\ r)_{LR}$$

Haben beide Referenzfunktionen gleiche Gestalt, wird auch $\tilde{A} = (ml,\ mr,\ l,\ r)_{LL}$ geschrieben. Sind die Referenzfunktionen linear, wird die Kennzeichnung der Referenzfunktionen im Allgemeinen ganz weggelassen.

Das folgende Beispiel zeigt den Umgang mit der vorgestellten Schreibweise und der formalen Definition des LR-Intervalls bzw. der LR-Zahl.

Beispiel 10:

Besonders einfach und deutlich lassen sich die eben eingeführten Begriffe für dreiecksförmige und trapezförmige Zugehörigkeitsfunktionen klar machen. Diese Funktionen haben wegen ihrer Einfachheit auch die größte Anwendungsrelevanz.

Wir betrachten zuerst ein trapezförmiges LR-Intervall $\tilde{A}$ mit

$$\tilde{A} = (2,\ 4,\ 1,\ 2)_{LR} = (2,\ 4,\ 1,\ 2) \qquad \text{mit} \qquad L(x) = R(x) = \max(0,\ 1-x),$$

das in Abbildung 3.19 (Seite 55) graphisch veranschaulich ist.

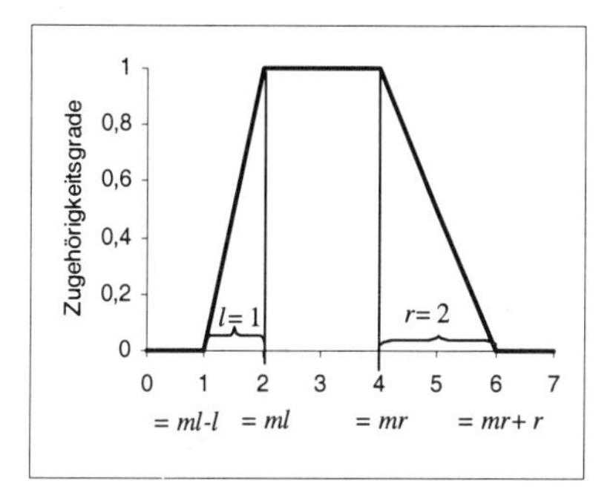

Abbildung 3.19: Unscharfes LR-Intervall

Abbildung 3.19 (Seite 55) zeigt die trapezförmige Zugehörigkeitsfunktion von $\tilde{A}$. Die Gipfelpunkte liegen bei $ml = 2$ und $mr = 4$. Die linke Spannweite beträgt 1, die rechte Spannweite beträgt 2. Bei dreiecksförmigen oder trapezförmigen Referenzfunktionen kann die Spannweite der Zugehörigkeitsfunktion direkt aus der Graphik abgelesen werden. Zur genauen Spezifikation der beiden Referenzfunktionen L und R sind die gegebenen Parameter in die formale Definition des LR-Intervalls (vgl. Seite 54) einzusetzen.[163] Somit ergibt sich folgende analytische Gestalt der Zugehörigkeitsfunktion der unscharfen Menge $\tilde{A}$:

$$\mu_{\tilde{A}}(x) = \begin{cases} L\left(\frac{2-x}{1}\right) = \max\left(0,\ 1 - \frac{2-x}{1}\right) & \text{für } x \leq 2 \\ \qquad\qquad = \max(0,\ -1 + x) & \\ 1 & \text{für } x \in [2,\ 4] \\ R\left(\frac{x-4}{2}\right) = \max\left(0,\ 1 - \frac{x-4}{2}\right) & \text{für } x \geq 4 \\ \qquad\qquad = \max\left(0,\ 3 - \frac{1}{2} \cdot x\right) & \end{cases}$$

Sowohl aus der formalen Beschreibung der Zugehörigkeitsfunktion von $\tilde{A}$ als auch aus der Abbildung 3.19 (Seite 55) wird ersichtlich, dass die linke und rechte Referenzfunktion vom gleichen Typ sind, dass aber der Verlauf des linken bzw. rechten Astes der Zugehörigkeitsfunktion unterschiedlich ist. Der konkrete Typ der Referenzfunktion wird somit allgemein beschrieben. Der exakte Verlauf der Funktionen hängt von den festgesetzten Parametern ab.

Als zweites Beispiel wird eine LR-Zahl $\tilde{B}$ dargestellt. Ihre Referenzfunktionen sind von unterschiedlichem Typus. $\tilde{B}$ sei folgendermaßen beschrieben:

$$\tilde{B} = (3,\ 1,\ 3)_{LR} \quad \text{mit} \quad L(x) = e^{-x^2} \quad \text{und} \quad R(x) = \max(0,\ 1 - x)$$

Abbildung 3.20 (Seite 56) zeigt die Zugehörigkeitsfunktion von $\tilde{B}$. Der Gipfelpunkt liegt bei $m = 3$. Die rechte Spannweite beträgt 3. Sie kann direkt aus der Abbildung abgelesen werden,

[163] Bei Biewer (1997), S. 137 sind noch weitere Beispiele für LR-Intervalle mit typischen Referenzfunktionen zu finden.

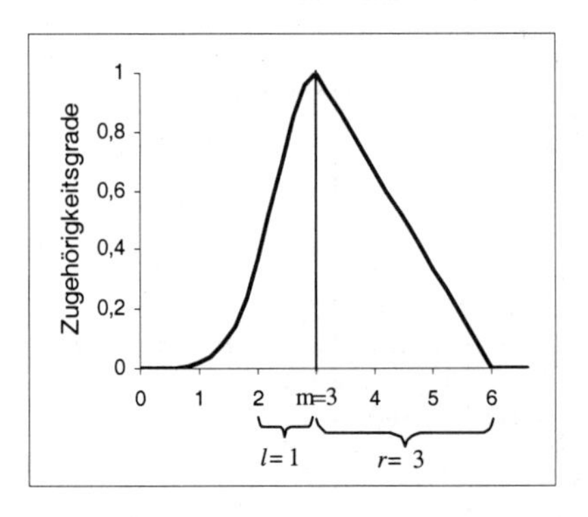

Abbildung 3.20: Unscharfe LR-Zahl

da die rechte Referenzfunktion einen linearen Verlauf aufzeigt und die Abzisse schneidet. Da die linke Referenzfunktion durch eine Exponentialfunktion, die sich asymptotisch der x-Achse annähert, beschrieben wird, kann die linke Spannweite nicht unmittelbar angegeben werden. Vielmehr muss in diesem Fall neben der Angabe von $L(x) = e^{-x^2}$ zusätzlich ein Punkt der Grundmenge und der dazugehörige Zugehörigkeitsgrad vorgegeben werden. Für unser Beispiel soll gelten, dass der Zugehörigkeitsgrad im Punkt 2,5 gerade 0,8 beträgt.

Unter Verwendung der Schreibweise für die linke Referenzfunktion, wie sie in der Definition des LR-Intervalls bzw. der LR-Zahl (siehe Seite 54) vorgeschlagen wurde, gilt nun:

$$\begin{array}{rrcll} & L(\frac{m-x}{l}) & \stackrel{!}{=} & 0,8 & \text{für } x = 2,5 \text{ und } m = 3 \\ \Longleftrightarrow & L(\frac{3-2,5}{l}) & \stackrel{!}{=} & 0,8 & \\ \Longleftrightarrow & e^{-(\frac{0,5}{l})^2} & \stackrel{!}{=} & 0,8 & \\ \Longleftrightarrow & l & = & \frac{1}{2\sqrt{-ln\,0,8}} & \\ \Longleftrightarrow & l & = & 1,058468247 & \end{array}$$

Nach Auflösen der obigen Gleichung erhält man für die linke Spannweite den gerundeten Wert $l = 1$. Im Allgemeinen wird es genügen, mit dem gerundeten Wert weiterzuarbeiten, was auch im Folgenden geschehen soll.

Zur weiteren Spezifikation der beiden Referenzfunktionen sind die gegebenen Parameter in die formale Definition der LR-Zahl (vgl. Seite 54) einzusetzen.

$$\mu_{\tilde{A}}(x) = \begin{cases} L\left(\frac{3-x}{1}\right) & = e^{-\left(\frac{3-x}{1}\right)^2} & \text{für } x \leq 3 \\ & = e^{-(3-x)^2} & \\ 1 & & \text{für } x = 3 \\ R\left(\frac{x-3}{3}\right) & = \max\left(0,\ 1 - \frac{x-3}{3}\right) & \text{für } x \geq 3 \\ & = \max\left(0,\ 2 - \frac{x}{3}\right) & \end{cases}$$

Die Reduzierung der Menge aller möglichen Zugehörigkeitsfunktionen auf LR-Zahlen oder LR-Intervall mag zwar drastisch erscheinen, ist in der Praxis jedoch anerkannt. Anwendung finden hauptsächlich triangulare, trapezoide, stückweise lineare und S-förmige Zugehörigkeitsfunktionen. So schreiben auch KAHLERT und FRANK, dass wesentliche Änderungen in der Beschreibung unscharfer Informationen nicht so sehr durch die Variation der Referenzfunktionen, sondern vielmehr durch Änderungen der 0-Niveau-Menge und der 1-Niveau-Menge erzielt werden können.[164]

3.3.4.3 Erweiterte Operationen für unscharfe LR-Intervalle

Im Folgenden werden die erweiterten Grundrechenarten für unscharfe LR-Intervalle besprochen. Es wird an dieser Stelle auf eine theoretische Herleitung[165] verzichtet und nur die Rechenergebnisse vorgestellt und beispielhaft visualisiert.

Die Fuzzy Arithmetik kann als Verallgemeinerung der Intervallarithmetik[166] verstanden werden. Sie geht jedoch weiter als diese, da sie nicht nur die 1-Niveaumengen, sondern auch die 0-Niveaumengen und die konkrete Ausgestaltung der Referenzfunktionen berücksichtigt.

Wir gehen von zwei unscharfen LR-Intervallen

$$\begin{aligned} \tilde{A}_{LR} &= (ml_1,\ mr_1,\ l_1,\ r_1)_{LR} \quad \text{und} \\ \tilde{B}_{LR} &= (ml_2,\ mr_2,\ l_2,\ r_2)_{LR} \end{aligned}$$

aus, deren Grundmengen in $I\!R^+$ liegen.[167] Die linke bzw. rechte Referenzfunktion der beiden LR-Intervalle besitzt jeweils den gleichen Funktionstyp. Die Abbildungen 3.21 bis 3.24 (Seite 58 bis 60) zeigen beispielhaft die Auswirkungen der erweiterten Addition, Subtraktion, Multiplikation und Division zweier unscharfer Intervalle mit linearen Referenzfunktionen. Unter Anwendung ausschließlich scharfer Rechenoperationen ergeben sich die im Folgenden aufgeführten Rechenregeln für die erweiterten Grundrechenarten:

Erweiterte Addition $\oplus$:

$$\tilde{A}_{LR} \oplus \tilde{B}_{LR} = (ml_1 + ml_2,\ mr_1 + mr_2,\ l_1 + l_2,\ r_1 + r_2)_{LR} \tag{1}$$

Erweiterte Subtraktion $\ominus$:

$$\tilde{A}_{LR} \ominus \tilde{B}_{RL} = (ml_1 - mr_2,\ mr_1 - ml_2,\ l_1 + r_2,\ r_1 + l_2)_{LR} \tag{2}$$

Erweiterte Multiplikation $\otimes$:

$$\tilde{A}_{LR} \otimes \tilde{B}_{LR} \approx (ml_1 \cdot ml_2,\ mr_1 \cdot mr_2,\ ml_1 \cdot l_2 + ml_2 \cdot l_1,\ mr_1 \cdot r_2 + mr_2 \cdot r_1,)_{LR} \tag{3}$$

Erweiterte Division $\oslash$:

$$\tilde{A}_{LR} \oslash \tilde{B}_{RL} \approx \left(\frac{ml_1}{mr_2},\ \frac{mr_1}{ml_2},\ \frac{ml_1 \cdot r_2 + mr_2 \cdot l_1}{mr_2^2},\ \frac{mr_1 \cdot l_2 + ml_2 \cdot r_1}{ml_2^2} \right)_{LR} \tag{4}$$

Bei der erweiterten Subtraktion und Division muss gewährleistet sein, dass die Referenzfunktionen des zu subtrahierenden bzw. zu teilenden LR-Intervalls die umgekehrte Reihenfolge

[164] Vgl. Kahlert/Frank (1994), S. 20.

[165] Zur detaillierten Herleitung mit Beweisführung siehe z.B. Dubois/Prade (1978), (1979) und (1986).

[166] Zur Intervallarithmetik siehe z.B. Moore (1966).

[167] Fallunterscheidungen bezüglich der Grundmengen sind z.B. bei Biewer (1997), S. 145 ff zu finden.

besitzen wie das erste LR-Intervall. Bei der erweiterten Multiplikation oder Division sind nur Näherungsformeln angegeben.[168]

Auch für unscharfe LR-Zahlen können diese Gesetze verwendet werden. Dazu setze man $ml_1 = mr_1 = m_1$ und $ml_2 = mr_2 = m_2$.

Beispiel 11:

Beispielhaft sollen die aufgeführten erweiterten Rechenoperation auf das trapezförmige LR-Intervall $\tilde{A}$ und die dreiecksförmige LR-Zahl $\tilde{B}$ angewandt werden:

	ml_1	mr_1	l_1	r_1
$\tilde{A}$	10	13	1	3
	ml_2	mr_2	l_2	r_2
$\tilde{B}$	20	20	2	4

Für die erweiterte Addition von $\tilde{A}$ und $\tilde{B}$ ergibt sich unter Anwendung von Formel (1) folgendes Ergebnis, das auch in Abbildung 3.21 (Seite 58) veranschaulicht ist:

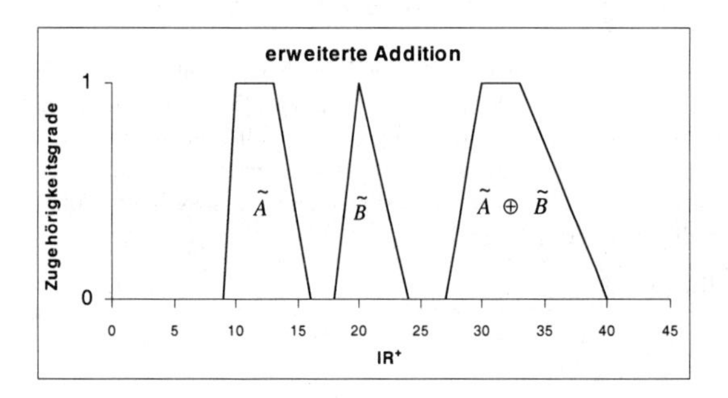

Abbildung 3.21: Beispiel für die erweiterte Addition

$$\begin{aligned}\tilde{A} \oplus \tilde{B} &= (10+20,\ 13+20,\ 1+2,\ 3+4)\\ &= (30,\ 33,\ 3,\ 7)\end{aligned}$$

Nach Anwendung der erweiterten Subtraktion ergibt sich das in Abbildung 3.22 (Seite 59) dargestellte Bild.

$$\begin{aligned}\tilde{A} \ominus \tilde{B} &= (10-20,\ 13-20,\ 1+4,\ 3+2)\\ &= (-10,\ -7,\ 5,\ 5)\end{aligned}$$

[168] Siehe hierzu z.B. Bandemer/Gottwald (1993), S. 68 ff oder Rommelfanger (1994), S. 43 ff. Näherungsformeln für die erweiterte Multiplikation bzw. Division für den Fall, dass nicht beide LR-Intervalle positiv sind, können z.B. bei Biewer gefunden werden. Siehe hierzu Biewer (1997), S. 148 f und 145.

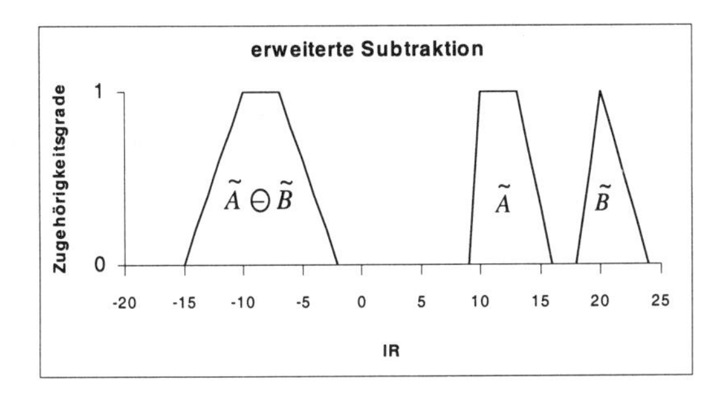

Abbildung 3.22: Beispiel für die erweiterte Subtraktion

Sowohl bei der erweiterten Addition als auch bei der erweiterten Subtraktion wird deutlich, dass die Unschärfe in den Ergebnissgrößen zunimmt.

Für die erweiterte Multiplikation ergibt sich unter Anwendung von Formel (3) das folgende LR-Intervall, das auch in Abbildung 3.23 (Seite 59) veranschaulicht wird:

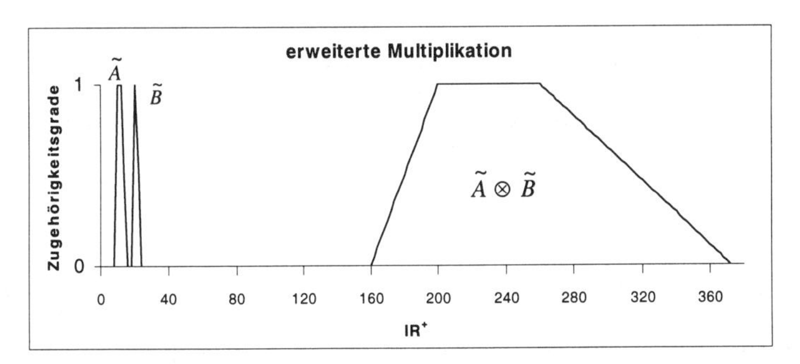

Abbildung 3.23: Beispiel für die erweiterte Multiplikation

$$\begin{aligned}\tilde{A} \otimes \tilde{B} &= (10 \cdot 20,\ 13 \cdot 20,\ 10 \cdot 2 + 20 \cdot 1,\ 13 \cdot 4 + 20 \cdot 3) \\ &= (200,\ 260,\ 40,\ 112)\end{aligned}$$

Hier wird besonders deutlich, wie stark sich die Unschärfe bei der Verknüpfung zweier LR-Intervalle verstärken kann.

Das Ergebnis der erweiterten Division lautet (siehe auch Abbildung 3.24 (Seite 60)):

$$\begin{aligned}\tilde{A} \oslash \tilde{B} &= \left(\frac{10}{20},\ \frac{13}{20},\ \frac{10 \cdot 4 + 20 \cdot 1}{20^2},\ \frac{13 \cdot 2 + 20 \cdot 3}{20^2}\right) \\ &= (0,5;\ 0,65;\ 0,15;\ 0,215)\end{aligned}$$

Durch die wiederholte Anwendung von erweiterten Operationen kann die Unschärfe von Fuzzy-Intervallen beträchtlich zunehmen. Deshalb sollten nicht unbedingt notwendige Operationen

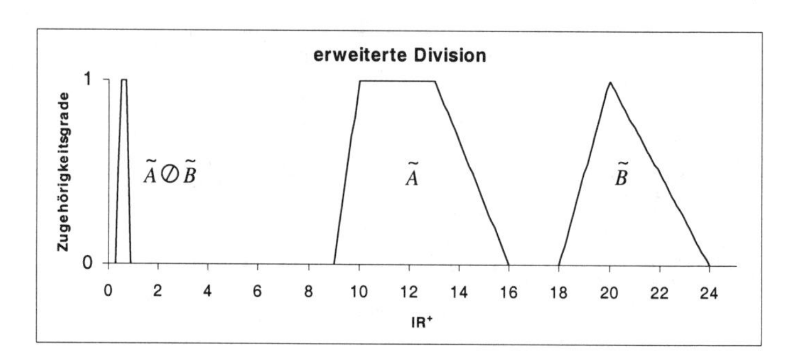

Abbildung 3.24: Beispiel für die erweiterte Division

vermieden werden. Dennoch ist eine differenzierte Interpretation der Ergebnisse möglich. So können die 1-Niveaumenge und die 0-Niveaumenge z.B. als *optimistische* und *pessimistische* Einschätzung gesehen werden. Auch der Verlauf der Referenzfunktionen kann durch die Betrachtung von speziellen Niveaumengen explizit bei Interpretationen berücksichtigt werden.

Hier wurde nur ein kleiner Ausschnitt aus den Rechenmöglichkeiten mit unscharfen Intervallen beschrieben. Es zeigt sich jedoch, dass "das Anwendungspotential der Fuzzy-Arithmetik derzeit kaum abschätzbar" ist, "da man sich praktisch kaum eines der unzähligen Gebiete, in denen mit Zahlen operiert wird, vorstellen kann, in dem nicht auch unscharfe Zahlen verwendet werden könnten".[169] Da ein Großteil menschlicher Entscheidungen auf der Basis unvollständiger Informationen erfolgen muss, erscheint es offensichtlich, dass die Verrechnung von Unschärfen von einer großen Bedeutung ist.[170]

3.3.5 Rangordnungsverfahren

Rangordnungsverfahren kommen häufig dann zur Anwendung, wenn zwischen mehreren Alternativen entschieden werden soll, welche die beste ist. Da sich die Zugehörigkeitsfunktionen der unscharfen Alternativgrößen überschneiden bzw. ineinander liegen können, unterschiedlich große Spannweiten bzw. unterschiedlich große Gipfelbereiche haben können, ist eine eindeutige Reihung der Alternativen häufig nicht sofort möglich. In Abbildung 3.25 (Seite 61) ist eine Situation wiedergegeben, in der drei unscharfe Mengen, die die Rentabilität von drei Investitionsalternativen beschreiben, durch ihre Zugehörigkeitsfunktionen dargestellt sind. Welche Investitionsalternative zu favorisieren ist, lässt sich nicht unmittelbar sagen.

Eine allgemein anerkannte und leicht anzuwendende Methode zur Bestimmung der Rangordung unscharfer Mengen gibt es nicht.[171] Es wird in der Literatur eine Vielzahl von sehr unterschiedlichen Verfahren vorgeschlagen.[172] Darunter gibt es einerseits Verfahren, die den Verlauf der gesamten Zugehörigkeitsfunktionen berücksichtigen, andererseits aber auch Verfahren, die

[169] Biewer (1997), S. 127 f.

[170] Vgl. hierzu Biewer (1997), S. 151 f.

[171] Vgl. Rommelfanger (1994), S. 78.

[172] In Bortolan/Degani (1985), Chen/Hwang (1992), S. 101-288 oder Rommelfanger (1986) werden die wichtigsten Rangordungsverfahren vorgestellt, ihre Güte beurteilt und die Vor- und Nachteile der einzelnen Verfahren diskutiert.

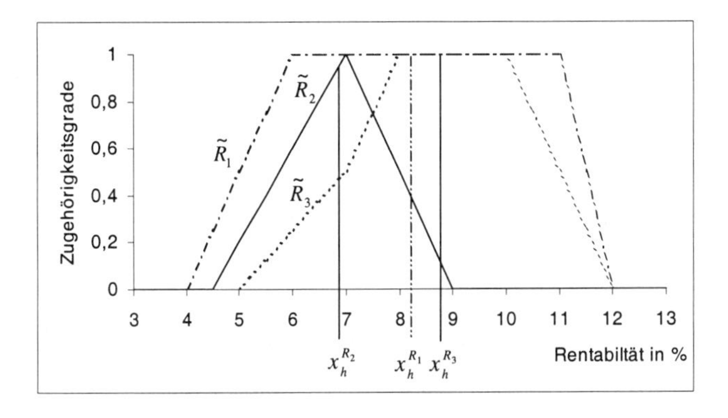

Abbildung 3.25: Unscharfe Alternativen

nur einen Punkt der jeweiligen Zugehörigkeitsfunktionen für die Bestimmung der Rangordnung berücksichtigen.

Kurz besprochen wird im Folgenden das **Flächenhalbierungverfahren**. Es ist ein einfaches Verfahren und berücksichtigt den Verlauf der gesamten Zugehörigkeitsfunktionen. Das Flächenhalbierungsverfahren bestimmt den Punkt x_h der Grundmenge X, an dem die Fläche unter der Zugehörigkeitsfunktion der betrachteten unscharfen Menge halbiert wird.

Beispiel 12:

In Abbildung 3.25 (Seite 61) werden die erwarteten Rentabilitäten von drei Investitionsalternativen durch unscharfe Intervalle abgebildet: $\tilde{R}_1$, $\tilde{R}_2$ und $\tilde{R}_3$. Eine eindeutige Reihung der drei unscharfen Rentabilitäten ist nicht unmittelbar erkennbar.

Die Zugehörigkeitsfunktionen der unscharfen Intervalle haben folgende analytische Gestalt:

$$\mu_{\tilde{R}_1} = \begin{cases} 0 & \text{für} \quad x \leq 4 \text{ und } x \geq 12 \\ -2+0,5x & \text{für} \quad x \in [4,\ 6] \\ 1 & \text{für} \quad x \in [6,\ 11] \\ 12-x & \text{für} \quad x \in [11,\ 12] \end{cases}$$

$$\mu_{\tilde{R}_2} = \begin{cases} 0 & \text{für} \quad x \leq 4,5 \text{ und } x \geq 9 \\ -1,8+0,4x & \text{für} \quad x \in [4,5;\ 7] \\ 4,5-0,5x & \text{für} \quad x \in [7;\ 9] \end{cases}$$

$$\mu_{\tilde{R}_3} = \begin{cases} 0 & \text{für} \quad x \leq 5 \text{ und } x \geq 12 \\ -1,25+0,25x & \text{für} \quad x \in [5,\ 7] \\ -3+0,5x & \text{für} \quad x \in [7,\ 8] \\ 1 & \text{für} \quad x \in [8,\ 10] \\ 6-0,5x & \text{für} \quad x \in [10,\ 12] \end{cases}$$

Die Gesamtfläche F_{R_i} $(i = 1,\ 2,\ 3)$ unter den Zugehörigkeitsfunktionen lässt sich als Summe der Integrale über die Teilintervalle des jeweiligen Definitionsbereichs berechnen:

$$F_{R_1} = \int_4^6 -2+0,5x\,dx \;+\; \int_6^{11} 1\,dx \;+\; \int_{11}^{12} 12-x\,dx \;=\; 6,5$$

$$F_{R_2} = \int_{4,5}^{7} -1,8+0,4x\,dx \;+\; \int_7^9 4,5-0,5x\,dx \;=\; 2,25$$

$$F_{R_3} = \int_5^7 -1,25+0,25x\,dx \;+\; \int_7^8 -3+0,5x\,dx \;+\; \int_8^{10} 1\,dx \;+\; \int_{10}^{12} 6-0,5x\,dx \;=\; 4,25$$

Um die Flächenhalbierungspunkte $x_h^{R_i}$ bestimmen zu können, sind folgende Gleichungen zu lösen:

$$\frac{\int_4^6 -2+0,5x\,dx \;+\; \int_6^{x_h^{R_1}} 1\,dx}{6,5} \stackrel{!}{=} 0,5 \qquad \Longrightarrow \qquad x_h^{R_1} = 8,25$$

$$\frac{\int_{4,5}^{x_h^{R_2}} -1,8+0,4x\,dx}{2,25} \stackrel{!}{=} 0,5 \qquad \Longrightarrow \qquad x_h^{R_2} = 6,8717$$

$$\frac{\int_5^7 -1,25+0,25x\,dx \;+\; \int_7^8 -3+0,5x\,dx \;+\; \int_8^{x_h^{R_3}} 1\,dx}{4,25} \stackrel{!}{=} 0,5 \qquad \Longrightarrow \qquad x_h^{R_3} = 8,875$$

Es ergibt sich folgende Reihung für die Flächenhalbierungspunkte und damit auch für die unscharfe Rentabilität der Investitionsalternativen:

$$x_h^{R_3} \geq x_h^{R_1} \geq x_h^{R_2} \qquad \Longrightarrow \qquad \tilde{R}_3 \succeq \tilde{R}_1 \succeq \tilde{R}_2$$

Allgemein kann der Flächenhalbierungspunkt x_h durch die Bestimmung zweier Integrale berechnet werden. Folgende Gleichung muss erfüllt sein, damit die Fläche unter der Zugehörigkeitsfunktion halbiert wird:[173]

$$\frac{\int_{-\infty}^{x_h} \mu(t)\,dt}{\int_{-\infty}^{\infty} \mu(t)\,dt} \stackrel{!}{=} 0,5$$

[173] Mißler-Behr (1997 d) gibt in einem Rechenschema an, wie der Flächenhalbierungspunkt ohne Integration für dreieckige oder trapezoide Zugehörigkeitsfunktionen berechnet werden kann. Die Erweiterung auf stückweise lineare Zugehörigkeitsfunktionen kann nach dem gleichen Schema vorgenommen werden.

Der Flächenhalbierungpunkt x_h ist eine reelle Zahl. Werden die Halbierungpunkte mehrerer Alternativen bestimmt, können sie in eine eindeutige Ordnung gebracht werden. Die Rangfolge der unscharfen Alternativen entspricht dann der Rangfolge der Flächenhalbierungspunkte.

3.3.6 Fuzzy Logik

Die Fuzzy Logik stellt den Zugang zur Theorie der unscharfen Mengen über die mehrwertige Logik dar. Die Logik, die Lehre vom richtigen Denken und Schließen, hilft uns, Aussagen zu verknüpfen und richtige Schlussfolgerungen aus beobachteten Größen zu ziehen.

3.3.6.1 Zwei- und mehrwertige Logik

Die klassische duale Logik kennt nur zwei Wahrheitswerte für die betrachteten Aussagen: **wahr** und **falsch** (**1** und **0**). Aussagen können mit Hilfe von Operatoren verknüpft werden. Der Wahrheitswert der verknüpften Aussage ist eine Funktion der Wahrheitswerte der eingehenden Elementaraussagen. In der klassischen Logik muss eine Aussage vollständig wahr oder vollständig falsch sein, um mit ihr arbeiten zu können. Die Einschränkung auf die Wahrheitswerte 0 und 1 wird bei der unscharfen Logik aufgehoben. Hier können Wahrheitswerte aus dem gesamten Intervall $[0, 1]$ den Aussagen zugeordnet werden. Diese Feinabstimmung der Wahrheitswerte entspricht viel mehr unserer Realität. So bemerkt bereits 1923 der Philosoph B. RUSSEL: "Die gesamte traditionelle Logik geht gewöhnlich davon aus, dass präzise Symbole verwandt werden. Sie ist daher nicht anwendbar auf unsere reale Umwelt, sondern lediglich auf eine vorgestellte überirdische Welt."[174]

Die größte Anwendung in der Praxis findet die Logik beim Ziehen von Schlussfolgerungen, der sogenannten Inferenz, aufgrund von Beobachtungen und vorhandenem Wissen. In der klassischen, scharfen Logik wird vor allem der **Modus Ponens** angewendet:

Regel:	Wenn A,	dann B
Beobachtung:	A ist wahr	
Schlussfolgerung:		B ist wahr

Es wird hierbei unter anderem angenommen,[175] dass für die Elementaraussagen (A, B) und für die zusammengesetzte Aussage (Wenn A, dann B) nur die Wahrheitswerte 0 und 1 angenommen werden können. Weiterhin sind A, B und die sie verknüpfende Regel scharf definierte deterministische Aussagen. Die Beobachtung muss mit dem ersten Teil der Regel übereinstimmen.

Diese auf der zweiwertigen Logik basierenden Annahmen sind jedoch für den täglichen Gebrauch unrealistisch. Aussagen sind in der Regel nicht absolut wahr oder absolut falsch. Wir können unterschiedliche Grade von Wahrheit unterscheiden. Außerdem liegen häufig nur ähnliche, aber keine identischen Beobachtungen vor. In diesen Fällen ist die klassische Logik nicht anwendbar.

Die Fuzzy Logik versucht nun, "die duale Logik in der Richtung menschlichen Schließverhaltens

[174] Zitiert nach Zimmermann (1993 a), Seite V. Zur allgemeinen Einführung und Beschreibung der Fuzzy Logik siehe z.B. Bothe (1995), S. 113 ff, Mayer/Mechler et al. (1993), S. 69 ff, Tilli (1993), S. 63 ff oder Zimmermann (1993 a), S. 29 ff und S. 91 ff.

[175] Vgl. auch Zimmermann (1993 a), S. 30 f.

weiter zu entwickeln und wirklichheitsnäher zu gestalten".[176] Dazu werden die oben genannten Forderungen abgeschwächt:[177]

- Eine Aussage wird nicht mehr ausschließlich mit den Werten 0 oder 1 für *falsch* oder *wahr* bewertet. Sie kann z.B. mit Termen der linguistischen Variablen *Wahrheitsgehalt* bewertet werden. Mögliche Terme sind beispielsweise *unwahr, manchmal wahr, meist wahr, immer wahr.*

- Die Aussagen selbst können als linguistische Variable oder unscharfe Relationen[178] beschrieben werden.

- Die Forderung nach Identität mit der Prämisse der Regel wird aufgehoben und es wird die *Ähnlichkeit* zwischen Beobachtung und Prämisse beurteilt.

Ein Beispiel soll diese Punkte verdeutlichen:[179]

Beispiel 13:

Auf einem Bauernmarkt werden Tomaten angeboten. Aus Erfahrung wissen wir, dass rote Tomaten reif sind. Wir wissen weiter, dass Tomaten einen sehr breiten Bereich an roter Färbung besitzen. Stärke und Intensität der roten Färbung der Tomaten lassen auf den Reifegrad der Tomaten schließen. Eine typische Schlussfolgerung kann somit sein, dass sehr rote Tomaten bereits überreif sind. Damit ergibt sich folgendes Schlussschema:

Regel:	Wenn die *Tomaten rot* sind,	dann sind die *Tomaten reif.*
Beobachtung:	Die *Tomaten* sind *sehr rot.*	
Schlussfolgerung:		Die *Tomaten* sind *überreif.*

Obwohl die Beobachtung, dass die Tomaten *sehr rot* sind, nicht mit der Prämisse der Regel übereinstimmt, dass die Tomaten *rot* sind, kann der Mensch sinnvolle Schlussfolgerungen ziehen. Die duale Logik würde in diesem Fall keine Schlussfolgerung erlauben. Für das unscharfe Schließen ist jedoch zusätzliche Information nötig.[180]

[176] Zimmermann (1993 a), S. 31. Vor- und Nachteile von scharfen und unscharfen Schlussfolgerungen werden bei Spies (1993), S. 243 f diskutiert.

[177] Siehe z.B. Zimmermann (1993 a), S. 31 ff.

[178] Unscharfe Relationen beschreiben unscharfe Beziehungen zwischen mehreren unscharfen Mengen auf unterschiedlichen Grundmengen. Sie stellen das Pendant zum scharfen Relationsbegriff dar. Eine Fuzzy Relation ist eine unscharfe Menge über den Produktraum der Eingangsgrößen. Zweistellige Fuzzy Relationen auf diskreten Grundmengen können gut in Matrixform beschrieben werden. Siehe z.B. Bothe (1995), S. 122 ff oder Rommelfanger (1994), S. 67. Bei beliebigen Grundmengen bildet der Graph einer zweistelligen Fuzzy Relation eine Fläche über der von den beiden Grundmengen aufgespannnten Ebene. Siehe hierzu z.B. Tilli (1993), S. 53 f. Zur genauen Definition von unscharfen Relationen siehe z.B. Bandemer/Gottwald (1993), S. 73 ff, Kahlert/Frank (1994), S. 28 ff oder Zimmermann (1996), S. 69 ff.

[179] Das Beispiel von Zimmermann (1993 a), S. 32 wurde leicht abgewandelt. Es ist auch bei Werners (1994), S. 254 zu finden.

[180] Werners (1994), S. 254 z.B. diskutiert verschiedene Implikationsvorschriften für das unscharfe Schließen.

Der abgeschwächte Modus Ponens, auch **generalisierter Modus Ponens** genannt, hat somit für unscharfe Aussagen $\tilde{A}$, $\tilde{B}$, $\tilde{A}'$ und $\tilde{B}''$ folgende allgemeine Form:

Regel:	Wenn $\tilde{A}$, dann $\tilde{B}$
Beobachtung:	$\tilde{A}'$
Schlussfolgerung:	$\tilde{B}''$

3.3.6.2 Wissensbasierte Fuzzy Systeme

Anwendung findet das unscharfe Schließen vor allem in wissensbasierten Systemen.[181] Wissensbasierte Expertensysteme[182] arbeiten jedoch nicht nur mit einer Regel sondern mit einem zusammenhängenden Regelwerk. Im Regelwerk wird das vorhandene Experten- und Erfahrungswissen zur betrachteten Problemstellung abgebildet. Dabei werden sowohl qualitative Informationen wie auch Handlungswissen, Intuition, Daumenregeln oder heuristisches Vorgehen berücksichtigt.[183] Wissensbasierte Systeme finden besonders dann Anwendung, wenn kein oder nur ein sehr kompliziertes analytisches oder mathematisches Lösungsmodell existiert.

Haupteinsatzgebiete von wissensbasierten Fuzzy Systemen sind die Regelungstechnik und die Entscheidungsunterstützung.[184] Der Teilbereich der Fuzzy Systeme, der sich mit der Lösung regelungstechnischer Probleme beschäftigt, wird **Fuzzy Control** genannt. Die grundlegenden Komponenenten eines Fuzzy Controllers oder **Fuzzy Reglers** sind jedoch unabhängig vom Einsatzgebiet gleich. Nachfolgend wird die grundsätzliche Struktur eines Fuzzy Reglers besprochen, die auch in Abbildung 3.26 (Seite 65) dargestellt ist. Der Fuzzy Regler erzeugt eine im Allgemeinen nichtlineare, statische Abbildung, die einen Eingangsvektor in einen Ausgangsvektor transformiert.[185]

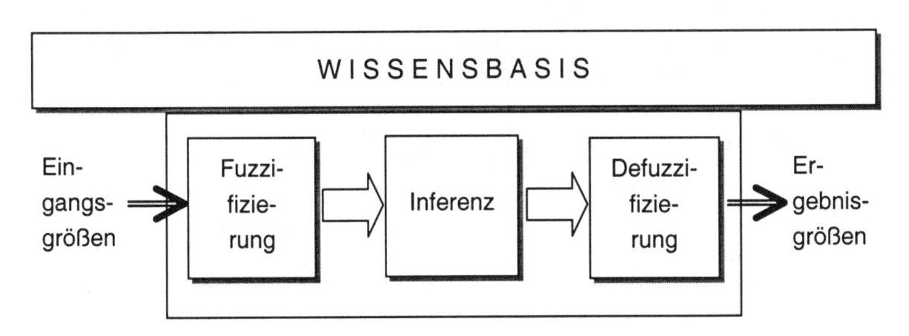

Abbildung 3.26: Grundstruktur eines Fuzzy Reglers

[181] Zadeh begründete in seinem Artikel von 1975 diese Diziplin. Zur Repräsentation und Logik bei unsicherem Wissen siehe auch Reidmacher (1992).

[182] Einen Überblick über betriebliche Expertensystem-Anwendungen geben Mertens/Borkowski/Geis (1993).

[183] Siehe hierzu auch von Altrock (1993), S. 3 f. Aufbau, Wirkungsweise und Anwendung von Wenn-Dann-Regeln bei Benutzung von natürlicher Sprache beschreibt z.B. Geyer-Schulz (1995), S. 45 ff.

[184] Siehe hierzu Tabelle 1-2 bei Zimmermann (1995 b), S. 19. Zahlreiche technische Anwendungen werden z.B. bei Zimmermann/von Altrock (1994) beschrieben.

[185] Siehe Popp/Protzel et al. (1993), S. 46.

Wesentliche Komponenten eines Fuzzy Reglers[186] sind die Wissensbasis, Fuzzifizierung, Inferenz und Defuzzifizierung:

Wissensbasis: Die Wissensbasis enthält allgemeingültiges Know-How und das Spezialwissen der erfahrenen Anwender bezüglich der durchzuführenden Problemstellung. Das Wissen aus der Wissensbasis wird benutzt, um den Fuzzy Regler aufzubauen.

Wesentlicher Bestandteil ist das Wissen um adäquate Eingangs- und Ausgangsgrößen sowie deren Beurteilung. Das vorhandene Wissen über das Zusammenwirken einzelner Größen liegt häufig in Form von unscharfen Wenn-Dann-Regeln vor, die zu einem Regelwerk zusammengefasst werden. Beurteilung, Abhängigkeiten und Zusammenhänge können somit ohne eine formale Abbildung formuliert werden.

Bei der Beschreibung der Prämissen der Regeln werden unscharfe Ausdrücke, die mit Hilfe der linguistischen Variablen und ihrer Terme modelliert werden, zur Beurteilung verwendet. Auf diese Weise können menschliche Vorgehensweisen zur Diagnose, Erkennung, Klassifikation, Prozessregelung oder Situationsbeurteilung quasi in eine natürliche Sprache umgesetzt werden. Der Experte kann sein Wissen direkt in die Wissensbasis einbringen, ohne dass das Wissen zuerst vom EDV-Experten übersetzt und transformiert werden muss. Dabei kann die Prämisse eine oder auch mehrere unscharfe Aussagen enthalten. Im Konklusionsteil der Regeln werden Handlungsempfehlungen formuliert. Auch hier werden unscharfe Formulierungen benutzt. Die Konklusion unterstützt nur eine unscharfe Aussage.

Gehen wir z.B. aus von n linguistischen Variablen X_i mit jeweils m linguistischen Termen $T_{i1}, \ldots, T_{im}$ als Eingangsgrößen und der linguistischen Variablen Y mit den Termen B_1 bis B_l als Ausgangsgröße. Das vollständige Regelwerk umfasst dann sämtliche möglichen Termkombinationen der linguistischen Eingangsgrößen. Bei der hier beschriebenen Situation sind das m^n Regeln.[187] Das Konklusionsergebnis ist immer Element der Termmenge B_1 bis B_l. Zusammengefasst ergibt sich das folgende Schema für die Regelbasis:

$$
\begin{array}{lll}
\text{Regel } 1: & \text{WENN } X_1 = T_{11} \text{ [UND/ODER]} \ldots X_n = T_{n1} & \text{DANN } Y = B_{j_1} \\
\text{Regel } 2: & \text{WENN } X_1 = T_{12} \text{ [UND/ODER]} \ldots X_n = T_{n1} & \text{DANN } Y = B_{j_2} \\
\vdots & \ddots & \vdots \\
\text{Regel } m^n: & \text{WENN } X_1 = T_{1m} \text{ [UND/ODER]} \ldots X_n = T_{nm} & \text{DANN } Y = B_{j_{m^n}}
\end{array}
$$

"Die Wissensbasis eines Fuzzy Systems kann aus Gründen der Übersichtlichkeit, der Wartbarkeit oder auch zur Generierung von wichtigen Zwischengrößen in mehrere kleinere Regelmengen unterteilt werden".[188] Das bedeutet, dass große, komplexe Probleme aufgebrochen werden und in (kleinere) Teilprobleme zerlegt werden können. Nach Behandlung der Teilprobleme werden ihre Ergebnisse durch Regeln wieder zusammengebracht und abschließend beurteilt.

---

[186] Beschreibungen der Arbeitsweise von Fuzzy Systemen sind z.B. bei Altrock (1993), S. 10 ff, Bothe (1995), S. 140 ff, Kahlert/Frank (1994), S. 85 ff, Mayer/Mechler et al. (1993), S. 69 ff, Zimmermann (1993 a), S. 91 ff, (1995 a), S. 24 ff oder (1995 b), S. 10 ff zu finden.

[187] Da die Anzahl der Regeln exponentiell mit den Termen der linguistischen Eingangsgrößen wächst, sollte darauf geachtet werden, dass die Anzahl der Terme nicht zu groß wird. In praktischen Anwendungen haben sich 3 bzw. 5 Terme als völlig ausreichend erwiesen. Dies entspricht tendenziell einer Grobbeurteilung, mit der bereits differenzierte Ergebnisse erreicht werden können. Es wird meist eine ungerade Anzahl von Termen gewählt, damit auch eine mittlere Beurteilung möglich ist. Je höher die Anzahl der Terme und damit die Anzahl der Regeln ist, desto schwerer fällt im Allgemeinen auch eine differenzierte Beurteilung im Konklusionsteil der Regeln.

[188] Zimmermann (1995 a), S. 26.

Die natürlich-sprachigen Wenn-Dann-Regeln des Regelwerks weisen gegenüber anderen Repräsentationsformen von Wissen[189] einige Vorteile auf:[190]

Erweiterbarkeit: Relativ unabhängig von anderen Regeln können neue Regeln in die Wissensbasis aufgenommen werden.

Modifizierbarkeit: Relativ unabhängig von anderen Regeln können alte Regeln geändert werden. Dies ist z.B. nötig, wenn sich Zusammenhänge in ihrer Struktur oder in ihrer Intensität geändert haben.

Modularität: Jede Regel definiert ein kleines, relativ unabhängiges Stück Information, das überschaubar und meist leicht handhabbar ist.

Verständlichkeit: Die Wirkungsweise von Fuzzy Systemen kann nicht nur von Experten, sondern auch von Nichtfachleuten nachvollzogen werden, da sie in natürlicher Sprache beschrieben wird.

Transparenz: In den Regeln können die Entscheidungen und Lösungen von regelbasierten Systemen gut verstanden und nachvollzogen werden. Der Black-Box Charakter, den viele analytische und mathematische Verfahren für die Anwender aufweisen, tritt hier kaum auf.

Fuzzifizierung: Ausgangspunkt eines jeden Systems ist seine Systemdefinition. Hier wird das Problem sauber abgegrenzt und formuliert. Dadurch ergeben sich auch die Eingangsgrößen des Systems. Die Eingangsgrößen bilden in der Regel linguistische Variablen, deren Grundmenge und physikalische Einheit anzugeben sind. Danach sind die linguistischen Terme und ihre Zugehörigkeitsfunktionen genau zu beschreiben. Das Wissen um die Semantik der linguistischen Variablen ist in der Wissensbasis enthalten. Hier findet die formale Umsetzung der verbalen Begriffe statt.

Die gemessenen kardinalen Eingangsgrößen werden in die vorher festgelegten linguistischen Variablen überführt. Dieser Prozess wird Fuzzifizierung genannt. Der Fuzzifier weist den einzelnen linguistischen Termen die entsprechenden Zugehörigkeitsgrade in Abhängigkeit vom gemessenen Wert zu. Diese werden dann später als Fakten in der Inferenzphase weiterverarbeitet. Die Eingangsinformationen können auch schon als linguistische Informationen vorliegen. Dann sind den linguistischen Termen direkt Zugehörigkeitsgrade zuzuordnen.

Inferenz: Das Inferenz-Modul eines Fuzzy Reglers hat die Aufgabe, aus den Regeln und Eingangsdaten Schlüsse zu ziehen. Die Auswertung der Regeln erfolgt nach der Fuzzifizierung in drei Schritten: Aggregation, Implikation und Akkumulation.

Aggregation: Für jede Regel aus der Wissensbasis wird zuerst überprüft, zu welchem Grad die Prämisse erfüllt ist. Die Übereinstimmung zwischen der Prämisse und den aktuellen Eingangswerten wird durch den Erfüllungsgrad (degree of fulfillment), der im Intervall von 0 bis 1 liegt, gemessen.

Im Allgemeinen besteht die Prämisse einer Regel aus der Verknüpfung von mehreren unscharfen Aussagen:

WENN die *Vorräte niedrig* **UND** die *Forderungen mittel* DANN ...

[189] Andere Arten der Darstellung von Wissen sind z.B. semantische Netze, die Prädikatenlogik oder die objektorientierte Wissensrepräsentation durch Frames. Vgl. hierzu z.B. Zimmermann (1987).

[190] Vgl. hierzu auch Mayer/Mechler et al. (1993), S. 73.

Die einzelnen Zugehörigkeitsgrade der Aussagen werden zum Erfülltheitsgrad der gesamten Prämisse der betrachteten Regel **aggregiert**. Der Erfülltheitsgrad drückt aus, in welchem Maße die Gesamtprämisse der Regel erfüllt ist. Er entspricht einem Zugehörigkeitsgrad. Zur Verknüpfung der einzelnen Ausdrücke werden unscharfe Mengenoperatoren eingesetzt, die in Kapitel 3.3.3 (Seite 41) bereits angesprochen wurden. Die Auswahl des geeigneten Operators hängt von der speziellen Problemstellung ab. Sowohl t-Normen, s-Normen als auch kompensatorische Operatoren können bei der Aggregation Anwendung finden.

Implikation: Ausgehend vom errechneten Erfülltheitsgrad der Prämisse wird der Erfülltheitsgrad der Konklusion ermittelt. Es wird der Schluss "**WENN** A, **DANN** B" gezogen. Hier geht man in der Regel davon aus, dass die Schlussfolgerung einer Regel höchstens denselben Erfüllungsgrad aufweisen kann wie die Prämisse.

Auch die Regeln selbst können unscharf bewertet werden. So müssen die Wenn-Dann-Bedingungen einer Regel nicht immer uneingeschränkt gelten. Auch sie können mit Unbestimmtheit behaftet sein. Deshalb kann jede Regel mit einem Sicherheitsgrad bewertet werden, der zwischen 0 und 1 liegt. Werden alle Regeln gleich bewertet, weisen alle einen Sicherheitsgrad von 1 auf.

Der Erfüllungsgrad der Prämisse und der Sicherheitsgrad der Regel werden durch einen Implikationsoperator verknüpft. Es empfehlen sich hier alle nicht-kompensatorischen t-Normen. Häufig wird der Minimum-Operator oder das algebraische Produkt gewählt.[191] Ist der Erfüllungsgrad der Regel größer Null, so sagt man, die Regel feuert.

Akkumulation: Für jede einzelne Regel des gesamten Regelwerks wird der Erfüllungsgrad ermittelt. Dabei können z.B. unterschiedlich viele Regeln den gleichen linguistischen Term als Konklusionsergebnis haben. Die verschiedenen Zugehörigkeitsgrade zu einem linguistischen Term können unterschiedlich sein. Abschließender Schritt im Inferenz-Modul ist deshalb die **Akkumulation** der einzelnen Ergebnisse der Regeln zu einem Gesamtergebnis für das komplette Regelwerk. Da alle Regeln alternativen Charakter haben und somit gleichzeitig zur Geltung kommen können, empfiehlt sich hier als Verknüpfungsoperator eine s-Norm. Häufig wird der Maximum-Operator angewandt.

Defuzzifizierung: Ergebnis des Inferenz-Prozesses ist eine unscharfe Menge. Aufgabe der Defuzzifizierung ist es, das unscharfe Ergebnis zurückzutransformieren in ein scharfes Ergebnis, das die unscharfe Ausgangsmenge möglichst gut charakterisiert. Hierbei gehen im Allgemeinen Informationen verloren.

Es haben sich verschiedene Defuzzifizierungsmethoden herauskristallisiert. Das *Flächenschwerpunkt-* und das *Center-of-Maximum* Verfahren versuchen z.B., einen *besten Kompromiss* als typischen Wert für die unscharfe Ausgangsmenge zu finden. Das *Mean-of-Maximum* Verfahren sucht die *plausibelste* Lösung.[192]

Die Grundstruktur des Fuzzy Reglers kann zu einem **unscharfen Regelkreis** oder zu einer **unscharfen Regelstrecke** ausgebaut werden. Beim unscharfen Regelkreis gehen die defuzzifizierten Ergebnisse des Fuzzy Reglers häufig als scharfe Stellgrößen in einen zu steuerenden Prozess ein. Hier liegen die typischen technischen Anwendungen. Beispiel

[191] Siehe hierzu z.B. Mayer/Mechler et al. (1993), S. 77 f oder Zimmermann (1993 a), S. 97 f.

[192] Defuzzifizierungsverfahren werden z.B. bei Altrock (1993), S. 164 ff, Kahlert/Frank (1994), S. 89 ff oder Mayer/Mechler et al. (1993), S. 80 dargestellt. Zur Defuzzifizierung siehe insbesonders auch Li (1996).

wäre die Steuerung einer Heizungsanlage. Aus der Steuerung resultieren neue scharfe Messwerte. Diese werden wiederum fuzzifiziert und erneut vom Fuzzy Regler ausgewertet. Somit ergibt sich ein unscharfes Regelkreissystem, wie es in Abbildung 3.27 (Seite 69) zu sehen ist.

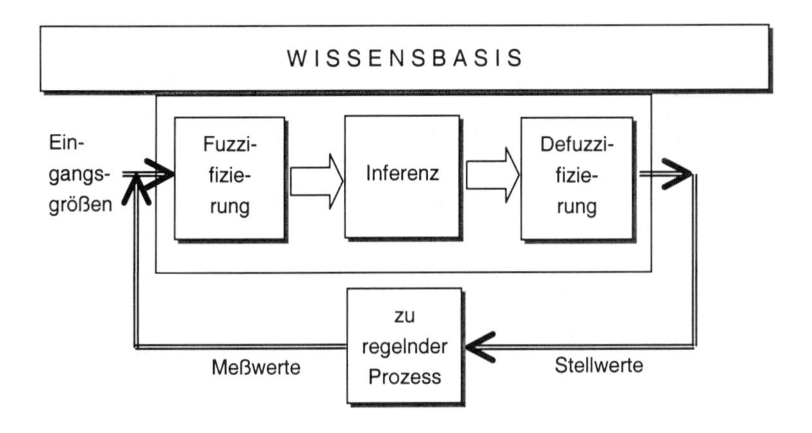

Abbildung 3.27: Unscharfer Regelkreis

Bei einer unscharfen Regelstrecke wird kein Prozess gesteuert. Hier werden die Ergebnisse des Inferenzmoduls nach Defuzzifizierung oder als linguistische Variable mit den Zugehörigkeitsgraden der linguistischen Terme an den Anwender weitergegeben. Der Fuzzy Regler wird nur einmal durchlaufen. Anwendungen hierfür liegen eher im Managementbereich, wenn einmalige Bewertungen oder Beurteilungen komplexer Systeme vorgenommen werden.[193] Es ergibt sich dann eine unscharfe Regelstrecke, wie sie in Abbildung 3.28 (Seite 70) zu sehen ist.

[193] Sind Entscheidungsträger nicht im Umgang mit unscharfen Informationen geübt, ist ihnen eine scharfe Zahl oft lieber als eine unscharfe Menge. Dies mag auch daher begründet sein, dass bei herkömmlichen Beurteilungen häufig mit Mittelwerten oder mittleren Werten gerechnet und argumentiert wird. Selbst bei Anwendung der Defuzzifizierung hat ein Fuzzy System jedoch den Vorteil, dass der Inferenz-Prozess ausschließlich auf unscharfen Eingangsgrößen und unscharfen Schlüssen basiert, die der menschlichen Einschätzung entsprechen. Deshalb kann davon ausgegangen werden, dass selbst nach einer Defuzzifizierung realitätsnähere und bessere Ergebnisse erhalten werden als bei Verfahren, die von vornherein nur mit Mittelwerten arbeiten.

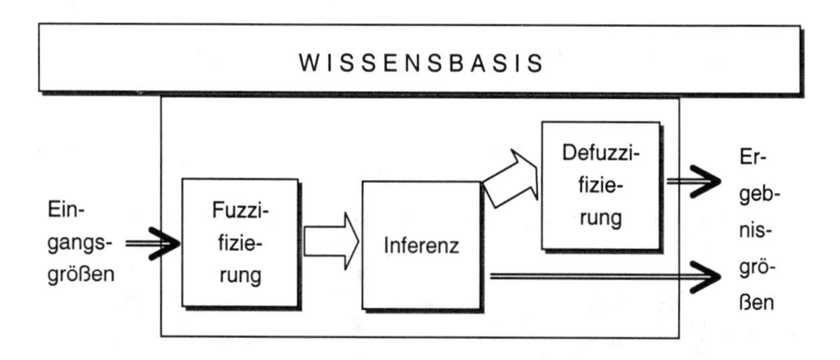

Abbildung 3.28: Unscharfe Regelstrecke

Die grundsätzliche Arbeitsweise einer unscharfen Regelstrecke ist stellvertretend für einen Fuzzy Regler in Abbildung 3.29 (Seite 71) noch einmal graphisch zusammengefasst.

Im nachfolgenden Beispiel werden die Arbeitsweise und das grundsätzliche Übertragungsverhalten eines Fuzzy Reglers verdeutlicht.[194]

Beispiel 14:

Ein Unternehmen möchte die Plan-Ist-Abweichung des Gewinns in Abhängigkeit von der absoluten Abweichung der Plan- und Ist-Größe sowie der Abweichungsänderung zum letzten Monat beurteilen. Dazu benutzt es einen Fuzzy Regler mit den beiden unscharfen linguistischen Eingangsvariablen *absolute Abweichung* und *Abweichungsänderung* sowie der unscharfen linguistischen Ausgangsgröße *Beurteilung der Abweichung*. Die drei linguistischen Variablen besitzen jeweils die folgenden fünf linguistischen Terme:

- NB (negative big),
- N (negative),
- Z (zero),
- P (positive) und
- PB (positive big).

Aufgrund ihres Erfahrungsschatzes hat die Unternehmensleitung Verknüpfungsvorschriften für die beiden unscharfen Inputgrößen formuliert, die in der Relationenmatrix in Abbildung 3.30 (Seite 73) zusammengefasst sind und die Abweichung des Gewinns beurteilen. Alle Regeln haben die gleiche Gewichtung von 1. In der Inferenz-Phase wird für den Aggregations- und Implikationsoperator der Minimum-Operator gewählt. Als Akkumulationsoperator, der in den Graphiken nicht sichtbar wird, wird der Maximum-Operator benutzt. Die Defuzzifizierung wird mit Hilfe der Schwerpunktmethode durchgeführt.

[194] Das Beispiel wurde aus Popp/Protzel (1993), S. 46-50 entnommen und für diese Arbeit in einen anderen Kontext eingebettet.

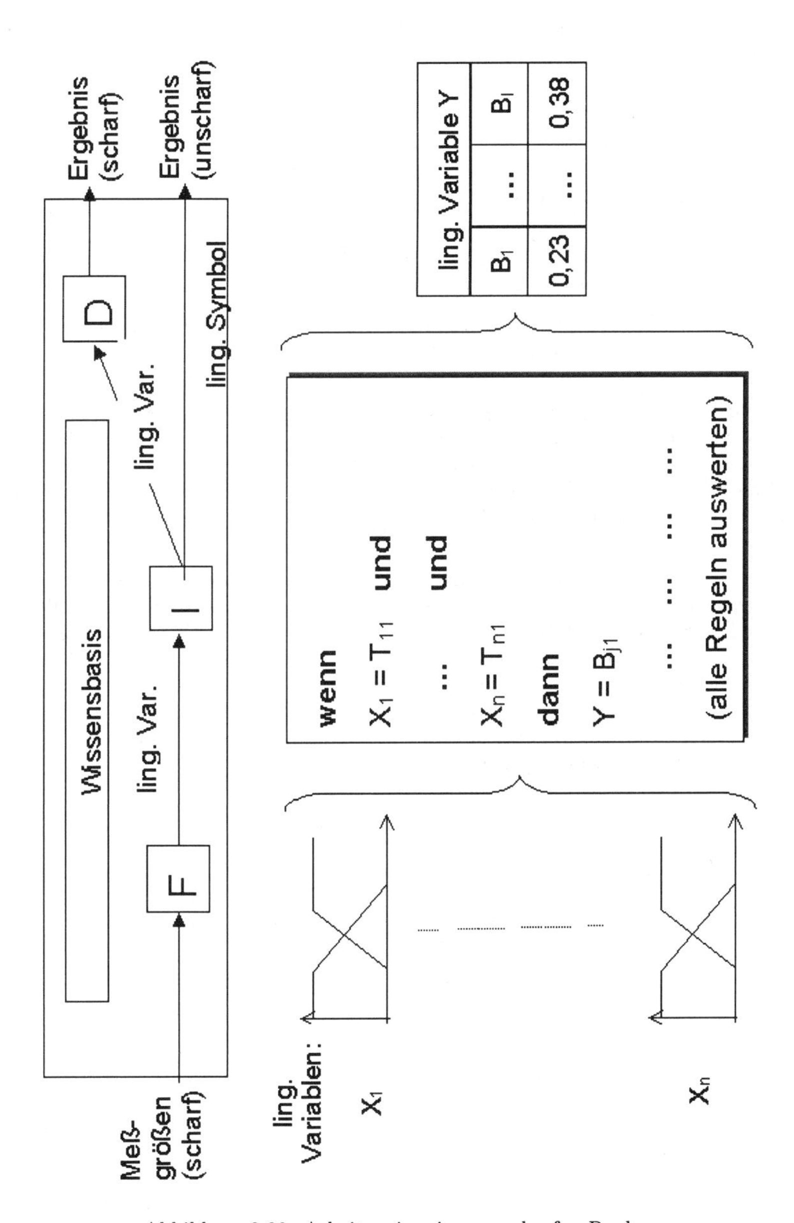

Abbildung 3.29: Arbeitsweise eines unscharfen Reglers

Abbildung 3.30 (Seite 73) beschreibt folgende Ausgangssituation: Der scharfe Eingangswert für *absolute Abweichung* liegt im Bereich des Terms P mit einem Zugehörigkeitsgrad von 0,3 und des Terms PB mit einem Zugehörigkeitsgrad von 0,7. Die *Abweichungsänderung* hat einen scharfen Eingangswert, der dem Term Z eindeutig entspricht, d.h. der Zugehörigkeitsgrad der *Abweichungsänderung* zum Term Z beträgt 1.

Bei dieser Datenkonstellation feuern zwei Regeln, die in der Relationenmatrix grau unterlegt und stark umrandet sind. Die Ausformulierung dieser Wenn-Dann-Regeln, die in Abbildung 3.30 (Seite 73) abgelesen werden kann, lautet:

- WENN *absolute Abweichung = P* UND *Abweichungsänderung = Z*
  DANN *Beurteilung der Abweichung = Z*
- WENN *absolute Abweichung = PB* UND *Abweichungsänderung = Z*
  DANN *Beurteilung der Abweichung = P*

Für die erste feuernde Regel in Abbildung 3.30 (Seite 73) ergibt sich der Aggregationswert als Minimum von 0,3 und 1. Der Implikationswert wird durch das Minimum von 0,3 und 1 bestimmt, da die Regel mit dem Sicherheitsgrad 1 gewichtet wird. Für die zweite feuernde Regel ergibt sich der Aggregationswert als Minimum von 0,7 und 1. Der Implikationswert wird hier durch das Minimum von 0,7 und 1 bestimmt, da auch diese Regel mit dem Sicherheitsgrad 1 gewichtet ist.

Die Ergebnisse der beiden Regeln für die unscharfe Ausgangsgröße *Beurteilung der Abweichung* zeigt die grau unterlegte Fläche unter den Zugehörigkeitsfunktionen der linguistischen Terme der Ausgangsgröße. Von der grau unterlegten Fläche wird der Schwerpunkt berechnet. Im unteren Teil von Abbildung 3.30 (Seite 73) wird der Schwerpunkt in eine dreidimensionale Graphik übertragen, die das Übertragungsverhalten des Fuzzy Systems von den beiden Eingangsgrößen zur Ausgangsgröße beschreibt. Besonders deutlich wird hier das nichtlineare Übertragungsverhalten des Systems, das ohne jegliche mathematische Modellierung, sondern ausschließlich mit natürlich-sprachigen Expertenregeln generiert wird.

[195] In abgewandelter Form entnommen aus Popp/Protzel et al. (1993), S. 49.

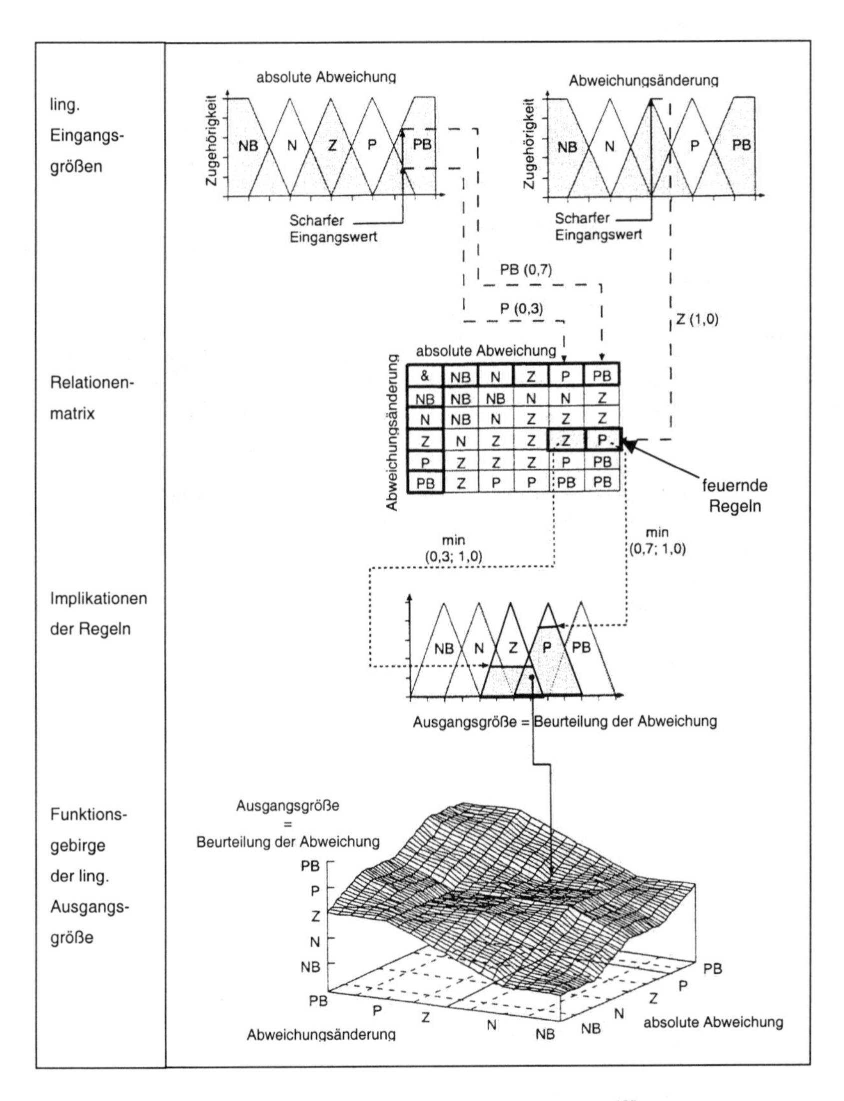

&	NB	N	Z	P	PB
NB	NB	NB	N	N	Z
N	NB	N	Z	Z	Z
Z	N	Z	Z	Z	P
P	Z	Z	Z	P	PB
PB	Z	P	P	PB	PB

Abbildung 3.30: Unscharfes Regelsystem I [195]

Welche Auswirkungen die Änderung der Konklusion einer einzigen Regel haben kann, zeigt das Funktionsgebirge von Abbildung 3.31 (Seite 75) im Vergleich zu dem von Abbildung 3.30 (Seite 73).

Bei der ersten Regel wird die Ausgangsgröße *Beurteilung der Abweichung* nicht mehr mit dem Term Z, sondern mit dem Term NB bewertet. Die erste Regel lautet nun:

- WENN *absolute Abweichung = P* UND *Abweichungsänderung = Z*
  DANN *Beurteilung der Abweichung =* **NB**

Die zweite Regel wird nicht verändert.

Die Implikation dieser beiden, teilweise abgeänderten Regeln für die unscharfe Ausgangsgröße *Beurteilung der Abweichung* wird wiederum durch die grau unterlegte Fläche unter den Zugehörigkeitsfunktionen der linguistischen Terme der Ausgangsgröße angezeigt (Abbildung 3.31 (Seite 75)). Während im ersten Teil des Beispiels der dritte und vierte Term der Ausgangsgröße zum Wirken kommen, werden hier im zweiten Teil der erste und vierte Term wirksam. Der neu berechnete Schwerpunkt der grau unterlegten Fläche liegt im zweiten Teil deshalb weiter links als der Schwerpunkt im ersten Teil des Beispiels. Besonders deutlich können die Auswirkungen der Konklusionsänderung im Funktionsgebirge im unteren Teil von Abbildung 3.31 (Seite 75) im Gegensatz zu Abbildung 3.30 (Seite 73) veranschaulicht werden. Durch die schlechtere Bewertung der ersten Regel zeigt das Funktionsgebirge in den Bereichen, in denen die *Abweichungsänderung* mit Z und die *absolute Abweichung* mit P bewertet wird, in der zweiten Abbildung ein Tal auf, während es in der ersten Abbildung in diesem Bereich eine Ebene aufweist.

Kommt die Unternehmensleitung somit z.B. durch veränderte Erfahrungen zu einer Neubewertung der Wirkungszusammenhänge zwischen absoluter Abweichung des Plan- und Ist-Gewinns und der Abweichungsänderung zum Vormonat, so schlägt sich dies durch Anpassung der Regeln unmittelbar im Bewertungsergebnis wieder. Dabei werden die Regeln natürlich-sprachig im Jargon der bewertenden Unternehmensleitung abgebildet.

[196] In abgewandelter Form entnommen aus Popp/Protzel et al. (1993), S. 50.

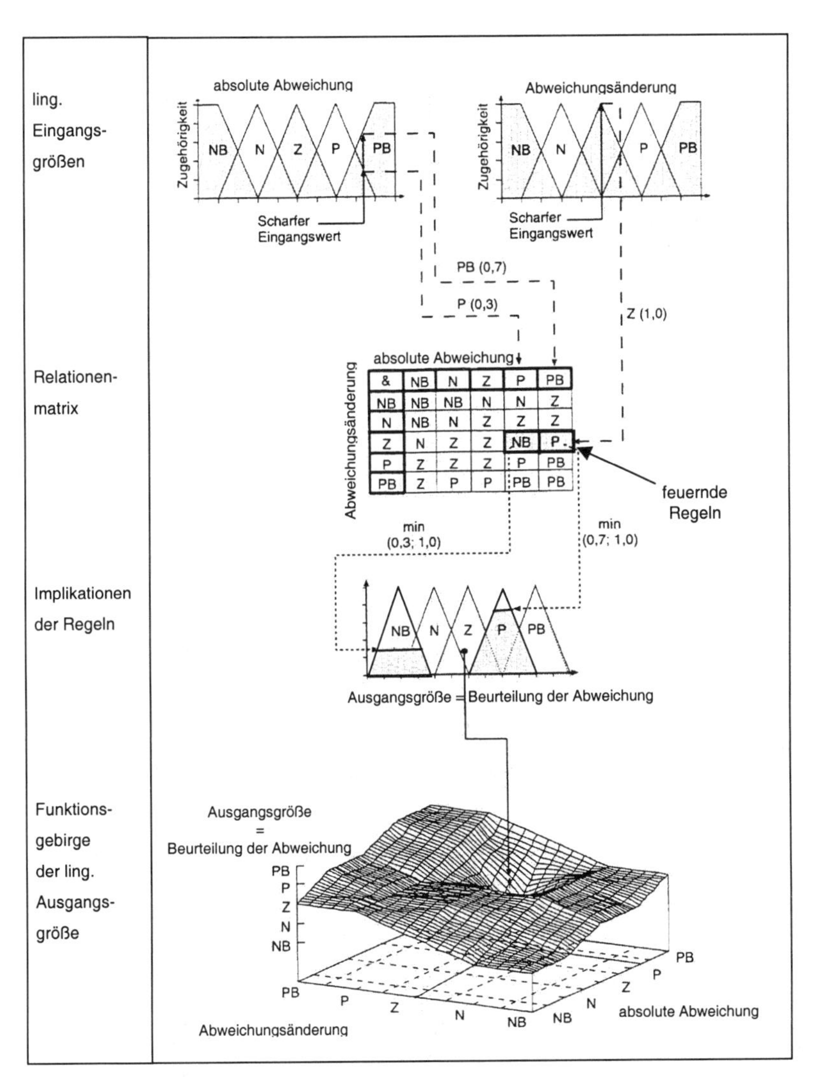

&	NB	N	Z	P	PB
NB	NB	NB	N	N	Z
N	NB	N	Z	Z	Z
Z	N	Z	Z	NB	P
P	Z	Z	Z	P	PB
PB	Z	P	P	PB	PB

Abbildung 3.31: Unscharfes Regelsystem II [196]

3.3.6.3 Bewertungshierarchien

Bei großen Regelwerken tritt häufig das Phänomen auf, dass ein oder mehrere Obergrößen bzw. ein oder mehrere Oberziele bewertet bzw. beurteilt werden. Oberziele können mit Hilfe von Zwischenzielen beurteilt werden. Diese Systematik setzt sich nach unten fort, bis auf der untersten Beschreibungsebene sogenannte Unterziele, die eigentlichen Ausgangsgrößen, zur Beurteilung des nächst höheren Zwischenziels benutzt werden. Abbildung 3.32 zeigt den generellen Aufbau solcher hierarchischen Systeme.

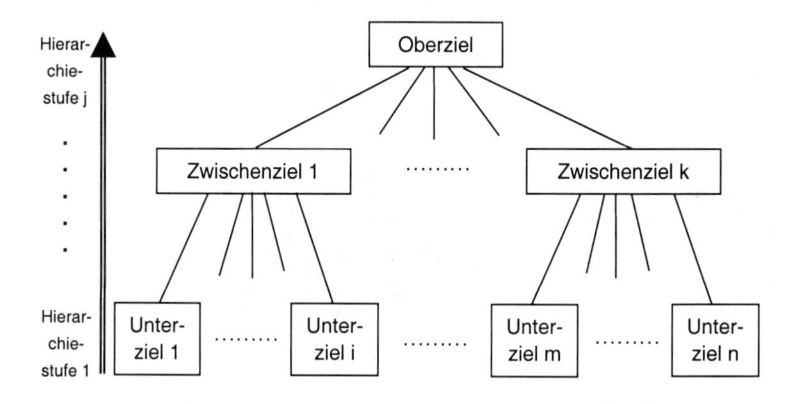

Abbildung 3.32: Genereller Aufbau einer Zielhierarchie

Entsprechend können große, unscharfe Regelwerke, die sich auf ein Oberziel beziehen, im Allgemeinen in sinnvolle kleinere Regelwerke zerlegt werden, die jeweils nur Zwischenziele des Gesamtkomplexes beschreiben. Dadurch können große Probleme modularisiert werden. Nach Beschreibung der Zwischenziele können diese durch eigene Regelmengen wieder zur Bewertung der eigentlichen Oberziele zusammengebracht werden. Auf diese Art und Weise entstehen übersichtliche, gut handhabbare Bewertungshierarchien, die an Kennzahlensysteme erinnern. Der wesentliche Unterschied zwischen einer unscharfen Bewertungshierarchie und einem Kennzahlensystem liegt darin, dass bei der unscharfen Bewertungshierarchie vor allem qualitative Größen eingehen, deren Zusammenhang nicht mathematisch, sondern durch Regeln beschrieben wird. In einem Kennzahlensystem treten dagegen nur scharfe Größen auf, die nach festen mathematischen Vorschriften verknüpft werden und so die Berechnung der Zielgröße erlauben.

Eine unscharfe Bewertungshierarchie kann somit als mehrstufiges hierarchisches Regelwerk aufgefasst werden.[197] Die unscharfen Ausgangsgrößen einer Hierarchiestufe stellen dann Zwischenergebnisse dar, die die unscharfen Eingangsgrößen der nächsten Hierarchiestufe bilden. Die Eingangsgrößen der untersten Hierarchiestufe sind als linguistische Variablen mit ihren Termen und deren Zugehörigkeitsfunktionen zu beschreiben. Die linguistischen Größen der zweiten bis höchsten Ebene brauchen nur mit ihrem Namen und ihren Termen beschrieben zu werden. Sie bilden sogenannte **linguistische Symbole**. Die Zugehörigkeitswerte zu den Termen der linguistischen Symbole ergeben sich aus den Zugehörigkeitsgraden der vorausgehenden Hierarchiestufe.

[197] Vgl. hierzu auch Rommelfanger (1994), S. 144 ff.

ZIMMERMANN und ZYSNO[198] haben z.B. eine unscharfe Bewertungshierarchie zur Beurteilung der Kreditwürdigkeit von Privatpersonen erstellt. Zur Beurteilung der Kreditwürdigkeit von mittelständischen Unternehmen haben ROMMELFANGER und UNTERHARNSCHEIDT[199] eine unscharfe Bewertungshierarchie erarbeitet.

Das Grundprinzip der Arbeitsweise einer unscharfen Bewertungshierarchie ist in Abbildung 3.33 (Seite 77) dargestellt. Dabei enthalte eine Zielgröße Z zwei Teilaspekte TA1 und TA2, die zuerst unabhängig voneinander beurteilt werden. TA1 wird durch die Eingangsgrößen EG11 und EG12 beschrieben, TA2 durch die Eingangsgrößen EG21 und EG22. Z, TA1 und TA2 bilden sogenannte linguistische Symbole, die durch die linguistischen Variablen EG11, EG12, EG21 und EG22 erklärt und bewertet werden. Alle linguistischen Größen besitzen die Terme *gut*, *mittel*, *schlecht*.

EG11 und EG12 werden zur Beurteilung von TA1 verknüpft. Gleichzeitig werden EG21 und EG22 zur Beurteilung von TA2 verknüpft. Anschließend können TA1 und TA2 durch ein Regelwerk zur Beurteilung von Z verknüpft werden.

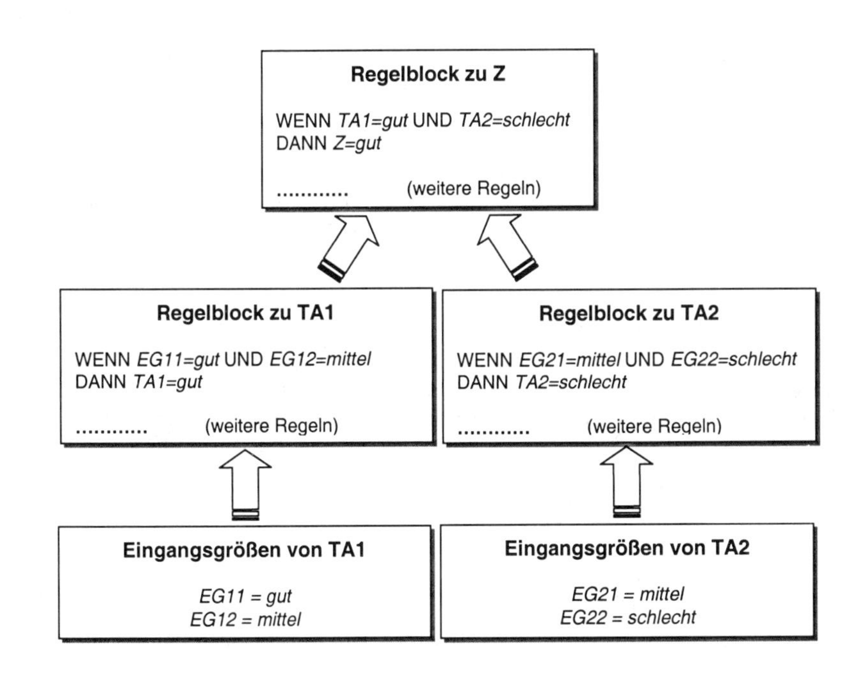

Abbildung 3.33: Prinzip einer unscharfen Bewertungshierarchie

198 Vgl. Zimmermann/Zysno (1980) und (1983).

199 Vgl. Rommelfanger/Unterharnscheidt (1986) und (1988).

3.3.7 Unscharfe Clusteranalyse

Die Clusteranalyse ist ein datenanalytisches Verfahren. Ziel der Clusteranalyse ist es, durch Zusammenfassung von ähnlichen Objekten zu Klassen große unübersichtliche Datenmengen zu strukturieren und so zu einer Komplexitätsreduktion beizutragen. Objekte können hierbei ganz unterschiedlicher Natur sein, z.B. Unternehmen, Produkte, Käufer und dergleichen. Die Verfahren der unscharfen Clusteranalyse bauen häufig auf bekannten, scharfen Verfahren auf und versuchen, diese zu fuzzifizieren.[200]

3.3.7.1 Grundidee der Clusteranalyse

Die Clusteranalyse hat die Aufgabe, in großen Datenmengen Klassen von Objekten zu formen, die in sich möglichst homogen und untereinander möglichst heterogen sind. Bei den Clusteranalyseverfahren werden im Wesentlichen agglomerative, divisive und partitionierende Verfahren unterschieden. Bei den agglomerativen Verfahren geht man von einer Anfangszerlegung der Objekte in verschiedene Klassen aus. Dann werden Klassen zusammengefasst, so dass immer gröbere Zerlegungen entstehen. Bei den divisiven Verfahren wird der umgekehrte Weg gegangen.[201] Partitionierende Verfahren gehen von einer Anfangszerlegung der Objekte in Klassen aus und versuchen, die gegebene Zerlegung zu verbessern.

Allen scharfen Verfahren der Clusteranalyse ist eigen, dass sie ein Objekt eindeutig einer Klasse zuordnen. Damit besitzt im Grunde jedes Objekt einen Zugehörigkeitsgrad von 1 zu der Klasse, zu der es zugeordnet wird, und einen Zugehörigkeitsgrad von 0 zu allen übrigen Klassen. Somit ist es auf Grund des Klassifikationsergebnisses nicht direkt möglich zu unterscheiden, ob ein Objekt Kernelement einer Klasse ist und im Zentrum der Klasse liegt oder ob ein Objekt nur Randpunkt einer Klasse ist.

3.3.7.2 Unscharfe Clusteranalyse

An diesem Punkt setzt die unscharfe Clusteranalyse an. Sie will nicht nur jedes Objekt einer Klasse zuordnen, sondern sie versucht gleichzeitig zu bewerten, ob ein Objekt Kernobjekt oder Randobjekt einer Klasse ist bzw. ob es sich um ein Zwischenobjekt handelt, das zwischen zwei oder mehreren Klassen positioniert ist. Im Allgemeinen interessieren den Anwender nämlich hauptsächlich die Kernelemente. Sie sind typische Vertreter ihrer Klasse und können im Allgemeinen gut gegeneinander abgegrenzt werden.[202]

Eine solche Beurteilung gelingt dadurch, dass allen betrachteten Objekten ein Zugehörigkeitsgrad zu jeder Klasse zugeordet wird. Im Gegensatz zur scharfen Clusteranalyse können die Zugehörigkeitsgrade nun im Intervall $[0,1]$ liegen und entstammen nicht nur der Menge $\{0,1\}$. Zusätzlich muss gelten, dass die Summe der Zugehörigkeitsgrade eines Objekts über alle Klassen gerade den Wert Eins ergibt. Der Anwender kann nun z.B. individuell eine Mindesthöhe für die Klassenzugehörigkeitsgrade vorgeben, ab der er ein Objekt einer bestimmten Klasse zu-

[200] Siehe zur allgemeinen Beschreibung der Fuzzy Datenanalyse z.B. Zimmermann (1995 a), S. 3 ff. Mehr mathematisch orientiert ist z.B. das Buch von Bandemer/Näther (1992).

[201] Siehe auch Bausch/Opitz (1993), S. 55 ff oder Opitz (1980), S. 96 ff. Einen umfassenden Überblick über Klassifikationsverfahren gibt Bock (1974).

[202] Vgl. z.B. die grundlegende Arbeit von Bezdek (1981) und seinen Artikel von (1974) bzw. die Arbeiten von Bock (1979) und Deimer (1986).

ordnet. Häufig findet man auch folgende Interpretationshilfen: Die Zugehörigkeitsgrade von Kernelementen sind im Allgemeinen größer als 0,7. Die Werte für Randpunkte liegen zwischen 0,7 und 0,3. Zwischenpunkte weisen Werte kleiner als 0,3 auf.[203] Diese Angaben sind als generelle Richtlinien zu verstehen. Die Ergebnisse jeder einzelnen Clusteranalyse müssen für sich und im jeweilige Kontext interpretiert werden.[204]

Im folgenden Beispiel werden die Hauptaspekte und -probleme der unscharfen Clusteranalyse verdeutlicht.

Beispiel 15:

Die Papillon AG sucht einen Benchmarking-Partner zur Optimierung ihrer Vertriebsstrukturen. 15 potenzielle Benchmarking-Unternehmen x_i $(i = 1, \ldots, 15)$ wurden bereits ausgewählt, anhand von mehreren Merkmalen charakterisiert und im zweidimensionalen Raum positioniert. Abbildung 3.34 (Seite 80) zeigt die Lage der Vergleichsunternehmen im 2-dimensionalen Raum. Die Unternehmen sind symmetrisch zueinander angeordnet und weisen eine schmetterlingsähnliche Form auf.[205] Durch das Unternehmen x_8 verläuft die Symmetrieachse, die die Menge der Vergleichsunternehmen in eine gleiche spiegelbildliche linke und rechte Klasse aufteilt. Dies können z.B. die Klasse der gut geeigneten und die Klasse der schlecht geeigneten Benchmarking-Partner sein. Wird nun eine scharfe Zweiklassenlösung angestrebt, ist die Zuordnung zu den Klassen eindeutig bis auf Element x_8. Das Unternehmen x_8 kann mit gleichen Argumenten der linken und der rechten Klasse zugeordnet werden. Die beiden gestrichelten und gedrehten Trapezformen in Abbildung 3.34 (Seite 80) deuten die zwei möglichen scharfen Klassen an und heben den Konflikt um die Zuordnung von Unternehmen x_8 hervor. Welches Unternehmen die jeweilige Klasse am besten repräsentiert, ist nur aus der Zeichnung abzulesen. Das scharfe Clusteranalyseverfahren liefert grundsätzlich keine Hinweise.

Wird dagegen ein unscharfes Clusteranalyseverfahren angewandt,[206] erhält man als Ergebnis für jedes der 15 Unternehmen je zwei Zugehörigkeitsgrade für die linke und die rechte Klasse. In Abbildung 3.35 (Seite 80) sind die Datenpunkte der Unternehmen und deren Zugehörigkeitsgrade zur linken Klasse eingetragen. Die Zugehörigkeitsgrade für die rechte Klasse ergeben sich durch Subtraktion der Zugehörigkeitswerte zur linken Klasse vom Wert 1.[207]

Unternehmen x_8 besitzt einen Zugehörigkeitsgrad von 0,5 zur linken Klasse und damit auch zur

---

[203] Vgl. auch Bausch/Opitz (1993), S. 60.

[204] Als erstes unscharfes Clusteranalyseverfahren, das am weitesten verbreitet ist, gilt der Fuzzy-C-Means (FCM) Algorithmus. Der Algorithmus des FCM-Verfahrens ist z.B. bei Bezdek (1981), S. 65 ff oder Zimmermann (1995 a), S. 41 ff zu finden. Er basiert auf dem klassischen Isodata-Verfahren (siehe Ball/Hall (1967)) und kann besonders gut kugelförmige Klassen bewerten. Eine Weiterentwicklung bildet das Fuzzy-c-Shell (FCS) Verfahren. Vergleiche hierzu Dave (1990) oder Krishnapuram (1992). Während beim FCM-Algorithmus die Klassenkerne die Repräsentanten der Klassen bilden, sind diese beim FCS-Algorithmus im zweidimensionalen Fall Kreisringe, im dreidimensionalen Fall Kugeloberflächen und im höherdimensionalen Fall Hyperkugeloberflächen. Neuere Entwicklungen zur unscharfen Clusteranalyse beschreiben z.B. Rousseeuw (1995), Rousseeuw/Kaufmann/Trauwaert (1996) oder Rousseeuw/Trauwaert/Kaufmann (1995).

[205] Die Anordnung der Datenpunkte geht auf ein Beispiel in Bezdek (1981), S. 52 ff zurück. Die Datenkonstellation ist oft auch unter dem Namen Schmetterlingsbeispiel zu finden, das in der clusteranalytischen Literatur vielfach zur Motivation der unscharfen Clusteranalyse benutzt wird.

[206] Konkret stammen die Ergebnisse aus der Anwendung des Fuzzy-C-Means Algorithmus nach Bezedek ((1981), S. 76) unter Verwendung des Unschärfeparameters 2.

[207] Diese Gesetzmäßigkeit gilt für den 2-Klassen-Fall.

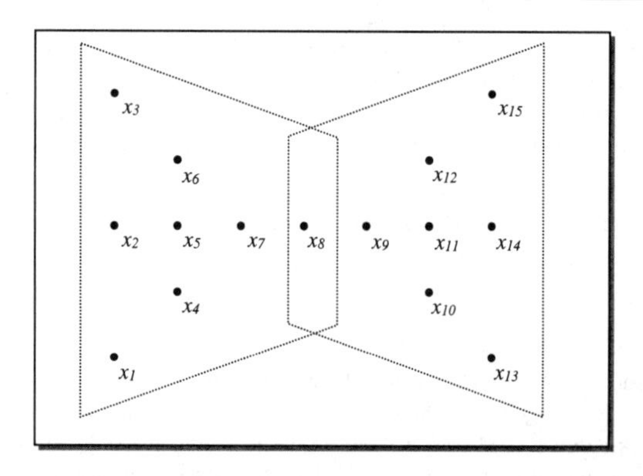

Abbildung 3.34: Positionierung der Unternehmen im 2-dimensionalen Raum

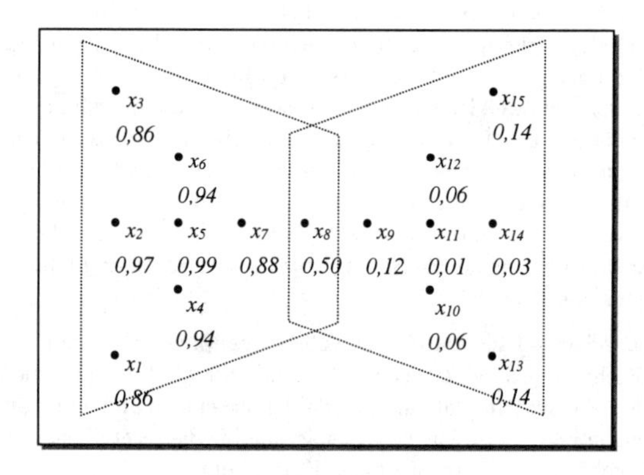

Abbildung 3.35: Zugehörigkeitsgrade der Unternehmen zur linken Klasse

rechten Klasse. Durch den Zugehörigkeitsgrad wird deutlich ausgedrückt, dass dieses Unternehmen gleichwertig beiden Klassen zugeordnet werden kann und somit weder ein wirklich guter noch ein wirklich schlechter Benchmarking-Partner ist. Diese Erkenntnis konnte im scharfen Fall nur durch die graphische, zweidimensionale Darstellung gewonnen werden. Auch im n-dimensionalen Raum ergäbe sich ein entsprechendes Ergebnis bei Anwendung eines unscharfen Clusteranalyseverfahrens. Dann würde jedoch die graphische Anschauung versagen.

Bester Repräsentant der linken Klasse ist das Unternehmen x_5 mit einem Zugehörigkeitsgrad von 0,99. Sämtliche Unternehmen x_1 bis x_7 sind Kernpunkte der linken Klasse. Dass der Zugehörigkeitsgrad von x_2 0,97 und der Zugehörigkeitsgrad von x_7 nur 0,88 beträgt, obwohl beide Punkte den gleichen Abstand zum Unternehmen x_5 haben, lässt sich dadurch erklären, dass die Summe der Zugehörigkeitsgrade aller Punkte über beide Klassen auf den Wert Eins normiert sind. Da der Spiegelpunkt zu x_7 (nämlich x_9) näher an x_5 liegt als der Spiegelpunkt zu x_2 (nämlich x_{14}), ist dessen Zugehörigkeitsgrad zur linken Klasse höher. Dadurch ergibt sich jedoch ein geringerer Zugehörigkeitsgrad für x_7 im Gegensatz zu x_2. Dies macht deutlich, dass die Ergebnisse als Aussagen über die generelle Lage der Unternehmen in den Klassen zu verstehen sind. Die Interpretation der rechten Klasse erfolgt mit den gleichen Argumenten.

Die für diese Arbeit wichtigsten Elemente und Konzepte der Theorie der unscharfen Mengen wurden in ihren Grundzügen dargestellt. Sie sind notwendig für das Verständnis der nachfolgenden Kapitel.

Kapitel 4 beschäftigt sich zuerst mit dem generellen Anwendungspotenzial der unscharfen Mengen im Controlling. Für einige typische Controllinginstrumente und -aufgaben werden der jeweilige Unschärfecharakter aufgearbeitet und Lösungsansätze skizziert. Hierbei wird, der Natur der unscharfen Mengen entsprechend, besonders die mögliche Abbildung von qualitativen Daten, Informationen und Beziehungen eine Rolle spielen.

In den Kapiteln 5, 6 und 7 werden drei konkrete Anwendungen der Fuzzy Set-Theorie im Controlling und ihre detaillierte Ausarbeitung beschrieben. Die Break-Even-Analyse, die Szenarioanalyse und das Target Costing werden bei den Anwendungen auf ihr Unschärfepotenzial hin untersucht.

4 Anwendungspotenzial der unscharfen Mengen im Controlling

Das Anwendungspotenzial der unscharfen Mengen im Controlling steigt mit der Notwendigkeit, immer stärker den Zukunftsgedanken und somit die Komplexität und Dynamik in den Mittelpunkt des Controllinginstrumentariums zu stellen. Die damit verbundene Unschärfe wird häufig noch nicht aufgearbeitet. Nach wie vor herrschen stark strukturierte Modelle und Methoden vor. Es sind jedoch erste Ansätze wahrzunehmen, die eine systematische Verarbeitung von Unschärfe anstreben. Einige Beispiele werden im Folgenden skizziert. Hierbei steht nicht im Vordergrund, eine umfassende Übersicht von bereits existierenden unscharfen Ansätzen im Controlling zu geben. Es wird vielmehr versucht, das grundsätzliche Gedankengut beispielhaft zu beschreiben.

4.1 Portfolioanalyse

Als unscharfe Anwendung mit Analyse- und Prognosefunktion in der strategischen Planung kann die fuzzybasierte Portfolioanalyse[208] aufgefasst werden. Sie ist ein klassisches Instrument der strategischen Planung.[209] Sie hat die Aufgabe, das Management bei der Formulierung von Strategien und Handlungsanweisungen zu unterstützen. Dazu werden die strategischen Geschäftseinheiten in einem zweidimensionalen Koordinatensystem positioniert. Die x-Achse des Koordinatensystems repräsentiert die Unternehmensdimension und die y-Achse die Marktdimension. Durch beide Dimensionen werden die verschiedenen strategischen Geschäftseinheiten beschrieben. Auf Basis der Positionierungen in der Portfolio-Matrix werden für die einzelnen strategischen Geschäftseinheiten Normstrategien vorgeschlagen und eine entsprechende Ressourcenaufteilung vorgenommen.

Als erster Portfolio-Ansatz wurde Ende der sechziger Jahre das Marktanteils-Marktwachstums-Portfolio der Boston Consulting Group entwickelt. Einer der Hauptkritikpunkte an diesem Ansatz ist, dass sowohl die Unternehmens- als auch die Marktdimension nur durch jeweils eine Variable beschrieben wird. Die dadurch bedingte beschränkte Aussagekraft versucht das Marktattraktivitäts-Wettbewerbspositions-Portfolio, das von McKinsey und General Electric erarbeitet wurde, zu erweitern. Es kann als multikriterielles Verfahren betrachtet werden, da hier in beide Dimensionen der Portfoliomatrix eine Vielzahl von Variablen einfließt. Um die Marktattraktivität zu beschreiben, werden z.B. die Größen Marktwachstum, Marktgröße, Marktrisiko, Markteintrittskosten, Konkurrenzsituation, Bestellhäufigkeit, Investitionsattraktivität, Innovationspotenzial oder soziale Attraktivität berücksichtigt. Zur Beschreibung der Wettbewerbsposition werden z.B. die Größen relativer Marktanteil, Produktqualität, technische Position, Produktion, Distribution, Vertrieb, Marketing oder finanzielles Ergebnis in Betracht gezogen.[210]

[208] Siehe hierzu vor allem die Arbeiten von Hauke (1997), Hazebrouck (1998), S. 196 ff, Werners (1993), S. 201 ff, Zimmermann (1989).

[209] Eine ausführliche Darstellung der Portfolio-Analyse ist z.B. bei Baum/Coenenberg/Günther (1999), S. 179 ff, Bea/Haas (1997), S. 121 ff oder bei Götze/Rudolph (1994) zu finden.

[210] Vgl. hierzu z.B. Bea/Haas (1997), S. 140 f, Dunst (1993), S. 100 ff oder Welge/Al-Laham (1992), S. 208 ff.

Im Marktattraktivitäts-Wettbewerbspositions-Portfolio sind die Merkmale der Markt- bzw. Unternehmensdimension sowohl quantitativer als auch qualitativer Natur. Um die Ausprägungen der Merkmale je Dimension zu einem Wert zusammenfassen zu können und somit die strategische Geschäftseinheit eindeutig im Portfolio platzieren zu können, wird im Prinzip folgender Aggregationsmechanismus angewandt:[211] Allen Variablen einer Dimension werden Gewichte entsprechend ihrer Bedeutung für die Gesamtbeurteilung der Dimension zugewiesen. Anschließend wird die aktuelle Ausprägung jeder Größe mit Hilfe einer ordinalen Bewertungsskala beurteilt.[212] Aus Gewichten und ordinalen Bewertungen wird der gewichtete Durchschnitt für jede Dimension gebildet.

Abbildung 4.1 (Seite 83) zeigt beispielhaft ein Marktattraktivitäts-Wettbewerbspositions-Portfolio für vier strategische Geschäftseinheiten und nennt entsprechende Normstrategien. Die Mittelpunkte der Kreise entsprechen den berechneten Bewertungen der Markt- und Unternehmensdimension, die Kreisflächen sind proportional zum Umsatzvolumen der jeweiligen strategischen Geschäftseinheiten.

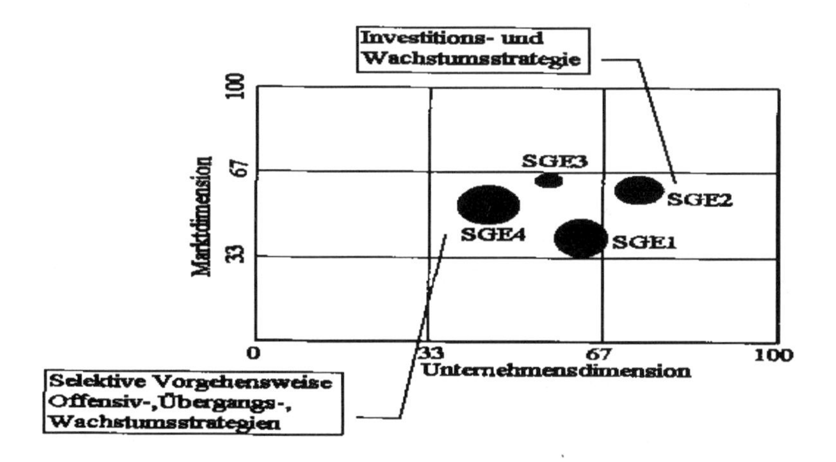

Abbildung 4.1: Scharfe Portfolio-Matrix [213]

Die Vorteile des Marktattraktivitäts-Wettbewerbspositions-Portfolios liegen vor allem darin, dass unterschiedliche Bereiche und Kriterien bei der Beurteilung der jeweiligen Dimension berücksichtigt werden. Dadurch ist eine breite Diskussionsgrundlage für das Portfolioteam und für die Entwicklung konkreter Strategien gegeben. Andererseits sind die Auswahl und die Gewichtung der Kriterien, durch die die beiden Dimensionen beschrieben werden, grundsätzlich subjektiv. Außerdem sind die benutzten Kriterien oft qualitativer Natur und ihre Beurteilung besteht aus ordinalen Bewertungen. Somit ist der gewichtete Durchschnitt als Aggregationsmechanismus nur bedingt geeignet, da er eigentlich kardinales Datenniveau voraussetzt. Durch die Punktpositionierung wird somit eine Genauigkeit suggeriert, die der Realität nicht entspricht. Eine eindeutige Zuordnung einer Normstrategie ist somit nicht immer gerechtfertigt.

[211] Das Vorgehen entspricht der typischen Anwendung von Scoringmodellen.

[212] Oft werden fünf- oder siebenstufige Skalen verwendet.

[213] Entnommen aus Hauke (1997), S. 280.

Diese Kritikpunkte werden im unscharfen, mehrdimensionalen Portfolio-Modell aufgegriffen. Die Variablen der einzelnen Dimensionen werden als linguistische Variablen modelliert. Den linguistischen Variablen werden linguistische Terme zugeordnet, die eine abgestufte Beurteilung der Merkmalsausprägungen erlauben.[214] Der linguistischen Variablen *Produktqualität* werden z.B. die Terme *sehr gering*, *gering*, *mittel*, *hoch*, *sehr hoch* korrespondierend zu den ordinalen Bewertungen 1 bis 5 zugewiesen. Die Zugehörigkeitsfunktionen der Terme sind beispielhaft in Abbildung 4.2 (Seite 84) zusehen.

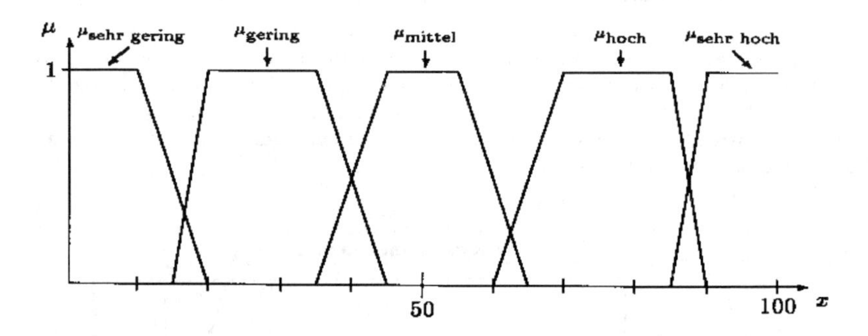

Abbildung 4.2: Terme der linguistischen Variablen *Produktqualität* [215]

Diese Form der Abbildung der einzelnen Kriterien der Markt- oder Unternehmensdimension mit Hilfe von linguistischen Variablen und Termen ist geradezu eine natürliche Umsetzung der im scharfen Portfoliomodell benutzten Bewertung.

Um die unscharfen Merkmale einer Dimension zu aggregieren, wird ein kompensatorischer Operator verwendet.[216, 217] Ergebnis der operatorbasierten Zusammenfassung der einzelnen Merkmale ist eine unscharfe Markt- bzw. eine unscharfe Unternehmensdimension. Teile der unscharfen Dimensionen können mit Hilfe von ausgewählten α-Niveaumengen[218] als Bereichspositionierungen in der zweidimensionalen Portfolio-Matrix positioniert werden. Abbildung 4.3 (Seite 85) veranschaulicht graphisch das Übertragungsprinzip der unscharfen Ergebnisse mit Hilfe von α-Niveaumengen ins Portfoliodiagramm.

---

[214] Zum Konzept der linguistischen Variablen siehe Seite 34 ff dieser Arbeit.

[215] Die Abbildung wurde aus Hauke (1998), S. 167 entnommen.

[216] Auf die Bedeutung der Operatoren wurde ab Seite 41 dieser Arbeit eingegangen.

[217] Für die Aggregation im unscharfen Portfolio-Modell verwendet Hauke (1997) z.B. das arithmetische Mittel, während Zimmermann (1989) den γ-Operator vorschlägt.

[218] Die ausgefüllten Rechtecke in Abbildung 4.4 (Seite 85) entsprechend den 0,9-Niveaumengen und die größeren Rechtecke den 0,6-Niveaumengen der unscharfen Dimensionen.

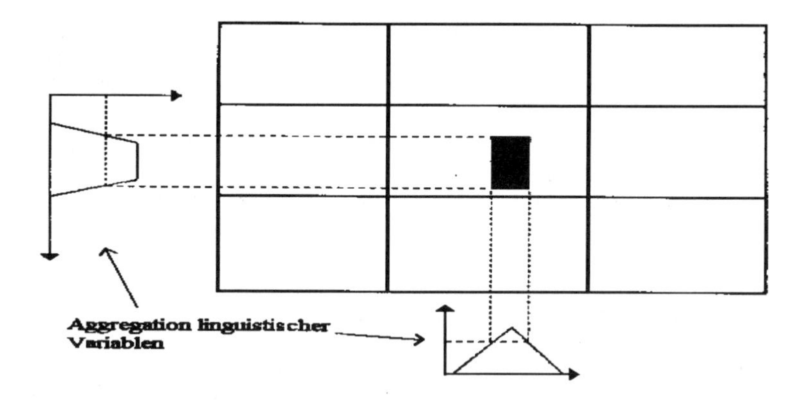

Abbildung 4.3: Übertragungsprinzip der unscharfen Ergebnisse[219]

Das Ergebnis der unscharfen Portfolio-Modellierung ist beispielhaft in Abbildung 4.4 (Seite 85) dargestellt. Grundsätzlich kann neben einer unscharfen Kriterienbewertung zusätzlich auch eine unscharfe Gewichtung modelliert werden.[220]

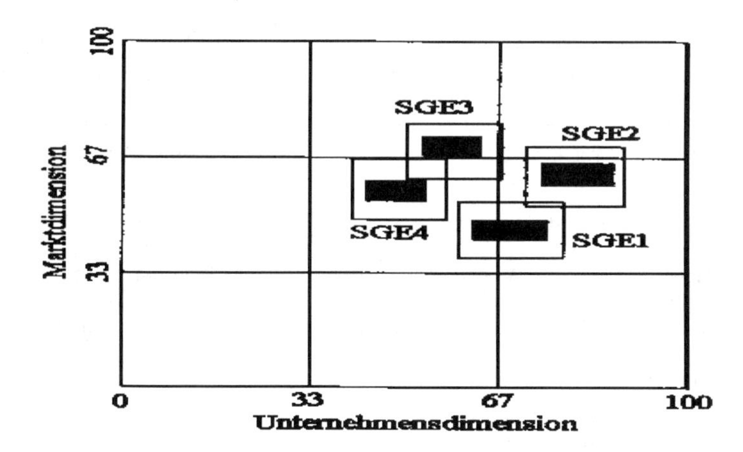

Abbildung 4.4: Unscharfe Portfolio-Matrix [221]

Vergleicht man die Ergebnisse des scharfen und des unscharfen Portfolio-Modells, so kann im Wesentlichen auf die Gefahren bei der eindeutigen Zuweisung von Normstrategien hingewiesen werden. Liegt der Bereich einer strategischen Geschäftseinheit z.B. nicht gänzlich in einem der

[219] Die Abbildung wurde aus Hauke (1998), S. 166 entnommen.

[220] Die entsprechende Vorgehensweise beschreibt Hauke (1997), S. 287.

[221] Die Abbildung wurde aus Hauke (1997), S. 283 entnommen.

neun Felder des Marktattraktivitäts-Wettbewerbspositions-Portfolios, so ist auch die zuzuordnende Normstrategie nicht eindeutig.[222] In diesem Fall sollte eine differenzierte, wohlbegründete Strategie für die entsprechende strategische Geschäftseinheit entwickelt werden, ohne sich dabei zu sehr auf eindeutige Leitlinien zu stützen.

Durch die Darstellung der Unschärfe im Modell ergibt sich eine realistischere Diskussionsbasis unter Berücksichtigung der Unschärfe der einzelnen Markt- und Unternehmenskriterien sowie eine verbesserte und verfeinerte Interpretationsmöglichkeit der Portfolio-Matrix.

4.2 Kennzahlensysteme und Zielhierarchien

Kennnzahlensysteme und Zielhierarchien in verallgemeinerter Form sind klassische Controllinginstrumente.[223] "Kennzahlen sind quantitative Daten, die als bewusste Verdichtung der komplexen Realität über zahlenmäßig erfassbare betriebswirtschaftliche Sachverhalte informieren sollen."[224] Fasst man Kennzahlen unterschiedlicher Komplexität zusammen, "die sich gegenseitig ergänzen, erklären und insgesamt auf einen einheitlichen Sachverhalt ausgerichtet sind," spricht man von einem Kennzahlensystem. Kennzahlensysteme haben den Charakter eines Rechensystems.

Zielhierarchien sind Verallgemeinerungen von Kennzahlensystemen. Sie beschreiben ein systematisches Verhältnis von Oberzielen und Unterzielen.[225] Zielhierarchien beschreiben in der Regel Mittel-Zweck-Beziehungen bzw. Ursache-Wirkungs-Beziehungen. Deshalb beinhalten sie im Allgemeinen nicht ausschließlich quantitative Größen, sondern berücksichtigen vor allem qualitative Größen. Zielhierarchien haben somit den Charakter eines Ordnungssystems, bei dem der sachlogische und nicht der rechnerische Zusammenhang im Vordergrund steht. Auf Grund dieser Unterschiede werden Kennzahlen und Kennzahlensysteme vorwiegend im operativen Controlling benutzt, während Zielhierarchien tendenziell eine strategische Ausrichtung besitzen.

4.2.1 Kennzahlensysteme

Kennzahlensysteme haben im Wesentlichen eine Planungs- und Kontrollfunktion. Es werden Ziele vorgegeben, die in Zwischengrößen aufgegliedert werden und rechnerisch verbunden sind. Typische Beispiele für Kennzahlensysteme sind das Du Pont Kennzahlensystem, das erweiterte ROI-Kennzahlensystem oder auch das ZVEI-Kennzahlensystem des **Z**entral**v**erbandes der **E**lektrotechnischen **I**ndustrie.[226]

Da auch die operativen Kennzahlensysteme ziel- und grundsätzlich zukunftsorientiert sind, werden in der Regel Schätzwerte den Input der Systeme liefern. Gehen nur Daten aus der Bilanz oder Gewinn- und Verlustrechnung in Kennzahlensysteme ein, haben die Systeme ihren eigentlichen Sinn verloren, da sie nur noch eine dokumentarische Funktion wahrnehmen. Die Schätzwerte

---

[222] Dieses Phänomen tritt in Abbildung 4.4 (Seite 85) z.B. bei SGE 1 auf.

[223] Vgl. hierzu z.B. Reichmann (1993) und (1995).

[224] Weber (1998 a), S. 197.

[225] Zielhierarchien können sich über mehrere Stufen erstrecken. Dann sind neben Ober- und Unterzielen noch Zwischenziele zu unterscheiden. Zwischenziele können als Oberziele einer untergeordneten Stufe aufgefasst werden oder als Unterziele einer übergeordneten Stufe.

[226] Diese Kennzahlensysteme sind z.B. bei Horváth (1996 a), S. 549, Vollmuth (1999), S. 14 und Hopfenbeck (1998), S. 643 abgebildet.

sind mit zunehmendem Erkenntnisfortschritt anzupassen, damit der Ausweis des Zielergebnisses möglichst aktuell ist.

Weder durch die Ausprägungen der einzelnen Kennzahlen noch durch die operative Verknüpfung der Kennzahlen kommen der Schätzcharakter und die zukunftsgerichtete und somit unsichere Aussagekraft von Kennzahlensystemen zum Ausdruck. Daher verleiten beide Aspekte zu einer unangemessenen Zahlengläubigkeit.[227]

Im Grunde genommen beschreiben die Kennzahlen jedoch unscharfe Situationen intrinsischer und informationaler Art. Die zugrundeliegende Unschärfe ist leicht mit Hilfe unscharfer Kennzahlen und ihren Zugehörigkeitsfunktionen abzubilden. Die Konstruktion der Zugehörigkeitsfunktionen kann sich dabei an den Schätzwerten orientieren. Bei Verwendung dreiecksförmiger Zugehörigkeitsfunktionen werden den Schätzwerten Zugehörigkeitsgrade von Eins zugeordnet. Werden trapezförmige Verläufe für die Zugehörigkeitsfunktionen gewählt, sind z.B. die 1-Nivaumengen um die Schätzwerte zu konzentrieren.

Die Unschärfe der Eingangskennzahlen ist bei ihrer Verknüpfung im System zu erhalten. Dies gelingt durch die Anwendung einer unscharfen statt einer scharfen Arithmetik zur Verknüpfung der unscharfen Kennzahlen. Ergebnis ist eine unscharfe Zielkennzahl.[228] Erscheint dem Anwender die Interpretation der Unschärfe der Zielkennzahl zu schwierig, so ist es möglich, die Unschärfe mit Hilfe des Flächenhalbierungsverfahrens oder der Schwerpunktmethode zu defuzzifizieren und in einen scharfen Wert zurückzuführen.[229]

Das beschriebene Prinzip ist in Abbildung 4.5 (Seite 88) am Beispiel des Du-Pont-Kennzahlensystems ausschnittsweise dargestellt. Zur Beschreibung der Kennzahlen auf unterster Hierarchiestufe werden dreiecksförmige und trapezförmige Kennzahlen benutzt. Durch Anwendung der erweiterten Addition, Subtraktion, Division und Multiplikation ergibt sich der unscharfe Return on Investment (ROI). Dieser wird als unscharfe Kenngröße interpretiert oder auf einen scharfen Wert zurückgeführt, wie dies in der Zugehörigkeitsfunktion des unscharfen ROI auf oberster Hierarchiestufe angedeutet ist.

Mit zunehmendem Erkenntnisfortschritt können die unscharfen Eingangskennzahlen des Systems konkretisiert werden, bis sie im Extremfall als scharfe Kenngrößen modelliert werden können. Liegen alle Kennzahlen eindeutig fest, stellt das scharfe System einen Spezialfall des unscharfen Systems dar. Das unscharfe System ist somit eine Verallgemeinerung des scharfen Systems.

[227] Zur Kritik an Kennzahlensystemen siehe z.B. Weber (1998 a), S. 205 ff.

[228] Das Rechnen mit unscharfen Mengen ist ab Seite 46 beschrieben.

[229] Das Flächenhalbierungsverfahren wird ab Seite 61 beschrieben. Die Schwerpunktmethode ist z.B. bei von Altrock (1993), S. 167 ff nachzulesen.

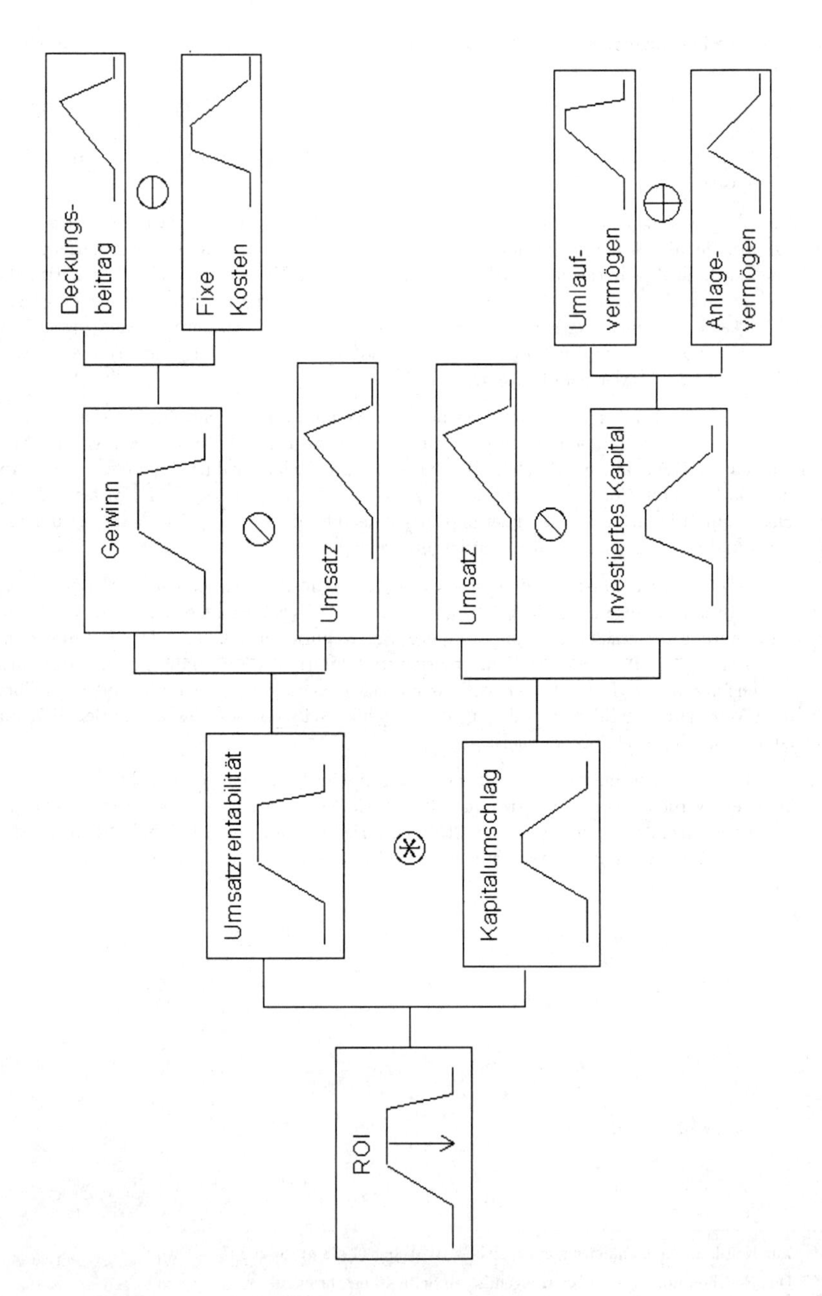

Abbildung 4.5: Unscharfe Arithmetik im Du-Pont-Kennzahlensystem

4.2.2 Zielhierarchien

Eine Weiterführung der Kennzahlensysteme bilden die Zielhierarchien. Zielhierarchien geben ein Ordnungssystem von Ober-, Zwischen- und Unterzielen wieder. Häufig wird mehr als nur ein Oberziel betrachtet. Neben quantitativen Kenngrößen gehen in Zielhierarchien auch qualitative Kenngrößen ein. Zur Beurteilung der Marktmacht einer Unternehmung können z.B. die Kenngrößen Marktanteil, Produktqualität und Kundenunabhängigkeit benutzt werden. Der Marktanteil ist hierbei eine quantitative Beurteilungsgröße, die konkret gemessen werden kann. Die Produktqualität und die Kundenunabhängigkeit unterliegen dagegen einer personengebundenen Beurteilung. Sie sind qualitativer Natur.

Abbildung 4.6 (Seite 89) zeigt auszugsweise eine Zielhierarchie, die zur Unternehmensgesamtplanung benutzt werden kann. Das Zielsystem der Unternehmung drückt sich in drei Oberzielen aus: **Eigenkapitalrentabilität**, **Unabhängigkeit** und **soziale Verantwortung**. Zur Beschreibung der drei Oberziele werden insgesamt 18 Zwischenziele in der zweiten und dritten Hierarchiestufe und 34 Unterziele in der untersten Hierarchiestufe verwendet.

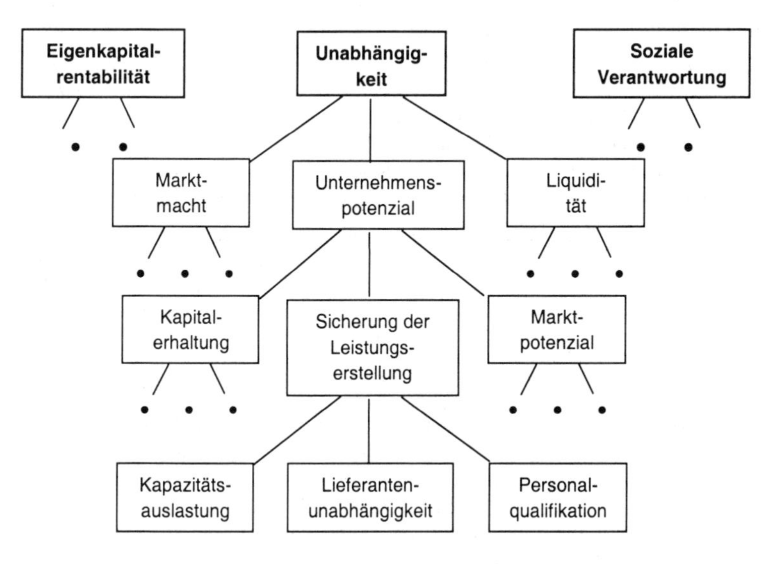

Abbildung 4.6: Zielhierarchie zur Unternehmensplanung [230]

In Abbildung 4.6 (Seite 89) sind nur Teile des Ordnungssystems zur Beschreibung der Unabhängigkeit wiedergegeben. Die **Unabhängigkeit** eines Unternehmens ist unter anderem auch vom grundsätzlichen **Potenzial**, das der Unternehmung innewohnt, abhängig. Das Potenzial bezieht sich auf die Funktionsfähigkeit in allen Teilbereichen des Unternehmens. In ausreichendem Umfang sind daher Kapital, Arbeitskräfte sowie Produktions- und Betriebsmittel zur Verfügung zu stellen. Einer zukunftsbezogenen Absatzsicherung kommt besondere Bedeutung zu.[231]

[230] Die Zielhierarchie ist in Auszügen aus Paysen (1992), S. 51 entnommen. Eine ähnliche Zielhierarchie einer Unternehmung über vier Hierarchiestufen ist bei Keil (1996), S. 182 zu finden.

[231] Zur Beschreibung der einzelnen Aspekte des Oberziels Unabhängigkeit der Zielhierarchie siehe auch Paysen (1992), S. 61 ff.

Die **Sicherung der Leistungserstellung** ist von drei Aspekten abhängig: Zuerst stellt sich die Frage, inwieweit das **technische Potenzial** für die Produktion vorhanden ist. Das technische Potenzial setzt sich aus der Summe der technischen Möglichkeiten der einzelnen Produktionsgeräte zusammen. Die Leistungsfähigkeit des technischen Potenzials wird durch die **Kapazitätsauslastung** gemessen.

Zweiter Aspekt der Sicherung der Leistungserstellung ist die **Lieferantenunabhängigkeit**. Für die Leistungserstellung sind Roh-, Hilfs- und Betriebsstoffe notwendig. Es ist wichtig, diese möglichst günstig erwerben und sich ihrer Lieferung sicher sein zu können. Auf einem polipolistischen Markt ist dies am ehesten gewährleistet. Deshalb trägt eine hohe Lieferantenunabhängigkeit zur Sicherung der Leistungserstellung bei.

Schließlich ist die Leistungserstellung nur mit Hilfe von **qualifizierten Mitarbeitern** möglich. Da einfache Arbeiten heute oft von Maschinen übernommen werden, steigen die Anforderungen an die Leistungsfähigkeit der Mitarbeiter. Sie lässt sich z.B. mit Hilfe der Qualifikationen bei Eintritt in das Unternehmen und durch Weiterbildungsmaßnahmen bzw. Erfahrungszuwachs während der Unternehmenszugehörigkeit beurteilen. Diese Aspekte können in der Kenngröße **Personalqualifikation** zusammengefasst werden.

Im Gegensatz zu Kennzahlensystemen können bei Zielhierarchien die Unter- und Zwischenziele nicht rechentechnisch zu Oberzielen zusammengefasst werden. Unter- und Zwischenziele geben vielmehr an, durch welche Aspekte die Oberziele zu erklären bzw. wie sie zu beeinflussen sind. Über die Art und Weise des Zusammenhangs geben Zielhierarchien keine Auskunft. Im Allgemeinen kann der Zusammenhang auch nicht exakt beschrieben werden. Wie stark das Oberziel erfüllt wird, kann deshalb mit einer Zielhierarchie nicht festgelegt werden.

Der Anwender von Zielhierarchien ist häufig sehr wohl in der Lage zu beurteilen, ob z.B. alle Unterziele zwingend erfüllt werden müssen bzw. ob eine alternative Erfüllung von Unterzielen genügt, um das Zwischen- bzw. Oberziel zu erreichen. Ebenso existieren oft Prioritäten bei den Unterzielen zur Erfüllung der Zwischen- bzw. Oberziele. Dieses implizite Wissen kann in scharfen Zielhierarchien nicht verarbeitet werden.

Formuliert man dagegen die Unterziele der ersten Hierarchiestufe als unscharfe Mengen, so können die Zugehörigkeitsgrade der aktuellen Ausprägungen der Unterziele bestimmt werden. Die Zugehörigkeitsgrade sind in diesem Falle als **Erfüllungsgrade** bzw. als **Zielerreichungsgrade** für die einzelnen Ziele zu interpretieren. Mit Hilfe von Operatoren[232] können die Erfüllungsgrade der Unterziele zu Erfüllungsgraden der Zwischen- bzw. Oberziele zusammengefasst werden. Wendet man dieses Aggregationsprinzip auf alle Stufen der Zielhierarchie an, erhält man einen Zielerreichungsgrad für das Oberziel. Abbildung 4.7 (Seite 91) zeigt das prinzipielle Vorgehen bei der operatorbasierten Bewertungsaggregation in einer Zielhierarchie.

Im nachfolgenden Beispiel wird kurz die Arbeitsweise der operatorbasierten Zielhierarchie anhand einer Aggregation dargestellt.

[232] Siehe hierzu Kapitel 3.3.3, ab Seite 41 und die dort angegebene Literatur.

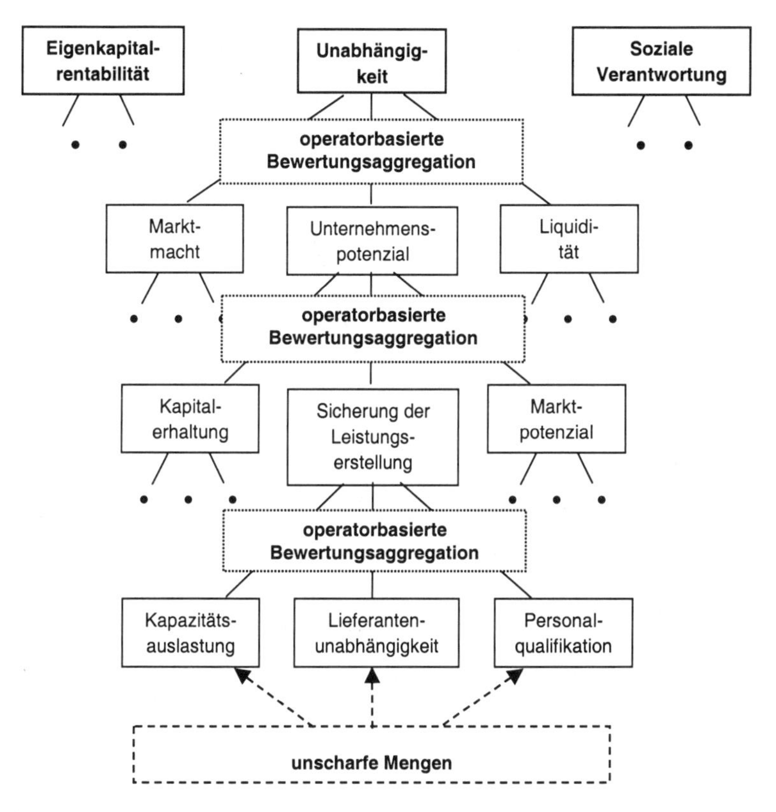

Abbildung 4.7: Prinzip einer operatorbasierten Zielhierarchie

Beispiel 16:

Ausgehend von den Zielhierarchien in Abbildung 4.6 (Seite 89) bzw. 4.7 (Seite 91) sind zuerst die Kenngrößen Kapazitätsauslastung, Lieferantenunabhängigkeit und Personalqualifikation zu operationalisieren, damit sie als unscharfe Mengen beschrieben werden können.[233, 234]

Die Kapazitätsauslastung wird durch das Verhältnis von genutzter und maximaler Kapazität beschrieben:

$$\text{Kapazitätsauslastung} = \frac{\text{genutzte Kapazität}}{\text{maximale Kapazität}}$$

Es ist eine Mindestauslastung von z.B. 80% - 95% anzustreben. Jedoch sollte auch darauf geachtet werden, dass eine gewisse Kapazitätsreserve vorhanden ist, d.h.: eine Kapazitätsauslastung

[233] Das Beispiel ist weitestgehend aus Payson (1992) entnommen. Die Operationalisierungen sind dort auf den Seiten 64 und 65 zu finden. Die dazugehörigen unscharfen Mengen sind auf den Seiten 119 und 120 abgebildet.

[234] Existiert keine natürliche Skala für eine Kenngröße, kann auch mit einer künstlichen Skala von 0 bis 100 gearbeitet werden. Siehe hierzu Werners (1993), S. 145.

von 100% sollte einen Erfüllungsgrad kleiner 1 aufweisen. Abbildung 4.8 (Seite 92) zeigt die verwendete Zugehörigkeitsfunktion zur Beschreibung der unscharfen Kapazitätsauslastung.

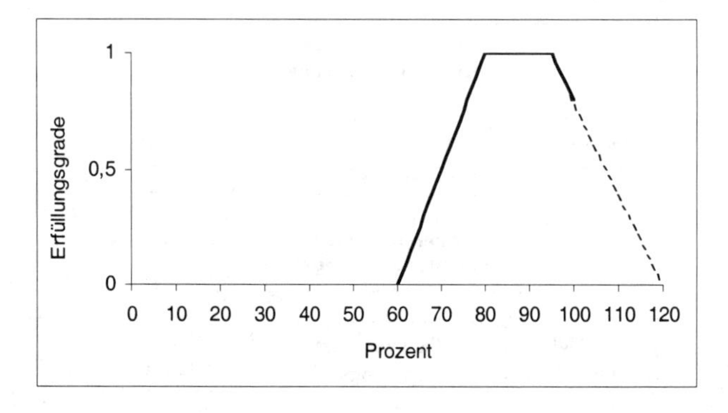

Abbildung 4.8: Zugehörigkeitsfunktion zur Kapazitätsauslastung (in %)

Die Lieferantenunabhängigkeit wird durch den folgenden Quotienten bewertet:

$$\text{Lieferantenunabhängigkeit} = \frac{\text{Zahl der Lieferanten}}{\text{Anteil des größten Lieferanten am Liefervolumen}}$$

Je höher der Wert des Quotienten ist, desto höher ist die Lieferantenunabhängigkeit. Abbildung 4.9 (Seite 92) zeigt die verwendete Zugehörigkeitsfunktion. Ihr konkreter Verlauf wurde auf Grund von Erfahrungswissen festgelegt.

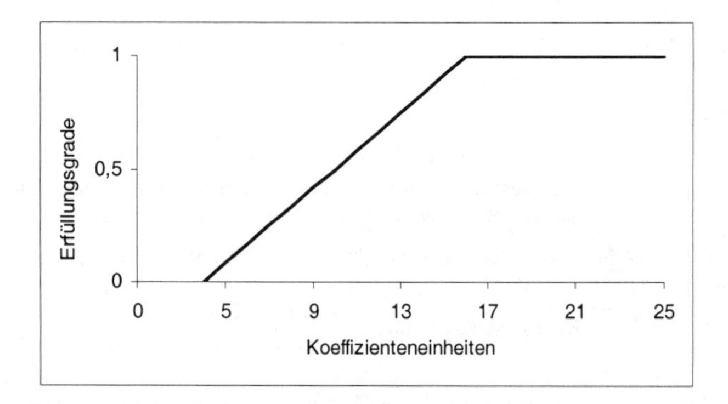

Abbildung 4.9: Zugehörigkeitsfunktion zur Lieferantenunabhängigkeit

Die Personalqualifikation wird durch den Ausbildungsaufwand pro Beschäftigten und Jahr gemessen und ist in Abbildung 4.10 (Seite 93) beschrieben.

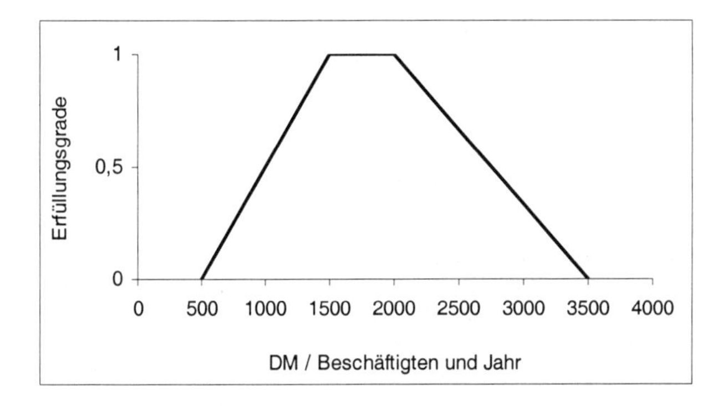

Abbildung 4.10: Zugehörigkeitsfunktion zur Personalqualifikation

Die Beschreibung der drei Kenngrößen als unscharfe Mengen sind grundsätzlich unternehmensspezifisch.[235]

Die aktuelle Situation des Unternehmens ergibt für die drei Kenngrößen die in der zweiten Spalte von Tabelle 4.1 aufgelisteten Werte.

Kenngröße	Ausprägung (in der spezifischen Einheit)	Erfüllungsgrade
Kapazitätsauslastung	75	0,75
Lieferantenunabhängigkeit	8	0,50
Personalqualifikation	2500	0,67

Tabelle 4.1: Aktuelle Ausprägungen und ihre Erfüllungsgrade für die Kenngrößen Kapazitätsauslastung, Lieferantenunabhängigkeit und Personalqualifikation

Ordnet man den aktuellen Ausprägungen der Kenngrößen mit Hilfe der spezifischen Zugehörigkeitsfunktionen (siehe die Abbildungen 4.8 bis 4.10 (Seite 92 bis 93)) Erfüllungsgrade zu, so erhält man die in der dritten Spalte von Tabelle 4.1 (Seite 93) angegebenen Werte.

Um den Erfüllungsgrad des Zwischenziels *Sicherung der Leistungserstellung* zu bestimmen, sind die drei Erfüllungsgrade der Unterziele durch einen Operator zu verknüpfen. Dieser hängt vom jeweiligen Anwendungsfall ab. Tabelle 4.2 zeigt die Ergebnisse bei Anwendung von drei unterschiedlichen Operatoren.

Operator	Ergebnis der Aggregation
Minimum-Operator	0,5
Maximum-Operator	0,75
Arithmetisches Mittel	0,64

Tabelle 4.2: Ergebnisse bei unterschiedlichen Operatoren

[235] Die Abbildungen sind aus Payson (1992), S. 119 f entnommen.

Die Sicherung der Leistungserstellung wird somit je nach der spezifischen Anwendung eines Operators in der aktuellen Situation mit einem Erfüllungsgrad von 0,5, 0,75 bzw. 0,64 beurteilt. Nun kann untersucht werden, ob der Erfüllungsgrad des Zwischenziels ausreichend ist und welche Kenngrößen das Ergebnis maßgeblich verantworten.

Diese Art der operatorbasierten Aggregation ist auf jedes Zwischenziel und jedes Oberziel aller Hierarchiestufen anzuwenden, um den Erfüllungsgrad der Gesamthierarchie zu erhalten.

Wie bereits im Beispiel deutlich wird, ist die Wahl des Operators für das Ergebnis wesentlich. Bei Zielhierarchien, die nur einmalig angewendet werden, ist eine statistische Überprüfung von Operatoren nicht möglich. Je nach Kontext ist in diesen Fällen für jede einzelne Operatoraggregation derjenige Operator zu wählen, der die zu beurteilende Situation am besten beschreibt. Hierbei ist wichtig, dass bei jeder Einzelaggregation ein anderer Operator benutzt werden kann. Beim Festlegen der geeigneten Operatoren ist somit eine intensive Auseinandersetzung mit der Zielhierarchie, den Einzelzielen und deren Zusammenhang nötig.

Soll dagegen ein Standardentscheidungsproblem, das häufig zu lösen ist, mit Hilfe einer Zielhierarchie beantwortet werden, ist eine empirische Überprüfung der verwendeten Operatoren wünschenswert. Beispiel hierfür ist die Kreditwürdigkeitsprüfung zur Gewährung von Konsumentenkrediten. Die verwendete Zielhierarchie ist in Abbildung 4.11 (Seite 94) dargestellt. Zur Aggregation wird ein kompensatorischer Operator benutzt, der das Beurteilungsverhalten der Kreditsachbearbeiter nachbildet. Zum Vorgehen bei der empirischen Bestimmung des Operators siehe ROMMELFANGER und UNTERHARNSCHEIDT sowie ZIMMERMANN und ZYSNO.[236]

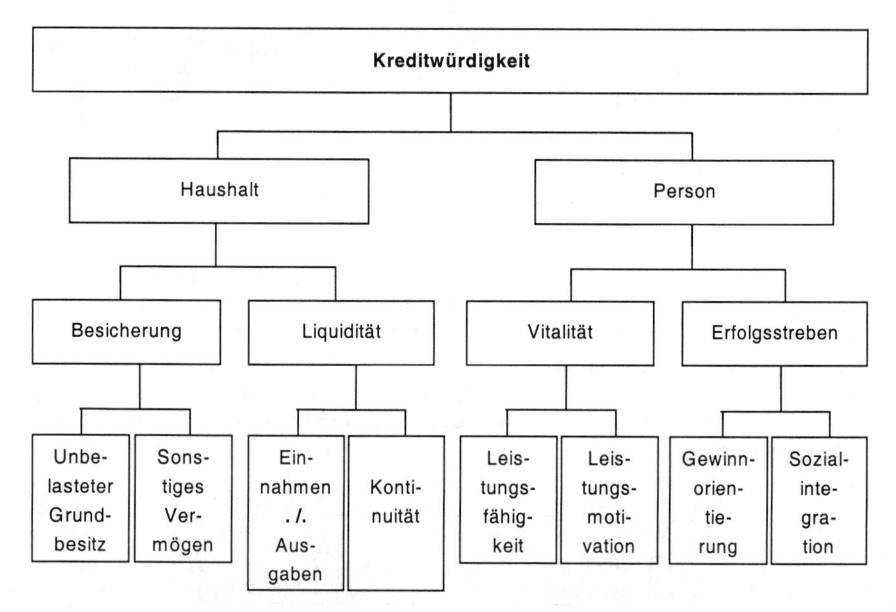

Abbildung 4.11: Zielhierarchie zur Beurteilung der Kreditwürdigkeit [237]

[236] Siehe hierzu insbesonders Rommelfanger/Unterharnscheidt (1986), Rommelfanger/Unterharnscheidt (1988) sowie Zimmermann/Zysno(1983).

Kann zusätzlich der Wirkungszusammenhang zwischen Unterzielen und Zwischen- bzw. Oberzielen natürlichsprachig in Form von Wenn-Dann-Aussagen formuliert werden, können Zielhierarchien mit Hilfe eines Regelwerks ausgewertet werden. Eine Regel für obiges Beispiel kann folgende Gestalt haben:

Wenn
die *Kapazitätsauslastung* *mittel* ist **und**
die *Lieferantenunabhängigkeit* *hoch* ist **und**
die *Personalqualifikation* *hoch* ist,
dann ist
die *Sicherung der Leistungserstellung* mit *hoch* zu bewerten.

Hierbei sind die Kenngrößen *Kapazitätsauslastung*, *Lieferantenunabhängigkeit* und *Personalqualifikation* als linguistische Variablen mit den linguistischen Termen *hoch*, *mittel*, *niedrig* zu formulieren.

Bei der Benutzung eines strategisch ausgerichteten Regelwerks ist es auch möglich, Erkenntnisse aus den PIMS-Studien,[238] aus dem Erfahrungskurvenmodell[239] oder dem Lebenszykluskonzept[240] in die Gesamtbewertung mit einzubauen.[241] Das PIMS-Programm weist z.B. eine stark positive Korrelation zwischen dem relativen Marktanteil und der Kapitalrentabilität aus. Die entsprechende Wenn-Dann-Regel könnte wie folgt lauten:

Wenn
der *relative Marktanteil* *hoch* ist,
dann ist
die *Kapitalrentabilität* sehr wahrscheinlich auch *hoch*.

Im Erfahrungskurvenmodell wird das Kostensenkungspotenzial bei der Produktion von Gütern in Abhängigkeit der produzierten Menge beschrieben. Aus dem Erfahrungskurvenmodell leitet sich die Strategieempfehlung ab, in schnell wachsenden Märkten eine beherrschende Marktposition anzustreben. Diese Empfehlung kann durch folgende Regeln beschrieben werden:

Wenn
der *Wettbewerb* *stabil* ist,
dann sind
die *Preise* *so hoch wie möglich* anzusetzen.

Wenn
der *Wettbewerb* *instabil* ist,
dann sind
die *Preise* *entsprechend dem Kostenverlauf* zu senken.

Wenn
ein *Unternehmen* *schnell wachsen* will,
dann werden
die *Anlage-Investitionen* *sehr hoch* sein müssen.

Das Lebenszyklusmodell stellt ein deterministisches dynamisches Marktreaktionsmodell dar. Es

[237] Die Zielhierarchie ist aus Zimmermann/Zysno (1983) entnommen. Sie ist auch in Zimmermann (1993 a), S. 6 zu finden.

[238] Siehe z.B. Homburg (1998), S. 57 ff.

[239] Siehe Baum/Coenenberg/Günther (1999), S. 92 ff.

[240] Siehe Baum/Coenenberg/Günther (1999), S. 85 ff.

[241] Bei den folgenden Ausführungen wird auf Keil (1996), S. 189 ff zurückgegriffen.

geht davon aus, dass sich der Absatz eines Produkts während seiner Marktpräsenz in typische Phasen einteilen läßt: Einführung, Wachstum, Reife, Degeneration. Für die verschiedenen Lebensphasen eines Produkts haben sich typische Handlungsempfehlungen herausgebildet.[242] In Wenn-Dann-Form kann eine solche Empfehlung z.B. folgendermaßen aussehen:

Wenn
ein *Produkt* im *Wachstum* ist,
dann müssen
die *Vertriebsanstrengungen* *intensiv* **und**
die *Werbung* *intensiv* **und**
der *Preis* *variabel* **und**
das *Produktprogramm* *eng* **und**
die *Technologie* *standardisiert* **und**
die *Produktionskapazitäten* *schnell wachsend* sein.

Der Aufbau und die Auswertung eines Regelwerks wird in allgemeiner Form in Kapitel 3.3.6 (ab Seite 63) beschrieben. Ein ausführliches Anwendungsbeispiel für die Anwendung und Auswertung von Regelbasen wird detailliert in Kapitel 6 besprochen.

4.3 Entscheidungsmodelle

Typische Entscheidungssituationen lassen sich dadurch charakterisieren, dass ein oder mehrere Ziele gleichzeitig erfüllt werden sollen. In der Regel sind bei der Suche nach einer besten Lösung auch Restriktionen einzuhalten. Formulieren Anwender ihre Entscheidungsmodelle, benutzen sie häufig unscharfe Formulierungen wie *angemessene Kapazitätsauslastung*, *störungsfreie Lieferbereitschaft* oder *uneingeschränkte Zahlungsbereitschaft*. Die unscharfen Formulierungen bilden die Realität in der Regel wesentlich besser ab, als das scharfe Formulierungen vermögen.

Beschreibt man die Ziele und Restriktionen als unscharfe Mengen, kann die bei der Formulierung ausgedrückte Unschärfe ins Entscheidungsmodell übertragen werden. Eine unscharfe Entscheidung wird durch die Zusammenfassung der unscharfen Mengen der Ziele und Restriktionen erhalten. Neben der Lösung selbst erhält man zusätzlich einen Zugehörigkeitsgrad der Lösung. Dieser kann als Zielerreichungsgrad des Entscheidungsmodells interpretiert werden.

Das nachfolgende Beispiel verdeutlicht die Vorgehensweise in der oben beschriebenen Situation.

Beispiel 17:

Ein Unternehmen möchte die optimale Höhe seines Zahlungsmittelbestandes bestimmen. Da jederzeit die Zahlungsfähigkeit garantiert werden soll, wird das Ziel verfolgt, ständig einen *ausreichenden Zahlungmittelbestand* aufweisen zu können. Aufgrund der Erfahrungen aus der Vergangenheit und den Plandaten für die nächsten Quartale ergibt sich, dass der Zahlungsmittelbestand nicht unter 50 Tausend Geldeinheiten (TGe) liegen darf und mit 300 TGe sicherlich ganz abgedeckt ist. Die unscharfe Zielmenge kann somit durch die in Abbildung 4.12 (Seite 97) dargestellte Zugehörigkeitsfunktion $\mu_{\tilde{Z}}$ beschrieben werden.

Natürlich soll der Kassenbestand nicht beliebig hoch sein, da nicht benötigte Zahlungsmittel angelegt werden sollen. Unter dieser Maßgabe erscheint es sinnvoll, auf keinen Fall mehr als 350 TGe in der Kasse zu halten. Da sich lukrativ erscheinende Anlagemöglichkeiten erst ab einem Anlagebetrag von 150 TGe ergeben, kann die unscharfe Restriktionsmenge "*vertretbarer Zah-*

[242] Siehe hierzu z.B. Homburg (1998), S. 88 ff.

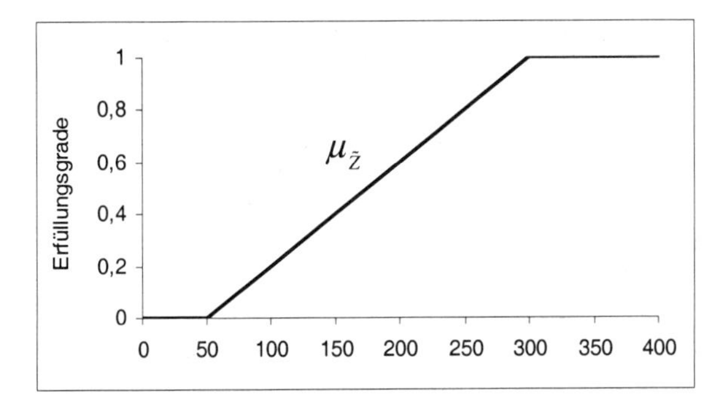

Abbildung 4.12: Unscharfe Menge *Ausreichender Zahlungmittelbestand*

lungsmittelbestand" durch die in Abbildung 4.13 (Seite 97) beschriebene Zugehörigkeitsfunktion $\mu_{\tilde{R}}$ dargestellt werden.

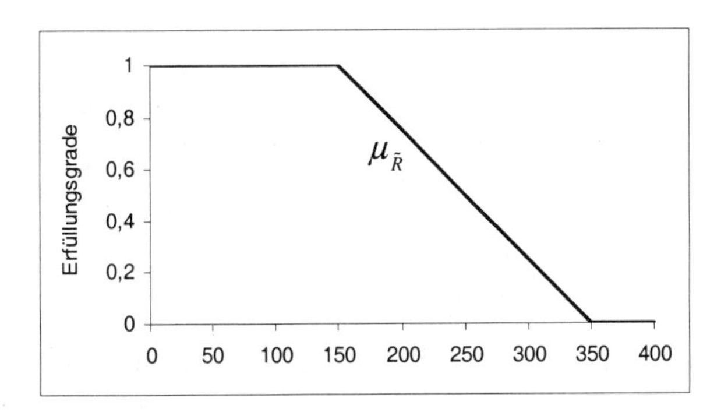

Abbildung 4.13: Unscharfe Menge *Vertretbarer Zahlungmittelbestand*

Für die Entscheidung muss sowohl das unscharfe Ziel als auch die unscharfe Restriktion erfüllt sein, damit sowohl ein *ausreichender* als auch ein *vertretbarer Zahlungsmittelbestand* gewährleistet ist. Die Zugehörigkeitsfunktion der unscharfen Entscheidung $\mu_{\tilde{E}}$ ergibt sich deshalb aus dem Durchschnitt der unscharfen Ziel- und Restriktionsmenge. Bei Anwendung des Minimum-Operators zur Aggregation der unscharfen Mengen[243] ergibt sich die gestrichelte Line in Abbildung 4.14 (Seite 98) als Zugehörigkeitsfunktion $\mu_{\tilde{E}}$ der Menge der unscharfen Entscheidungen. Die einzelnen Zugehörigkeitsgrade werden hierbei folgendermaßen bestimmt:

$$\mu_{\tilde{E}}(x) = \min\{\mu_{\tilde{Z}}(x),\ \mu_{\tilde{R}}(x)\} \qquad \forall x \in I\!R$$

Die optimale unscharfe Entscheidung ist durch den höchsten Zugehörigkeitsgrad von $\mu_{\tilde{E}}$ gekennzeichnet. In diesem Punkt ist der Erfüllungsgrad bei gleichzeitiger Berücksichtigung des Ziels und der Restriktion am höchsten. In Abbildung 4.14 (Seite 98) wird die optimale Entscheidung

[243] Zur Verknüpfung unscharfer Mengen siehe Kapitel 3.3.3 ab Seite 41.

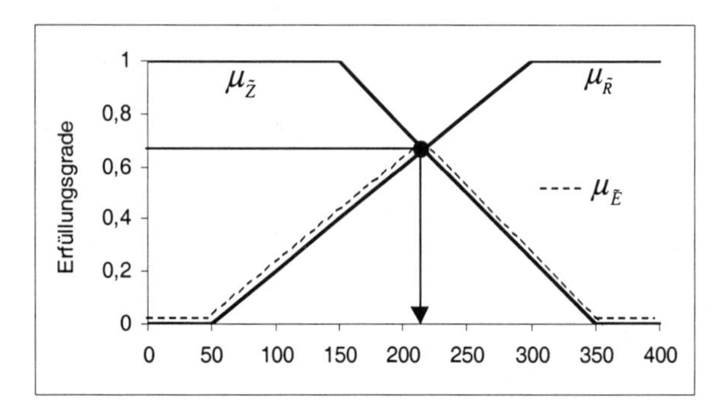

Abbildung 4.14: Unscharfe Entscheidungsmenge

durch das Symbol • repräsentiert; sie liegt bei rund $216,\bar{6}$ TGe und weist einen Erfüllungsgrad von $0,6\bar{6}$ auf. Die optimale unscharfe Entscheidung x^* ergibt sich somit aus:

$$\mu_{\tilde{E}}(x^*) = \max_{x \in I\!R} \min\{\mu_{\tilde{Z}}(x),\ \mu_{\tilde{R}}(x)\} = 0,6\bar{6}$$

Eine spezielle jedoch sehr verbreitete Form eines Entscheidungsproblems stellt die **lineare Optimierung** dar. Hierbei ist eine lineare Zielfunktion zu minimieren oder zu maximieren. Gleichzeitig sind eine oder mehrere lineare Nebenbedingungen, die in Ungleichungs- oder Gleichungsform geschrieben werden, einzuhalten. Allgemein enthält ein solches Modell folgende Elemente:

Zielfunktion: $c_1x_1 + \ldots + c_nx_n \rightarrow \max$

oder $c_1x_1 + \ldots + c_nx_n \rightarrow \min$

Nebenbedingungen: $a_{i1}x_1 + \ldots + a_{in}x_n \leq b_i$ ($\leq$-Beschränkung)

oder $a_{j1}x_1 + \ldots + a_{jn}x_n \geq b_j$ ($\geq$-Beschränkung)

oder $a_{k1}x_1 + \ldots + a_{kn}x_n \leq b_k$ (=-Beschränkung)

und $x_i \geq 0$

Das allgemeine Modell umfasst n Entscheidungsvariablen x_i, die in die Zielfunktion als Parameter eingehen. Die Entscheidungsvariablen werden mit den Koeffizienten c_i gewichtet. Die Technologiekoeffizienten der Nebenbedingungen werden durch die a_{ij}'s beschrieben, der Beschränkungsvektor enthält die Elemente b_j.

Bei Anwendung eines linearen Optimierungsmodells wird angenommen, dass alle technologischen Koeffizienten bekannt sind und ein linearer Zusammenhang in der Zielfunktion und in den Nebenbedingungen gilt. Zudem geht man von nur einer Zielfunktion aus, deren Optimum gesucht wird. Bei realistischen Modellen sind diese Annahmen oft nicht erfüllt oder wenig realistisch:[244]

- In vielen Situationen geht es gar nicht um die Optimierung, sondern um die Satisfizierung eines Zieles. So dürfen die Kosten z.B. einen vorgegebenen Betrag nicht überschreiten oder es soll ein Mindestgewinn erwirtschaftet werden.

[244] Vgl. Zimmermann (1993 a), S. 41.

- Die Koeffizienten des Modells (c_i, a_{ij}, b_j) sind oft nicht genau bekannt. Deshalb sind sie bei realistischer Darstellung nicht als reelle, sondern als unscharfe Zahlen zu beschreiben.
- Die Einhaltung der Restriktionen wird in der Realität im Allgemeinen nicht so strikt gefordert wie im Modell beschrieben. Geringe Abweichungen sind erlaubt. Die Höhe der erlaubten Abweichungen kann in der Regel angegeben werden.

Formuliert man einige oder sämtliche Koeffizienten des Modells als unscharfe Zahlen, erhält man ein unscharfes lineares Optimierungsproblem. Das folgende Beispiel zeigt, wie zu optimierende Zielfunktionen als Satisfizierungsbedingungen formuliert werden können. Zudem wird verdeutlicht, wie geringe Abweichungen vom Beschränkungsvektor eingearbeitet werden können. Hierbei wird auf $\leq$–, $\geq$– und auf $=$–Beschränkungen eingegangen.

Beispiel 18:

- Der Fuhrpark eines Unternehmens wird als Teil des Gesamtfixkostenblocks behandelt. Da die Gewinnlage des Unternehmens kritisch ist, werden sämtlich Kostenblöcke auf ihre Notwendigkeit und Höhe überprüft. Das Budget für den Fuhrpark wird auf 50 Tausend DM (TDM) reduziert. Auch der Leiter des Fuhrparks will zur Verbesserung der Unternehmenssituation beitragen. Deshalb will er die Kosten der Fuhrparks minimieren und das vorgegebenen Ziel von 50 TDM auf alle Fälle erreichen, obwohl er weiß, dass dieses Ziel sehr ehrgeizig ist. Die Erfahrung aus der Vergangenheit zeigt, dass Überschreitungen des Budgets von bis zu 10% in der Regel toleriert werden. Die z-förmige Zugehörigkeitsfunktion aus Abbildung 4.15 (Seite 99) bildet die unscharfe Zielsetzung des Leiters des Fuhrparks ab.

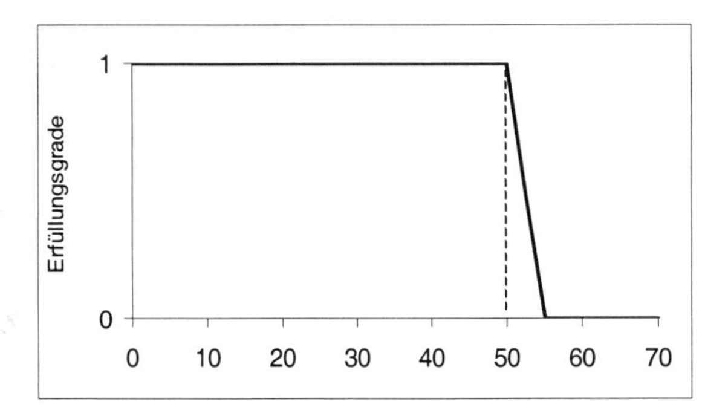

Abbildung 4.15: Zugehörigkeitsfunktion zum Minimierungsproblem

- Ein Unternehmen möchte das anstehende Produktionsproblem mit einer möglichst hohen Umsatzrendite realisieren. Der Marktpreis steht fest. Das Unternehmen strebt intern eine Umsatzrendite von mindestens 10% an. Da auch für dieses Unternehmen die Bedeutung des Shareholder Values immer wichtiger wird, wird mittelfristig eine Umsatzrendite von 15% oder mehr angestrebt. Die Zielsetzung dieses Maximierungsproblems kann mit Hilfe der in Abbildung 4.16 (Seite 100) dargestellten s-förmigen Zugehörigkeitsfunktion beschrieben werden.

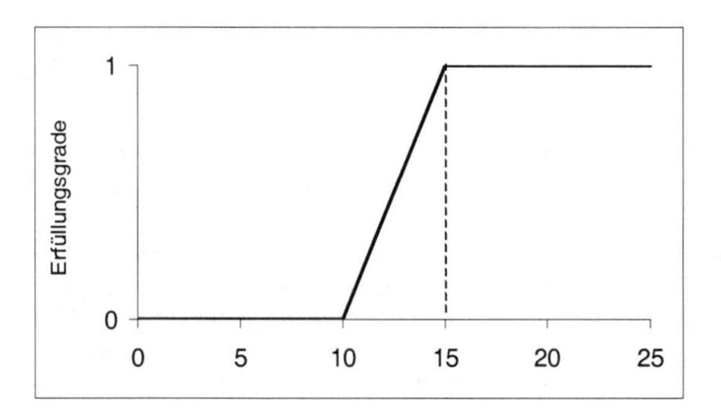

Abbildung 4.16: Zugehörigkeitsfunktion zum Maximierungsproblem

- Die Lagerkapazität umfasst 1000 Einheiten für ein Produkt. Zu Spitzenzeiten ist das Lager ganz gefüllt. Um noch etwas Lagerreserve zu haben, ist es für einen kurzen Zeitraum möglich, zusätzlich einen Nebenraum zu nutzen, der sonst eine andere Verwendung hat. Der Nebenraum fasst bis zu 150 Produkteinheiten. Mehr Lagerkapazität ist nicht möglich. Die in Abbildung 4.17 (Seite 100) dargestellte z-förmige Zugehörigkeitsfunktion gibt die unscharfe Lagerbeschränkung wieder.

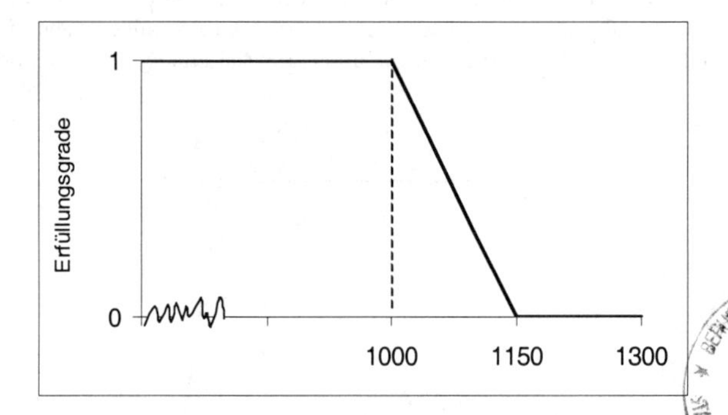

Abbildung 4.17: Zugehörigkeitsfunktion zur $\leq$–Beschränkung

- Beim Abfüllen von Getränkeflaschen hat jedes Unternehmen darauf zu achten, dass die Flaschen zu 100% gefüllt werden. Sehr geringe Abweichungen werden von der Qualitätsprüfung toleriert. Die DIN-Norm erlaubt Abweichungen bis zu 3% nach unten. Ab einer Abweichung von 1% nach oben ist eine Neujustierung der Abfüllanlage kostengünstiger als die höhere Abfüllmenge. Die Zugehörigkeitsfunktion ist in Abbildung 4.18 (Seite 101) dargestellt.

- Das Unternehmen hat für den nächsten Monat Zahlungsverpflichtungen von mindestens 85 Tausend DM (TDM) errechnet. Deshalb soll der Kassenbestand am Monatsanfang mindestens diesen Betrag aufweisen. Die Begleichung einer Rechnung in Höhe von 5 TDM könnte auch in den übernächsten Monat verschoben werden. Zwar ist die Rechnung

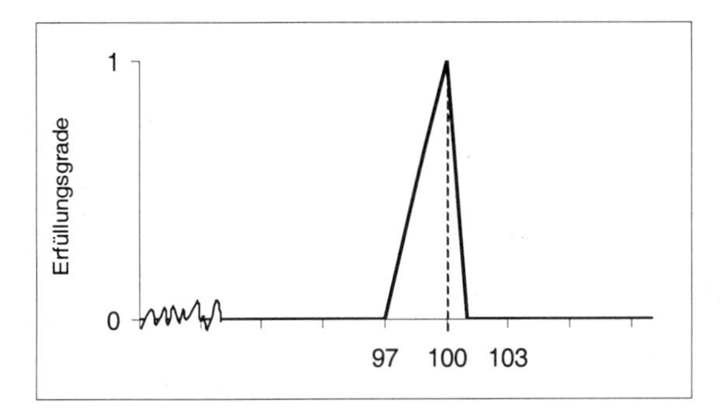

Abbildung 4.18: Zugehörigkeitsfunktion zur =–Beschränkung

bereits im nächsten Monat fällig, aus Erfahrung weiß man jedoch, dass die rechnungsstellende Firma ein schlecht funktionierendes Mahnwesen hat und keine Sanktionen bei verspäteter Zahlung zu erwarten sind. Abbildung 4.19 (Seite 101) zeigt eine s-förmige Zugehörigkeitsfunktion, die die dargestellte Situation für den Kassenbestand beschreibt. Insgesamt liegt eine $\geq$–Beschränkung vor.

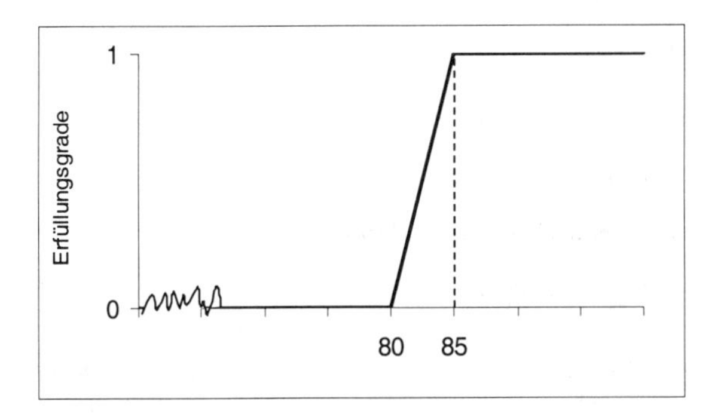

Abbildung 4.19: Zugehörigkeitsfunktion zur $\geq$–Beschränkung

Die Lösung eines scharfen linearen Optimierungsproblems basiert auf dem Simplex-Algorithmus. Durch Relaxierung des zweiwertigen Lösungsansatzes kann das unscharfe lineare Optimierungsproblem gelöst werden. Folgende Schritte sind dazu notwendig:

- Zuerst wird die Zielfunktion in eine Satisfizierungsbedingung umformuliert. Im obigen Beispiel sind zwei Möglichkeiten exemplarisch beschrieben.
- Die Nebenbedingungen werden unscharf formuliert. Hierbei können sowohl der Beschränkungsvektor (siehe obiges Beispiel) als auch die Technologiekoeffizienten unscharfe Intervalle darstellen.
- Die Satisfizierungbedingung und die Nebenbedingungen besitzen nunmehr grundsätzlich gleiche Gestalt. Neues Ziel des unscharfen linearen Optimierungsansatzes ist es, den

Lösungsvektor mit dem höchsten Erfüllungsgrad für die Satisfizierungsbedingung und alle Nebenbedingungen zu finden.

- Die Lösung des unscharfen Ansatzes kann auf die Lösung eines scharfen Optimierungsproblems zurückgeführt werden.[245] Anschaulich liegt der Lösung die gleiche Idee wie bei der besprochenen unscharfen Entscheidung zugrunde (siehe Seite 96 ff und Abbildung 4.14 (Seite 98)). Die Lösung ergibt sich durch Aggregation von Zugehörigkeitsfunktionen.

Verfolgt man mehrere lineare Ziele, so hat man ein typisches MODM-Problem (Multiple Objectiv Decision Making).[246] Im unscharfen Fall kann dessen Lösung auf den unscharfen linearen Optimierungsansatz zurückgeführt werden, da alle Zielfunktionen als Satisfizierungsbedingungen geschrieben werden können. Auch für MADM-Probleme (Multiple Attribute Decision Making)[247] existieren unscharfe Lösungsmethoden.[248]

4.4 Projektmanagement

Die Bedeutung eines guten Projektmanagements zeigt sich besonders stark in Bereichen wie Technologieentwicklung, Softwareentwicklung[249] oder Forschung. Schlagen große Projekte aus diesen Bereichen fehl, weil sie z.B. viel zu niedrig oder viel zu kurz kalkuliert worden sind, kann das Unternehmen in ernste Schwierigkeiten geraten.

Viele große, auf einen längeren Zeitraum angelegte Projekte zeichnen sich dadurch aus, dass zum Projektbeginn nicht genau bekannt ist

- was das Projekt erreichen soll,
- mit welchen technischen und organisatorischen Mitteln es zu erreichen ist,
- bis zu welchem Zeitpunkt es zu erreichen ist und
- mit welchen Ressourcen die Zielerreichung sichergestellt werden kann.[250]

Die Unschärfe ist in der Regel nicht nur kennzeichnend für die Zielbestimmung. Sie ist auch für die Phase der Projektplanung typisch. Für große Projekte kann selten bereits am Anfang eine Detailplanung durchgeführt werden. Wegen der üblicherweise nicht genau formulierten Aufgabenstellung lassen sich die Aufgaben nur schlecht auf sinnvolle, konkret planbare Einzelaufgaben aufspalten. Zudem ist nur selten eine genaue Zuweisung von Ressourcen möglich.

Gute Projektleitung zeichnet sich dadurch aus, dass sie in der Lage ist, aufgrund ihrer Erfahrung scharfe Planungs- und Teilergebnisse im Kontext richtig, meist unscharf zu interpretieren. Ziel des Projektmanagements sollte jedoch sein, "den Prozess der Entscheidungsbildung in Projekten

[245] Siehe hierzu z.B. Geyer-Schulz (1986), S. 105 ff, Hauke (1998), S. 75 ff, Rommelfanger (1994), S. 187 ff oder Zimmermann (1996), S. 281 ff.

[246] Aus einem stetigen Lösungsraum ist die beste Alternative zu bestimmen.

[247] Aus einem endlichen Lösungsraum ist eine Alternative auszuwählen.

[248] Eine Systematisierung von unscharfen Optimierungsansätzen ist bei Hauke (1998) zu finden.

[249] Auf das DV-Projektmanagement geht im Besonderen Dörfel (1992 a) und (1992 b) ein.

[250] Siehe Dörfel (1992 a), S. 40.

so transparent zu machen, dass der Umgang mit all den vermeidbaren Unschärfen überschaubar, nachvollziehbar und damit nachprüfbar und verbesserbar wird."[251]

Bedingungen für jedes Projekt lauten u.a.:

- die Kosten sind niedrig zu halten.
- das Projekt ist rechtzeitig fertigzustellen.

Der allgemeine Aussagegehalt der Bedingungen kann bejaht werden; doch was heißen diese Aussagen konkret für ein Projekt? Mit Hilfe von Zugehörigkeitsfunktionen kann die Bedeutung der Bedingungen genau festgelegt werden. Beispiele hierfür zeigen die Abbildungen 4.20 und 4.21 (Seite 103 und 104).[252] Ändert sich die Bedeutung der Bedingungen, sind die entsprechenden Zugehörigkeitsfunktionen leicht anpassbar.

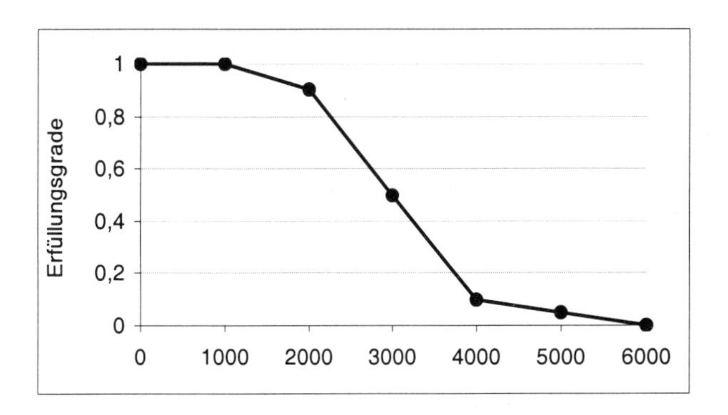

Abbildung 4.20: Zugehörigkeitsfunktion zum Kostenniveau

Die Zugehörigkeitsfunktion in Abbildung 4.21 (Seite 104) gibt z.B. an, dass die rechtzeitige Fertigstellung des Projekts mit Hilfe des voraussichtlichen Fertigstellungstermins in Tagen ab heute beschrieben wird. Rechtzeitig bedeutet hier innerhalb von 10 Tagen. 15 Tage können als verspätet angesehen werden. In 20 oder mehr Tagen ist das Projekt nicht mehr rechtzeitig abgeschlossen. Hier können z.B. hohe Konventionalstrafen die Folge sein.

Im Laufe eines Projekts sind oft unscharfe Schlussfolgerungen in Wenn-Dann-Form zu treffen. Sie beruhen fast immer auf Erfahrungswissen und nur in den seltensten Fällen sind sie theoretisch abgeleitet. Fuzzy-logisch formulierte Regeln helfen dabei, die Entscheidungsfindung offenzulegen und nachvollziehbar zu machen.

Zu den Instrumenten der Projektplanung gehören auch die Methoden der Netzplantechnik. Sie unterstützen das Projektmanagement bei der Planung, Steuerung und Überwachung von Projekten. Sie behandeln vor allem die Aspekte Zeit, Kosten, Einsatzmittel und Struktur innerhalb eines Projekts.

Die ersten Methoden der Netzplantechnik wie CPM (Critical Path Method) und MPM (Metra Potential Method) behandeln ursprünglich nur die Zeitplanung. Sie wurden in Richtung Kosten-

[251] Dörfel (1992 a), S. 41.

[252] Die Beispiele sind aus Dörfel (1992 a), S. 45 entnommen.

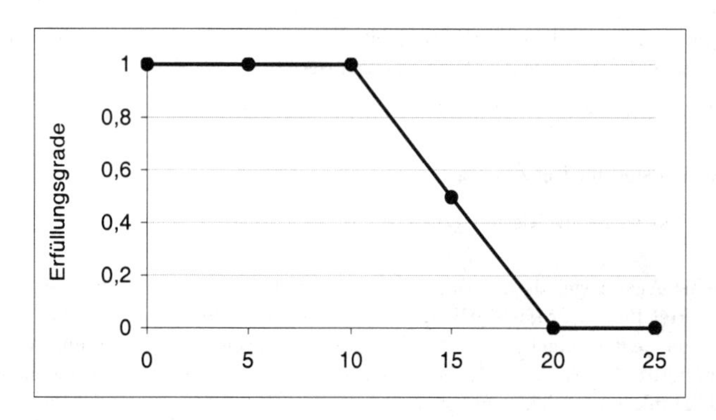

Abbildung 4.21: Zugehörigkeitsfunktion zur Realisierungszeit

und Betriebsmittelplanung ausgebaut. Die deterministischen Annahmen von CPM und MPM werden bereits in der PERT-Methode (Program Evaluation und Review Technique) fallengelassen. Hier werden die Zeitdauern als zufallsabhängige Größen behandelt. Alle drei Verfahren gehen von einer festen Ablaufstruktur aus. Die GERT-Methode (Graphical Evaluation and Review Technique) lässt auch stochastische Ablaufstrukturen zu.[253]

Bereits an der Weiterentwicklung der scharfen Methoden der Netzplantechnik ist zu erkennen, dass bei der realen Anwendung an der Annahme von festen Zeit-, Kosten-, Kapazitäts- und Strukturbetrachtungen nicht festgehalten werden kann. Die Unschärfe der Inputgrößen kann in der Regel nicht adäquat durch die stochastischen Ansätze beschrieben werden. Da Projekte oft einmalig sind, können z.B. die Verteilungsfunktionen im Allgemeinen nicht durch Vergangenheitswerte bestimmt werden. Andererseits können Verteilungsfunktionen unscharf formulierte verbale Angaben nur bedingt darstellen.[254]

Aufgrund dieser Kritikpunkte ist eine unscharfe Netzplantechnik[255] entwickelt worden, die es ermöglicht, u.a. unscharfe Zeiten für Vorgangsdauern und Projektzielzeitpunkte zu berücksichtigen. Zudem muss die Reihenfolge der Projektaktivitäten nicht exakt festgelegt sein. Die Einbeziehung der Unschärfe in die Netzplantechnik dient nicht nur der Beschreibung der sich ergebenden unscharfen Ergebnisgrößen. Sie bietet zusätzlich die Möglichkeit, Kompromisslösungen zu ermitteln, die mit den herkömmlichen Methoden der Netzplantechnik bisher nicht erkennbar sind.

[253] Siehe zu diesen Themengebieten z.B. Küpper/Lüder/Streitferdt (1975).

[254] Da sich der Umgang mit Verteilungsfunktionen oft als sehr schwierig erweist, wird bei den meisten Verfahren ausschließlich die Normalverteilung zugrunde gelegt.

[255] Die unscharfe Netzplantechnik wird in der Arbeit von Rabetge (1991) beschrieben.

4.5 Anmerkungen

Die bisherigen Anwendungen stellen nur einen kleinen Ausschnitt aus dem gesamten Anwendungspotenzial der unscharfen Mengen im Controlling dar.[256] Ihre Darstellung hat vor allem die Aufgabe aufzuzeigen, wie eine Anwendung aussehen kann und gleichzeitig auf die nächsten drei Kapitel der Arbeit hinzuführen. In ihnen werden drei neue Varianten von fuzzifizierten Controllinginstrumenten vorgestellt:

- unscharfe Break-Even-Analyse
- unscharfe Szenarienauswahl
- unscharfes Target Costing

Die Auswahl dieser drei Controllinginstrumente ist gezielt vorgenommen und ist wie folgt begründet: Die **Break-Even-Analyse** ist ein bekanntes und bewährtes Controllinginstrument zur Entscheidungsunterstützung. Sie wird vorwiegend im operativen und taktischen Bereich eingesetzt. Da die Methode bekannt und das Modell einfach ist, kann sich der Leser bei der Entwicklung der unscharfen Methode auf die Fuzzifizierung und ihre Konsequenzen konzentrieren.

Ein ganz entscheidender Schritt im **Szenarioanalyse**prozess ist die Szenarienauswahl. Aus allen theoretisch möglichen Szenarien sind dort diejenigen Zukunftsbilder auszuwählen, die in die strategische Planung Eingang finden. Selbst heute wird die Szenarienauswahl häufig intuitiv vorgenommen. Dies lässt sich dadurch begründen, dass bis dato kaum eine zufriedenstellende methodische Unterstützung für die Szenarienauswahl existiert. Deshalb wird ein neuartiger, wissensbasierter unscharfer Ansatz vorgeschlagen, der auf Basis von Wenn-Dann-Regeln die wesentlichen Eigenschaften von Szenarien aufarbeitet, in Beziehung setzt und dadurch die Auswahl steuert.

Als drittes Instrument wird das **Target Costing**, ein Instrument des modernen Kostenmanagements, aufgegriffen. Damit das Target Costing seinem strategischen Charakter umfassend gerecht werden kann, ist eine Integration der Unschärfe der Inputdaten ins scharfe Modell notwendig.

Die zweite und die dritte Anwendung sind dem strategischen Controlling zuzurechnen. Somit decken die drei ausgewählten Instrumente die gesamte Bandbreite des Controllings ab und zeigen, dass die Berücksichtigung der Unschärfe sowohl bei alten als auch bei neueren Instrumenten zu erweiterten Ergebnissen führt.

Die drei nachfolgenden Kapitel sind so gestaltet, dass sie in sich geschlossen sind und unabhängig voneinander bearbeitet werden können. Sie besitzen den gleichen Aufbau: Zuerst werden die Grundlagen der jeweiligen Anwendung vorgestellt und eine Einbettung der Anwendung ins Controlling gegeben. Anschließend wird das scharfe Modell dargestellt und seine wesentlichen Schwachpunkte herausgearbeitet. Die Unschärfeaspekte werden besprochen und es wird diskutiert, wie diese für die Lösung aufgearbeitet werden können. Bei zwei Anwendungen bietet sich eine Relaxierung des scharfen Modells an, in einem Fall ergibt sich ein neuer Lösungsansatz. Der unscharfe Lösungsweg wird diskutiert, interpretiert und gegebenenfalls visualisiert. Jedes der drei Kapitel schließt mit einer Fallstudie ab, die die Anwendungsrelevanz und die verbesserte Aussagekraft des unscharfen Controllinginstrumentes demonstriert.

[256] Auf betriebswirtschaftliche Anwendungen der Fuzzy-Set Theorie wurde bereits in den Fußnoten 103 und 104, Seite 28 verwiesen.

5 Break-Even-Analyse

5.1 Grundlagen

"Break-Even-Analysen (BEA) können bei vielen betrieblichen Entscheidungsproblemen angestellt werden und dienen einer adäquaten Entscheidungsvorbereitung. Daher kann eine Break-Even-Analyse ... als führungsunterstützendes Instrument angesehen werden".[257, 258] Ihre Durchführung soll Unternehmen in die Lage versetzen, "einen Überblick über Umsätze, Kosten, Gewinne und Verluste für alternative Beschäftigungsgrade"[259] während eines meist kurzfristigen Planungszeitraumes zu erhalten.

Neben einer rechnerischen Darstellung der Zusammenhänge ermöglicht die Break-Even-Analyse auch eine anschauliche graphische Darstellung.

Die grundlegende Aufgabenstellung der Break-Even-Analyse liegt in der Ermittlung des Break-Even-Punktes. Er gibt an, in welchem Punkt sich Gewinne und Verluste ausgleichen. Zusätzlich zur exakten Bestimmung solcher Punkte umfasst die Break-Even-Analyse auch die dazu erforderliche Aufbereitung der benötigten Daten sowie die Durchführung weiterer damit zusammenhängender Untersuchungen.[260] Typische Fragestellungen sind:[261]

- Bei welchem Absatz wird die Gewinnschwelle erreicht? Wie hoch ist der Break-Even-Absatz?
- Bei welchem Umsatz wird die Gewinnschwelle erreicht? Wie hoch ist der Break-Even-Umsatz?
- Welche Auswirkungen haben Mengen-, Kosten- oder Preisänderungen?
- Wie hoch darf der Absatz- oder Umsatzrückgang sein, ohne dass Verluste auftreten?
- Welche Ansatzpunkte für rentabilitätssteigernde Maßnahmen gibt es?

---

[257] Schweitzer/Troßmann (1998), S. 8. Siehe in diesem Zusammenhang die Seiten 7-13 von Schweitzer/Troßmann (1998). Empirische Ergebnisse zur Einordung der Break-Even-Analyse ins Controlling, in die Planung und Entscheidungsunterstützung werden von den Autoren auf den Seiten 371 ff dargestellt.

[258] Neben dem Begriff der Break-Even-Analyse werden synonym die Begriffe Gewinnschwellenanalyse, Nutzenschwellenanalyse, Break-Even-Verfahren, Break-Even-Technik oder auch Break-Even-System verwendet. Vgl. z.B. Hörschgen (1992), S. 78, Hopfenbeck (1992), S. 787 oder Schweitzer/Troßmann (1998), S. 15.

[259] Coenenberg (1993), S. 253.

[260] Siehe Schweitzer/Troßmann (1998), S. 8.

[261] Vgl. hierzu z.B. Coenenberg (1999), S. 274, Hopfenbeck (1992), S. 787, Horváth (1996 a), S. 476 f oder Kleinebeckel (1982), S. 64.

Diese Auflistung kann ergänzt und detailliert werden.[262]

Als Instrument der Entscheidungsunterstützung[263] wird die Break-Even-Analyse besonders zur Erfolgsplanung und Erfolgsanalyse,[264] zur Erfolgskontrolle[265] bzw. zur Steuerung und Überwachung[266] des Unternehmens und seiner Produkte benutzt. Sie ist ein "leicht handhabbares Planungs- und Kontrollinstrument, mit dem hinreichend genau Ansatzpunkte für notwendige betriebliche Anpassungsentscheidungen gefunden werden können".[267]

Da die Break-Even-Analyse ein besonders anschauliches Instrument ist und der Controller auch als "Ziel- und Planverkäufer"[268] tätig ist, gelingt es mit Hilfe von Break-Even-Diagrammen z.B. die Gewinnzielsetzung für ein Produkt oder die Auswirkungen von Preis- und Kostenänderungen den jeweils Verantwortlichen im Unternehmen zu "verkaufen".[269] "Ein Schaubild sagt mehr als tausend Zahlen! Eine Break-Even-Analyse kann mehr aussagen als umfangreiche Tabellen mit ausführlichen Kommentaren."[270] In diesem Sinne sieht auch HORVÁTH[271] die Break-Even-Analyse als "ein vielfach benutztes Instrument des Controllers in der Kommunikation mit dem Management".

In vielfacher Hinsicht lässt sich die Break-Even-Analyse für das Controlling nutzen.[272] So kann sie sowohl Informationen über die Zielwirkungen alternativer Maßnahmen als auch Vorgabegrößen liefern. Hier zeigt sich im Besonderen der Planungs- und Steurerungscharakter der Break-Even-Analyse. Die laufende Steuerung spiegelt sich z.B. in Soll-Ist-Vergleichen des geplanten und tatsächlich erreichbaren Break-Even-Punktes wider. Es lassen sich sowohl retroperspektiv als auch antizipativ Abweichungen erkennen, die angemessene und schnelle Entscheidungen verlangen.[273]

5.2 Scharfe Break-Even-Analyse

5.2.1 Grundmodell

Ausgangspunkt des Grundmodells ist eine linare Gewinngleichung. Sie vergleicht Umsatz und Kosten in Abhängigkeit der Ausbringungsmenge:

$$\begin{aligned} Gewinn &= Umsatz - Kosten && (5) \\ &= (p \cdot x) - (k_v \cdot x) - K_f && (6) \\ &= (p - k_v) \cdot x - K_f && (7) \end{aligned}$$

[262] Vgl. z.B. Hopfenbeck (1992), S. 787 oder Kleinebeckel (1982), S. 64.

[263] Vgl. hierzu z.B. Hörschgen (1992), S. 78, Reichmann (1993), S. 137 oder Weber (1988), S. 94.

[264] Vgl. z.B. Serfling (1992), S. 166.

[265] Vgl. z.B. Hahn (1996), S. 400, Höschgen (1992), S. 78, Hopfenbeck (1992), S. 786, Küpper/Weber (1995), S. 39, Reichmann (1995), S. 141 oder Weber (1988), S. 94.

[266] Vgl. z.B. Coenenberg (1999), S. 274 oder Kleinebeckel (1982), S. 65.

[267] Reichmann (1993), S. 137.

[268] Dehyle (1989), S. 10.

[269] Vgl. hierzu auch Dehyle (1989), S. 37 f.

[270] Kleinebeckel (1982), S. 83. Siehe dazu auch Deyhle (1989), S. 37.

[271] Horváth (1996 a), S. 475.

[272] Vgl. hierzu insbesondere Reichmann (1995), S. 142 f aber auch Hörschgen (1992), S. 79 f.

[273] Vgl. Schweitzer/Troßmann (1998), S. 10 f.

$$= d \cdot x - K_f \quad (8)$$
$$= Gesamtdeckungsbeitrag \; - \; Fixkosten \quad (9)$$

Dabei bedeutet

x	die Menge der verkauften Einheiten im Planungszeitraum,
p	der Nettopreis pro verkaufter Einheit,
k_v	die variablen Kosten pro produzierter Einheit,
d	der Deckungsbeitrag pro verkaufter Einheit und
K_f	die Fixkosten im betrachteten Planungszeitraum.

Zwei grundsätzliche Analyseansätze werden unterschieden. Beim **Umsatz-Gesamtkosten-Modell** werden der Umsatz und die Gesamtkosten einander gegenübergestellt. Der Schnittpunkt der Umsatzkurve und Gesamtkostenkurve bestimmt den Break-Even-Punkt.[274] An diesem Absatzpunkt deckt der Umsatz gerade die Gesamtkosten. Es werden weder Gewinne noch Verluste erzielt.[275]

Formal ergibt sich der Break-Even-Absatz x_{Bea} durch Nullsetzen von Formel (7):

$$x_{Bea} = \frac{K_f}{p - k_v} \quad (10)$$

Der dazugehörige Break-Even-Umsatz U_{Bea} ergibt sich durch Multiplikation des Break-Even-Absatzes mit dem Nettopreis:

$$U_{Bea} = x_{Bea} \cdot p = \frac{K_f}{p - k_v} \cdot p = \frac{K_f}{\frac{p - k_v}{p}} = \frac{K_f}{\frac{d}{p}} \quad (11)$$

Beim **Deckungsbeitrags-Modell** werden der Gesamtdeckungsbeitrag und die Fixkosten einander gegenübergestellt. Am Break-Even-Punkt sind die Fixkosten gerade so hoch wie der Gesamtdeckungsbeitrag. Ab diesem Absatzpunkt werden Gewinne erzielt.[276]

Bei dieser Darstellung stehen Rentabilitätsüberlegungen im Vordergrund, denn durch eine Aufspaltung der Deckungsbeiträge und des Fixkostenblocks gewinnt die Break-Even-Analyse an weiterer Aussagekraft. Mengen-, Kosten- und Preisänderungen lassen sich in diesem Modelltyp besonders gut verdeutlichen.[277]

Beim Deckungsbeitragsmodell ergibt sich der Break-Even-Punkt aus Formel (8):

$$x_{Bea} = \frac{K_f}{d} \quad (12)$$

---

[274] Neben dem Begriff Break-Even-Punkt werden synonym auch die Begriffe Gewinnschwelle, Nutzschwelle, Kostendeckungspunkt, Punkt der Vollkostendeckung oder kritischer Punkt verwendet. Vgl. z.B. Hopfenbeck (1992), S. 787.

[275] Eine graphische Darstellung des Umsatz-Gesamtkosten-Modells ist in Coenenberg (1993), S. 255 oder auch in Abbildung 5.10 auf Seite 132 zu finden. Siehe auch Hörschgen (1992), S. 79.

[276] Eine graphische Darstellung des Deckungsbeitrags-Modells in seiner grundlegenden Form ist in Coenenberg (1993), S. 257 zu finden. Siehe auch Hörschgen (1992), S. 79.

[277] Vgl. hierzu z.B. Coenenberg (1993), S. 257 ff.

Zusammenfassend kann der Break-Even-Punkt als die Absatzmenge beschrieben werden, bei der[278]

- der Gewinn gerade Null beträgt,
- der Umsatz gerade die Gesamtkosten deckt,
- der Übergang von der Verlust- in die Gewinnzone stattfindet oder
- jede zusätzlich abgesetzte Einheit einen Gewinn in Höhe des Deckungsbeitrags erwirtschaftet.

Eine Einschätzung darüber, um wieviel Prozent der geplante oder gerade realisierte Absatz (x) bzw. Umsatz (U) sinken darf, ohne dass ein Verlust entsteht, kann mit Hilfe des Sicherheitskoeffizienten (S_x bzw. S_U) erreicht werden:[279]

$$S_x = \frac{x - x_{Bea}}{x} \cdot 100 \qquad (13)$$

S_x und S_U ergeben den gleichen Wert. Je höher der Sicherheitskoeffizient, desto weiter liegt x bzw. U vom jeweiligen Break-Even-Punkt entfernt und desto größer ist der Spielraum für einen Absatz- bzw. Umsatzrückgang, ohne dass dabei ein Verlust auftritt.

Der Kapazitätsgrad (KG) ermöglicht einen Vergleich der aktuellen Absatzsituation mit den fixen Kosten:

$$KG = \frac{\text{Gesamtdeckungsbeitrag}}{\text{fixe Kosten}} = \frac{d \cdot x}{K_f} \qquad (14)$$

Der Kapazitätsgrad misst, wie oft die anfallenden Fixkosten im Gesamtdeckungsbeitrag enthalten sind. Er sollte einen Wert > 1 haben. Bei $KG = 1$ werden die anfallenden Fixkosten gerade gedeckt, d.h. der Break-Even-Punkt erreicht.

Im **Mehrproduktfall** wird von einem konstanten Verhältnis der Produkte ausgegangen. Dadurch können Durchschnittswerte für die betrachteten Größen des Grundmodells gebildet werden, die sich im betrachteten Zeitraum nicht ändern. Auf das "Durchschnittsprodukt" wird dann die Break-Even-Analyse angewandt. Somit wird der Mehrproduktfall auf den Einproduktfall zurückgeführt.

Hinweise auf rentabilitätssteigernde Maßnahmen im Mehrproduktfall erhält man, sofern keine Kapazitätsrestriktionen vorliegen, durch die Deckungsbeitragsintensität ($= d/p = d \cdot x/U$) der einzelnen Produkte. Je höher der Anteil des Deckungsbeitrags am Nettoerlös ist, desto stärker trägt das Produkt zur Gewinnsteigerung bei. Bei einer Änderung des Verhältnisses der Produkte zueinander ist deshalb zu Gunsten des Produktes mit der höchsten Deckungsbeitragsintensität zu entscheiden. Liegt eine Kapazitätsrestriktion vor, wird die entsprechende Entscheidung anhand des Deckungsbeitrags pro Engpasskapazität der einzelnen Produkte getroffen. Bei mehreren

[278] Siehe hierzu auch Hörschgen (1992), S. 80 oder Hopfenbeck (1992), S. 787.

[279] Der Sicherheitskoeffizient bzgl. des Umsatzes S_U berechnet sich nach der gleichen Formel. Dazu sind die Absatzgrößen durch die entsprechenden Umsatzgrößen zu ersetzen.

Kapazitätsrestriktionen ist ein lineares Optimierungsmodell zu lösen.[280] Wird aufgrund dieser Überlegungen das Outputverhältnis der Produkte geändert, müssen vor erneuter Durchführung einer Break-Even-Analyse die Durchschnittsgrößen aktualisiert werden.

Weitere Hinweise über die Vorteilhaftigkeit der einzelnen Produkte erhält man durch eine differenzierte Betrachtung des Fixkostenblocks.[281]

5.2.2 Annahmen des Modells und ihre Kritik

Die einfache Handhabung, die problemlose graphische Darstellung und die Flexibilität des Grundmodells der Break-Even-Analyse beruhen auf teilweise sehr einschränkenden Annahmen, die im Folgenden kurz skizziert werden:[282]

Ausbringungsmenge als einzige unabhängige Variable

Als einzige Einflussgröße des Grundmodells wird der Beschäftigungsgrad berücksichtigt, der durch die Absatzmenge x beschrieben wird. Es wird davon ausgegangen, dass Kosten, Erlöse und somit auch die Deckungsbeiträge nur durch die Ausbringungsmenge x beeinflusst werden. Andere Einflussgrößen wie Lagerhaltung, unterschiedliche Produktionstypen bzw. -stufen oder Beschaffung werden nicht berücksichtigt.[283] Die produzierte Menge wird sofort abgesetzt.

Fertigungsstruktur

Das Grundmodell der Break-Even-Analyse behandelt im Grunde genommen nur die einstufige, glatte Einproduktfertigung.[284] Andere Produktionstypen müssen auf diesen Fall zurückgeführt werden.

Bei Mehrproduktunternehmen lässt sich das Grundmodell nur anwenden, wenn die Erlös- und Kostenstruktur der verschiedenen Produkte unabhängig voneinander sind. Der Mehrproduktfall wird dann auf den Einproduktfall zurückgeführt. Einschränkende Bedingungen für die Anwendung sind z.B. die Trennung der Fertigungsprozesse sowie die verursachungsgerechte Zuordnung der einzelnen Bestimmungsgrößen zu den betrachteten Produkten. Die unterschiedlichen Produkte werden zu einem Durchschnittsprodukt zusammengefasst. Dies ist z.B. gegeben, wenn die Mengen der verschiedenen Produkte in einem konstanten Verhältnis zueinander stehen oder wenn jedes Produkt den gleichen Stückdeckungsbeitrag aufweist. Es wird dann mit Durchschnittsgrößen gerechnet. Die Konstanz des Verhältnisses zwischen den Ausbringungsmengen der verschiedenen Produkte widerspricht im Grunde genommen unternehmerischem Handeln, das den Absatz von Produkten mit möglichst hohem Deckungsbeitrag empfiehlt.

---

280 Coenenberg (1999), S. 297 ff führt z.B. in diese Thematik ein.

281 Siehe dazu Coenenberg (1999), S. 281 ff.

282 Eine ausführliche Diskussion der Annahmen ist z.B. bei Schweiter/Troßmann (1998), S. 36 ff oder (1986), S.27 ff sowie bei Welzel (1987), S. 37 ff zu finden.

283 Vgl. insbesondere Coenenberg (1993), S. 280 f oder Schweitzer/Troßmann (1986), S. 27 ff.

284 Siehe auch Schweitzer/Troßmann (1986), S. 28 ff und Welzel (1987), S. 51 ff.

Kostenrechnungssystem

Der Anwendung der Break-Even-Analyse liegt eine Teilkostenrechnung zu Grunde. Eine eindeutige Aufspaltung der Gesamtkosten in einen fixen und variablen Kostenanteil ist nötig. Soll der Fixkostenblock weiter differenziert werden, zeigt sich, dass bei Vollkostenrechnungssystemen die Datenbasis für eine Break-Even-Analyse nicht zur Verfügung steht.

Sämtliche Kosten werden als fest vorgegeben angesehen und ändern sich im betrachteten Zeitraum nicht. Sprungfixe oder intervallfixe Kosten werden nicht berücksichtigt.

Linearer Kosten- und Erlösverlauf

Für die variablen Kosten und die Erlöse wird eine Abhängigkeit proportional zur Absatzmenge angenommen. Es wird davon ausgegangen, dass die Grenzkosten der Produktion ebenso wie die Verkaufspreise konstant sind, d.h. es wird eine unendliche Preiselastizität der Nachfrage unterstellt. Aus diesen Annahmen ergeben sich lineare Kosten- und Erlösfunktionen.

Bei der Kosten- und Erlösfestsetzung wird weder das Erfahrungskurvenkonzept noch das Produktlebenszykluskonzept berücksichtigt.[285] Beide Konzepte würden dem statischen Charakter[286] der Break-Even-Analyse widersprechen beziehungsweise würden nur sehr kurze Planungszeiträume erlauben. Zudem wäre die Annahme von linearen Kosten- bzw. Erlösfunktionen nicht mehr haltbar.

Informationsgrundlagen

Das Grundmodell der Break-Even-Analyse geht von vollkommener Information aus, d.h., sämtliche benötigten Daten werden als sicher und eindeutig vorgegeben betrachtet. Dadurch erhalten die Erlös- und Kostenfunktionen deterministischen Charakter. Es ist jedoch davon auszugehen, dass nicht alle Parameter der Break-Even-Analyse mit Sicherheit vorgegeben werden können. Dies ist besonders dann der Fall, wenn zukünftige Situationen betrachtet werden. "Die Information wird also in Umfang und Qualität unvollkommen sein."[287]

Empirische Untersuchungen haben dies bestätigt. Es werden hauptsächlich Plandaten in Form von geschätzten Größen bei Break-Even-Analyse verwendet.[288]

Die exakte Berechnung eines Break-Even-Punktes oder Break-Even-Umsatzes spiegelt somit im Grunde genommen eine Scheingenauigkeit vor, die der Realität nicht entspricht. Besonders auf Märkten mit hohem Konkurrenzdruck kann es dadurch zu Fehlentscheidungen kommen, sofern die Unbestimmtheit im Datenmaterial nicht berücksichtigt wird. Deshalb sollte wenigstens eine Berechnung mit optimistischen und eine mit pessimistischen Schätzwerten durchgeführt werden, um die Bandbreite möglicher Ergebnisse zu veranschaulichen.

---

[285] Zu den beiden Begriffen der Erfahrungskurve und der Lebenszyklusanalyse vergleiche z.B. Küpper/Weber (1995), S. 105 und S. 201 ff.

[286] Vgl. z.B. Coenenberg (1999), S. 302.

[287] Schweitzer/Troßmann (1986), S. 32.

[288] Siehe die entsprechenden Ergebnisse bei Schweitzer/Troßmann (1998), S. 374 ff.

Zielvorstellungen

Im Grundmodell wird ein Gewinnziel unterstellt. Unabhängig vom Zielausmaß, d.h. unabhängig davon, ob eine Maximierung, Satisfizierung oder Fixierung des Gewinns angestrebt wird, gilt der Break-Even-Absatz als die zentrale Größe des Modells. Andere Zielinhalte, wie z.B. Liquidität oder Betriebsklima[289] können jedoch ins Grundmodell eingebaut werden.

Zeitbezug

Es wird eine einzige Planungsperiode betrachtet. Die erfassten Größen dieser Planungsperiode gelten als konstant. Dadurch werden keine Veränderungen der Preise, Kosten, Kostenzusammensetzungen oder Kapazitäten innerhalb der Planungsperiode berücksichtigt. Damit ist das Grundmodell ein statisches Modell.

Der wesentliche Aspekt, der die Anwendung einer Break-Even-Analyse begründet, ist die "verblüffend einfache und anschauliche Darstellung"[290] des Gesamtzusammenhangs der betrachteten Größen. Da die Modellstruktur sehr einfach und die Problemdarstellung kategorisierend ist, wird eine sehr hohe Komplexitätsreduktion erreicht. Dem Entscheidungsträger wird das Problem in pointierter Form präsentiert.[291]

Die Break-Even-Analyse wird schon seit Beginn des 20. Jahrhundert angewandt, obwohl sie auf sehr restriktiven Annahmen beruht. Ihre Aktualität hat sie bis heute nicht verloren. Neuere Veröffentlichungen beschäftigen sich vorwiegend mit dem Problem der risikobehafteten und unsicheren Daten in der Break-Even-Analyse, da offensichtlich ist, dass die Annahme der vollkommenen Information nicht zu halten ist.[292]

5.3 Unscharfe Break-Even-Analyse

An diesem Punkt setzt auch die unscharfe Break-Even-Analyse an. Es liegt die Überlegung zu Grunde, dass besonders der geplante Absatz, aber auch die zu erzielenden Preise, die variablen Stückkosten und häufig auch die Fixkosten Schätzwerte und keine festen Werte sind. Die Schätzwerte orientieren sich häufig an den Daten der vergangenen Planungsperioden. Bei Neuprodukten dienen Prognosewerte aus der Marketingabteilung als Ausgangsbasis. Die eingehenden Schätzungen werden im klassischen Modell als Einpunktschätzungen verwendet. Ihr unscharfer Charakter wird dort im Weiteren meist nicht mehr berücksichtigt.

Es ist jedoch oft möglich, wenigstens optimistische und pessimistische Schätzungen für die anzugebenen Schätzwerte abzugeben. Diese Angaben bringen in der Regel lexikalische und informationale Unschärfe zum Ausdruck und können zur formalen Beschreibung der Unschärfe durch Zugehörigkeitsfunktionen benutzt werden.[293] Zufällige Unsicherheit, die mit Hilfe der Wahrscheinlichkeitsrechnung und Stochastik modelliert wird, tritt hier im Allgemeinen nicht

[289] Vgl. hierzu Schweitzer/Troßmann (1986), S. 39 f.

[290] Kleinebeckel (1982), S. 81.

[291] Vgl. Schweitzer/Troßmann (1998), S. 9.

[292] Vgl. Schweitzer/Troßmann (1998), S. 16 f, S. 470 und S. 479.

[293] Siehe hierzu Seite 24 dieser Arbeit.

auf.[294] Deshalb erscheint ein unscharfer Break-Even-Ansatz vom Dateninput angemessener und problemadäquater.

5.3.1 Bisherige Ansätze zur Einbeziehung der Unsicherheit

Erste Anhaltspunkte bei der Berücksichtigung von nicht fest vorgegebenen Inputgrößen in der Break-Even-Analyse gibt eine Sensitivitätsanalyse.[295] Für eine oder mehrere Inputgrößen werden nacheinander unterschiedliche feste, für möglich erachtete Werte ins Grundmodell eingesetzt. Dadurch sollen die Auswirkungen von Parameteränderungen auf den Umsatz, Gewinn, Break-Even-Punkt oder den Sicherheitskoeffizienten dargestellt und analysiert werden.

Eine weitere Möglichkeit den Unsicherheitscharakter der Inputvariablen zu berücksichtigen und zu modellieren bietet die stochastische Break-Even-Analyse.[296] Die als unsicher im stochastischen Sinne betrachteten Größen werden dort meist durch normalverteilte Zufallsvariablen modelliert. Dadurch sind Aussagen über die Verteilung des Gewinns und z.B. über die Höhe der Wahrscheinlichkeit, den Break-Even-Punkt bzw. Mindestgewinne zu erreichen, möglich.

Die stochastische Unsicherheit der Inputgrößen wird dabei z.B. durch die Angabe von zu schätzenden Erwartungswerten und Varianzen ausgedrückt, die dann als Normalverteilungsparameter ins Modell eingehen.[297] Sämtliche Größen werden als unabhängig voneinander angenommen.

Grundsätzlich können auch andere Verteilungsannahmen zu Grunde gelegt werden. Die daraus resultierenden Berechnungen werden häufig wesentlich komplizierter als bei der Normalverteilungsannahme. Ein Kritikpunkt an der Modellierung der Inputgrößen durch die Normalverteilung ist, dass dadurch grundsätzlich auch negative Werte der Größen als wahrscheinlich gelten. Dies ist jedoch weder für Absatz und Preis noch für Kosten ökonomisch sinnvoll. Auch die Unabhängigkeit der Inputgrößen darf bezweifelt werden.

Der stochastische Ansatz von JAEDICKE/ROBICHEK wurde vor allem wegen theoretischer Unzulänglichkeiten im Totalmodell[298] kritisiert. Deshalb wurde versucht, Toleranzgrenzen für dieses Modell mit Hilfe der sogenannten 12-Prozent-Regel[299] anzugeben, die Normalverteilungsannahme durch eine Lognormalverteilungsannahme zu ersetzen[300] bzw. die Gewinnverteilung mit Hilfe der ersten vier Momente[301] der stochastischen Inputgrößen oder mit Hilfe von Simulationen[302] abzuschätzen.

Sowohl die Sensitivitätsanalyse als auch die stochastischen Ansätze in der Break-Even-Analyse zeigen, dass die Notwendigkeit zur Berücksichtigung von Unsicherheit in der Break-Even-Analyse frühzeitig erkannt wurde. Sensitivitätsanalysen vermitteln jedoch nur punktuell einen Eindruck

---

[294] Kurze einführende Anmerkungen über Zufallsvorgänge sind z.B. bei Bamberg/Baur (1998), S. 77 zu finden.

[295] Vgl. hierzu z.B. Alewell (1974), Coenenberg (1993), S. 257 f oder Kleinebeckel (1976).

[296] Vgl. hierzu insbesonders Jaedicke/Robichek (1964), Schweitzer/Troßmann (1986), S. 251 ff oder Welzel (1987), aber auch Coenenberg (1967). Einen kurzen Überblick geben Mißler-Behr/Hötger (1996) oder Weber (1988).

[297] Vgl. vor allem Jaedicke/Robichek (1964).

[298] Vgl. Welzel (1987), S. 189.

[299] Vgl. Hayya/Ferrara/Nachmann (1972).

[300] Vgl. Hilliard/Leitsch (1975).

[301] Vgl. Kottas/Lau/Lau (1978) oder Welzel (1987), S. 227 ff.

[302] Vgl. Kottas/Lau (1978) und Liao (1975).

der Unsicherheit. Stochastische Modelle werden bei realitätsnaher Modellierung der Verteilungsfunktionen theoretisch sehr anspruchsvoll, so dass eine entsprechende Erweiterung des *einfachen* Grundmodells nicht angemessen erscheint. Außerdem sind ihre Ergebnisse Wahrscheinlichkeitsaussagen, die nicht direkt mit den Ergebnissen des deterministischen Grundmodells verglichen werden können, sondern einer eigenen Interpretation bedürfen.

5.3.2 Grundidee des unscharfen Ansatzes

Mit Hilfe eines unscharfen Break-Even-Ansatzes wird das Ziel verfolgt, die Nachteile der soeben angesprochenen Vorgehensweisen zur Unsicherheitsberücksichtigung in der Break-Even-Analyse wenigstens teilweise aufzuheben.

Für alle unscharfen Inputgrößen kann eine problemadäquate Zugehörigkeitsfunktion angegeben werden. Unterschiedliche Inputgrößen sind durch unterschiedliche Zugehörigkeitsfunktionen modellierbar. Eine differenzierte Beschreibung der unscharfen Inputgrößen wird somit erreicht. Die Konstruktion der Zugehörigkeitsfunktionen orientiert sich an der spezifischen Einschätzung der Unschärfe der Entscheidungsträger. Dabei wird der gesamte Unschärfebereich einer Größe berücksichtigt und nicht nur einzelne Schätzwerte, wie dies bei den bisherigen Ansätzen der Fall war.

Verwendet man im Grundmodell der Break-Even-Analyse statt fester Inputwerte unscharfe Eingangsgrößen mit ihren Zugehörigkeitsfunktionen,[303] so wird in die Rechnungen des Grundmodells die Unschärfe hineingetragen und explizit verarbeitet.

Dadurch kann die Annahme der vollkommenen Information und der Konstanz der Inputgrößen, die dem scharfen Grundmodell zu Grunde liegt, aufgehoben werden. Die übrigen Annahmen bleiben erhalten. Durch die Interpretation und graphische Darstellung der unscharfen Ergebnisse wird die der Break-Even-Analyse innewohnende Unschärfe deutlich herausgearbeitet. Ein direkter Vergleich mit den scharfen Ergebnissen einer Break-Even-Analyse ist möglich. Abbildung 5.1 (Seite 115) zeigt den generellen Ablauf einer Break-Even-Analyse mit unscharfen Rechnungen, die im Folgenden beschrieben wird.

[303] Von Chan/Yuan (1990) wurde ebenfalls eine Variante der unscharfen Break-Even-Analyse vorgeschlagen. Die Autoren wenden jedoch im Wesentlichen Zugehörigkeitsfunktionen auf Erwartungswerte an und verknüpfen somit unscharfe und stochastische Elemente. Hier in dieser Arbeit findet ausschließlich eine Fuzzifizierung der eigentlichen Inputgrößen des Grundmodells statt. Dadurch kann die Unbestimmtheit unmittelbar ins Grundmodell übertragen und klarer herausgearbeitet werden. Zudem ist eine direktere Veranschaulichung und Interpretation der Ergebnisse möglich.

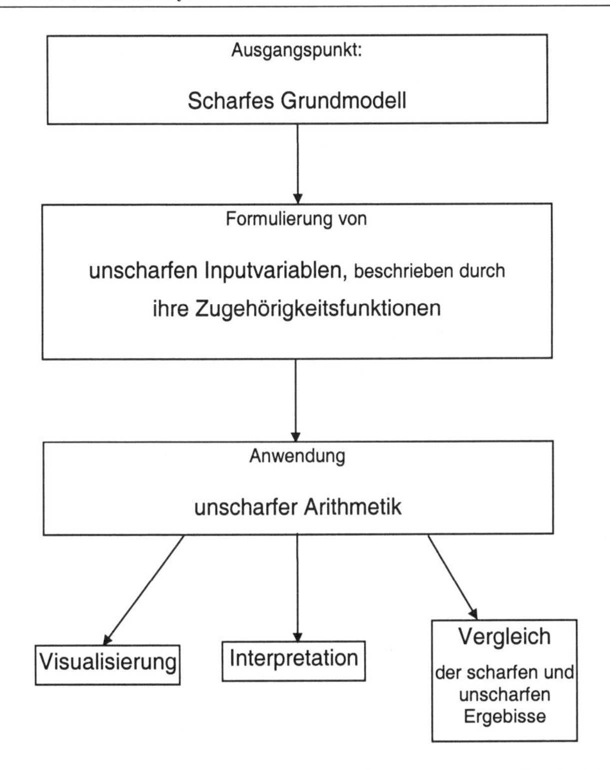

Abbildung 5.1: Ablaufstruktur der Break-Even-Analyse mit unscharfen Rechnungen

5.3.3 Unscharfe Eingangsgrößen

Auf die Bestimmung der Zugehörigkeitsfunktionen ist besondere Sorgfalt zu verwenden, da sie das individuelle Beurteilungsverhalten der Entscheidungsträger wiedergeben[304] und ihre konkreten Einschätzungen repräsentieren. Da Entscheidungsträger auch den zukünftigen Markt einschätzen, sind sie meistens in der Lage, zumindest sichere Bandbreiten für die Werte der Inputgrößen anzugeben. Außerdem ist es ihnen in der Regel möglich, sichere Bandbreiten für diejenigen Wertebereiche anzugeben, in denen die zukünftigen Inputgrößen nicht liegen werden. Diese Angaben entsprechen somit den 1-Niveaumengen und den Komplementmengen der 0-Niveaumengen der jeweiligen unscharfen Inputgrößen.

Zudem kann Erfahrungswissen aus den vergangenen Planungsperioden bei der Festlegung der unscharfen Größen einfließen. Ändert sich der Informationsstand der Entscheidungsträger, sind die Angaben zu überprüfen und eventuell anzupassen. Eine empirische Ermittlung der Angaben aus dem Markt erscheint nicht möglich, da die Werte oft zukunftsbezogen sind und die zugrunde liegende Entscheidungssituation einmaligen Charakter hat.

[304] Vgl. Rommelfanger (1994), S. 155 ff und Scheffels (1996), S. 68 ff.

Allein aufgrund dieser Angaben können trapezförmige oder dreiecksförmige LR-Intervalle[305] für die Inputgrößen der Break-Even-Analyse konstruiert werden, die auch im Folgenden angewendet werden.[306]

Für die unscharfe Modellierung der Break-Even-Analyse werden deshalb zuerst die unscharfen Inputgrößen des Grundmodells als trapezförmige LR-Intervalle beschrieben. Es bezeichne

$\tilde{x}$	die unscharfe Menge "realisierbarer Absatz" im Planungszeitraum,
$\tilde{p}$	die unscharfe Menge "realisierbarer Nettopreis" pro Einheit,
$\tilde{k}_v$	die unscharfe Menge "realistische variable Kosten" pro Einheit und
$\tilde{K}_f$	die unscharfe Menge "realistische Fixkosten" im Planungszeitraum.

Beispiel 19:

Beispielhaft werden in Abbildung 5.2 (Seite 116) die vier unscharfen Inputgrößen des Break-Even-Modells veranschaulicht. Die Zugehörigkeitsfunktionen ergeben sich aus folgendem Kontext:

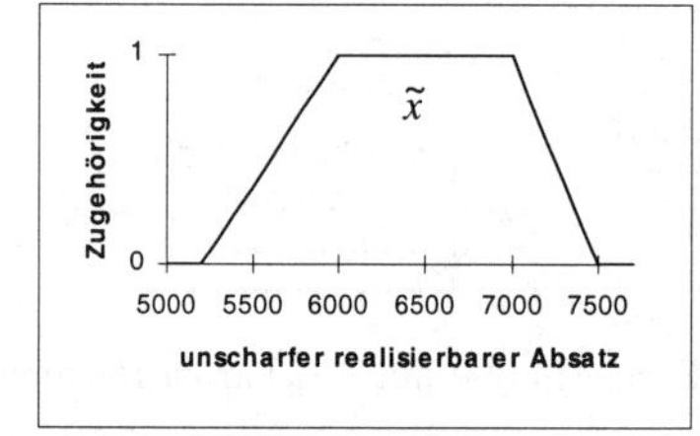

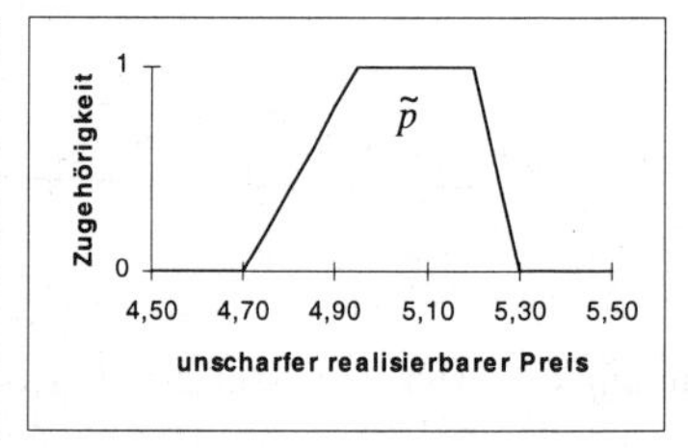

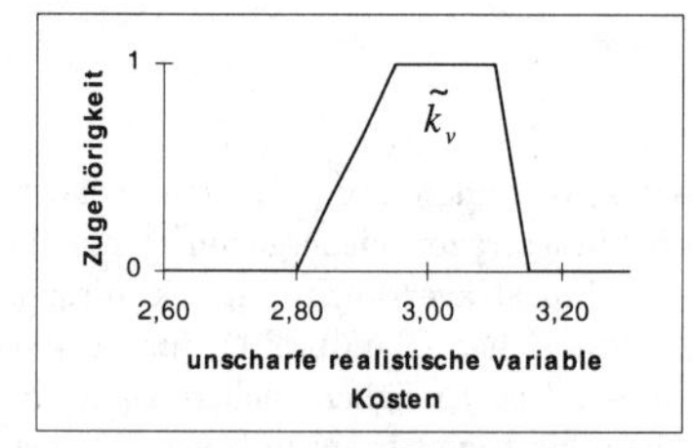

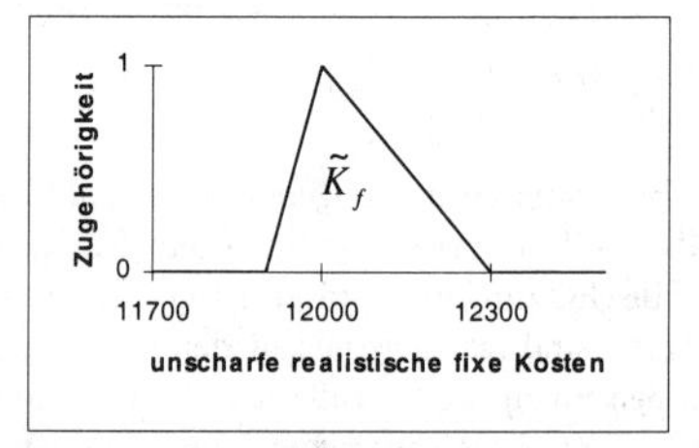

Abbildung 5.2: Zugehörigkeitsfunktionen der unscharfen Inputgrößen

Die Unternehmensleitung der XY GmbH möchte eine unscharfe Break-Even-Analyse durchführen, da sie erkannt hat, dass die Unschärfe der Markt- und Unternehmenssituation für das

[305] Vgl. hierzu Seite 54 dieser Arbeit.

[306] Sind die Entscheidungsträger in der Lage weitere Stützstellen bzw. einen nicht linearen Verlauf der Referenzfunktionen der LR-Intervalle zu beschreiben, können diese Informationen bei der Konstruktion der Zugehörigkeitsfunktionen natürlich berücksichtigt und eingearbeitet werden. Grundsätzlich ändert sich in diesem Fall nichts an den folgenden Ausführungen. Das beschriebene Vorgehen ist unabhängig von der jeweiligen Gestalt der Zugehörigkeitsfunktionen.

betrachtete Produkt im klassischen Modell nicht ausreichend berücksichtigt wird. Bisher wurde ausgegangen von einem Preis $p = 5$, variablen Stückkosten $k_v = 3$, fixen Kosten $K_f = 12000$ und einem Absatz von $x = 6500$ für das Produkt.

Bei der Bestimmung der unscharfen Inputgrößen lässt sich die Unternehmensspitze von folgenden Überlegungen leiten:

Aus technischen Gründen sei der Absatz auf maximal 7500 Einheiten für das Unternehmen beschränkt. Zusätzliche Investitionen zur Aufhebung der Kapazitätsrestriktionen sind für die nächste Periode nicht geplant.

Auf Grund der Ergebnisse der beiden letzten Perioden und den Untersuchungen der Marktforschungsabteilung wird sicherlich ein Absatz zwischen 6000 und 7000 Einheiten zu realisieren sein. Da in der nächsten Periode einige Neuerungen beim Produkt realisiert werden, kann der Absatz auch weit über 7000 Einheiten liegen. In diesem Fall muss jedoch die Kapazitätsrestriktion von 7500 Einheiten berücksichtigt werden. Auf Grund der Neuerungen ist die Marketingabteilung davon überzeugt, dass auf alle Fälle mindestens 5200 Einheiten abgesetzt werden können.

Durch die Produktneuerungen ist der Preis für die nächste Periode neu festzusetzen. Je nach Reaktion der Konkurrenz auf die Produktneuerungen wird der Preis sicher zwischen 4,95 DM und 5,20 DM liegen. Ein Preis unter 4,70 wird aus grundsätzlichen Überlegungen heraus ausgeschlossen. Ein Preis über 5,30 DM wird auf dem Markt nicht durchzusetzen sein.

Da die genaue technische Realisierung der Produktneuerungen noch nicht feststeht, kann im Augenblick von variablen Stückkosten in Höhe von 2,95 DM bis 3,10 DM ausgegangen werden. Es gilt jedoch als sicher, dass die variablen Stückkosten 2,80 DM nicht unterschreiten und 3,15 DM nicht überschreiten werden.

Die Fixkosten, die sich in den letzten Perioden auf 12000 DM eingependelt haben, werden durch die Neuerungen nicht wesentlich berührt. Es wird höchstens eine Absenkung von 100 DM bzw. ein Anstieg von 300 DM für möglich gehalten.

Aus diesen Beschreibungen ergeben sich die trapezförmigen LR-Intervalle, die bereits in Abbildung 5.2 (Seite 116) zu sehen sind. Ihre genaue zahlenmäßige Beschreibung sieht wie folgt aus:[307]

$$
\begin{aligned}
\tilde{x} &= \left(ml^{\tilde{x}},\ mr^{\tilde{x}},\ l^{\tilde{x}},\ r^{\tilde{x}}\right) &&= (6000;\ 7000;\ 800;\ 500)\\
\tilde{p} &= \left(ml^{\tilde{p}},\ mr^{\tilde{p}},\ l^{\tilde{p}},\ r^{\tilde{p}}\right) &&= (4,95;\ 5,20;\ 0,25;\ 0,10)\\
\tilde{k}_v &= \left(ml^{\tilde{k}_v},\ mr^{\tilde{k}_v},\ l^{\tilde{k}_v},\ r^{\tilde{k}_v}\right) &&= (2,95;\ 3,10;\ 0,15;\ 0,05)\\
\tilde{K}_f &= \left(ml^{\tilde{K}_f},\ mr^{\tilde{K}_f},\ l^{\tilde{K}_f},\ r^{\tilde{K}_f}\right) &&= (12000;\ 12000;\ 100;\ 300)
\end{aligned}
$$

Hält der Entscheidungsträger eine der Inputgrößen für sicher und möchte er ihr den festen Wert c zuweisen, so läßt sich die entsprechende scharfe Größe durch das LR-Intervall $(c,\ c,\ 0,\ 0)$ beschreiben.[308]

[307] Vgl. hierzu die übliche Schreibweise von LR-Intervallen auf Seite 54 dieser Arbeit. Da lineare Referenzfunktionen benutzt werden, wird auf die Indizierung der Quadtupel der LR-Intervalle verzichtet.

[308] In diesem Fall reduziert sich der Gipfelbereich auf einen einzigen Punkt und die Ausdehnung der Referenzfunktionen beträgt 0.

5.3.4 Unscharfes Modell

Eine unscharfe Break-Even-Analyse läßt sich durch direkte Fuzzifizierung des scharfen Modells erzeugen. Statt der klassischen Rechenoperationen werden die erweiterten Operationen auf die unscharfen Eingangsgrößen angewandt. Auf diese Weise wird die Unschärfe der Inputgrößen unmittelbar ins Modell und auf die Ergebnisgrößen übertragen.

Auch die unscharfen Ergebnisgrößen stellen trapezförmige LR-Intervalle dar. Es gelten folgende Angaben:

$\tilde{d}$	unscharfe Menge "realisierbarer Deckungsbeitrag" pro Einheit $(\tilde{d} = \left(ml^{\tilde{d}},\ mr^{\tilde{d}},\ l^{\tilde{d}},\ r^{\tilde{d}}\right))$
$\tilde{U}$	unscharfe Menge "realisierbarer Umsatz" im Planungszeitraum $(\tilde{U} = \left(ml^{\tilde{U}},\ mr^{\tilde{U}},\ l^{\tilde{U}},\ r^{\tilde{U}}\right))$
$\tilde{K}$	unscharfe Menge "realistische Gesamtkosten" im Planungszeitraum $(\tilde{K} = \left(ml^{\tilde{K}},\ mr^{\tilde{K}},\ l^{\tilde{K}},\ r^{\tilde{K}}\right))$
$\tilde{G}$	unscharfe Menge "realistischer Gewinn" im Planungszeitraum $(\tilde{G} = \left(ml^{\tilde{G}},\ mr^{\tilde{G}},\ l^{\tilde{G}},\ r^{\tilde{G}}\right))$
$\tilde{x}_{Bea}$	unscharfe Menge "realistischer Break-Even-Absatz" im Planungszeitraum $(\tilde{x}_{Bea} = (ml^{\tilde{x}_{Bea}},\ mr^{\tilde{x}_{Bea}},\ l^{\tilde{x}_{Bea}},\ r^{\tilde{x}_{Bea}}))$
$\tilde{U}_{Bea}$	unscharfe Menge "realistischer Break-Even-Umsatz" im Planungszeitraum $(\tilde{U}_{Bea} = \left(ml^{\tilde{U}_{Bea}},\ mr^{\tilde{U}_{Bea}},\ l^{\tilde{U}_{Bea}},\ r^{\tilde{U}_{Bea}}\right))$
$\tilde{S}_x,\ \tilde{S}_U$	unscharfe Mengen "realistischer Sicherheitskoeffizient" im Planungszeitraum bezogen auf den unscharfen Absatz oder den unscharfen Umsatz $\left(\tilde{S}_x = \left(ml^{\tilde{S}_x},\ mr^{\tilde{S}_x},\ l^{\tilde{S}_x},\ r^{\tilde{S}_x}\right)\right.$ bzw. $\left.\tilde{S}_U = \left(ml^{\tilde{S}_U},\ mr^{\tilde{S}_U},\ l^{\tilde{S}_U},\ r^{\tilde{S}_U}\right)\right)$

Beispiel 20:

Ausgehend von den Angaben im letzten Beispiel (siehe Seite 116 f) wurden durch Anwendung von erweiterten Operationen die in Tabelle 5.1 (Seite 119) zusammengefassten unscharfen Ergebnisse (Spalte 3) errechnet. Zum Vergleich wurden auch die scharfen Ergebnisse ausgewiesen (Spalte 2).[309]

[309] Die Werte für den unscharfen Break-Even-Absatz und die Prozentangaben beim Sicherheitskoeffizienten sind gerundet. Bei den Rechnungen selbst wurden die genauen Werte verwendet.

Ergebnisgrößen	scharfer Fall	unscharfer Fall
Stückdeckungsbeitrag	2	$(1,85;\ 2,25;\ 0,30;\ 0,25)$
Umsatz	32500	$(29700;\ 36400;\ 5460;\ 3300)$
Gesamtkosten	31500	$(29700;\ 33700;\ 3360;\ 2200)$
Gewinn	1000	$(-4000;\ 6700;\ 7660;\ 6660)$
Break-Even-Absatz	6000	$(5333;\ 6486;\ 573;\ 1449)$
Break-Even-Umsatz	30000	$(26400;\ 33729,73;\ 4171,33;\ 8183,44)$
Sicherheitskoeffizient		
bzgl. des Absatzes	7,7%	$(0;\ 18;\ 22;\ 9)$
bzgl. des Umsatzes	7,7%	$(-4;\ 19;\ 25;\ 13)$

Tabelle 5.1: Ergebnisse des Beispiels

Den Verlauf der Zugehörigkeitsfunktionen der unscharfen Ergebnisgrößen zeigen die Abbildungen 5.3 und 5.4 (Seite 119 und 120). Die lineare Gestalt der Referenzfunktionen überträgt sich von den unscharfen Eingangsgrößen auf die unscharfen Ausgangsgrößen.

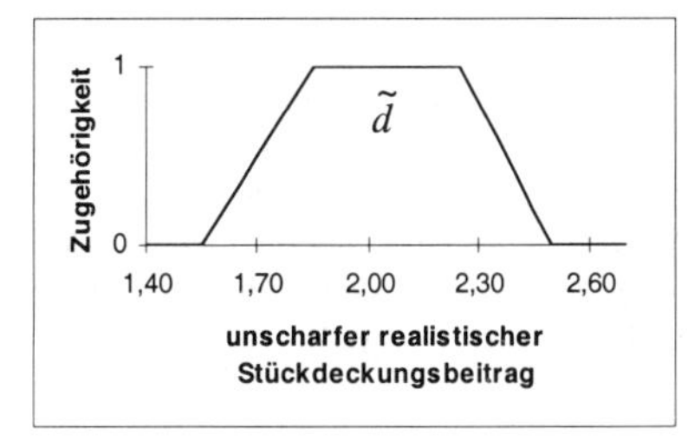

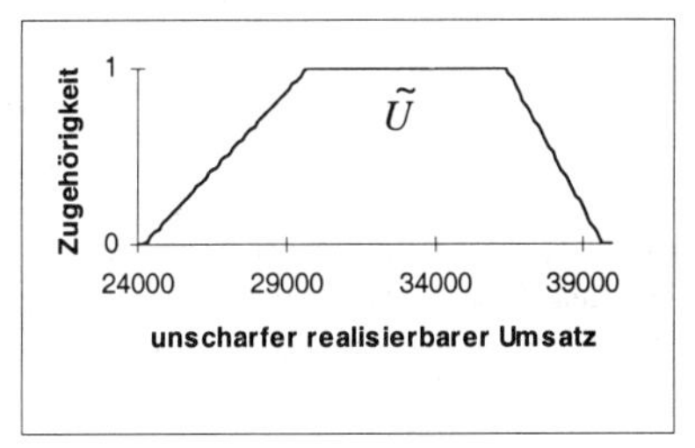

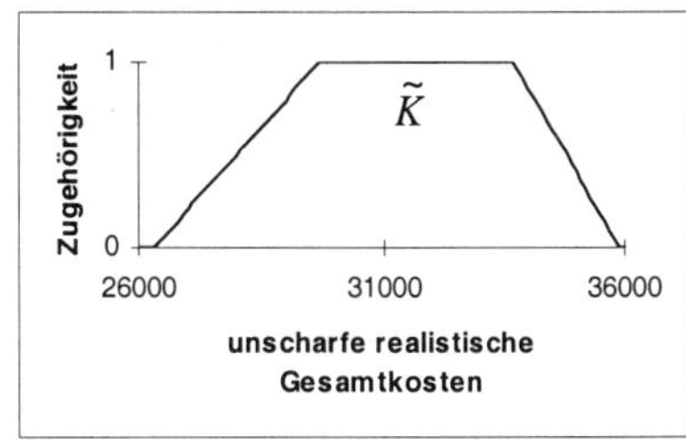

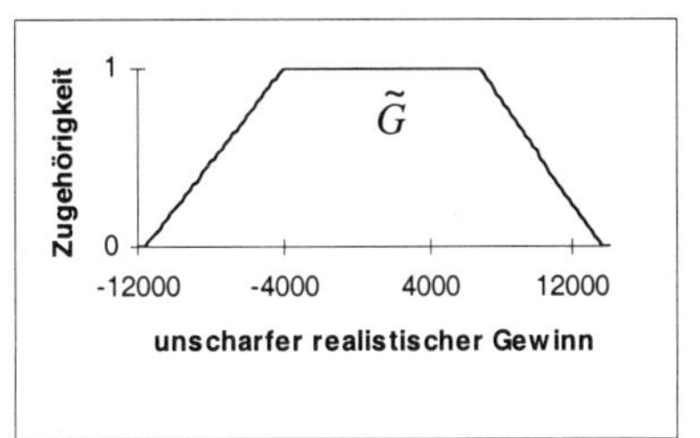

Abbildung 5.3: Unscharfe Ergebnisgrößen: Teil 1

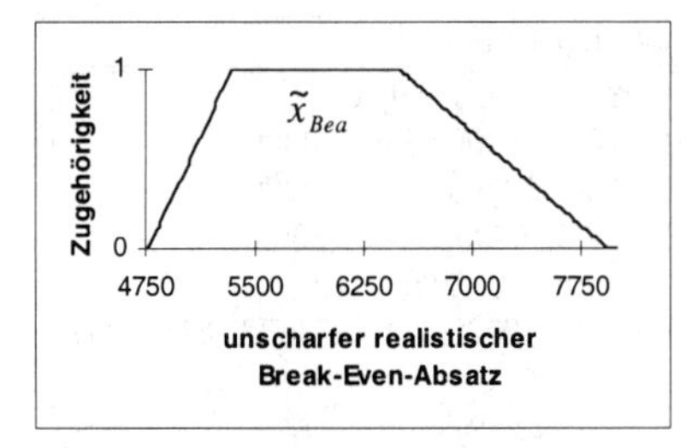

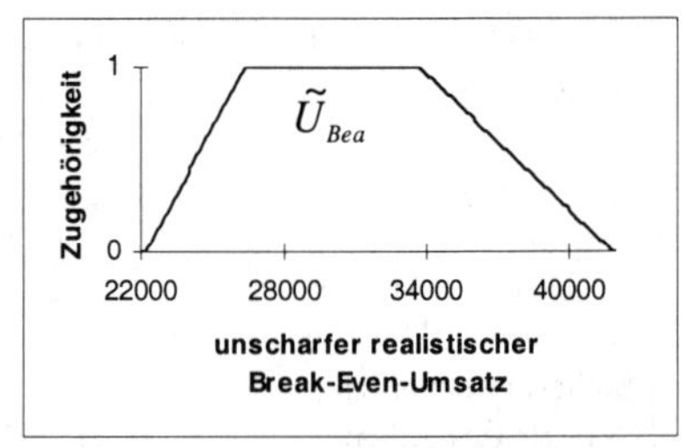

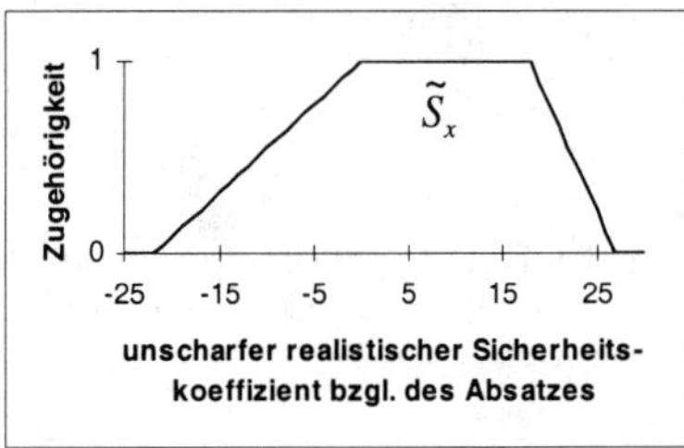

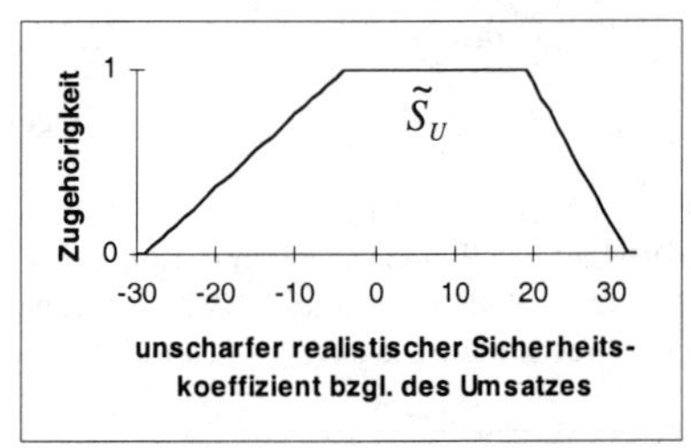

Abbildung 5.4: Unscharfe Ergebnisgrößen: Teil 2

Zur Berechnung der unscharfen Ergebnisgrößen werden die erweiterten Rechenoperationen angewandt.[310] Bei LR-Intervallen lassen sich die Gipfelbereiche bzw. die Spannweiten der trapezförmigen Zugehörigkeitsfunktionen der Ergebnisgrößen aus den Gipfelpunkten und Spannweiten der unscharfen Eingangsgrößen $\tilde{p}$, $\tilde{x}$, $\tilde{k}_v$ und $\tilde{K}_f$ berechnen. Im Einzelnen ergeben sich folgende Gesetzmäßigkeiten:

$$\begin{aligned} \tilde{d} &= \tilde{p} \ominus \tilde{k}_v \\ &= \left(ml^{\tilde{p}} - mr^{\tilde{k}_v},\ mr^{\tilde{p}} - ml^{\tilde{k}_v},\ l^{\tilde{p}} + r^{\tilde{k}_v},\ r^{\tilde{p}} + l^{\tilde{k}_v}\right) \end{aligned} \tag{15}$$

$$\begin{aligned} \tilde{U} &= \tilde{p} \odot \tilde{x} \\ &= \left(ml^{\tilde{p}} \cdot ml^{\tilde{x}},\ mr^{\tilde{p}} \cdot mr^{\tilde{x}},\right. \\ &\qquad \left. ml^{\tilde{p}} \cdot l^{\tilde{x}} + ml^{\tilde{x}} \cdot l^{\tilde{p}},\ mr^{\tilde{p}} \cdot r^{\tilde{x}} + mr^{\tilde{x}} \cdot r^{\tilde{p}}\right) \end{aligned} \tag{16}$$

$$\begin{aligned} \tilde{K} &= \tilde{k}_v \odot \tilde{x} \oplus \tilde{K}_f \\ &= \left(ml^{\tilde{k}_v} \cdot ml^{\tilde{x}} + ml^{\tilde{K}_f},\ mr^{\tilde{k}_v} \cdot mr^{\tilde{x}} + mr^{\tilde{K}_f},\right. \\ &\qquad \left. ml^{\tilde{k}_v} \cdot l^{\tilde{x}} + ml^{\tilde{x}} \cdot l^{\tilde{k}_v} + l^{\tilde{K}_f},\ mr^{\tilde{k}_v} \cdot r^{\tilde{x}} + mr^{\tilde{x}} \cdot r^{\tilde{k}_v} + r^{\tilde{K}_f}\right) \end{aligned} \tag{17}$$

$$\begin{aligned} \tilde{G} &= \tilde{U} \ominus \tilde{K} \\ &= \left(ml^{\tilde{U}} - mr^{\tilde{K}},\ mr^{\tilde{U}} - ml^{\tilde{K}},\ l^{\tilde{U}} + r^{\tilde{K}},\ r^{\tilde{U}} + l^{\tilde{K}}\right) \end{aligned} \tag{18}$$

[310] Vgl. hierzu Kapitel 3.3.4.3 ab Seite 57.

$$
\begin{aligned}
= & \Big(ml^{\tilde{p}} \cdot ml^{\tilde{x}} - mr^{\tilde{k}_v} \cdot mr^{\tilde{x}} - mr^{\tilde{K}_f}, \\
& mr^{\tilde{p}} \cdot mr^{\tilde{x}} - ml^{\tilde{k}_v} \cdot ml^{\tilde{x}} - ml^{\tilde{K}_f}, \\
& ml^{\tilde{p}} \cdot l^{\tilde{x}} + ml^{\tilde{x}} \cdot l^{\tilde{p}} + mr^{\tilde{k}_v} \cdot r^{\tilde{x}} + mr^{\tilde{x}} \cdot r^{\tilde{k}_v} + r^{\tilde{K}_f}, \\
& mr^{\tilde{p}} \cdot r^{\tilde{x}} + mr^{\tilde{x}} \cdot r^{\tilde{p}} + ml^{\tilde{k}_v} \cdot l^{\tilde{x}} + ml^{\tilde{x}} \cdot l^{\tilde{k}_v} + l^{\tilde{K}_f}\Big)
\end{aligned}
$$

$$
\begin{aligned}
\tilde{x}_{Bea} &= \tilde{K}_f \oslash \tilde{d} \\
&= \left(\frac{ml^{\tilde{K}_f}}{mr^{\tilde{d}}}, \frac{mr^{\tilde{K}_f}}{ml^{\tilde{d}}}, \right. \\
&\qquad \left. \frac{ml^{\tilde{K}_f} \cdot r^{\tilde{d}} + mr^{\tilde{d}} \cdot l^{\tilde{K}_f}}{\left(mr^{\tilde{d}}\right)^2}, \frac{mr^{\tilde{K}_f} \cdot l^{\tilde{d}} + ml^{\tilde{d}} \cdot r^{\tilde{K}_f}}{\left(ml^{\tilde{d}}\right)^2}\right) \\
&= \left(\frac{ml^{\tilde{K}_f}}{mr^{\tilde{p}} - ml^{\tilde{k}_v}}, \frac{mr^{\tilde{K}_f}}{ml^{\tilde{p}} - mr^{\tilde{k}_v}}, \right. \\
&\qquad \frac{ml^{\tilde{K}_f} \cdot \left(r^{\tilde{p}} + l^{\tilde{k}_v}\right) + \left(mr^{\tilde{p}} - ml^{\tilde{k}_v}\right) \cdot l^{\tilde{K}_f}}{\left(mr^{\tilde{p}} - ml^{\tilde{k}_v}\right)^2}, \\
&\qquad \left. \frac{mr^{\tilde{K}_f} \cdot \left(l^{\tilde{p}} + r^{\tilde{k}_v}\right) + \left(ml^{\tilde{p}} - mr^{\tilde{k}_v}\right) \cdot r^{\tilde{K}_f}}{\left(ml^{\tilde{p}} - mr^{\tilde{k}_v}\right)^2}\right)
\end{aligned} \tag{19}
$$

Hierbei sei $\tilde{d} > 0$. Für den unscharfen Break-Even-Umsatz $\tilde{U}_{Bea}$ ergibt sich somit:

$$
\begin{aligned}
\tilde{U}_{Bea} &= \tilde{x}_{Bea} \odot \tilde{p} \\
&= \Big(ml^{\tilde{x}_{Bea}} \cdot ml^{\tilde{p}}, mr^{\tilde{x}_{Bea}} \cdot mr^{\tilde{p}}, \\
&\qquad ml^{\tilde{x}_{Bea}} \cdot l^{\tilde{p}} + ml^{\tilde{p}} \cdot l^{\tilde{x}_{Bea}}, mr^{\tilde{x}_{Bea}} \cdot r^{\tilde{p}} + mr^{\tilde{p}} \cdot r^{\tilde{x}_{Bea}}\Big)
\end{aligned} \tag{20}
$$

Für eine vorgegebene Absatzmenge $\tilde{x}$ folgt:

$$
\begin{aligned}
\tilde{S}_x &= ((\tilde{x} \ominus \tilde{x}_{Bea}) \oslash \tilde{x}) \cdot 100 \\
&= \left(\frac{ml^{\tilde{x}} - mr^{\tilde{x}_{Bea}}}{mr^{\tilde{x}}}, \frac{mr^{\tilde{x}} - ml^{\tilde{x}_{Bea}}}{m^{\tilde{x}}}, \right. \\
&\qquad \frac{\left(ml^{\tilde{x}} - mr^{\tilde{x}_{Bea}}\right) \cdot r^{\tilde{x}} + mr^{\tilde{x}} \cdot \left(l^{\tilde{x}} + r^{\tilde{x}_{Bea}}\right)}{\left(mr^{\tilde{x}}\right)^2}, \\
&\qquad \left. \frac{\left(mr^{\tilde{x}} - ml^{\tilde{x}_{Bea}}\right) \cdot l^{\tilde{x}} + ml^{\tilde{x}} \cdot \left(r^{\tilde{x}} + l^{\tilde{x}_{Bea}}\right)}{\left(ml^{\tilde{x}}\right)^2}\right) \cdot 100
\end{aligned} \tag{21}
$$

Entsprechend kann $\tilde{S}_u$ berechnet werden. In Formel (21) wird dazu $\tilde{x}$ durch $\tilde{U}$ und $\tilde{x}_{Bea}$ durch $\tilde{U}_{Bea}$ ersetzt.

Im Gegensatz zur scharfen Break-Even-Analyse gilt im Allgemeinen $\tilde{S}_x \neq \tilde{S}_U$. Dies lässt sich dadurch begründen, dass zur Berechnung von $\tilde{x}$ und $\tilde{x}_{Bea}$ bzw. von $\tilde{U}$ und $\tilde{U}_{Bea}$ andere und unterschiedlich viele erweiterte Operationen durchgeführt werden müssen. Zudem hebt die erweiterte

Subtraktion die erweiterte Addition bzw. die erweiterte Division die erweiterte Multiplikation nicht mehr auf, wie das bei scharfen Berechnungen der Fall ist.

Durch die oben beschriebenen Berechnungen sind die Zugehörigkeitsfunktionen der Ergebnisgrößen der Break-Even-Analyse eindeutig bestimmt.

Legt man auch im unscharfen Fall die klassische Annahme des konstanten Outputverhältnisses der Produkte zum Gesamtoutput zugrunde, so kann der Mehrproduktfall wiederum auf den Einproduktfall zurückgeführt werden. Auch hier wird ein "mittleres" Produkt betrachtet.

Um den unscharfen durchschnittlichen Preis $\tilde{p}^{\emptyset}$, die unscharfen durchschnittlichen variablen Kosten $\tilde{k}_v^{\emptyset}$ und den unscharfen durchschnittlichen Deckungsbeitrag $\tilde{d}^{\emptyset}$ je Einheit bestimmen zu können, müssen der unscharfe, für realisierbar gehaltene Absatz $\tilde{x}_i$, der unscharfe, für realisierbar gehaltene Preis $\tilde{p}_i$ und die unscharfen, für realisierbar gehaltenen variablen Kosten $\tilde{k}_{vi}$ der einzelnen Produkte $i = 1, \ldots, n$ bekannt sein. Zunächst sind der unscharfe Gesamtabsatz $\tilde{x}^T$ und der unscharfe Gesamtumsatz $\tilde{U}^T$ zu bilden:

$$\tilde{x}^T = \left(\sum_{i=1}^{n} ml^{\tilde{x}_i}, \sum_{i=1}^{n} mr^{\tilde{x}_i}, \sum_{i=1}^{n} l^{\tilde{x}_i}, \sum_{i=1}^{n} r^{\tilde{x}_i} \right) \quad (22)$$

$$\tilde{U}^T = \sum_{i=1}^{n} (\tilde{p}_i \odot \tilde{x}_i) \quad (23)$$

Mit Hilfe der erweiterten Division wird dann der unscharfe, realisierbare Durchschnittspreis $\tilde{p}^{\emptyset}$ ermittelt:

$$\tilde{p}^{\emptyset} = \tilde{U}^T \oslash \tilde{x}^T \quad (24)$$

Entsprechend diesem Vorgehen können mit Hilfe des unscharfen Gesamtabsatzes und der gesamten unscharfen variablen Kosten bzw. des gesamten unscharfen Deckungsbeitrages die unscharfen durchschnittlichen variablen Kosten und der unscharfe durchschnittliche Deckungsbeitrag pro Einheit bestimmt werden.

Mit den so ermittelten unscharfen Durchschnittsgrößen können die Formeln (17) bis (21) entsprechend angewandt werden, um die interessierenden unscharfen Ergebnisgrößen der Break-Even-Analyse zu bestimmen.

5.3.5 Visualisierung und Interpretation der Unschärfe

Die Ergebnisse der unscharfen Break-Even-Analyse können anhand ihrer Zugehörigkeitsfunktionen (siehe Abbildung 5.3 und 5.4 auf Seite 119 f) und durch Eintrag in das Break-Even-Diagramm interpretiert und visualisiert werden. Die im Folgenden dargestellten Ergebnisse und Schaubilder resultieren aus dem oben beschriebenen Beispiel zur Break-Even-Analyse (siehe die Seiten 116 f und 118 f).

Für die Interpretation der unscharfen Ergebnisgrößen lassen sich insbesonders folgende Hilfestellungen geben:[311]

- Der unscharfe Stückdeckungsbeitrag sollte ein positives unscharfes Intervall sein ($\tilde{d} > 0$), damit selbst in Konstellationen, die mit einem geringen Zugehörigkeitsgrad bewertet werden, mindestens die variablen Stückkosten durch den Verkauf gedeckt sind.

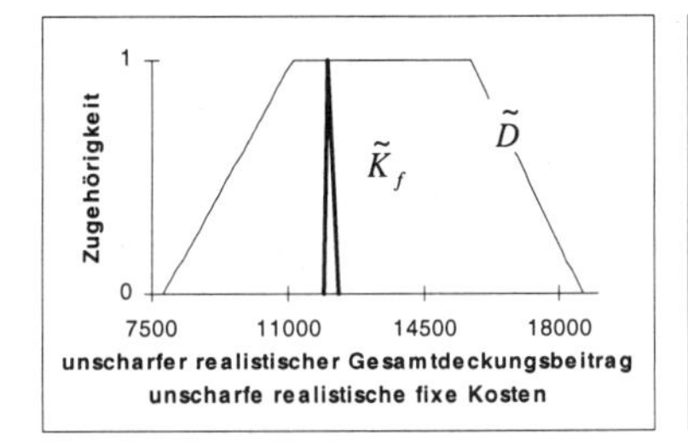

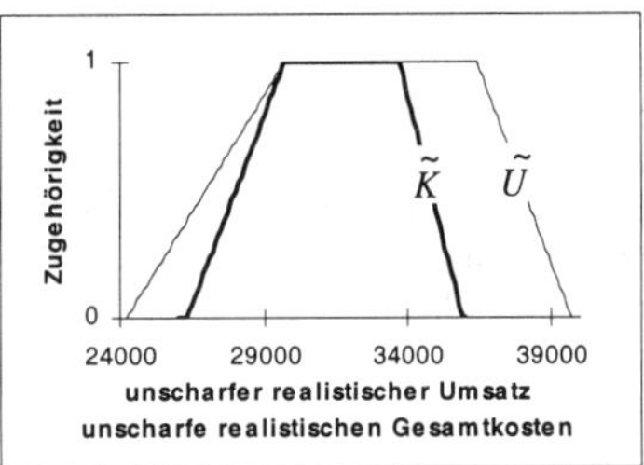

Abbildung 5.5: Vergleich einiger unscharfer Ergebnisgrößen

Dieses Ergebnis darf jedoch nicht befriedigen. Ziel muss sein, dass der unscharfe realistische Gesamtdeckungsbeitrag die unscharfen realistischen fixen Kosten übersteigt ($\tilde{d} \odot \tilde{x} \geq \tilde{K}_f$), damit jederzeit die Chance auf Gewinn gewahrt bleibt. In Abbildung 5.5 (Seite 123) werden der unscharfe realistische Gesamtdeckungsbeitrag $\tilde{D}$ und die unscharfen realistischen fixen Kosten $\tilde{K}_f$ miteinander verglichen. Es zeigt sich, dass $\tilde{D}$ und damit auch $\tilde{d}$ positive Größen sind. Der unscharfe realistische Gesamtdeckungsbeitrag $\tilde{D}$ ist jedoch nicht größer als die unscharfen realistischen Fixkosten $\tilde{K}_f$. Es werden somit Situationen für realistisch gehalten, die auch zu einer Verlustsituation führen können. Der größte Teil des für sicher gehaltenen unscharfen Gesamtdeckungsbeitrages ist jedoch größer als die unscharfen Fixkosten, so dass in den meisten Situationen der Gesamtdeckungsbeitrag größer als die Fixkosten sein wird.

- Entsprechende Ergebnisse erhält man beim Vergleich der unscharfen realistischen Gesamtkosten $\tilde{K}$ mit dem unscharfen realistischen Umsatzes $\tilde{U}$. Hier sollte $\tilde{U} \geq \tilde{K}$ gelten. Abbildung 5.5 (Seite 123) veranschaulicht auch diesen Sachverhalt für das betrachtete Beispiel. Es zeigt sich, dass $\tilde{U}$ im Bereich der linken Referenzfunktion nicht größer als $\tilde{K}$ ist. In den anderen Teilbereichen ist die geforderte Bedingung erfüllt. Somit wird auch hier deutlich, dass Verlustsituationen realistisch sind. Da aber $\tilde{U}$ in dem Bereich, in dem die Zugehörigkeitsgrade 1 betragen, größer oder gleich $\tilde{K}$ ist, kann in dem für sicher gehaltenen Bereich von einem neutralen bzw. positiven Ergebnis ausgegangen werden.

[311] Stört den Anwender die teilweise große Unschärfe der Ergebnisgrößen und würde er lieber mit einem einzigen Wert pro Ergebnisgröße arbeiten, kann folgendes Vorgehen gewählt werden: Es wird eine unscharfe Break-Even-Analyse durchgeführt, so wie oben beschrieben. Anschließend werden die Zugehörigkeitsfunktionen der unscharfen Ergebnisgrößen mit Hilfe eines einzigen Wertes charakterisiert. Dies kann z.B. durch den Flächenhalbierungspunkt geschehen. Der Anwender sollte sich jedoch bewusst sein, dass ihm dadurch wesentliche Informationen verloren gehen. Dennoch zeigt diese Vorgehensweise Vorteile gegenüber der klassischen Break-Even-Analyse auf, die z.B. nur eindeutige Schätzwerte verarbeitet. Die Unschärfe wird nach wie vor im Modell aufgearbeitet und auf die Ergebnisse übertragen, bevor ein charakteristischer Punkt für die unscharfe Menge ermittelt wird. Somit repräsentiert dieser Punkt immer noch die Unschärfe aus dem unscharfen Modell im Gegensatz zu den Ergebnissen der klassischen Break-Even-Analyse.

- Gelten die beiden aufgeführten Bedingungen nicht, sind Zweifel an der Vorteilhaftigkeit der Produktion angebracht. Dies lässt sich jedoch am besten anhand des unscharfen realistischen Gewinns beurteilen. Er sollte stets positiv sein ($\tilde{G} > 0$), damit selbst in für wenig realistisch gehaltenen Konstellationen keine Verlustgefahr besteht. In vielen Fällen wird diese Bedingung jedoch nicht erfüllt sein. Um die Beurteilung der Gewinnsituation zu konkretisieren, ist als Nächstes die 1-Niveaumenge $[\tilde{G}]_1$ des unscharfen Gewinns zu betrachten. Sind ihre Elemente positiv, kann bei den als sicher angenommenen Datenkonstellationen von einem Gewinn ausgegangen werden. Dieses Beurteilungskriterium kann auch für jede andere α-Niveaumenge mit $\alpha \in (0,\ 1)$ angelegt werden. Welchen α-Wert der Entscheidungsträger konkret auswählt, hängt von seiner Einstellung zur Unschärfe insgesamt ab. Ein neutrales Entscheidungskriterium für oder gegen eine Produktion liefert der sogenannte **Gewinnquotient**[312] GQ. Er vergleicht die Fläche unter der Zugehörigkeitsfunktion des unscharfen realistischen Gewinns im ersten Quadranten des Koordinatensystems mit der Gesamtfläche unter der entsprechenden Zugehörigkeitsfunktion von $\tilde{G}$:

$$GQ = \frac{\int\limits_{0}^{\infty} \tilde{G}\ dx}{\int\limits_{-\infty}^{\infty} \tilde{G}\ dx} \tag{25}$$

Der Gewinnquotient ist ein scharfer Wert. Er ist auf das Intervall $[0,\ 1]$ normiert. Ist $GQ > 0,5$, so erscheint ein Gewinn und für $GQ < 0,5$ ein Verlust realistischer. Für $GQ \approx 0,5$ liefert der Gewinnquotient keine Entscheidungsregel. Ein Vorteil des Gewinnquotienten gegenüber der reinen α-Niveau-Mengen Betrachtung liegt darin, dass er den gesamten Verlauf der Zugehörigkeitsfunktion von $\tilde{G}$ berücksichtigt. Durch seine Orientierung am Wert 0,5 kann der Gewinnquotient als neutrales Entscheidungskriterium eingestuft werden. Selbstverständlich kann jeder andere Wert aus dem Intervall $[0,\ 1]$ anstelle von 0,5 verwendet werden. In diesen Fällen kommt die individuelle Einstellung des Entscheidungsträgers zur Unschärfe zum Tragen.

Im Beispiel ist $\tilde{G}$ keine positive unscharfe Zahl.[313] Selbst das Intervall $[\tilde{G}]_1 = [-4000,\ 6700]$ enthält negative Werte. Hierdurch wird die grundsätzliche Verlustgefahr deutlich angezeigt. Der Gewinnquotient ergibt sich als Quotient[314] von $\frac{A_1}{A_1+A_2}$ (siehe Abbildung 5.6 (Seite 125)) und beträgt 0,56. Als neutrales Entscheidungskriterium spricht dieser Wert nur schwach dafür, sich für die Produktion zu entscheiden.

Abbildung 5.6 (Seite 125) verdeutlicht anhand der Zugehörigkeitsfunktion des unscharfen realistischen Gewinns die beiden Entscheidungskriterien graphisch.

Die potenzielle Verlustgefahr kommt im Beispiel deutlich zum Ausdruck. Vergleicht man den scharfen Gewinn von 1000 Geldeinheiten (siehe Tabelle 5.1, S. 119) mit dem unscharfen Ergebnis, stellt man fest, dass sich der Entscheidungsträger auf Grund des scharfen Resultates leicht in trügerischer Sicherheit wähnt. Durch die Berücksichtigung der Unschärfe wird die Entscheidungssituation umfassender und realitätsnäher dargestellt.

312 Vgl. dazu Mißler-Behr/Hötger (1996), S. 14 f.

313 Grundsätzlich ist auch der Fall möglich, dass $\tilde{G} \not> 0$ gilt, obwohl $\tilde{U} \geq \tilde{K}$ ist. Da durch die erweiterte Subtraktion jeweils die ungünstigsten Datenkonstellationen miteinander kombiniert werden, kann sich für $\tilde{U} - \tilde{K}$ dennoch ein nicht positives Ergebnis berechnen.

314 In diesem einfachen Fall kann die Integration durch eine einfache Flächenberechnung ersetzt werden, wie das in Abbildung 5.6 (Seite 125) angedeutet ist.

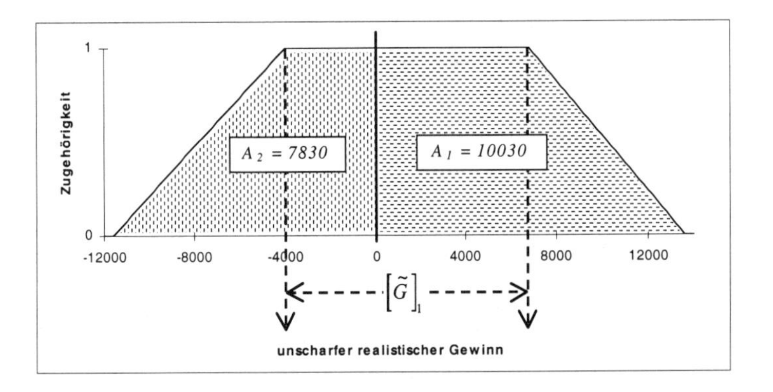

Abbildung 5.6: Beurteilungskriterien für $\tilde{G}$

- Sowohl im scharfen wie auch im unscharfen Fall gibt der Break-Even-Absatz bzw. der Break-Even-Umsatz wichtige Hinweise für die Höhe des Mindestabsatzes bzw. Mindestumsatzes. Grundsätzlich sollte für den unscharfen realisierbaren Absatz $\tilde{x}$ gelten: $\tilde{x} \geq \tilde{x}_{Bea}$. Ist diese Bedingung erfüllt, erweist sich die Produktion als vorteilhaft. Für eine scharf vorgegebene Absatzmenge x, sollte $x > ml^{\tilde{x}_{Bea}}$ erfüllt sein. Dann liegt der vorgegebene Absatz in der für sicher gehaltenen Break-Even-Absatz-Menge oder darüber. Abbildung 5.7 (Seite 126) vergleicht den unscharfen Absatz $\tilde{x}$ mit dem unscharfen Break-Even-Absatz $\tilde{x}_{Bea}$ des Beispiels. Im unteren Bereich der rechten Referenzfunktion kann die geforderte Bedingung $\tilde{x} \geq \tilde{x}_{Bea}$ nicht mehr aufrecht erhalten werden. Hier liegen Absatzsituationen, in denen der Break-Even-Absatz nicht erreicht wird. Die Zugehörigkeitsgrade dieser Absatzkonstellationen betragen weniger als 0,5. Bei der konkreten Vorgabe von $x = 6500$ Outputeinheiten zeigt sich die Vorteilhaftigkeit der Produktion, da diese Menge rechts vom linken Eckpunkt der 1-Niveaumenge des unscharfen Break-Even-Ansatzes liegt. Auch der scharfe Break-Even-Absatz des Beispiels von $x_{Bea} = 6000$ Einheiten liegt innerhalb der 1-Niveaumenge des unscharfen Break-Even-Absatzes. Entsprechende Betrachtungen sind für $\tilde{U}$ und $\tilde{U}_{Bea}$ möglich.

- Die Unschärfe des Break-Even-Absatzes und des Break-Even-Umsatzes können mit Hilfe ihrer α-Niveau-Mengen im Break-Even-Diagramm visualisiert werden (Abbildung 5.8, Seite 127). Wir wählen das Umsatz-Gesamtkosten-Diagramm. Überträgt man für $\alpha_1 = 1$ bzw. $\alpha_2 = \alpha'$ die Niveau-Mengen $[\tilde{x}_{Bea}]_1$ und $[\tilde{U}_{Bea}]_1$ bzw. $[\tilde{x}_{Bea}]_{\alpha'}$ und $[\tilde{U}_{Bea}]_{\alpha'}$ ins Diagramm, ergeben sich Rechtecke, die den jeweiligen Break-Even-Bereich verdeutlichen. Anhand des 1-Niveau-Bereiches wird veranschaulicht, in welchen Grenzen der für sicher gehaltene Break-Even-Bereich liegt. Der α'-Niveau-Bereich berücksichtigt ausdrücklich die Unschärfe. α' sollte vorzugsweise aus dem Intervall $(0,5;\ 1)$ gewählt werden. Gelegentlich kann auch der Eintrag von mehreren Niveau-Bereichen unterschiedlicher α' aufschlussreich sein. Die konkrete Wahl von α' wird von der Einstellung des Entscheidungsträgers zur Unschärfe abhängen.[315]

[315] Vgl. Abbildung 5.8, Seite 127.

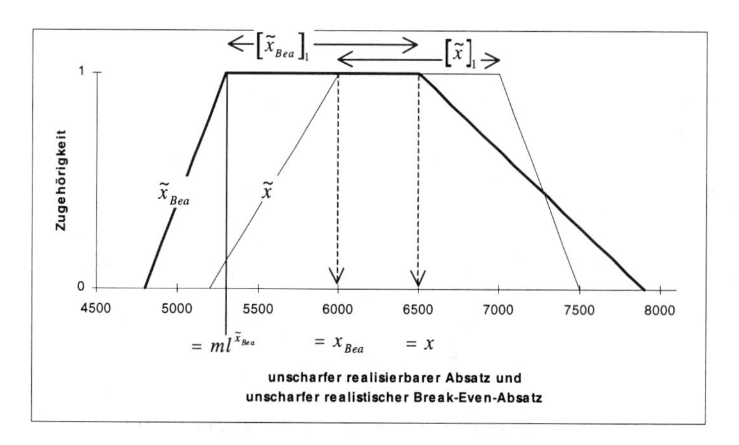

Abbildung 5.7: Beurteilungskriterien für $\tilde{x}$

In Abbildung 5.8 (Seite 127) bieten sich der Vergleich und die gemeinsame Interpretation der scharfen und unscharfen Ergebnisse an. Der scharfe Break-Even-Punkt sollte im 1-Niveau-Bereich liegen. Andernfalls sind die Angaben der scharfen und unscharfen Inputvariablen nicht stimmig zueinander. Je näher der scharfe Break-Even-Punkt an der linken unteren Ecke des Rechtecks liegt, desto pessimistischer sind die Annahmen, die bei der Angabe der scharfen Inputgrößen eingeflossen sind. Bei einer ungünstigen Änderung der scharfen Datenkonstellation kann ein Abgleiten außerhalb des 1-Niveau-Bereiches erfolgen. Je näher der scharfe Break-Even-Punkt an der rechten oberen Ecke des Rechtecks liegt, desto optimistischer sind die Annahmen, die in den scharfen Inputgrößen enthalten sind. Bei ungünstiger Änderung der scharfen Datenkonstellation ist vergleichsweise viel Spielraum vorhanden, bevor der scharfe Break-Even-Punkt außerhalb des 1-Niveau-Bereiches fällt.

Zur genauen Beurteilung der Unschärfe vergleicht man die verschiedenen α-Niveau-Bereiche im Diagramm. Je weiter die linken oder rechten bzw. die oberen und unteren Seiten der Rechtecke der verschiedenen α-Niveau-Bereiche voneinander entfernt liegen, desto mehr Unschärfe ist in den Angaben der Entscheidungsträger der Inputvariablen enthalten. Besonders interessant ist hier ein Vergleich der Abstände auf der linken und rechten bzw. auf der oberen und unteren Seite, da so die Beurteilung der Unschärfe in eher pessimistischen und eher optimistischen Situationen verglichen werden kann. Liegen dreiecksförmige oder trapezoide Zugehörigkeitsfunktionen zu Grunde, ändert sich der Abstand der linken oder rechten bzw. der oberen oder unteren Seiten der Rechtecke proportional zu α. Sind die Zugehörigkeitsfunktionen jedoch s-förmig, kann durch Eintrag von drei oder mehr Niveau-Bereichen im Diagramm die Einschätzung der Unschärfe in Abhängigkeit von α verdeutlicht werden.

Abbildung 5.8 (Seite 127) zeigt die entsprechende Situation für das besprochene Beispiel. Der 1-Niveau-Bereich und der 0,75-Niveau-Bereich sind eingetragen. Es werden trapezförmige Zugehörigkeitsfunktionen betrachtet. Der scharfe Break-Even-Punkt liegt leicht rechts, mittig im 1-Niveau-Bereich. Die Absatzsituation wird deshalb schwach optimistisch beurteilt. Der scharfe Break-Even-Umsatz ist neutral zu beurteilen. Sowohl beim unscharfen Break-Even-Absatz als auch beim unscharfen Break-Even-Umsatz wird

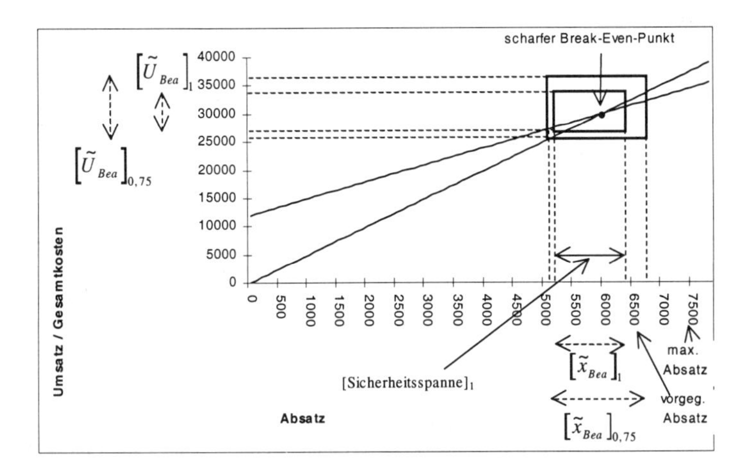

Abbildung 5.8: Umsatz-Gesamtkosten-Diagramm mit unscharfen Elementen

die Unschärfe in pessimistischen Situationen strenger beurteilt als in optimistischen Situationen. Da sich hier die Niveau-Bereiche proportional zu α ändern, genügt der Eintrag von zwei Bereichen.

- Für den unscharfen Sicherheitskoeffizienten sollte $\tilde{S}_x > 0$ gelten, damit auch in wenig realistischen Situationen noch ein Absatzrückgang möglich ist, ohne dass Verlustgefahr besteht. Wenigstens $[\tilde{S}_x]_1 > 0$ sollte erfüllt sein, da sonst eine ernsthafte Gefährdung in der aktuellen Situation bei jeglichem Absatzrückgang vorliegt. Dies konnte bereits beim Vergleich von $[\tilde{x}_{Bea}]_1$ und dem aktuellen Absatz erkannt werden. Bei positivem $\tilde{S}_x$ sollte der vermutete prozentuale Absatzrückgang höchstens im Intervall $[ml^{\tilde{S}_x}, mr^{\tilde{S}_x}]$ liegen. Jedoch bereits bei einem Absatzrückgang von mehr als $ml^{\tilde{S}_x}$ Prozent ist die aktuelle Situation sorgfältig zu beobachten, da ab dieser Marke eine potenzielle Verlustgefahr besteht. Auch für den unscharfen Sicherheitskoeffizienten können α-Niveau-Betrachtungen durchgeführt werden. Da der Sicherheitskoeffizent jedoch deutliche Warnsignale geben soll, ist das α in diesem Fall eher nahe bei 1 zu wählen. Abbildung 5.8 (Seite 127) verdeutlicht die unscharfe 1-Niveau-Sicherheitsspanne für das Beispiel. Es ist zu erkennen, dass der Teil der Sicherheitsspanne mit einem Zugehörigkeitsgrad von 1 bis knapp unter den vorgegebenen Absatz von 6500 Einheiten reicht. Deshalb ist bei einem Absatzrückgang die Situation sofort kritisch zu beobachten.

5.3.6 Unscharfer Produktvergleich

Rentabilitätssteigernde Aspekte im Mehrproduktfall können auch bei einer unscharfen Break-Even-Analyse berücksichtigt werden. Wie im scharfen Fall werden dazu auch im unscharfen Fall die Kennzahlen Deckungsbeitragsintensität bzw. Stückdeckungsbeitrag pro verbrauchter Kapazitätseinheit benutzt. Im ersten Fall liegt kein Kapazitätsengpass vor, im zweiten Fall ist ein Kapazitätsengpass zu berücksichtigen.[316]

Die unscharfe realistische Deckungsbeitragsintensität $D\tilde{B}I_i$ des Produkts i $(i = 1, \ldots, n)$ berechnet sich aus $\tilde{DB}_i \oslash \tilde{U}_i \cdot 100$. Der Absatz des Produktes mit der höchsten unscharfen Deckungsbeitragsintensität sollte forciert werden, da hier die größte Gewinnsteigerung möglich ist. Im unscharfen Fall ist die Entscheidung, welches Produkt die höchste unscharfe Deckungsbeitragsintensität besitzt, häufig nicht so klar wie im scharfen Fall. Die Produkte müssen anhand ihrer unscharfen Deckungsbeitragsintensitäten geordnet werden. Hier kommen Rangordnungsverfahren zum Einsatz. Im Folgenden findet das Flächenhalbierungsverfahren Anwendung.[317] Gesucht wird der scharfe Punkt h_i aus der Grundmenge der unscharfen Deckungsbeitragsintensität von Produkt i, der die Fläche unter der Zugehörigkeitsfunktion der Deckungsbeitragsintensität von Produkt i in zwei gleich große Teile halbiert. Formal muss somit folgende Gleichung erfüllt sein:

$$\frac{\int_{-\infty}^{h_i} D\tilde{B}I_i \, dx}{\int_{-\infty}^{\infty} D\tilde{B}I_i \, dx} \stackrel{!}{=} 0,5 \qquad (i = 1, \ldots, n) \tag{26}$$

Je größer der Wert des Halbierungspunktes eines Produktes ist, desto höher ist sein rentabilitätssteigerndes Potenzial.

Beispiel 21:

Abbildung 5.9 (Seite 129) zeigt beispielhaft die Zugehörigkeitsfunktionen von vier Produkten sowie die Lage der Halbierungspunkte, aus der sich die Rangfolge der Produkte ablesen lässt:

$$\text{Produkt 3} \succ \text{Produkt 1} \succ \text{Produkt 4} \succ \text{Produkt 2.}$$

Tabelle 5.2 (Seite 129) beschreibt die unscharfen trapezoiden Intervalle der eingehenden Inputdaten der vier Produkte sowie die berechneten Halbierungspunkte h_i.

Soll dagegen entschieden werden, für welches der Produkte überhaupt die Produktion aufgenommen werden soll, kann mit Hilfe des Gewinnquotienten eine Reihenfolge aufgestellt werden. Ist diese Reihung nicht eindeutig, führt das Flächenhalbierungsverfahren über den unscharfen realistischen Gewinn zu einer eindeutigen Entscheidung.

---

[316] Bei mehr als einer Kapazitätsrestriktion ist zur Lösung ein lineares Optimierungsmodell mit mehreren Nebenbedingungen aufzustellen und zu lösen.

[317] Zum Flächenhalbierungsverfahren siehe Seite 61.

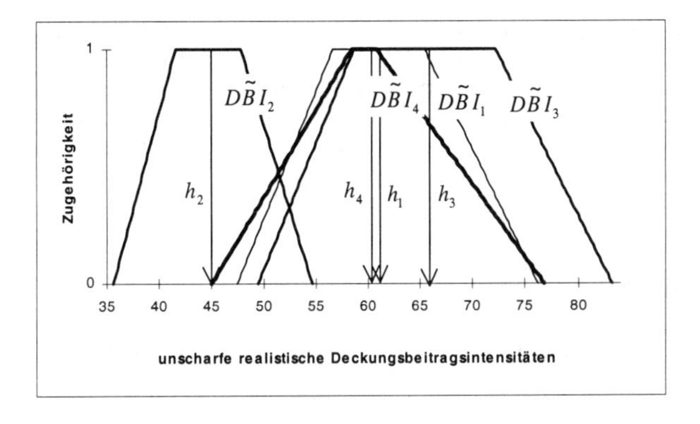

Abbildung 5.9: Deckungsbeitragsintensitäten und ihre Rangfolge

Produkt	ml^{U_i}	mr^{U_i}	l^{U_i}	r^{U_i}	ml^{DB_i}	mr^{DB_i}	l^{DB_i}	r^{DB_i}
1	72,50	76,80	5,40	5,72	43,50	47,40	4,40	3,76
2	235,20	244,80	14,50	10,26	101,92	112,20	11,02	8,40
3	57,60	62,40	3,84	3,44	36,48	41,6	3,92	3,16
4	148,00	150,00	20,80	10,50	87,60	90,00	15,16	7,70

Produkt	$ml^{D\tilde{B}I_i}$	$mr^{D\tilde{B}I_i}$	$l^{D\tilde{B}I_i}$	$r^{D\tilde{B}I_i}$	h_i
1	56,64	65,38	9,26	10,87	61,41
2	41,63	47,70	6,00	6,94	44,91
3	58,46	72,22	9,01	11,04	65,85
4	58,40	60,81	13,27	16,00	60,29

Tabelle 5.2: Daten des Flächenhalbierungsverfahrenes in einem Vier-Produkt-Fall

5.4 Vergleich der beiden Ansätze

Vergleicht man die scharfen und unscharfen Ergebnisse des Beispiels miteinander, zeigt sich deutlich die größere Aussagekraft und Aussagevielfalt der unscharfen Lösung. Dies bezieht sich sowohl auf die Wertebereiche, die vom Anwender als sicher vorgegeben sind, als auch auf diejenigen Bereiche, die mit einem Zugehörigkeitsgrad kleiner als 1 bewertet werden. Bei der unscharfen Lösung werden bei vielen Berechnungen Hinweise auf mögliche Verlust- und Gewinnpotenziale gegeben und diese durch die Zugehörigkeiten bewertet. Eine Sensitivitätsanalyse erübrigt sich im unscharfen Fall, da sie bereits in der unscharfen Lösung in wesentlich komplexerer und detaillierterer Form enthalten ist. Durch die Visualisierungsmöglichkeiten, die auch im unscharfen Fall gegeben sind, werden die graphischen Interpretationsmöglichkeiten stark unterstützt und die unscharfen Potenziale anschaulich wiedergegeben.

Wird die unscharfe Break-Even-Analyse mehrmals nacheinander auf die gleiche Ausgangssituation angewandt, können die veränderten Ergebnisse, die auf jeweils konkreteren und damit weniger unscharfen Inputgrößen beruhen, verglichen werden. Durch diesen Vergleich im Zeitablauf zeigt sich deutlich das Ausmaß der jeweiligen Unschärfe und die Entwicklungsrichtung der Unternehmenssituation wird angezeigt. Neben ihrer Entscheidungsunterstützungsfunktion wird somit auch die Kontroll- und Steuerungsfunktion der unscharfe Break-Even-Analyse offensichtlich.

5.5 Fallstudie

Die Aussagekraft der unscharfen Break-Even-Analyse wird beispielhaft durch die im Folgenden beschriebenen Fallstudie verdeutlicht.[318]

5.5.1 Ausgangssituation

Mr. French, Assistent des Controllers der Duo Products Corporation, nimmt an einer informellen Sitzung der Abteilungsleiter des Unternehmens teil. Mit Hilfe einer Break-Even-Analyse will Mr. French den Abteilungsleitern zeigen, inwiefern ein gewinnbringendes Jahr für das Unternehmen zu erwarten ist, wenn vorausgesetzt wird, dass die in der Vergangenheit erreichte Umsatzhöhe beibehalten wird.

Die Duo Products Corporation produziert drei Produkte: A, B und C. Deshalb muss Mr. French den vorliegenden Mehrproduktfall auf einen Einproduktfall transformieren und mit einem Durchschnittsprodukt arbeiten. Dann kann das Grundmodell der Break-Even-Analyse eingesetzt werden. Die für die Präsentation benötigten Daten zu den drei Produkten liefert das Rechnungswesen. Sie sind in Tabelle 5.3 (Seite 131) zusammengefasst.

[318] Die Fallstudie ist aus Anthony/Mattessich (1969), S. 198-204 entnommen und wird hier in verkürzter Form wiedergegeben.

	Produkt A	Produkt B	Produkt C	Gesamt- bzw. Durchschnittsgrößen
Absatzmenge bei voller Kapazität (Einheiten)				2.000.000
tatsächliche Absatzmenge (Einheiten) x_i^{Alt}/x^{Alt}	600.000	400.000	500.000	1.500.000
Stückpreis p_i^{Alt}/p^{Alt}	\$ 1,67	\$ 1,50	\$ 0,40	\$ 1,20
Gesamtumsatz U_i^{Alt}/U^{Alt}	\$ 1.000.000	\$ 600.000	\$ 200.000	\$ 1.800.000
variable Stückkosten ${k_v}_i^{Alt}/k_v^{Alt}$	\$ 1,25	\$ 0,625	\$ 0,25	\$ 0,75
variable Gesamtkosten ${K_v}_i^{Alt}/K_v^{Alt}$	\$ 750.000	\$ 250.000	\$ 125.000	\$ 1.125.000
Deckungsbeitrag d_i^{Alt}/d^{Alt}	\$ 0,42	\$ 0,875	\$ 0,15	\$ 0,45
Gesamtdeckungsbeitrag D_i^{Alt}/D^{Alt}	\$ 250.000	\$ 350.000	\$ 75.000	\$ 675.000
fixe Kosten ${K_f}_i^{Alt}/{K_f}^{Alt}$	\$ 170.000	\$ 275.000	\$ 75.000	\$ 520.000
Reingewinn G_i^{Alt}/G^{Alt}	\$ 80.000	\$ 75.000	\$ 0	\$ 155.000
Verhältniszahlen:				
variable Kosten / Umsatz	0,75	0,42	0,63	0,625
Deckungsbeitrag / Umsatz	0,25	0,58	0,37	0,375
Kapazitätsausnutzung	30%	20%	25%	75%

Tabelle 5.3: Kostenanalyse nach Produktgruppen

Aufgrund der beschriebenen Datenlage erarbeitet Mr. French folgende Ergebnisse, die er in der darauf folgenden Sitzung präsentiert. Er benutzt dabei Inputdaten.

Bei einem durchschnittlichen Deckungsbeitrag von 0,45 Dollar pro verkaufter Produkteinheit und 520.000 Dollar fixen Kosten ergibt sich ein Break-Even-Absatz von 520.000 / 0,45 = 1.155.556 Einheiten. Bei diesem Absatz werden sämtliche Kosten gedeckt. Bei einem durchschnittlichen Stückpreis von 1,2 Dollar liegt der Break-Even-Umsatz somit bei 1.386.667 Dollar.

Die Umsatzgerade für die Gesamtproduktion wird durch die Gleichung $U = 1,2 \cdot x$ und die Gesamtkostengerade durch die Gleichung $K = 0,75 \cdot x + 520.000$ beschrieben.

Mr. French stellt die Ergebnisse graphisch in einem Umsatz-Gesamtkosten-Diagramm vor, das in Abbildung 5.10 (Seite 132) wiedergegeben wird.

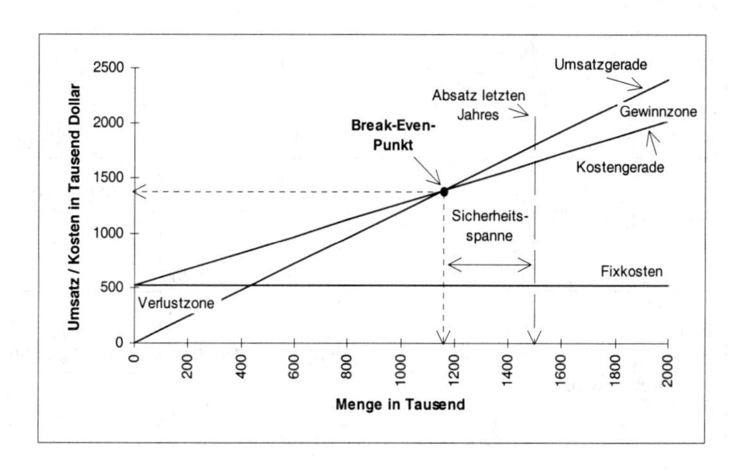

Abbildung 5.10: Umsatz-Gesamtkosten-Diagramm

Nach der Präsentation entwickelt sich eine kritische Diskussion. Dabei wird ein Teil der zugrunde gelegten Planungsannahmen in Frage gestellt. Außerdem wollen einige Abteilungsleiter noch weitere Aspekte berücksichtigt wissen. Das Gremium ist sich zudem einig, dass die Unschärfe im Datenmaterial so weit wie möglich erhalten und verarbeitet werden sollte.

Da einige Teilnehmer bereits etwas über die Fuzzy Set-Theorie gelesen haben, wird vorgeschlagen, sowohl eine scharfe als auch eine unscharfe Lösung für die neuen Fragen zu ermitteln. Für das unscharfe Datenmaterial werden dreiecksförmige und trapezoide Zugehörigkeitsfunktionen bei der Lösung zu Grunde gelegt. Die aus dem Rechnungswesen bekannten Vergangenheitsdaten gelten als sicher.

Bei der Bearbeitung der neuen Fragen wird davon ausgegangen, dass die Daten des Vorjahres übernommen werden können und dass das gegebene Outputverhältnis der Produkte zueinander konstant bleibt. Nur dort, wo ausdrücklich eine Änderung dieser Prämissen gefordert wird, wird diese eingearbeitet. Deshalb kann auch weiterhin mit einem "Durchschnittsprodukt" in der Break-Even-Analyse gerechnet werden.

Die neuen Fragen, die in der Diskussionsrunde auftreten, betreffen vorwiegend Aspekte wie

- Volumensteigerung,
- Fixkostenerhöhungen,
- Wechsel im Produktionsprogramm,
- Berücksichtigung von Sonderzahlungen und
- Veränderungen in den Produktgewichtigungen.

Auf der nächsten Sitzung geht Mr. French auf alle Fragen ein und präsentiert folgende Ergebnisse:

5.5.2 Volumensteigerung

Scharfe Formulierung:

Der Leiter der Produktionskontrolle geht von einer Steigerung des Produktionsvolumens von 20 % im nächsten Jahr aus, so dass die Kapazität zu 90 % ausgelastet sein wird. Er möchte die Auswirkungen dieser Volumensteigerung unter der Annahme kennenlernen, dass keine neuen Investitionen dafür getätigt werden müssen. Auch der Sicherheitskoeffizient interessiert ihn.

Unscharfe Formulierung:

Wird dem Leiter der Produktionskontrolle ermöglicht, seine Einschätzung bzgl. der Steigerung des Produktionsvolumens unscharf zu formulieren, so macht er folgende Angaben: Er geht von einer sicheren Steigerung des Produktionsvolumens zwischen 18 % und 21 % aus. Außerdem ist er sich sicher, dass die Steigerung nicht unter 15 % und nicht über 25 % liegen wird. Mit diesen Angaben ergibt sich die in Abbildung 5.11 (Seite 134) dargestellte trapezoide Zugehörigkeitsfunktion für die Steigerung des Produktionsvolumens.

Scharfe Lösung:

Es wird angenommen, dass das Produktionsvolumen im nächsten Jahr auf $x^{Plan} = 1,2 \cdot x^{Alt} = 1,2 \cdot 1.500.000 = 0,9 \cdot 2.000.000 = 1.800.000$ Einheiten ansteigt. Das gegebene Verhältnis der Produktzusammensetzung bleibt erhalten und damit auch der durchschnittliche Preis, der durchschnittliche Deckungsbeitrag und die durchschnittlichen variablen Kosten. Da $x^{Plan} > x_{Bea}$ gilt[319], erhöht sich der Gewinn pro zusätzlich verkaufter Einheit um den Stückdeckungsbeitrag:

$$\begin{aligned} G^{Plan} &= G^{Alt} + (x^{Plan} - x^{Alt}) \cdot d^{Alt} \\ &= 155.000 + (1.800.000 - 1.500.000) \cdot 0,45 \\ &= 290.000 \end{aligned}$$

[319] $x_{Bea} = 1.155.556$

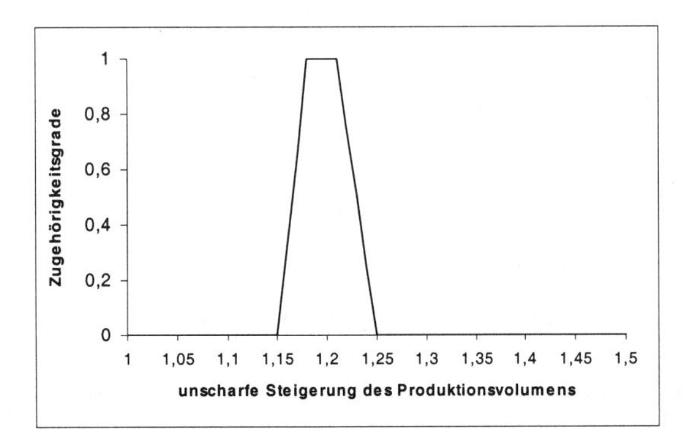

Abbildung 5.11: Unscharfe Steigerung des Produktionsvolumens

Der Sicherheitskoeffizient errechnet sich aus:

$$S_x^{Plan} = \frac{x^{Plan} - x_{Bea}}{x^{Plan}} \cdot 100 = \frac{1.800.000 - 1.155.556}{1.800.000} \cdot 100 = 35,8$$

Durch die neuen Annahmen wird sich der geplante Gewinn im neuen Jahr von 155.000 Dollar auf 290.000 Dollar fast verdoppeln. Durch die Steigerung des Produktionsvolumens erhöht sich der Sicherheitskoeffizient von 23 % auf fast 36 %. Mehr als ein Drittel des gesamten Produktionsvolumens kann als Spielraum für einen Absatzrückgang betrachtet werden, bevor Verluste auftreten.

Unscharfe Lösung:

Ausgangspunkt bilden die 1.500.000 verkauften Einheiten der vergangenen Periode. Die unscharfe Volumensteigerung $\tilde{VS}$, die bereits in Abbildung 5.11 (Seite 134) zu sehen war, wird als unscharfes Intervall durch das Quadtupel $\tilde{VS} = (1,18;\ 1,21;\ 0,03;\ 0,04)$ beschrieben.

Durch Anwendung der erweiterten Multiplikation[320] auf die unscharfe Volumensteigerung und den Absatz der vergangenen Periode[321] ergibt sich der geplante unscharfe Gesamtabsatz $\tilde{x}^{Plan}$:

$$\begin{aligned}\tilde{x}^{Plan} &= x^{Alt} \otimes \tilde{VS} \\ &= (1.500.000;\ 1.500.000;\ 0;\ 0) \otimes (1,18;\ 1,21;\ 0,03;\ 0,04) \\ &= (1.770.000;\ 1.815.000;\ 45.000;\ 60.000)\end{aligned}$$

Unter Berücksichtigung des scharfen durchschnittlichen Preises sowie der scharfen variablen

[320] Die Rechengesetze für die erweiterten Operationen, die im Folgenden benutzt werden, wurden ab Seite 57 besprochen.

[321] Werden die erweiterten Operationen auf scharfe und unscharfe Zahlen angewandt, so sind die scharfen Zahlen als unscharfe Zahlen darzustellen. Jede scharfe Zahl c kann als unscharfe Zahl durch das Quadtupel $(c, c, 0, 0)$ beschrieben werden.

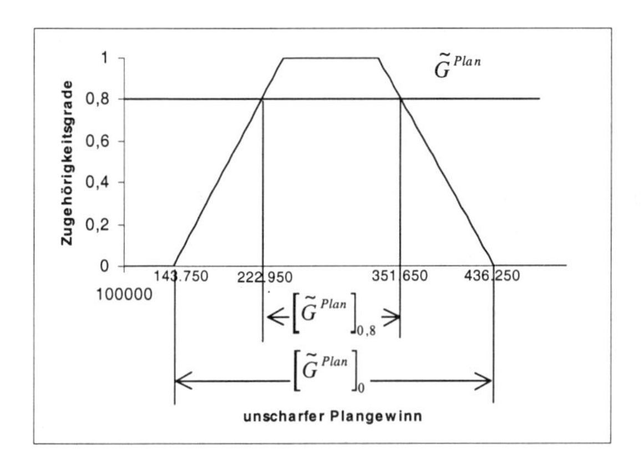

Abbildung 5.12: Unscharfer Plangewinn

Stückkosten der letzten Periode berechnet sich ein unscharfer Plangewinn $\tilde{G}^{Plan}$ von

$$\begin{aligned}\tilde{G}^{Plan} &= p^{Alt} \otimes \tilde{x}^{Plan} \ominus (k_v^{Alt} \otimes \tilde{x}^{Plan} \oplus K_f^{Alt}) \\ &= (242.750;\ 330.500;\ 99.000;\ 105.750)\end{aligned}$$

Dollar, der in Abbildung 5.12 (Seite 135) dargestellt ist. Im Gegensatz zur scharfen Lösung wird die Bandbreite des unscharfen Plangewinnes und seine Bewertung durch die Zugehörigkeitsgrade bei der vorgegebenen unscharfen Volumensteigerung offensichtlich. Der Leiter der Produktionskontrolle kann bei seinen unscharfen Vorgaben davon ausgehen, dass ein sicherer Gewinn zwischen 242.750 Dollar und 330.500 Dollar erreicht wird. Somit beträgt die Bandbreite für den für sicher erachteten Gewinn knapp 90.000 \$. Selbst die 0,8-Niveau-Menge des unscharfen Plangewinns mit $[\tilde{G}^{Plan}]_{0,8} = [222.950;\ 351.650]$ liegt über 220.000 Dollar. Da die 0-Niveaumenge des unscharfen Plangewinns $[\tilde{G}^{Plan}]_0 = [143.750;\ 436.250]$ ganz im positiven Bereich liegt, ergibt sich sogar in pessimistischen, aber noch für realistisch erachteten Situationen ein Gewinn. Diese Aspekte sind in Abbildung 5.12 (Seite 135) dargestellt.

Als unscharfer realistischer Sicherheitskoeffizient des geplanten Absatzes ergibt sich:

$$\begin{aligned}\tilde{S}_{x^{Plan}} &= (\tilde{x}^{Plan} \ominus \tilde{x}_{Bea}) \oslash \tilde{x}^{Plan} \otimes 100 \\ &= (33,85;\ 37,26;\ 3,60;\ 4,34)\end{aligned}$$

Da die 0-Niveaumenge des unscharfen Sicherheitskoeffizienten $[\tilde{S}_{x^{Plan}}]_0$ größer als 30 % ist, kommt auch bei der unscharfen Betrachtung ganz deutlich die große Sicherheitsspanne bezüglich des Absatzes zum Ausdruck. Bei der jetzigen Beurteilung der unscharfen Unternehmenssituation ergeben sich nur Gewinnsituationen für das Unternehmen.

5.5.3 Fixkostenerhöhung

Scharfe Formulierung:

Der Leiter der Produktion gibt zu bedenken, dass bereits Investitionen genehmigt wurden, die die fixen Kosten mit Sicherheit um 10.000 Dollar pro Monat erhöhen werden. Er stellt die Frage, wie sich der Break-Even-Umsatz und der Sicherheitskoeffizient durch diese Investition bei

Berücksichtigung der Volumensteigerung aus der ersten Frage verändern.[322]

Unscharfe Formulierung:

Bei einer unscharfen Formulierung gibt der Produktionsleiter die Erhöhung der fixen Kosten mit 9.500 $ bis 11.000 $ pro Monat an. Im jetzigen Augenblick erscheint eine Kostenschätzung für die Investition von 10.000 $ am realistischsten. Mit Hilfe dieser Angaben kann eine dreiecksförmige Zugehörigkeitsfunktion für die unscharfe Erhöhung der Fixkosten konstruiert werden. In Abbildung 5.13 (Seite 136) ist die Zugehörigkeitsfunktion zu sehen.

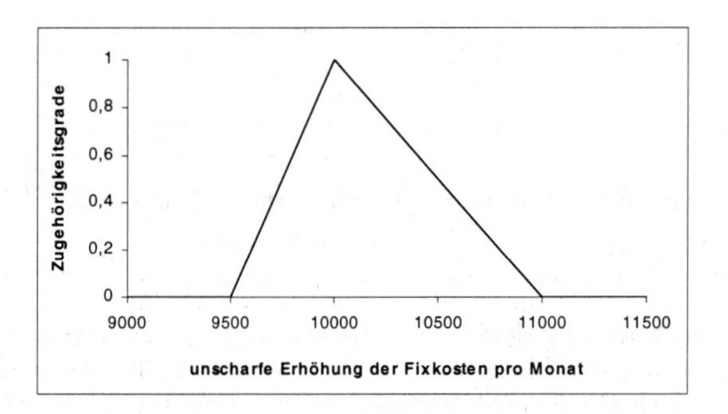

Abbildung 5.13: Unscharfe Erhöhung der Fixkosten

Scharfe Lösung:

Zusätzliche fixe Kosten von insgesamt 120.000 = 12 · 10.000 $ pro Jahr werden angenommen. Der Fixkostenblock erhöht sich auf insgesamt 520.000 + 120.000 = 640.000 $. Dadurch ändern sich der Break-Even-Absatz, der Break-Even-Umsatz und der Sicherheitskoeffizient:

$$\begin{aligned} x_{Bea}^{Plan} &= \frac{K_f^{Plan}}{d^{Alt}} = \frac{640.000}{0,45} = 1.422.222 \\ U_{Bea}^{Plan} &= x_{Bea}^{Plan} \cdot p^{Alt} = 1.422.222 \cdot 1,2 = 1.706.667 \\ S_x^{Plan} &= \frac{x^{Plan} - x_{Bea}^{Plan}}{x^{Plan}} \cdot 100 = \frac{1.800.000 - 1.422.222}{1.800.000} \cdot 100 = 21 \end{aligned}$$

Um die höheren Fixkosten von 120.0000 $ im Jahr zu decken, muss der Absatz um etwa 267.000 Einheiten steigen.[323] Dadurch verringert sich die Sicherheitsspanne des Absatzes. Der Sicherheitskoeffizient sinkt um etwa 15 Prozentpunkte von 35,8 % auf 21 %.

[322] Die Frage 1 und ihre Beantwortung beginnen auf Seite 133.

[323] $x_{Bea}^{Plan} - x_{Bea} = 1.422.222 - 1.155.556 = 266.666$

Unscharfe Lösung:

Die zusätzlichen unscharf beschriebenen Investitionen $\tilde{I}$ pro Jahr werden durch das folgende LR-Intervall formal beschrieben:

$$\tilde{I} = (120.000;\ 120.000;\ 6.000;\ 12.000;)$$

Die Fixkosten erhöhen sich um den Betrag der unscharfen Investitionen:

$$\begin{aligned}\tilde{K}_f^{Plan} &= K_f^{Alt} \oplus \tilde{I} \\ &= (640.000;\ 640.000;\ 6.000;\ 12.000)\end{aligned}$$

Es ergeben sich ein neuer unscharfer Break-Even-Umsatz und ein unscharfer Sicherheitskoeffizient:[324]

$$\begin{aligned}\tilde{U}_{Bea}^{Plan} &= p^{Alt} \otimes \tilde{x}_{Bea}^{Plan} \\ &= (1.706.667;\ 1.706.667;\ 16.000;\ 32.000) \\ \tilde{S}_U^{Plan} &= (\tilde{U}^{Plan} \ominus \tilde{U}_{Bea}^{Plan}) \oslash \tilde{U}^{Plan} \otimes 100 \\ &= (19,2;\ 22,2;\ 4,6;\ 4,7)\end{aligned}$$

Abbildung 5.14 (Seite 137) zeigt das Ergebnis für den scharfen und den unscharfen geplanten Break-Even-Umsatz U_{Bea}^{Plan} bzw. $\tilde{U}_{Bea}^{Plan}$. Es ist zu erkennen, dass der für sicher gehaltene geplante unscharfe Break-Even-Umsatz von 1.706.667 Dollar denselben Wert aufweist wie der geplante scharfe Break-Even-Umsatz. Dieses Phänomen lässt sich mit Hilfe der dreiecksförmigen Zugehörigkeitsfunktion der geplanten unscharfen fixen Kosten erklären. Es ist ersichtlich, dass durch die geringe Unschärfe der fixen Kosten in der nächsten Planperiode auch der unscharfe geplante Break-Even-Umsatz nur Schwankungen von knapp 1 % bzw. knapp 2 % um den scharfen geplanten Break-Even-Umsatz aufweist.

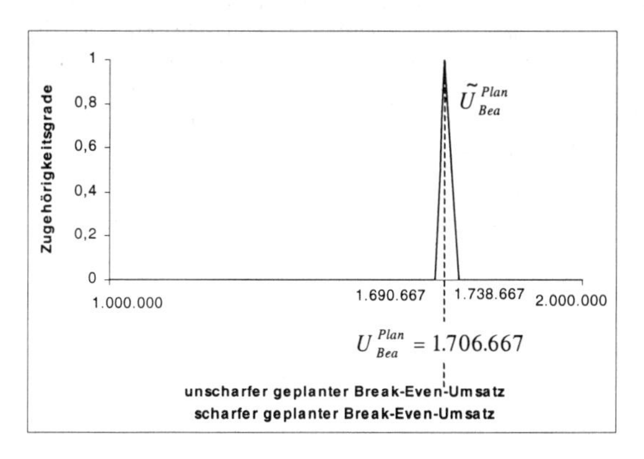

Abbildung 5.14: Geplanter Break-Even-Umsatz

Die geringe Schwankungsbreite des unscharfen Break-Even-Umsatzes spiegelt sich auch in der geringen Intervalllänge der 1-Niveaumenge des unscharfen Sicherheitskoeffizienten $[\tilde{S}_U^{Plan}]_1$ von

[324] Die Werte sind gerundet.

3 Prozentpunkten wider. Ab einem Umsatzrückgang von knapp 20% können Verlustsituationen auftreten. Solchen Situationen ist besondere Aufmerksamkeit zu widmen.

5.5.4 Wechsel im Produktionsprogramm

Scharfe Formulierung:

Der Verkaufsleiter weist darauf hin, dass für nächstes Jahr ein Wechsel im Produktionsprogramm zu erwarten ist. Er geht davon aus, dass Produkt A ein Drittel seines Umsatzvolumens verlieren wird, Produkt C jedoch sein Volumen um 90 % steigern kann. Er glaubt, dass grundsätzlich noch mehr Steigerungspotenzial für den Absatz von Produkt C besteht, dies im Moment jedoch ohne weitere Investitionen nicht ausgeschöpft werden kann. Für Produkt B wird keine Änderung der Absatzmenge erwartet. Die Absatzschätzung für Produkt C gründet auf der Annahme, dass sich der Preis von Produkt C verdoppeln wird und die Kosten gleich bleiben werden. Durch diese hohe Preissteigerung soll die Nachfrage in Grenzen gehalten werden.

Der Verkaufsleiter möchte wissen, wie hoch der Umsatz mindestens sein muss, wenn nach dem Wechsel des Produktionsprogramms kein Verlust auftreten soll. Hierbei sind der höhere Preis für Produkt C und die zusätzlichen Fixkosten aus Frage 2 (ab Seite 135) zu berücksichtigen.

Unscharfe Formulierung:

Bei der unscharfen Formulierung gibt der Verkaufsleiter seine Einschätzungen vom Markt umfassender wieder: Der sicher erwartete Absatzrückgang bei Produkt A liegt zwischen 30 % und 35 %. Gleichzeitig erscheint ein Rückgang von mehr als 40 % und weniger als 20 % ausgeschlossen. Für Produkt C erwartet der Verkaufsleiter sichere Absatzsteigerungen zwischen 85 % und 95 %. Aus Kapazitätsgründen ist eine Steigerung um mehr als 100 % ausgeschlossen. Marktprognosen weisen deutlich darauf hin, dass die Volumensteigerung im schlechtesten Fall 75 % beträgt. Die Absatzschätzungen für Produkt C basieren auf der Annahme, dass sich der Preis des Produktes wenigstens verdoppelt. Als eine realistische Preisspanne, die am Markt grundsätzlich durchsetzbar ist, gilt das Intervall von 0,78 $ bis 0,90 $. Die Duo Products Corporation wird einen Preis zwischen 0,80 $ und 0,85 $ verlangen.

Für Produkt B werden keine Absatzänderungen erwartet. Die Preise der Produkte A und B sollen in der nächsten Periode unverändert bleiben. Deshalb werden für diese Größen die scharfen Werte aus Tabelle 5.3 (Seite 131) weiter benutzt.

Wie sich die obigen unscharfen Angaben des Verkaufsleiters in Zugehörigkeitsfunktionen umsetzen lassen, zeigt Abbildung 5.15 (Seite 139).

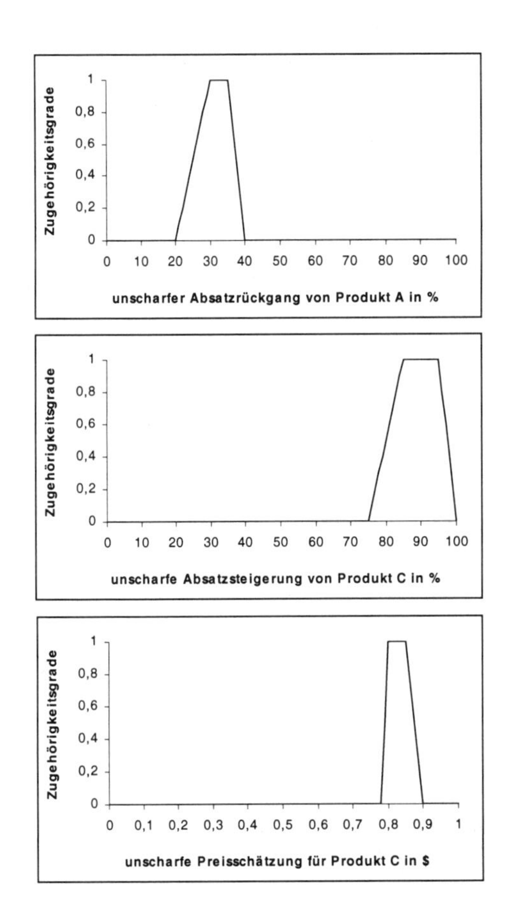

Abbildung 5.15: Unscharfe Absatz- und Preisänderungen

Scharfe Lösung:

Durch den geplanten Wechsel im Produktionsprogramm ergibt sich ein neues Verhältnis bei der Produktzusammensetzung. Die neuen Annahmen verändern die Gesamt- und Durchschnittswerte aus Tabelle 5.3 (Seite 131). Folgende Änderungen sind einzuarbeiten:

neue Prämissen:		
neuer Absatz von Produkt A:	400.000	Einheiten
neuer Absatz von Produkt C:	950.000	Einheiten
neuer Stückpreis für Produkt C:	0,80	$
neuer Fixkostenbetrag:	640.000	$

Tabelle 5.4 (Seite 140) zeigt die sich aus diesen Angaben ergebenden revidierten scharfen Planergebnisse der Kostenanalyse.

	Produkt A	Produkt B	Produkt C	Gesamt- bzw. Durchschnittsgrößen
tatsächliche Absatzmenge (Einheiten) x_i^{Plan}/x^{Plan}	**400.000**	400.000	**950.000**	1.750.000
Stückpreis p_i^{Plan}/p^{Plan}	$ 1,67	$ 1,50	$ **0,80**	$ 1,158
Gesamtumsatz U_i^{Plan}/U^{Plan}	$ 668.000	$ 600.000	$ 760.000	$ 2.028.000
variable Stückkosten k_{vi}^{Plan}/k_v^{Plan}	$ 1,25	$ 0,625	$ 0,25	$ 0,564
variable Gesamtkosten K_{vi}^{Plan}/K_v^{Plan}	$ 500.000	$ 250.000	$ 237.500	$ 987.500
Deckungsbeitrag d_i^{Plan}/d^{Plan}	$ 0,42	$ 0,875	$ 0,55	$ 0,594
Gesamtdeckungsbeitrag D_i^{Plan}/D^{Plan}	$ 168.000	$ 350.000	$ 522.500	$ 1.040.500
fixe Kosten K_f^{Plan}				$ **640.000**
Reingewinn G^{Plan}				$ 399.500
Verhältniszahlen:				
variable Kosten / Umsatz	0,75	0,42	0,31	0,487
Deckungsbeitrag / Umsatz	0,25	0,58	0,6875	0,513

Tabelle 5.4: Revidierte Kostenanalyse nach Produktgruppen

Mit diesen neuen Plandaten ergeben sich folgende scharfe Resultate:

$$x_{Bea}^{Plan} = \frac{K_f^{Plan}}{d^{Plan}} = \frac{640.000}{0,594} = 1.077.441$$

$$U_{Bea}^{Plan} = x_{Bea}^{Plan} \cdot p^{Plan} = 1.077.44 \cdot 1,158 = 1.247.677$$

$$S_x^{Plan} = \frac{x^{Plan} - x_{Bea}^{Plan}}{x^{Plan}} \cdot 100 = \frac{1.750.000 - 1.077.441}{1.750.000} \cdot 100 = 38,5$$

Durch den Programmwechsel und die Preiserhöhung bei Produkt C verbessert sich die Gewinnsituation der Duo Products Corporation wesentlich, da der Gewinn von 155.00 \$ auf 399.500 \$ ansteigt. Die Kosten werden bereits ab einem Absatz von 1.077.441 Einheiten gedeckt. Dies sind etwa 350.000 Einheiten weniger als vor Wechsel des Produktionsprogramms.[325] Dementsprechend sinkt der Break-Even-Umsatz um etwa 450.000 Dollar auf 1.247.677 Dollar. Diese Änderungen wirken sich positiv auf den Sicherheitskoeffizienten aus, der durch den Programmwechsel von 21 % auf 38,5 % steigt.[326]

Unscharfe Lösung:

Mit Hilfe der unscharfen Formulierungen für die Absatz- und Preisänderungen (siehe Seite 138) können die neuen unscharfen Planwerte berechnet werden:

Durch den unscharf beschriebenen Absatzrückgang bei Produkt A wird nun nur noch (65; 70; 5; 10) Prozent des ursprünglichen Absatzes x_A^{Alt} produziert. Als neuer Wert für den unscharfen Planabsatz von Produkt A $\tilde{x}_A^{Plan}$ ergibt sich deshalb:

$$\begin{aligned} \tilde{x}_A^{Plan} &= x_A^{Alt} \otimes (0,65;\ 0,7;\ 0,05;\ 0,1) \\ &= (390.000;\ 420.000;\ 30.000;\ 60.000) \end{aligned}$$

Bei Produkt C steigt der Absatz um den unscharfen Faktor (1,85; 1,95; 0,1; 0,05). Der neue unscharfe Planabsatz von Product C $\tilde{x}_C^{Plan}$ lässt sich folgendermaßen berechnen:

$$\begin{aligned} \tilde{x}_C^{Plan} &= x_C^{Alt} \otimes (1,85;\ 1,95;\ 0,1;\ 0,05) \\ &= (925.000;\ 975.000;\ 50.000;\ 25.000) \end{aligned}$$

Berücksichtigt man zusätzlich die neue unscharfe Preisschätzung für Produkt C von

$$\tilde{p}_C^{Plan} = (0,80;\ 0,85;\ 0,02;\ 0,05)$$

sowie die neuen geplanten unscharfen Gesamtfixkosten, die sich aus Frage 2 (ab Seite 135) ergeben, von

$$\tilde{K}_f^{Plan} = (640.000;\ 640.000;\ 6.000;\ 12.000)$$

325 Vgl. auch Seite 136.

326 Vgl. auch Seite 136.

Dollar, so können die Gesamtauswirkungen dieser unscharfen Änderungen auf die Größen aus Tabelle 5.3 (Seite 131) ermittelt werden. Das neue Verhältnis bei der Produktzusammensetzung ist zu berücksichtigen.

Zur Ermittlung der neuen unscharfen Werte werden die erweiterten Operationen für unscharfe Intervalle verwendet.[327] Bereits auf den Seiten 120 bis 122 wurden diese Gesetzmäßigkeiten auf die zentralen Größen der Break-Even-Analyse übertragen. Wendet man die dortigen Ergebnisse auf unsere Fallstudie an, so erhält man die in Tabelle 5.5 (Seite 143) zusammengefassten unscharfen geplanten Gesamt- bzw. Durchschnittsgrößen.

Aus Tabelle 5.5 (Seite 143) ist zu entnehmen, dass nach der Programmänderung davon ausgegangen wird, dass ganz gewiss unscharfe Gewinne im Bereich von 332.550 \$ bis 521.400 \$ erwirtschaftet werden können. Hierbei ist die große Bandbreite von fast 200.000 \$ zu berücksichtigen. In jedem Fall werden die für realisierbar gehaltenen unscharfen Gewinne $[\tilde{G}^{Plan}]_0$ über 130.700 \$ liegen. Vergleicht man das scharfe Gewinnergebnis von 399.500 \$ mit dem unscharfen Ergebnis, so liegt der scharfe Gewinn in der linken Hälfte der 1-Niveaumenge von $\tilde{G}^{Plan}$. Somit drückt der scharfe Wert G^{Plan} ein verhalten pessimistisches Ergebnis aus. Tritt eine gerade noch realistische Extremsituation auf, die mit einem sehr kleinen Zugehörigkeitsgrad bewertet wird, so kann der unscharfe Gewinn jedoch auch bis etwa 270.000 \$ niedriger bzw. etwa 350.000 \$ höher als der scharfe Gewinnwert ausfallen. Es wird deutlich, dass der Markt genau beobachtet werden muss, um genauere Angaben für weitere Analysen zu erhalten. Abbildung 5.16 (Seite 142) verdeutlicht die beschriebene Gewinnsituation.

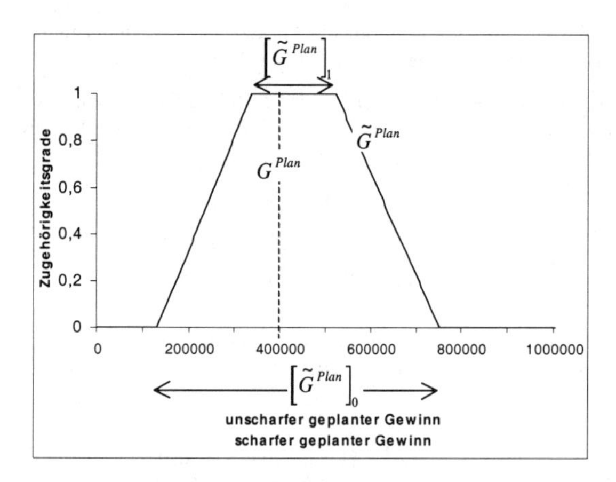

Abbildung 5.16: Gewinnsituation

[327] Vgl. Seite 57 ff dieser Arbeit.

unscharfe Gesamt- bzw. Durchschnittsgrößen				
unscharfe Größen	**LR-Darstellung**			
Gesamtabsatz $\tilde{x}^{Plan}$	1.715.000	1.795.000	80.000	85.000
Gesamtumsatz $\tilde{U}^{Plan}$	1.991.300	2.130.150	108.600	170.200
durchschnittl. Stückpreis $\tilde{p}^{Plan}$	1,11	1,24	0,11	0,16
variable Gesamtkosten $\tilde{K}_v^{Plan}$	968.750	1.018.750	50.000	81.250
variable Stückkosten $\tilde{k}_v^{Plan}$	0,54	0,59	0,05	0,08
Gesamtdeckungsbeitrag $\tilde{D}^{Plan}$	1.022.550	1.111.400	58.600	88.950
durchschnittl. Deckungsbeitrag $\tilde{d}^{Plan}$	0,57	0,65	0,06	0,08
Fixkosten $\tilde{K}_f^{Plan}$	640.000	640.000	6.000	12.000
Gewinn $\tilde{G}^{Plan}$	332.550	521.400	201.850	226.200
Break-Even-Absatz $\tilde{x}_{Bea}^{Plan}$	987.583	1.123.466	134.367	138.648
Sicherheitskoeffizient bzgl. des Absatzes $\tilde{S}_x^{Plan}$	33	47,1	13,7	15
Break-Even-Umsatz $\tilde{U}_{Bea}^{Plan}$	1.095.585	1.395.423	260.692	348.799
Sicherheitskoeffizient bzgl. des Umsatzes $\tilde{S}_U^{Plan}$	28	52	23,7	24,5

Tabelle 5.5: Revidierte, unscharfe Kostenanalyse

Der für sicher erachtete unscharfe Umsatz wird um 2 Millionen Dollar schwanken und im Intervall $[\tilde{U}^{Plan}]_1 = [1.991.300;\ 2.130.150]$ liegen. Es ist davon auszugehen, dass der Umsatz auf alle Fälle nicht über 2.300.350 \$ steigen wird. Der für sicher gehaltene unscharfe Break-Even-Umsatz $[\tilde{U}^{Plan}_{Bea}]_1$ liegt im Bereich von 1.095.584 \$ und 1.395.423 \$. Vergleicht man die Zugehörigkeitsfunktionen von $\tilde{U}^{Plan}$ und $\tilde{U}^{Plan}_{Bea}$, die in Abbildung 5.17 (Seite 144) wiedergegeben sind, zeigt sich, dass $\tilde{U}^{Plan}$ wesentlich größer als $\tilde{U}^{Plan}_{Bea}$ ist. Selbst in den Randbereichen überschneiden sich die beiden Zugehörigkeitsfunktionen nicht. Auch hierdurch kommt deutlich das Gewinnpotenzial der geplanten Unternehmenssituation zum Ausdruck. Die Lage der beiden Zugehörigkeitsfunktionen lässt einen hohen Sicherheitskoeffizienten im für sicher gehaltenen Bereich vermuten.

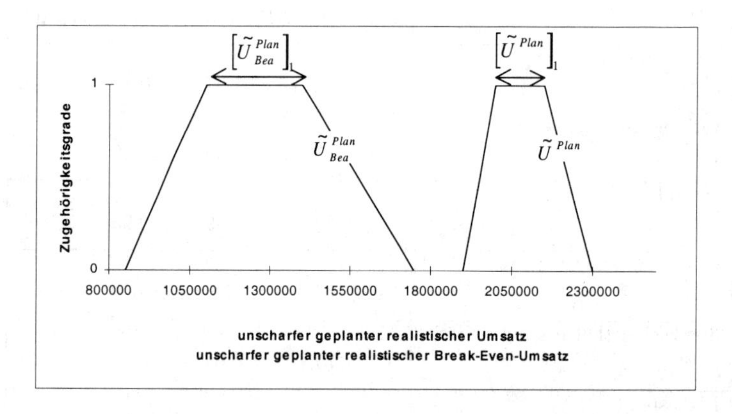

Abbildung 5.17: $\tilde{U}^{Plan}$ und $\tilde{U}^{Plan}_{Bea}$ im Vergleich

Ausgehend vom geplanten unscharfen Gesamtumsatz aus Tabelle 5.5 (Seite 143) ergibt sich ein geplanter unscharfer Sicherheitskoeffizient bzgl. des Umsatzes $\tilde{S}^{Plan}_U$, der in allen Fällen größer Null sein wird. Ein Umsatzrückgang ist selbst in pessimistischsten realistischen Situationen möglich, ohne dass sofort eine Verlustgefahr besteht. Zwischen 28 % und 52 % beträgt der für sicher gehaltene geplante unscharfe Sicherheitskoeffizient $[\tilde{S}^{Plan}_U]_1$. Das bedeutet, dass ab einem Umsatzrückgang von knapp 30% die Gesamtsituation des Unternehmens sorgfältig zu beobachten ist. Durch die vorsichtige Interpretation des Sicherheitskoeffizienten im unscharfen Fall wird das Management früher als beim scharfen Sicherheitskoeffizienten von 38,5 auf eine bedrohliche Umsatzsituation hingewiesen. Abbildung 5.18 (Seite 145) verdeutlicht die beschriebene Situation.

5.5.5 Berücksichtigung von Sonderzahlungen

Scharfe Formulierung:

Der Vorstandsassistent erinnert daran, dass auf Gewinne, die im Break-Even-Diagramm ausgewiesen sind, etwa 50 % Steuern zu zahlen sind.

Die Unternehmensleitung möchte im nächsten Jahr wieder Dividende in Höhe von 50.000 Dollar

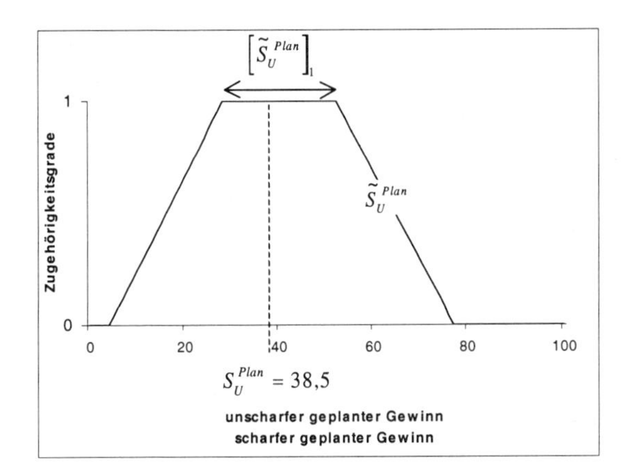

Abbildung 5.18: Sicherheitskoeffizient

an die Aktionäre auszahlen. Da Duo Products Corporation im nächsten Jahr ein Jubiläum feiert, will die Unternehmensleitung zusätzlich eine Sonderdividende von 50 % zahlen. Außerdem sollen Rücklagen in Höhe von 25.000 Dollar gebildet werden. Im nächsten Jahr stehen außerdem neue Verhandlungen mit den Gewerkschaften an. Man geht davon aus, dass die Erfüllung der Gewerkschaftsforderungen die variablen Kosten um 10 % erhöhen wird.

Der Vorstandsassistent möchte wissen, welcher Break-Even-Umsatz erreicht werden muss, um sowohl die normale Dividende als auch die Sonderdividende zahlen zu können, sofern die Gewerkschaftsforderungen und die geplante Rücklagenzuführung keine Beachtung finden. Zu berücksichtigen sind jedoch die höheren Fixkosten, der Wechsel innerhalb des Produktionsprogramms und die Preiserhöhung von Produkt C aus den Fragen 2 und 3 (siehe Seite 135 f und 138 f).

Außerdem möchte er wissen, welcher Mindestumsatz erreicht werden muss, um sämtliche Dividenden, Gewerkschaftsforderungen und Rücklagenzuführungen erfüllen zu können, ohne dass ein Verlust auftritt.

Unscharfe Formulierung:

Die Beträge für die Dividendenzahlung, die Sonderdividende und die Rücklagen bleiben auch bei einer unscharfen Formulierung fixe Werte.

Die anderen Angaben des Vorstandsassistenten sind Punktschätzungen, die er durch eine unscharfe Formulierung realitätsnäher spezifizieren kann:

Der Vorstandsassistent geht davon aus, dass auf Gewinne 50 % Steuern zu zahlen sind. Es kann jedoch sein, dass der Steuersatz zwischen 49 % und 52 % liegen wird. An den Rändern dieses Intervalls besitzen die Zugehörigkeitsgrade den Wert Null.

Die neuen Verhandlungen mit den Gewerkschaften werden Steigerungen bei den variablen Kosten zwischen 9 % und 13 % verursachen. Eine Steigerung um 10 % wird für realistisch gehalten. Die Modellierung der unscharfen Angaben sind in Abbildung 5.19 (Seite 146) graphisch aufgearbeitet.

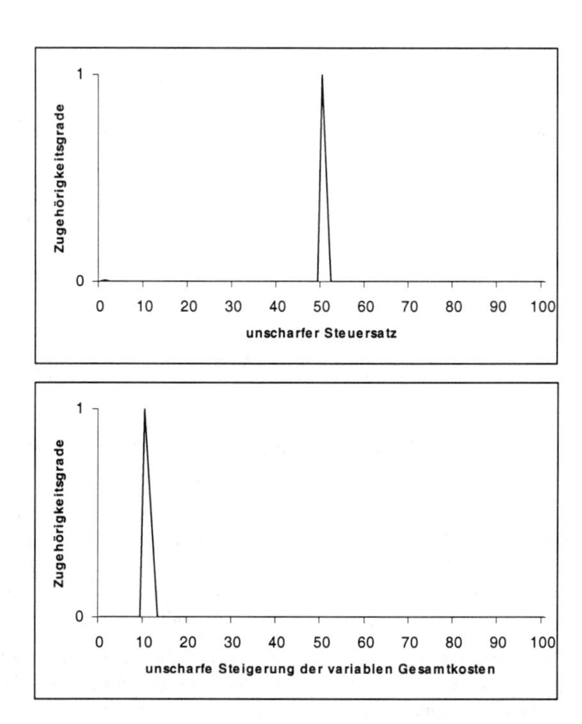

Abbildung 5.19: Steuersatz und Kostensteigerung

Scharfe Lösung:

Die Gesamtdividende D setzt sich aus der üblichen Dividendenzahlung von 50.000 \$ und aus der Sonderdividende in Höhe von 25.000 \$ zusammen und beträgt somit 75.000 Dollar. Da Dividendenzahlungen wie zu versteuernder Gewinn behandelt werden, müssen bei einem Steuersatz von $s \cdot 100$ % insgesamt $D/(1-s)$ Dollar Gewinn realisiert werden, um D Dollar Dividende zahlen zu können. Das sind in unserem Fall mit $s = 0,5$ gerade $75.000/0,5 = 150.000$ Dollar zu realisierender Gewinn.

Dieser zusätzlich zu realisierende Gewinn für die Dividendenzahlungen hat Fixkostencharakter. Somit erhöhen sich die geplanten Fixkosten $K_f^{Plan,neu}$ auf $640.000 + 150.000 = 790.000$ Dollar und es ergibt sich ein neuer geplanter Break-Even-Umsatz von[328]

$$U_{Bea}^{Plan,neu} = \frac{K_f^{Plan,neu}}{\frac{d^{Plan}}{p^{Plan}}} = \frac{790.000}{\frac{0,594}{1,158}} = 1.540.101 \quad \text{Dollar.}$$

[328] Zur Berechnung wird Formel 11 von Seite 108 angewandt. Die einzusetzenden Werte stehen in Tabelle 5.4, Seite 140.

Die geplante Dividendenzahlung von insgesamt 75.000 Dollar bedingt somit eine Erhöhung des Break-Even-Umsatzes um 292.424 Dollar.

Die geplanten Rücklagen von 25.000 Dollar nach Zahlung der Steuern erhöhen die fixen Kosten nochmals um 50.000 Dollar vor Zahlung der Steuern auf $K_f^{Plan,neu} = 840.000$ \$. Die Gewerkschaftsforderungen werden die variablen, durchschnittlichen Stückkosten um 10 % auf $k_v^{Plan,neu} = 1,1 \cdot k_v^{Plan} = 1,1 \cdot 0,564 = 0,6204$ \$ erhöhen, so dass sich der durchschnittliche Deckungsbeitrag pro Stück auf $d^{Plan,neu} = p^{Plan} - k_v^{Plan,neu} = 1,158 - 0,6204 = 0,5376$ verringern wird. Bei Berücksichtigung sämtlicher neuer Prämissen ergibt sich somit:

$$\begin{aligned}
x_{Bea}^{Plan,neu} &= \frac{K_f^{Plan,neu}}{d^{Plan,neu}} = \frac{790.000 + 50.000}{0,5376} = 1.562.500 \\
U_{Bea}^{Plan,neu} &= x_{Bea}^{Plan,neu} \cdot p^{Plan} = 1.562.500 \cdot 1,158 = 1.809.375 \\
S_x^{Plan,neu} &= \frac{x^{Plan} - x_{Bea}^{Plan,neu}}{x^{Plan}} \cdot 100 = \frac{1.750.000 - 1.562.500}{1.750.000} \cdot 100 = 10,7
\end{aligned}$$

Bei Berücksichtigung sämtlicher Dividendenzahlungen, Rücklagen und Gewerkschaftsforderungen erhöht sich der Break-Even-Absatz um etwa 500.000 Einheiten von 1.077.441 auf 1.562.500 Einheiten.[329] Der Sicherheitskoeffizient sinkt um über 25 Prozentpunkte von 38,5 % auf 10,7 %. Knapp 90 % der abgesetzten Menge wird somit benötigt, um die geplanten Kosten, Dividenden, Rücklagen und Gewerkschaftsforderungen zu decken. 10,7% der abgesetzten Menge erwirtschaftet frei verfügbaren Gewinn vor Zahlung der Steuern für das Unternehmen.

Unscharfe Lösung:

Entsprechend der scharfen Lösung haben auch im unscharfen Fall die Zahlung von Dividenden und die Bildung von Rücklagen fixkostenerhöhenden Charakter. Der unscharfe Steuersatz s wird als Quadtupel $\tilde{s} = (0,5;\ 0,5;\ 0,01;\ 0,02)$ dargestellt. Bei Berechnung des Faktors $1 \ominus \tilde{s}$ ergibt sich das Quadtupel $(1 - mr^{\tilde{s}};\ 1 - ml^{\tilde{s}};\ r^{\tilde{s}};\ l^{\tilde{s}}) = (0,95;\ 0,95;\ 0,02;\ 0,01)$.

Mit der Zahlung von Dividenden in Höhe von 75.000 \$ erhöhen sich die geplanten unscharfen Fixkosten $\tilde{K}_f^{Plan,neu}$ um $75.000 \oslash (1 \ominus \tilde{s})$ Dollar. Insgesamt ergeben sich neue geplante unscharfe Fixkosten in folgender Höhe:

$$\begin{aligned}
\tilde{K}_f^{Plan,neu} &= \tilde{K}_f^{Plan} \oplus 75.000 \oslash (1 \ominus \tilde{s}) \\
&= (640.000;\ 640.000;\ 6.000;\ 12.000) \oplus (150.000;\ 150.000;\ 3.000;\ 6.000) \\
&= (790.000;\ 790.000;\ 9.000;\ 18.000)
\end{aligned}$$

Nach Berücksichtigung sämtlicher Dividendenzahlungen ergibt sich ein neuer geplanter unscharfer Break-Even-Absatz und Break-Even-Umsatz von:

$$\begin{aligned}
\tilde{x}_{Bea}^{Plan,neu} &= \tilde{K}_f^{Plan,neu} \oslash \tilde{d}^{Plan} \\
&= (1.219.048;\ 1.386.778;\ 149.393;\ 197.400)
\end{aligned}$$

[329] Siehe hierzu auch die Ergebnisse auf Seite 141.

$$\begin{aligned}\tilde{U}_{Bea}^{Plan,\,neu} &= \tilde{x}_{Bea}^{Plan,neu} \otimes \tilde{p}^{Plan} \\ &= (1.352.362;\ 1.722.476;\ 303.524;\ 463.159)\end{aligned}$$

Durch die Berücksichtigung der Dividendenzahlungen erhöht sich der linke Eckpunkt des 1-Niveaubereiches von $\tilde{U}_{Bea}^{Plan,\,neu}$ um 256.777 \$. Dies entspricht in etwa einer Erhöhung von 25 %.

Des Weiteren berechnet sich ein neuer geplanter unscharfer Sicherheitskoeffizient und Gewinn:

$$\begin{aligned}\tilde{S}_U^{Plan,\,neu} &= (\tilde{U}^{Plan} \ominus \tilde{U}_{Bea}^{Plan,\,neu}) \oslash \tilde{U}^{Plan} \\ &= (12,6;\ 39;\ 25,8;\ 27,4)\end{aligned}$$

$$\begin{aligned}\tilde{G}^{Plan,\,neu} &= \tilde{U}^{Plan} \ominus (K_f^{Plan,neu} \oplus K_v^{Plan}) \\ &= (182.550;\ 371.400;\ 207.850;\ 229.200)\end{aligned}$$

Sowohl an $\tilde{G}^{Plan,\,neu}$ als auch an $\tilde{S}_U^{Plan,\,neu}$ ist deutlich zu erkennen, dass es jetzt zu Verlustsituationen kommen kann, auch wenn diese nicht für sehr realistisch gehalten werden. So wird z.B. ein geplanter Gewinn von 0 Dollar mit einer Zugehörigkeit von 0,11 bewertet. Beide Größen sind in Abbildung 5.20 (Seite 148) veranschaulicht. Die linken Referenzfunktionen beider unscharfen Größen reichen bis in den zweiten Quadranten des Koordinatensystems hinein.

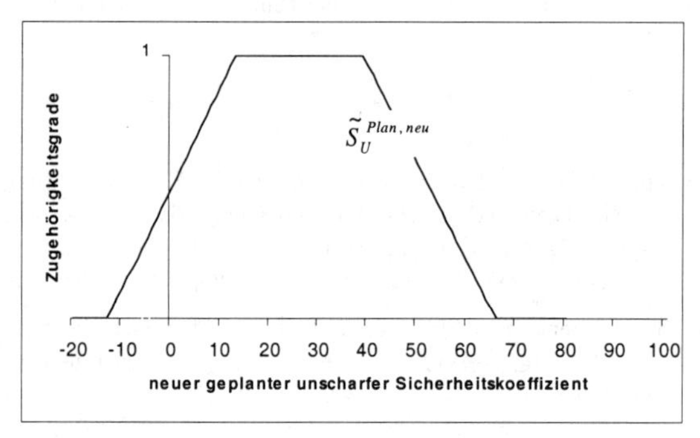

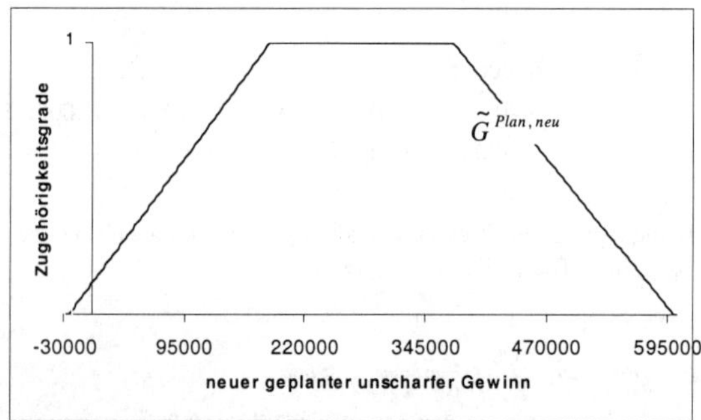

Abbildung 5.20: Sicherheitskoeffizient und Gewinnsituation I

Insgesamt kann die Unternehmensleitung von einem für sicher gehaltenen Gewinn im Bereich von 182.550 \$ und 371.400 \$ ausgehen. Ab einem Umsatzrückgang von etwa 13 % sollte die Unternehmenssituation äußerst kritisch beobachtet werden. Die Intervallbreite von $[\tilde{S}_U^{Plan,\, neu}]_1$ mit etwa 26 Prozentpunkten weist deutlich auf das Unbestimmtheitspotenzial hin, das den zugrunde liegenden Einschätzungen des Managements innewohnt.

Werden in einem nächsten Schritt die geplanten Rücklagen von 25.000 \$ und die geschätzten Auswirkungen der nächsten Tarifrunde berücksichtigt, so ergibt sich folgendes Bild:

Mit der Erhöhung der Rücklagen, die auch Fixkosten-Charakter haben, steigen die neuen geplanten fixen Kosten um $(1 - \tilde{s}) \otimes 25.000$ \$:

$$\begin{aligned}
\tilde{K}_f^{Plan,neu} &= \tilde{K}_f^{Plan,neu} \oplus 25.000 \oslash (1 \ominus \tilde{s}) \\
&= (790.000;\ 790.000;\ 9.000;\ 18.000) \oplus (50.000;\ 50.000;\ 1.000;\ 2.000) \\
&= (840.000;\ 840.000;\ 10.000;\ 20.000)
\end{aligned}$$

Die Auswirkung der bevorstehenden Gewerkschaftsforderungen in der nächsten Tarifrunde auf die geplanten variablen Gesamtkosten beschreibt der unscharfe Gewichtungsfaktor $\tilde{g} = (1,1;\ 1,1;\ 0,01;\ 0,03)$. Die neue Plangröße für die unscharfen variablen Gesamtkosten ergibt sich aus:

$$\begin{aligned}
\tilde{K}_v^{Plan,neu} &= \tilde{K}_v^{Plan} \odot \tilde{g} \\
&= (968.750;\ 1.018.750;\ 50.000;\ 81.250) \otimes (1,1;\ 1,1;\ 0,01;\ 0,03) \\
&= (1.065.625;\ 1.120.625;\ 64.688;\ 119.938)
\end{aligned}$$

Durch diese beiden Änderungen ergeben sich neue unscharfe geplante Gesamtkosten $\tilde{K}^{Plan,neu}$ in Höhe von

$$\begin{aligned}
\tilde{K}^{Plan,neu} &= \tilde{K}_f^{Plan,neu} \oplus \tilde{K}_v^{Plan,neu} \\
&= (1.905.625;\ 1.960.625;\ 74.688;\ 139.938)\ \$.
\end{aligned}$$

Der Einfluß der neuen Größen auf den neuen unscharfen geplanter Gewinn $\tilde{G}^{Plan,neu}$ lässt sich folgendermaßen berechnen:

$$\begin{aligned}
\tilde{G}^{Plan,\, neu} &= \tilde{U}^{Plan} \ominus K^{Plan,neu} \\
&= (30.675;\ 224.525;\ 248.538;\ 244.888)
\end{aligned}$$

Abbildung 5.21 (Seite 150) verdeutlicht die Gewinnsituation bei Berücksichtigung sämtlicher Dividendenzahlungen, Rücklagen und geschätzten Auswirkungen der nächsten Tarifrunde. Der 1-Niveaubereich $[\tilde{G}^{Plan,neu}]_1$ liegt zwar im positiven Bereich, es wird jedoch deutlich, dass mögliche Verlustsituationen teilweise hohe Zugehörigkeitsgrade aufweisen. So wird eine Verlustsituation von etwa 95.000 \$ noch mit einem Zugehörigkeitsgrad von 0,5 bewertet. Ein ausgegliches Ergebnis von 0 Dollar wird mit einem Zugehörigkeitsgrad von 0,88 bewertet.

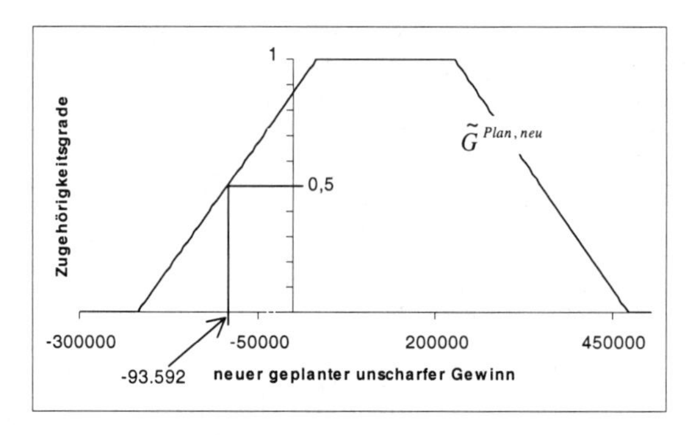

Abbildung 5.21: Gewinnsituation II

Für die neuberechneten Break-Even-Größen ergibt sich:

$$\begin{aligned}\tilde{x}_{Bea}^{Plan,neu} &= \tilde{K}_f^{Plan,neu} \oslash \tilde{d}^{Plan} \\ &= (1.296.203;\ 1.474.549;\ 187.670;\ 182.459)\end{aligned}$$

$$\begin{aligned}\tilde{U}_{Bea}^{Plan,\,neu} &= \tilde{x}_{Bea}^{Plan,neu} \otimes \tilde{p}^{Plan} \\ &= (1.437.955;\ 1.831.493;\ 348.084;\ 469.737)\end{aligned}$$

Bei Berücksichtigung der Rücklagen und der geschätzten Tarifforderungen erhöht sich der linke Eckpunkt des 1-Niveaubereiches des Break-Even-Absatzes um 77.155 Einheit. Der entsprechende Punkt von $\tilde{U}_{Bea}^{Plan,\,neu}$ verschiebt sich um 85.593 \$. Dies entspricht in etwa einer nochmaligen Erhöhung von 6 % gegenüber der Situation, in der nur die Dividendenzahlungen berücksichtigt werden.

Als neuer geplanter unscharfer Sicherheitskoeffizient ergibt sich in dieser Situation:

$$\begin{aligned}\tilde{S}_U^{Plan,\,neu} &= (\tilde{U}^{Plan} \ominus \tilde{U}_{Bea}^{Plan,\,neu}) \oslash \tilde{U}^{Plan} \\ &= (7,5;\ 34,7;\ 27,7;\ 27,9)\end{aligned}$$

Der 1-Niveaubereich des Sicherheitskoeffizienten beginnt bei 7,5 %. Da der 0-Niveaubereich des Koeffizienten bereits bei $7,5 - 27,7 = -20,2$ % beginnt, tritt das vorhandene Verlustpotenzial deutlich zutage. Vergleicht man dieses Ergebnis mit dem scharfen Sicherheitskoeffizienten von 10,7 %, so wird deutlich, dass das scharfe Ergebnis die Entscheidungsträger in falscher Sicherheit wiegt.

Auch durch den direkten Vergleich der neuen unscharfen geplanten Gesamtkosten $\tilde{K}_{Plan,neu}$ und des geplanten unscharfen Umsatzes $\tilde{U}^{Plan}$ wird deutlich, wie vorsichtig die Situation zu beurteilen ist. Abbildung 5.22 (Seite 151) zeigt beide Größen. Der Umsatz kann die Kosten nicht in allen Situationen decken, da die Zugehörigkeitsfunktionen der beiden unscharfen Größen ineinander liegen. Die rechte Referenzfunktion der unscharfen geplanten Kosten und die linke Referenzfunktion des unscharfen geplanten Umsatzes überschneiden sich dabei bis zu einen Zugehörigkeitsgrad von über 0,8.

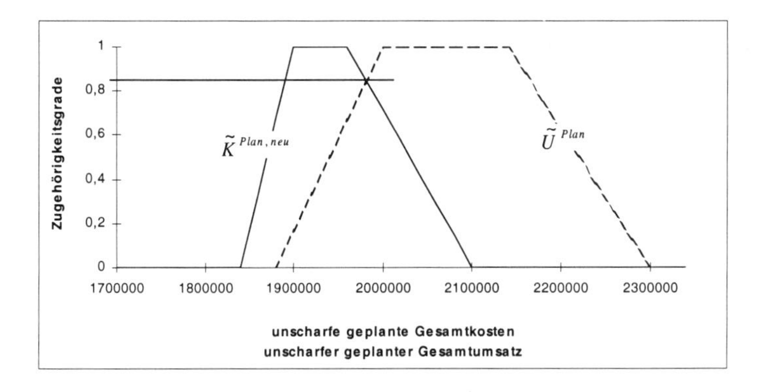

Abbildung 5.22: $\tilde{K}^{Plan,\,neu}$ und $\tilde{U}^{Plan}$ im Vergleich

5.5.6 Veränderte Produktgewichtungen

Scharfe Formulierung:

Der Vorstandsassistent stellt zusätzlich die Frage, ob es vorteilhaft ist, Anlagen, die von Produkt A genutzt werden, auf Produkt C umzustellen. Durch eine solche Umstellung könnte dem schnellen Absatzrückgang von Produkt A und gleichzeitig der steilen Zunahme der Nachfrage nach Produkt C entsprochen werden. Er möchte dabei die Situation nach dem Programmwechsel in Frage 3 zugrunde legen.

Unscharfe Formulierung:

In diesem Fall entspricht die unscharfe Formulierung der scharfen Formulierung der Frage. Es sind jedoch die bisher erhaltenen unscharfen Ergebnisse zu Grunde zu legen.

Scharfe Lösung:

Ob es vorteilhaft ist, die bestehende Gewichtung zwischen den Produkten zu ändern, kann mit Hilfe der Deckungsbeitragsintensität ($= d \cdot x/U$) je Produkt beantwortet werden, da angenommen wird, dass keine Kapazitätsbeschränkungen vorliegen. Die Deckungsbeitragsintensität gibt an, wieviel Prozent eines Umsatzdollars zur Deckung der fixen Kosten und zur Gewinnerwirtschaftung übrig bleiben. Je höher die Deckungsbeitragsintensität ist, desto besser.

Da die Deckungsbeitragsintensität von Produkt A sowohl in der Ausgangskostenanalyse als auch in der revidierten Kostenanalyse mit einem Wert von 0,25 (siehe Tabelle 5.3, Seite 131, vorletzte Zeile und Tabelle 5.4, Seite 140, letzte Zeile) deutlich kleiner ist als die von Produkt C (0,37 bzw. 0,6875), sollte eine Verschiebung der Produktzusammenstellung zu Gunsten von Produkt

C erwogen werden. Die Verschiebung ist gerechtfertigt, solange die Deckungsbeitragsintensität von Produkt C höher ist als die von Produkt A.

Unscharfe Lösung:

Die unscharfen Deckungsbeitragsintensitäten $D\tilde{B}I_i$ lassen sich entsprechend ermitteln:[330]

$$D\tilde{B}I_i = \tilde{D}_i^{Plan} \oslash \tilde{U}_i^{plan}$$

Daraus ergeben sich folgende konkrete unscharfe Zahlenkonstellationen:

$$\begin{aligned} D\tilde{B}I_A &= (23;\ 27;\ 5;\ 6) \\ D\tilde{B}I_B &= (58;\ 58;\ 0;\ 0) \\ D\tilde{B}I_C &= (61;\ 79;\ 11;\ 15) \end{aligned}$$

Anhand der Lage der Zugehörigkeitsfunktionen der einzelnen Produkte, die in Abbildung 5.23 (Seite 152) dargestellt sind, lässt sich in unserem Fall unmittelbar die Rangfolge der einzelnen Produkte bezüglich ihrer unscharfen Deckungsbeitragsintensitäten ablesen:

$$\text{Produkt A} \prec \text{Produkt B} \prec \text{Produkt C}$$

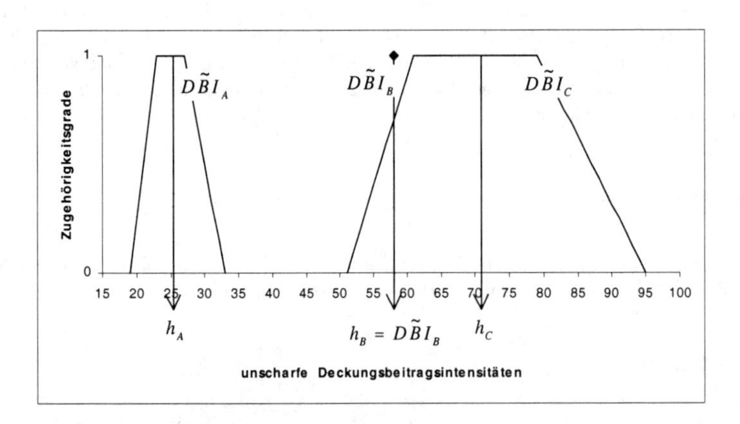

Abbildung 5.23: Unscharfe realistische Deckungsbeitragsintensitäten im Vergleich

Ist die Reihenfolge der unscharfen Deckungsbeitragsintensitäten nicht sofort zu erkennen, so kann mit Hilfe des Flächenhalbierungsverfahrens[331] die Reihenfolge festgestellt werden. Für unsere Studie ergeben sich folgende Flächenhalbierungspunkte:

[330] Die Werte sind gerundet.

[331] Vgl. hierzu Seite 61 ff dieser Arbeit.

$$h_A = 25,42 \quad < \quad h_B = 58,33 \quad < \quad h_c = 71,25$$

Die Halbierungspunkte und ihre Lage sind in Abbildung 5.23 (Seite 152) zu sehen. Durch den großen Abstand von h_A und h_C zeigt sich deutlich das rentabilitätssteigernde Potenzial von Produkt C gegenüber Produkt A. Eine Erhöhung des Volumenanteils von Produkt C ist zu befürworten, solange keine Kapazitätsrestriktionen auftauchen und solange nach Neuberechnung der Kostenanalyse mit dem neu zusammengesetzen Produktprogramm gilt: $h_C \geq h_A$.

6 Szenarienauswahl

6.1 Grundlagen der Szenarioanalyse

6.1.1 Idee und Zielsetzung

Die lange von Unternehmen benutzten analytisch fundierten Einpunktprognosen sind nicht in der Lage, die besonders in den letzten Jahren verstärkt auftretende Dynamik, Komplexität, Turbulenz und Globalisierung der Unternehmensumwelt zu berücksichtigen.[332] Es sind neue Prognosemethoden gefragt, die sowohl qualitative als auch quantitative Aspekte sowie die Unschärfe im Unternehmensumfeld explizit berücksichtigen können.[333]

Die Szenarioanalyse als systematische Methodik zum Entwickeln und Umsetzen von Szenarien[334] kann diese Forderungen dadurch erfüllen, dass sie systematisch die unterschiedlichen Unternehmensumfelder analysiert, die wesentlichen Einflussgrößen miteinander in Beziehung setzt und schließlich mehrere in sich stimmige, unterschiedliche Zukunftsbilder entwirft. Es werden dabei keine herkömmlichen Prognosen erstellt, sondern die Zukunft wird vorausgedacht.[335]

Ein Szenario wird deshalb als die Beschreibung einer komplexen zukünftigen Situation definiert, deren Eintreten nicht mit Sicherheit vorausgesagt werden kann. Mit der Beschreibung verbunden ist die Darstellung und logische Begründung der Entwicklung des Szenarios, die aus der Gegenwart zur zukünftigen Situation führen kann.[336] Ein Szenario wird auch Zukunftsbild genannt.

Es existiert ein breites Methodenspektrum in der Szenarioanalyse[337], das von rein intuitiven bis zu sehr formalen Ansätzen reicht.[338] Die generelle Ablaufstruktur des Szenarienbildungsprozesses ist in allen Ansätzen mehr oder weniger gleich. Im folgenden Abschnitt wird beispielhaft ein 8-Stufen Prozess beschrieben, der sich an die Ausführungen des Battelle-Instituts und an VON REIBNITZ anlehnt.[339]

---

[332] Vgl. z.B. Biethahn/Huch (1994), S. 86, Gausemeier (1995 b), S. 13 f oder von Reibnitz (1991), S. 19 ff.

[333] Vgl. z.B. Reichmann (1995), S. 481.

[334] Siehe z.B. Geschka/Hammer (1986), S. 314 oder von Reibnitz/Geschka/Seibert (1982), S. 10.

[335] Vgl. z.B. Bramsemann (1993), S. 286, Horváth (1996 a), S. 391 oder Reichmann (1995), S. 481.

[336] Vgl. z.B. Gausemeier/Fink/Schlake (1995 a), S. 90 oder von Reibnitz (1991), S. 14.

[337] Vgl. Bramsemann (1993), S. 286 oder Götze (1991), S. 71.

[338] Vgl. hierzu Götze (1991), S. 71 ff. Siehe auch Georgantzas/Acar (1995).

[339] Vgl. hierzu z.B. Geschka/Hammer (1986), S. 318 ff, Geschka/von Reibnitz (1986), S. 130 ff oder von Reibnitz (1991), S. 30 ff und (1983), S. 73 ff. Im Gegensatz dazu schlagen Gausemeier/Fink/Schlake (1995 a), S. 100 ff eine Unterteilung in 5 Stufen, Götze (1991), S. 90 in 10 Stufen vor. Weitere Unterteilungsvorschläge sind z.B. bei Götze (1991), S. 374-385 oder Mißler-Behr (1993), S. 11 f aufgelistet. Die Unterschiede sind im Wesentlichen in einer gröberen oder feineren Zuordnung begründet.

6.1.2 Der Szenarioprozess

Ein systematisches Erarbeiten, Auswerten und Umsetzen von Szenarien wird durch die Bearbeitung der folgenden 8 Schritte gewährleistet:

Schritt 1: Die **Problemanalyse** hat die Aufgabe, die Thematik, die mit der Szenarioanalyse untersucht werden soll, genau abzugrenzen. Dabei sind sowohl inhaltliche als auch zeitliche und räumliche Aspekte zu klären. Daraus ergibt sich das relevante Untersuchungsfeld. Um bei allen Beteiligten ein umfassendes und gleichwertiges Problemverständnis zu gewährleisten, werden sämtliche Basisinformationen zum Untersuchungsfeld gesammelt und analysiert.

Schritt 2: Die wichtigsten Einflussbereiche, die auf das Untersuchungsfeld wirken, werden in der **Umfeldanalyse** ermittelt. Die Einflussbereiche sind durch ihre Einflussfaktoren zu konkretisieren und zu operationalisieren. Neben der inhaltlichen Auseinandersetzung mit den Einflussbereichen ist die Analyse der Wirkungszusammenhänge der Einflussbereiche untereinander und des Untersuchungsfeldes angezeigt. Die Vernetzungsstruktur der einzelnen Komplexe ist zu erarbeiten und zu bewerten, damit der Gesamtkontext, in dem das Untersuchungsfeld zu betrachten ist, offenbar wird.

Schritt 3: Der Ist-Zustand der wichtigsten Einflussfaktoren aus dem 2. Schritt wird analysiert, um dann **Projektionen** in die Zukunft für diese Einflussfaktoren zu erarbeiten. Denkbare, logisch zu begründende Entwicklungen sind aufzuzeigen und zu argumentieren. Die Beschreibung der Entwicklungen muss nicht mit quantitativen Größen erfolgen, sie kann rein qualitativer, beschreibender Natur sein.

Die Einflussfaktoren werden auch **Deskriptoren** genannt. Deskriptoren mit eindeutiger Zukunftsprojektion werden unkritisch, solche mit mehreren Zukunftsprojektionen kritisch genannt. Die unterschiedlichen Zukunftsprojektionen eines kritischen Deskriptors werden plakativ beschrieben. Sie werden **Ausprägungen** genannt. Ausprägungen eines kritischen Deskriptors sollen dessen möglichen Wertebereich inhaltlich umfassend abdecken, sich aber nicht überschneiden.

Schritt 4: Auf Basis der kritischen Deskriptoren werden alle hypothetisch möglichen **Zukunftsbilder beschrieben**, die zusammen den Szenariengesamtraum ergeben. Dazu werden die kritischen Deskriptoren im Verbund betrachtet und alle möglichen Ausprägungskonstellationen gebildet. Eine Ausprägungskonstellation ist eine Bündelung von Projektionen der kritischen Deskriptoren. Jede Ausprägungskonstellation bzw. jedes Projektionsbündel ist ein Szenario. Da der Szenariengesamtraum bereits bei kleinen bis mittelgroßen Szenarioanalysen hunderttausende und mehr Szenarien umfassen kann, sind aus dem Szenariengesamtraum einige wenige Szenarien auszuwählen, auf die sich die anschließenden Schritte des Szenarioprozesses konzentrieren.

Schritt 5: Zu den ausgewählten Projektionsbündeln aus Schritt 4 werden die unkritischen Deskriptoren hinzugefügt. Alle Deskriptoren zusammen werden als Gesamtheit **interpretiert** und zu vernetzten **Zukunftsbildern** ausgestaltet. Wesentlich ist, dass die Ausgestaltung der Zukunftsbilder schrittweise erfolgt, den zeitlichen Verlauf aufzeigt und die Wechselwirkungen der Einflussfaktoren berücksichtigt.

Schritt 6: Die Chancen und Risiken der im Schritt 5 ausgearbeiteten Zukunftsbilder werden für das Unternehmen diskutiert. Daraus sind geeignete vorbeugende Maßnahmen abzuleiten, um das Chancenpotenzial zu verstärken bzw. das Risikopotenzial abzumildern. Häufig ergeben sich auch robuste Maßnahmen, die in der Lage sind, in beide Richtungen positiv zu wirken. Möglichkeiten der aktiven Zukunftsgestaltung werden hier angedacht. Schritt 6 wird **Auswirkungsanalyse** genannt.

Schritt 7: Die Auswirkungen möglicher **Störereignisse** auf die ausgewählten Szenarien werden untersucht. Mögliche Reaktionen und Präventivmaßnahmen sind zu erarbeiten. Hierdurch soll das gedankliche Spektrum erweitert, das Bewusstsein für mögliche Störereignisse geschärft und ein Vorbereitetsein auf den Störfall erreicht werden.

Schritt 8: Durch den **Szenarientransfer** werden die Erkenntnisse der Szenarioanalyse in die strategische Planung integriert und dort nutzbar gemacht. Sowohl Leitbilder als auch Strategien können mit Hilfe der Szenarioanalyse entwickelt bzw. überprüft werden.[340] Alternativstrategien beim Eintreten von bestimmten Zukunftsbildern sind vorauszudenken. Besonders wichtige und für kritisch erachtete Einflussfaktoren sind in das Frühwarnsystem der Unternehmung einzubauen.

Abbildung 6.1 (Seite 157) fasst die acht Schritte zusammen, verdeutlicht den Prozessablauf, zeigt die Schwerpunkte der jeweiligen Schritte und stellt einen Bezug zur Zeitkomponenten her.[341]

6.1.3 Die Szenarioanalyse als Controllinginstrument

Die Szenarioanalyse wird den qualitativen Prognoseinstrumenten des Controllings zugeordnet.[342] Da die Aufgabe des strategischen Controllings vor allem "in der informationellen und methodischen Begleitung des strategischen Planungs- und Kontrollprozesses"[343] gesehen wird, gehört zu den Aufgaben des strategischen Contollings auch die "Gestaltung und Fortentwicklung der Gesamtarchitektur des Planungssystems, d.h. die Verwendung von quantitativen Planungsmethoden, die maßgeblich auf "harten" Daten beruhen, und von qualitativen Planungsmethoden, die vornehmlich "weiche" Daten berücksichtigen".[344] Der Controller hat in Bezug auf die Szenarioanalyse zu entscheiden, welche Ausgestaltung der Szenarioprozess konkret im Unternehmen annehmen soll. Er muss sich ausdrücklich mit der Methodik auseinandersetzen sowie dafür sorgen, dass die Analyse in einem neutralen, kreativen und alle Abteilungen des Unternehmens umfassenden Umfeld stattfindet.

Die Ergebnisse der Szenarioanalyse werden dann in die strategische Planung bei der Umweltanalyse und Umweltprognose sowie zur Entwicklung und Überprüfung von Strategien und Leitbildern mit einbezogen.[345]

---

[340] Den Einsatz der Szenarioanalyse in der Strategischen Planung und zur Entwicklung von Leitbildern diskutieren z.B. Fink/Schlake (1995), Gausemeier/Fink/Schlake (1995 b), Götze (1994) und von Reibnitz (1991), S. 187 ff.

[341] Die Abbildung ist in abgewandelter Form aus der entsprechenden Abbildung bei Geschka/Hammer (1986), S. 246 entstanden.

[342] Vgl. z.B. Biethahn/Huch (1994), S. 16 ff, Bramsemann (1993), S. 227 f und 286 ff, Küpper (1990), S. 835 ff sowie Reichmann (1995), S. 481.

[343] Bramsemann (1993), S. 227. Vgl. hierzu auch Biethahn/Huch (1994), S. 4, Küpper (1995), S. 66, Reichmann (1995), S. 74 oder Ziegenbein (1992), S. 18.

[344] Ziegenbein (1992), S. 19.

[345] Siehe hierzu z.B. Gausemeier/Fink/Schlake (1995 a), S. 43 ff, Götze (1994), Götze/Rudolph (1994), S. 4 ff, Hahn (1996), S. 244 oder von Reibnitz (1987), S. 157 ff.

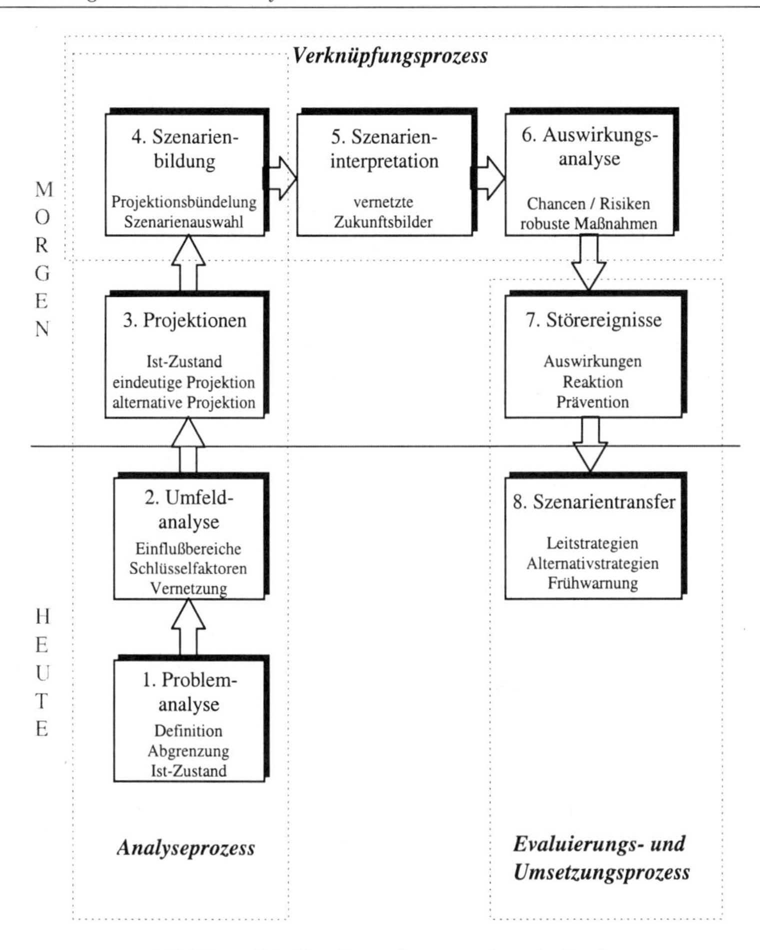

Abbildung 6.1: Der Szenarioprozess in acht Stufen

Die Szenarioanalyse wird auch als Instrument eines Controllinginformationssystems betrachtet.[346] Das Controllinginformationssystem übernimmt die Aufgabe Informationen zu beschaffen und in einem Informationspool bereitzustellen.[347] HORVÀTH rechnet dabei den Planungs- und Kontrollsystemen "alle Aktivitäten zu, die von einem "gegebenen Informationsstand" ausgehen. Zum Informationsversorgungssystem zählt er "alle Sachverhalte, die auf eine Verbesserung des Informationsstandes ausgerichtet sind".[348] Dabei wird ein umfassendes Verständnis der Informationsfunktion des Controllings zugrunde gelegt. Zur Versorgung mit Einzelinformationen

[346] Vgl. z.B. Biethahn/Huch (1994), S. 2 ff und S. 80 ff sowie Horváth (1996 a), S. 329 ff und 361 ff. Die unterschiedliche Zuordnung der Szenarioanalyse zum Planungs- und Kontrollsystem bzw. zum Informationssystem einer Unternehmung beruht im Wesentlichen auf unterschiedlichen Schwerpunkten in den zugrunde liegenden Controlling-Konzeptionen.

[347] Biethahn/Huch (1994), S. 5.

[348] Horváth (1996 a), S. 329.

kommt die Versorgung mit Methoden und Modellen hinzu.[349] "Im Vordergrund stehen Fragen der Methodenauswahl und der Systemgestaltung".[350] Zu den Instrumenten der Informationsbeschaffung zählen die Prognosetechniken und somit auch die Szenarioanalyse als qualitative Prognosetechnik.[351]

6.2 Beschreibung eines Szenarios und wünschenswerte Eigenschaften

6.2.1 Beschreibung

Ein Szenario lässt sich mit Hilfe seiner Deskriptoren verbal und formal beschreiben. Geht man von m in der Regel nominalen oder ordinalen Deskriptoren D_1 bis D_m mit jeweils $n_1, \ldots, n_m$ Ausprägungen aus, dann erhält man insgesamt $N = n_1 \cdot n_2 \cdot \ldots \cdot n_m$ mögliche Szenarien $S_1, \ldots S_N$, die den Szenariengesamtraum darstellen.

Jedes Szenario ist somit darstellbar als Vektor von m Deskriptorausprägungen $A_{\mu i_\mu}$. Es ergibt sich folgende Schreibweise für ein Szenario:

$$S_i = (A_{1i_1}, A_{2i_2}, \ldots, A_{mi_m})$$

mit

$$i_\mu \in \{1, \ldots, n_\mu\} \qquad \text{und} \qquad \mu = 1, \ldots, m$$

Abbildung 6.2 (Seite 159) beschreibt beispielhaft einen Deskriptor *Realeinkommen*, der drei unterschiedliche ordinale Ausprägungen annimmt.

6.2.2 Wünschenswerte Eigenschaften

Da der Szenariengesamtraum sehr viele Zukunftsbilder umfasst, stellt sich die Frage, welche Eigenschaften ein Szenario haben sollte. Es haben sich insbesonders drei Eigenschaften herauskristallisiert:[352]

- Konsistenz
- Stabilität und Robustheit
- Unterschiedlichkeit und Repräsentativität

Die einzelnen Eigenschaften lassen sich folgendermaßen erklären:

Konsistenz: Ein Szenario tritt um so eher ein, je besser die Deskriptorausprägungen zueinander passen. Deshalb sind die Deskriptorausprägungen paarweise hinsichtlich ihrer Verträglichkeit mit Hilfe von ordinalen Konsistenzbewertungen zu beurteilen. Der Grad

349 Siehe Horváth (1996 a), S. 362.

350 Horváth (1996 a), S. 363.

351 Vgl. z.B. Biethahn/Huch (1994), S. 80 ff oder Horváth (1996 a), S. 385 ff und 390 ff.

352 Vgl. z.B. von Reibnitz (1991) oder auch Geschka/Hammer (1986) bzw. Geschka/von Reibnitz (1986).

D_i	**Realeinkommen**
A_{i1}	**steigend** Es wird eine leicht steigende Entwicklung des Realeinkommens angenommen, da sich die Wirtschaftssituation positiv entwickelt und in Zukunft mit hohen zusätzlichen geerbten Geldbeträgen für die sogenannte Erbengeneration zu rechnen ist.
A_{i2}	**stagnierend** Obwohl die wirtschaftliche Entwicklung eher neutral eingeschätzt wird und auch der Aufbau Ost weiterhin wesentliche Geldbeträge erfordert, kann mit einem Ausgleich der Preissteigerungsrate bei den zukünftigen Tarifabschlüssen gerechtet werden.
A_{i3}	**sinkend** Da sich die Wirtschaft schlecht entwickelt und weiterhin hohe Ausgaben für den Aufbau der neuen Bundesländer finanziert werden müssen, wird es immer wichtiger, Sparmaßnahmen zu realisieren. Deshalb ist mit Tarifabschlüssen zu rechnen, die die Preissteigerung nicht auffangen werden.

Abbildung 6.2: Deskriptor *Realeinkommen* mit seinen Ausprägungen

der Verträglichkeit zweier Ausprägungen $A_{\mu i_\mu}$ und $A_{\nu i_\nu}$ wird durch eine Konsistenzzahl $k(A_{\mu i_\mu}, A_{\nu i_\nu})$ mit

$$k(A_{\mu i_\mu}, A_{\nu i_\nu}) \in \{-2, -1\ 0, 1, 2\}$$

bewertet. Der Wert -2 steht für minimale Verträglichkeit oder Inkonsistenz und der Wert 2 für maximale Verträglichkeit oder Vollkonsistenz. Der Wert 0 besagt, dass die beiden Ausprägungen unabhängig voneinander sind und sich nicht beeinflussen. Von den Konsistenzzahlen wird die Symmetrieeigenschaft gefordert, d.h. es gilt:

$$k(A_{\mu i_\mu}, A_{\nu i_\nu}) = k(A_{\nu i_\nu}, A_{\mu i_\mu})$$

Aus Übersichtlichkeitsgründen fasst man die Konsistenzzahlen in einer treppenförmigen Konsistenzmatrix zusammen. In Abbildung 6.3 (Seite 160) ist beispielhaft eine Konsistenzmatrix wiedergegeben. In der Matrix werden 5 Deskriptoren mit jeweils 3, 2, 2, 2 und 2 Ausprägungen betrachtet.

Jedes einzelne Szenario wird durch $\frac{1}{2} \cdot m \cdot (m-1)$ paarweise Verträglichkeitsbeurteilungen aus der Konsistenzmatrix charakterisiert. Die Verträglichkeitsbeurteilungen können dazu benutzt werden, die innere Stimmigkeit eines Szenarios zu beurteilen und Szenarien, die wenig verträglich und damit wenig realistisch erscheinen, auszuschließen. Dazu können mit Hilfe der Konsistenzbewertungen folgende Ausschlusskriterien formuliert werden:[353]

- Szenarien, in denen die Konsistenzzahl -2 auftritt, sind in sich stark widersprüchlich, da sich die entsprechenden Deskriptorausprägungen gegenseitig ausschließen. Diese inkonsistenten Szenarien werden nicht mehr weiter untersucht.

[353] Vgl. z.B. Gausemeier/Fink/Schlake (1995 a), S. 260 oder Nitzsch/Weber/Wietheger (1985), S. 14. Die Ausschlusskriterien sind heuristischer Natur.

	A_{11}	A_{12}	A_{13}	A_{21}	A_{22}	A_{31}	A_{32}	A_{41}	A_{42}	A_{51}	A_{52}
A_{11}											
A_{12}											
A_{13}											
A_{21}	2	2	-1								
A_{22}	-2	-2	2								
A_{31}	1	0	-1	1	-1						
A_{32}	-1	0	1	-1	1						
A_{41}	0	2	-1	2	-2	-1	1				
A_{42}	-1	-1	1	-1	2	1	-1				
A_{51}	1	1	-1	2	-1	1	-1	1	-1		
A_{52}	-1	-1	1	-1	1	-1	1	-1	1		

Abbildung 6.3: Konsistenzmatrix

- Ein Maß für die Gesamtkonsistenz eines Szenarios $K(S_i)$ liefert die Summe aller relevanten Konsistenzzahlen, die das Szenario charakterisieren. Es gilt:

$$K(S_i) = \sum_{\mu=1}^{m-1} \sum_{\nu=\mu+1}^{m} k(A_{\mu i_\mu}, A_{\nu i_\nu}) \leq m(m-1)$$

  Schwach konsistente Szenarien, deren Gesamtkonsistenz eine geeignete Unterschranke u nicht erreicht, werden ebenfalls ausgesondert.

- Szenarien, in denen die Anzahl der (-1)-Bewertungen eine Obergrenze o überschreitet, enthalten zu viele leichte Widersprüchlichkeiten und werden deshalb als inkonsistent bewertet.

Stabilität und Robustheit: Szenarien, deren Konsistenzbewertungen sich bei Änderung weniger Deskriptorausprägungen kaum verändern, werden als robust oder stabil bezeichnet. Robuste Szenarien gelten im Allgemeinen über einen längeren Zeitraum. Ihre Auslegung bleibt auch bei leichten Veränderungen des Umfelds im Wesentlichen erhalten.[354]

Unterschiedlichkeit und Repräsentativität: Da nur wenige Szenarien in der Unternehmensplanung Eingang finden, sollen diese inhaltlich möglichst unterschiedlich sein und zudem den Szenariengesamtraum umfassend repräsentieren. Damit soll gewährleistet werden, dass die Unternehmensplanung auf echten Entwicklungsalternativen aufsetzt und in ihrer Konzeption die Unterschiedlichkeit der Zukunftsbeurteilung umfassend und angemessen berücksichtigen kann.

6.3 Scharfe Verfahren der Szenarienauswahl

Da nur wenige Szenarien in die Unternehmensplanung eingehen, ist eine gezielte Szenarienauswahl nötig. Sie ist Hauptaufgabe des 4. Schrittes des Szenarioprozesses (vgl. Abbildung 6.1, Seite 157).

[354] Vgl. z.B. von Reibnitz (1991), S. 52.

6.3.1 Ablaufschema für die Szenarienauswahl

Es gibt Vorschläge, die Szenarienauswahl intuitiv vorzunehmen.[355] Dies erscheint jedoch höchstens bei kleinen Szenarienanalysen mit nur wenigen Deskriptoren sinnvoll. Bei komplexeren Problemen empfiehlt sich eine systematische analytische Vorgehensweise. Dies deshalb, weil es sich erwiesen hat, dass Menschen nicht in der Lage sind, Interdependenzen zwischen einer großen Zahl von Deskriptoren zu verarbeiten.[356]

Bei den analytischen Verfahren der Szenarienauswahl gibt es kein favorisiertes Verfahren. Es herrscht vielmehr eine Verfahrensvielfalt vor, die sowohl Gleichungssysteme,[357] Optimierungsmodelle,[358] Simulationsmodelle,[359] Enumerationsverfahren,[360] Branch-and-Bound-Verfahren,[361] Heuristiken[362] als auch Clusteranalyseverfahren[363] umfasst. Die meisten dieser Verfahren sind sehr umfangreich und aufwendig. Häufig basieren sie auf einem formalen Modell.

Grundsätzlich kann die Szenarienauswahl in drei Schritte unterteilt werden:

- die Vorselektion
- die Bewertungsphase
- die Auswahlphase

Abbildung 6.4 (Seite 162) verdeutlicht die generelle Ablaufstruktur, der der Auswahlprozess in der Regel folgt. Verfahren ohne Vorselektion können in der Regel nur wenige Deskriptoren bearbeiten und sind deshalb nur für kleinere Szenarioanalysen geeignet.

6.3.2 Schritte der Szenarienauswahl und angewandte scharfe Verfahren

Inhaltlich sind die drei Schritte der Szenarienauswahl folgendermaßen begründet:

Vorselektion: Der erste Schritt der Szenarienauswahl dient dazu, alle nicht konsistenten Szenarien aus dem Szenariengesamtraum nach vorgegebenen Ausschlussregeln herauszufiltern.[364] Nur die verbleibenden in sich stimmigen Szenarien mit verträglichen Deskriptorausprägungen gehen als Input in die Bewertungsphase ein.

Wird der eigentlichen Szenariobewertung eine Vorselektionsphase vorgeschaltet, können sehr viel größere Problemstellungen mit wesentlich mehr Deskriptoren einem analytischen Bewertungsprozess unterzogen werden, als dies ohne die Vorauswahl möglich wäre.

Besonders **Branch-and-Bound Verfahren** werden zur Vorselektion eingesetzt. Bildlich gesprochen werden bei Branch-and-Bound Verfahren alle Szenarien des Gesamtraumes als

---

[355] Vgl. z.B. Götze (1991), S. 94, von Reibnitz (1991), S. 49 oder Schriefer (1995 b), S. 39.

[356] Vgl. z.B. Brockhoff (1977), S. 75.

[357] Vgl. z.B. Sarin (1978).

[358] Vgl. z.B. Brauers/Weber (1986) und (1988) oder De Kluyver/Moskowitz (1984).

[359] Vgl. z.B. Gordon/Hayward (1968) oder Honton/Stacey/Millett (1984).

[360] Vgl. z.B. von Reibnitz/Geschka/Seibert (1982).

[361] Vgl. z.B. Geschka (ohne Jahr) oder Nitzsch/Weber/Wietheger (1985).

[362] Vgl. Mißler-Behr (1993), S. 120 f.

[363] Vgl. Mißler-Behr (1993), S. 121 ff oder Opitz/Mißler-Behr (1993).

[364] Auf Seite 159 sind z.B. drei Möglichkeiten für Ausschlussregeln angegeben.

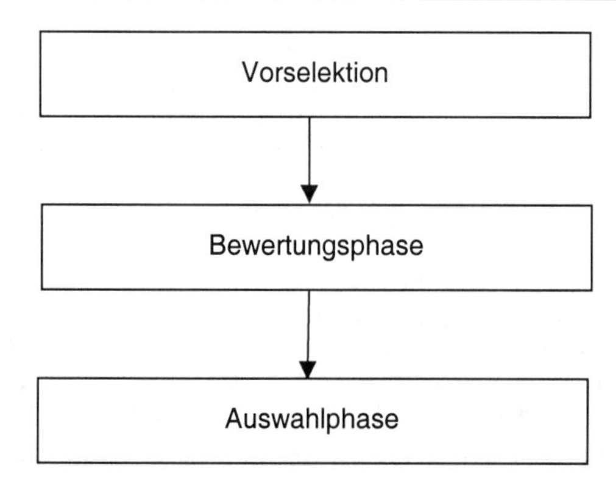

Abbildung 6.4: Generelle Ablaufstruktur der Szenarienauswahl

Äste eines Baumes aufgefasst (Branch-Teil). Um nicht alle Äste des Szenarienbaumes bewerten zu müssen, wird versucht, so früh wie möglich Inkonsistenzen in den einzelnen Ästen zu entdecken, um dann diese Äste und ihre Fortsätze von den weiteren Untersuchungen im Szenarioprozess auszuschließen (Bound-Teil). Je früher die Inkonsistenzen entdeckt werden, desto eher können Teiläste von weiteren Untersuchungen ausgeschlossen werden. Dadurch müssen insgesamt weniger Teiläste des Baumes untersucht werden, wodurch die Vorselektion wesentlich beschleunigt werden kann.[365, 366]

Bewertungsphase: In diesem Schritt findet die eigentliche Bewertung der vorselektierten Szenarien statt. Wesentliche Bewertungskriterien sind die Konsistenz, die Stabilität oder auch Szenariowahrscheinlichkeiten und Szenariohäufigkeiten. Es können auch mehrere Kriterien in Kombination angewandt werden.

In der Bewertungsphase werden unterschiedliche Verfahren eingesetzt:

Beim einfachsten Vorgehen werden die Szenarien ausschließlich auf Grund ihrer Gesamtkonsistenz beurteilt. Weitere Bewertungskriterien werden nicht berücksichtigt.[367]

Es bietet sich eine Erweiterung der Bewertung um das Kriterium Stabilität an.[368] Bei der Zusammenfassung der Kriterien Konsistenz und Stabilität zu einer Gesamtbewertung werden unterschiedliche heuristische Vorgehensweisen benutzt.

Eine einfache Bewertungsmethode ergibt sich auch, wenn die Szenariowahrscheinlichkeiten durch Multiplikation der Wahrscheinlichkeiten der einzelnen Deskriptorausprägungen berechnet werden.[369] Diese sind vorher vom Anwender zu schätzen. Wichtig ist hierbei anzumerken, dass die Konsistenz und die Wahrscheinlichkeit eines Szenarios unterschiedliche Sachverhalte beurteilen. Es können durchaus Fälle auftreten, in denen hoch konsistente Szenarien sehr unwahrscheinlich sind oder Szenarien mit einer recht hohen Wahrscheinlichkeit eher inkonsistent sind.

---

[365] Vgl. hierzu z.B. Nitzsch/Weber/Wietheger (1985) oder Mißler-Behr (1993), S. 96 ff.

[366] Siehe auch von Reibnitz (1991), S. 258 oder Geschka (ohne Jahr), S. 7-4.

[367] Vgl. z.B. von Reibnitz/Geschka/Seibert (1982).

[368] Vgl. z.B. von Reibnitz (1991), S. 28.

[369] Siehe z.B. Gausemeier/Fink/Schlake (1995 a), S. 262 f.

Wesentlich aufwendiger sind solche Verfahren, die Gleichungssysteme[370], Optimierungsmodelle [371] oder Simulationsmodelle[372] zur Bewertung von Szenarien benutzen.

Gleichungs- und Optimierungsmodelle benutzen wahrscheinlichkeitstheoretische Gesetzmäßigkeiten, um Szenariowahrscheinlichkeiten berechnen zu lassen. Inputgrößen sind z.B. Wahrscheinlichkeitsschätzungen für einzelne Deskriptorausprägungen bis hin zu Wahrscheinlichkeitsschätzungen für das gemeinsame Auftreten von Ausprägungen aller verwendeten Deskriptoren[373] sowie gemeinsame Konsistenzschätzungen von je zwei Deskriptorausprägungen.[374] Den Ansätzen liegt im Prinzip folgende Idee zugrunde: Sämtliche Szenarien unterscheiden sich in mindestens einer Deskriptorausprägung und sind somit disjunkt zueinander. Deshalb kann die Wahrscheinlichkeit für eine bestimmte Deskriptorausprägung aus der Summe der Wahrscheinlichkeiten jener Szenarien berechnet werden, in denen die betrachtete Ausprägung auftritt. Dieses Prinzip lässt sich auf mehrere Deskriptorausprägungen erweitern. Entsprechend lässt sich die Wahrscheinlichkeit für eine bestimmte Deskriptorausprägungskombination aus der Summe der Wahrscheinlichkeiten jener Szenarien berechnen, in denen die betrachtete Ausprägungskombination auftritt, usw. Auf diese Weise können bei vorgegebenen Wahrscheinlichkeitsschätzungen für die Deskriptorausprägungen quasi als Nebenprodukt Szenariowahrscheinlichkeiten ermittelt werden.

Stellvertretend wird im Folgenden der Optimierungsansatz von BRAUERS und WEBER[375] skizziert. Ihr Ansatz baut unter anderem auf der obigen Grundidee auf und wird in Abbildung 6.5 (Seite 164) wiedergegeben.[376]

Als Eingangsgrößen benötigt der Ansatz Schätzungen der marginalen Wahrscheinlichkeiten p_i aller Deskriptorausprägungen und Konsistenzschätzungen k_{ij} für je zwei Deskriptorausprägungen. Die Konsistenzschätzungen k_{ij} werden in gemeinsame Wahrscheinlichkeitsschätzungen p_{ij} transformiert. Zusätzlich werden theoretisch korrekte Wahrscheinlichkeiten p^*_{ij} eingeführt, die typische wahrscheinlichkeitstheoretische Gesetzmäßigkeiten erfüllen. Je näher der Wert der Wahrscheinlichkeitsschätzung p_{ij} beim theoretischen Wert p^*_{ij} liegt, desto besser ist die Schätzung. Abweichungen nach oben oder unten zwischen den theoretischen und geschätzten Wahrscheinlichkeiten werden mit d^+_{ij} und d^-_{ij} bezeichnet. Die maximal auftretende Abweichung wird mit d bezeichnet. M steht für eine sehr große Konstante und bildet den Faktor für einen Strafterm in der Zielfunktion. Der Vektor x fasst die zu bestimmenden Szenariowahrscheinlichkeiten x_i zusammen. Der Vektor a_i gibt an, in welchem Szenario die i-te Deskriptorausprägung auftritt oder nicht auftritt. Entsprechend beschreibt der Ausdruck $(a_i \wedge a_j)$ das gemeinsame Auftreten der i-ten und j-ten Deskriptorausprägung.

Durch die Zielfunktion (27) wird die Summe der Abweichungen der theoretischen von den geschätzten Wahrscheinlichkeitswerten minimiert. Außerdem wird gleichzeitig die

---

[370] Vgl. z.B. Sarin (1978).

[371] Vgl. z.B. Brauers/Weber (1986) und (1988), Duperrin/Godet (1975), De Kluyver/Moskowitz (1984), Nitzsch (1989) und Nitzsch/Weber/Wietheger (1985).

[372] Vgl. z.B. Gordon/Hayward (1968) oder Honton/Stacey/Millett (1984).

[373] Vgl. Sarin (1978).

[374] Vgl. Brauers und Weber (1986).

[375] Siehe Brauers und Weber (1986).

[376] Um eine möglichst einfache Notation im Optimierungmodell verwenden zu können, wird der Ansatz von Brauers und Weber (1986) unter Anwendung der nominal-binären Schreibweise zur Darstellung von Szenarien beschrieben (vgl. hierzu Mißler-Behr (1993), S. 26 f).

$$\min \sum_{i,j=1}^{n} (d_{ij}^{+} + d_{ij}^{-}) \quad + \quad M \cdot d \tag{27}$$

$$x^T \cdot a_i \quad = \quad p_i \tag{28}$$

$$x^T \cdot (a_i \wedge a_j) - p_{ij}^{*} \quad = \quad 0 \tag{29}$$

$$\sum_{s=1}^{\prod_i n_i} x_s \quad = \quad 1 \tag{30}$$

$$p_{ij}^{*} + d_{ij}^{-} - d_{ij}^{+} \quad = \quad p_{ij} \tag{31}$$

$$p_{ij}^{*} + p_{i\bar{j}}^{*} \quad = \quad p_i \tag{32}$$

$$d - d_{ij}^{+} \quad \geq \quad 0 \tag{33}$$

$$d - d_{ij}^{-} \quad \geq \quad 0 \tag{34}$$

$$x_s,\ d_{ij}^{+},\ d_{ij}^{-},\ d \quad \geq \quad 0 \tag{35}$$

$$i, j = 1, \ldots, n \qquad \text{und} \qquad i < j \tag{36}$$

Abbildung 6.5: Das Optimierungsmodell von Brauers und Weber (1986)

Maximalabweichung so klein wie möglich gehalten. Gleichung (28) beschreibt die oben beschriebene Grundidee, dass die Summe der Wahrscheinlichkeiten derjenigen Szenarien, in denen die i-te Ausprägung auftritt, gleich der geschätzten Wahrscheinlichkeit der i-ten Deskriptorausprägung sein soll. In Gleichung (29) wird dieselbe Idee für zwei Ausprägungen formuliert und zusätzlich gefordert, dass die berechnete Wahrscheinlichkeit für das Auftreten der Deskriptorausprägungen i und j und die theoretische Wahrscheinlichkeit p_{ij}^{*} identisch sind. Gleichung (30) besagt, dass alle theoretisch möglichen Szenarien in die Betrachtung einbezogen werden müssen. Die Summe der Szenariowahrscheinlichkeiten nimmt den Wert 1 an. Die Gleichungen (31)-(34) beschreiben allgemeine und statistische Gesetzmäßigkeiten, die zusammen mit den obigen Gleichungen helfen sollen, sinnvolle Ergebnisse zu berechnen.

Bei einigen Ansätzen mit Gleichungs- und Optimierungsmodellen werden hohe Anforderungen an das Schätzverhalten der Anwender gestellt. Dies gilt sowohl für die Anzahl der Schätzungen als auch für ihren Inhalt. Außerdem gilt, dass bei zunehmender Deskriptoranzahl die Anzahl der benötigten Gleichungen beziehungsweise Ungleichungen wenigstens quadratisch ansteigt. Dies hat zur Folge, dass mit solchen Verfahren nur relativ kleine Szenariobewertungsprobleme gelöst werden können. Probleme realistischer Größenordnungen können nicht mehr behandelt werden.

Simulationsmodelle simulieren das Eintreten beziehungsweise Nichteintreten von Ausprägungen und bewerten die Auswirkungen, die der Eintritt beziehungsweise Nichteintritt einer Ausprägung auf alle anderen Ausprägungen ausübt. Zur Bewertung der Auswirkungen werden sogenannte Anpassungsfunktionen benutzt. Ein Simulationslauf ist beendet, wenn pro Deskriptor eine Ausprägung ausgewählt ist und damit ein konkretes Szenario ermittelt wurde.

Ausgangspunkt sind die marginalen Wahrscheinlichkeiten p_i der Deskriptorausprägungen.

Gesucht werden geeignete Anpassungsmöglichkeiten, um die a priori Wahrscheinlichkeiten der Ausprägungen in a posteriori Wahrscheinlichkeiten nach Eintritt einer ausgewählten Ausprägung zu transformieren. Im Allgemeinen sind die Anpassungsfunktionen statistisch motiviert. Der BASICS-Ansatz[377] verwendet z.B. folgende Anpassungsfunktion:

$$p_{i(j)} = \begin{cases} \dfrac{p_i \cdot f_{i(j)}}{1 + p_i(f_{i(j)} - 1)} & \text{für } i \neq j \\ 1 & \text{sonst} \end{cases} \tag{37}$$

Hierbei entspricht $p_{i(j)}$ der angepassten marginalen Wahrscheinlichkeit von Ausprägung i, wenn Ausprägung j eingetreten ist. Entsprechend symbolisiert $f_{i(j)}$ einen bedingten Konsistenzfaktor, der sich aus der bedingten Konsistenzschätzung $k_{i(j)}$ berechnet. Die Anpassungsfunktion wird aus dem Wettquotienten hergeleitet.[378] Abbildung 6.6 (Seite 165) verdeutlicht den generellen Ablauf eines Simulationsmodells zur Szenariobewertung.

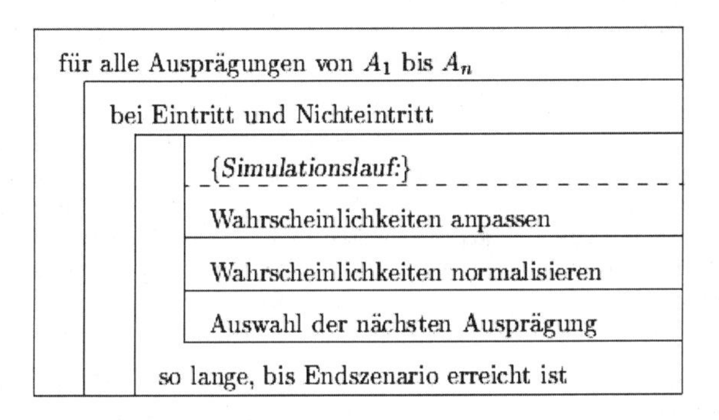

Abbildung 6.6: Funktionsprinzip von Szenario-Simulationsmodellen

Auswahlphase: Aufgrund der Ergebnisse der Bewertungsphase werden in diesem Schritt diejenigen Szenarien ausgewählt, die im weiteren Szenarioprozess und der strategischen Planung Beachtung finden. Damit entspricht dieser Schritt einer Endauswahl.

Die ausgewählten Szenarien sollten die wünschenswerten Eigenschaften der Konsistenz, Stabilität und Unterschiedlichkeit bzw. Repräsentativität besitzen (vgl. Seite 158). Nur wenige Auswahlverfahren berücksichtigen diese Aspekte in angemessener Form.

Wird ausschließlich die Gesamtkonsistenz als Bewertungskriterium herangezogen, so gehen die Szenarien mit den höchsten Konsistenzsummen in die strategische Unternehmensplanung ein. Auf die Menge der Szenarien mit höchster Konsistenz wird gelegentlich noch als zweites Bewertungskriterium die Stabilität angewandt. Zur Endauswahl werden meist Prioritätsregeln angewandt:

- 1. Priorität: hohe Konsistenz
- 2. Priorität: hohe Stabilität

[377] Siehe Honton et al. (1984)).

[378] Vgl. Mißler-Behr (1993), S. 89 ff.

Werden die Szenarien mit Wahrscheinlichkeiten bewertet, entscheidet die Höhe der Szenariowahrscheinlichkeiten über die Auswahl der Szenarien. Bei Anwendung von Simulationsmodellen gibt in der Regel die Eintrittshäufigkeit der Szenarien während der Gesamtsimulation den Ausschlag.

Die wahrscheinlichsten bzw. häufigsten Szenarien müssen jedoch weder die konsistentesten, stabilsten noch die repräsentativsten sein. Es mag einiges dafür sprechen, dass wahrscheinliche bzw. häufige Szenarien auch stabil sind. Aber gerade wenig wahrscheinliche Szenarien können in sich sehr konsistent sein. Da es Ziel der Szenarioanalyse ist, die Zukunft offen und breit in möglichst vielen Schattierungen vorauszudenken, erscheint die Auswahl der wahrscheinlichsten bzw. am häufigsten simulierten Szenarien eher einengend und beschränkend.

In diesem Zusammenhang stellt sich auch die Frage, wie viele Szenarien konkret auszuwählen sind. Über die Anzahl der auszuwählenden Szenarien gibt es keine einheitlichen Vorstellungen.[379] Die Szenarienanzahl sollte so gering wie möglich sein, um den Szenariengesamtraum noch ausreichend beschreiben zu können. Die konkrete Anzahl ergibt sich somit aus der jeweiligen aktuellen Analyse.[380] Eine grundsätzliche Festlegung auf nur zwei Extremszenarien ist im Allgemeinen nicht ausreichend.

Bei der Bestimmung der Anzahl der auszuwählenden Szenarien kann man sich von folgender Überlegung leiten lassen: Sortiert man die bewerteten Szenarien nach der Höhe ihres Bewertungskriteriums und stellt sie anschließend in einem Bewertungsdiagramm dar (vgl. Abbildung 6.7 (Seite 167)), so erhält man eine monoton fallende Treppenfunktion. Besonders ausgeprägte Treppenstufen weisen auf eine sinnvolle Anzahl für die Szenarienauswahl hin.[381] In Abbildung 6.7 (Seite 167) zeigt sich z.B. eine ausgeprägte Treppenstufe zwischen dem sechsten und siebten Szenario. Deshalb erscheint es nach diesem Kriterium sinnvoll, 6 Szenarien auszuwählen.

Die Unterschiedlichkeit der Szenarien bzw. die Repräsentativität des Szenariogesamtraums wurde bisher noch nicht berücksichtigt. Bei der Berücksichtigung der Unterschiedlichkeit der ausgewählten Szenarien ist indirekt auch die Forderung nach der Repräsentation des Gesamtszenarienraumes durch die ausgewählten Szenarien enthalten. "Scenarios should describe generically different futures rather than variations on one theme".[382]

Die Unterschiedlichkeit und Repräsentativität der bewerteten Szenarien können insbesonders durch die Anwendung von Clusteranalyseverfahren[383] untersucht werden. Diese Verfahren geben oft auch Hinweise auf eine sinnvolle Klassenanzahl, die mit einer sinnvollen Szenarienanzahl zur Repräsentation des Szenariengesamtraumes übereinstimmt.[384]

---

[379] Vgl. z.B. Linnemann/Klein (1979), S. 87, von Reibnitz (1987), S. 51 und (1991), S. 52, Segner (1976), S. 28 oder Teichmann (1990), S. 43.

[380] Vgl. Schriefer (1995 a), S. 35.

[381] Im gleichen Sinne wird das Ellenbogenkriterium in der Clusteranalyse benutzt, um eine sinnvolle Anzahl von zu unterscheidenen Clustern festzulegen. Vgl. z.B. Opitz (1980), S. 86 und 123.

[382] Schoemaker (1995), S. 30. In diesem Sinne äußern sich z.B. auch Bramsemann (1993), S. 286 oder Hahn (1996), S. 240.

[383] Allgemeine Darstellungen von Clusteranalyseverfahren sind z.B. bei Bock (1974) oder Opitz (1980), S. 65 ff zu finden.

[384] Vgl. Mißler-Behr (1993), S. 121 ff, Opitz/Mißler-Behr (1993) oder von Reibnitz (1991), S. 258.

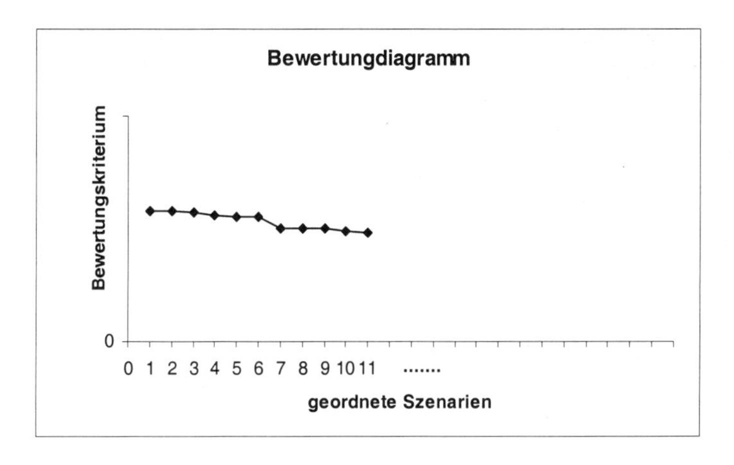

Abbildung 6.7: Bewertungsdiagramm

6.3.3 Kritik

Die eher theoretisch modellbasierten Verfahren der Szenarienauswahl ermitteln in der Regel Szenariowahrscheinlichkeiten oder -häufigkeiten. Die resultierenden Wahrscheinlichkeiten unterscheiden sich oft erst ab der vierten oder fünften Nachkommastelle. Eine differenzierte Auswertung, die sich ausschließlich auf dieses Kriterium stützt, erscheint schwierig, da dem Anwender kaum Unterscheidungsmöglichkeiten gegeben werden. Auch GAUSEMEIER/FINK/SCHLAKE berechnen Szenariowahrscheinlichkeiten. "Diese Wahrscheinlichkeiten können als konkrete Rechenwerte oder als grobe Orientierungshilfe aufgefasst werden".[385] Nach Ausschluss der nicht konsistenten Szenarien skalieren die Autoren die berechneten Wahrscheinlichkeiten der restlichen Szenarien um und nennen diese Werte Plausibilitäten. Die Aussagekraft dieser Werte wird jedoch eingeschränkt, indem die Autoren ausführen, "dass es sich bei den Plausibilitätswerten nicht um handfeste Wahrscheinlichkeiten handelt, sondern um Orientierungswerte, die mit entsprechender Vorsicht zu interpretieren sind".[386] Zuerst wird ein scheinbar formales Modell mit exakten Ergebnissen aufgestellt, um anschließend den Aussagegehalt dieser Ergebnisse erheblich zu relativieren. Ein derartiges Vorgehen erscheint wenig fundiert und birgt außerdem die Gefahr, die Anwendung formaler Modelle zu diskreditieren. Hier sind Überlegungen angebracht, ob z.B. heuristische Modellierungen nicht gleichwertige, vielleicht sogar bessere, auf alle Fälle jedoch besser verständliche Ergebnisse erreichen können.

Außerdem sind die wahrscheinlichsten Szenarien im Allgemeinen nicht die repräsentativsten des Szenariengesamtraumes. Da bei diesen Ansätzen die Unterschiedlichkeit zwischen den ausgewählten Szenarien nicht berücksichtigt wird, repräsentieren die Ergebnisse oft nur Teilbereiche des Gesamtszenarienraumes. Eine umfassende Konfrontation mit möglichen Zukunftsbildern findet nicht mehr statt. In diesem Sinne äußert sich auch Sapio:[387] "we should not disregard events that have a low probability of occurrence but a very high potential impact on the environment".

[385] Gausemeier/Fink/Schlake (1995 a), S. 249.

[386] Gausemeier/Fink/Schlake (1995 a), S. 265.

[387] Sapio (1995), S. 118.

Die wahrscheinlichkeitsorientierten Verfahren benötigen in der Regel auch mehr Inputschätzungen über die Beziehungen zwischen den Deskriptorausprägungen und deren Wahrscheinlichkeiten als das bei den heuristischen Verfahren der Fall ist. Da die Anzahl der Schätzungen in allen Fällen hoch ist, sollte dieser Aspekt bei der Auswahl eines Verfahrens berücksichtigt werden.

Die heuristischen Vorgehensweisen, soweit sie Konsistenz, Stabilität und Unterschiedlichkeit bewerten, haben den Vorteil, dass sie wünschenswerte Eigenschaften von Szenarien bewerten und nicht die Szenarien selbst, wie das bei Wahrscheinlichkeiten geschieht. Werden mehrere Eigenschaften zur Bewertung benutzt, ist die Beurteilungsbasis breiter als bei den theoretisch motivierten Verfahren. Von Nachteil ist, dass die Bewertungen der Eigenschaften im Allgemeinen nacheinander und nicht parallel zueinander vorgenommen werden.

6.4 Szenarienauswahl mit einem unscharfen Clusteranalyseverfahren

6.4.1 Grundidee

Die Anwendung von Clusteranalyseverfahren in der Auswahlphase des Szenarienauswahlprozesses dient der Suche nach den unterschiedlichsten und repräsentativsten Szenarien aus der bewerteten Szenarienmenge. Verwendet man die Verfahren der *Startheuristik* oder *maximalen c-Cliquen*[388] muss jedoch ein Startszenario vorgegeben werden, an dem sich die Clusteranalysealgorithmen orientieren. Die Vorgabe des am höchsten bewerteten Szenarios erscheint zweckmäßig. Die weiteren, maximal unterschiedlichen Szenarienzentren werden in Abhängigkeit dieser Vorgabe ermittelt. Es erhebt sich die Frage, ob aufgrund dieser Vorgehensweise der Repräsentativität genügend Rechnung getragen wird. Sind die mit der Startheuristik ausgewählten Szenarienzentren wirklich repräsentativ für ihre Klassen und für den Szenariengesamtraum? Zur Beantwortung wird der unscharfe *Fuzzy-C-Means* (FCM) Clusteranalysealgorithmus[389] angewandt.[390]

6.4.2 Startvorgaben

Zur Initialisierung des FCM-Algorithmus ist anzugeben, wie viele Klassen zu bilden sind. Des Weiteren benötigt der Algorithmus die Vorgabe eines Unschärfeparameters aus dem Intervall $(1, \infty)$, der den Grad der Unschärfe der Resultate bestimmt. Strebt dieser Parameter gegen den Wert 1, nähert sich die Lösung des FCM-Algorithmus einem scharfen Clusterergebnis. Strebt der Parameter gegen Unendlich, so streben sämtliche Zugehörigkeitsgrade aller Objekte gegen den reziproken Wert der Klassenanzahl: (1/Anzahl der Klassen). Gütekriterien zur Beurteilung des unscharfen Clusterergebnisses können bei der Festlegung des Unschärfeparameters hilfreich sein.[391]

Vor dem Start des Algorithmus muss zusätzlich noch eine Anfangsinitialisierung der Zugehörigkeitsgrade angegeben werden. Die Anfangsinitialisierung beim FCM wird zufällig bestimmt oder bewusst vorgegeben. Für die Anwendung in der Szenarioanalyse haben sich zwei heuristische

[388] Zu diesen Verfahren siehe z.B. Hartung/Elpert (1984), S. 460 ff und Opitz (1980), S. 93 ff. Die Anwendung der Verfahren in der Szenarioanalyse ist z.B. bei Mißler-Behr (1993), S. 121 ff beschrieben.

[389] Die Grundidee der unscharfen Clusteranalyseverfahren ist in Kapitel 3.3.7 beschrieben.

[390] Die Wirkungsweise von unscharfen Clusteranalyseverfahren beschreiben z.B. Bezdek (1981), Bock (1979), Deimer (1986) oder Zimmermann (1995 a), S. 38 ff. Siehe auch Kapitel 3.3.7.

[391] Vgl. hierzu Mißler-Behr (1996 a), S. 114, (1997 a), S. 267 und (1997 b), S. 595.

Vorgehensweisen zur Initialisierung der Zugehörigkeitswerte als sinnvoll herauskristallisiert. Sie orientieren sich an den Clusterergebnissen der *Startheuristik*.

1. **Nachbildung der gesamten Klassenstruktur:**
   Die Szenarienklassen, die durch Anwendung der Startheuristik ermittelt wurden, werden durch die Anfangsinitialisierung der Zugehörigkeitsgrade abgebildet. Wurde Szenario i nach Ablauf der *Startheuristik* der Klasse j zugeordnet, so wird der entsprechende Anfangszugehörigkeitsgrad von Szenario i zu Klasse j hoch und die Zugehörigkeitsgrade von Szenario i zu allen anderen Klassen niedrig angesetzt.

   In einer Fallstudie erwiesen sich Zugehörigkeitsgrade von $\frac{2}{s+1}$ oder größer für hohe Anfangszugehörigkeitswerte und $\frac{1}{s+1}$ oder kleiner für niedrige Anfangszugehörigkeitswerte als besonders sinnvoll.[392] Hierbei bezeichnet s die vorher festgesetzte Anzahl der betrachteten Klassen. Sämtliche Anfangsinitialisierungen der Zugehörigkeitsgrade werden auf diese Weise vorgenommen.

2. **Nachbildung der Klassenzentren:**
   Die Klassenzentren, die mit Hilfe der Startheuristik ermittelt wurden, werden auch dem FCM-Algorithmus als Klassenzentren vorgegeben. Ist Szenario i Zentrum von Klasse j, wird deshalb der Zugehörigkeitsgrad von Szenario i zur Klasse j auf Eins gesetzt. Die Zugehörigkeitsgrade des Szenarios i zu allen anderen Klassen werden dagegen auf Null gesetzt. Die Zugehörigkeitsgrade der restlichen Szenarien, die bei Anwendung der *Startheuristik* keine Klassenzentren bildeten, werden durch Zufallszahlen bestimmt.[393]

Beispiel 22:

In einem Beispiel werden die oben beschriebenen Vorgehensweisen verdeutlicht: 10 Szenarien, die von 1 bis 10 durchnummeriert sind, werden durch Anwendung der *Startheuristik* in drei Klassen eingeteilt. Abbildung 6.8 (Seite 169) zeigt das scharfe Clusterergebnis:

Startheuristik		
Klassen-nummer	Klassen-zentrum	weitere Klassenelemente
1	2	1, 3, 9, 10
2	5	7
3	8	4, 6

Abbildung 6.8: Clusterergebnis bei Anwendung der Startheuristik

Wird die gesamte Klassenstruktur des Ergebnisses der Startheuristik durch die Anfangsinitialisierung nachgebildet, so ergeben sich für die hohen Zugehörigkeitsgrade die Untergrenze von $\frac{2}{s+1} = \frac{2}{4} = \frac{1}{2}$ und für die niedrigen Zugehörigkeitsgrade die Obergrenze von $\frac{1}{s+1} = \frac{1}{4}$, da von einer 3-Klassen-Lösung ausgegangen wird. Werden gerade die Grenzwerte für die Zugehörigkeitsgrade gewählt, so ergibt sich die in Abbildung 6.9 (Seite 170) wiedergegebene Anfangsinitialisierung für den FCM-Algorithmus.

Werden dagegen die Klassenzentren der Startheuristik durch die Anfangsinitialisierung nachgebildet, so werden nur die Zugehörigkeitsgrade der Szenarien mit den Nummern 2, 5 und 8 fest

[392] Vgl. Mißler-Behr (1997 c).

[393] Die entsprechende Anwendung ist bei Mißler-Behr(1996 b) zu finden.

Nachbildung der Klassenstruktur			
Szenario-nummer	Zugehörigkeitsgrade zur Klasse 1	2	3
1	$\frac{1}{2}$	$\frac{1}{4}$	$\frac{1}{4}$
2	$\frac{1}{2}$	$\frac{1}{4}$	$\frac{1}{4}$
3	$\frac{1}{2}$	$\frac{1}{4}$	$\frac{1}{4}$
4	$\frac{1}{4}$	$\frac{1}{4}$	$\frac{1}{2}$
5	$\frac{1}{4}$	$\frac{1}{2}$	$\frac{1}{4}$
6	$\frac{1}{4}$	$\frac{1}{4}$	$\frac{1}{2}$
7	$\frac{1}{4}$	$\frac{1}{2}$	$\frac{1}{4}$
8	$\frac{1}{4}$	$\frac{1}{4}$	$\frac{1}{2}$
9	$\frac{1}{2}$	$\frac{1}{4}$	$\frac{1}{4}$
10	$\frac{1}{2}$	$\frac{1}{4}$	$\frac{1}{4}$

Abbildung 6.9: Anfangsinitialisierung bei Nachbildung der gesamten Klassenstruktur

vorgegeben. Die festgesetzten Zugehörigkeitsgrade nehmen entweder den Wert 1 oder 0 an. Die Zugehörigkeitsgrade aller anderen Szenarien werden zufällig bestimmt. Abbildung 6.10 (Seite 171) zeigt das Prinzip dieser Anfangsinitialisierung.

Durch beide Arten der Initialisierung werden Strukturinformationen, die durch Anwendung der Startheuristik ermittelt wurden, dem unscharfen Clusteranalyseverfahren mitgegeben. Bei Vorgabe der Klassenzentren sind die Strukturinformationen wesentlich geringer als bei Vorgabe der gesamten Klassenstruktur. Deshalb ist auch die Aussagekraft der Ergebnisse des FCM-Algorithmus bei Vorgabe der gesamten Klassenstruktur besser als bei Vorgabe der Klassenzentren. Auf Grund der unscharfen Ergebnisse kann überprüft werden, ob die mit der Startheuristik ermittelten Zentren wirklich die Repräsentanten ihrer Klassen sind oder ob andere Szenarien die Klassen besser oder gleich gut repräsentieren.

6.4.3 Kritik

Der Hauptkritikpunkt bei Anwendung des unscharfen Clusteranalyseverfahrens liegt darin, dass ausschließlich das angewandte Verfahren unscharfen Charakter hat, aber nicht die benutzten Inputdaten in Form der Deskriptorausprägungen, die die Szenarien beschreiben. Zudem werden die Ergebnisse der Bewertungsphase nicht ausdrücklich bei der Bildung der Klassen berücksichtigt.

Beim Vergleich des Aussagegehaltes der scharfen und unscharfen Clusteranalyseverfahren gelingt es jedoch, eine objektivere Grundlage für die Beurteilung der Szenarienzentren zu erhalten. Unter diesem Aspekt bringt die Anwendung von unscharfen Clusteranalyseverfahren zur Szenarienendauswahl eindeutige Vorteile gegenüber der ausschließlichen Anwendung von scharfen Clusteranalyseverfahren.

Nachbildung der Klassenzentren			
Szenario-nummer	Zugehörigkeitsgrade zur Klasse 1	2	3
1	werden zufällig festgelegt		
2	1	0	0
3	werden zufällig festgelegt		
4	werden zufällig festgelegt		
5	0	1	0
6	werden zufällig festgelegt		
7	werden zufällig festgelegt		
8	0	0	1
9	werden zufällig festgelegt		
10	werden zufällig festgelegt		

Abbildung 6.10: Anfangsinitialisierung bei Nachbildung der Klassenzentren

6.5 Wissensbasierte Szenarienauswahl

Im Folgenden wird der neue regelbasierte Ansatz FRBSS (dt: **F**uzzy **r**egel**b**asierte **S**zenario **S**uche, engl: **F**uzzy **R**ule**b**ased **S**cenario **S**earch) zur Szenarienauswahl vorgestellt. Er versucht bei der Szenarienauswahl gleichzeitig die wünschenswerten Eigenschaften der Konsistenz, Stabilität, Unterschiedlichkeit und Repräsentativität explizit zu berücksichtigen und sinnvoll zu bewerten.

Der Ansatz beruht auf einem wissensbasierten Regelwerk,[394] das unabhängig von der speziellen Problemstellung, für die eine Szenarioanalyse durchgeführt wird, gilt. Im Regelwerk werden die wünschenswerten Szenarioeigenschaften aufgearbeitet. Zur Bewertung der Regeln werden Zugehörigkeitsfunktionen benutzt, die empirisch ermittelt werden. Die Erstellung der Zugehörigkeitsfunktionen basiert auf den Angaben zur speziellen Problemstellung, die mit der Szenarioanalyse bearbeitet wird. Die Zugehörigkeitsfunktionen sind somit szenariospezifisch, während das Regelwerk allgemeingültigen Charakter besitzt. Auf diese Weise wird versucht, Kritikpunkte, die bei den einzelnen klassischen Ansätzen zur Szenarienauswahl auftreten, zu berücksichtigen und zu beheben.

6.5.1 Unschärfe in der Szenarioanalyse

Die Unschärfe in der Szenarienauswahl ist vor allem in der Größe des Szenariengesamtraums und damit in der Informationsflut als solcher zu sehen. Da der Gesamtraum oft wenigstens Hunderttausende von Szenarien enthält, ist es offensichtlich, dass sich die sinnvolle Auswahl von sehr wenigen Szenarien im Allgemeinen schwierig gestalten wird.

Es stellen sich in diesem Zusammenhang viele Fragen: Wie werden Szenarien sinnvollerweise bewertet, um eine rationale Auswahl zu gewährleisten? Sollte die Auswahl anhand eines

[394] Die generelle Arbeitsweise von Regelbasen wurde im Kapitel 3.3.6 (Seite 63) über Fuzzy Logic beschrieben.

Kriteriums geschehen oder sollten mehrere Kriterien berücksichtigt werden? Werden mehrere Kriterien berücksichtigt, wie sind diese Kriterien dann für das Gesamturteil zusammenzufassen? Wie werden marginale Unterschiede in den Bewertungen behandelt? Wer nimmt die Bewertungen vor? Gibt es Kennzahlen für die Bewertung? Sind die zugrunde gelegten Bewertungen subjektiver oder objektiver Natur? Kann es überhaupt für die Bewertungen von Szenarien eine objektive Grundlage geben? Ist die Auswahl der Szenarien eindeutig?

Dies ist nur eine Auswahl von Fragen im Zusammenhang mit der Szenarienauswahl. Sie macht jedoch deutlich, dass die Unschärfe bei der Szenarienauswahl in der Komplexität des Gesamtraumes und in den vielfältigen Gestaltungsmöglichkeiten der Szenariobewertung begründet ist. Eine der Kernfragen in der Szenarienauswahl lautet deshalb: Wie kann die Komplexität aufgespalten und operationalisiert werden, damit eine differenzierte Bewertung des Szenariengesamtraumes möglich wird?

Ein weiterer Grund für die Unschärfe in der Szenarienauswahl liegt in den Inputdaten, auf denen die Auswahl letztendlich beruht. Hier sind zwei Aspekte zu nennen: einerseits die Beschreibung der Problemstellung durch die Deskriptoren und ihre Ausprägungen und andererseits die Einschätzung der Verträglichkeit der Deskriptoren durch Konsistenzbewertungen bzw. die Festlegung von Wahrscheinlichkeiten für die Deskriptoreigenschaften.

Welche Deskriptoren sind die Richtigen zur Beschreibung der Problemstellung? Welche Ausprägungen beschreiben die Entwicklungsmöglichkeiten der Deskriptoren angemessen und umfassend? Durch diese Fragen wird die eigentliche Problemstellung klar abgesteckt und abgegrenzt. Somit dient die Beantwortung der Fragen dazu, die gleiche Ausgangsbasis im Szenarioteam für die Analyse zu finden. Deshalb sollte die verbale Formulierung und klare Festsetzung der Deskriptoren und ihrer Ausprägungen ohne eine Problematisierung der Unschärfe beibehalten werden. In den Diskussionen des Szenarioteams werden unterschiedliche Abgrenzungen und Entwicklungen von Deskriptoren sowieso angesprochen, so dass dadurch implizit das Bewusstsein für die zugrunde liegende Unschärfe gesteigert wird.

Gehen als Inputdaten Konsistenzbewertungen oder Wahrscheinlichkeitsschätzungen in die Analyse ein, so hängen auch diese Einschätzungen von den Anwendern ab. In der Praxis hat sich gezeigt, dass selbst bei einer Skala der Konsistenzwerte von nur fünf Rangstufen Probleme bei der eindeutigen Zuordnung der Rangwerte auftreten. Eine Verfeinerung der Skala verschärft diese Problematik. Deshalb erscheint es an dieser Stelle auch nicht sinnvoll, die Unschärfe der einzelnen Bewertungen herausarbeiten zu wollen. Dies könnte z.B. dadurch geschehen, dass die *Konsistenz* als linguistische Variable mit den Termen *inkonsistent* für die Bewertungszahl -2, *schwach inkonsistent* für die Bewertungszahl -1, *unabhängig* für die Bewertungszahl 0, *schwach konsistent* für die Bewertungszahl 1 und *voll konsistent* für die Bewertungszahl 2 beschrieben wird.[395] Für Wahrscheinlichkeitsschätzungen gilt Entsprechendes.

Zudem ist auch diese Frage eine Frage der Komplexität. Da die Anzahl von Konsistenzbewertung quadratisch ansteigt,[396] sollten die Inputschätzungen für eine Szenarioanalyse so einfach wie möglich für die Anwender gehalten werden. Es erscheint wichtiger, zuverlässige, wenn auch rudimentäre Einschätzungen zu erhalten, als Einschätzungen zu verlangen, die die Anwender überfordern.

Deutlich jedoch tritt das Unschärfepotenzial bei der Bewertung der Szenarien mit den wünschens-

---

[395] Zum Konzept der linguistischen Variablen siehe Seite 34 ff.

[396] Sei n die Anzahl der insgesamt betrachteten Deskriptorausprägungen. Dann liegt die Anzahl der abzugebenden Konsistenzschätzungen knapp unter dem Wert von $\frac{n(n-1)}{2}$. Bei $n = 40$ Deskriptorausprägungen wären somit knapp 780 Konsistenzschätzungen abzugeben.

werten Eigenschaften der Konsistenz, Stabilität oder Unterschiedlichkeit zu Tage.[397] Wann gilt ein Szenario als konsistent? Ist diese Einstufung an einem festen Wert zu orientieren? Oder gibt es nicht vielmehr einen langsamen Übergang zwischen hoch und niedrig konsistenten Szenarien, der angemessen berücksichtigt werden sollte? Wie können die Konsistenz, Stabilität und Unterschiedlichkeit zu einem Gesamturteil verknüpft werden? Gibt es dazu einen sinnvollen formalen Zusammenhang oder kann das Gesamturteil besser beschrieben werden durch natürlich-sprachige Regeln der Art:

Wenn	die *Konsistenz hoch*	und
	die *Stabilität hoch*	und
	die *Unterschiedlichkeit hoch* ist,	
dann	ist das Szenario für die *Auswahl geeignet.*	

Aspekte der Unschärfe sind im Szenarienauswahlprozess allgegenwärtig. Durch ihre Berücksichtigung kann eine differenziertere und umfassendere Bewertung der Szenarien erreicht werden.

An diesen Gedanken orientiert sich der nachfolgende Vorschlag für eine zielgerichtete wissensbasierte Szenarienauswahl.

6.5.2 Grundidee des neuen Ansatzes

FRBSS durchläuft alle drei Stufen des Szenarienauswahlprozesses: die Vorselektion, die Bewertungsphase und die Auswahlphase.

- Die **Vorselektion** beruht auf scharfen Auswahlkriterien, die die Verträglichkeit der Ausprägungskombinationen in den Szenarien überprüfen. Die Auswahl beruht auf Konsistenzschätzungen.

  Durch die Vorselektion gelingt eine Grobeinteilung in mindestkonsistente und nicht konsistente Szenarien. Nur die Szenarien mit einer vorgegebenen Mindestkonsistenz gehen in die Bewertungs- und Auswahlphase ein. Dies entspricht in der Regel nur einem kleinen Anteil des Szenariogesamtraums. Da die Konsistenz auch in der Bewertungsphase berücksichtigt wird, erscheint es nicht notwendig, bereits bei der Vorselektion eine differenzierte unscharfe Bewertung der Konsistenz vorzunehmen. Scharfe Kriterien genügen für die Grobeinteilung der Szenarien.

- In der **Bewertungsphase** werden die Eigenschaften der Konsistenz, Stabilität und Unterschiedlichkeit einzeln bewertet. Es wird festgelegt, durch welche unscharfen Variablen die einzelnen Eigenschaften gemessen werden können und wie sie mit Hilfe von geeigneten Zugehörigkeitsfunktionen zu beurteilen sind. Die Zugehörigkeitsfunktionen werden mit Hilfe von Quantilswerten konstruiert, die aus der Menge aller bewerteten Szenarien ermittelt werden.

  Die Bewertung der Konsistenz beruht auf der Anzahl der verschiedenen Konsistenzwerte eines Szenarios. Die Stabilität wird durch die Anzahl der Änderungen bei den Konsistenzbewertungen des Szenarios gemessen, wenn sich eine, zwei bzw. drei Deskriptorausprägungen des Szenarios ändern. Bei der Beurteilung der Unterschiedlichkeit und

[397] Die Aussage gilt auch für andere Bewertungskriterien.

Repräsentativität wird unterschieden, ob zwei, drei oder vier Szenariozentren in die Endauswahl eingehen. In allen Fällen findet eine Beurteilung durch geeignete Lage- und Distanzbetrachtungen statt. Der untere Teil von Abbildung 6.11 (Seite 174) vermittelt einen Eindruck von den vorgeschlagenen Bewertungskriterien. Die einzelnen Bestandteile werden in den nächsten Abschnitten ausführlich besprochen.

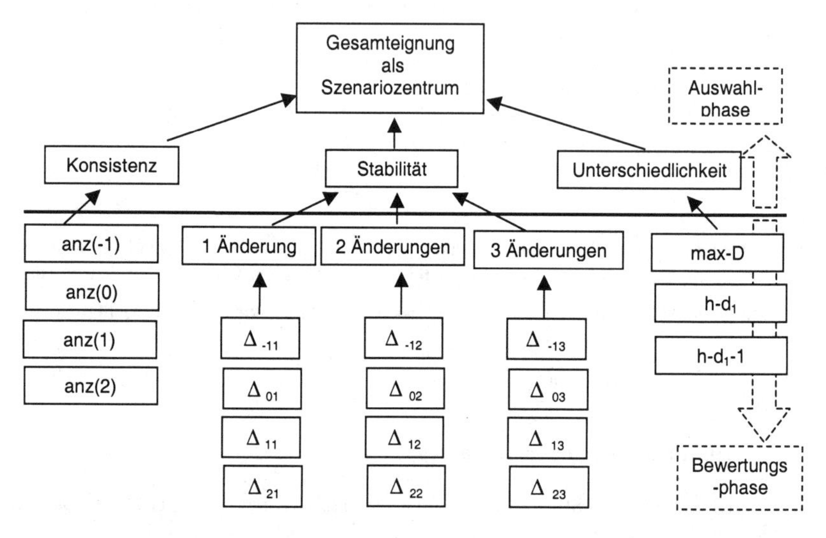

Abbildung 6.11: Bewertungshierarchie

- In der **Auswahlphase** findet die Gesamtbewertung der Szenarien statt. Bei der Beurteilung, ob ein Szenario für die Endauswahl geeignet ist, werden alle drei wünschenswerten Eigenschaften gleichzeitig und gleichwertig berücksichtigt. Auch die Gesamtbeurteilung der Szenarien basiert auf einem Regelwerk. Die am höchsten bewerteten Szenarien gehen in die strategische Planung ein. Gegebenenfalls ist an dieser Stelle noch ein konkreter Distanzvergleich der höchstbewerteten Szenarien nötig.

  Der obere Teil von Abbildung 6.11 zeigt die Zusammenfassung der Einzelkriterien zur Gesamtbewertung. Eine genaue Beschreibung wird in den folgenden Abschnitten gegeben.

Abbildung 6.12 (Seite 175) fasst den generellen Ablauf des regelbasierten FRBSS-Ansatzes zusammen.

6.5.3 Vorselektion

Die Vorselektion stellt eigentlich einen vorgeschobenen Bewertungsschritt der Konsistenz dar und orientiert sich an den Einschätzungen aus der Konsistenzmatrix. Szenarien, die bei der Vorselektion ausgeschlossen werden, würden auch in der Auswahlphase schlecht beurteilt werden, da sich nur solche Szenarien zur Auswahl eignen, die neben einer hohen Stabilität und Unterschiedlichkeit auch eine hohe Konsistenz aufweisen.

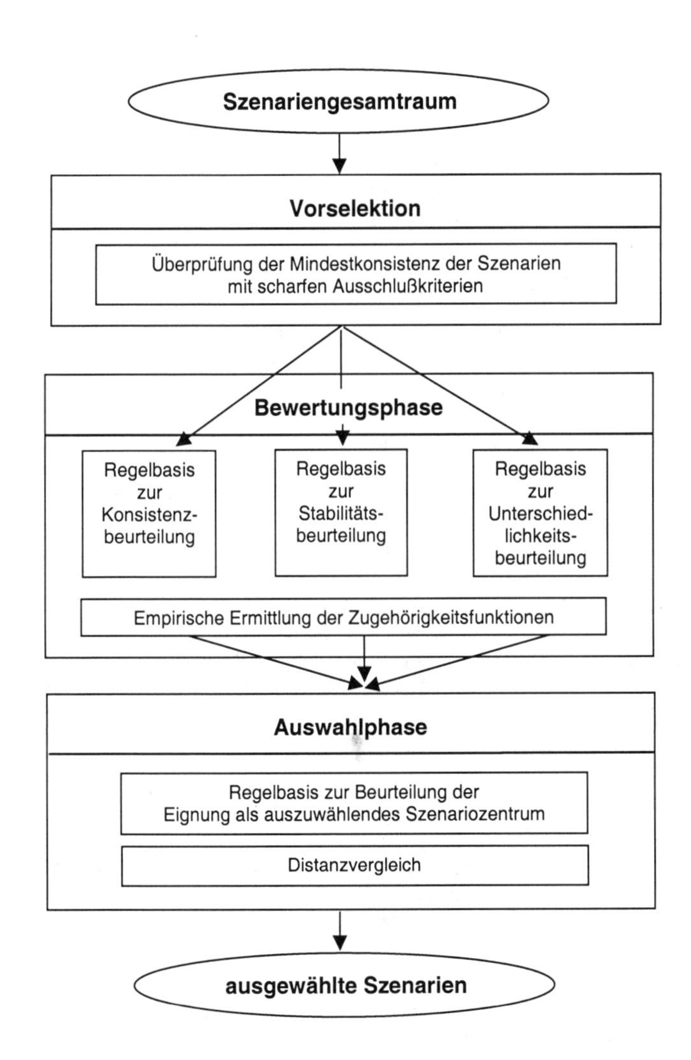

Abbildung 6.12: Ablaufstruktur von FRBSS

In der Vorselektionsphase verwendet der FRBSS-Ansatz folgende Ausschlusskriterien:

Szenarien dürfen keine Inkonsistenzen enthalten:
Inkonsistenzen sind zu erkennen, wenn bei der Konsistenzbeurteilung eines Szenarios (-2)-Bewertungen auftreten. Durch den Ausschluss von Inkonsistenzen soll sichergestellt werden, dass nur solche Szenarien weiterbearbeitet werden, die in sich keine starken Widersprüche vereinen. Ein Mindestmaß an innerer Stimmigkeit der Szenarien ist somit gewährleistet.

Szenarien dürfen nicht überdurchschnittlich viele leichte Inkonsistenzen enthalten:
Bei diesem Kriterium wird das generelle Schätzverhalten des Anwenders bei Abgabe der Konsistenzeinschätzungen berücksichtigt. Der prozentuale Anteil der (-1)-Bewertungen in der Konsistenzmatrix wird mit demjenigen des Szenarios verglichen. Ist der Prozentsatz im Szenario höher, so treten in ihm überdurchschnittlich viele leichte Inkonsistenzen auf. Deshalb wird dieses Szenario als inkonsistent bewertet.

Die Gesamtanzahl der leichten Inkonsistenzen ist beschränkt:
Das dritte Ausschlusskriterium orientiert sich an der Anzahl der hohen Konsistenzbewertungen. Je höher die Anzahl der (+2)-Bewertungen in einem Szenario ist, desto mehr leichte Inkonsistenzen mit (-1)-Bewertungen sind im Szenario erlaubt. Zur Bestimmung der Obergrenze für die Anzahl der leichten Inkonsistenzen ist ein positiver Multiplikator M vorzugeben. Die Obergrenze ergibt sich aus der Multiplikation von M und der Anzahl der (+2)-Bewertungen im jeweiligen Szenario. Überschreitet die Anzahl der leichten Inkonsistenzen die Obergrenze, wird das Szenario als inkonsistent bewertet.

Die dritte Ausschlussregel kann sehr variabel in Abhängigkeit des Multiplikators formuliert werden. Sinnvolle Werte für den Multiplikator liegen im Bereich zwischen 1 und 5. Je kleiner der Multiplikator ist, desto schärfer ist das Ausschlusskriterium. Besonders dieses dritte Kriterium kann zur Steuerung der Anzahl der vorselektierten Szenarien benutzt werden. Dieser Aspekt kann wichtig werden, falls bei Software Tools zur Auswertung von Regelbasen Beschränkungen bezüglich der zu bewertenden Szenarien auftreten.[398]

6.5.4 Bewertungsphase

6.5.4.1 Kenngrößen für die Szenariobewertung

Bewertet werden die Szenarien durch die drei wünschenswerten Merkmale Konsistenz, Stabilität sowie Unterschiedlichkeit und Repräsentativität. Alle drei Eigenschaften werden als linguistische Variablen modelliert. Die Namen der jeweiligen linguistischen Variablen spiegeln die Szenarioeigenschaft direkt wieder. Sie lauten *Konsistenz*, *Stabilität* und *Unterschiedlichkeit*.

Im Folgenden wird besprochen, wie die drei Bewertungsmerkmale sinnvoll gemessen werden können. Die Schwierigkeit liegt darin, möglichst wenige, jedoch aussagekräftige Kenngrößen zur Beschreibung der Merkmale zu finden.

[398] DataEngine 2.0, der MIT GmbH, Aachen kann z.B. etwa 8000 Szenarien im Dateneditor speichern.

Messung der Konsistenz

Die Konsistenz wird in den bisherigen Ansätzen überwiegend mit Hilfe der Konsistenzsumme gemessen. Da Konsistenzbewertungen ordinale Einschätzungen sind, ist eine Addition unter formalen Gesichtspunkten nicht erlaubt. Zudem tritt das Phänomen auf, dass sich bei Berechnung der Konsistenzsumme positive und negative Konsistenzbewertungen ausgleichen können, so dass eine differenzierte Beurteilung der Konsistenz über die Konsistenzsumme erschwert wird. Deshalb wird hier vorgeschlagen, die Konsistenz eines Szenarios mit Hilfe der Häufigkeiten der (-1), (0), (+1) und (+2)-Konsistenzeinschätzungen im Szenario zu messen. (-2)-Bewertungen können in einem Szenario, das sich in der Bewertungsphase befindet, nicht mehr enthalten sein. Diese Szenarien sind bereits in der Vorselektionsphase ausgeschlossen worden.

Die Häufigkeiten der einzelnen Konsistenzbewertungen sind ganzzahlig und weisen Werte zwischen 0 und $\binom{m}{2} = \frac{m \cdot (m-1)}{2}$ auf. Hierbei beschreibt m die Anzahl der Deskriptoren eines Szenarios.

Für jede Häufigkeit wird eine linguistische Variable gebildet. Diese werden *anz(-1), anz(0), anz(1)* und *anz(2)* genannt. *anz(i)* entspricht der Anzahl der (i)-Bewertungen in einem Szenario.

Beispiel 23:

Es werden $m = 5$ Deskriptoren betrachtet. Die fünf Deskriptoren werden jeweils durch 3, 2, 2, 2 und 2 Ausprägungen beschrieben. Die paarweisen Verträglichkeitseinschätzungen der Deskriptorausprägungen sind in der Konsistenzmatrix auf Seite 160 zusammengefasst. Konkret wird folgendes Szenario S betrachtet:[399]

$$S = (A_{13},\ A_{22},\ A_{31},\ A_{42},\ A_{51})$$

Das Szenario enthält $\binom{5}{2} = 10$ Konsistenzbewertungen. Sie lauten:

$$\begin{array}{llll} k(A_{13},\ A_{22}) = 2, & k(A_{13},\ A_{31}) = -1, & k(A_{13},\ A_{42}) = 1, & k(A_{13},\ A_{51}) = -1, \\ k(A_{22},\ A_{31}) = -1, & k(A_{22},\ A_{42}) = 2, & k(A_{22},\ A_{51}) = -1, & \\ k(A_{31},\ A_{42}) = 1, & k(A_{31},\ A_{51}) = 1, & & \\ k(A_{42},\ A_{51}) = -1, & & & \end{array}$$

Mit diesen Angaben ergeben sich folgende Werte für die linguistischen Variablen zur Beschreibung der Konsistenz:

$$anz(-1) = 5, \quad anz(0) = 0, \quad anz(1) = 3, \quad anz(2) = 2$$

Berechnet man die Konsistenzsumme des Szenarios S, so ergibt sich:

$$K(S) = \sum_{\mu=1}^{4} \sum_{\nu=\mu+1}^{5} k(A_{\mu i_\mu},\ A_{\nu i_\nu}) = 2$$

Auch ein Szenario mit z.B. acht (0)-Bewertungen und zwei (+1)-Bewertungen für die $k(A_{\mu i_\mu},\ A_{\nu i_\nu})$'s besitzt eine Konsistenzsumme von 2. Dieses Szenario besitzt jedoch überwiegend unabhängige Ausprägungspaare während das Szenario S immerhin 5 leicht inkonsistente und zwei voll konsistente Ausprägungspaare enthält.

Abbildung 6.13 (Seite 178) fasst die Beschreibung der linguistischen Variablen *Konsistenz* graphisch zusammen.

---

[399] Zur Schreibweise eines Szenario siehe Seite 158.

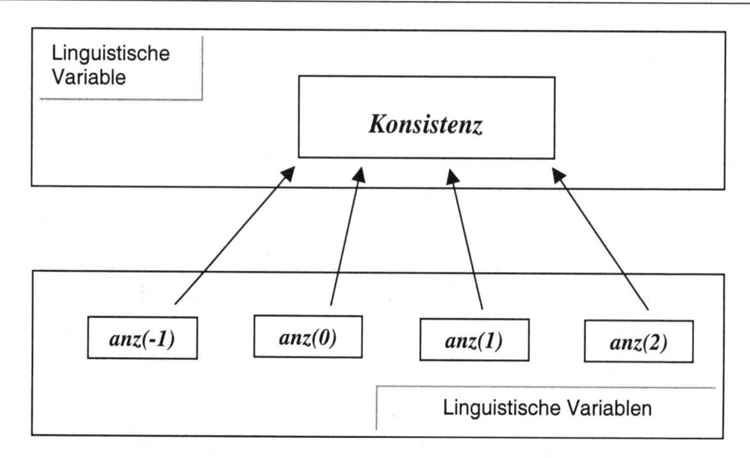

Abbildung 6.13: Beschreibung der Konsistenz

Messung der Stabilität

In den bisherigen Ansätzen zur Bewertung von Szenarien wurde die Stabilität wenn überhaupt nur sehr rudimentär berücksichtigt. Deshalb gilt es nun die Beschreibung der Stabilität von Seite 160 zu operationalisieren. Dort heißt es: "Szenarien, deren Konsistenzbewertungen sich bei Änderung weniger Deskriptorausprägungen kaum verändern, werden als robust oder stabil bezeichnet." Einerseits sind also die Änderungen bei den Konsistenzbewertungen innerhalb eines Szenarios bei Wechsel von Deskriptorausprägungen zu untersuchen, andererseits ist zu konkretisieren, was unter den wenigen Änderungen der Deskriptorausprägungen zu verstehen ist.

Die Änderungen der Deskriptorausprägungen werden auf maximal drei beschränkt. Eine größere Zahl von Änderungen zu wählen bzw. die Zahl in Abhängigkeit der Anzahl m der Deskriptoren zu bestimmen, würde die benötigte Regelbasis zur Beurteilung der Stabilität unnötig aufblähen.[400] Beim letzten Vorschlag wäre sogar eine Regelbasis in Abhängigkeit von m zu erstellen. Zudem hat sich gezeigt, dass drei Änderungen ausreichend erscheinen, um die Stabilität angemessen zu beurteilen.

Um die Änderungen bei den einzelnen Konsistenzbewertungen eines Szenarios beim Wechsel von einem, von zwei oder drei Deskriptorausprägungen zu untersuchen, wird das im Folgenden beschriebene Vorgehen gewählt. Die Beschreibung bezieht sich zunächst nur auf eine einzige Änderung bei den Deskriptorausprägungen. Treten zwei oder drei Änderungen auf, wird der gleiche Gedankengang benutzt.

Die Änderungen der Konsistenzbewertungen können direkt gemessen werden. Dazu werden die Konsistenzbewertungen eines vorgegebenen Referenzszenarios mit denen aller anderen noch vorhandenen Szenarien verglichen, die sich vom vorgegebenen Szenario in nur einer Deskriptorausprägung unterscheiden. Die Konsistenzbewertungen des vorgegebenen Szenarios und eines Vergleichsszenarios werden direkt verglichen. Unterscheidet sich die jeweilige Konsistenzbewertung der beiden Szenarien, so wird die Abweichung notiert. Dazu gehören vier Zählvariablen,

[400] Siehe hierzu das nächste Kapitel 6.5.4.2.

die festhalten, wie oft eine Abweichung bei den einzelnen Konsistenzzahlen (-1), 0, 1 und 2 aufgetreten ist. Das vorgegebene Szenario dient dabei als Referenzszenario.

Dieser Vergleichsvorgang wird für alle Szenarien wiederholt, die sich vom Vorgegebenen in nur einer Deskriptorausprägung unterscheiden. Jedesmal wird die Anzahl der Abweichungen getrennt notiert. Zur abschließenden Beurteilung der Stabilität bei Änderung einer Deskriptorausprägung wird die maximale Anzahl von Abweichungen des jeweiligen Konsistenzwertes von allen Vergleichsszenarien bestimmt.

Das nachfolgende Beispiel zeigt das oben beschriebene Vorgehen:

Beispiel 24:

Es ist die gleiche Ausgangssituation wie im letzten Beispiel gegeben. Fünf Deskriptoren werden betrachtet. Diese besitzen jeweils 3, 2, 2, 2 und 2 unterschiedliche Ausprägungen. Die paarweisen Verträglichkeitseinschätzungen der Deskriptorausprägungen sind der Konsistenzmatrix auf Seite 160 zu entnehmen.

Das vorgegebene Referenzszenario hat folgendes Aussehen:

$$S = (A_{13},\ A_{22},\ A_{31},\ A_{42},\ A_{51})$$

Insgesamt sechs Szenarien, die für dieses Beispiel durchnummeriert werden, unterscheiden sich vom Referenzszenario S in genau einer Deskriptorausprägung. Die nachstehende Tabelle 6.1 listet diese Szenarien auf.

	Vergleichsszenarien	
S_1	$(A_{11},\ A_{22},\ A_{31},\ A_{42},\ A_{51})$	vorselektiert
S_2	$(A_{12},\ A_{22},\ A_{31},\ A_{42},\ A_{51})$	vorselektiert
S_3	$(A_{13},\ A_{21},\ A_{31},\ A_{42},\ A_{51})$	
S_4	$(A_{13},\ A_{22},\ A_{32},\ A_{42},\ A_{51})$	
S_5	$(A_{13},\ A_{22},\ A_{31},\ A_{41},\ A_{51})$	vorselektiert
S_6	$(A_{13},\ A_{22},\ A_{31},\ A_{42},\ A_{52})$	

Tabelle 6.1: Vergleichsszenarien bei Änderung einer Deskriptorausprägung

Von den sechs Vergleichsszenarien weisen drei, nämlich S_1, S_2, und S_5 die in der Vorselektionsphase geforderte Mindestkonsistenz nicht auf. Aus der Konsistenzmatrix (Seite 160) ist zu erkennen, dass im ersten Vergleichsszenario eine Inkonsistenz, die mit -2 bewertet wird, beim Ausprägungspaar $(A_{11},\ A_{22})$ auftritt. Beim zweiten Vergleichsszenario widersprechen sich die Ausprägungen $(A_{12},\ A_{22})$ und beim dritten Vergleichsszenario die Ausprägungen $(A_{22},\ A_{41})$.

Im nächsten Schritt sind die Konsistenzbewertungen des Referenzszenarios S und die eines Vergleichsszenarios zu untersuchen. Tabelle 6.2 (Seite 180) fasst die Konsistenzbewertungen für die einzelnen Szenarien zusammen. Ausgangspunkt ist hierzu die Konsistenzmatrix auf Seite 160.

Betrachtet man nacheinander alle (-1)-Bewertungen des Referenzszenarios S und vergleicht diese mit den entsprechenden Konsistenzbewertungen von S_3, so findet man an zwei Stellen Abweichungen. Denselben Vergleich stellt man für die Bewertungen 0, 1 und 2 in Szenario S und S_3

	S	S_3	S_4	S_6
$k(A_{1i_1}, A_{2i_2})$	**2**	-1	2	2
$k(A_{1i_1}, A_{3i_3})$	**-1**	-1	1	-1
$k(A_{1i_1}, A_{4i_4})$	**1**	1	1	1
$k(A_{1i_1}, A_{5i_5})$	**-1**	-1	-1	1
$k(A_{2i_2}, A_{3i_3})$	**-1**	1	1	-1
$k(A_{2i_2}, A_{4i_4})$	**2**	-1	2	2
$k(A_{2i_2}, A_{5i_5})$	**-1**	2	-1	1
$k(A_{3i_3}, A_{4i_4})$	**1**	1	-1	1
$k(A_{3i_3}, A_{5i_5})$	**1**	1	-1	-1
$k(A_{4i_4}, A_{5i_5})$	**-1**	-1	-1	1

Tabelle 6.2: Konsistenzbewertungen der Vergleichsszenarien

an. Danach vergleicht man die Konsistenzbewertungen von Szenario S mit denen des Szenarios S_4 bzw. S_6. Tabelle 6.3 (Seite 180) fasst die Ergebnisse dieser Vergleiche zusammen.

	Bezugspunkt: Referenzszenario S			
	Anzahl der Änderungen bei den (-1)-Bewertungen	Anzahl der Änderungen bei den (0)-Bewertungen	Anzahl der Änderungen bei den (1)-Bewertungen	Anzahl der Änderungen bei den (2)-Bewertungen
(S, S_3)	2	0	0	2
(S, S_4)	2	0	2	0
(S, S_6)	3	0	1	0
max	3	0	2	2
=	Δ_{-11}	Δ_{01}	Δ_{11}	Δ_{21}

Tabelle 6.3: Anzahl der Änderungen

Die Stabilität bei Änderung einer Deskriptorausprägung im Szenario wird durch die linguistische Variable *1-Änderung* beurteilt. Ihre Beurteilung basiert auf den Werten der vier linguistischen Variablen Δ_{i1} ($i = -1, 0, 1, 2$), die die maximale Anzahl der Änderungen bei den (i)-Konsistenzbewertungen beschreiben, wenn sich eine Deskriptorausprägung geändert hat. Die letzte Zeile von Tabelle 6.3 zeigt die gewählte Notation. Δ symbolisiert hierbei die maximale Anzahl der Änderungen bei den Konsistenzbewertungen. Der erste Index von Δ zeigt an, auf welchen Konsistenzwert sich die Abweichungen beziehen. Er kann die Werte -1, 0, 1 und 2 annehmen. Der zweite Index von Δ steht stellvertretend für die Anzahl der geänderten Deskriptorausprägungen in den Vergleichsszenarien. Er nimmt im Beispiel den Wert 1 an.[401]

[401] Werden 2 oder 3 Veränderungen in den Deskriptorausprägungen betrachtet, was nachfolgend beschrieben wird, kann der zweite Index entsprechend auch die Werte 2 oder 3 annehmen.

Abbildung 6.14 (Seite 181) fasst die Beschreibung der linguistischen Variablen *1-Änderung* graphisch zusammen.

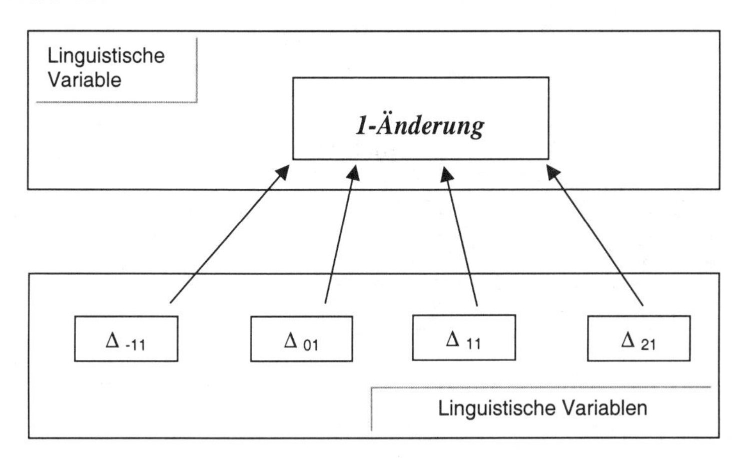

Abbildung 6.14: Beschreibung der linguistischen Variablen *1-Änderung*

Das gleiche Vorgehen wird bei der Beurteilung der Stabilität bei zwei bzw. drei Änderungen in den Deskriptorausprägungen angewandt. Es ändert sich jeweils nur die Menge der Vergleichsszenarien. Die linguistische Variable *2-Änderungen* beschreibt die Stabilität bei Änderung zweier Deskriptorausprägungen, *3-Änderungen* beschreibt die Stabilität bei Änderung dreier Deskriptorausprägungen. Auch ihre Beurteilung basiert jeweils auf vier linguistischen Variablen: Δ_{i2} bzw. Δ_{i3} $(i = -1,\ 0,\ 1,\ 2)$. Sie beschreiben die maximale Anzahl der Änderungen bei den (i)-Konsistenzbewertungen, wenn sich zwei bzw. drei Deskriptorausprägungen ändern.

Die drei linguistischen Variablen *1-Änderung*, *2-Änderungen* und *3-Änderungen* werden abschließend zur Bewertung der Gesamtstabilität, die durch die linguistische Variable *Stabilität* dargestellt wird, herangezogen. Abbildung 6.15 (Seite 182) zeigt die gesamte Bewertungshierarchie, die zur Beurteilung der Gesamtstabilität angewandt wird.

Die Bewertung der Gesamtstabilität durch insgesamt 12 Kenngrößen auf unterster Bewertungsstufe erscheint im ersten Moment sehr differenziert. Es hat sich jedoch gezeigt, dass z.B. die maximale Summe der Bewertungsänderungen des vorgegebenen Szenarios zu den Vergleichsszenarien keine ausreichende Aussagekraft besitzt. Auch eine Beschränkung auf die Änderungen der Bewertungen (-1) und (+2) ist zu verwerfen, da sich gerade auch Änderungen der mittleren Bewertungen von (0) und (+1) hin zu den Bewertungen (-1) und (+2) wesentlich auf die Bewertung der Gesamtkonsistenz auswirken.

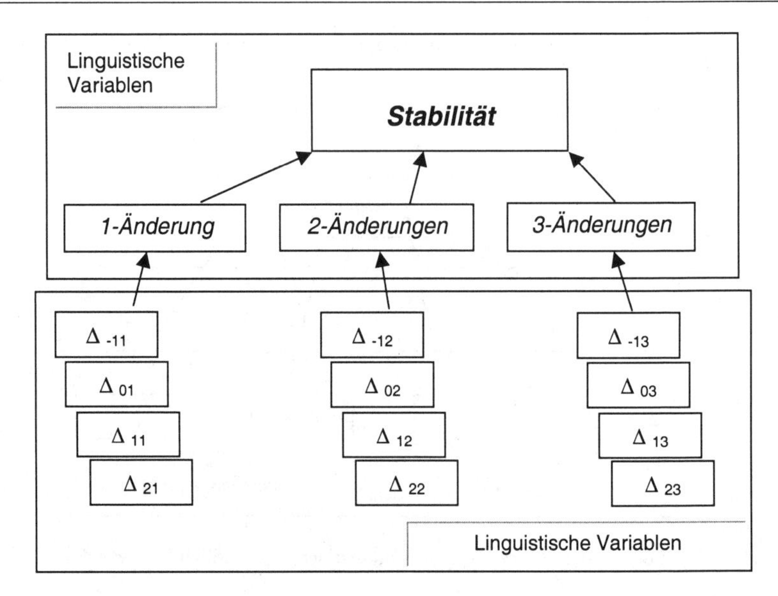

Abbildung 6.15: Beschreibung der Stabilität

Messung der Unterschiedlichkeit und Repräsentativität

Die Beurteilung der Unterschiedlichkeit und Repräsentativität der schließlich auszuwählenden Szenariozentren orientiert sich an deren idealen Lage im Szenariogesamtraum. Einerseits sollen die auszuwählenden Szenarienzentren möglichst unterschiedlich sein, andererseits sollen sie ein umfassendes Bild des Szenariogesamtraums wiederspiegeln.

Ob sich ein Szenario als Zentrum eignet, hängt auch davon ab, wie viele Zentren insgesamt bestimmt werden sollen und das wievielte Zentrum gerade beurteilt wird.

- Es werden mindesten zwei Szenarienrepräsentanten bestimmt. Beim ersten und zweiten Zentrum wird die **Eignung als Extremszenario** überprüft. Hier ist die Unterschiedlichkeit maßgeblich. Die beiden Szenarien werden am Rand des Gesamtraums liegen und somit Extrempositionen einnehmen. Abbildung 6.16 (Seite 183) verdeutlicht durch die weißen Ellipsen die prinzipiellen Bereiche, in denen die beiden Extremszenarien angesiedelt sind.

- Sollen drei Szenarienrepräsentanten bestimmt werden, so sind zuerst die Extremszenarien zu beurteilen. Das dritte Zentrum dagegen sollte sich einerseits deutlich von den Extremszenarien abgrenzen, andererseits eine **mittlere Position im Gesamtraum** einnehmen. Sowohl die Unterschiedlichkeit als auch die Repräsentativität werden somit berücksichtigt. In Abbildung 6.17 (Seite 183) wird die prinzipielle Lage für die Mittelposition angedeutet.

- Sind dagegen vier Szenarienzentren zu bestimmen, erscheint die eben beschriebene Lage des dritten Zentrums nicht mehr angemessen. Sollte das vierte Szenariozentrum sich z.B. vorwiegend an der Lage des linken Extremszenarios und dem mittleren Szenario orientieren

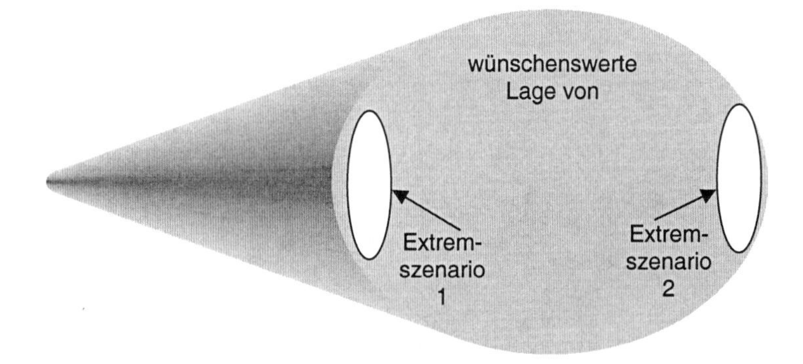

Abbildung 6.16: Extrempositionen für Szenarienzentren

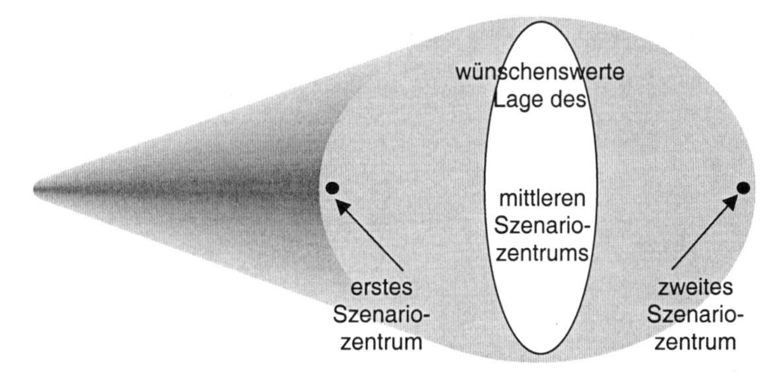

Abbildung 6.17: Mittlerer Positionsbereich für Szenarienzentren

oder sollte die rechte Seite bevorzugt werden? Die Lage des dritten Zentrums ist somit im Zusammenhang mit dem vierten Zentrum neu zu bestimmen. Aus diesem Grunde werden bei der Festlegung von vier Zentren zuerst die Extremszenarien beurteilt und anschließend gemeinsam das dritte und vierte Szenariozentrum. Auch hier sollten sich das dritte und vierte Zentrum deutlich von den Extremszenarien unterscheiden. Zudem sollte der Szenariengesamtraum möglichst gleichmäßig durch die vier Zentren abgedeckt werden. Das dritte und vierte Szenario werden somit **Zwischenpositionen im Raum** einnehmen. Es werden folglich sowohl Aspekte der Unterschiedlichkeit als auch der Repräsentativität berücksichtigt. Die Bereiche für die Zwischenpositionen des dritten und vierten Zentrums sind in Abbildung 6.18 (Seite 184) skizziert.

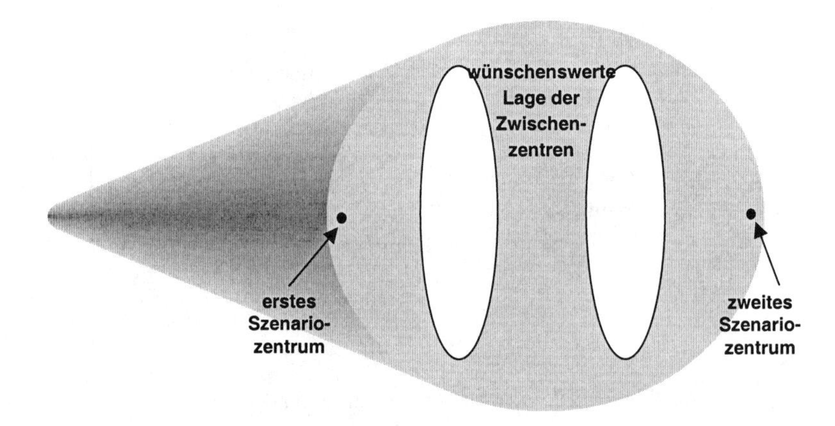

Abbildung 6.18: Zwischenpositionen für Szenarienzentren

Die Unterschiedlichkeit von zwei Szenarien kann mit Hilfe eines Distanzindexes d gemessen werden. Der Distanzindex zählt die Anzahl der unterschiedlichen Deskriptorausprägungen in je zwei Szenarien.[402] Formal kann er folgendermaßen erklärt werden:

$$d_{ij} = d(S_i,\ S_j) = \sum_{\mu=1}^{m} \delta(A^i_{\mu l_\mu},\ A^j_{\mu l_\mu})$$

mit

$$\begin{array}{lll} \delta(A^i_{\mu l_\mu},\ A^j_{\mu l_\mu}) = 1 & \text{falls } A^i_{\mu l_\mu} \neq A^j_{\mu l_\mu} & \text{und} \\ \delta(A^i_{\mu l_\mu},\ A^j_{\mu l_\mu}) = 0 & \text{falls } A^i_{\mu l_\mu} = A^j_{\mu l_\mu} & \end{array}$$

Beispiel 25:

Betrachtet man z.B. die beiden Szenarien

$$\begin{array}{lll} S_1 & = & (A_{13},\ A_{22},\ A_{31},\ A_{42},\ A_{51}) \quad \text{und} \\ S_2 & = & (A_{12},\ A_{22},\ A_{32},\ A_{41},\ A_{51}), \end{array}$$

so unterscheiden sich ihre Ausprägungen im ersten, dritten und vierten Deskriptor. Für den Distanzindex d_{12} ergibt sich somit der Wert 3.

Der Distanzindex ist symmetrisch und ganzzahlig. Er kann Werte zwischen 0 und m annehmen. m entspricht der Anzahl der Deskriptoren im Szenario.

Zur Beschreibung der Ideallage der verschiedenen Szenarienzentren werden unterschiedliche Distanzwerte benötigt. Da die Szenarien verschiedener Problemstellungen durch unterschiedlich viele Deskriptoren beschrieben werden, ist eine allgemeingültige Notation für die Benennung der Distanzwerte nötig. Der kleinste Distanzwert hat z.B. immer den Wert 0, der größte den Wert m. Der Wert von m variiert von Szenarioanalyse zu Szenarioanalyse. Zur Beschreibung

[402] Diese einfache Form eines Distanzindexes wird gewählt, weil die Deskriptoren eines Szenarios in der Regel nominales oder ordinales Skalenniveau besitzen. Einen Überblick über Distanzindizes gibt z.B. Opitz (1980), S. 27 ff.

des mittleren Szenarios wird eine mittlere Distanz benötigt. Auch diese ist abhängig von m. Deshalb wird sich im Folgenden bei der allgemeingültigen Benennung der Distanzwerte an die Quantilsschreibweise aus der Statistik angelehnt. Da die Distanzwerte ganze Zahlen sind, besitzen sie eine natürliche Ordnung. Ausgehend von den geordneten Distanzwerten 1 bis m bezeichnet d_α mit $\alpha \in [0, 1]$ den Distanzwert, der von mindestens $100 \cdot \alpha\%$ der gegebenen Distanzwerte nicht überschritten und von mindestens $100 \cdot (1 - \alpha)\%$ der gegebenen Distanzwerte nicht unterschritten wird. d_α entspricht also dem α-Quantilswert aus der Statistik.[403,404] Damit entspricht z.B. d_0 dem kleinsten Distanzwert 0 und d_1 dem größten Distanzwert m. Tabelle 6.4 zeigt den prinzipiellen Zusammenhang zwischen den konkreten Distanzwerten, Quantilswerten und der im Folgenden benutzten, allgemeingültigen Notation der Distanzwerte.

d	1	2	...	$i-1$	i	$i+1$	...	$m-1$	m
Quantile	α_0	α_0+1	...	$\alpha_{0,5}-1$	$\alpha_{0,5}$	$\alpha_{0,5}+1$	...	α_1-1	α_1
allgemeingültige Notation	d_0	d_0+1	...	$d_{0,5}-1$	$d_{0,5}$	$d_{0,5}+1$	...	d_1-1	d_1

Tabelle 6.4: Quantilsschreibweise für Distanzwerte

Die Quantilsdistanz $d_{0,5}$ entspricht dem 50%-Quantil der geordneten Distanzwerte. Da die Distanzwerte ganzzahlig sind, gibt es einen eindeutigen Vorgänger- und Nachfolgerwert zum 50%-Quantil. Diese Werte sind gerade um den Wert 1 kleiner bzw. größer als das 50%-Quantil. Deshalb können Vorgänger und Nachfolger von $d_{0,5}$ durch $d_{0,5} - 1$ und $d_{0,5} + 1$ beschrieben werden.

Im Folgenden wird dargestellt, mit welchen Kenngrößen der FRBSS-Ansatz die Eignung der Szenarien für die unterschiedlichen Szenariozentren misst.

Eignung als Extremszenario

Das erste Extremszenario sollte maximal unterschiedlich zum zweiten Extremszenario sein. Diese Eigenschaft kann mit Hilfe der maximalen Distanz eines Szenarios zu allen anderen Szenarien in der Bewertungsphase beurteilt werden. Je höher die maximale Distanz eines Szenarios ist, desto besser kann ein passendes zweites Extremszenario zu ihm gefunden werden. Wünschenswerterweise zeigt die maximale Distanz einen Wert von m oder $m - 1$ auf, damit sichergestellt ist, dass wirklich Extrempositionen eingenommen werden können. Ist dies nicht der Fall, so sollte die Frage gestellt werden, ob die Auswahlkriterien der Vorselektion nicht zu streng waren und somit die Menge der zu bewertenden Szenarien nicht zu klein ist. Denn gerade Extremszenarien weisen im Allgemeinen die Eigenschaft auf, stark konsistent zu sein.

Da auch die Extremszenarien nicht isoliert im Gesamtraum liegen und jeweils eine ganze Gruppe von Szenarien repräsentieren sollen, ist es wichtig, dass zu mehr als nur einem Szenario die höchst

[403] Vgl. zum Quantilsbegriff z.B. Bamberg/Bauer (1998), S. 119.

[404] Hier stellt sich die Frage, ob es nicht möglich wäre, mit Werten wie $\frac{m}{2}$ oder $\frac{m}{3}$ zu arbeiten, statt die schwieriger erscheinende Quantilsschreibweise zu benutzten. Bei der Division treten jedoch häufig reellwertige Ergebnisse auf. Da die Distanzwerte ganzzahlig sind und damit auch die Quantilswerte ganzzahlig sind, bietet die Quantilsschreibweise in unserem Fall die angemessenere Beschreibungsform.

mögliche oder zweit höchste Distanz $m = d_1$ bzw. $m - 1 = d_1 - 1$ auftritt. Dieses Phänomen kann mit Hilfe der Häufigkeit des höchsten bzw. zweit höchsten Distanzwertes beurteilt werden.

Die maximale Distanz eines Szenarios zu allen anderen Szenarien in der Bewertungsphase kann Werte zwischen 0 und m annehmen. Die maximale Distanz wird durch die linguistische Variable *max-D* beschrieben. Die Häufigkeiten der Distanzwerte d_1 und $d_1 - 1$, die beim Vergleich eines Szenarios mit allen anderen Szenarien in der Bewertungsphase bestimmt werden, weisen Werte zwischen 0 und der Anzahl der Szenarien in der Bewertungsphase auf. Die linguistischen Variablen zu den Häufigkeiten heißen $h-(d_1)$ bzw. $h-(d_1-1)$. Alle drei linguistischen Größen gehen bei der Beurteilung der linguistischen Variablen *Eignung als Extremszenario* ein.

Beispiel 26:

Wir betrachten einen Ausschnitt aus der Bewertungsphase einer Szenarioanalyse bei der $m = 17$ Deskriptoren berücksichtigt werden. Tabelle 6.5 (Seite 186) zeigt einen Ausschnitt aus den Häufigkeiten der Distanzwerte und die maximale Distanz von sieben Szenarien, die für dieses Beispiel durchnummeriert sind. Der maximale Distanzwert beträgt 17. Insgesamt werden 1601 Szenarien in der Bewertungsphase beurteilt.

	S_1	S_2	S_3	S_4	S_5	S_6	S_7
max-D	14	14	16	16	17	17	17
$h-(d_1)=17$	0	0	0	0	2	4	1
$h-(d_1-1)=16$	0	0	4	4	6	11	8
$h-(d_1-2)=15$	0	0	11	9	11	15	10
$h-(d_1-3)=14$	4	3	15	9	11	2	11
$h-(d_1-4)=13$	11	9	2	10	2	0	2
$\vdots$							

Tabelle 6.5: Häufigkeiten von Distanzwerten

Bei Szenario S_1 und S_2 ist zu sehen, dass die maximale Distanz 14 beträgt und deshalb auch die Häufigkeiten der drei höchsten Distanzwerte den Wert 0 aufweisen. Kandidaten für ein Extremszenario sind S_5, S_6 und S_7, da sie den maximalen Distanzwert von 17 ausweisen. Vergleicht man diese drei Szenarien, so scheint S_6 der beste Kandidat von diesen dreien für ein Extremszenario zu sein, da sowohl die Häufigkeit des Distanzwertes 17 als auch die des Wertes 16 am höchsten ist.

Das Beispiel zeigt auch, dass der Eindruck entstehen kann, es sei sinnvoll, noch weitere Häufigkeiten der Distanzwerte in die Beurteilung einzubeziehen. Die Anzahl der benutzten Kenngrößen ist jedoch so klein wie möglich und so groß wie unbedingt nötig zu halten, um sinnvolle Ergebnisse zu erreichen. Die Anzahl der Regeln, die im nächsten Kapitel besprochen werden, steigen wenigstens quadratisch mit der Anzahl der Kenngrößen und werden dadurch immer schwieriger zu beurteilen. Zudem hat die Erfahrung im Umgang mit Bewertungshierarchien gezeigt, dass häufig bereits sehr wenige Kenngrößen ausreichen um komplexe Tatbestände zu beschreiben.

Abbildung 6.19 (Seite 187) verdeutlicht den Zusammenhang der linguistischen Variablen zur Beurteilung der Eignung als Extremszenario.

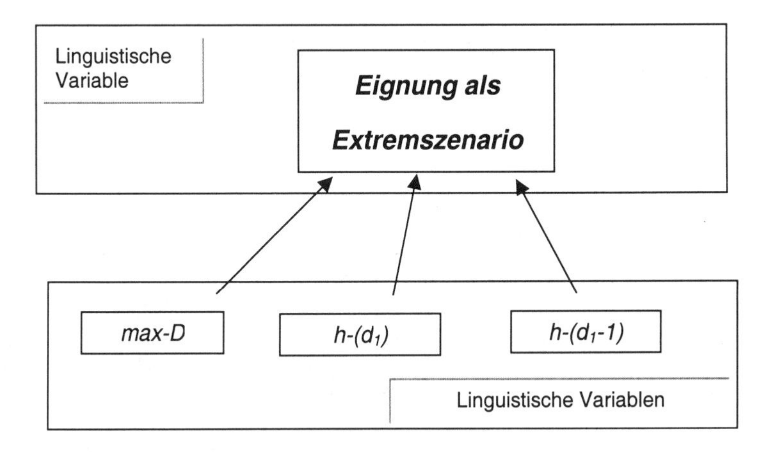

Abbildung 6.19: Beschreibung der Eignung als Extremszenario

Eignung als mittleres Szenario

Das mittlere dritte Szenariozentrum sollte sich möglichst von den Extremszenarien unterscheiden und die mittleren Positionen des Szenariogesamtraumes vertreten. Diese Eigenschaft wird mit Hilfe der Häufigkeiten der medialen Distanz $d_{0,5}$ beurteilt. Auch die Nachbardistanzen $(d_{0,5} - 1)$ und $(d_{0,5} + 1)$ des medialen Distanzwertes sollten stark vertreten sein, damit einerseits der Auswahlbereich für das mittlere Szenario größer wird und sich andererseits das mittlere Szenario innerhalb einer möglichst großen Szenariogruppe befindet.[405] Das mittlere Szenariozentrum sollte möglichst keine Extremposition zu einem anderen Szenario aufweisen, so dass sein maximaler Distanzwert (*max-D*) mit *niedrig* bewertet werden kann.

Die linguistische Variable *Eignung als mittleres Szenario* wird durch vier linguistische Variablen erklärt: *max-D* für die maximale Distanz sowie $h - (d_{0,5})$, $h - (d_{0,5} - 1)$ und $h - (d_{0,5} + 1)$ für die Häufigkeiten der medialen Distanz und ihrer Vorgänger- und Nachfolgerdistanz.

Abbildung 6.20 (Seite 188) gibt die Beschreibung der Eignung als mittleres Szenario graphisch wieder.

Eignung als Zwischenszenario

Die Lage des dritten und vierten Szenariozentrums wird zusammen bewertet. Die beiden Szenarien gelten als Zwischenszenarien. Ihre prinzipielle Lage ist in Abbildung 6.18 (Seite 184) verdeutlicht.

Das dritte und vierte Szenariozentrum sollte sich sowohl von den Extremszenarien als auch untereinander unterscheiden und den Szenariogesamtraum gleichmäßig für die Repräsentation aufteilen. Diese Eigenschaft wird mit Hilfe der Häufigkeiten der 0,33 und 0,66 Distanzquantile ($d_{0,33}$ und $d_{0,66}$) beurteilt. Auch die Nachbardistanzen $(d_{0,33} - 1)$ und $(d_{0,33} + 1)$ bzw. $(d_{0,66} - 1)$ und $(d_{0,66} + 1)$ der vorgegebenen Distanzwerte sollten stark vertreten sein, damit der Auswahlbereich für das dritte und vierte Zwischenszenario größer wird und sie sich innerhalb

[405] Siehe hierzu auch die bildliche Veranschaulichung auf Seite 183 in Abbildung 6.17.

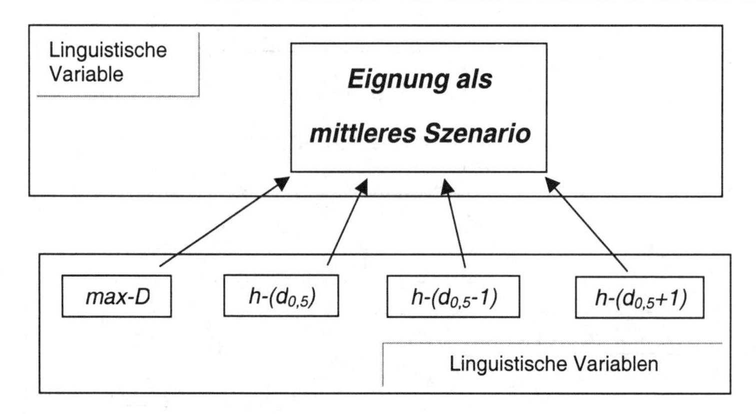

Abbildung 6.20: Beschreibung der Eignung als mittleres Szenario

einer möglichst großen Szenariogruppe befindet. Da auch die Zwischenzentren keine Extremposition zu einem anderen Szenario einnehmen sollten, hat ihr maximaler Distanzwert (*max-D*) nicht hoch zu sein.

Die linguistische Variable *Eignung als Zwischenszenario* wird durch insgesamt sieben linguistische Variable erklärt: *max-D* für die maximale Distanz sowie $h-(d_{0,33})$, $h-(d_{0,66})$, $h-(d_{0,33}-1)$, $h-(d_{0,33}+1)$, $h-(d_{0,66}-1)$ und $h-(d_{0,66}+1)$ für die Häufigkeiten der 0,33 und 0,66 Distanzquantile und ihrer Vorgänger- und Nachfolgerdistanzen.

Abbildung 6.21 (Seite 188) zeigt den Aufbau der Bewertungshierarchie für die Eignung als mittleres Szenario.

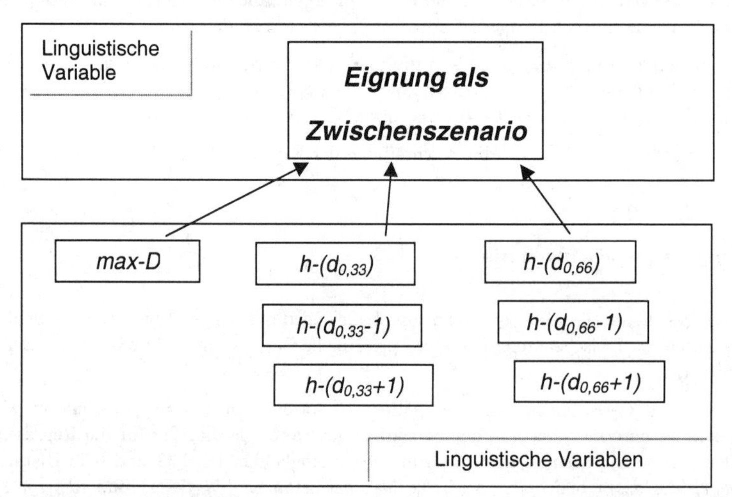

Abbildung 6.21: Beschreibung der Eignung als Zwischenszenario

Zusammenfassung des Beurteilungsprozederes der Unterschiedlichkeit und Repräsentativität bei unterschiedlicher Zentrenanzahl:

Die Beschreibung der Unterschiedlichkeit und Repräsentativität hängt davon ab, welches Szenariozentrum gerade beurteilt werden soll.

Das oben beschriebene Vorgehen kann auch auf mehr als vier Zentren ausgeweitet werden. Soll die Eignung der Szenarien für fünf Zentren beurteilt werden, so umfasst die Beurteilung 3 Schritte: Zuerst wird die Eignung als Extremszenario beurteilt, anschließend die Eignung als mittleres Szenariozentrum. Im dritten Schritt wird die Eignung als viertes oder fünftes Zwischenszenario überprüft. Dabei orientiert man sich an den Häufigkeiten der 0,25 und 0,75 Distanzquantile und deren Nachbarwerten. Durch diese Festlegung der Szenariozentren will man eine gleichmäßge Aufteilung des Szenarioraums durch die gleichmäßige Berücksichtigung der Distanzwerte erreichen. Abbildung 6.22 (Seite 189) verdeutlicht schemenhaft das prinzipielle Aufteilungsprinzip im Eindimensionalen für fünf Szenariozentren.[406]

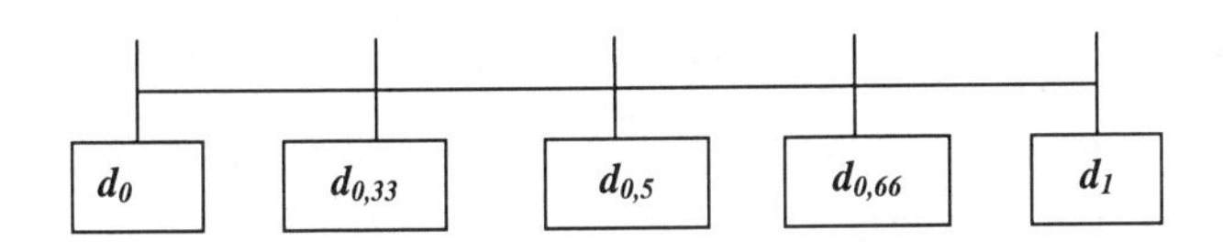

Abbildung 6.22: Aufteilungsschema bei fünf Zentren

Bei sechs Zentren sind die beiden Extremszenarien zu beurteilen und zweimal die Lage von Zwischenszenarien. Bei den Zwischenszenarien orientiert man sich zuerst an den 0,2 und 0,8 Distanzquantilen und anschließend an den 0,4 und 0,6 Quantilen. Durch Abbildung 6.23 wird das Schema der Aufteilung für sechs Szenariozentren gezeigt.

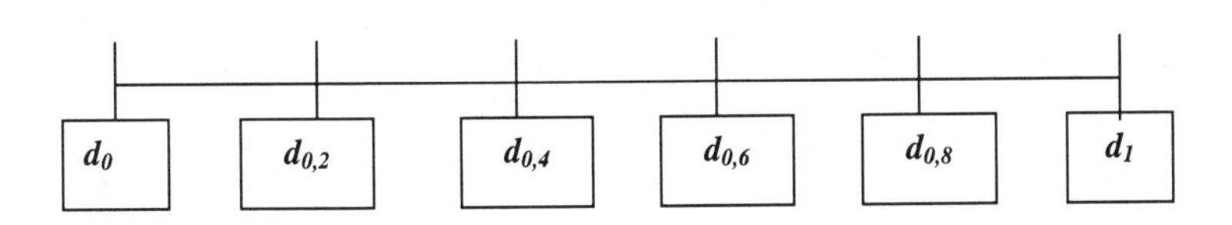

Abbildung 6.23: Aufteilungsschema bei sechs Zentren

Tabelle 6.6 (Seite 190) fasst die Systematik bei der Beurteilung der Unterschiedlichkeit und Repräsentativität bei unterschiedlicher Zentrenanzahl nochmals zusammen. Angegeben sind jeweils die Distanzquantile, an denen sich die Bewertung orientiert.

[406] In der Abbildung 6.22 wurde eine äquidistante Aufteilung zum besseren Verständnis gewählt. Grundsätzlich brauchen die Abstände der Distanzquantile jedoch nicht äquidistant zu sein.

Anzahl der Szenarienzentren	Extrem-szenarien	mittleres Zentrum	Zwischen-zentren
2	d_1		
3	d_1	$d_{0,5}$	
4	d_1		$d_{0,33}$ / $d_{0,66}$
5	d_1	$d_{0,5}$	$d_{0,25}$ / $d_{0,75}$
6	d_1		$d_{0,2}$ / $d_{0,8}$ sowie $d_{0,4}$ / $d_{0,6}$

Tabelle 6.6: Benötigte Distanzquantile

Linguistische Terme

Alle linguistischen Variablen, die zur Bewertung der Szenarien beitragen, besitzen zwei linguistische Terme: *hoch* und *niedrig*. Es hat sich gezeigt, dass bereits bei zwei Termen eine ausreichend differenzierte Beurteilung der Szenarieneigenschaften gelingt. Der zusätzliche Aufwand, der durch einen dritten Term verursacht würde, lässt sich durch das Ergebnis nicht rechtfertigen.

Die konkrete Bedeutung der linguistischen Terme *hoch* und *niedrig* ist an dieser Stelle noch nicht bekannt. Sie wird in Abschnitt 6.5.4.3 (Seite 198) festgelegt. In den nun folgenden Abschnitten, in denen die Bewertungsregeln der verschiedenen Szenarioeigenschaften formuliert werden, genügt die natürlich-sprachig beurteilende Bedeutung der Ausdrücke *hoch* und *niedrig*.

6.5.4.2 Regelbasen für die Szenariobewertung

Mit Hilfe von natürlich-sprachigen Regeln wird festgelegt, wann ein Szenario als hoch oder niedrig konsistent, stabil oder unterschiedlich zu gelten hat. Dazu werden Regelbasen aufgestellt, die die gewünschten Eigenschaften zuerst einzeln beurteilen. Die Beurteilung basiert auf den linguistischen Variablen, die im letzten Kapitel zur Beschreibung der jeweiligen Szenarioeigenschaft vorgestellt wurden. Das Aufstellen der Regeln und die Schlussfolgerungen aus den Regeln basieren auf Expertenwissen.

Regelbasis zur Beurteilung der Konsistenz

Zur Beurteilung der Konsistenzeigenschaft werden insgesamt fünf linguistische Variablen benutzt: Zur Gesamtbeurteilung dient die linguistische Variable *Konsistenz*. Sie wird mit Hilfe der linguistischen Größen *anz(-1)*, *anz(0)*, *anz(1)* und *anz(2)* beurteilt (vgl. Abbildung 6.13 auf Seite 178). Alle fünf linguistischen Größen besitzen die linguistischen Terme *hoch* und *niedrig*. Die komplette Regelbasis zur Beurteilung der *Konsistenz* umfasst 16 Regeln, da vier linguistische Variablen *anz(i)* mit je zwei Termen zur Beurteilung kombiniert werden. Die Anzahl der Regeln ist somit abhängig von der Anzahl der beurteilenden linguistischen Variablen und der Anzahl ihrer linguistischen Terme.

Eine komplette Regelbasis wird häufig auch wenig sinnvolle, teilweise sogar widersprüchliche Regeln enthalten. Dennoch werden alle Regeln benutzt, um sämtliche möglichen Beurteilungssituationen, die sich aus dem Regelwerk ergeben, abzudecken. Widersprüchliche oder wenig sinnvolle Regeln kommen jedoch bei der Auswertung einer Regelbasis im Allgemeinen nicht oder fast nicht zum Tragen. Deshalb haben sie keinen oder nur wenig Einfluss auf das Bewertungsergebnis. Auf Beispiele für nicht sinnvolle Regeln wird im Folgenden hingewiesen.

Sechs der sechzehn Regeln zur Beurteilung der Konsistenz sind in Tabelle 6.7 (Seite 191) abgebildet. Die gesamte Regelbasis zur Beurteilung der Konsistenz ist im Anhang auf Seite 305 zusammengefasst.[407]

Nr.	*anz(-1)*	*anz(0)*	*anz(1)*	*anz(2)*	*Konsistenz*
1	niedrig	niedrig	niedrig	niedrig	niedrig
2	niedrig	niedrig	niedrig	hoch	hoch
5	niedrig	hoch	niedrig	niedrig	niedrig
7	niedrig	hoch	hoch	niedrig	hoch
10	hoch	niedrig	niedrig	hoch	niedrig
12	hoch	niedrig	hoch	hoch	hoch

Tabelle 6.7: Auszug aus der Regelbasis zur Beurteilung der Konsistenz

Die Beurteilung der Konsistenz orientiert sich an ihrer Definition. Je stimmiger ein Szenario in sich ist, desto konsistenter ist es auch. Je geringer die Anzahl der Widersprüchlichkeiten und je höher die Anzahl der sich bedingenden, unterstützenden Ausprägungen in einem Szenario sind, desto konsistenter ist dieses Szenario.

Die Regeln sind in der Wenn-Dann-Form zu lesen. Regel 2 aus Tabelle 6.7 lautet z.B.:

Wenn
die Anzahl der (-1)-Konsistenzbewertungen des Szenarios *niedrig* ist und
die Anzahl der (0)-Konsistenzbewertungen des Szenarios *niedrig* ist und
die Anzahl der (1)-Konsistenzbewertungen des Szenarios *niedrig* ist und
die Anzahl der (2)-Konsistenzbewertungen des Szenarios *hoch* ist,

dann
ist die *Konsistenz* des Szenarios *hoch* zu bewerten.

In Kurzform:

Wenn	*anz(-1)*	*niedrig*	und
	anz(0)	*niedrig*	und
	anz(1)	*niedrig*	und
	anz(2)	*hoch,*	
dann	*Konsistenz*	*hoch.*	

Alle 16 Regeln der Regelbasis können entsprechend in Wenn-Dann Form ausgedrückt werden. In Tabelle 6.7 (Seite 198) wird eine zusammenfassende Kurzschreibweise für die Regeln gewählt. Die Regeln aus der Tabelle sind exemplarisch folgendermaßen zu interpretieren:

[407] Sämtliche Regeln, die im Folgenden aufgestellt werden, sind durchnummeriert. Die Nummerierung ist nicht inhaltlich begründet. Das Gesamtregelwerk von FRBSS umfasst 248 Regeln, die im Anhang ab Seite 305 aufgeführt sind.

Regel 1 besagt, dass die *Konsistenz* als *niedrig* bewertet wird, wenn die Häufigkeiten sämtlicher Konsistenzwerte *niedrig* sind. Diese Regel beschreibt eine Situation, in der unter anderem nur wenige leichte und starke Konsistenzen vorkommen. Deshalb wird als Gesamturteil für die Konsistenz in diesem Fall die Bewertung *niedrig* gewählt. Diese Regel gehört zu den weniger sinnvollen, in sich widersprüchlichen Regeln. Da jedes Szenario die gleiche Anzahl von Konsistenzbewertungen enthält, ist es nicht möglich, dass sämtliche Häufigkeiten der Konsistenzbeurteilungen ausschließlich *niedrig* oder ausschließlich *hoch* sind.

Regel 2 dagegen erscheint sehr sinnvoll zu sein. Wenn ausschließlich die Anzahl der starken Konsistenzbewertungen *hoch* ist und die Anzahl aller übrigen Konsistenzbewertungen *niedrig* ist, dann ist es ganz offensichtlich, dass die *Konsistenz* als *hoch* zu bewerten ist.

Bei Regel 5 treten wenige leichte Inkonsistenzen aber auch wenige leichte oder starke Konsistenzen auf. Der Hauptanteil der Konsistenzbeurteilungen liegt im neutralen Bereich. Auch die Gesamtbeurteilung der Konsistenz führt in diesem Fall zu einem eher neutralen Ergebnis. Da man sich jedoch für eine niedrige bzw. hohe Bewertung entscheiden muss, wird die Bewertung *niedrig* gewählt. Diese Wahl ist auch dadurch begründet, dass beim gesamten Regelwerk in Zweifelsfällen eher die schlechtere Bewertung gewählt wird. Diese Vorgehensweise entspricht einem insgesamt strengen Beurteilungsmaßstab. Er ist jedoch notwendig, da aus einer großen Menge von zu bewertenden Szenarien nur sehr wenige Szenarien als Zentren herausgefiltert werden sollen.

Bei Regel 7 ist die Beurteilung der Konsistenz durch die hohe Anzahl von leichten Konsistenzen begründet, da sich die leichten Inkonsistenzen und starken Konsistenzen in ihrer Wirkung neutralisieren.

Bei Regel 10 werden die vielen leichten Inkonsistenzen von den vielen starken Konsistenzen aufgewogen. Da weder die neutralen Beurteilungen noch die leichten Konsistenzen stark vertreten sind, lautet das Gesamturteil *niedrig*.

Bei Regel 12 wiegen die vielen leichten Inkonsistenzen die vielen starken Konsistenzen auf. Dann überwiegen jedoch die leichten Konsistenzbewertungen, so dass das Gesamturteil *hoch* lautet.

Das Regelwerk erlaubt eine wesentlich differenziertere Beurteilung der Konsistenz als dies die Konsistenzsumme ermöglichen würde. Szenarien, die in sich nicht widersprüchlich, sondern eher neutral sind oder leicht positiv zu bewerten sind, können mit Hilfe der Regelbasis als konsistent erkannt werden. Die Konsistenzsumme solcher Szenarien wird jedoch nicht hoch sein. Auch feine Nuancen in der Bewertung können bei der Regelbasis Auswirkungen auf das Gesamturteil haben.

Regelbasen zur Beurteilung der Stabilität

Die Regelbasis zur Beurteilung der Gesamtstabilität gründet auf den linguistischen Variablen *1-Änderung*, *2-Änderungen* und *3-Änderungen*. Deren Beurteilung wiederum basiert auf den linguistischen Variablen Δ_{ij} mit $(i = -1,\ 0\ 1\ 2)$ und $(j = 1,\ 2,\ 3)$, die die maximale Anzahl der Änderungen in den Konsistenzwerten bei eins, zwei bzw. drei Änderungen in den Deskriptorausprägungen zählen (vgl. hierzu Abbildung 6.15, Seite 182). Deshalb sind zuerst die Regelbasen zur Beurteilung der Stabilität bei einer, zwei bzw. drei Änderungen in den Deskriptorausprägungen getrennt aufzustellen und auszuwerten. Die Ergebnisse dieser drei Regelbasen fließen dann in die Auswertung der Regelbasis zur Beurteilung der Gesamtstabilität ein.

Zuerst werden die Regeln zur Beurteilung der linguistischen Variablen *1-Änderung* aufgestellt.

Die vier erklärenden Größen Δ_{i1} mit ($i = -1,\ 0\ 1\ 2$) weisen jeweils die linguistischen Terme *hoch* und *niedrig* auf, so dass die komplette Regelbasis zur Beurteilung der Veränderungen der Konsistenzwerte bei Änderung einer Deskriptorausprägung im Szenario (= *1-Änderung*) 16 Regeln umfasst. Tabelle 6.8 zeigt beispielhaft 7 der 16 Regeln. Im Anhang auf Seite 306 ist die komplette Regelbasis abgebildet.

Nr.	Δ_{-11}	Δ_{01}	Δ_{11}	Δ_{21}	*1-Änderung*
18	niedrig	niedrig	niedrig	hoch	niedrig
22	niedrig	hoch	niedrig	hoch	niedrig
23	niedrig	hoch	hoch	niedrig	niedrig
26	hoch	niedrig	niedrig	hoch	niedrig
28	hoch	niedrig	hoch	hoch	hoch
29	hoch	hoch	niedrig	niedrig	niedrig
31	hoch	hoch	hoch	niedrig	hoch

Tabelle 6.8: Auszug aus der Regelbasis zur Beurteilung von 1-Änderung

Ist z.B. nur die maximale Anzahl der Änderungen beim Konsistenzwert 2 hoch, während die maximale Anzahl der Änderungen bei den anderen Konsistenzwerten niedrig ist, so wird die Veränderung der Konsistenzwerte insgesamt als *niedrig* bewertet. Deshalb ist Regel 18 aus Tabelle 6.8 folgendermaßen zu lesen:

Wenn

die maximale Anzahl von Änderungen im Konsistenzwert (-1) des vorgegebenen Szenarios — *niedrig* ist und
die maximale Anzahl von Änderungen im Konsistenzwert (0) des vorgegebenen Szenarios — *niedrig* ist und
die maximale Anzahl von Änderungen im Konsistenzwert (1) des vorgegebenen Szenarios — *niedrig* ist und
die maximale Anzahl von Änderungen im Konsistenzwert (2) des vorgegebenen Szenarios — *hoch* ist,

dann

gilt die Veränderung in den Konsistenzwerten bei Änderung einer Deskriptorausprägung des Szenarios als — *niedrig.*

In Kurzform:

Wenn	Δ_{-11}	*niedrig*	und
	Δ_{01}	*niedrig*	und
	Δ_{11}	*niedrig*	und
	Δ_{21}	*hoch,*	
dann	*1-Änderung*	*niedrig.*	

Die anderen Regeln aus Tabelle 6.8 (Seite 193) sind entsprechend zu interpretieren. Bei der Beurteilung wird folgende Systematik zugrunde gelegt: Bei allen vier Konsistenzwerten haben Änderungen gleiches Gewicht. Ist die maximale Anzahl der Änderungen nur bei einem oder zwei

Konsistenzwerten *hoch*, so wird die Veränderung insgesamt mit *niedrig* bewertet. Sind dagegen die Änderungen bei drei oder sogar allen Konsistenzwerten *hoch*, so wird auch die gesamte Veränderung als *hoch* beurteilt.

Diese Beurteilungssystematik ist grundsätzlich unabhängig von der Anzahl der veränderten Deskriptorausprägungen. Sie ist somit sowohl für die Beurteilung der linguistischen Variablen *1-Änderung* als auch zur Beurteilung von *2-Änderungen* und *3-Änderungen* gültig. Die Regelbasen zur Beurteilung dieser drei unterschiedlichen linguistischen Variablen sind deshalb identisch. Aus Gründen der Vollständigkeit sind auf den Seiten 307 und 308 im Anhang auch die Regelbasen zur Beurteilung der Stabilität bei Änderung von zwei bzw. drei Deskriptorausprägungen aufgeführt.

Die abschließende Beurteilung der Gesamtstabilität eines Szenarios wird in der linguistischen Variablen *Stabilität* abgebildet. Die drei linguistischen Variablen *1-Änderung*, *2-Änderungen* und *3-Änderungen* gehen gleichwertig in die Beurteilung ein. Nur wenn höchstens eine dieser linguistischen Größen mit *hoch* bewertet wird, wird die Gesamtstabilität des betrachteten Szenarios mit *hoch* bewertet. Tabelle 6.9 zeigt 2 der 8 Regeln der Regelbasis. Im Anhang auf Seite 309 ist die gesamte Regelbasis zur Beurteilung der Gesamtstabilität zu finden.

Nr.	*1-Änderung*	*2-Änderungen*	*3-Änderungen*	*Stabilität*
66	niedrig	niedrig	hoch	hoch
71	hoch	hoch	niedrig	niedrig

Tabelle 6.9: Auszug aus der Regelbasis zur Beurteilung der Stabilität

Ausformuliert hat z.B. Regel 66 aus Tabelle 6.9 folgende Bedeutung:

Wenn

die Veränderungen der Konsistenzwerte bei Änderung einer Deskriptorausprägung des Szenarios *niedrig* ist und

die Veränderungen der Konsistenzwerte bei Änderung von zwei Deskriptorausprägungen des Szenarios *niedrig* ist und

die Veränderungen der Konsistenzwerte bei Änderung von drei Deskriptorausprägungen des Szenarios *hoch* ist,

dann

ist die Gesamtstabilität des Szenarios *hoch*.

In Kurzform:

Wenn	*1-Änderung*	*niedrig*	und
	2-Änderungen	*niedrig*	und
	3-Änderungen	*hoch*,	
dann	*Stabilität*	*hoch*.	

Regelbasen zur Beurteilung der Unterschiedlichkeit und Repräsentativität

Bei der Beurteilung der Unterschiedlichkeit und Repräsentativität ist zu unterscheiden, ob die Eignung als Extremszenario, als mittleres Szenario oder als Zwischenszenario untersucht wird. Entsprechend ist für jeden Zentrentyp eine unterschiedliche Regelbasis zu erstellen.

Regelbasis zur Beurteilung der Eignung als Extremszenario

Die linguistische Variable *Eignung als Extremszenario* wird mit Hilfe der linguistischen Variablen *max-D*, *h-*d_1 und *h-*d_1*-1* beurteilt. Die erklärenden Größen können die Terme *hoch* und *niedrig* annehmen. Zur Beurteilung der linguistischen Variablen *Eignung als Extremszenario* ergeben sich somit $2^3 = 8$ Regeln, die im Anhang auf Seite 310 vollständig abgebildet sind. Tabelle 6.10 zeigt zwei Regeln in Kurzschreibweise.

Nr.	*max-D*	$h-(d_1)$	$h-(d_1-1)$	*Eignung als Extremszenario*
74	niedrig	niedrig	hoch	niedrig
78	hoch	niedrig	hoch	hoch

Tabelle 6.10: Auszug aus der Regelbasis zur Beurteilung der Eignung als Extremszenario

Die ideale Lage eines Extremszenarios zeichnet sich dadurch aus, dass ein hoher maximaler Abstand zu den anderen Szenarien existiert und dass ein potenzielles zweites Extremszenario nicht isoliert auftritt, sondern mehrere Szenarien repräsentiert. Dies ist der Fall, wenn die drei erklärenden linguistischen Variablen *max-D*, *h-*d_1 und *h-*d_1*-1* mit *hoch* bewertet werden. Entsprechend der idealen Lage eines Extremszenarios wird die Eignung eines Szenarios als Extremszenario dann als *hoch* beurteilt, wenn wenigstens zwei der drei erklärenden Größen die Bewertung *hoch* aufweisen.

Bei Regel 74 aus Tabelle 6.10 tritt ein innerer Widerspruch auf. Die Regel beurteilt eine Situation, in der gleichzeitig eine niedrige maximale Distanz auftreten und die zweithöchste Distanz von vielen Szenarien angenommen werden soll. Beide Eigenschaften zusammen können jedoch nicht auftreten. Diese Regel ist nur aus Vollständigkeitsgründen in der Regelbasis enthalten. Die Eignung eines Szenarios als Extremszenario wird in diesem Fall mit *niedrig* bewertet. Der besprochene innere Widerspruch wird in Regel 78 aufgelöst. Hier sind beide Eigenschaften mit *hoch* bewertet. Die Endbeurteilung lautet deshalb *hoch*.

Regelbasis zur Beurteilung der Eignung als mittleres Szenario

Die ideale mittlere Lage des dritten Szenariozentrums wird mit Hilfe der linguistischen Variablen *Eignung als mittleres Szenario* beurteilt. Die drei linguistischen Größen *max-D*, $h-(d_{0,5})$, $h-(d_{0,5}-1)$ und $h-(d_{0,5}+1)$ messen diese Variable. Sie können die Terme *hoch* und *niedrig* annehmen, so dass zur Beurteilung der *Eignung als mittleres Szenario* insgesamt $2^4 = 16$ Regeln aufzustellen sind. Die komplette Regelbasis ist im Anhang auf Seite 311 angegeben. Tabelle 6.11 (Seite 196) zeigt 4 der 16 Regeln.

Nr.	$h-(d_{0,5}-1)$	$h-(d_{0,5})$	$h-(d_{0,5}+1)$	*max-D*	*Eignung als mittleres Szenario*
87	niedrig	hoch	hoch	niedrig	hoch
88	niedrig	hoch	hoch	hoch	hoch
91	hoch	niedrig	hoch	niedrig	hoch
92	hoch	niedrig	hoch	hoch	niedrig

Tabelle 6.11: Auszug aus der Regelbasis zur Beurteilung der Eignung als mittleres Szenario

Die ideale Lage des mittleren dritten Szenarios zeichnet sich dadurch aus, dass es keine Extremposition zu einem anderen Szeanrio einnimmt und den mittleren Bereich des Szenarioraumes abdeckt (vgl. Abbildung 6.17, Seite 183). Zur Messung der Abdeckung des mittleren Bereichs dienen die Häufigkeiten der medialen Distanzwerte: $h-(d_{0,5})$, $h-(d_{0,5}-1)$ und $h-(d_{0,5}+1)$. Je höher sie sind, desto besser. Ist die maximale Distanz des betrachteten Szenarios zu den anderen Szenarien (*max-D*) eher klein, so vertritt das Szenario keine Extremposition.

Sobald die Häufigkeiten zweier nebeneinander liegender medialer Distanzen *hoch* sind, wird auch die Unterschiedlichkeit für das dritte Zentrum unabhängig von der maximalen Distanz als *hoch* bewertet (Regeln 87 und 88 in Tabelle 6.11). Werden dagegen die Häufigkeiten des Vorgängers und des Nachfolgers der medialen Distanz als *hoch* bewertet, die Häufigkeit der medialen Distanz jedoch als *niedrig*, so hängt das Ergebnis der Bewertung der Eignung von der maximalen Distanz ab (Regeln 91 und 92 in Tabelle 6.11). Ist die maximale Distanz *niedrig*, so ist davon auszugehen, dass das bewertete Szenario besser im mittleren Bereich des Gesamtszenarienraumes eingebettet ist, als bei der Bewertung *hoch* für *max-D*. Deshalb wird im ersten Fall die Eignung mit *hoch* bewertet und im zweiten Fall mit *niedrig*. In allen anderen Fällen, in denen wenigstens zwei der drei Häufigkeiten der Distanzwerte als *niedrig* gelten, ist auch die Eignung *niedrig*.

Regelbasis zur Beurteilung der Eignung als Zwischenszenario

Als spezielle Zwischenszenarien werden hier das dritte und vierte Szenariozentrum betrachtet, so dass die Distanzblöcke um das 33%- und 66%-Distanzquantil zu untersuchen sind.

Die Zwischenszenarien werden durch die linguistische Variable *Eignung als Zwischenszenario* beurteilt. Gemessen wird die Eignung in unserem Falle durch die linguistischen Größen *max-D*, $h-(d_{0,33})$, $h-(d_{0,33}-1)$, $h-(d_{0,33}+1)$, $h-(d_{0,66})$, $h-(d_{0,66}-1)$ und $h-(d_{0,66}+1)$. Da zwei Distanzblöcke zu überprüfen sind, sind bereits sieben linguistische Variablen zur aussagekräftigen Bewertung der Eignung der Zwischenszenarien nötigt. Da jeder dieser sieben linguistischen Variablen die Terme *hoch* und *niedrig* annehmen kann, umfasst die gesamte Regelbasis zur Beurteilung der Eignung des Szenarios als Zwischenszenario insgesamt $2^7 = 128$ Regeln. Im Anhang auf den Seiten 312 bis 316 ist die Regelbasis vollständig abgebildet. Tabelle 6.12 zeigt exemplarisch sechs Regeln in Kurzform.

Die prinzipielle Lage der Zwischenszenarien wird durch Abbildung 6.17 (Seite 183) charakterisiert. Beide Distanzblöcke müssen ausreichend repräsentiert sein. Die Zwischenszenarien sollen keine Extrempostionen einnehmen. Je höher die Häufigkeiten der Distanzwerte und je niedriger die maximale Distanz des Szenarios ausfällt, desto besser ist die Eignung als Zwischenszenario.

linguistische Variable	Regel Nr.					
	104	118	141	156	187	214
$h - (d_{0,33} - 1)$	niedrig	niedrig	niedrig	niedrig	hoch	hoch
$h - (d_{0,33})$	niedrig	niedrig	hoch	hoch	niedrig	hoch
$h - (d_{0,33} + 1)$	niedrig	hoch	niedrig	hoch	hoch	hoch
$h - (d_{0,66} - 1)$	niedrig	niedrig	hoch	hoch	hoch	niedrig
$h - (d_{0,66})$	hoch	hoch	hoch	niedrig	niedrig	hoch
$h - (d_{0,66} + 1)$	hoch	niedrig	niedrig	hoch	hoch	niedrig
max-D	hoch	hoch	niedrig	hoch	niedrig	hoch
Eignung als Zwischenszenario	niedrig	niedrig	hoch	hoch	hoch	niedrig

Tabelle 6.12: Auszug aus der Regelbasis zur Beurteilung der Eignung als Zwischenszenario

Folgendes Bewertungsprinzip wird angelegt, um die 128 Regeln angemessen und systematisch zu bewerten:

Beide Distanzblöcke müssen hohe Häufigkeiten aufweisen, damit das Szenario als geeignet eingestuft wird (vgl. z.B. Regel 104 und 141 aus Tabelle 6.12, Seite 197).

Werden in jedem Distanzblock mindestens zwei nebeneinanderliegende Häufigkeiten als *hoch* bewertet, dann steht die Eignung fest. Das gleiche gilt, falls in einem Distanzblock wenigstens zwei nebeneinander liegende Distanzwerte hohe Häufigkeiten aufweisen und im anderen Distanzblock zwei hohe Häufigkeiten nicht nebeneinander liegen (vgl. Regel 156 aus Tabelle 6.12, Seite 197).

Treten dagegen in den beiden Distanzblöcken bei zwei nicht nebeneinanderliegenden Distanzwerten hohe Häufigkeiten auf, so wird in Abhängigkeit der maximalen Distanz über die Eignung entschieden. Ist die maximale Distanz *hoch*, so fällt die Eignung *niedrig* aus. Ist dagegen die maximale Distanz *niedrig*, so fällt die Eignung *hoch* aus (vgl. Regel 187 aus Tabelle 6.12, Seite 197).

Tritt in einem Distanzblock nur eine hoch bewertete Häufigkeit auf, so kann das Szenario nur noch dann als hoch geeignet betrachtet werden, wenn im zweiten Distanzblock wenigsten zwei hoch bewertete Distanzwerte nebeneinander liegen (vgl. die Regeln 141 und 214 aus Tabelle 6.12, Seite 197). Auch in diesem Fall wird in Abhängigkeit der maximalen Distanz entschieden. Bei niedriger maximaler Distanz wird das Szenario als hoch geeignet betrachtet (Regel 141), bei hoher maximaler Distanz wird es als niedrig geeignet betrachtet (Regel 214). In allen anderen Fällen lautet die Entscheidung: niedrig geeignet.

Benutzung der Regelbasen bei unterschiedlicher Zentrenanzahl

Das prinzipielle Vorgehen bei der Beurteilung der Unterschiedlichkeit und Repräsentativität bei verschiedenen Zentrenanzahlen wurde bereits bei der Festlegung der erforderlichen linguistischen Variablen beschrieben und in Tabelle 6.6 (Seite 190) zusammengefasst. Entsprechend dem dort beschriebenen Vorgehen sind auch die obigen Regelbasen anzuwenden.

Sind zwei Extremszenarien auszuwählen, wird die Regelbasis zur Eignung als Extremszenario benötigt.

Sind 3 Szenarienzentren zu bestimmen, ist die Regelbasis zur Eignung als Extremszenario und die Regelbasis zur Eignung als mittleres Szenario anzuwenden.

Sind 4 Szenarienzentren zu suchen, benötigt man die Regelbasis zur Eignung als Extremszenario und die Regelbasis zur Eignung als Zwischenszenario. Bei der zuletzt genannten Regelbasis orientiert man sich an den 33%- und 66%-Distanzquantilen.

Bei fünf Szenariozentren werden alle drei oben vorgestellten Regelbasen benötigt: Regelbasis zur Eignung als Extremszenario, Regelbasis zur Eignung als mittleres Szenario und Regelbasis zur Eignung als Zwischenszenario. Bei der Beurteilung der Eignung als Zwischenszenario sind nun die 25%- und 75%-Distanzquantile zu berücksichtigen.

Bei sechs Szenariozentren wird die Regelbasis zur Eignung als Extremszenario einmal und die Regelbasis zur Eignung als Zwischenszenario zweimal angewendet. Bei der Beurteilung als Zwischenszenario sind in diesem Fall die 20%- und 80%-Distanzquantile sowie die 40%- und 60%-Distanzquantile zu benutzen.

Geht man bei der Beurteilung der Eignung nach diesem Prinzip vor, genügen die drei aufgestellten Regelbasen unabhängig von der Zentrenanzahl. Die Zentrenanzahl geht bei der Kombination der drei Regelbasen mit ein.

Es wird deutlich, dass die Anzahl der Regeln zur Beurteilung der Szenarienzentren mit der Anzahl der Zentren teilweise sprunghaft ansteigt.

Damit die Regeln ausgewertet werden können, ist in einem nächsten Schritt die Bedeutung der Terme *hoch* und *niedrig* für die verschiedenen linguistischen Größen festzulegen. Was heißt *hoch* oder *niedrig* im konkreten Fall?

6.5.4.3 Konstruktion der Zugehörigkeitsfunktionen

Die Bedeutung der linguistischen Terme *hoch* und *niedrig* wird durch ihre Zugehörigkeitsfunktionen festgelegt.[408] Sind die Zugehörigkeitsfunktionen bekannt, so kann z.B. angegeben werden, wann die linguistische Größe mit welchen Zugehörigkeitsgraden die Terme *hoch* und/oder *niedrig* annimmt. Gemäß der Idee der Zugehörigkeitsfunktion werden somit auch die graduellen Abstufungen der Bewertungen beschrieben.

Bei der Entwicklung der Zugehörigkeitsfunktionen ist es das Ziel, ein Vorgehen zu entwerfen, das prinzipiell auf alle Szenarioanalysen angewandt werden kann, jedoch die Besonderheiten jeder einzelnen Analyse berücksichtigt. Dies gelingt mit Hilfe von empirisch ermittelten Zugehörigkeitsfunktionen,[409] die sich an Quantilswerten aus der Grundmenge der jeweiligen linguistischen Variablen orientieren. Für die Anwendung in der Szenarioanalyse liegt es nahe, dreiecksförmige bzw. stückweise lineare Zugehörigkeitsfunktionen zu benutzen, da die gemessenen Werte der linguistischen Variablen ganzzahlig sind.

---

[408] Auf die Bedeutung von Zugehörigkeitsfunktionen wurde vor allem auf den Seiten 32 und 35 eingegangen.

[409] Scheffels (1996), S. 74 ff schlägt z.B. in seiner Arbeit über unscharfe Jahresabschlussanalysen vor, Zugehörigkeitsfunktionen mit Hilfe von Quantilswerten zu modellieren.

Aufgrund von empirischen Untersuchungen werden die folgenden konkreten Vorschläge für die Konstruktion der empirischen Zugehörigkeitsfunktionen der linguistischen Variablen gemacht:

Zugehörigkeitsfunktionen zur Beurteilung der Konsistenz

Die Zugehörigkeitsfunktionen für die linguistischen Terme der linguistischen Variablen *anz(-1), anz(0), anz(1), anz(2)* sind zu bestimmen. Die Konstruktion der Zugehörigkeitsfunktionen orientiert sich an den (0), (0,2), (0,8) und (1)-Quantilswerten der gemessenen Variablenausprägungen. Zwischen dem (0) und (0,2)-Quantil wird die jeweilige linguistische Variable mit *niedrig* zum Grade 1 und *hoch* zum Grade 0 bewertet. Zwischen dem (0,8) und (1)-Quantil dagegen wird die betrachtete linguistische Variable mit *niedrig* zum Grade 0 und *hoch* zum Grade 1 bewertet. Zwischen dem (0,2) und (0,8)-Quantil fallen die Zugehörigkeitsgrade der Bewertung *niedrig* von 1 auf 0 ab und die Zugehörigkeitsgrade der Bewertung *hoch* steigen von 0 auf 1 an. Abbildung 6.24 zeigt den generellen Verlauf der Zugehörigkeitsfunktionen der linguistischen Variablen zur Beschreibung der Konsistenz.[410]

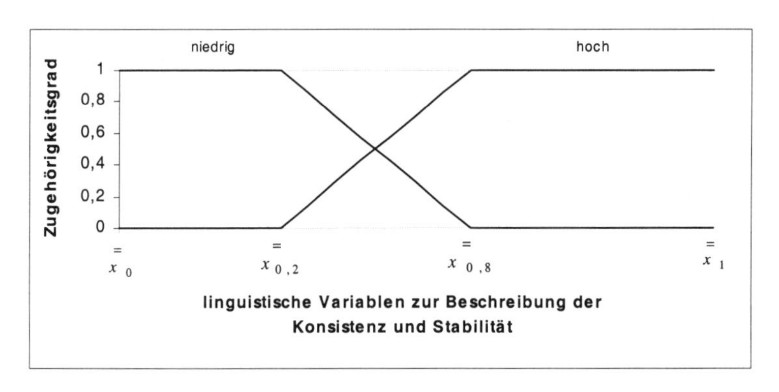

Abbildung 6.24: Prinzipieller Verlauf der Zugehörigkeitsfunktionen

Beispiel 27:

Wir gehen von Szenarien mit 17 Deskriptoren aus. Die Konsistenz der Deskriptorausprägungen innerhalb eines Szenarios wird durch $\frac{17 \cdot 16}{2} = 136$ Konsistenzschätzungen beurteilt. Die vier linguistischen Variablen *anz(-1), anz(0), anz(1), anz(2)* nehmen somit Werte zwischen 0 und 136 an. Nach Auswertung von insgesamt 1601 Szenarien ergeben sich die in Tabelle 6.13 (Seite 200) angegebenen Quantilswerte für die linguistischen Kenngrößen.

[410] Das (0,8)-Quantil hat sich z.B. deshalb herauskristallisiert, weil diese Eckgröße in der Fallstudie garantiert, dass eine Mindestanzahl (z.B. 10%) der untersuchten Szenarien eine hohe Konsistenz mit Zugehörigkeitsgrad 1 aufweist.

α-Quantil	*anz(-1)*	*anz(0)*	*anz(1)*	*anz(2)*
$x_{0,00}$	1	58	33	4
$x_{0,05}$	5	62	41	8
$x_{0,10}$	6	63	43	8
$x_{0,15}$	7	64	44	9
$x_{0,20}$	8	64	45	9
$x_{0,25}$	8	65	45	9
$x_{0,30}$	9	65	46	10
$x_{0,35}$	9	66	47	10
$x_{0,40}$	10	66	47	10
$x_{0,45}$	10	67	47	10
$x_{0,50}$	10	67	48	11
$x_{0,55}$	11	68	48	11
$x_{0,60}$	11	68	49	11
$x_{0,65}$	11	69	49	11
$x_{0,70}$	12	69	50	12
$x_{0,75}$	12	70	50	12
$x_{0,80}$	12	71	51	12
$x_{0,85}$	13	72	52	12
$x_{0,90}$	13	73	53	13
$x_{0,95}$	14	74	54	13
$x_{1,00}$	18	80	58	15

Tabelle 6.13: Quantilswerte zu *anz(-1), anz(0), anz(1), anz(2)*

Aus der zweiten Spalte von Tabelle 6.13 ist zu ersehen, dass wenigstens eine und maximal 18 leichte Inkonsistenzen in einem Szenario enthalten sind. 20 % der untersuchten Szenarien weisen höchsten 8 leichte Inkonsistenzen auf und damit weisen 80 % der Szenarien mindestens 8 leichte Inkonsistenzen auf. Entsprechend weisen 80 % der untersuchten Szenarien höchstens 12 leichte Inkonsistenzen auf und damit 20 % der Szenarien mindestens 12 leichte Inkonsistenzen. Abbildung 6.25 (Seite 201) zeigt das konkrete Konstruktionsergebnis der Zugehörigkeitsfunktionen für die Terme *hoch* und *niedrig* der linguistischen Variablen *anz(-1)*.

Aus Abbildung 6.25 (Seite 201) lässt sich ablesen, dass die linguistische Variable *anz(-1)* eines Szenarios mit einem Zugehörigkeitsgrad von 0,75 als *niedrig* und einem Zugehörigkeitsgrad von 0,25 als *hoch* bewertet wird, falls es insgesamt 9 leichte Inkonsistenzen enthält.

Spalte drei, vier und fünf aus Tabelle 6.13 (Seite 200) sind entsprechend zu interpretieren.

Zugehörigkeitsfunktionen zur Beurteilung der Stabilität

Bei der Aufstellung der Zugehörigkeitsfunktionen der Terme *hoch* und *niedrig* für die linguistischen Variablen zur Beschreibung der Stabilität hat sich das gleiche Konstruktionsprinzip und die Orientierung an den (0,2) und (0,8)-Quantilen der Messgrößen bewährt. Entsprechend dem Vorgehen aus Abbildung 6.24 (Seite 199) werden die Zugehörigkeitsfunktionen für Δ_{-11}, Δ_{01}, Δ_{11}, Δ_{21}, Δ_{-12}, Δ_{02}, Δ_{12}, Δ_{22}, Δ_{-13}, Δ_{03}, Δ_{13} und Δ_{23} konstruiert.

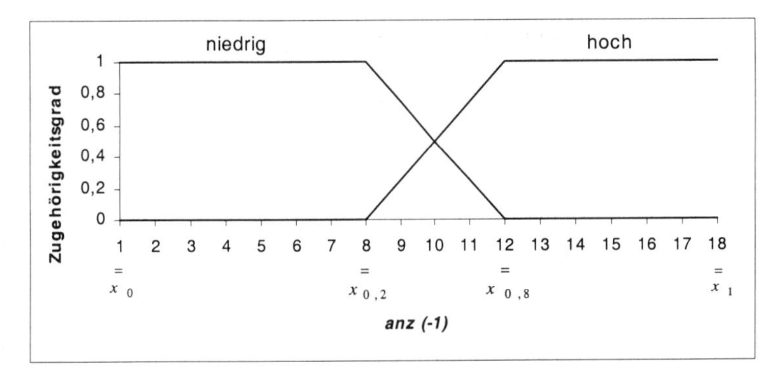

Abbildung 6.25: Zugehörigkeitsfunktionen zu *anz(-1)*

Zugehörigkeitsfunktionen zur Beurteilung der Unterschiedlichkeit und Repräsentativität

Sowohl bei der Beurteilung der Eignung als Extremszenario als auch als mittleres Szenario oder Zwischenszenario wird die linguistische Variable *max-D* benutzt. Ihr Wertebereich liegt maximal zwischen 0 und der Anzahl der Deskriptoren eines Szenarios und ist damit eher eng. Deshalb wird der tatsächlich auftretende Wertebereich gleichmäßig abgestuft bewertet. Die Zugehörigkeitsgrade der Bewertung *niedrig* werden durch eine absteigende lineare Verbindung vom (0)-Quantilswert zum (1)-Quantilswert beschrieben. Die Zugehörigkeitsgrade der Bewertung *hoch* werden durch eine aufsteigende Verbindungslinie angegeben. Abbildung 6.26 (Seite 201) verdeutlicht beispielhaft den Verlauf der Zugehörigkeitsfunktion. Als kleinster Wert für die *maximale Distanz* tritt hier der Wert 12 auf, der größte Wert liegt für dieses Beispiel bei 17.

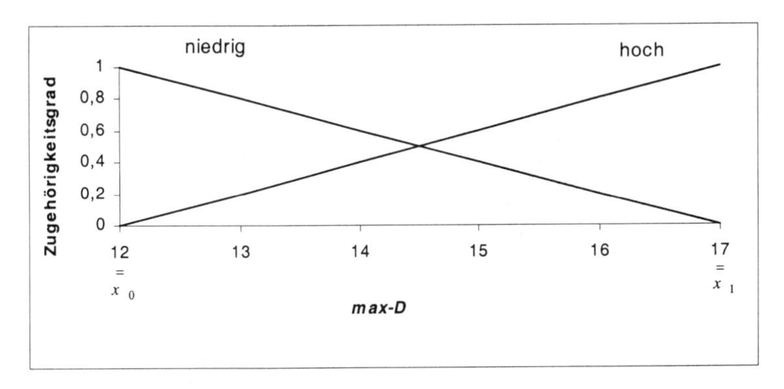

Abbildung 6.26: Zugehörigkeitsfunktionen zu *max-D*

Zur Beurteilung der Eignung eines Szenarios als mittleres Szenario haben sich die (0), (0,7), (0,9) und (1)-Quantile der Messgrößen als End- und Knickpunkte der Zugehörigkeitsfunktionen als sinnvoll erwiesen. Hiervon sind die linguistischen Variablen $h-(d_{0,5})$, $h-(d_{0,5}-1)$ und $h-(d_{0,5}+1)$ betroffen. Durch die Wahl des (0,7) und (0,9)-Quantils sind höhere Anforderungen an die entsprechenden Distanzhäufigkeiten gestellt als z.B. an die Häufigkeiten der unterschiedlichen Konsistenzbewertungen.

In die Beurteilung des dritten und vierten Zwischenszenarios gehen die sechs linguistischen Variablen $h-(d_{0,33})$, $h-(d_{0,33}-1)$, $h-(d_{0,33}+1)$, $h-(d_{0,66})$, $h-(d_{0,66}-1)$ und $h-(d_{0,66}+1)$ ein. Wegen der hohen Zahl an linguistischen Beurteilungsgrößen werden die Anforderungen an die Distanzhäufigkeiten für die Bewertung mit dem linguistischen Term *hoch* weniger streng angesetzt. Es werden zur Konstruktion der Zugehörigkeitsfunktionen die (0), (0,4), (0,6) und (1)-Quantile der Messgrößen als End- und Knickpunkte benutzt. Gute Kandidaten für eines der beiden Zwischenszenarien sind solche Szenarien, deren Häufigkeiten der untersuchten Distanzen wenigstens unter den 60% höchsten Werten liegen. Sind die Häufigkeiten sogar unter den 40% höchsten Werten zu finden, wird die Zugehörigkeit für die Bewertung *hoch* auf 1 gesetzt.

Schwieriger erweist sich dagegen die Bestimmung der Zugehörigkeitsfunktionen zur Beurteilung der Lage der Extremszenarien. Zur Beurteilung der linguistischen Variablen h-d_1 und h-d_1-*1* ist explizit die jeweilige Verteilung der Distanzhäufigkeiten zu berücksichtigen. Nur bei potenziellen Kandidaten für die Extremszenarien werden überhaupt Häufigkeiten ungleich Null für die höchste und zweithöchste Distanz auftreten. Oft weisen weit über 50% der Szenarien für diese Größen Werte von Null auf. Tabelle 6.14 (Seite 202) zeigt ein Beispiel, in dem die zweit höchste und die höchste Distanz die Werte 16 und 17 annehmen. Die zweite Spalte zeigt, dass über 65 % der Szenarien keine Distanzen von 16 bzw. 17 zu einem anderen Szenario besitzen. Betrachtet man nur den Distanzwert 17, so tritt dieser überhaupt nur bei weniger als 10% der Szenarien auf.

α-Quantil	h-(16)	h-(17)
$x_{0,65}$	0	0
$x_{0,70}$	1	0
$x_{0,75}$	2	0
$x_{0,80}$	2	0
$x_{0,85}$	3	0
$x_{0,90}$	4	0
$x_{0,95}$	6	1
$x_{0,96}$	8	2
$x_{0,97}$	9	3
$x_{0,98}$	18	4
$x_{0,99}$	44	4
$x_{1,00}$	76	8

Tabelle 6.14: Quantilswerte zu *h-(16)* und *h-(17)*

Die besondere Verteilung der betrachteten Häufigkeiten ist in die Zugehörigkeitsfunktionen zu übertragen. Die Vorgehensweise wird exemplarisch an den linguistischen Variablen *h-(16)* und *h-(17)* für die Häufigkeit des zweithöchsten und höchsten Distanzwerts aus der nachfolgenden Fallstudie besprochen.

Die wichtigsten Quantilswerte von *h-(16)* und *h-(17)* sind in Tabelle 6.14 zusammengefasst. Erst das 70 %-Quantil von *h-(16)* (= 1) weist einen Wert ungleich Null auf. Die Häufigkeiten steigen gleichmäßig bis zum Wert 9 (0,97-Quantil) an. Dann treten Sprünge in den Werten der Häufigkeiten auf: 18 (0,98-Quantil), 44 (0,99-Quantil), 76 (1,00-Quantil). Zur Abbildung dieses Verhaltens werden stückweise lineare Zugehörigkeitsfunktionen für die Bewertung der

Häufigkeit konstruiert. Bei einer Häufigkeit von Null für *h-(16)* beträgt der Zugehörigkeitsgrad naturgemäß 0 für die Bewertung *hoch*. Da bereits der Häufigkeitswert Eins für *h-(16)* eine besondere Bedeutung hat, wird der Zugehörigkeitsgrad des 0,70-Quantils (= 1) auf 0,20 gesetzt. Entsprechend werden die Zugehörigkeitswerte der Sprungstellen festgesetzt. Beim 0,98-Quantil (=18) wird der Zugehörigkeitsgrad auf 0,60, beim 0,99-Quantil (=44) auf 0,80 und beim 1,00-Quantil (=76) auf 1,00 festgesetzt. Aus der Zugehörigkeitsfunktion für die Bewertung *hoch* leitet sich direkt die Zugehörigkeitsfunktion für die Bewertung *niedrig* ab. Die Zugehörigkeitswerte des Terms *hoch* werden vom Wert Eins subtrahiert um die Zugehörigkeitswerte des Terms *niedrig* zu erhalten. Auf diese Weise erhält man die in Abbildung 6.27 (Seite 203) dargestellten Zugehörigkeitsfunktionen für die Terme *hoch* und *niedrig* der linguistischen Variablen *h-(16)*.

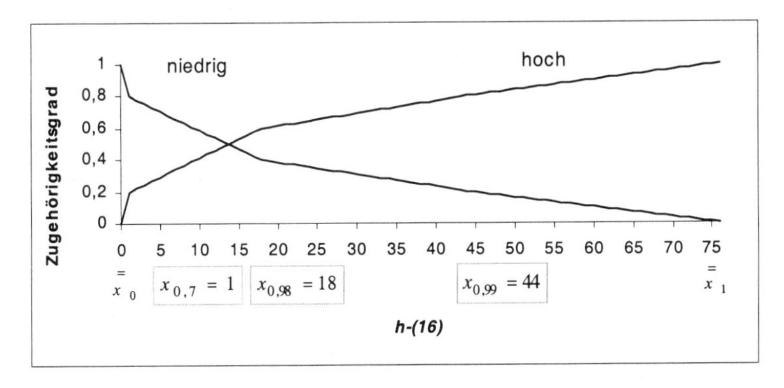

Abbildung 6.27: Zugehörigkeitsfunktionen zu *h-(16)*

Bei *h-(17)* wird prinzipiell entsprechend verfahren: Bis zum 0,9-Quantil (= 0) beträgt der Zugehörigkeitsgrad 0. Das 0,95-Quantil (=1) erhält den Zugehörigkeitsgrad 0,40, das 0,98-Quantil (=4) den Wert 0,80 und das 1,00-Quantil (=8) den Wert 1,00 zugewiesen. Abbildung 6.28 zeigt den besonderen Verlauf der Zugehörigkeitsfunktionen zu *h17*. Auf diese Weise kann der besondere Verlauf der Verteilungsfunktionen der Häufigkeiten in die Zugehörigkeitsfunktionen eingearbeitet werden.

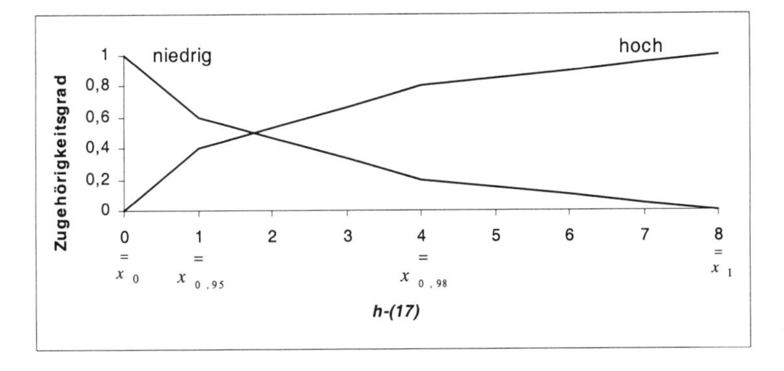

Abbildung 6.28: Zugehörigkeitsfunktionen zu *h-(17)*

6.5.4.4 Verwendete Operatoren

Nachdem die Kenngrößen zur Bewertung der Konsistenz, Stabilität und Unterschiedlichkeit festliegen, die Regelbasen aufgestellt und die Zugehörigkeitsfunktionen der linguistischen Terme bestimmt sind, werden noch zwei Aspekte zur endgültigen Auswertung der Regelbasen geklärt:

Im Allgemeinen besitzt der Wenn-Teil einer Regel mehrere Bedingungen. Mit welchem Operator sind die verschiedenen Bedingungen einer Regel zusammenzufassen?[411] Es bietet sich hier bei der Szenarioauswahl der *Minimum-Operator* an, der besonders strenge Bewertungsmaßstäbe anlegt. Der kleinste Zugehörigkeitsgrad der betrachteten Bedingungen wird zur Gesamtbewertung der Regel herangezogen. Da nur wenige Szenarien aus einer sehr großen Szenarienmenge auszuwählen sind, sind diese strengen Bewertungsmaßstäbe gerechtfertigt. Deshalb scheinen mittelnde Aggregationsoperatoren für die Szenarienauswahl nicht angebracht zu sein.

Alle Regeln einer Regelbasis werden zur Gesamtbeurteilung herangezogen. Die Einzelbewertungen der Regeln werden mit Hilfe eines Akkumulationsoperators zu einer Gesamtbewertung der Regelbasis zusammengefasst. Als Akkumulationsoperator wird in unserer Anwendung die *Algebraische Summe* gewählt. Dadurch wird gewährleistet, dass sämtliche Resultate der einzelnen Regeln bei der Gesamtbewertung berücksichtigt werden.

Ein Beispiel verdeutlicht die Arbeitsweise der Operatoren.

Beispiel 28:

Beurteilt wird die Eignung von zwei Szenarien als Extremszenarien, die durch 17 Deskriptoren beschrieben sind. Zur Beurteilung der Eignung werden die linguistischen Variablen $h-(16)$, $h-(17)$ und *max-D* benötigt. Die Zugehörigkeitsfunktionen der drei linguistischen Größen, die die Terme *niedrig* und *hoch* besitzen, sind bereits in den Abbildungen 6.27 (Seite 203), 6.28 (Seite 203) und 6.26 (Seite 201) dargestellt. Zur Gesamtbeurteilung ist eine Regelbasis mit insgesamt 8 Regeln auszuwerten. In Tabelle 6.15 (Seite 204) sind die Regeln abgebildet und durchnummeriert.

Nr.	*max-D*	$h-(d_1) =$ $h-(17)$	$h-(d_1-1) =$ $h-(16)$	*Eignung als Extremszenario*
1	niedrig	niedrig	niedrig	niedrig
2	niedrig	niedrig	hoch	niedrig
3	niedrig	hoch	niedrig	niedrig
4	niedrig	hoch	hoch	hoch
5	hoch	niedrig	niedrig	niedrig
6	hoch	niedrig	hoch	hoch
7	hoch	hoch	niedrig	hoch
8	hoch	hoch	hoch	hoch

Tabelle 6.15: Regelbasis zur Beurteilung der Extremszenarien

[411] Vgl. hierzu S. 41 dieser Arbeit.

Tabelle 6.16 (Seite 205) fasst die Eingangsgrößen des ersten Szenarios zusammen. Es besitzt eine maximale Distanz von 15 und damit zu keinem anderen Szenario den Abstand 16 oder 17. Die Zugehörigkeitsgrade zu diesen Werten sind aus den Zugehörigkeitsfunktionen der Terme aus den Abbildungen 6.27 (Seite 203), 6.28 (Seite 203) und 6.26 (Seite 201) abzulesen.

Szenario 1	Eingangs-wert	linguistischer Term niedrig	hoch
max-D	15	0,4	0,6
$h-(17)$	0	1,0	0,0
$h-(16)$	0	1,0	0,0

Tabelle 6.16: Eingangsgrößen des ersten Szenarios

Zur Auswertung der einzelnen Regeln aus Tabelle 6.15 wird zur Aggregation der verschiedenen Bedingungsteile der Minimumoperator gewählt. Wird der Minimumoperator MIN auf zwei unscharfe Mengen $\tilde{A}$ und $\tilde{B}$ angewandt, so erhält man folgendes Ergebnis:

$$MIN(\mu_{\tilde{A}}(x),\ \mu_{\tilde{B}}(x)) = \min\{\mu_{\tilde{A}}(x),\ \mu_{\tilde{B}}(x)\}$$

Die nachfolgende Tabelle 6.17 zeigt schrittweise die Auswertung der ersten Regel aus Tabelle 6.15 (Seite 204) bei Anwendung des Minimumoperators zur Aggregation. Hierzu sind die Zugehörigkeitsgrade der verschiedenen linguistischen Variablen und Terme aus Tabelle 6.16 (Seite 205) als Eingangsgrößen einzusetzen.

Regel 1				
Regelteil			Zugehörigkeitsgrad	
Wenn	*max-D*	niedrig	(0,4)	
	$h-(17)$	niedrig	(1,0)	min: 0,4
	$h-(16)$	niedrig	(1,0)	
dann	*Eignung als Extremszenario*	niedrig	(0,4)	

Tabelle 6.17: Auswertung der ersten Regel für Szenario 1

Wertet man nacheinander die restlichen 7 Regeln der Regelbasis nach dem gleichen Muster aus, so erhält man das in Tabelle 6.18 (Seite 206) abgedruckte Ergebnis.

Die Ergebnisse aller 8 Regeln gehen mit gleichem Gewicht in die Gesamtbewertung der Regelbasis zur Beurteilung des Szenarios als Extremszenario ein. Bei der Akkumulation der Einzelergebnisse zu einem Gesamtergebnis wird als Operator die *Algebraische Summe* angewandt. Wird die Algebraische Summe AS zweier unscharfer Mengen $\tilde{A}$ und $\tilde{B}$ gebildet, so ergeben sich die neu berechneten Zugehörigkeitswerte nach folgender Regel:

$$AS(\mu_{\tilde{A}}(x),\ \mu_{\tilde{B}}(x)) = \mu_{\tilde{A}}(x) + \mu_{\tilde{B}}(x) - \mu_{\tilde{A}}(x) \cdot \mu_{\tilde{B}}(x)$$

Durch mehrfache Anwendung der Algebraischen Summe auf je zwei Zugehörigkeitswerte der unterschiedlichen Terme der Einzelergebnisse ergibt sich schließlich die Gesamtbeurteilung. Tabelle 6.18 (Seite 206) zeigt beim Term *niedrig* zwei Einzelergebnisse ungleich 0 auf. Daraus ergibt sich eine Gesamtbeurteilung für den Term *niedrig* von:

$$0,4 + 0,6 - 0,4 \cdot 0,6 = 0,76$$

Einzelergebnisse der Regelbasis		
Regel	Term	Zugehörigkeitsgrad
1	niedrig	0,4
2	niedrig	0,0
3	niedrig	0,0
4	hoch	0,0
5	niedrig	0,6
6	hoch	0,0
7	hoch	0,0
8	hoch	0,0

Tabelle 6.18: Einzelergebnisse der Regelbasis für Szenario 1

Da alle Einzelergebnisse für den Term *hoch* den Wert 0 aufweisen, besitzt auch die Gesamtbewertung den Zugehörigkeitsgrad von 0 zum Term *hoch*. Da die Summe der Zugehörigkeitsgrade zur Beurteilung der Eignung als Extremszenario i.A. nicht den Wert 1 ergibt, kann das Endergebnis zur besseren Interpretation noch normiert werden. Dazu werden die einzelnen Zugehörigkeitsgrade der unterschiedlichen linguistischen Terme durch die Summe der Zugehörigkeitsgrade dividiert. Tabelle 6.19 (Seite 206) fasst das nicht normierte und das normierte Ergebnis der Gesamtbeurteilung der Eignung von Szenario 1 zusammen.

Beurteilung von Szenario 1 zur Eignung als Extremszenario		
	niedrig	hoch
nicht normiert	0,76	0,00
normiert	1,00	0,00

Tabelle 6.19: Beurteilung von Szenario 1

Das normierte Gesamtergebnis zeigt deutlich, dass Szenario 1 völlig ungeeignet für ein Extremszenario ist.

Die Berechnung des Gesamtergebnisses soll bei der Beurteilung eines zweiten Szenarios noch deutlicher gemacht werden. Die Eingangsgrößen des zweiten Szenarios sind in Tabelle 6.20 zusammengefasst.

Szenario 2	Eingangswert	linguistischer Term niedrig	hoch
max-D	17	0,0	1,0
$h-(17)$	2	4,6666	5,3333
$h-(16)$	5	0,7058	0,2941

Tabelle 6.20: Eingangsgrößen des zweiten Szenarios

Nach Auswertung der Regelbasis ergeben sich folgende Einzelergebnisse zur Beurteilung von Szenario 2:

Einzelergebnisse der Regelbasis				
Regel	Term		Zugehörigkeitsgrad	
1	niedrig		0,0	
2	niedrig		0,0	
3	niedrig		0,0	
4		hoch		0,0
5	niedrig		0,4666	
6		hoch		0,2941
7		hoch		0,5333
8		hoch		0,2941

Tabelle 6.21: Einzelergebnisse der Regelbasis zu Szenario 2

Als Gesamtergebnis für den Term *niedrig* ergibt sich der Wert 0,4666, da nur dieser Wert sich von 0 unterscheidet. Bei Anwendung der algebraischen Summe ergibt sich das gleiche Ergebnis:

$$0 + 0,4666 - 0 \cdot 0,4666 = 0,4666$$

Zur Berechnung des Gesamtergebnisses für den Term *hoch* ist die Algebraische Summe dreimal anzuwenden:

1. Schritt:

$$0 + 0,2941 - 0 \cdot 0,2941 = 0,2941$$

Dieses Ergebnis geht in den 2. Schritt mit ein:

$$0,2941 + 0,5333 - 0,2941 \cdot 0,5333 = 0,6705$$

Schritt 3 verbindet das letzte Zwischenergebnis mit dem Einzelergebnis aus Regel 8 (siehe Tabelle 6.21, Seite 207):

$$0,6705 + 0,2941 - 0,6705 \cdot 0,2941 = 0,7674$$

Tabelle 6.22 (Seite 207) fasst das nicht normierte und normierte Gesamtergebnis zusammen. Szenario 2 wird mit einem Zugehörigkeitsgrad von 0,6218 als hoch geeignet für ein Extremszenario bewertet und mit einem Zugehörigkeitsgrad von 0,3782 als niedrig geeignet.

Beurteilung von Szenario 2 zur Eignung als Extremszenario		
	niedrig	hoch
nicht normiert	0,4666	0,7674
normiert	0,3782	0,6218

Tabelle 6.22: Beurteilung von Szenario 2

6.5.5 Auswahlphase

Die endgültige Gesamtbewertung der Eignung eines Szenarios als auszuwählendes Szenariozentrum, das in die Unternehmensplanung eingeht, baut auf den Bewertungen der Konsistenz, Stabilität und Unterschiedlichkeit aus der Bewertungsphase auf. Die drei Bewertungskriterien werden gleichzeitig und gleichberechtigt in der Gesamtbeurteilung der Eignung als Szenariozentrum berücksichtigt.

Wird die Gesamteignung als Extremzentrum beurteilt, ist neben der Konsistenz und Stabilität die Eignung als Extremszenario auszuwerten. Abbildung 6.29 zeigt die oberste Stufe der Bewertungshierarchie zur Beurteilung der Gesamteignung als Extremzentrum.

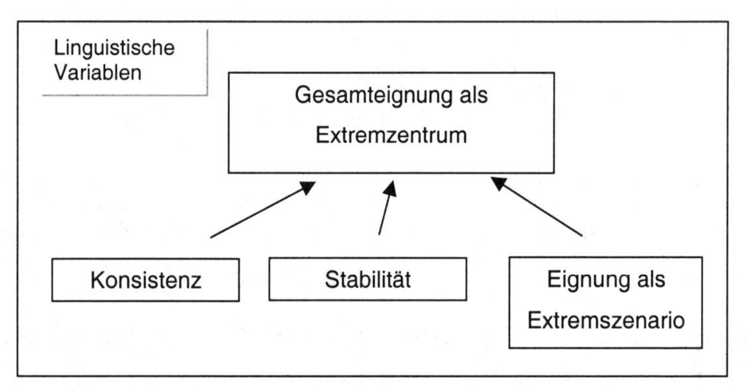

Abbildung 6.29: Beschreibung der Gesamteignung als Extremzentrum

Bei der Beurteilung der Gesamteignung als mittleres Szenariozentrum ist nun abweichend von der Gesamteignung als Extremszenario die Eignung als mittleres Szenario statt der Eignung als Extremszenario einzubeziehen. Das Prinzip der Bewertung bleibt gleich. Zur Bewertung der Unterschiedlichkeit und Repräsentativität ist jeweils nur die richtige linguistische Variable einzusetzen. Deshalb unterscheiden sich Abbildung 6.29 und Abbildung 6.30 (Seite 209) auch nur in der rechten unteren linguistischen Größe.

Für das dritte und vierte Zwischenzentrum ist dementsprechend die Eignung als Zwischenszenario zur Beurteilung heranzuziehen. Abbildung 6.31 (Seite 209) zeigt die benötigten linguistischen Variablen, um die Gesamteignung als Zwischenzentrum zu beurteilen.

6.5.5.1 Regelbasen zur Beurteilung der Gesamteignung

In die Bewertung der linguistischen Variablen *Gesamteignung als Extremzentrum* gehen die linguistischen Größen *Konsistenz, Stabilität* und *Eignung als Extremszenario* ein. Alle drei Größen besitzen zwei linguistische Terme, so dass die komplette Regelbasis acht Regeln umfasst. Tabelle 6.23 (Seite 210) enthält drei dieser Regeln in Kurzform. Das komplette Regelwerk ist auf Seite 316 abgebildet.

Bei der abschließenden Gesamtbewertung der Szenarien werden besonders strenge Maßstäbe angelegt. Nur wenn alle drei Beurteilungskriterien mit *hoch* bewertet werden, wird auch die Gesamtbewertung mit *gut* beurteilt (Regel 232). In allen anderen Fällen lautet die Gesamtbeurteilung *schlecht* (Regeln 225 und 232).

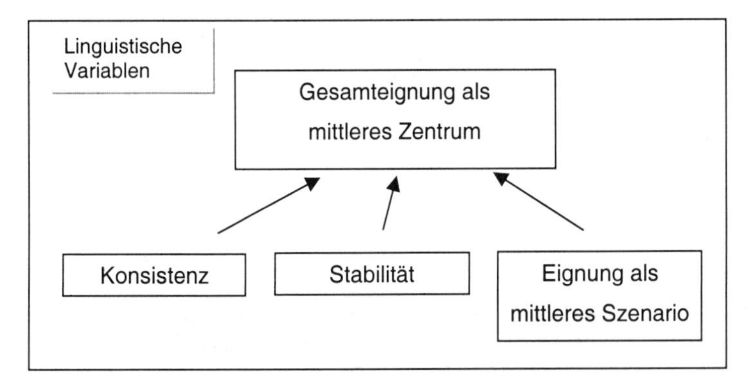

Abbildung 6.30: Beschreibung der Gesamteignung als mittleres Zentrum

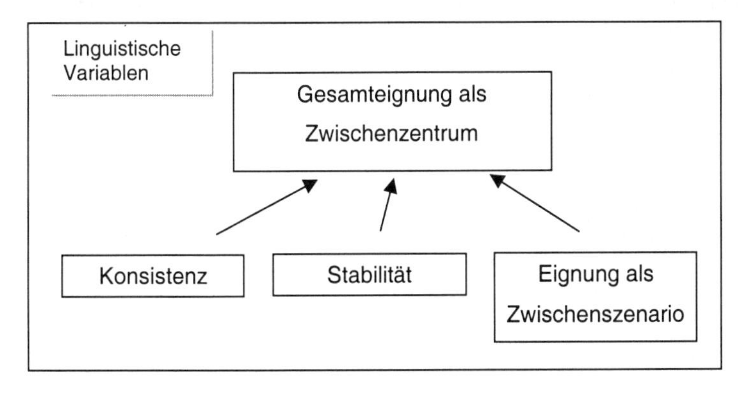

Abbildung 6.31: Beschreibung der Gesamteignung als Zwischenzentrum

Die gleiche Regelbasis wird für die Beurteilung der Gesamteignung als mittleres Zentrum bzw. als Zwischenzentrum benutzt. Dazu wird nur die linguistische Variable *Eignung als Extremszenario* durch *Eignung als mittleres Szenario* bzw. *Eignung als Zwischenszenario* ersetzt. Ebenso wird die linguistische Größe *Gesamteignung als Extremzentrum* durch *Gesamteignung als mittleres Zentrum* bzw. *Gesamteignung als Zwischenzentrum* ersetzt. Auf den Seiten 316 und 317 im Anhang sind die Regelbasen für die beiden beschriebenen Fälle vollständig aufgeführt.

Die Gesamtbeurteilung bei fünf oder sechs Zentren folgt den Ausführungen auf den Seiten 190 und 197. Sie verläuft ebenfalls nach dem oben beschriebenen Prinzip.

Inputdaten der Regeln sind die in der Bewertungsphase ermittelten, normierten Zugehörigkeitsgrade der linguistischen Größen *Konsistenz, Stabilität* und *Eignung als Extremszenario* (bzw. *Eignung als mittleres Szenario* oder *Eignung als Zwischenszenario*) der bewerteten Szenarien. In dieser zweiten Auswertungsstufe des regelbasierten Systems (vgl. Abbildung 6.11, Seite 174) werden die gleichen Operatoren wie in der ersten Stufe des Systems zugrunde gelegt, da die Argumentation für die Operatoren inhaltlich die gleiche geblieben ist (vgl. Seite 204). Dies sind der Minimum-Operator und die Algebraische Summe.

Nr.	*Konsistenz*	*Stabilität*	*Eignung als Extremszenario*	*Gesamteignung als Extremzentrum*
225	niedrig	niedrig	niedrig	schlecht
231	hoch	hoch	niedrig	schlecht
232	hoch	hoch	hoch	gut

Tabelle 6.23: Auszug aus der Regelbasis zur Beurteilung der Gesamteignung als Extremzentrum

Die höchstbewerteten Szenarien der Regelbasen zur Beurteilung der Gesamteignung erfüllen die Forderungen nach Konsistenz, Stabilität und Unterschiedlichkeit am besten. Sie sind potenzielle Zentren. Die Höhe der Zugehörigkeitsgrade gibt Auskunft über die Qualität der Zentren. Da bei den linguistischen Größen *Gesamteignung als Extremzentrum* und *Gesamteignung als Zwischenzentrum* die Ideallagen von je zwei Szenarien untersucht werden, schließt sich an die Bewertung mit der Regelbasis die Auswahl des jeweiligen zweiten Szenariozentrums an. Hierzu werden Distanzvergleiche angestellt.

6.5.5.2 Distanzvergleich

Grundlage für die endgültige Auswahl der beiden Extremzentren sind die normierten Bewertungen von *Gesamteignung als Extremzentrum.* Das Szenario mit der höchsten Zugehörigkeit zum Term *gut* der linguistischen Variablen *Gesamteignung als Extremzentrum* wird als erstes Zentrum festgesetzt. Das zweite Extremszentrum sollte eine möglichst hohe Distanz zum ersten Zentrum haben und ebenfalls eine sehr hohe Gesamteignung besitzen.

Die Distanzen der höchstbewerteten Szenarien zum ersten Extremzentrum werden deshalb verglichen. Dazu wird der bereits oben beschriebene Distanzindex benutzt, der die Anzahl der unterschiedlichen Ausprägungen von je zwei Szenarien bestimmt. Die Vergleichsgruppe ist grundsätzlich nicht eindeutig. Sortiert man die Zugehörigkeitswerte der Szenarien nach ihrer Höhe, ergeben sich häufig Sprünge bei den Werten der Zugehörigkeitsgrade der sortierten Liste. Diese Stellen eignen sich als natürliche Grenzen für die Festlegung der Vergleichsgruppe. Es ist auch bzw. zusätzlich möglich, die Vergleichsgruppe durch einen Mindestzugehörigkeitsgrad zu beschränken. Hier sollte der Zugehörigkeitsgrad für die Bewertung *gut* des zweiten Zentrums auf alle Fälle höher sein als der Zugehörigkeitsgrad der Bewertung *schlecht.* Das zweite Zentrum weist die höchste Distanz zum ersten Zentrum auf. Ist dieses Kriterium nicht eindeutig, wird mit Hilfe der Höhe der Zugehörigkeitsgrade die endgültige Auswahl getroffen.

Beispiel 29:

Aus 1601 Szenarien wird das Szenario mit der Nummer 1574 als erstes Extremzentrum festgelegt. Es besitzt einen Zugehörigkeitswert von 1 zum Term *gut* der linguistischen Variablen *Gesamteignung als Extremzentrum.* In der nachfolgenden Tabelle 6.24 (Seite 211) ist ein Auszug aus der Liste der höchstbewerteten Szenarien abgedruckt. Die Szenarien sind nach der Höhe des Zugehörigkeitsgrades zum Term *gut* sortiert. Die letzte Spalte von Tabelle 6.24 (Seite 211) zeigt den Distanzwert des jeweiligen Szenarios zum ersten Extremszenario. Ein Szenario wird durch 17 Deskriptoren beschrieben.

Betrachtet man das untere Ende von Tabelle 6.24 (Seite 211), so ist zwischen dem vorletzten und dem letzten aufgeführten Szenario ein Bewertungsunterschied von 0,08 für die Gesamteignung festzustellen. Im Vergleich mit den vorhergehenden Bewertungen ist somit ein größerer Bewertungssprung festzustellen, so dass nur die Szenarien bis zur Nummer 901 als Kandidaten für das zweite Extremzentrum angesehen werden können.

Die Szenarien 440 und 1217 aus Tabelle 6.24 (Seite 211) weisen die maximale Distanz von 17 zum ersten Extremzentrum auf. Da beide den gleichen Zugehörigkeitsgrad von 0,81 zu einer guten Gesamteignung besitzen, sind sie beide gleichermaßen als zweites Extremzentrum geeignet.

Szenario-nummer	Gesamteignung als Extremzentrum		Distanz zu Szenario 1574
	schlecht	gut	
1592	0,00	1,00	1
1575	0,17	0,83	1
1594	0,17	0,83	2
1596	0,17	0,83	2
1577	0,19	0,81	2
1579	0,19	0,81	3
1581	0,19	0,81	3
1583	0,19	0,81	3
1585	0,19	0,81	4
1587	0,19	0,81	4
1570	0,19	0,81	1
1571	0,19	0,81	2
1573	0,19	0,81	3
126	0,19	0,81	15
857	0,19	0,81	15
440	0,19	0,81	17
1217	0,19	0,81	17
157	0,20	0,80	14
900	0,20	0,80	14
200	0,20	0,80	16
959	0,20	0,80	16
199	0,20	0,80	15
958	0,20	0,80	15
158	0,20	0,80	15
901	0,20	0,80	15
155	0,28	0,72	14
...	...	...	...

Tabelle 6.24: Ergebnisliste und Distanzwerte

Als mittleres und damit als drittes Zentrum wird das höchstbewertete Szenario von *Gesamteignung als mittleres Zentrum* ausgewählt. Ist diese Auswahl nicht eindeutig, können zusätzlich die Distanzen zu den Extremzentren zur Entscheidungsfindung herangezogen werden.

Ausgangsbasis für die Bestimmung des dritten und vierten Zwischenzentrums sind die Ergebnisse der Regelbasis zur Beurteilung der *Gesamteignung als Zwischenzentrum*. Das höchstbewertete

Szenario bildet das dritte Zentrum. Danach werden die weiteren hochbewerteten Szenarien aus der Beurteilung der *Gesamteignung als Zwischenzentrum* und die beiden Extremzentren auf ihre Distanz untersucht. Ein ideales viertes Zentrum wird einen möglichst großen Abstand zum dritten Zentrum und zu den Extremszenarien aufweisen. Ist das vierte Zentrum nicht eindeutig, ist zusätzlich die Höhe der Zugehörigkeitsgrade zur *Gesamteignung als Zwischenzentrum* entscheidend.

Als Indiz für eine gute Einstellung der Vorselektion und der Regelbasen kann herangezogen werden, ob zwei Extremszenarien mit hoher Bewertung existieren. Ist dies nicht der Fall, so sind die Ausschlussregeln der Vorselektion zu scharf formuliert oder die Bedingungen der linguistischen Variablen für die Bewertungen *hoch* und *niedrig* in den Zugehörigkeitsfunktionen werden zu streng ausgelegt. Für das mittlere dritte Zentrum sollte sich wenigstens eine sehr hohe Bewertung ergeben. Ist dies nicht der Fall, kann dies als Hinweis gewertet werden, dass kein geeigneter Kandidat für das mittlere Zentrum existiert. Das Gleiche gilt für die Bestimmung der Zwischenzentren drei und vier. Natürlich ist zuerst sicherzustellen, dass genügend Szenarien bei den Einzelbewertungen als konsistent, stabil oder unterschiedlich mit Zugehörigkeitsgrad 1 bewertet werden. Es kann durchaus der Fall auftreten, dass kein geeignetes drittes Zentrum existiert, dass sich aber die Zentren drei und vier zusammen klar herauskristallisieren. Dies ist kein Widerspruch, sondern spiegelt die differenzierte Beschreibung der Lagen der Szenariozentren im FRBSS-Ansatz wider.

6.6 Zusammenfassende Beurteilung

In der scharfen Szenarienauswahl kommt ein sehr großes und unterschiedliches Spektrum von Ansätzen zur Anwendung. Aus den Vor- und Nachteilen der jeweiligen Ansätze können folgende Forderungen abgeleitet werden: Ein Verfahren zur Szenarienauswahl sollte

- eine breite Beurteilungsbasis besitzen und sich nicht nur an einer Kenngröße wie z.B. der Konsistenzsumme orientieren,
- sich an den wünschenswerten qualitativen Eigenschaften der Szenarien orientieren,
- vom generellen Ablauf her verständlich sein,
- möglichst wenige und einfache Inputschätzungen benötigen,
- den gesamten Auswahlprozess umfassen und
- aussagekräftige Zwischenwerte und Zwischenergebnisse liefern.

Die meisten Ansätze der scharfen Szenarienauswahl können diese Eigenschaften nicht in vollem Umfang abdecken. Sie erfüllen nur Teilaspekte.

Der FRBSS-Ansatz orientiert sich deshalb an den Schwachstellen anderer Verfahren und versucht die dort gewonnenen Erkenntnisse positiv auszunutzen, um die geforderten Eigenschaften eines Ansatzes zur Szenarienauswahl zu erfüllen. Dazu benutzt er eine für die Szenarioanalyse neue Methodik, nämlich: wissensbasierte, unscharfe Regelbasen.

Daraus ergeben sich folgende Vorteile des unscharfen Regelansatzes FRBSS:

- Der Ansatz benötigt als Inputdaten nur Konsistenzschätzungen. Dadurch kann er zu der Gruppe jener Verfahren gezählt werden, die am wenigsten Inputschätzungen benötigen.

- Die Unschärfe, die der Datenfülle in Szenarioanalysen anheim sind, wird systematisch berücksichtigt und aufgearbeitet.
- Alle drei Phasen des Auswahlprozesses werden durchlaufen. Dadurch kann der FRBSS-Ansatz gerade auf große Problemstellungen angewandt werden.
- Der Ansatz verwendet allgemeingültige Regelbasen, die unabhängig von der einzelnen Thematik der Szenarioanalyse angewandt werden können.
- Die Regelbasen sind leicht verständlich, objektiv und orientieren sich am menschlichen Bewertungsverhalten. Das Regelwerk ist dadurch keine Black-Box, sondern kann von Anwendern gut nachvollzogen werden.
- Die Zugehörigkeitsfunktionen werden empirisch ermittelt. Dadurch erhalten sie einerseits objektiven Charakter, andererseits stellen sie den direkten Bezug zur jeweiligen Thematik her.
- Durch die gleichzeitige und gleichgewichtige Berücksichtigung der Eigenschaften Konsistenz, Stabilität und Unterschiedlichkeit werden die Szenarien umfassend beurteilt. Es liegt eine ganzheitliche Betrachtungsweise vor.
- Da die Anzahl der Szenarien, die in die Bewertungs- und Auswahlphase eingehen, sehr hoch ist, bietet der FRBSS-Ansatz eine breitere und damit objektivere Beurteilungsbasis, als dies die meisten scharfen Ansätze erlauben.
- Der Ansatz kann auf marktgängigen Softwareprodukten realisiert werden.

Ein Nachteil ist, dass auch dieser Ansatz ein sehr umfassendes System darstellt. Dies liegt in der komplexen Natur von Szenarioanalysen selbst begründet. Gerade deshalb sollte auf eine neutrale, umfassende Szenarienauswahl Wert gelegt werden, die durch Anwendung nur intuitiver Vorgehensweisen nicht gewährleistet werden kann.

6.7 Fallstudie

Mit der Fallstudie soll in erster Linie aufgezeigt werden, welche Auswirkungen die Anwendung unscharfer Elemente in der Szenarienauswahl hat. Alle anderen Schritte des Szenarioprozesses werden nicht behandelt. Deshalb wird auf die Fallstudie "Bank 2000 in Deutschland"[412] zurückgegriffen, auf die bereits scharfe Auswahlverfahren[413] angewandt wurden. Nach einer stichwortartigen Beschreibung der Fallstudie und der Darstellung der wesentlichen Ergebnisse der scharfen Szenarienauswahl wird eine Konzentration auf die unscharfen Elemente stattfinden.

6.7.1 Beschreibung

Untersuchungsthema:

Die Zukunftsentwicklung einer Regionalbank in Deutschland soll unter unterschiedlichen externen Rahmenbedingungen untersucht werden.

[412] Eine ausführliche Beschreibung der Fallstudie ist bei von Reibnitz (1991) zu finden.

[413] Siehe hierzu Mißler-Behr (1993), S. 129 ff.

Besondere Berücksichtigung finden folgende Aspekte:

- Regionalbank
- Europa
- Bankzusammenschlüsse
- Konkurrenz durch Versicherungen, Kreditkartenorganisationen und Handelsunternehmen
- EDV–Entwicklung im Bankenbereich

Zeithorizont: Jahr 2000

Folgende **Umfelder**, die bereits nach ihrer Wichtigkeit geordnet sind, werden ermittelt:

- Gesellschaft
- Technik
- Wirtschaft
- Gesetzgebung
- Kunden
- Wettbewerb

Es werden insgesamt 17 **kritische Deskriptoren** für die verschiedenen Umfelder bestimmt. Im Folgenden werden die kritischen Deskriptoren mit ihren für möglich gehaltenen Ausprägungen stichwortartig beschrieben. Außerdem wird der Ist-Zustand der Deskriptoren aufgezeigt. Folgende Notation wird verwendet: D_i entspricht dem i-ten kritischen Deskriptor, $A_{i,j}$ entspricht der j-ten Ausprägung von Deskriptor i.

Gesellschaft:

$\mathbf{D_1}$: Einstellung der Gesellschaft zur Leistung

Ist: Denkhaltung überwiegend offen und aufgeschlossen, Leistungsbereitschaft eher hoch, Entstehen von Antigruppen.

$\mathbf{A_{1,1}}$: leistungsbereit, ausschließliche Konzentration auf den Beruf
(Yuppies, neue Leistungselite)
Zunahme des Unternehmertums, der Eigeninitiative und Eigenverantwortung.

$\mathbf{A_{1,2}}$: leistungsbereit, Verknüpfung von Beruf und Familie
(alternative, ganzheitliche Leistungselite)
Zunahme des Unternehmertums, der Eigeninitiative und Eigenverantwortung, kritisches Fragen nach dem Sinn des Lebens, steigende Ausbildungsqualität beider Geschlechter, Vereinbarkeit von Beruf und Familie ein Muss.

$\mathbf{A_{1,3}}$: leistungsskeptische Alternative
Arbeitsplatzprobleme, Arbeitsunzufriedenheit, Konzentration auf andere Werte wie z. B. Freizeit, Ethik, Umwelt, Familie.

D_2 : Einstellung der Gesellschaft zu Technik

Ist: Derzeit geteilt, teils positiv und teils negativ.

$A_{2,1}$: positive Haltung
Für die jüngere Generation Technik hauptsächlich Hilfsmittel zur Arbeitserleichterung.

$A_{2,2}$: ablehnende Haltung
Wegen Intransparenz und Komplexität, Vernetzung und Datenschutz bzw. Datensicherheit, Rationalisierung und Freisetzung.

D_3 : Einstellung der Gesellschaft zu Banken

Ist: Banken werden gebraucht.

$A_{3,1}$: positive Haltung
Banken als Partner durch Kundenorientierung und verbesserte Serviceleistungen.

$A_{3,2}$: eher negative Haltung
Machtanhäufung der Banken, starke Abhängigkeit der Kunden, Intransparenz vieler Angebote und gezielte Unvergleichbarkeit.

Technik:

Ist: Rasante Hardware–Weiterentwicklung verbunden mit permanentem Preisverfall.

D_4 : Verbreitung von Informations- und Kommunikationstechniken sowie von Netzen und Netzdiensten

Ist: In der Wirtschaft Verbreitung von Informations- und Kommunikationstechniken hoch, in der Gesellschaft dagegen schwach; für Netze und Netzdienste Technik vorhanden, ständig Innovationen, Installation von lokalen Netzwerken, ISDN in der Pilotphase.

$A_{4,1}$: dynamische, generelle Verbreitung
Hoher Bedarf und hohe Akzeptanz in Wirtschaft und Gesellschaft.

$A_{4,2}$: zweigeteilte Weiterentwicklung
Hoher Bedarf in der Wirtschaft und geringer Bedarf in der Gesellschaft, diese den Techniken gegenüber skeptisch.

D_5 : Elektronic Banking

Ist: Pilotphase mit Großkunden begonnen.

$A_{5,1}$: dynamische, allgemeine Weiterentwicklung
Hohe Akzeptanz und hoher Bedarf in Wirtschaft und Gesellschaft an Point–of–Sales (POS) Systemen, Homebanking, Karten und dergleichen

$A_{5,2}$: zweigeteilte Weiterentwicklung
Hoher Bedarf in der Wirtschaft und geringe Nachfrage im privaten Bereich.

Wirtschaft:

D_6 : Wirtschaftsentwicklung

Ist: Stagnation

$A_{6,1}$: gesundes Wachstum
Positive Ausprägungen von Europa 93, Wachstumsschub durch die neuen Bundesländer, steigende Wettbewerbsfähigkeit in Deutschland, Lösen des Verschuldungsproblems.

$A_{6,2}$: stagnierende bis leicht negative Wirtschaftsentwicklung
Durch EG eher Nachteile statt Vorteile, hohe finanzielle Belastungen für die Sanierung der neuen Bundesländer, Steuererhöhungen, verschärfter Wettbewerb, Preisanstieg.

D_7 : Branchenentwicklung

Ist: Wachstum in Teilen des Dienstleistungsbereichs und in der Informations- und Kommunikationstechnik. Problembranchen wie Werften, Stahl und Landwirtschaft weiterhin subventioniert.

$A_{7,1}$: Subventionsabbau
Erfolgreicher Strukturwandel und Wettbewerbsbereinigung.

$A_{7,2}$: erfolgloser Strukturwandel
Keine Lösung der Strukturprobleme durch weitere Subventionen, Verschärfung der Situation als Ganzes.

D_8 : Realeinkommen

Ist: Im Moment stabil.

$A_{8,1}$: steigend
Positive Entwicklung durch positive Wirtschaftssituation und steigende Vererbung.

$A_{8,2}$: stagnierend
Trotz wirtschaftlicher Entwicklung ungünstig und Kosten für den Aufbau der neuen Bundesländer hoch, Ausgleich der Preissteigerungsrate bei Tarifabschlüssen.

$A_{8,3}$: sinkend
Wegen schlechter Wirtschaftsentwicklung und hoher Kosten für den Aufbau der neuen Bundesländer Zwang zum Sparen, auch bei Tarifabschlüssen.

D_9 : Sparquote und Konsumverhalten

Ist: Zur Zeit ausgewogen.

$A_{9,1}$: sparintensiv
Wegen wirtschaftlicher Instabilitäten, unsicherer Arbeitsplätze und Zukunftsängsten.

$A_{9,2}$: konsumfreudig
Wegen positiver Wirtschafts- und Einkommensentwicklung.

Gesetzgebung:

D_{10} : **Bankaufsichtsgesetze**

Ist: Bankaufsichtsrecht mit differenzierten Regelungen und Gefahr von Wettbewerbsverzerrungen.

$A_{10,1}$: verschärfte Gesetze
Verschärfte Regelungen und Aufsicht mit internationaler Harmonisierung innerhalb der EG.

$A_{10,2}$: liberale Gesetze
Heimatrecht für ausländische Banken in Deutschland unter Einhaltung von EG–Vorschriften.

D_{11} : **Steuergesetzgebung**

Ist: Vergleichsweise relativ hohe Steuerbelastung in Deutschland.

$A_{11,1}$: hohes Niveau
Steuerliche Harmonisierung auf hohem Niveau, hoher Finanzmittelbedarf des Staates, demographische Entwicklung.

$A_{11,2}$: niedrigeres Niveau
Harmonisierung der Steuerlast auf niedrigerem Niveau einiger Vergleichsländer. Standortwettbewerb der Volkswirtschaften innerhalb des europäischen Binnenmarktes.

D_{12} : **Arbeits- und Sozialgesetzgebung**

Ist: Insgesamt arbeitnehmerfreundliches soziales Netz in Deutschland.

$A_{12,1}$: Abbau des sozialen Netzes
Durch positive Wirtschaftsentwicklung stärkere Eigenbeteiligung der Gesellschaft **oder**
wegen leerer Staatskassen Zwang zum teilweisen Abbau des sozialen Netzes.

$A_{12,2}$: Halten bzw. Ausbau des sozialen Netzes
Fortsetzung der arbeitnehmerfreundlichen Politik mit EG–Angleichung auf hohem Niveau.

Kunden:

D_{13} : **Kundenstruktur und Kundenpotenzial**

Ist: 60% Firmenkunden, davon 75% mittelständische Unternehmen; 40% Privatkunden.

$A_{13,1}$: gesundes Wachstum
Ersatzinvestitionen und neue Technologien mit dem Mittelstand als Motor, Zunahme vermögender Privatkunden.

$A_{13,2}$: Schrumpfung
Rückgang des Nachwuchsmarktes durch Fusionen, hohe Steuern und Inflation, mehr Rentner.

D_{14} : **Kundenbedürfnisse**

Ist: Bedarf an Kreditberatung und vorwiegend risikolosen Anlageformen

$A_{14,1}$: beratungsintensiv
Generell zunehmendes Beratungsbedürfnis bei steigenden Einkommen und Gewinnen.

$A_{14,2}$: eigeninitiativ
Eigenständige Übernahme von Bankfunktionen durch große Firmen und Konzerne. Insgesamt höherer Konsum und höhere Eigeninitiative auch im privaten Bereich.

D_{15} : **Kundenverhalten**

Ist: Bankentreue

$A_{15,1}$: Bankentreue
Jahrelanges Vertrauen, Angebot von Allfinanzkonzepten.

$A_{15,2}$: Bankenwechsel
Kritische Einstellung zur Funktion der Hausbank, Preisvergleich unter den Banken.

$A_{15,3}$: Allfinanzdienstleister
Konkurrenz der Banken durch Allfinanzdienstleister, flexibler Zuschnitt integrierter Finanzpakete auf den einzelnen Kunden, Preisvergleiche unter sämtlichen Anbietern.

Wettbewerb:

D_{16} : **Neue Produkte**

Ist: Schnelle, internationale Verbreitung von Innovationen

$A_{16,1}$: innovativ
Mehr und neue Produkte, Allfinanzkonzepte.

$A_{16,2}$: konservativ
Weniger und klassische Produkte, erfolglose Innovationsversuche.

D_{17} : **Wettbewerbsstruktur und Vertrieb**

Ist: Unterschiedliche Anbieter mit Konzentration auf ihre klassischen Bereiche.

$A_{17,1}$: persönlicher Vertrieb
Individuelle, kundenspezifische Beratung.

$A_{17,2}$: technischer Vertrieb
Technikaufgeschlossene Gesellschaft mit automatisiertem Vertrieb.

6.7.2 Lösungsskizze einer scharfen Szenarienauswahl

Datenbasis

Die Datenbasis bilden einerseits die 17 oben beschriebenen kritischen Deskriptoren mit insgesamt 37 Deskriptorausprägungen. Dadurch ergibt sich ein Szenariengesamtraum von $442.368 = 3^3 \cdot 2^{14}$ Elementen.

Andererseits werden die Zusammenhänge von je zwei Deskriptorausprägungen mit Hilfe von Konsistenzeinschätzungen beurteilt. Die Konsistenzmatrix zur Fallstudie ist im Anhang ab Seite 301 abgedruckt. Ein Szenario wird somit aufgrund von $\binom{17}{2} = 136$ Konsistenzwerten beurteilt.

Vorselektion

Die Vorselektion wird mit Hilfe eines Branch-and-Bound Verfahrens durchgeführt. Aus den 442.368 Szenarien des Gesamtraums verbleiben nach der Vorselektion noch 1073 ($= 0,243\%$). Die folgenden drei Ausschlusskriterien werden bei der Vorselektion angelegt:[414]

- keine Konsistenzbewertung mit -2 in einem Szenario,
- maximal 10 Konsistenzbewertungen mit -1 in einem Szenario (10 von 136 sind 7,4%),
- Konsistenzsumme eines Szenarios nicht kleiner als 54.

Die drei geforderten Bedingungen sind gleichzeitig von einem Szenario zu erfüllen, um in die Bewertungsphase zu gelangen.

Bewertungsphase

Die Bewertungsphase ähnelt in diesem Fall im Wesentlichen einem zweiten Selektionsschritt, der aus den 1073 vorselektierten Szenarien 89 für die Auswahlphase bestimmt. Berücksichtigt werden dabei vor allem die Eigenschaften der Konsistenz und Stabilität sowie implizit die Unterschiedlichkeit.

Es wird ein heuristisches Vorgehen gewählt.[415] Dazu wird die Blockstruktur der geordneten vorselektierten Szenarienliste untersucht.[416] Unter einem Block ist die Zusammenfassung von mehreren sehr ähnlichen Szenarien zu verstehen, die sich oft nur in den Ausprägungen von ein oder zwei kritischen Deskriptoren unterscheiden. Die Blockbildung ist nicht eindeutig. Sie bringt automatisch eine Bewertung der Unterschiedlichkeit mit sich. Die Szenarien eines Blockes werden nach den Kriterien der Konsistenz und Stabilität bewertet. Unter Berücksichtigung der Konsistenzsumme und der Stabilität der einzelnen Szenarien eines Blocks werden ein bis zwei Blockrepräsentanten zur Weiterverarbeitung in der Auswahlphase bestimmt. Aus diesem Vorgehen ergeben sich 89 Szenarien.

---

[414] Die drei Ausschlussregeln werden in Mißler-Behr (1993), S. 135 ff begründet.

[415] Vgl. hierzu Mißler-Behr (1993), S. 120 f und 137.

[416] Die Szenarienliste, auf die Bezug genommen wird, ist in Mißler-Behr (1993), S. 168 ff abgebildet.

Auswahlphase

Zur endgültigen Festsetzung der Szenarienzentren werden auf die verbleibenden 89 Szenarien Clusteranalyseverfahren angewandt. Dadurch wird besonders der Aspekt der Unterschiedlichkeit und Repräsentativität betont. Als besonders aussagekräftig im Zusammenhang mit der Szenarioanalyse erweisen sich die Clusteranalyseverfahren der *Startheuristik* und *maximalen c-Cliquen* um das konsistenteste Szenario.[417] Um die Szenarien benennen zu können, werden sie durchnummeriert.

Bei Anwendung der Startheuristik wird das Szenario mit der höchsten Konsistenzsumme (= 85) (Szenario Nr. 9) als erstes Klassenzentrum vorgegeben. Das zweite Klassenzentrum (Szenario Nr. 88) bildete dasjenige der 89 Szenarien, das maximale Distanz zum vorgegebenen ersten Klassenzentrum aufweist. Zentrum 3 (Szenario Nr. 31) hat die Eigenschaft, dass es maximal vom ersten und zweiten Zentrum entfernt liegt. Entsprechendes gilt für das vierte Zentrum (Szenario Nr. 46). Auch die weiteren Zentren werden nach diesem Grundschema ermittelt. Die betrachtete Klassenanzahl, die der Zentrenanzahl entspricht, ist dabei vorzugeben. Die restlichen der 89 Szenarien, die keine Klassenzentren bilden, werden dem Zentrum, das ihnen am nächsten liegt, zugeordnet.

Die Klassenzentren der Startheuristik ergeben die ausgewählten Szenarienzentren, die in die Unternehmensplanung eingehen. Durch den Vergleich der minimalen und maximalen Distanzen der so ermittelten Szenarioklassen sind Hinweise auf die richtige Klassenanzahl zu erhalten. Sie entspricht der Zahl der repräsentativen Szenarien für den Szenariengesamtraum.[418] Tabelle 6.25 beschreibt die vier ausgewählten Szenarienzentren formal.

1. Zentrum	1	1	1	1	1	1	1	1	2	2	2	2	1	1	2	1	1
2. Zentrum	3	2	2	2	2	2	2	2	1	1	1	1	2	2	1	2	1
3. Zentrum	1	1	1	1	1	2	2	2	1	2	2	1	1	1	1	1	1
4. Zentrum	2	1	1	1	1	1	1	1	1	2	2	1	1	2	1	1	2

Tabelle 6.25: Mit scharfen Verfahren ermittelte Szenarienzentren

Die Bildung von maximalen c-Cliquen kann folgendermaßen anschaulich beschrieben werden: Ausgangspunkt ist das konsistenteste Szenario. Um dieses Szenario werden konzentrische Kreise mit Radien der Größe c ($c = 1, \dots, m$) gelegt. Den so entstehenden Kreisringen werden diejenigen Szenarien zugeordnet, deren Distanz zum konsistentesten Szenario mit dem jeweiligen Radius übereinstimmt. Dadurch können die maximal unterschiedlichen Szenarien im inneren und äußeren Kreis erkannt werden. Außerdem werden Kandidaten für weitere Zentren ersichtlich.[419]

[417] Zur allgemeinen Theorie dieser beiden Clusteranalyseverfahren siehe Bock (1974) und Opitz (1980), S. 93 ff und 104 ff.

[418] Vgl. hierzu Mißler-Behr (1993), S. 149 ff und Mißler-Behr (1995 c), S. 55 ff.

[419] Vgl. hierzu Mißler-Behr (1993), S. 154 f oder auch (1995 c), S. 60.

Kurzbeschreibung der ausgewählten Szenarien

Ergebnis des scharfen Szenarienauswahlprozesses sind drei bis vier repräsentative Szenarien. Es handelt sich dabei um die beiden Extremszenarien und zwei mittlere Szenarien. Da die Trennung der Szenarienklassen 1 und 3 bzw. 4 und die Trennung der Klassen 3 und 4 nicht sehr deutlich ist, werden drei repräsentative Szenarien für die Weiterverarbeitung im Szenarioprozess empfohlen.[420]

Alle vier Kandidaten für die Szenariozentren, die in Tablle 6.25 (Seite 220) formal wiedergegeben wurden, werden im Folgenden kurz verbal beschrieben.

1. **Zentrum — Szenario Nr. 9:**
   Hauptkunden der Bank sind aufgeschlossene, offene, technikbegeisterte Yuppies in wirtschaftlich rosigen Zeiten, die sehr konsumfreudig sind und an ein Weiterbestehen bzw. einen Ausbau des sozialen Netzes glauben. Sie sind sehr beratungsintensiv, weil sie zum Bankenwechsel neigen und die persönliche Betreuung bevorzugen.

2. **Zentrum — Szenario Nr. 88:**
   Antigruppen, die allem Neuen und der Technik gegenüber skeptisch eingestellt sind, bestimmen das Erscheinungsbild der Gesellschaft. Die wirtschaftliche Lage ist schlecht, deshalb wird gespart. Es werden hohe Steuern und ein Abbau des sozialen Netzes befürchtet. Insgesamt werden schärfere Bankengesetze erwartet. Die schlechte Wirtschaftslage bewirkt eine Verschlechterung der Kundenstruktur und des Kundenpotenzials für die Banken. Der typische Kunde entwickelt eher Eigeninitiative, ist aber bankentreu. Er bevorzugt konservative Produkte und die persönliche Betreuung.

3. **Zentrum — Szenario Nr. 31:**
   Die gesellschaftliche Grundhaltung ist leistungs- und berufsorientiert. Den neuen Informationstechnologien steht man positiv gegenüber und nutzt die damit verbundenen Möglichkeiten im Beruf und im Privatbereich. Die Banken werden als Partner betrachtet, die kundenorientiert arbeiten und moderne Serviceleistungen anbieten. Die Wirtschaftsentwicklung wird negativ beurteilt, ein Strukturwandel bleibt aus. Die Realeinkommen stagnieren, wodurch die Sparintensität angeregt wird. Bei den Bankaufsichtsgesetzen wird eine Liberalisierung, im Zuge der Steuerharmonisierung eine Steuersenkung aber auch ein Abbau des sozialen Netzes in Deutschland erwartet. Kundenstruktur und -potenzial der Banken verändern sich nicht. Die Bankkunden erweisen sich generell als bankentreu. Sie werden jedoch beratungsintensiver, da sie Interesse an innovativen, modernen Bankprodukten haben und ein individuelles, abgestimmtes Beratungskonzept ihrer Bank erwarten.

4. **Zentrum — Szenario Nr. 46:**
   Zielgruppe der Bank sind aufgeschlossene, offene, technikbegeisterte, ganzheitlich denkende, leistungsbereite Familien in wirtschaftlich rosigen Zeiten. Sie sparen, da sie an einen Abbau des sozialen Netzes glauben. Sie legen weniger Wert auf Beratung, sondern entwickeln Eigeninitiative, sind aber insgesamt bankentreu und bevorzugen den technischen Vertrieb.

[420] Vgl. hierzu Mißler-Behr (1993), S. 150-153 und 158 f.

6.7.3 Lösungsskizze bei Anwendung einer unscharfen Clusteranalyse in der Auswahlphase

Aufgrund der Zugehörigkeitsgrade zu den einzelnen Klassen werden durch die Anwendung eines unscharfen Clusteranalyseverfahrens statt eines scharfen Verfahrens in der Auswahlphase, aussagekräftigere Hinweise auf die repräsentativen Szenarienzentren erwartet. Die Grundidee der unscharfen Clusteranalyse wurde in Kapitel 6.4 (Seite 168) dargestellt.

Auf die 89 Szenarien aus der Bewertungsphase wird zusätzlich zur scharfen *Startheuristik* der *Fuzzy-C-Means Algorithmus* (FCM) als unscharfes Clusteranalyseverfahren angewandt.[421] Es werden nacheinander eine 2-Klassen, 3-Klassen und 4-Klassen Lösung ermittelt.

Vor Anwendung des Algorithmus ist eine Anfangsinitialisierung der Zugehörigkeitsgrade der 89 Szenarien zu den verschiedenen Klassen vorzunehmen. Die vorgestellte Lösung basiert auf der Abbildung der gesamten Klassenstruktur aus der Startheuristik in der Anfangsinitialisierung (vgl. hierzu Seite 168).[422]

Ausgangspunkt für die Initialisierung der 2-Klassen Lösung des FCM-Algorithmus ist die 2-Klassen Lösung aus der Startheuristik.[423] Wird bei der Startheuristik ein Szenario i einer Klasse j zugeordnet, so wird der entsprechende Zugehörigkeitsgrad auf 0,65 festgesetzt. Die Zugehörigkeitsgrade von Szenario i zu allen anderen Klassen wird auf 0,35 festgesetzt.[424] Entsprechend wird mit allen anderen Szenarien verfahren. Zusätzlich zur Anfangsinitialisierung der Zugehörigkeitsgrade benötigt der FCM-Algorithmus die Vorgabe eines Unschärfeparameters aus dem Intervall $(1, \infty)$. Dieser wird auf Grund von empirischen Untersuchungen auf den Wert 6 festgesetzt. Tabelle 6.26 (Seite 222) zeigt jeweils die fünf höchsten Zugehörigkeitswerte einer Klasse nach Ablauf des FCM-Algorithmus mit obiger Initialisierung.

Zugehörigkeitsgrade $\in \{0,65;\ 0,35\}$		Unschärfeparameter $= 6$	
Klasse 1		Klasse 2	
Szenario Nr.	Zugehörigkeit	Szenario Nr.	Zugehörigkeit
53	**0,920**	89	**0,920**
9	**0,918**	88	**0,910**
50	**0,881**	31	0,407
60	**0,876**	74	0,333
17	**0,875**	46	0,333

Tabelle 6.26: Unscharfe 2-Klassen Lösung

Anhand der Zugehörigkeitsgrade der Szenarien zur ersten Klasse der 2-Klassen Lösung (Tabelle 6.26, Seite 222) ist deutlich zu erkennen, dass die Szenarien mit den Nummern 53 und 9 um die Repräsentanz in ihrer Klasse ringen. Auch die Szenarien mit den Nummern 50, 60 und 17 sind noch so hoch bewertet, dass sie als Kernobjekte der ersten Klasse gelten können. Bei der zweiten

[421] Der Fuzzy-C-Means (FCM) Algorithmus gilt als das am weitesten verbreitete unscharfe Clusteranalyseverfahren. Der Algorithmus des FCM-Verfahrens ist z.B. bei Bezdek (1981), S. 65 ff oder Zimmermann (1995 a), S. 41 ff beschrieben.

[422] Der zweite Initialisierungsvorschlag, bei dem die Klassenzentren als Vorgabe dienen, führt zu ganz ähnlichen Ergebnissen, ist jedoch nicht so aussagekräftig. Seine Ergebnisse werden z.B. bei Mißler-Behr (1996 a) und (1997 c) beschrieben.

[423] Siehe hierzu Mißler-Behr (1993), S. 149.

[424] Vgl. hierzu Kapitel 6.4 (Seite 168).

Klasse zeigt sich deutlich, dass nur zwei Szenarien diese Klasse repräsentieren. Es sind die Szenarien mit den Nummern 89 und 88. Alle anderen Szenarien haben eine höhere Zugehörigkeit zu Klasse 1 und werden somit nicht als Elemente der zweiten Klasse gesehen. Diese Tatsache wird auch durch die fettgedruckten und nicht fettgedruckten Zugehörigkeitsgrade in den Tabellen 6.26 bis 6.28 (Seite 222 bis 224) angedeutet. Wie bei den scharfen Clusteranalyseergebnissen wird auch hier deutlich, dass die zweite Klasse sehr klein im Verhältnis zur ersten ist und eine Extremposition zur ersten Klasse einnimmt. Damit können auf alle Fälle zwei Extremszenarien gefunden werden.

Ausgangspunkt für die Initialisierung der 3-Klassen Lösung des FCM-Algorithmus ist die disjunkte 3-Klassen Lösung aus der Startheuristik.[425] Wurde bei der Startheuristik ein Szenario i einer Klasse j zugeordnet, so wird der entsprechende Zugehörigkeitsgrad auf 0,5 festgesetzt. Die Zugehörigkeitsgrade von Szenario i zu allen anderen Klassen wird auf 0,25 festgesetzt. Entsprechend wird mit allen anderen Szenarien verfahren. Aufgrund von empirischen Untersuchungen wird der Unschärfeparameter auf den Wert 8 festgesetzt. Tabelle 6.27 zeigt jeweils die fünf höchsten Zugehörigkeitswerte einer Klasse nach Ablauf des FCM-Algorithmus mit obiger Initialisierung.

Zugehörigkeitsgrade $\in \{0,5; 0,25\}$			Unschärfeparameter = 8		
Klasse 1		Klasse 2		Klasse 3	
Sz. Nr.	Zugeh.	Sz. Nr.	Zugeh.	Sz. Nr.	Zugeh.
53	**0,850**	89	**0,920**	31	**0,872**
9	**0,810**	88	**0,913**	74	**0,777**
50	**0,810**	46	0,161	32	**0,747**
75	**0,741**	20	0,159	30	**0,731**
7	**0,739**	3	0,157	73	**0,652**

Sz. Nr.: Szenario Nummer
Zugeh.: Zugehörigkeit

Tabelle 6.27: Unscharfe 3-Klassen Lösung

Bei der unscharfen 3-Klassen Lösung lassen sich die Szenarien mit den Nummern 53, 9 und 50 als Kernpunkte der ersten Klasse erkennen. Die drei Szenarien wurden auch bei der unscharfen 2-Klassen Lösung am höchsten bewertet. Die Szenarien mit der viert- und fünfthöchsten Bewertung in Klasse 1 haben sich von der 2-Klassen Lösung zur 3-Klassen Lösung geändert. Bei der zweiten Klasse ergibt sich das gleiche Bild wie bei der zweiten Klasse der 2-Klassen Lösung. Bei der dritten Klasse wird Szenario Nr. 31 als Zentrum ausgewiesen. Es erreicht einen Zugehörigkeitsgrad von etwa 0,87. Die Bewertung des zweithöchsten Szenarios dieser Klasse liegt etwa um 0,1 unterhalb diesem Wert. Der dritten Klasse der unscharfen 3-Klassen Lösung werden insgesamt 14 Szenarien zugewiesen. Somit wird deutlich, dass diese Klasse einen eigenen Stellenwert hat und dass deshalb auf alle Fälle 3 repräsentative Szenarien in der Fallstudie betrachtet werden sollten.

Ausgangspunkt für die Initialisierung der 4-Klassen Lösung des FCM-Algorithmus ist die disjunkte 4-Klassen Lösung aus der Startheuristik.[426] Wurde bei der Startheuristik ein Szenario i einer Klasse j zugeordnet, so wird der entsprechende Zugehörigkeitsgrad auf 0,4 festgesetzt. Die

[425] Siehe hierzu Mißler-Behr (1993), S. 150 f.

[426] Siehe hierzu Mißler-Behr (1993), S. 152 f.

Zugehörigkeitsgrade von Szenario i zu allen anderen Klassen wird auf 0,2 festgesetzt. Entsprechend wird mit allen anderen Szenarien verfahren. Aufgrund von empirischen Untersuchungen wurde der Unschärfeparameter auf den Wert 10 festgesetzt. Tabelle 6.28 zeigt jeweils die fünf höchsten Zugehörigkeitswerte einer Klasse nach Ablauf des FCM-Algorithmus mit obiger Initialisierung.

Zugehörigkeitsgrade $\in \{0,4;\, 0,2\}$				Unschärfeparameter = 10			
Klasse 1		Klasse 2		Klasse 3		Klasse 4	
S. Nr.	Zug.	S. Nr.	Zug.	S. Nr.	Zug.	S. Nr.	Zug.
53	**0,796**	88	**0,889**	31	**0,893**	46	**0,952**
9	**0,782**	89	**0,882**	74	**0,678**	3	**0,639**
50	**0,733**	20	0,119	32	**0,641**	54	0,369
7	**0,652**	86	0,116	30	**0,601**	80	0,356
60	**0,649**	63	0,109	73	**0,503**	2	0,341

S. Nr.: Szenario Nummer
Zug.: Zugehörigkeit

Tabelle 6.28: Unscharfe 4-Klassen Lösung

Bei der ersten Klasse der unscharfen 4-Klassen Lösung bilden wieder die Szenarien mit den Nummern 53 und 9 die repräsentativen Szenarien dieser Klasse. Für die zweite Klasse ändert sich nichts Wesentliches. Zwar wird jetzt das Szenario mit der Nummer 88 etwas höher als Szenario Nr. 89 bewertet, aber bereits bei der unscharfen 2-Klassen bzw. 3-Klassen Lösung ist zu erkennen, dass die zweite Klasse sehr gut durch beide Szenarien repräsentiert wird. Bei der dritten Klasse der 4-Klassen Lösung kommt noch deutlicher als bei der 3-Klassen-Lösung zum Ausdruck, dass ausschließlich Szenario 31 diese Klasse gut repräsentiert. Die dritte Klasse der unscharfen 4-Klassen-Lösung enthält noch 11 Szenarien. Dagegen werden der vierten Klasse nur zwei Szenarien zugeordnet. Die dritthöchste Zugehörigkeitsbewertung von 0,341 zur Klasse 4 besitzt Szenario 2. Da dieser Wert jedoch sehr gering ist, wird deutlich, dass Szenario 2 ein Randelement dieser Klasse ist. Damit verbleiben nur noch zwei Hauptszenarien in dieser Klasse. Vergleicht man deren Zugehörigkeitswerte von 0,952 und 0,639, so wird durch die recht große Differenz der beiden Werte klar, dass die vierte Klasse im Grunde genommen nur aus Szenario Nummer 46 besteht. Dies kann als deutlicher Hinweis betrachtet werden, dass 3 Klassen genügen, um den Szenariengesamtraum in unserem Fallbeispiel abzubilden.

Betrachtet man die Ergebnisse der unscharfen 2-Klassen, 3-Klassen und 4-Klassen Lösung im Zusammenhang, so kann festgehalten werden, dass die erste Klasse am besten von Szenario Nummer 53 repräsentiert wird. Dieses Szenario und das Szenario mit der Nummer 9 haben bei allen drei Lösungen stets die höchsten Zugehörigkeitswerte. Szenario Nummer 53 wurde jedoch in allen drei Fällen noch etwas besser bewertet als das Szenario mit der Nummer 9. Für die Repräsentanz von Klasse 2 erscheinen Szenario 88 und 89 gleichwertig. Ihre Zugehörigkeitswerte unterscheiden sich bei den drei Lösungen kaum und außerdem ergibt sich keine eindeutige Reihenfolge der beiden Szenarien. Die dritte Klasse wird am besten durch Szenario 31 vertreten. Auf ein viertes Szenariozentrum sollte verzichtet werden, da sich keine eigenständige vierte Klasse aus der betrachteten Szenarienmenge herauskristallisiert hat.

Vergleicht man die Ergebnisse der scharfen und unscharfen Clusteranalyseverfahren, so erscheinen sie auf den ersten Blick sehr ähnlich. Dies ist hauptsächlich dadurch bedingt, dass die Ergebnisse der scharfen Startheuristik die Startvorgaben des unscharfen FCM-Algorithmus bilden.

Durch die Interpretation der Zugehörigkeitswerte der einzelnen Szenarien zu den verschiedenen Klassen erlangen die Ergebnisse der unscharfen Clusteranalyse jedoch eine wesentlich höhere und objektivere Aussagekraft als die Ergebnisse der scharfen Clusteranalyse. So konnte bei Klasse 1 ein neuer Repräsentant gefunden werden. Bei Klasse 2 ist zu erkennen, dass die Szenarien mit den Nummern 88 und 89 gleichwertige Repräsentanten sind. Bei Klasse 3 bestätigt sich eindrucksvoll das Ergebnis der scharfen Clusteranalyse. Außerdem zeigt die Höhe der Zugehörigkeitswerte zu Klasse 4 deutlich, dass eine vierte Klasse nicht gerechtfertigt ist. Somit erhält der Anwender auch eindeutige Hinweise auf die Anzahl der repräsentativen Szenarien.

Insgesamt kann festgehalten werden, dass die zusätzliche Anwendung des unscharfen Clusteranalyseverfahrens einen besseren und detaillierten Einblick in den Szenariengesamtraum ermöglicht hat. Die Szenarienauswahl wird objektiver und besser begründbar.

6.7.4 Lösung mit dem FRBSS-Ansatz

Der FRBSS-Ansatz wird nun auf die Fallstudie "Bank 2000 in Deutschland" angewandt. Die generelle Zielsetzung ändert sich nicht. Gesucht werden aussagekräftige, repräsentative Szenarien des Szenariogesamtraumes.

Die Datenbasis ist die gleiche wie beim scharfen Lösungsansatz (siehe Seite 219): 17 Deskriptoren mit insgesamt 37 Ausprägungen beschreiben die zu analysierende Problemstellung. Der Szenariogesamtraum hat somit 442.368 Elemente. Die Verträglichkeit von je zwei Deskriptorausprägungen wird mit Hilfe von Konsistenzschätzungen beurteilt. Zur Beurteilung eines Szenarios werden $136 = \binom{17}{2}$ Konsistenzschätzungen herangezogen.[427]

Vorselektion

Es werden die Vorschläge zur Vorselektion von Seite 176 aufgegriffen. Es ergeben sich konkret folgende drei Ausschlussregeln:

- Szenarien dürfen keine Konsistenzbeurteilungen von (-2) enthalten. Dadurch gelangen nur solche Szenarien, die keine starken inneren Wiedersprüche ausweisen, in die Bewertungsphase.
- Rund 16 % der Konsistenzschätzungen aus der Konsistenzmatrix (siehe im Anhang ab Seite 301) besitzen den Wert (-1). Deshalb sollte ein Szenario, das in die Bewertungsphase eingeht, auch keinen größeren Anteil an (-1)-Konsistenzbewertungen besitzen. Insgesamt dürfen somit maximal 22 der 136 Konsistenzbewertungen eines Szenarios den Wert (-1) ausweisen.
- Die Anzahl der erlaubten (-1)-Bewertungen wird zusätzlich in Abhängigkeit der Anzahl der (+2)-Konsistenzbewertungen eines Szenarios beschränkt. Treten viele (+2)-Bewertungen auf, sind auch viele (-1)-Bewertungen erlaubt. Es dürfen in der Fallstudie bis zu 1,5 mal soviele (-1)-Bewertungen wie (+2)-Bewertungen auftreten.

Aus diesen Ausschlussregeln resultieren insgesamt 1601 Szenarien, die in die Bewertungsphase eingehen.

Die Wahl des Multiplikators 1,5 im dritten Selektionskriterium begündet sich dadurch, dass in diesem Fall die Anzahl der ausgewählten Szenarien in etwa in der Größenordnung der Anzahl

[427] Die benutzte Konsistenzmatrix ist im Anhang ab Seite 301 abgebildet.

der vorselektierten Szenarien beim scharfen Ansatz der Fallstudie (=1073) liegt. Somit ist am ehesten ein Vergleich der Ergebnisse des unscharfen und des scharfen Ansatzes möglich. Tabelle 6.29 (Seite 226) zeigt, welchen Einfluss die Wahl des Multiplikators M auf die Anzahl der vorselektierten Szenarien hat.

Multiplikator M	Anzahl vorselektierter Szenarien
∞	62.249
3,00	17.007
2,50	9.313
2,00	4.984
1,75	2.656
1,50	**1.601**
1,25	798
1,00	428

Tabelle 6.29: Der Multiplikatior M und seine Auswirkungen

Bewertungsphase

Mit Hilfe des in Kapitel 6.5.4.2 (ab Seite 190) vorgestellten Regelwerks werden die verbleibenden 1601 auf ihre Gesamteignung als Szenariozentren überprüft. Dazu sind zuerst die konkreten Werte der 28 beschreibenden linguistischen Variablen des Regelwerks (Kapitel 6.5.4.1, ab Seite 176) für jedes Szenario zu ermitteln.

Die 4 linguistischen Variablen *anz(-1), anz(0), anz(1)* und *anz(2)* beschreiben die *Konsistenz.* Δ_{ij} mit $i = -1, \ldots, 2$ und $j = 1, \ldots, 3$ sind die 12 beschreibenden Größen der *Stabilität.* Zur Beschreibung der *Eignung als Extremszenario* werden die 3 Größen *max-D*, $h-(d_1) = h-(17)$ und $h-(d_1-1) = h-(16)$ benötigt. Da 17 Deskriptoren betrachtet werden, beträgt der maximal mögliche Distanzwert (d_1) eines Szenarios gerade 17. Zur Beschreibung der *Eignung als mittleres Szenario* werden zusätzlich die 3 linguistischen Variablen $h-(d_{0,5}) = h-(9)$, $h-(d_{0,5}-1) = h-(8)$, $h-(d_{0,5}+1) = h-(10)$ und für die *Eignung als Zwischenszenario* 3 und 4 die 6 Größen $h-(d_{0,33}) = h-(6)$, $h-(d_{0,33}-1) = h-(5)$, $h-(d_{0,33}+1) = h-(7)$, $h-(d_{0,66}) = h-(12)$, $h-(d_{0,66}-1) = h-(11)$, $h-(d_{0,66}+1) = h-(13)$ berücksichtigt. Sie bilden die Inputdaten für die einzelnen Regelbasen. Tabelle 6.30 (Seite 227) zeigt beispielhaft die Inputgrößen für das Szenario mit der Nummer 73.

Um den Inputdaten Zugehörigkeitsgrade zu den Termen *hoch* und *niedrig* der linguistischen Variablen zuordnen zu können, sind die entsprechenden Zugehörigkeitsfunktionen festzulegen. Die Konstruktion der Zugehörigkeitsfunktionen orientiert sich an speziellen Quantilswerten der Inputdaten und ist in Kapitel 6.5.4.3 (Seie 198) beschrieben. Die Zugehörigkeitsfunktionen der Terme zu den beschreibenden Variablen der *Konsistenz* und *Stabilität* werden durch die (0), (0,2), (0,8) und (1)-Quantile bestimmt. Abbildung 6.32 (Seite 227) zeigt stellvertretend die Zugehörigkeitsfunktionen zur linguistischen Variablen *anz(2).*

Inputdaten des Szenarios mit der Nummer 73					
anz(-1)	*anz(0)*	*anz(1)*	*anz(2)*		
10	70	47	9		
Δ_{-11}	Δ_{01}	Δ_{11}	Δ_{21}		
5	6	11	4		
Δ_{-12}	Δ_{02}	Δ_{12}	Δ_{22}		
9	9	18	6		
Δ_{-13}	Δ_{03}	Δ_{13}	Δ_{23}		
10	11	23	7		
max-D	**h − (17)**	**h − (16)**			
15	0	0			
h − (8)	**h − (9)**	**h − (10)**			
114	30	4			
h − (5)	**h − (6)**	**h − (7)**	**h − (11)**	**h − (12)**	**h − (13)**
363	347	250	0	8	12

Tabelle 6.30: Beispiel für den Dateninput der Regelbasis

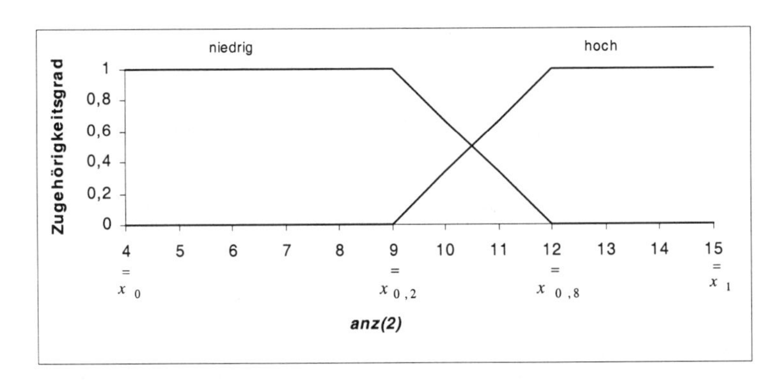

Abbildung 6.32: Zugehörigkeitsfunktionen zu *anz(2)*

Tabelle 6.31 (Seite 228) fasst die zur Konstruktion der Zugehörigkeitsfunktionen benötigten Quantilswerte der beschreibenden linguistischen Variablen der *Konsistenz* und *Stabilität* zusammen.[428] Es ist deutlich zu erkennen, dass alle Zugehörigkeitsfunktionen zwar prinzipiell den gleichen S-förmigen Verlauf haben, sich jedoch wesentlich im Wertebereich und in den markanten Punkten der Funktionen unterscheiden.

Zur Beurteilung der *Eignung als Extremszenario*, *als mittleres Szenario* und als *Zwischenszenario* wird die linguistische Variable *max-D* benötigt. Ihre Zugehörigkeitsfunktionen ergeben sich als lineare Verbindungen des (0) und des (1)-Quantils (12 und 17). In Abbildung 6.26 (Seite 201) sind die beiden Zugehörigkeitsfunktionen für die Fallstudie bereits zu sehen.

[428] Im Anhang ab Seite 318 ist eine Übersicht über die Quantilswerte aller benutzten Kenngrößen abgebildet.

linguistische Variable	Quantilswerte			
	(0)-Quantil	(0,2)-Quantil	(0,8)-Quantil	(1)-Quantil
anz(-1)	1	8	12	18
anz(0)	58	64	71	80
anz(1)	33	45	51	58
anz(2)	4	9	12	15
Δ_{-11}	1	4	6	8
Δ_{01}	2	4	6	7
Δ_{11}	6	8	10	12
Δ_{21}	2	3	5	6
Δ_{-12}	1	6	9	13
Δ_{02}	4	6	10	14
Δ_{12}	10	15	18	20
Δ_{22}	4	6	7	9
Δ_{-13}	1	7	11	15
Δ_{03}	5	8	12	17
Δ_{13}	14	20	24	26
Δ_{23}	4	7	9	11

Tabelle 6.31: Ausgewählte Quantilswerte (1)

Auf die Problematik der Konstruktion der Zugehörigkeitsfunktionen der linguistischen Variablen h – (16) und h – (17) wurde bereits ab Seite 202 eingegangen. Der Verlauf der Zugehörigkeitsfunktionen für die Häufigkeit des höchsten und des zweithöchsten Distanzwertes muss problemspezifisch erarbeitet werden. Die wesentlichen Gedanken zur Konstruktion sind ab Seite 202 erläutert. Die Quantilswerte der beiden Größen sind auf Seite 202 in Tabelle 6.14 zu finden. Der Verlauf der Zugehörigkeitsfunktionen ist in Abbildung 6.27 (Seite 203) und 6.28 (Seite 203) zu sehen.

Die Zugehörigkeitsfunktionen, die zur Beurteilung der *Eignung als mittleres Szenario* benötigt werden, orientieren sich an den (0), (0,7), (0,9) und (1)-Quantilen. Sie gehören zu den linguistischen Variablen h – (8), h – (9) und h – (10). In Tabelle 6.32 (Seite 228) sind die wichtigen Quantile dieser drei Größen zusammengefasst.

linguistische Variablen	Quantilswerte			
	(0)-Quantil	(0,7)-Quantil	(0,9)-Quantil	(1)-Quantil
h – (8)	0	174	238	307
h – (9)	0	77	136	273
h – (10)	0	31	69	189

Tabelle 6.32: Ausgewählte Quantilswerte (2)

Zur Beurteilung der *Eignung als Zwischenszenario* (3. und 4. Szenario) werden die linguistischen Größen h – (5), h – (6), h – (7) sowie h – (11), h – (12), h – (13) benötigt. Ihre Zugehörigkeitsfunktionen benutzen die (0), (0,4), (0,6) und (1)-Quantile. Die Quantilswerte dieser Größen aus der Fallstudie sind in Tabelle 6.33 (Seite 229) zu finden.

linguistische Variablen	Quantilswerte			
	(0)-Quantil	(0,4)-Quantil	(0,6)-Quantil	(1)-Quantil
$h-(5)$	0	323	351	438
$h-(6)$	0	339	357	426
$h-(7)$	0	254	277	357
$h-(11)$	0	3	8	252
$h-(12)$	0	6	9	396
$h-(13)$	0	8	10	472

Tabelle 6.33: Ausgewählte Quantilswerte (3)

Sämtliche Zugehörigkeitsfunktionen der linguistischen Variablen, die zur Beurteilung der Gesamteignung als Szenariozentrum benötigt werden, sind im Anhang ab Seite 324 graphisch dargestellt.

Die oben besprochenen Inputgrößen und Zugehörigkeitsfunktionen werden zur Auswertung der Regelbasen aus Kapitel 6.5.4.2 (Seite 190) benutzt. Mit diesen Vorgaben und den auf Seite 204 besprochenen Aggregations- und Agglomerationsoperatoren werden zuerst die wünschenswerten Eigenschaften der Szenarien einzeln beurteilt. Die Arbeitsweise eines Regelwerks wurde bereits in einem Beispiel (ab Seite 204) verdeutlicht.

Die Tabellen 6.34, 6.35 und 6.36 (Seite 230-231) zeigen beispielhaft Ergebnisse der einzelnen Bewertungsprozesse zur Beurteilung der *Konsistenz*, der *Stabilität* und der *Eignung als Extremszenario*, *mittleres Szenario* und *Zwischenszenario* 3 oder 4. Die Ergebnisse sind in unnormierter und normierter Form wiedergegeben. Nach der Normierung addieren sich die Zugehörigkeitsgrade der Terme *niedrig* und *hoch* gerade zu Eins.[429] Die normierten Ergebnisse der drei letzten genannten Regelbasen sind in einer Tabelle zusammengefasst, obwohl sie aus drei unterschiedlichen Bewertungsprozessen resultieren.

In Tabelle 6.34 (Seite 230) ist zu erkennen, dass Szenario 1 mit einem Zugehörigkeitsgrad von 0,54 eine niedrige und mit einem Zugehörigkeitsgrad von 0,67 eine hohe Konsistenz besitzt. Das Szenario wird grundsätzlich eher als konsistent eingeschätzt, da aber der Zugehörigkeitsgrad für die Bewertung *hoch* nicht wesentlich größer ist, wird deutlich, dass nur eine leichte Konsistenz

[429] Die Schule um Rommelfanger (Universität Frankfurt) normiert im Allgemeinen die Zugehörigkeitswerte in jeder Stufe einer Bewertungshierarchie während das die Schule um Zimmermann (RWTH Aachen) nicht tut. Bei der Konstruktion von Zugehörigkeitsfunktionen wird in der Regel darauf geachtet, dass die Summe der Zugehörigkeitswerte für jedes Argument der linguistischen Variablen gerade Eins ist. Auch inhaltlich lässt sich die Normierung rechtfertigen. Vergleichen wir z.B. die Zugehörigkeitswerte (0,05; 0,75), (0,15; 0,14), (0,5; 0,5); (0,95; 0,98), (0; 0,8) einer linguistischen Variablen mit zwei Termen und die dazugehörige Interpretation. Die zweite, dritte und vierte Bewertung drückt aus, dass die beiden Terme der linguistischen Variablen gleich bzw. fast gleich bewertet werden. Werden diese Zugehörigkeitspaare in einer weiteren Stufe einer Bewertungshierarchie als Ausgangsdaten benutzt, beschreibt jedoch nur das dritte Tupel diesen Sachverhalt richtig. Das zweite bzw. vierte Tupel verursacht eine zu geringe bzw. zu hohe Bewertung in der nächsten Bewertungsstufe. Das Tupel (0,05; 0,75) bringt zwar deutlich zum Ausdruck, dass die zweite Ausprägung der linguistischen Variablen viel höher bewertet wird als die erste, aber bei einer einheitlichen Normierung auf den Wert Eins fällt diese Beurteilung noch deutlicher aus. Entsprechendes gilt für das Tupel (0; 0,8). Durch die Normierung wird eine einheitliche Basis für einen Vergleich geschaffen.

Sz. Nr.	*Konsistenz*			
	nicht normiert		normiert	
	niedrig	hoch	niedrig	hoch
1	0,54	0,67	0,45	0,55
139	0,89	0,00	1,00	0,00
511	0,79	0,17	0,83	0,17
975	0,17	0,79	0,17	0,83
1357	0,81	0,00	1,00	0,00
1601	0,84	0,17	0,84	0,16

Tabelle 6.34: Auszug aus den Ergebnissen der Konsistenzbewertung

Sz. Nr.	*Stabilität*			
	nicht normiert		normiert	
	niedrig	hoch	niedrig	hoch
1	0,81	0,25	0,76	0,24
139	0,25	0,93	0,21	0,79
511	0,00	0,75	0,00	1,00
975	0,25	0,95	0,21	0,79
1357	0,00	0,75	0,00	1,00
1601	0,00	0,75	0,00	1,00

Tabelle 6.35: Auszug aus den Ergebnissen der Stabilitätsbewertung

vorliegt. Dagegen sind Szenario 139 und 1357 im Vergleich zu den übrigen Szenarien völlig inkonsistent. Szenario 511 und 1601 weisen insgesamt eine schlechte Bewertung der Konsistenz auf, während Szenario 975 eine gute Bewertung für die Konsistenz aufweist. Entsprechend sind die Zugehörigkeitswerte in den Tabellen 6.35 und 6.36 (Seite 230) zu interpretieren.

Beim Vergleich der Zugehörigkeitswerte der verschieden Regelbasen zur Beurteilung der *Eignung als Extremszenario*, der *Eignung als mittleres Szenario* und der *Eignung als Zwischenszenario* 3 oder 4 in Tabelle 6.36 (Seite 231) zeigt sich deutlich der unterschiedliche Aussagegehalt der verschiedenen Regelbasen. So ist z.B. Szenario 1 kein Kandidat für ein Extremszenario oder das mittlere Szenario. Jedoch für das dritte oder vierte Zwischenszenario weist dieses Zukunftsbild eine sehr gute Lage im Szenariengesamtraum auf. Szenario 139 kommt nicht als Extremszenario in Frage. Die Zugehörigkeitswerte zum mittleren Szenario bzw. zum 3. oder 4. Zwischenszenario weisen fast ausgeglichene Beurteilungswerte auf. Szenario 511 hat eine gute Lage als mittleres Szenario im Gesamtraum. Wesentlich bessere Werte für das mittlere Szenariozentrum weist die Nummer 1357 auf. Szenario 975 eignet sich gar nicht als Zentrum, während Szenario 1601 die Bedingungen für die Lage eines Extremszenarios voll erfüllt.

Auswahlphase

Die normierten Bewertungen aus den Regelbasen zur Beurteilung der *Konsistenz*, *Stabilität* und *Eignung als Extremszenario* bilden zusammen die Inputdaten für die Regelbasis zur Beurteilung der *Gesamteignung als Extremzentrum.* Dieser Gedanke wurde bereits in Abbildung 6.29 (Seite

Sz. Nr.	*Extremszenario* normiert niedrig	*Extremszenario* normiert hoch	*Eignung als mittleres Szenario* normiert niedrig	*Eignung als mittleres Szenario* normiert hoch	*Zwischenszenario* normiert niedrig	*Zwischenszenario* normiert hoch
1	1,00	0,00	1,00	0,00	0,00	1,00
139	1,00	0,00	0,54	0,46	0,51	0,49
511	1,00	0,00	0,18	0,82	0,70	0,30
975	0,75	0,25	1,00	0,00	1,00	0,00
1357	1,00	0,00	0,00	1,00	0,40	0,60
1601	0,00	1,00	1,00	0,00	1,00	0,00

Tabelle 6.36: Auszug aus den normierten Ergebnissen der Unterschiedlichkeitsbewertungen

208) bei der Erläuterung der entsprechenden Regelbasis veranschaulicht. Zur Beurteilung der *Gesamteignung als mittleres Zentrum* liefern die Zugehörigkeitswerte der linguistischen Größen *Konsistenz*, *Stabilität* und *Eignung als mittleres Szenario* den Input. Bei der Beurteilung der *Gesamteignung als Zwischenzentrum* gehen die Ergebnisse der Beurteilung der linguistischen Größen *Konsistenz*, *Stabilität* und *Eignung als Zwischenszenario* ein. Die Abbildungen 6.30 und 6.31 auf Seite 209 verdeutlichen diesen Sachverhalt.

Tabelle 6.37 zeigt einen kleinen, zusammengefassten Auszug aus den normierten Ergebnissen der drei unterschiedlichen Regelbasen zur Beurteilung der Gesamteignung.

Sz. Nr.	*Extremzentrum* normiert niedrig	*Extremzentrum* normiert hoch	*Gesamteignung als mittleres Zentrum* normiert niedrig	*Gesamteignung als mittleres Zentrum* normiert hoch	*Zwischenzentrum* normiert niedrig	*Zwischenzentrum* normiert hoch
1	1,00	0,00	1,00	0,00	0,78	0,22
139	1,00	0,00	1,00	0,00	1,00	0,00
511	1,00	0,00	0,83	0,17	0,83	0,17
975	0,79	0,21	1,00	0,00	1,00	0,00
1357	1,00	0,00	1,00	0,00	1,00	0,00
1601	0,84	0,16	1,00	0,00	1,00	0,00

Tabelle 6.37: Auszug aus den normierten Ergebnissen über die Beurteilung zur Gesamteignung der verschiedenen Szenariozentren

Sämtliche in Tabelle 6.37 (Seite 231) aufgelisteten Szenarien eignen sich nicht als Szenarienzentren und somit nicht zur Repräsentation des Szenariengesamtraumes. Szenario 139 und 1357 eignen sich z.B. überhaupt nicht als Kandidaten für irgendeine der drei Zentrengruppen. Dies ist im Wesentlichen dadurch begründet, dass diese Szenarien völlig inkonsistent sind und zur Verknüpfung der Eigenschaften der Minimum-Operator gewählt wurde. Deshalb ändert auch die hohe Stabilität von Szenario 1357 (siehe Tabelle 6.35, Seite 230) nichts am Ergebnis. Ein ähnliches Bild ergibt sich für die anderen Szenarien.

Die normierten Ergebnislisten der drei Regelbasen zur Beurteilung der *Gesamteignung* werden anschließend nach der Höhe ihrer Zugehörigkeitswerte sortiert. Im Anhang ab Seite 338 ist der obere Teil der geordneten Ergebnislisten aus der Beurteilung der *Gesamteignung als Extremzentrum*, der *Gesamteignung als mittleres Zentrum* und der *Gesamteignung als Zwischenzentrum* abgebildet. Diese Listen bilden den Ausgangspunkt für den letzten Schritt in der Auswahlphase: den Distanzvergleich.

Da zwei Extremzentren anhand der Beurteilung der Gesamteignung auszuwählen sind, ist zu untersuchen, welches der am höchsten bewerteten Szenarien die größte Distanz zum ersten Zentrum aufweist. Aus der geordneten Ergebnisliste zur *Gesamteignung als Extremzentrum* (Tabelle 6.38 zeigt einen kleinen Ausschnitt aus der Ergebnisliste) ist zuerst ersichtlich, dass die Szenarien 1574 und 1592 die besten Kandidaten für ein Extremzentrum sind. Da diese beiden Szenarien sich nur in einer Deskriptorausprägung unterscheiden, sind sie gleichberechtigte Kandidaten für das erste Extremzentrum.

	Gesamteignung als Extremzentrum			
	nicht normiert		normiert	
Sz. Nr.	schlecht	gut	schlecht	gut
1574	0,00	1,00	0,00	1,00
1592	0,00	1,00	0,00	1,00
1575	0,17	0,83	0,17	0,83
1594	0,17	0,83	0,17	0,83
440	0,19	0,81	0,19	0,81
1217	0,19	0,81	0,19	0,81
157	0,20	0,80	0,20	0,80
900	0,20	0,80	0,20	0,80
200	0,20	0,80	0,20	0,80
959	0,20	0,80	0,20	0,80
199	0,20	0,80	0,20	0,80
958	0,20	0,80	0,20	0,80
155	0,28	0,72	0,28	0,72

Tabelle 6.38: Auszug aus der geordneten Ergebnisliste von *Gesamteignung als Extremzentrum*

Das zweite Zentrum ergibt sich aus der Distanzbetrachtung der 26 höchstbewerteten Szenarien aus der geordneten Ergebnisliste, die im Anhang auf Seite 338 abgedruckt ist. Zwischen den Zugehörigkeitswerten des 26. und 27. höchstbewerteten Szenarios (Nr. 901 und 155) tritt eine Bewertungsänderung in den Zugehörigkeitsgraden von (0,20; 0,80) auf (0,28; 0,72) auf. Dieser Bewertungssprung ist im Vergleich zu den vorhergehenden Bewertungsänderungen recht hoch. Die Distanzen der 26 höchstbewerteten Szenarien liegen zwischen den Werten 1 und 17. 17 ist die maximal erreichbare Distanz. Tabelle 6.39 zeigt auszugsweise die wichtigsten Distanzergebnisse. Auf Seite 341 ist im Anhang ein Auszug aller für die Erkennung des zweiten Szenarios wichtigen Distanzen gegeben.

Es gibt vier potenzielle Kandidaten für das zweite Zentrum. Sie weisen Distanzen von 16 bzw. 17 zu den beiden höchstbewerteten Szenarien 1574 und 1592 auf (siehe Tabelle 6.39). Da das erste Zentrum noch nicht endgültig festgelegt ist, werden alle 4 Kandidaten weiter auf ihre Eignung als zweites Extremzentrum untersucht. Dazu werden alle Kandidaten für die Extremzentren im Verhältnis zum nun zu bestimmenden mittleren Zentrum und zu den Kandidaten der anschließend zu bestimmenden Zwischenzentren 3 und 4 betrachtet.

Sz. Nr.	1574	1592
	Distanzwerte	
440	17	16
1217	17	16
200	16	17
959	16	17

Tabelle 6.39: Auszug aus der Distanzmatrix der Szenarien mit den höchsten Bewertungen zur *Gesamteignung als Extremzentrum*

Als mittleres und drittes Zentrum ergibt sich eindeutig Szenario 634. Es hat als einziges Szenario einen Zugehörigkeitsgrad von 1 für die *Gesamteignung als mittleres Zentrum.* Das am zweithöchsten bewertete Szenario für das mittlere Zentrum besitzt einen Zugehörigkeitsgrad von 0,9 zum Term *gut.* Tabelle 6.40 (Seite 233) zeigt die fünf am höchsten bewerteten Szenarien bei der Beurteilung der *Gesamteignung als mittleres Zentrum.* Im Anhang auf Seite 339 ist eine umfassendere geordnete Ergebnisliste zu finden.

	Gesamteignung als mittleres Zentrum			
	nicht normiert		normiert	
Sz. Nr.	schlecht	gut	schlecht	gut
634	0,00	1,00	0,00	1,00
632	0,10	0,90	0,10	0,90
633	0,30	0,75	0,29	0,71
611	0,30	0,70	0,30	0,70
593	0,33	0,67	0,33	0,67
...				

Tabelle 6.40: Auszug aus der geordneten Ergebnisliste von *Gesamteignung als mittleres Zentrum*

Betrachtet man die Distanzen des mittleren Zentrums 634 zu den Kandidaten für das erste und zweite Extremzentrum (siehe Tabelle 6.41, Seite 233), so erscheinen die Szenarien 1574 und 959 für die Repräsentanz des Gesamtraumes am besten geeignet, denn Szenario 634 weist zu ihnen die größten Distanzen auf.

Zur Bestimmung der Zwischenzentren drei und vier müssen die höchstbewerteten Szenarien aus der Beurteilung der *Gesamteignung als Zwischenzentrum* betrachtet werden. Tabelle 6.42 zeigt die fünf am höchsten bewerteten Szenarien. Weitere Ergebnisse sind im Anhang auf Seite 340 abgedruckt.

Drittes Zwischenzentrum wird Szenario 426, da es den höchsten Zugehörigkeitsgrad zur Ge-

Sz. Nr.	1574	1592	440	1217	200	959
	Distanzwerte					
634	13	12	6	7	7	8

Tabelle 6.41: Distanzen des mittleren Zentrums zu den Kandidaten für die Extremzentren

	Gesamteignung als Zwischenzentrum 3 und 4			
	nicht normiert		normiert	
Sz. Nr.	schlecht	gut	schlecht	gut
426	0,21	0,79	0,21	0,79
513	0,28	0,72	0,28	0,72
514	0,30	0,70	0,30	0,70
515	0,30	0,70	0,30	0,70
786	0,35	0,65	0,35	0,65
...				

Tabelle 6.42: Auszug aus der geordneten Ergebnisliste von *Gesamteignung als Zwischenzentrum* 3 und 4

samteignung aufweist. Kandidaten für das vierte Zentrum ergeben sich aus der Distanzmatrix der höchstbewerteten Szenarien. In diesem Fall werden die Distanzen aller Szenarien gebildet, deren normierter Zugehörigkeitsgrad zum Term *gut* für die *Gesamteignung als Zwischenzentrum* größer als 0,5 ist (siehe hierzu auch die geordnete Ergebnisliste in Tabelle A.5.3 auf Seite 340 im Anhang). Die wichtigsten Auszüge aus der Distanzmatrix sind in Tabelle 6.43 zusammengefasst. Siehe hierzu auch die letzte Spalte der Distanztabelle in Anhang auf Seite 343.

Distanzwerte	
Sz. Nr.	426
513	6
632	6
776	6
514	5
515	5
...	

Tabelle 6.43: Distanzen der Kandidaten für das vierte Zentrum zum dritten Zwischenzentrum

Maximal unterschiedlich zum dritten Zwischenzentrum sind die Szenarien 513, 632 und 776 mit einem Distanzwert von 6 zu Szenario 426. Da Szenario 513 aber mit 0,72 eindeutig den höchsten Zugehörigkeitsgrad zur Gesamteignung besitzt, wird es als viertes Zentrum festgesetzt (siehe hierzu Seite 340 im Anhang).

Vergleicht man die Distanzen der Zwischenzentren zu den Kandidaten der Extremzentren, zeigt sich das in Tabelle 6.44 aufgelistete Bild. Zum dritten Zwischenzentrum 426 erweisen sich die beiden Extremszenarien 1574 und 959 als maximal unterschiedlich. Das gleiche Ergebnis zeigt sich für das mittlere Zentrum mit der Nummer 634. Auch das vierte Zwischenzentrum weist gute Distanzwerte zu diesen beiden Kandidaten der Extremszenarien auf. Auf Grund dieser Tatsachen werden die Szenarien 1574 und 959 endgültig als Extremszenarien festgesetzt.

Zusammenfassend kann festgehalten werden, dass sich in der Gesamtbetrachtung deutlich 3 Zentren abzeichnen. Die Zugehörigkeitswerte zum Term *gut* der Gesamteignung des ersten Zentrums und des dritten Zentrums besitzen den Wert Eins. Aufgrund der niedrigeren Zugehörigkeitswerte der Zentren 3 und 4 ist zu erkennen, dass insgesamt drei Szenarien ausreichend sind, um den

Sz. Nr.	1574	1592	440	1217	200	959
	Distanzwerte					
426	15	14	3	4	4	5
513	12	13	6	7	5	6

Tabelle 6.44: Distanzen der Zwischenzentren zu den Kandidaten für die Extremzentren

untersuchten Szenariengesamtraum zu repräsentieren. Ein viertes Zentrum ist nicht notwendig.

Abschließend werden zum Vergleich der scharfen und unscharfen Lösung der Fallstudie noch die Zugehörigkeitswerte der Szenarienzentren der beiden Lösungsarten aufgelistet. Tabelle 6.45 zeigt die Zugehörigkeitswerte der unscharf ermittelten Szenarienzentren, Tabelle 6.46 diejenigen der scharfen Zentren.

	Gesamteignung als					
	Extrem-zentren		*mittleres Zentrum*		*Zwischen-zentren*	
Sz. Nr.	niedrig	hoch	niedrig	hoch	niedrig	hoch
1574 (unscharf)	0,00	1,00				
959 (unscharf)	0,20	0,80				
634 (unscharf)			0,00	1,00		
426 (unscharf)					0,21	0,79
513 (unscharf)					0,28	0,72

Tabelle 6.45: Normierte Zugehörigkeitswerte der unscharf ermittelten Zentren

	Gesamteignung als					
	Extrem-zentren		*mittleres Zentrum*		*Zwischen-zentren*	
Sz. Nr.	niedrig	hoch	niedrig	hoch	niedrig	hoch
9 (scharf) = 197 (unscharf)	0,28	0,72				
88 (scharf) = 1577 (unscharf)	0,19	0,81				
31 (scharf) = 611 (unscharf)			0,30	0,70	0,55	0,45
46 (scharf) = 783 (unscharf)					0,37	0,63

Tabelle 6.46: Normierte Zugehörigkeitswerte der scharf ermittelten Zentren

Die beiden Tabellen geben einen Eindruck von der Qualität der Ergebnisse des unscharfen Ansatzes. Sämtliche mit dem unscharfen Ansatz ermittelten Zentren weisen höhere bzw. sehr viel höhere Bewertungen für die Gesamteignung der Szenariozentren auf als die Kandidaten aus dem scharfen Lösungsansatz.

7 Target Costing

7.1 Grundlagen

7.1.1 Idee und Zielsetzung

Target Costing[430] ist ein ganzheitlicher und geschlossener Ansatz[431] des Kostenmanagements[432], der 1965 bei Toyota entwickelt wurde[433] und über Japan[434] und Amerika Ende der achtziger Jahre nach Deutschland kam[435]. Beim Target Costing, für das sich in Deutschland der Begriff Zielkostenmanagement durchgesetzt hat, handelt es sich "um einen umfassenden Prozess der marktorientierten Kostenplanung, -steuerung und -kontrolle".[436] Bereits zu Beginn des Entstehungszyklus eines Produkts werden die Zielkosten des Produkts festgelegt.[437] "Es steht nicht die Frage im Vordergrund 'Was **wird** ein Produkt kosten?', sondern 'Was **darf** ein Produkt kosten?' ".[438] "Die Produktkalkulation erfolgt strategisch ex ante und nicht wie üblich korrigierend ex post."[439] Der Schwerpunkt des Target Costings liegt somit in der Steuerungs- und Kontrollfunktion.

7.1.2 Entstehungsgründe

In einer Studie von British-Aerospace wurde bereits Anfang der siebziger Jahre nachgewiesen, dass etwa 80% - 90% der Herstellkosten eines Produkts schon vor Beginn der eigentlichen Produktion festgelegt sind, obwohl die Kosten erst später, überwiegend in der Produktionsphase, anfallen.[440] "Aus diesem Sachverhalt wurde – zunächst vor allem von japanischen Unternehmen – der Schluss gezogen, dass Kostenziele für die späteren Herstellkosten eines Produkts bereits in

---

[430] Nach Seidenschwarz (1991), S. 199 lautet die japanische Übersetzung *Genka Kikaku*; Coenenberg (1997 a), S. 454 gibt *Mokuhyou Genkakeisan* als entsprechenden japanischen Ausdruck an.

[431] Vgl. Buggert/Wielpütz (1995), S. 40 und Horváth/Seidenschwarz (1992 a), S. 5.

[432] Zum Kostenmanagement und zur Abgrenzung zwischen Kostenrechnung und Kostenmanagement siehe z.B. Fischer (1993 a), S. 124 ff, Franz (1992), Günther (1997 a) sowie Männel (1992 b), (1993) und (1997).

[433] Siehe Horváth/Niemand/Wolbold (1993), S. 3.

[434] Wesentliche Arbeiten japanischer Autoren sind z.B. bei Hiromoto (1988), (1989), Kumagaya (1977), Monden (1989), Saitoh (1978), Sakurai (1989) und Tanaka (1989) zu finden.

[435] Vgl. Buggert/Wielpütz (1995), S. 40.

[436] Horváth/Seidenschwarz (1992 b), S. 142.

[437] Siehe Coenenberg (1997 a), S. 454.

[438] Seidenschwarz (1991), S. 199.

[439] Eschenbach (1995 a), S. 419.

[440] Vgl. hierzu z.B. Berliner/Brimson (1988), Coenenberg/Fischer/Schmitz (1994) und (1997), Ehrlenspiel (1985), S. 2, Fischer (1993 a), S. 148 f und die dort angegebene Literatur, Riegler (1996), S. 8 f, Schneider (1997), S. 244 f sowie Tanaka (1989), S. 49.

der Entwicklungs- und Konstruktionsphase zu setzen seien."[441] Abbildung 7.1 (Seite 237) veranschaulicht den gegenläufigen Verlauf von Kostenfestlegung und Kostenverbrauch.[442] Außerdem wird deutlich, dass die Beeinflussbarkeit der Kosten mit zunehmender Kostenfestlegung sinkt. Änderungen an der Produktkonzeption oder dem Produktdesign belasten die Unternehmen nach Abschluss der Produktentwicklungsphase mit überproportional hohen Kosten. Deshalb nimmt auch die Änderungsflexibilität im Laufe der Zeit immer mehr ab.

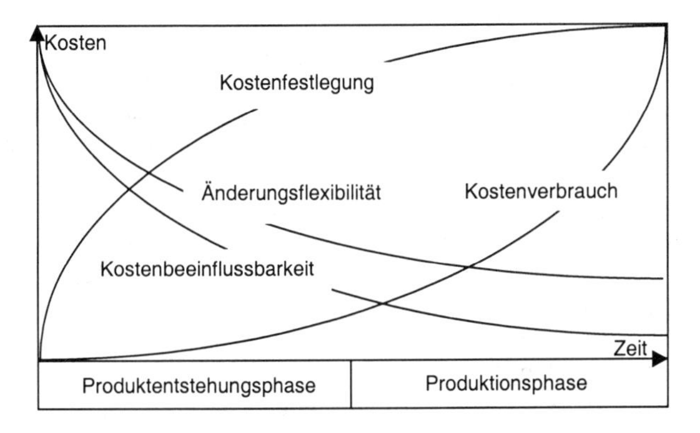

Abbildung 7.1: Festgelegte und angefallene Kosten

Mit zunehmender Produktfestlegung und sinkender Änderungsflexibilität steigen die Änderungskosten. Abbildung 7.2 (Seite 237) verdeutlicht den prinzipiellen Verlauf der Änderungskosten.[443] "Während die Beeinflussung der Bauweise des Produkts in der Konstruktionsphase nur mit geringen Kosten verbunden ist, steigen die Kosten für Produktmodifikationen im Laufe des Lebenszyklus über die einzelnen Phasen überschlägig geschätzt um den Faktor zehn! Müssen aufgrund von Qualitiätsmängel Rückrufaktionen nach der Markteinführung gestartet werden, beziffern sich die Kosten hierfür auf das Zehntausendfache der Kosten von Konstruktionsänderungen."[444]

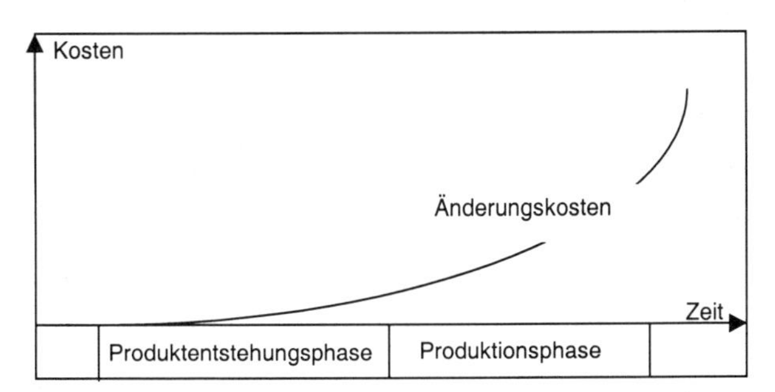

Abbildung 7.2: Verlauf von Änderungskosten

[441] Coenenberg/Fischer/Schmitz (1997), S. 197

[442] In Anlehnung an Fischer (1993 a), S. 149.

[443] In Anlehnung an Fischer (1993 a), S. 150.

[444] Buggert/Wielpütz (1995), S. 53.

Deshalb zielt das Target Costing als ein Instrument des strategischen Kostenmanagements "nicht wie die traditionelle Kostenrechnung auf die Produktion ab, sondern auf die frühen Phasen im integrierten Produktlebenszyklus. Es setzt kostenplanerisch in der Entwicklungsphase eines Produktes ein und zielt damit auf eine Kostenbeeinflussung (in Abhängigkeit der Anforderungen des Marktes) in einer Phase ab, in der die größten Effekte zu erzielen sind".[445]

7.1.3 Definitionen und Merkmale

Eine einheitliche Definition des Begriffs Target Costing existiert nicht.[446] Stellvertretend werden im Folgenden drei Definitionen für das Zielkostenmanagement aufgeführt. Sie repräsentieren sowohl die geographischen Räume Japan, USA und Deutschland als auch unterschiedliche Sichtweisen.

Eine umfassende Sichtweise beschreibt SAKURAI: "...target costing can be defined as a cost management tool for reducing the overall costs of a product over its entire life cycle with the help of the production, engineering, R&D, marketing, and the accounting departments."[447]

Eine eher enge Sichtweise vertritt COOPER, der das Target Costing über seine Zielsetzung definiert:"The object of target costing is to identify the production cost of a proposed product so that when sold it generates the desired profit margin."[448]

HORVÁTH/NIEMAND/WOLBOLD beschreiben Target Costing als "ein umfassendes Bündel von Kostenplanungs-, Kostenkontroll- und Kostenmanagementinstrumenten, die schon in den frühen Phasen der Produkt- und Prozessgestaltung zum Einsatz kommen, um die Kostenstrukturen frühzeitig im Hinblick auf die Marktanforderungen gestalten zu können."[449]

Hieraus ergeben sich wesentliche Merkmale, die das Target Costing charakterisieren:[450]

- konsequente Markt- und Kundenorientierung
- ganzheitliche Betrachtung des Produkts über den gesamten Lebenszyklus hinweg
- gezieltes Kostenmanagement über den gesamten Produktlebenszyklus hinweg; mit Schwerpunkt in der Entwicklungs- und Konstruktionsphase
- dadurch ständige Verbesserung der Kostensituation
- Anwendung eines funktionsübergreifenden Instrumentenmixes[451]
- Motivations- und Anreizfunktion bei den Mitarbeitern[452]

[445] Seidenschwarz (1991), S. 199.

[446] Horváth/Niemand/Wolbold (1993), S. 3.

[447] Sakurai (1989), S. 40 f.

[448] Cooper (1992 b) und (1992 a), S. 2 (zitiert nach Horváth/Niemand/Wolbold (1993), S. 3 und Riegler (1996), S. 35).

[449] Horváth/Niemand/Wolbold (1993), S. 4.

[450] Vgl. hierzu z.B. auch Coenenberg (1997 a), S. 454, Coenenberg/Fischer/Schmitz (1997), S. 189, Franz (1993), S. 125 f, Götze (1993), S. 381 f, Hahn (1993), Kobayashi (1997), S. 199-204 oder Sakurai (1989), S. 41.

[451] Siehe hierzu z.B. Buggert/Wielpütz (1995), S. 99 ff, Freidank/Zaeh (1997) oder Seidenschwarz (1991), S. 201.

[452] Zu den Möglichkeiten der Verhaltenssteuerung durch das Target Costing siehe z.B. Ewert (1997) oder Riegler (1996).

7.1.4 Genereller Ablauf des Target Costings

Der generelle Ablauf des Target Costings läßt sich in folgende Schritte gliedern:[453]

- Mit Hilfe der Marktforschung werden der potenzielle Marktpreis und die potenziellen Verkaufszahlen des Produkts ermittelt. Durch Multiplikation ergibt sich der Zielumsatz (Target Sales (TS)). Zusätzlich werden die Präferenzen der befragten Konsumenten analysiert, so dass die wichtigsten Produktmerkmale mit ihren Ausprägungen herausgearbeitet werden. Hierzu wird im Allgemeinen die Conjoint-Analyse angewandt.[454]

- Vom prognostizierten Umsatz wird die gewünschte Gewinnmarge[455] Target Gross Margin (TM)) subtrahiert, es ergeben sich die maximal zulässigen Kosten, auch Allowable Costs (AC) genannt. Sie sind meistens nur unter großen Anstrengungen zu realisieren[456] bzw. werden als nicht erreichbar beschrieben.[457] Die Allowable Costs sind " 'schärfste' Kostenziele"[458] und bilden die "Eintrittsbarriere für den späteren Zugang in die angestrebten Märkte".[459] Die zulässigen Kosten für das Gesamtprodukt werden auf Grund der Marktforschungsergebnisse auf Produktfunktionen und Produktkomponenten heruntergebrochen (Kostenspaltung). Dadurch werden die einzelnen Kostenblöcke besser zuordbar und handhabbar.

- Von den einzelnen Abteilungen des Unternehmens werden auf Grund der Bewertungen der Produktmerkmale durch den Markt Kostenschätzungen für die einzelnen Produktkomponenten und das Gesamtprodukt abgegeben. Diese Schätzungen basieren auf der Annahme, dass ausschließlich der gegenwärtige Technologie- und Verfahrensstand des Unternehmens für die Produktion eingesetzt wird. Innovationen werden nicht berücksichtigt. Die geschätzten Kosten werden Standardkosten (Drifting Costs (DC)) genannt. Im Allgemeinen werden die Drifting Costs wesentlich über den Allowable Costs liegen. In einem iterativen, abteilungsübergreifenden Prozess sind Maßnahmen zur Kostenreduktion durchzuführen, um die Drifting und Allowable Costs anzunähern.

- Da die Spanne zwischen den Drifting Costs und den Allowable Costs in der Regel groß ist, wird eine Kompromissgröße, die sogenannten Zielkosten (Target Costs (TC)), vorgegeben. Die Zielkosten stellen ein Zwischenziel im Kostenerreichungsprozess dar. Sie liegen im Allgemeinen zwischen Allowable und Drifting Costs und sollen eine größere Akzeptanz

---

[453] Vgl. hierzu z.B. auch Buggert/Wielpütz (1995), S. 43, Coenenberg/Fischer/Schmitz (1994), S. 3 ff und 1997, S. 199 f, Götze (1993), S. 382 ff, Fischer (1993 a), S. 151 ff, Freidank (1999), Tanaka (1989), S. 50 f oder Seidenschwarz (1994), S. 75.

[454] Zur Conjoint-Analyse vergleiche z.B. Backhaus et al. (1994), S. 498 ff, Büschken (1994), Green/Srinivasan (1990) oder Green/Wind/Jain (1972).

[455] Die Rendite wird meist mit Hilfe der Umsatzrendite festgesetzt. Zur Diskussion um die Eignung von Umsatzrendite oder Return on Investment zur Festsetzung der gewünschten Rendite siehe z.B. Coenenberg (1997 a), S. 474 f, Franz (1993), S. 127 f, Freidank/Zaeh (1997), S. 240 ff oder Sakurai (1990), S. 53 ff.

[456] Vgl. z.B. Tanaka (1989), S. 51.

[457] Hiromoto (1988), S. 24.

[458] Coenenberg/Fischer/Schmitz (1994), S. 4.

[459] Coenenberg/Fischer/Schmitz (1994), S. 4. Siehe auch Fischer (1993 a), S. 151 und (1993 b), S. 68.

bei den Mitarbeitern für die angestrebten Kostenreduzierungen gewährleisten.[460] Target Costs "become the goal toward which everyone works."[461]

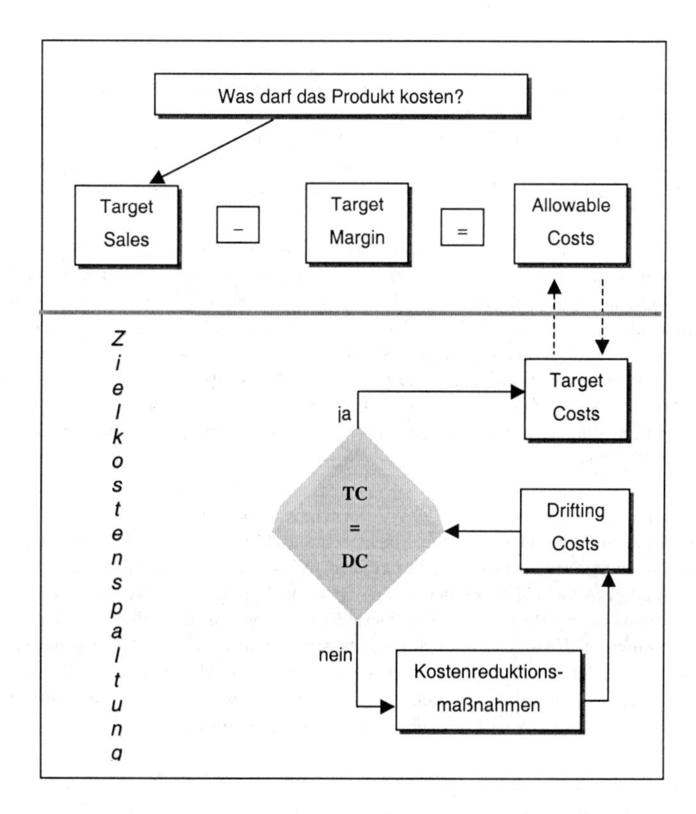

Abbildung 7.3: Vorgehensweise beim Target Costing

Die Einzelschritte des Target Costing Ablaufs sind in Abbildung 7.3 (Seite 240) schematisch zueinander in Beziehung gesetzt, so dass ihre Wirkungsweise und ihr Zusammenhang deutlich zum Ausdruck kommen.[462] Die verwendeten Abkürzungen sind in der obigen Beschreibung der generellen Vorgehensweise erklärt.

Die Arbeitsweise des Target Costings wird besonders deutlich, wenn man den sequentiellen Ablauf des traditionellen Produktentwicklungsmanagements im Vergleich zur iterativen Pro-

[460] Zur Bestimmung der Zielkosten existieren unterschiedliche Vorgehensweisen. Die eigentliche Form des Target Costings wird in der Vorgehensweise des Market into Company gesehen. Vgl. hierzu z.B. Freidank/Zaeh (1997), S. 237 ff, Horváth/Niemand /Wolbold (1993), S. 12 oder Seidenschwarz (1993 a), S. 115 ff.

[461] Hiromoto (1988), S. 24.

[462] Ähnliche Abbildungen sind bei Buggert/Wielpütz (1995), S. 44 und 54, Coenenberg/Fischer/Schmitz (1994), S. 4 und (1997), S. 200, Dambrowski (1992), Fischer (1993 a), S. 152 und (1993 b), S. 68, Janschek/Matje (1994), S. 293 und bei Sakurai (1989), S. 45 sowie (1990), S. 49 zu finden.

zessgestaltung im Rahmen des Target Costing Managements sieht. Abbildung 7.4 (Seite 242) zeigt die beiden Abläufe. Der obere Teil der Abbildung gibt das sequentielle Produktentwicklungsmanagement wieder, der untere beschreibt den iterativen ganzheitlichen Ansatz.

Das traditionelle Produktentwicklungsmanagement (siehe hierzu den oberen Teil von Abbildung 7.4, Seite 242 [463]) ist besonders in den westlichen Ländern stark von einer arbeitsteiligen Organisation geprägt, die eine sequentielle Ablaufstruktur unterstützt. Dadurch wird die Entwicklung von technologieorientierten Produkten, denen es an Marktorientierung mangelt und die oft Tendenzen zum "Over Engineering" aufzeigen, gefördert. Die Kalkulation und somit die Kostenrechnung beginnt ihre Arbeit erst nach den Phasen der Konstruktion, Arbeitsvorbereitung und Qualitätssicherung.[464] Je später jedoch die Kalkulation einsetzt, desto mehr wird sie zum reinen Zahlenlieferanten degradiert, der nur noch die durch frühere Entscheidungen festgelegten Kosten nachträglich zusammenstellt. Die Aufgabe der Kostenrechnung bei der Produktentwicklung sollte jedoch darin bestehen, die kostenmäßigen Konsequenzen alternativer konstruktiver Lösungen aufzuzeigen, um so eine frühzeitige Steuerung der Produktionskosten zu ermöglichen. Als Kennzeichen moderner Kalkulationsverfahren bei Neuentwicklungen sind somit die frühe Einsatzfähigkeit und die Fähigkeit zur interdisziplinären Begleitung der verschiedenen Projektschritte zu sehen.[465]

Diese Forderungen hat das Target Costing aufgegriffen und konsequent in das Produktentwicklungsmanagement eingearbeitet. Zu Beginn des Prozesses stehen strategische Überlegungen und eine ganz deutliche Marktorientierung. Die nachfolgende Entscheidungskette ist marktgetrieben.[466] "Der Markt treibt die Technologie"[467], nicht umgekehrt.

Den iterativen Charakter des Target Costings verdeutlicht der untere Teil der Abbildung 7.4 (Seite 242). Bereits durch die graphische Aufbereitung der beiden Abläufe in Abbildung 7.4 (Seite 242) wird der Gegensatz in der Arbeitsweise des sequentiellen und iterativen Entwicklungsmanagements deutlich.

Beim iterativen Entwicklungsmanagement (siehe hierzu den unteren Teil von Abbildung 7.4, Seite 242) gehen der langfristige Gewinnplan und der Zielgewinn explizit bereits zu Beginn des Prozesses in die Entscheidungsfindung mit ein. Der Ablauf des Produktentwicklungsmanagements ist iterativ, funktionsübergreifend und oft überlappend ausgerichtet. Produktentwicklung und Kostenmanagement unterstützen und bedingen einander. Dabei treten die technologischen Aspekte nicht in den Hintergrund, sondern werden durch den Markt und die Kalkulation gesteuert. Um den so gestellten Anforderungen gerecht zu werden, ist eine innovative, kreative, flexible und eigenständige Ingenieursarbeit nötig.[468]

---

[463] Der obere Teile von Abbildung 7.4 (Seite 242) ist aus Scheer (1989), S. 7 entnommen. Der untere stammt in Auszügen aus Kobayashi (1997), S. 205.

[464] Vgl. Buggert/Wielpütz (1995), S. 28 ff.

[465] Vgl. Becker (1990), S. 353 und (1992), S. 552.

[466] Seidenschwarz (1993 a), S. 79 ff und (1994), S. 77.

[467] Seidenschwarz (1994), S. 77.

[468] Vgl. z.B. Janschek/Matje (1994), S. 288.

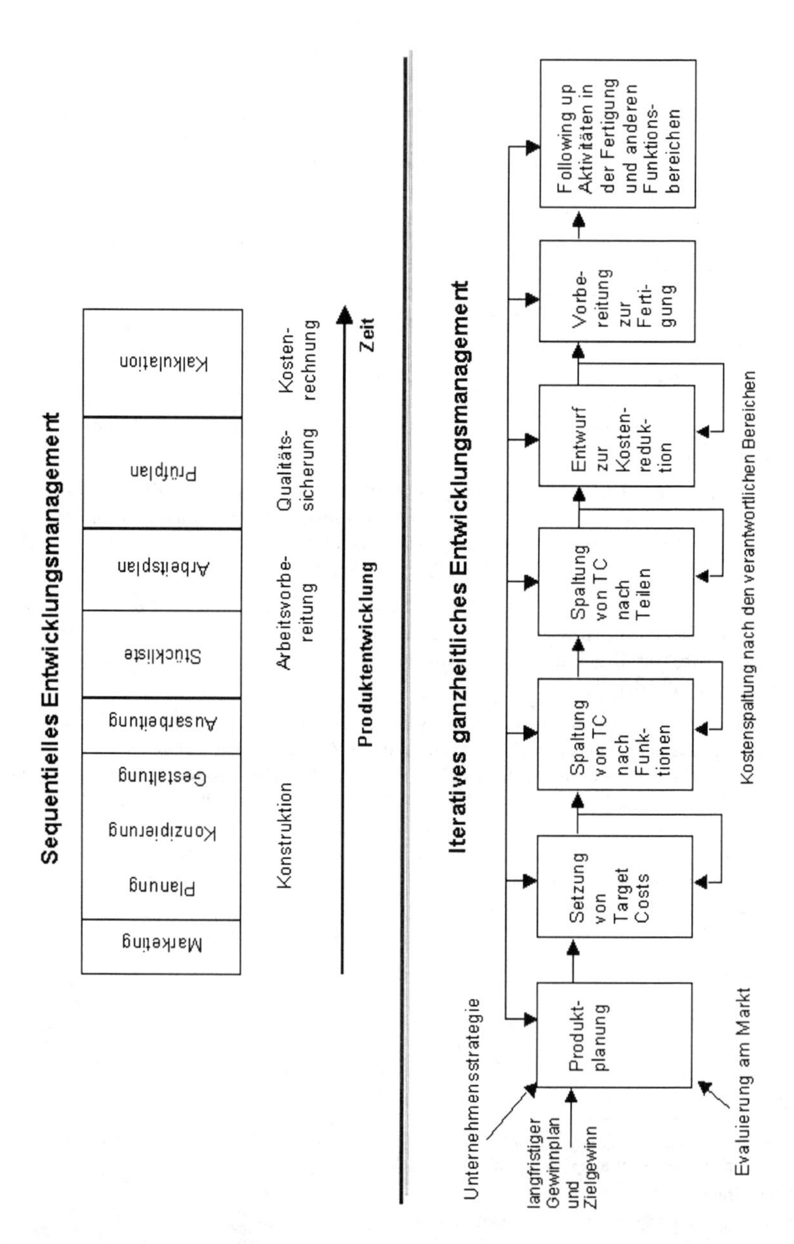

Abbildung 7.4: Sequentielles versus iteratives ganzheitliches Entwicklungsmanagement

Mit Hilfe des Target Costings wird zu Beginn des Prozesses ein gemeinsames kosten- und marktorientiertes Ziel vorgegeben. Während der gesamten Produktentwicklung wird allen Mitarbeitern das Kostenverhalten transparent gemacht. Dadurch zeigen sich positive Aspekte wie die Reduktion der Kosten, Qualitätsverbesserung und marktnahe Entwicklung der Produkte sowie häufig kürzere Entwicklungszeiten.[469] Während das traditionelle Rechnungswesen noch der Grundphilosophie "Structure follows strategy — accounting follows structure" folgte, lautet die Grundphilosophie des Target Costings "Target Costing changes structures".[470, 471]

7.1.5 Anwendungsbereiche

Typische Anwender[472] des Target Costings sind gekennzeichnet durch eine Vielzahl von Produktvarianten, kleine und mittlere Serien, hohe Produktivität und Wettbewerbsfähigkeit, immer kürzer werdende Produktlebenszyklen, stark automatisierte Fertigung und die Anwendung einer Just in Time Produktionsweise. Sie stellen High-Tech Produkte her und kommen vornehmlich aus dem Automobilbereich, der Halbleiterindustrie, dem Maschinenbau und der Elektroindustrie. Es gibt bereits zahlreiche Berichte über Anwendungen.[473] Inzwischen wird Target Costing auch zunehmend in der Massenfertigung eingesetzt, da die Vielfalt der hergestellten Produkte ansteigt. Außerdem haben die in der Produktentwicklung getroffenen Entscheidungen nachhaltige Auswirkungen, da die Anzahl der Modellwechsel in der Regel gering ist.[474] Ein Beispiel hierfür gibt TANAKA,[475] der den Einsatz des Target Costings bei der Entwicklung eines Tintenschreibers beschreibt. Auch im Dienstleistungsbereich sind erste Anwendungen zu verzeichnen.[476]

Einen Fahrplan zur Einführung des Target Costings geben GAISER und KIENINGER.[477]

7.1.6 Target Costing als Controllinginstrument

Das Target Costing stellt "einen umfassenden Prozess der marktorientierten Kostenplanung, -steuerung und -kontrolle" dar,[478] der auf die gesamte Lebensdauer eines Produktes ausgerichtet ist und seinen Schwerpunkt in der frühen Phase der Produktentwicklung findet. Das Target Costing besitzt damit sowohl einen strategischen als auch einen taktisch/operativen Charakter.[479]

Der konkrete **Planungsaspekt** wird bereits durch die Grundfragestellungen des Zielkostenmanagements deutlich: Welches Produkt wünscht der Markt? Welche Eigenschaften und welche

---

[469] Vgl. Kobayashi (1997), S. 200 ff.

[470] Scheidenschwarz (1994), S. 78.

[471] Vgl. für eine schematische Darstellung des Gesamtprozesses des Target Costings auch Seidenschwarz (1993 b), S. 36, Abb. 4 oder Sakurai (1989), S. 42 und (1990), S. 49.

[472] Vgl. hierzu z.B. Buggert/Wielpütz (1995), S. 54 ff oder Franz (1993), S. 126.

[473] Siehe z.B. Deisenhofer (1993), Döpper (1992), Jakob (1993), Kammermayer (1992), Müller/Wolbold (1993), Rösler (1997), Rummel (1992) oder Sakurai (1989).

[474] Vgl. Coenenberg (1997 a), S. 454.

[475] Vgl. Tanaka (1989).

[476] Vgl. z.B. Cibis/Niemand (1993), Niemand (1996) oder Rau (1997).

[477] Siehe Gaiser/Kieninger (1993).

[478] Horváth/Seidenschwarz (1992 a), S. 142.

[479] Siehe Götze (1993), S. 387.

Qualität verlangt der Markt vom Produkt? Welchen Preis wollen die Kunden dafür bezahlen?[480] Die Anworten auf diese Fragen bilden die Grundlage für die konkrete Ermittlung des Zielpreises, der Zielrendite, der Allowable Costs, der Drifting Costs und der Zielkosten. Die so ermittelten Kostengrößen für das Gesamtprodukt werden anschließend auf die einzelnen Produktkomponenten aufgespalten und deren Kostenanteile mit ihren Funktionserfüllungsanteilen verglichen. Sie sind einander anzunähern.

Durch die Aufspaltung der Kosten auf Produktkomponenten entstehen gut handhabbare Größen, die gegeneinander abgegrenzt sind und einzeln an die Zielkosten herangeführt werden können. Während sich die strategische Planung und damit auch das strategische Controlling im Allgemeinen eher an qualitativen Steuerungsgrößen wie der Marktattraktivität oder generellen Technologiebewertungen orientiert, weist das Target Costing bereits eine Detailplanung für Kostengrößen und für die technologischen Anforderungen auf.[481] Diese Art des Zielkostenmanagements geht weiter als die üblichen Fragestellungen des strategischen Controllings. "Die sachzielorientierten Inhalte, üblicherweise nur auf das Gesamtprodukt bezogen, werden einzelnen Produktfunktionen zugeordnet. Es erfolgt eine Verbindung von formal- und sachzielorientierter Planung im Sinne der Marktanforderungen auf produktstrategischer Ebene. Die gesamtproduktbezogene Sichtweise der strategischen Planung wird somit zugunsten einer produktfunktionalen Sichtweise erweitert."[482] Durch die markt- und produktfunktionale Zielkostenplanung wird auch "die Notwendigkeit zur Struktur- und Technologieveränderung aus dem Markt heraus aufgezeigt".[483]

Aufgrund dieser planerischen Einzelvorgaben "erfolgt eine produktfunktionale Budgetierung, ausgehend von den vom Markt an ein Produkt gestellten Funktionsanforderungen. Diese steuert die Produktgestaltung über die Wertrelationen der vom Kunden gewünschten Produktfunktionen auf Basis der Produktlebenszykluskosten".[484] Für SEIDENSCHWARZ besitzt das Target Costing dadurch eine "proaktive Steuerungsphilosophie".[485] Der **Steuerungscharakter** des Zielkostenmanagements kommt auch ganz deutlich im iterativen Ablauf des Target Costing Prozesses zum Ausdruck (vgl. Abbildung 7.4, Seite 242). Die einzelnen Schritte in der Produktentwicklung sind miteinander vernetzt. Es findet sowohl eine Rückwärts- als auch eine Vorwärtskoppelung statt, die in jedem Iterationsschritt Steuerungscharakter für die nachfolgenden Schritte besitzt, bis die Zielkosten erreicht und die Kundenwünsche verwirklicht sind. Innerhalb dieses Steuerungsprozesses ist deutlich zu erkennen, dass Target Costing nur im Zusammenhang mit anderen Controllinginstrumenten funktioniert und somit auch einen Instrumentenmix repräsentiert.[486] Hier sind vor allem Instrumente wie das Kaizen Costing,[487] Kostenforechecking,[488] Cost Tables,[489] Benchmarking,[490] Value Engineering und Value Analysis

---

[480] Vgl. Stops (1996), S. 625.

[481] Siehe Horváth/Seidenschwarz (1992 a), S. 6.

[482] Horváth/Seidenschwarz (1992 a), S. 6.

[483] Horváth/Seidenschwarz (1992 b), S. 143.

[484] Horváth/Seidenschwarz (1992 b), S. 143.

[485] Seidenschwarz (1993 b), S. 32.

[486] Vgl. z.B. Jentzsch/Weidt (1996), S. 247 oder Sakurai (1989), S. 45 ff.

[487] Vgl. hierzu z.B. Imai (1992).

[488] Vgl. hierzu z.B. Gleich (1994).

[489] Siehe hierzu z.B. Yoshikawa/Innes/Falconer (1990).

[490] Siehe hierzu z.B. Camp (1994).

(Wertgestaltung und Wertanalyse)[491] oder die Prozesskostenrechnung[492] zu nennen. Diese gilt es zu koordinieren und aufeinander abzustimmen, damit der Zielpreis erreicht werden kann. Auch die Zulieferer sind gegebenenfalls in den Target Costing Prozess einzubeziehen.[493]

Da das Target Costing hauptsächlich im Produktentwicklungsprozess wirksam wird, ist seine **Kontrollkomponente** grundsätzlich strategisch ausgerichtet. Der typische Soll-Ist-Vergleich als fertigungsbezogene Abweichungsanalyse spielt kaum eine Rolle.[494] Die Kontrolle basiert mehr auf der Einhaltung der produktbezogenen Wert-Kosten-Verhältnisse, um frühzeitig die richtigen Kostenparameter beeinflussen zu können.[495] Es findet ein Abgleich zwischen den Forderungen des Marktes und den Vorschlägen der verschiedenen Fachdisziplinen im Target Costing Team statt, den der Controller lenkt. Die kostenmäßigen Auswirkungen des Abgleichs werden vom Controlling aufgearbeitet und veranschaulicht. Dadurch können notwendige Verbesserungen und Verschiebungen der Schwerpunkte bei der konkreten Produktentwicklung eingeleitet werden. Somit übernimmt das Controlling eine Art feed-forward Kontrolle, um den richtigen, vom Markt vorgegebenen Weg zu finden. Auch dieser Effekt wird durch den iterativen Ablauf des Target Costing Prozesses verstärkt. Auf diese Weise wird auch die Steuerungsfunktion entscheidend unterstützt, die dem Target Costing zukommt.

7.2 Scharfe Zielkostenspaltung und scharfes Zielkostendiagramm

Ausgehend vom oben beschriebenen Ansatz zur Bestimmung der Target Costs werden nun die Gesamtkosten auf einzelne Produktfunktionen und Produktkomponenten heruntergebrochen. Dieses Vorgehen wird im Folgenden in einzelne Schritte zerlegt, formal beschrieben und visualisiert.[496]

7.2.1 Zielkostenspaltung

Zielkosten werden zuerst für das neu zu entwickelnde Produkt als Ganzes festgelegt.[497] Diese Vorgabe der Zielkosten ist jedoch zu allgemein, um mit ihr konkret die Produktentwicklungsphase mitzugestalten. "Um aus der Gesamtvorgabe Detailvorgaben für einzelne Produktkomponenten zu erhalten, wird eine eindeutige und praktikable Dekompositionsmethodik benötigt. Die kritische Schnittstelle hierbei" liegt "zwischen den vom Markt" geforderten "Produktfunktionen und den sie realiserenden Produktkomponenten".[498] Die Grundannahme im Target Costing Ansatz besagt deshalb, dass die Nutzenteilgewichte der Produktfunktionen den korrespondierenden Kostenanteilen an den Zielkosten entsprechen sollen. Ein idealer Ressourceneinsatz zeichnet

[491] Vgl. z.B. Coenenberg (1997 a), S. 479 f oder Buggert/Wielpütz (1995), S. 110 ff.

[492] Vgl. hierzu z.B. Braun (1994), Coenenberg/Fischer (1991), Götze (1997), Horváth/Mayer (1993) und (1995), Horváth/Kininger/Mayer/Schimank (1993), IFUA Horváth & Partner (1991), Küting/Lorson (1995), Mayer (1991) und (1993) sowie Schneeweiß/Steinbach (1996).

[493] Vgl. hierzu z.B. Seidenschwarz (1993 a), S. 236 f und 262 ff oder (1994), S. 82.

[494] Siehe Horváth/Seidenschwarz (1992 a), S. 6.

[495] Vgl. Stops (1996), S. 627.

[496] Siehe hierzu z.B. auch Coenenberg (1997 a), S. 456 ff, Coenenberg/Fischer/Schmitz (1997), S. 200 ff, Freidank (1999), S. 367 oder Horváth/Seidenschwarz (1992 a), S. 8 ff.

[497] Das Target Costing kann auch bei der Weiterentwicklung von Produkten eingesetzt werden. Zur Festsetzung der Zielkosten existieren verschiedene Ansätze. Konzepte der Zielkostenfindung beschreibt Seidenschwarz (1993 a), S. 6-32. Siehe auch Freidank (1999), S. 360 ff.

[498] Horváth/Seidenschwarz (1992 a), S. 10.

sich somit dadurch aus, dass die Ressourcen gemäß der gewünschten Produktwertrelationen der Kunden eingesetzt werden und nicht nach firmeninternen Maßgaben.[499]

"Die Operationalisierung des Zielkostenmanagements für ein einzelnes Produkt erfolgt durch die Zielkostenspaltung, also das Herunterbrechen der Gesamtproduktzielkosten" auf die einzelnen Produktkomponenten.[500]

Ausgangspunkt für die Zielkostenspaltung sind das neue Produkt und sein Grobentwurf. Anhand des Grobentwurfes können bereits typische Produktkomponenten definiert werden. Bei der Anwendung der Zielkostenspaltung auf die B-Reihe der Audi AG, Ingolstadt wurden z.B. als Produktkomponenten die fünf Hauptbaugruppen Aggregate, Elektrik, Karosserie, Fahrwerk und Ausstattung festgesetzt.[501] Wir gehen im Weiteren von insgesamt **n unterschiedlichen Produktkomponenten** aus.

Mit dem Produkt sollen Wünsche des Marktes erfüllt werden, um Kundenzufriedenheit zu erreichen. Wichtig für das Unternehmen ist es zu wissen, welche Produktmerkmale und -eigenschaften der Kunde wünscht und wie stark der Kunde die einzelnen Produkteigenschaften, die häufig auch Produktfunktionen genannt werden, gewichtet. Diese Informationen sind von der Marktforschung zu liefern. Häufig wird hier als Methode das Conjoint Measurement eingesetzt.[502] Bei der Anwendung der Zielkostenspaltung auf die B-Reihe der Audi AG, Ingolstadt wurden z.B. als Fahrzeugeigenschaften 16 Produktmerkmale festgelegt.[503] Wir betrachten im Folgenden insgesamt **m unterschiedliche Produktfunktionen**.

Mit der Conjoint-Analyse wird konkret untersucht, welchen Beitrag die vorgegebenen Produktfunktionen zur Erfüllung des Kundennutzens leisten.[504] Ergebnis ist ein Teilnutzen-Gewichtungsvektor für die einzelnen Produktfunktionen. Die Teilnutzenwerte der Funktionen werden in einem m-dimensionalen **Funktionsgewichtsvektor g** zusammengefasst:

$$g = (g_1,\ g_2,\ \ldots,\ g_m)^T \qquad \text{mit} \quad \sum_{j=1}^{m} g_i = 1$$

Nun gilt es, die Produktkomponenten und die Produktfunktionen zu verknüpfen. Hierzu wird — vornehmlich von Mitarbeitern der technischen Fachrichtungen — zuerst angegeben, mit welchem Prozentsatz jede einzelne Produktkomponente zur Erfüllung der jeweiligen Funktion beiträgt. Diese Schätzungen basieren überwiegend auf Expertenwissen und sollten objektive Bewertungen der Funktionserfüllung darstellen. Die entsprechenden Ergebnisse werden in der **Funktionsmatrix F** zusammengefasst:

[499] Vgl. hierzu Horváth/Seidenschwarz (1992 a), S. 10.

[500] Horváth/Seidenschwarz (1992 a), S. 10. Im Orginal teilweise mit Hervorhebung einiger Textstellen.

[501] Siehe Deisenhofer (1993), S. 104.

[502] Zum Conjoint Measurement siehe z.B. Backhaus et al. (1994), S. 498 ff, Büschken (1994), Gierl (1995), S. 153-188, Green/Srinivasan (1990), Green/Wind (1975), Green/Wind/Jain (1972), Müller-Hagedorn et al. (1993), Teichert (1998) oder Theuerkauf (1989).

[503] Die 16 Produktmerkmale waren Qualität/Zuverlässigkeit, Fahreigenschaften, Komfort, Raumangebot, Styling/Prestige, Bedienung, Preiswürdigkeit, Agilität, Alltagstauglichkeit, Dauer-/Reisegeschwindigkeit, Wiederverkaufswert, Insassensicherheit, Lebensdauer Motor, umweltfreundliche Technik, fortschrittliche Technik, Reparatur- und Wartungskosten. Siehe Deisenhofer (1993), S. 104.

[504] Siehe Coenenberg/Fischer/Schmitz (1997), S. 207.

$$F = \begin{pmatrix} f_{11} & \dots & f_{1m} \\ \vdots & \ddots & \vdots \\ f_{n1} & \dots & f_{nm} \end{pmatrix}$$

Somit gibt das Matrixelement f_{ij} an, mit welchem Prozentsatz die Produktkomponente i zur Erfüllung der Produktfunktion j beiträgt. Für jede Spalte der Funktionsmatrix F muss gelten, dass die Summe der Spaltenelemente jeweils 100 % ergibt.

Die endgültige Verknüpfung von Funktionen und Komponenten wird dadurch vollzogen, dass die Angaben aus der Funktionsmatrix mit dem jeweiligen Nutzenanteil der Funktionen gewichtet werden. Dazu werden die Funktionsgewichte aus dem Vektor g benutzt. Die Spalten der Funktionsmatrix F werden deshalb mit den korrespondierenden Funktionsgewichten aus g multipliziert.[505] Das Ergebnis wird in der **Komponenten-Funktionsmatrix KF** festgehalten, deren Elemente sich folgendermaßen berechnen:

$$KF = \begin{pmatrix} kf_{11} & \dots & kf_{1m} \\ \vdots & \ddots & \vdots \\ kf_{n1} & \dots & kf_{nm} \end{pmatrix} = \begin{pmatrix} f_{11} \cdot g_1 & \dots & f_{1m} \cdot g_m \\ \vdots & \ddots & \vdots \\ f_{n1} \cdot g_1 & \dots & f_{nm} \cdot g_m \end{pmatrix}$$

Die Matrixelemente kf_{ij} geben an, welcher Anteil am Gesamtnutzen durch die Produktkomponente i und die Produktfunktion j erfüllt wird. Deshalb stimmt der Wert der j-ten Spaltensumme der Matrix KF mit dem entsprechenden Teilnutzenwert g_j überein. Jede Spalte der Matrix KF repräsentiert den Gesamtnutzen einer Funktion über alle Komponenten.

"Werden die Anteile einer Komponente an der Realisierung aller Funktionen aufaddiert, so erhält man implizit den der Komponente vom Kunden beigemessenen Anteil an der Nutzenstiftung des Gesamtprodukts."[506] Diese Nutzenwerte ergeben sich aus den Zeilensummen der Komponenten-Funktions-Matrix KF und werden im **Nutzenvektor u** zusammengefasst:

$$u = (u_1, u_2, \dots, u_n)^T = \left(\sum_{j=1}^{m} kf_{1j}, \sum_{j=1}^{m} kf_{2j}, \dots, \sum_{j=1}^{m} kf_{nj} \right)^T \quad \text{mit} \quad \sum_{i=1}^{n} u_i = 1$$

Ein idealer Ressourceneinsatz ist so gestaltet, dass er der vom Kunden gewünschten Produktwertrelation entspricht. Das ist die Grundannahme der Zielkostenspaltung. Um dies überprüfen zu können, werden die Nutzenanteile den entsprechenden Kostenanteilen gegenübergestellt.[507]

Dazu sind die Produktkomponenten mit den jeweiligen Herstellkosten auf Vollkostenbasis zu bewerten. Die Kostenschätzungen gehen vom aktuellen Technologiestand aus und beziffern somit die Drifting Costs (DC) für die einzelnen Komponenten. Die relativen Kostenanteile der einzelnen Produktkomponenten an den gesamten Drifting Costs werden im **Kostenanteilsvektor** c^{DC} zusammengefasst:

$$c^{DC} = (c_1^{DC}, c_2^{DC}, \dots, c_n^{DC})^T \quad \text{mit} \quad \sum_{i=1}^{n} c_i^{DC} = 1$$

---

[505] Dies entspricht nicht der üblichen Matrixmultiplikation. Es wird spaltenweise mit dem jeweiligen Nutzengewicht multipliziert.

[506] Coenenberg/Fischer/Schmitz (1997), S. 208.

[507] Vgl. Horváth/Seidenschwarz (1992 a), S. 10.

Nutzenanteile und Kostenanteile können nun verglichen werden. Dazu werden die beiden Größen ins Verhältnis gesetzt. Das Ergebnis wird Zielkostenindex genannt. Die **Zielkostenindizes** der n Produktkomponenten auf Basis der Drifting Costs werden im Vektor z^{DC} zusammengefasst:

$$z^{DC} = (z_1^{DC}, z_2^{DC}, \ldots, z_n^{DC})^T = \left(\frac{u_1}{c_1^{DC}}, \frac{u_2}{c_2^{DC}}, \ldots, \frac{u_n}{c_n^{DC}} \right)^T$$

Ein ausgeglichenes Kosten-Nutzen-Verhältnis einer Produktkomponenten liegt dann vor, wenn der entsprechende Zielkostenindex den Wert 1 annimmt. Hat der Zielkostenindex einen Wert kleiner 1, so bedeutet dies, dass die Komponente im Verhältnis überteuert ist, da ihr Kostenanteil ihren Nutzenanteil übersteigt. Es besteht ein Kostenreduktionsbedarf. Liegt der Zielkostenindex dagegen über dem Wert 1, ist der Nutzenanteil höher als der Kostenanteil. In diesem Fall ist zu untersuchen, ob die Produktkomponente die vom Markt gestellten Anforderungen bzgl. der Funktionen wirklich erfüllt oder ob Funktionsverbesserungen nötig sind. Werden die Anforderungen bereits erfüllt, konnte die Komponente günstiger hergestellt werden, als ihr Nutzenanteil ursprünglich vermuten ließ. Sind Funktionsverbesserungen nötig, so hat die Komponente noch Spielraum nach oben bezüglich der Herstellkosten, bis ein ausgeglichenes Kosten-Nutzen-Verhältnis erreicht ist.

Eine Darstellung dieses Sachverhaltes gelingt mit Hilfe des Zielkostenkontrolldiagramms.

7.2.2 Zielkostenkontrolldiagramm

Abbildung 7.5 (Seite 249) zeigt die wichtigsten Elemente beim Aufbau des Zielkostenkontrolldiagramms. Das Diagramm ist im ersten Quadranten des Koordinatensystems eingebettet. Auf der x-Achse werden die Nutzenanteile in Prozent (u_i) und auf der y-Achse die entsprechenden Kostenanteile in Prozent (c_i) der Produktkomponenten angetragen. Das ideale Kosten-Nutzen-Verhältnis liegt auf der Winkelhalbierenden des ersten Quadranten. Bei Produktkomponenten, die oberhalb der Winkelhalbierenden positioniert werden, sind die Kostenanteile höher als die Nutzenanteile. Diese Komponenten sind häufig zu aufwendig und erfüllen auch Funktionen, die der Kunde nicht in entsprechendem Maße honoriert. Deshalb sind sie im Prinzip zu teuer. Produktkomponenten, die unterhalb der Winkelhalbierenden positioniert werden, sind im Prinzip zu einfach konstruiert, sie erscheinen auf den ersten Blick zu billig. Hier ist zu fragen, ob der gewünschte Komponentennutzen bereits mit einfachen Mitteln realisiert werden kann oder ob Nachbesserungen nötig sind. Liegen Produktkomponenten auf der Winkelhalbierenden, so haben sie ein ausgeglichenes Kosten-Nutzen-Verhältnis.

Im Zielkostenkontrolldiagramm wird zusätzlich berücksichtigt, dass die Idealforderung nach einem ausgeglichenen Kosten-Nutzen-Verhältnis im Allgemeinen nicht erfüllt ist. Geringe Abweichungen des Zielkostenindex vom Wert 1 sollten erlaubt werden. Außerdem sollte unterschieden werden, ob es sich um eine Produktkomponente handelt, die von hohem Wert bzw. Nutzen oder von niedrigem Wert bzw. Nutzen ist. Für Komponenten mit hohen Kosten bzw. Nutzen ist ein ausgeglichenes Kosten-Nutzen-Verhältnis wichtiger als für eine Komponente mit niedrigen Kosten bzw. niedrigem Nutzen.

Deshalb wird zusätzlich zur Winkelhalbierenden eine Zielkostenzone, auch Zielkostenkorridor genannt, in das Diagramm eingezeichnet. Die Zielkostenzone spiegelt die obigen Überlegungen wider und kennzeichnet den erlaubten Bereich für Abweichungen. Die obere Begrenzungslinie des Zielkostenkorridors kann durch die Funktion $c = \sqrt{u^2 + q^2}$ definiert werden, die untere durch

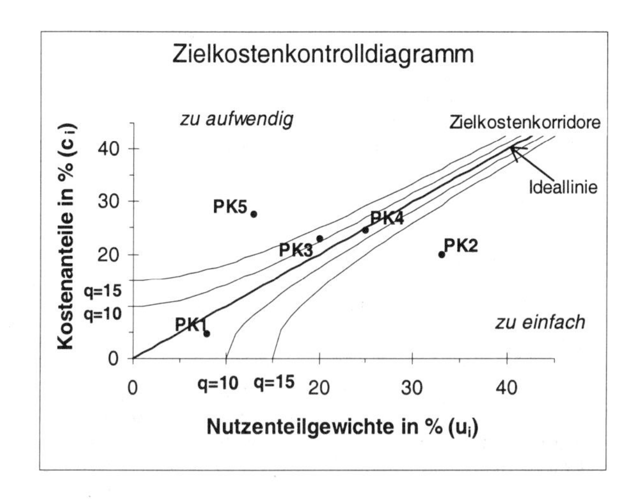

Abbildung 7.5: Struktur des Zielkostenkontrolldiagramms

$c = \sqrt{\max\{u^2 - q^2,\ 0\}}$.[508,509] Diese Funktionen haben die Eigenschaften, dass sie sich asymptotisch der Winkelhalbierenden annähern. Bei kleinen Nutzenteilgewichten sind die Abweichungen von der Winkelhalbierenden größer als bei großen Nutzenteilgewichten. Damit wird dem Gedanken Rechnung getragen, dass besonders bei wichtigen Produktkomponenten mit hohem Nutzen die Produktwertrelation stimmen sollte. Der Parameter q steuert die Höhe der Abweichungstoleranz und ist für die jeweilige Anwendung fest vorzugeben. Nach TANAKA haben empirische Studien ergeben, dass q überwiegend kleiner als 20% gewählt wird.[510] "Bei der Festlegung des Entscheidungsparameters q ist grundsätzlich danach zu entscheiden, welche Bedeutung das Target Costing im Unternehmen hat, wie weit die momentanen Kosten vom Markt entfernt sind und wie wichtig die (Herstell-)Kosten im Wettbewerb sind. Je bedeutsamer die Verkaufspreise – und damit letztlich die Kosten – sind, desto kleiner sollte q gewählt werden. Die Festlegung des Entscheidungsparameters wird immer stark von Erfahrungswerten geleitet sein."[511] Hilfreich ist oft auch die Eintragung von zwei unterschiedlichen Zielkostenzonen im Diagramm: ein strengerer Korridor mit $q = 10$ und ein weniger strenger mit $q = 15$ beispielsweise.

In Abbildung 7.5 (Seite 249) sind z.B. diese beiden Korridore eingezeichnet. Die Produktkomponenten PK1 und PK4 liegen fast oder ganz auf der Ideallinie, so dass sie ein ausgeglichenes Kosten-Nutzen-Verhältnis aufweisen. PK3 liegt am äußeren, oberen Rand des strengeren Zielkorridors und ist somit annehmbar positioniert. Dagegen erscheint PK5 zu aufwendig konstruiert. Diese Produktkomponente liegt weit oberhalb des erlaubten Abweichungsbereichs. Bei PK5 muss überlegt werden, wie die Komponente kostengüstiger konstruiert werden kann, ohne dabei den Kundennutzen zu reduzieren. PK2 liegt unterhalb des erlaubten Abweichungsbereichs. Bei PK2 muss überprüft werden, ob der gewünschte Kundennutzen mit der einfachen,

[508] Siehe Tanaka (1989), S. 67.

[509] c entspricht den Kostenanteilen auf der vertikalen Achse und u den Nutzenanteilen auf der horizontalen Achse.

[510] Siehe Tanaka (1989), S. 67.

[511] Deisenhofer (1993), S. 106.

kostengünstigen Konstruktion von PK2 wirklich erfüllt werden kann. Ist das nicht der Fall, muss nachgebessert werden.

Wird z.B. nur eine Produktkomponente nachgebessert und weist sie anschließend geringere Herstellkosten auf, so ändern sich im Allgemeinen die relativen Kostenanteile aller Produktkomponenten an den Drifting Costs. In einem neuen Zielkostenkontrolldiagramm ändern sich somit die Positionen sämtlicher Produktkomponenten.

7.2.3 Erweitertes Zielkostenkontrolldiagramm

FISCHER und SCHMITZ ergänzen die Aussagen über die relativen Kostenabweichungen im Kontrolldiagramm um Aussagen über absolute Kostenabweichungen. Zusätzlich kritisieren sie, dass bei der Kostenbetrachtung nur die aktuellen Drifting Costs berücksichigt werden. Ziel des Target Costings ist es jedoch, die Allowable Costs zu erreichen. Drifting Costs und Allowable Costs weichen jedoch in der Regel voneinander ab. Deshalb erscheint es angezeigt, auch im Zielkostenkontrolldiagramm einen Weg zu finden, um die Abweichungen von Nutzen und Kosten auf Basis der Allowable Costs darzustellen.[512]

Während bisher die relativen Kostenanteile c_i^{DC} auf die gesamten Drifting Costs bezogen wurden, brauchen wir nun noch einen Kostenvektor c^{AC}, dessen Komponenten die relativen Kostenanteile, bezogen auf die gesamten Allowable Costs, wiedergibt:

$$c^{AC} = (c_1^{AC}, c_2^{AC}, \ldots, c_n^{AC})^T$$

Die Summe der relativen Kostenanteile, bezogen auf die Drifting Costs, ergeben den Wert 100 %. Da die Allowable Costs in der Regel geringer sind als die Drifting Costs, wird die Summe der relativen Kostenanteile bzgl. der Allowable Costs im Allgemeinen über 100 % liegen. Differieren Drifting Costs und Allowable Costs um einen Faktor v, so werden die relativen Kostenanteile bzgl. der Allowable Costs auch um den Faktor v gegenüber den Kostenanteilen bzgl. der Drifting Costs differieren.

Für die Betrachtung mit Bezugspunkt Allowable Costs ergeben sich auch veränderte Zielkostenindizes z_i^{AC}:

$$z^{AC} = (z_1^{AC}, z_2^{AC}, \ldots, z_n^{AC})^T = \left(\frac{u_1}{c_1^{AC}}, \frac{u_2}{c_2^{AC}}, \ldots, \frac{u_n}{c_n^{AC}}\right)^T$$

Die neuen Ergebnisse können zusätzlich in ein erweitertes Zielkostenkontrolldiagramm eingetragen werden. Abbildung 7.6 (Seite 251) zeigt das Ergebnis für obiges Beispiel. Die Punkte $\bullet$ symbolisieren die Kosten-Nutzen-Relationen bzgl. der Drifting Costs. Die Rauten $\diamond$ symbolisieren die Kosten-Nutzen-Relationen bzgl. der Allowable Costs. Die nach oben gerichteten Pfeile unterschiedlicher Länge zeigen an, dass der tatsächliche Kostenreduktionsbedarf noch höher liegt, als im ersten Zielkostenkontrolldiagramm bereits angezeigt. Es wird deutlich, dass alle Produktkomponenten außer PK1 wesentlich überteuert sind. Selbst PK2, das bei der Betrachtung des Kostenanteils bzgl. der Drifting Costs noch zu billig erschien, erweist sich bzgl. der Allowable Costs als zu teuer. Die absoluten Kostenabweichungen sind rechnerisch zu ermitteln.

[512] Siehe die Arbeit von Fischer und Schmitz (1994) oder auch Coenenberg (1997 a), S. 466 ff.

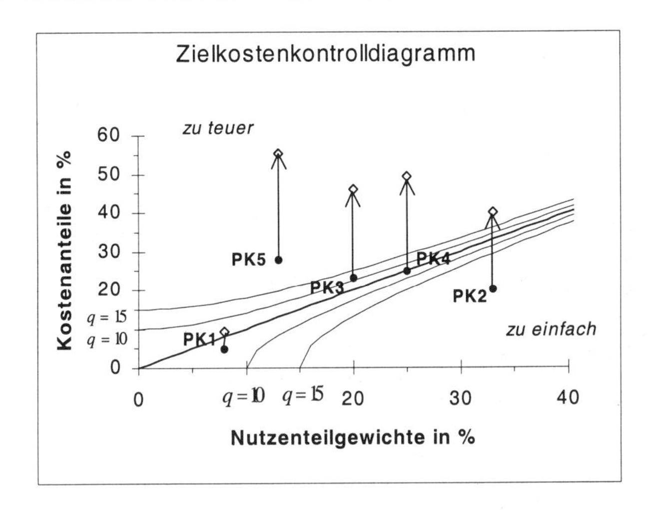

Abbildung 7.6: Erweitertes Zielkostenkontrolldiagramm

7.2.4 Kritik

Das Target Costing ist ein Instrument des strategischen Kostenmanagements. Um diesen Ansprüchen gerecht zu werden, muss das Target Costing vorausschauend, zukunftsbezogen arbeiten. Entsprechendes gilt für die Daten, die im Target Costing Prozess und bei der Zielkostenspaltung verarbeitet werden. Die Frage ist, ob es in der praktischen Umsetzung wirklich möglich und sinnvoll ist, bereits in der Phase der Produktentwicklung zuverlässige Daten über Zielpreis oder den potenziellen Umsatz vom Markt zu erhalten und diese Größen in einem exakten Wert auszudrücken.[513] Sollte die exakte Bestimmung eines Prognosewertes nicht möglich sein, ist es dann nicht sinnvoll, zumindest den möglichen Spielraum für die entsprechenden Größen bei der Zielkostenspaltung zu berücksichtigen?

So weisen JANSCHEK und MATJE z.B. darauf hin, dass "für neue Produkte ... geschätzte zukünftige Marktpreise häufig nur den Charakter von Richtwerten" haben.[514] Unter Berücksichtigung vieler Einflussgrößen und Entwicklungen ist im Wesentlichen die Frage zu lösen, "welcher Preis ... als langfristig repräsentativ angesehen" werden kann.[515] Zur Festsetzung des Zielpreises wird z.B. von SEIDENSCHWARZ empfohlen, einen Durchschnittspreis über die gesamte Lebensdauer zu bilden.[516]

Ein weiterer Aspekt bei der Bestimmung des Zielpreises "stellt die Zeit von der Konzeption eines Produktes bis zur Markteinführung dar, da sich hier bei langen Entstehungszyklen die ursprünglich definierten relevanten Märkte so stark verändern können, dass die einmal vorgege-

[513] Kritisch Stellung bezieht hierzu z.B. Coenenberg (1997 a), S. 472 ff. Die Wichtigkeit der Prognosegenauigkeit des Umsatzes wird dort an einem Beispiel aufgezeigt.

[514] Janschek/Matje (1994), S. 307.

[515] Janschek/Matje (1994), S. 308.

[516] Seidenschwarz (1993 a), S. 122.

benen Zielpreise oder – aufgrund von Änderungen im Kundenfunktionsmix – die Produktkonzeption angepasst werden müssen."[517]

Die beschriebenen Aspekte können erneut unter dem Gesichtspunkt aufgegriffen werden, dass das Zielkostenkontrolldiagramm im Target Costing der *laufenden* Kontrolle[518] des Kosten-Nutzen-Verhältnisses der einzelnen Produktkomponenten dient. Der Target Costing Prozess als solcher ist im Grunde genommen jedoch eher ein statisches Konzept,[519] da wesentliche Ausgangsgrößen nur einmal zu Beginn des Prozesses festgesetzt werden und nur die Zielkostenspaltung mit angepassten Kostenanteilswerten laufend durchgeführt wird. Ändert sich die Ausgangssituation für das Produkt und somit z.B. der Zielpreis, der angenommene Umsatz oder auch die Teilnutzengewichtungen der Produktfunktionen, müssen diese Änderungen in den Gesamtprozess neu eingearbeitet und bewertet werden.

Die Zielkostenspaltung basiert auf einer eindeutigen Dekompositionsmethode. Neben den Schätzungen der Nutzenteilgewichte der Produktfunktionen g_j gehen hier Schätzungen der Funktionserfüllung durch die einzelnen Komponenten f_{ij} und Kostenschätzungen c_i mit ein. Sämtliche Eingangsgrößen sind somit Schätzungen. Die den Daten zu Grunde liegende Unsicherheit kommt dabei nicht zum Ausdruck.[520] Diese Scheingenauigkeit wird noch durch das eindeutige, formale Verfahren der Zielkostenspaltung und die Punktpositionierung im Zielkostenkontrolldiagramm verstärkt. Gerade weil das Target Costing sich hauptsächlich auf die Produktentwicklungsphase konzentriert und ein strategisches Kontroll- sowie Steuerungsinstrument sein soll, erscheint es angebracht, die existierenden Unwägbarkeiten der Zukunft in die Daten zu übertragen und zu versuchen, dieses Unschärfepotenzial im Laufe des Prozesses aufzuarbeiten.

Folgende kritische Aspekte sind zu den einzelnen Inputgrößen der Zielkostenspaltung zu nennen:[521]

- **Gleichsetzen von Produktfunktionen und Kundenansprüchen**

  "Produktfunktionen werden im Zusammenhang mit Target Costing meist als Kundenfunktionen definiert, die durch den entsprechenden Einsatz von Marktforschungsinstrumenten erhoben werden können." Außerdem werden "nur die Verwenderansprüche und innerhalb dieser lediglich die Wirkungsansprüche aufgegriffen. Verwenderbezogene Objektansprüche, Hersteller-, Händler- sowie Logistikansprüche bleiben unberücksichtigt."[522] Wie wechselseitigen Abhängigkeiten zwischen verschiedenen Ansprüchen zu begegnen ist, ist ebenfalls noch offen.

  Ein weiterer Aspekt ist im Wandel der Zielgruppen während des Produktlebenszyklus zu sehen. Unterschiedliche Zielgruppen bilden z.B. die Innovatoren, Frühadaptoren, die frühe Mehrheit, die späte Mehrheit und die Nachzügler. Mit den Zielgruppen ändern sich auch die Verwenderansprüche, so dass eine völlige Neubewertung der Bedeutung der Produktfunktionen für die jeweilige Zielgruppe vorzunehmen wäre.

---

[517] Janschek/Matje (1994), S. 309 f.

[518] Vgl. Fischer/Schmitz (1994), S. 427.

[519] Vgl. Coenenberg (1997 a), S. 472.

[520] Vgl. hierzu auch Freidank (1999), S. 391.

[521] Siehe hier und im Folgenden Janschek/Matje (1994), S. 310 ff.

[522] Janschek/Matje (1994), S. 311 und 312 f.

- **Anwendung der Conjoint-Analyse**

"In der Praxis zeigt sich, dass die Abschätzung des Kundennutzens ... selbst für Marketing- und Vertriebsmitarbeiter eines der größten Probleme darstellt."[523] Zur Festsetzung der Nutzengewichte der Produktfunktionen wird vielfach die Conjoint-Analyse vorgeschlagen, die als brauchbare Methode zur Bestimmung des Kundennutzens angesehen wird.[524]

Die Conjoint-Analyse versucht den Beitrag einzelner Produktfunktionen zum Gesamtnutzen zu ermitteln. Deshalb wird die Conjoint-Analyse den *dekompositionellen Verfahren* zugeordnet. Es wird dabei unterstellt, dass sich der Gesamtnutzen *additiv* aus dem Nutzen der verschiedenen Produktfunktionen (Teilnutzenwerte) zusammensetzt. Die Datenbasis der Conjoint-Analyse bilden dabei Gesamtnutzenurteile (Präferenzurteile). Die Auskunftspersonen geben *ordinale Gesamtnutzenurteile* an, aus denen *metrische Teilnutzenwerte* durch die Variation von Einflussfaktoren abgeleitet werden.[525]

Wesentliche Aspekte bei der Planung und Durchführung der Conjoint-Analyse, die den exakten Charakter der Ergebnisse in Frage stellen, werden nachfolgend skizziert:[526]

Die zu ermittelnden Teilnutzenwerte beziehen sich auf einzelne Produktmerkmale und ihre Ausprägungen. Diese sind vom Anwender fest vorzugeben. "Wird ein bedeutendes Merkmal ausgelassen oder falsch oder unvollständig beschrieben, sind die später abgeleiteten Ergebnisse nicht mehr aussagefähig."[527] Außerdem sollten die ausgewählten Merkmale folgende Eigenschaften besitzen: Relevanz, Beeinflussbarkeit, Unabhängigkeit, Realisierbarkeit, kompensatorischer Ausgleich, keine K.O.-Kriterien, begrenzte Anzahl von Merkmalen und Merkmalsausprägungen.[528] Häufig ist der Ausschluss von Merkmalen dem Anwender gar nicht bewusst. Auch die Unabhängigkeit der einzelnen Merkmale und die volle Kompensation der Merkmale untereinander kann in praktischen Anwendungen bezweifelt werden. Bei Ausschluss von entscheidenden K.O.-Kriterien können die Ergebnisse wesentlich verzerrt werden.[529] Diese Eigenschaften bedingen auch, dass vornehmlich objektive Merkmale zur Beschreibung der Produktfunktionen ausgewählt werden, obwohl bekanntlich "der Einfluss von subjektiven Produktmerkmalen auf die Kaufentscheidung als wesentlich größer eingeschätzt wird als jener objektiver Merkmale".[530]

Beim Erhebungsdesign der Conjoint-Analyse werden im Wesentlichen zwei Vorgehensweisen unterschieden: die Full-Profile-Technik und die Trade-Off-Analyse. Welches der beiden Designs im konkreten Fall anzuwenden ist, entscheidet sich nach den folgenden drei Gesichtspunkten:[531]

---

523 Simon/Dahlhoff (1998), S. 93.

524 Zur Beschreibung des Conjoint Measurement und seines Anwendungspotenzials siehe z.B. Backhaus et al. (1994), S. 489-554, Büschken (1994) oder Gierl (1995), S. 153-188.

525 Siehe z.B. Backhaus et al. (1994), S. 499-502.

526 Siehe im Zusammenhang mit dem Target Costing z.B. Janschek/Matje (1994), S. 313 ff. Zur Validität und Schätzgenauigkeit von Conjoint-Analysen siehe z.B. auch Müller-Hagedorn et al. (1993) oder Teichert (1998).

527 Theuerkauf (1989), S. 1180.

528 Siehe z.B. Backhaus et al. (1994), S. 503 f.

529 Siehe obige Äußerung von Theuerkauf.

530 Janschek/Matje (1994), S. 315.

531 Zur näheren Erläuterung siehe z.B. Backhaus et al. (1994), S. 505 ff.

- Ansprüche an die Auskunftspersonen
- Realitätsbezug
- Zeitaufwand

Wesentlich ist in diesem Zusammenhang darauf hinzuweisen, "dass sich der Informationsgehalt der mit der Trade-Off bzw. der Full-Profile-Methode ermittelten Präferenzrangfolge unterscheidet und dass sich diese Informationsunterschiede auf die Höhe der relativen Wichtigkeit für das bedeutendste Merkmal auswirken."[532] Die Full-Profile-Methode errechnet grundsätzlich für das wichtigste Merkmal höhere relative Wichtigkeiten als die Trade-Off-Methode.

Ausgehend von empirisch ermittelten Rangdaten einer Menge von Stimuli werden u.a. Nutzenwerte für die einzelnen Produktmerkmale geschätzt. Sie beschreiben die **relative** Wichtigkeit der einzelnen Merkmale.[533] "Grundsätzlich ist zu betonen, dass die Nutzenwerte immer nur relativ zueinander auszulegen sind, die absolute Höhe eines Nutzenwertes jedoch keine Bedeutung hat."[534] Absolute Nutzengrößen sind ohne inhaltliche Bedeutung. Ausschlaggebend ist allein das relative Nutzenverhältnis.[535]

Die richtige Interpretation der Teilnutzenwerte aus der Conjoint-Analyse ist um so wichtiger, wenn man bedenkt, dass sich bei mehrfacher Anwendung von Conjoint-Analysen auf den gleichen Sachverhalt unterschiedliche absolute Schätzwerte ergeben können. Unterschiede sind z.B. durch das empirische Umfeld, die Wechselwirkungen von Untersuchungsbedingungen und das daraus resultierende Antwortverhalten der Befragten zu erklären. Zudem werden unterschiedliche Schätzverfahren im Conjoint Measurement angewandt,[536] die in der Regel auch zu abweichenden absoluten Nutzenwerten führen.

"Hieraus ergeben sich klare Einschränkungen in der Aussagekraft der Teilnutzenwertschätzungen. Die Schätzwerte der Conjoint-Analyse stellen keine eindeutige Lösung dar, sondern sind lediglich Werte aus einem Intervall möglicher Lösungen."[537] Empirische Untersuchungen haben ergeben, dass je nach Ausgangssituation die absoluten Teilnutzenwerte bis zu 25 % voneinander abweichen können, ohne dass ihre Rangfolge geändert wird.[538]

Hier wird deutlich, dass die mit der Conjoint-Analyse ermittelten Nutzenwerte "einen hohen Genauigkeitsgrad vortäuschen".[539] Andererseits ist eine hohe Schätzgenauigkeit der Teilnutzenwerte von großer Bedeutung, da die Zielkostenspaltung gerade auf diesen Größen aufbaut. Der Anwender sollte sich dieses Unschärfepotenzials bewusst sein.

Grundsätzlich analysiert die Conjoint-Analyse die Nutzenstrukturen einzelner Personen. Eine Gesamtbeurteilung der einzelnen Merkmale über mehrere Personen kann z.B. durch

---

532 Müller-Hagedorn et al. (1993), S. 131 und S. 146.

533 Siehe Backhaus (1994), S. 511 ff.

534 Theuerkauf (1989), S. 1183.

535 Siehe Büschken (1994), S. 86.

536 Zur Anwendung kommen unterschiedliche Skalentransformationen und methodische Ansätze. Der Ordinary Least Squares (OLS) Ansatz z.B. minimiert die quadratischen Abweichungen der geschätzten metrischen Nutzenwerte und der beobachteten Nutzenränge, während der LINMAP Ansatz mit Hilfe der linearen Programmierung das Ausmaß der Verletzungen von beobachteter und geschätzter Rangreihe minimiert. Vgl. zu dieser Thematik z.B. Teichert (1998), S. 1246-1251.

537 Teichert (1998), S. 1251.

538 Vgl. hierzu vor allem Teichert (1998), S. 1252-1260.

539 Theuerkauf (1989), S. 1185.

Mittelwertbildung erreicht werden. Hierbei kann jedoch der sogenannte *Mehrheitstrugschluss* auftreten,[540] bei dem der mittlere Nutzenwert bei keiner einzigen befragten Person auftritt.

- **Funktionsorientierte Bewertung der Produktkomponenten**

  Die Bewertung der Produktkomponenten wird im Target Costing auf Basis der Funktionsgewichtungen aus der Sicht der Kunden vorgenommen. Der Kundennutzen wird in Kostenwerte transformiert. Hierbei geht man von der Annahme aus, dass die von den Kunden gewünschten Funktionen mit Sicherheit bekannt sind und dass die Anteile der Produktkomponenten an der Funktionserfüllung genau feststehen.

  Man betrachte z.B. ein Produkt, das aus Standardteilen zusammengesetzt ist.[541] Zwei Produktvarianten seien erhältlich: eine Standardvariante und eine abgeänderte Variante. Die abgeänderte Variante unterscheidet sich von der Standardvariante dadurch, dass sie eine zusätzliche Funktion, die ausschließlich von ihr erfüllt wird, bereitstellt. Während die absoluten Nutzenbeiträge der von beiden Varianten erfüllten Funktionen gleich sind, unterscheiden sich die relativen Nutzenbeiträge der Produktfunktionen, da bei der modifizierten Variante eine zusätzliche Funktion berücksichtigt wird.

  Bedeutet dies nun, dass die Standardbauteile zur Erfüllung der gleichen Funktionen bei den verschiedenen Varianten unterschiedlich ausfallen müssen oder anders ausgedrückt: An welchen Zielkosten sind Konstruktion und Produktion dieser Produktkomponenten nun auszurichten?[542]

Weitere wesentliche Fragestellungen für die erfolgreiche praktische Umsetzung des Target Costings betreffen die Bestimmung der Produktstandardkosten und das Aufdecken der Kostensenkungspotenziale.[543] Wie kann in diesen Fällen vorhandenes Experten- und Erfahrungswissen über die aktuelle Produktentwicklung zur Verfügung gestellt werden, um schnellere und bessere Ergebnisse zu erhalten? Ebenso wird diskutiert, ob die Umsatzrentabilität oder der Return on Investment die bessere Kenngröße zur Ermittlung des Gewinnabschlags im Target Costing ist.[544]

[540] Vgl. z.B. Coenenberg (1997 a), S. 457 oder Gierl (1995), S. 166.

[541] Ein konkretes Beispiel hierfür ist bei Janschek/Matje (1994), S. 316 f zu finden.

[542] Vgl. Janschek/Matje (1994), S. 317. Teichert (1998), S. 1246 führt aus, dass Nutzenfunktionen mit unterschiedlichen Variablen nur schwer vergleichbar sind, da ein absoluter Bezugspunkt für die Skalierung der Nutzenwerte fehlt.

[543] Siehe hierzu z.B. Coenenberg (1997 a), S. 475 ff und Freidank (1999), S. 390 f.

[544] Siehe hierzu z.B. Coenenberg (1997 a), S. 474 f oder Janschek/Matje (1994), S. 317 ff.

7.3 Unscharfe Zielkostenspaltung und Bereichspositionierung

7.3.1 Unschärfe im Target Costing

Die Kritikpunkte im letzten Abschnitt weisen deutlich auf die Unschärfe im Datenmaterial des Target Costings hin. Dennoch wird bis heute die Unschärfe im Target Costing Prozess in der Literatur nicht berücksichtigt. Dies ist um so erstaunlicher, als bereits 1993 HORVÁTH, SEIDENSCHWARZ und SOMMERFELDT die vom Markt benötigten Informationen wie Preis, Produktspezifikationen, Umsatzvolumen und andere notwendige Informationen für die Produktentwicklung als "fuzzy" im Sinne von "uncertain and fluid" beschrieben haben.[545, 546]

Die Unschärfe ist vor allem durch den Mangel an ausreichenden und soliden Informationen begründet. Außerdem kann sich das benötigte Datenmaterial im Lauf der Zeit ändern. Bevor jedoch wichtige Ressourcen und viel Zeit verloren gehen, "ist es besser, in der Frühphase der Entwicklung ungenauere Kalkulationswerte im Interesse der frühen Verfügbarkeit in Kauf zu nehmen und sie mit der Verfügbarkeit detaillierter Informationen sukzessive zu verfeinern".[547] Hinzu kommt, dass die Ergebnisse der Conjoint-Analyse nur relative und keine absolute Bedeutung besitzen. Diesen Schwachpunkt versuchen FISCHER und SCHMITZ zu berücksichtigen, indem sie die Prämisse konstanter Nutzenteilgewichte der Komponenten aufgeben.[548]

7.3.2 Ablaufschema des unscharfen Ansatzes

Ausgangspunkt für einen unscharfen Ansatz des Target Costings ist das bekannte scharfe Modell mit der oben besprochenen Zielkostenspaltung. Die Inputdaten des Modells, die bisher durch Einpunktschätzungen bestimmt wurden, werden im unscharfen Ansatz ausführlicher mit Hilfe von unscharfen Variablen beschrieben, die durch ihre Zugehörigkeitsfunktionen konkretisiert werden. So lässt sich die Unschärfe der Daten direkt ins Modell integrieren. Auch die eindeutige Dekompositionsprozedur ist anzupassen, indem erweiterte Rechenoperationen[549] statt scharfer Rechnungen benutzt werden. Somit erhalten auch die Ergebnisgrößen unscharfen Charakter. Die resultierenden Zugehörigkeitsfunktionen der Ergebnisgrößen sind zu interpretieren und die unscharfen Zielkostenindizes können als Bereichspositionierungen im Zielkostenkontrolldiagramm verdeutlicht werden. Dadurch kann eine realistischere Darstellung der Gesamtsituation erreicht werden. Abbildung 7.7 (Seite 257) fasst das Ablaufschema des unscharfen Target Costing Ansatzes zusammen.

---

545 Siehe Horváth/Seidenschwarz/Sommerfeldt (1993), S. 13, Abbildung 3.

546 Einen stochastischen Target Costing Ansatz schlagen Krapp und Wotschofsky (2000) vor. Auch sie kitisieren den stillschweigend als sicher angenommenen Dateninput des scharfen Target Costing Ansatzes. Deshalb schlagen sie ein stochastisches Modell vor, indem die Teilnutzenwerte der Funktionen als Zufallsvariable betrachtet werden. Ihre Modellierung basiert auf der Dreiecksverteilung. Andere Verteilungen sind ebenso anwendbar. Grundsätzlich ist auch ein stochastischer Ansatz möglich, bei dem sämtliche Inputgrößen als Zufallsvariablen modelliert werden.

547 Gaiser/Kieninger M. (1993), S. 71.

548 Siehe Fischer/Schmitz (1994), S. 431 ff.

549 Vgl. Seite 57 dieser Arbeit.

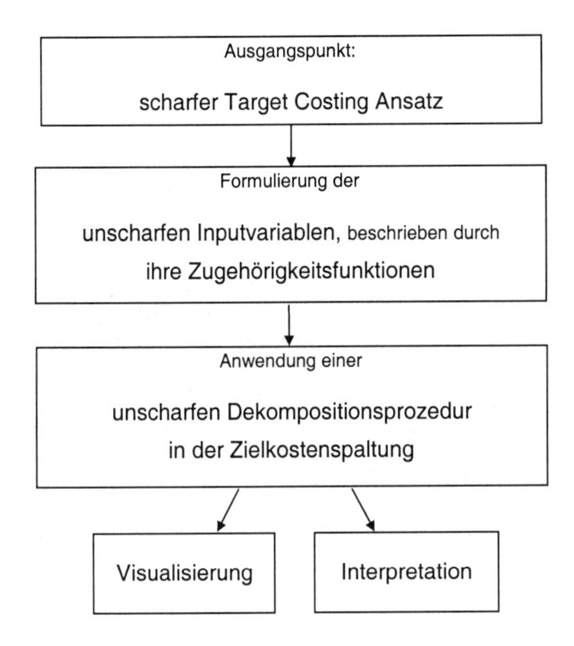

Abbildung 7.7: Ablaufstruktur des unscharfen Target Costing Ansatzes

7.3.3 Zugehörigkeitsfunktionen

Der erste Schritt des unscharfen Ansatzes besteht in der Beschreibung der unscharfen Inputgrößen. Es werden im Folgenden trapezförmige oder dreiecksförmige Zugehörigkeitsfunktionen in LR-Darstellung benutzt, um die Unschärfe zu beschreiben.[550] Konkret werden folgende Größen und Angaben benötigt:

$\tilde{tp} \quad = (ml^{\tilde{tp}},\ mr^{\tilde{tp}},\ l^{\tilde{tp}},\ r^{\tilde{tp}})$

die unscharfe Menge "realistischer, durchschnittlicher Marktpreis" (target price) pro Produkteinheit über den Lebenszyklus

$\tilde{tv} \quad = (ml^{\tilde{tv}},\ mr^{\tilde{tv}},\ l^{\tilde{tv}},\ r^{\tilde{tv}})$

die unscharfe Menge "realistisches Gesamtabsatzvolumen" (target volume) über die ganze Lebensdauer

$\tilde{TM} \quad = (ml^{\tilde{TM}},\ mr^{\tilde{TM}},\ l^{\tilde{TM}},\ r^{\tilde{TM}})$

die unscharfe Menge "zu realisierender Gewinnabschlag" (target margin) bezogen auf das Gesamtvolumen

[550] Diese Form der Darstellung wurde auf Seite 54 beschrieben.

$\tilde{g} = (\tilde{g_1}, \ldots, \tilde{g_m})$ mit $\tilde{g_i} = (ml^{\tilde{g_i}}, mr^{\tilde{g_i}}, l^{\tilde{g_i}}, r^{\tilde{g_i}})$
unscharfer Funktionsgewichtsvektor

$\tilde{F} = (\tilde{f_{ij}})_{n \times m}$ mit $\tilde{f_{ij}} = (ml^{\tilde{f_{ij}}}, mr^{\tilde{f_{ij}}}, l^{\tilde{f_{ij}}}, r^{\tilde{f_{ij}}})$
unscharfe Funktionsmatrix

$\tilde{c}^{DC} = (\tilde{c}_1^{DC}, \ldots, \tilde{c}_n^{DC})$ mit $\tilde{c}_i^{DC} = (ml^{\tilde{c}_i^{DC}}, mr^{\tilde{c}_i^{DC}}, l^{\tilde{c}_i^{DC}}, r^{\tilde{c}_i^{DC}})$
unscharfer Kostenanteilsvektor auf Basis der Drifting Costs

Zur Beschreibung der trapezförmigen Zugehörigkeitsfunktionen von $\tilde{tp}$, $\tilde{tv}$, $\tilde{TM}$ sowie $\tilde{F}$ sind vom Anwender jeweils die beiden Eckpunkte der entsprechenden 0-Niveaumengen und 1-Niveaumengen zu bestimmen. Der unscharfe Kostenanteilsvektor ergibt sich durch Anwendung der erweiterten Division auf die gesamten unscharfen Drifting Costs und die unscharfen Drifting Costs der einzelnen Produktkomponenten, die zuvor ebenfalls unscharf zu beschreiben sind.

Besonderer Aufmerksamkeit bedürfen jedoch die unscharfen Nutzenteilgewichte der verschiedenen Produktfunktionen aus dem unscharfen Funktionsgewichtsvektor $\tilde{g}$. Ausgangspunkt für die Konstruktion seiner Zugehörigkeitsfunktionen sind die scharfen Teilnutzenwerte $g_1, \ldots, g_m$, die die Ergebnisse der Conjoint-Analyse bilden. Bei der Konstruktion der Zugehörigkeitsfunktionen werden die Kritikpunkte an den Ergebnissen der Conjoint-Analyse für das Target Costing berücksichtigt.[551] Wesentlich ist hierbei,

- dass die Teilnutzenwerte relative Wichtigkeiten darstellen,
- dass die Rangordnung der ermittelten Teilnutzenwerte erhalten bleibt,
- dass die Bandbreite der absoluten Abweichungen in den Ergebnissen der Conjoint-Analyse bis zu 25% betragen kann,
- dass die Full-Profile-Methode tendenziell zu große Schätzwerte für die höchsten Teilnutzenwerte liefert und
- dass die Trade-Off-Methode eher zu niedrige Werte für die höchsten Teilnutzenwerte liefert.

Unter Berücksichtigung dieser Aspekte wird hier ein **heuristischer Konstruktionsmechanismus** für die Zugehörigkeitsfunktionen der Funktionsgewichte $\tilde{g}_i$ vorgeschlagen. Ausgangspunkt sind die geordneten, normierten Teilnutzengewichte der Conjoint-Analyse aus dem Intervall $[0, 1]$:[552]

$$g_{(1)} \leq g_{(2)} \leq \cdots \leq g_{(m)}$$

Zusätzlich werden die Bezugspunkte 0 als kleinster Teilnutzenwert $g_{(0)}$ und 1 als größter Teilnutzenwert $g_{(m+1)}$ eingeführt, so dass insgesamt gilt:

$$g_{(0)} \leq g_{(1)} \leq g_{(2)} \leq \cdots \leq g_{(m)} \leq g_{(m+1)}$$

Die Konstruktion des unscharfen Funktionsgewichts $\tilde{g}_{(i)}$ orientiert sich am scharfen Teilnutzenwert $g_{(i)}$. Die Festlegung der Zugehörigkeitsfunktionen wird variabel in Abhängigkeit von der

[551] Siehe hierzu Seite 253 ff.

[552] Zur Normierung der Teilnutzengewichte auf das Intervall von $[0, 1]$ siehe z.B. Backhaus et al. (1994), S. 520 f.

Bandbreite der absoluten Abweichungen der Teilnutzenwerte, der Lage der Teilnutzenwerte, der Anzahl der Teilnutzenwerte und des verwendeten Versuchsdesigns gestaltet. Diese Ansatzpunkte für den Konstruktionsvorschlag werden nachfolgend schrittweise umgesetzt:

- Die **Bandbreite der absoluten Abweichungen** in den Ergebnissen der Conjoint-Analyse liegt zwischen 0% und 25%. Der Parameter $b \in [0;\ 0,25]$, der vom Anwender festgesetzt wird, beschreibt diesen Sachverhalt. Mit b wird somit der normale Schwankungsbereich der Ergebnisse abgedeckt.

- Die **0-Niveaumengen** und damit die Zugehörigkeitsfunktionen der unscharfen Nutzenteilgewichte $\tilde{g}_{(i)}$ liegen um den scharfen Wert $g_{(i)}$ herum. In einer **ersten Stufe** wird davon ausgegangen, dass die 0-Niveaumenge von $\tilde{g}_{(i)}$ vom vorhergehenden scharfen Teilnutzenwert $g_{(i-1)}$ bis zum nachfolgenden scharfen Teilnutzenwert $g_{(i+1)}$ reicht.

  Werden die Abstände zwischen dem i-ten und dem $(i+1)$-ten Teilnutzenwert Δ'_i genannt, so liegen die positiven Zugehörigkeitswerte von $\tilde{g}_{(i)}$ im Bereich $(g_{(i)} - \Delta'_{i-1}, g_{(i)} + \Delta'_i)$. Abbildung 7.8 (Seite 259) verdeutlicht den dargestellten Zusammenhang.

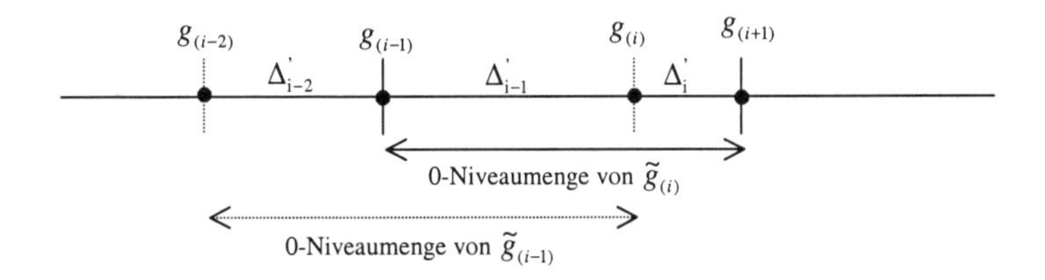

Abbildung 7.8: Bereich positiver Zugehörigkeitsgrade: Stufe I

In einer **zweiten Stufe** wird zusätzlich berücksichtigt, dass der Abstand zwischen zwei benachbarten scharfen Teilnutzenwerten sehr groß sein kann. Dies trifft in besonderem Maße für Δ_0 und Δ_m zu. Dadurch werden die Unschärfebereiche der entsprechenden unscharfen Teilnutzenwerte überproportional groß. Deshalb ist eine Korrektur angebracht. Dazu wird der durchschnittliche Abstand $\Delta_\emptyset$ zwischen den scharfen Teilnutzenwerten $g_{(1)}$ bis $g_{(m)}$ berechnet:

$$\Delta_\emptyset = \frac{1}{m-1} \sum_{i=1}^{m-1} \Delta'_i = \frac{1}{m-1} \sum_{i=1}^{m-1} (g_{(i+1)} - g_{(i)})$$

Ist der Abstand zwischen zwei benachbarten Teilnutzenwerten sehr groß, wird die Ausdehnung der entsprechenden Zugehörigkeitsfunktion nach dieser Seite auf den durchschnittlichen Abstand $\Delta_\emptyset$ beschränkt.

Somit werden die endgültigen Δ_i-Werte folgendermaßen festgesetzt:

$$\Delta_i := \min\{\Delta_\emptyset,\ \Delta'_i = g_{(i+1)} - g_{(i)}\} \qquad \text{für} \quad i = 0, \dots, m$$

Abbildung 7.9 (Seite 260) gibt diesen Sachverhalt beispielhaft wieder.

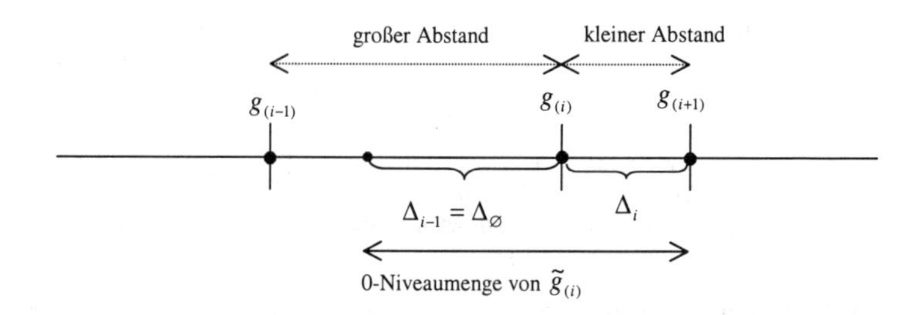

Abbildung 7.9: Bereich positiver Zugehörigkeitsgrade: Stufe II

- **Die 1-Niveaumenge** von $\tilde{g}_{(i)}$ ist unmittelbar um den scharfen Teilnutzenwert $g_{(i)}$ konzentriert. Da der scharfe Wert $g_{(i)}$ um $b \in [0;\ 0,25]$ % schwanken kann und dabei maximaler, minimaler oder beispielsweise auch mittlerer Wert des Schwankungsbereichs sein kann, sollte die 1-Niveaumenge von $\tilde{g}_{(i)}$ ganz links, ganz rechts oder anteilig links und rechts vom scharfen Wert $g_{(i)}$ angeordnet werden.

  Die Länge der 1-Niveaumenge wird vom Abstand zum nächstgelegenen scharfen Teilnutzenwert $g_{(i-1)}$ oder $g_{(i+1)}$ sowie von der Schwankungsbreite b abhängig gemacht. Sie betrage z.B.

  - $(b \cdot \Delta_{i-1})$, wenn $g_{(i)}$ Maximalpunkt des Schwankungsbereichs ist,
  - $(b \cdot \Delta_i)$, wenn $g_{(i)}$ Minimalpunkt des Schwankungsbereichs ist und
  - $(\frac{1}{2} \cdot b \cdot \Delta_{i-1} + \frac{1}{2} \cdot b \cdot \Delta_i)$, wenn $g_{(i)}$ ein Punkt im Inneren des Schwankungsbereichs ist.

Abbildung 7.10 (Seite 261) verdeutlicht diesen Sachverhalt. Die exakte Festlegung der 1-Niveaumenge wird von der Datenerhebungsmethode abhängig gemacht und im Folgenden beschrieben.

Da bei der Anwendung der Full-Profile-Methode bzw. der Trade-Off-Methode zur Erhebung der Inputdaten in der Conjoint-Analyse die absoluten Höhen der Teilnutzenwerte unterschiedlich ausfallen, wird bei der abschließenden Festlegung der 1-Niveaumengen nach diesen beiden Verfahren unterschieden.

Bei der **Full-Profile-Methode** fällt der Teilnutzenwert des wichtigsten Merkmals zu hoch aus. Deshalb wird bei dieser Methode die 1-Nivaumenge des wichtigsten unscharfen Teilnutzenwertes ($= \tilde{g}_{(m)}$) links vom scharfen Teilnutzenwert $g_{(m)}$ ausgerichtet. Im Gegenzug dazu wird die 1-Nivaumenge des unwichtigsten unscharfen Teilnutzenwertes ($= \tilde{g}_{(1)}$) rechts vom scharfen Teilnutzenwert $g_{(1)}$ ausgerichtet. Die 1-Niveaumengen der dazwischenliegenden Teilnutzenwerte werden beidseitig vom scharfen Teilnutzenwert ausgerichtet. Hier findet eine gleichmäßige Verschiebung von einer vollständigen rechten Ausrichtung bis hin zu einer vollständigen linken Ausrichtung vom kleinsten zum größten Teilnutzenwert statt.

Abbildung 7.11 (Seite 262) zeigt beispielhaft die resultierenden Zugehörigkeitsfunktionen bei Anwendung des beschriebenen Vorgehens unter Verwendung der Full-Profile-Methode. Es werden vier Teilnutzenwerte betrachtet.

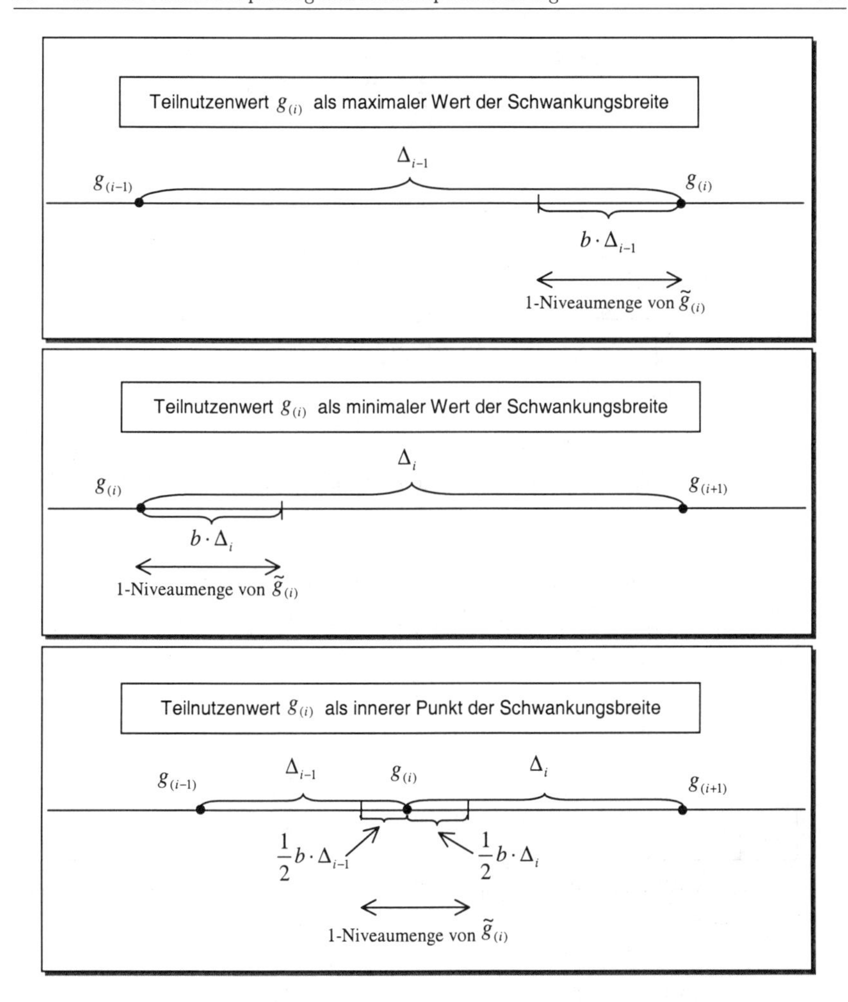

Abbildung 7.10: Lage der 1-Niveaumengen

Die gleichmäßige Verschiebung der 1-Niveaumenge gelingt durch Multiplikation eines Verschiebungsfaktors mit der maximalen rechten und der maximalen linken Ausdehnung der 1-Niveaumenge um den jeweiligen scharfen Teilnutzenwert. Der Verschiebungsfaktor hängt von der Anzahl der Teilnutzenwerte m ab. Für die linke Ausdehnung beträgt er $\frac{i-1}{m-1}$ $(i = 1, \ldots, m)$ und für die rechte Ausdehnung $\frac{m-i}{m-1}$ $(i = 1, \ldots, m)$. In Abbildung 7.11 (Seite 262) sind vier Teilnutzenwerte eingetragen. Tabelle 7.1 (Seite 262) zeigt die dazugehörigen Verschiebungsfaktoren links und rechts vom jeweiligen scharfen Teilnutzenwert. Die Faktoren sind auch in Abbildung 7.11 (Seite 262) oberhalb der 0-Niveaumengen angedeutet.

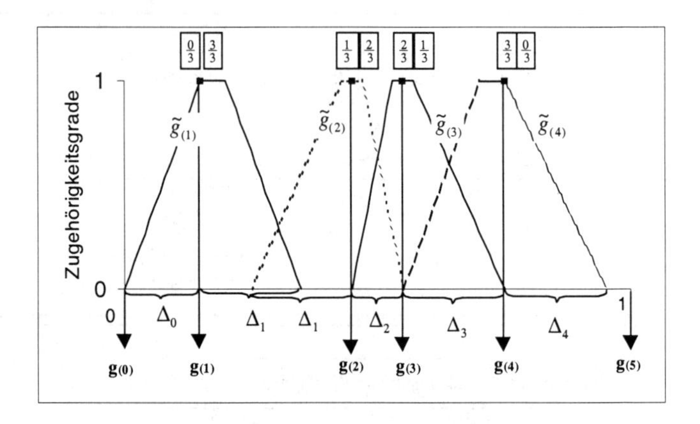

Abbildung 7.11: Zugehörigkeitsfunktionen für $\tilde{g}$ bei Anwendung der Full-Profile-Methode

$g_{(i)}$	Verschiebungsfaktoren für die 1-Niveaumenge links von $g_{(i)}$	rechts von $g_{(i)}$	Summe der Verschiebungsfaktoren
$g_{(1)}$	$\frac{0}{3}$	$\frac{3}{3}$	1
$g_{(2)}$	$\frac{1}{3}$	$\frac{2}{3}$	1
$g_{(3)}$	$\frac{2}{3}$	$\frac{1}{3}$	1
$g_{(4)}$	$\frac{3}{3}$	$\frac{0}{3}$	1

Tabelle 7.1: Verschiebungsfaktoren bei vier Teilnutzenwerten unter Anwendung der Full-Profile-Methode

Abbildung 7.12 (Seite 263) zeigt schematisch die Entwicklung der gleichmäßigen Verschiebung vom kleinsten bis zum größten Teilnutzenwert bei Anwendung der Full-Profile-Methode.

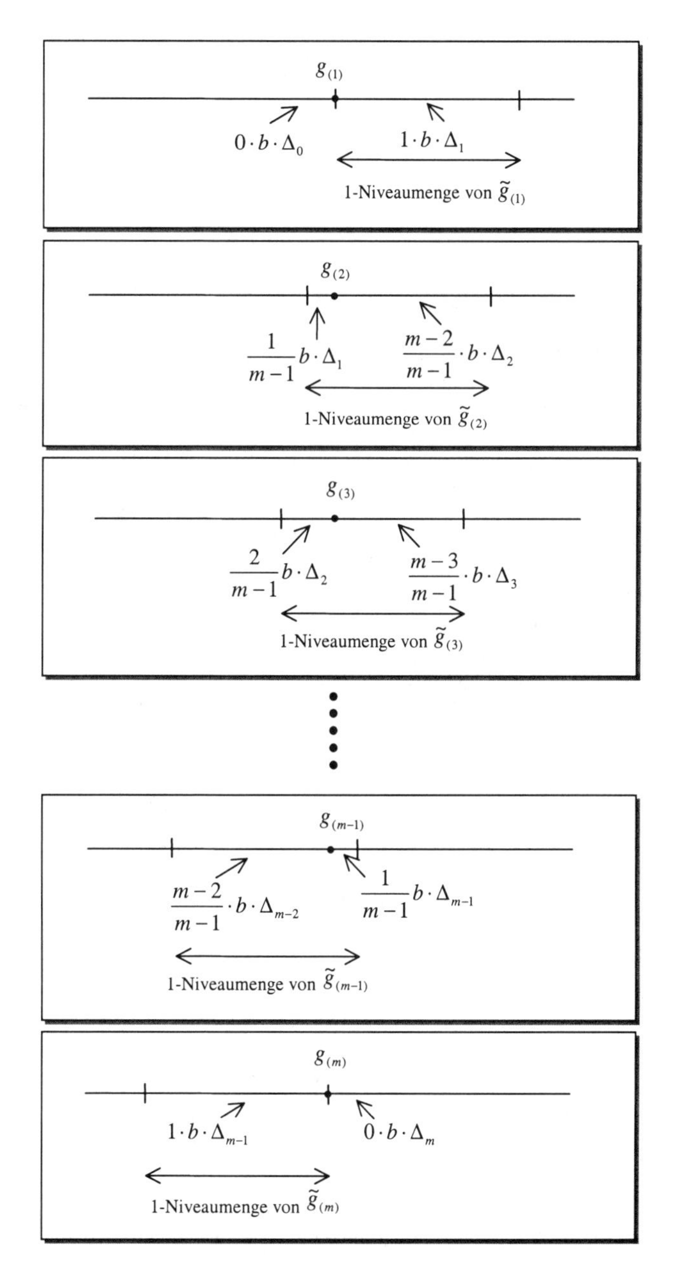

Abbildung 7.12: Gleichmäßige Verschiebung der 1-Niveaumengen bei Anwendung der Full-Profile-Methode

Formal lassen sich aus dem beschriebenen Konstruktionsmechanismus die Zugehörigkeitsfunktionen der Teilnutzenwerte bei Anwendung der Full-Profile-Methode durch das folgende unscharfe Intervall angeben:

$$\begin{aligned}\tilde{g}_{(i)} &= \left(ml^{\tilde{g}_{(i)}},\ mr^{\tilde{g}_{(i)}},\ l^{\tilde{g}_{(i)}},\ r^{\tilde{g}_{(i)}}\right) \\ &= \Bigg(g_{(i)} - \frac{i-1}{m-1}\cdot b\cdot\Delta_{i-1},\ g_{(i)} + \frac{m-i}{m-1}\cdot b\cdot\Delta_i, \\ &\qquad \Delta_{i-1}\left(1-\frac{i-1}{m-1}\cdot b\right),\ \Delta_i\left(1-\frac{m-i}{m-1}\cdot b\right)\Bigg) \qquad \text{mit} \quad i=1,\ldots,m\end{aligned} \tag{38}$$

Bei der **Trade-Off-Methode** dagegen fällt der Teilnutzenwert des wichtigsten Merkmals zu niedrig aus. Deshalb werden die 1-Niveaumengen der unscharfen Teilnutzenwerte genau gegensätzlich zur Full-Profile-Methode verschoben. Wird z.B. bei der Full-Profile-Methode die 1-Niveaumenge des wichtigsten Merkmals links vom dazugehörigen scharfen Teilnutzenwert ausgerichtet, so wird sie bei der Trade-Off-Methode rechts von diesem Wert ausgerichtet. Entsprechend wird bei der Trade-Off-Methode für den unwichtigsten Teilnutzenwert eine linke Ausrichtung gewählt, während bei der Full-Profile-Methode die Ausrichtung rechts liegt. Auch bei der Trade-Off-Methode findet eine gleichmäßige Verschiebung der 1-Niveaumengen statt. Es wird im Grundsatz das gleiche Vorgehen wie bei der Full-Profile-Methode angewandt.

Abbildung 7.13 (Seite 264) zeigt beispielhaft die Zugehörigkeitsfunktionen von vier unscharfen Teilnutzenwerten bei Anwendung der Trade-Off-Methode. Vergleicht man die Abbildungen 7.11 (Seite 262) und 7.13 (Seite 264), so werden die Unterschiede, die Gemeinsamkeiten sowie die Ausrichtungen der 1-Niveaumengen in der Konstruktion der Zugehörigkeitsfunktionen bei Anwendung der Full-Profile-Methode bzw. der Trade-Off-Methode offensichtlich.

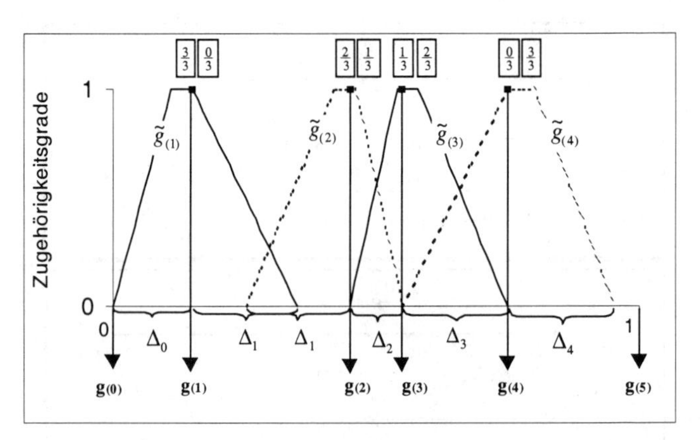

Abbildung 7.13: Konstruktionsprinzip für $\tilde{g}$ bei Anwendung der Trade-Off-Methode

Für die gleichmäßige Verschiebung der 1-Niveaumengen bei m Teilnutzenwerten werden bei Anwendung der Trade-Off-Methode die Verschiebungsfaktoren $\frac{m-i}{m-1}$ $(i = 1, \ldots, m)$

und $\frac{i-1}{m-1}$ $(i = 1, \ldots, m)$ benutzt. Die Verschiebungsfaktoren für die Full-Profile-Methode und die Trade-Off-Methode werden somit vertauscht.

Formal lassen sich die Zugehörigkeitsfunktionen der Teilnutzenwerte bei Verwendung der Trade-Off-Methode durch das folgende unscharfe Intervall beschreiben:

$$\begin{aligned} \tilde{g}_{(i)} &= \Bigg(g_{(i)} - \frac{m-i}{m-1} \cdot b \cdot \Delta_{i-1},\ g_{(i)} + \frac{i-1}{m-1} \cdot b \cdot \Delta_i, \\ &\quad \Delta_{i-1}\left(1 - \frac{m-i}{m-1} \cdot b\right),\ \Delta_i\left(1 - \frac{i-1}{m-1} \cdot b\right)\Bigg) \end{aligned} \tag{39}$$

Nachdem alle Inputdaten des Target Costing Prozesses nun unscharf beschrieben sind, kann mit der unscharfen Zielkostenspaltung begonnen werden.

7.3.4 Unscharfe Zielkostenspaltung

Nach Festlegung sämtlicher benötigter Zugehörigkeitsfunktionen erhalten wir durch Relaxierung des scharfen Modells den unscharfen Ansatz. Hierbei kommen die erweiterten Rechenoperationen zur Anwendung.[553]

Der unscharfe Gesamtumsatz $\tilde{TS}$ ergibt sich aus

$$\begin{aligned} \tilde{TS} &= \tilde{tp} \odot \tilde{tv} \\ &= \Big(ml^{\tilde{tp}} \cdot ml^{\tilde{tv}},\ mr^{\tilde{tp}} \cdot mr^{\tilde{tv}}, \\ &\quad ml^{\tilde{tp}} \cdot l^{\tilde{tv}} + ml^{\tilde{tv}} \cdot l^{\tilde{tp}},\ mr^{\tilde{tp}} \cdot r^{\tilde{tv}} + mr^{\tilde{tv}} \cdot r^{\tilde{tp}} \Big) \end{aligned} \tag{40}$$

und die unscharfen gesamten Allowable Costs $\tilde{AC}$ aus

$$\begin{aligned} \tilde{AC} &= \tilde{TS} \ominus \tilde{TM} \\ &= \Big(ml^{\tilde{TS}} - mr^{\tilde{TM}},\ mr^{\tilde{TS}} - ml^{\tilde{TM}},\ l^{\tilde{TS}} + r^{\tilde{TM}},\ r^{\tilde{TS}} + l^{\tilde{TM}} \Big). \end{aligned} \tag{41}$$

Bevor mit der eigentlichen unscharfen Zielkostenspaltung begonnen werden kann, sind alle unscharfen Anteilsgrößen wie die unscharfen Kostenanteile $\tilde{c}^{DC}$, die unscharfen Nutzengewichte $\tilde{g}$ und die unscharfen Erfüllungsgrade der Komponenten für die einzelnen Produktfunktionen, die in der unscharfen Funktionsmatrix $\tilde{F}$ zusammengefasst sind, zu normieren. Dabei wird folgende Idee umgesetzt: Auch bei unscharfen Größen sollte der für maximal erachtete Gesamtanteilswert gerade 100 % betragen. Der maximal mögliche Gesamtkostenanteilswert $\max S_{\tilde{c}^{DC}}$ z.B. läßt sich als Summe der rechten Intervallgrenzen der 0-Niveaumengen der einzelnen Kostenanteilswerte berechnen:

$$\max S_{\tilde{c}^{DC}} = \sum_{i=1}^{n} \left(mr^{\tilde{c}_i^{DC}} + r^{\tilde{c}_i^{DC}} \right)$$

Durch Division sämtlicher Stützstellen der unscharfen $\tilde{c}_i^{DC}$ durch diesen Wert $\max S_{\tilde{c}^{DC}}$ ergibt sich eine Normierung im obigen Sinne.

[553] Siehe Seite 57 dieser Arbeit.

Der maximal mögliche Gesamtnutzenanteilswert $\max S_{\tilde{g}}$ ergibt sich aus

$$\max S_{\tilde{g}} = \sum_{j=1}^{m} \left(mr^{\tilde{g_j}} + r^{\tilde{g_j}} \right).$$

Bei der unscharfen Funktionsmatrix $\tilde{F}$ ist die Normierung spaltenweise, also für jede Funktion einzeln, durchzuführen. Wir erhalten insgesamt m maximale Gesamterfüllungsgrade $\max S_{\tilde{f_j}}$ mit

$$\max S_{\tilde{f_j}} = \sum_{i=1}^{n} \left(mr^{\tilde{f_{ij}}} + r^{\tilde{f_{ij}}} \right).$$

Die unscharfe Zielkostenspaltung erfolgt unter Anwendung der normierten unscharfen Größen.

Es ergibt sich die unscharfe Komponenten-Funktionsmatrix $\tilde{KF}$:

$$\tilde{KF} = \begin{pmatrix} k\tilde{f}_{11} & \dots & k\tilde{f}_{1m} \\ \vdots & \ddots & \vdots \\ k\tilde{f}_{n1} & \dots & k\tilde{f}_{nm} \end{pmatrix} = \begin{pmatrix} \tilde{f_{11}} \odot \tilde{g_1} & \dots & \tilde{f_{1m}} \odot \tilde{g_m} \\ \vdots & \ddots & \vdots \\ \tilde{f_{n1}} \odot \tilde{g_1} & \dots & \tilde{f_{nm}} \odot \tilde{g_m} \end{pmatrix}$$

Das unscharfe Matrixelement $k\tilde{f}_{ij}$ berechnet sich wie folgt:

$$\begin{aligned} k\tilde{f}_{ij} &= \Big(ml^{\tilde{f_{ij}}} \cdot ml^{\tilde{g_j}},\ mr^{\tilde{f_{ij}}} \cdot mr^{\tilde{g_j}}, \\ &\quad ml^{\tilde{f_{ij}}} \cdot l^{\tilde{g_j}} + ml^{\tilde{g_j}} \cdot l^{\tilde{f_{ij}}},\ mr^{\tilde{f_{ij}}} \cdot r^{\tilde{g_j}} + mr^{\tilde{g_j}} \cdot r^{\tilde{f_{ij}}} \Big) \end{aligned} \quad (42)$$

Die Komponenten des unscharfen Nutzenanteilsvektors $\tilde{u}_i$ ergeben sich durch die erweiterte Addition der unscharfen Matrixelemente der i-ten Zeile von $\tilde{KF}$:

$$\begin{aligned} \tilde{u}_i &= k\tilde{f}_{i1} \oplus \ldots \oplus k\tilde{f}_{im} \\ &= \left(\sum_{j=1}^{m} ml^{k\tilde{f}_{ij}},\ \sum_{j=1}^{m} mr^{k\tilde{f}_{ij}},\ \sum_{j=1}^{m} l^{k\tilde{f}_{ij}},\ \sum_{j=1}^{m} r^{k\tilde{f}_{ij}} \right) \end{aligned} \quad (43)$$

Auch die unscharfen Nutzenanteile der Komponenten werden nach dem oben beschriebenen Muster normiert.

Damit ergeben sich die unscharfe Zielkostenindizes $\tilde{z}_i^{DC}$:

$$\begin{aligned} \tilde{z}_i^{DC} &= \tilde{u}_i \oslash \tilde{c}_i^{DC} \quad (44) \\ &= \left(\frac{ml^{\tilde{u}_i}}{mr^{\tilde{c}_i^{DC}}},\ \frac{mr^{\tilde{u}_i}}{ml^{\tilde{c}_i^{DC}}},\ \frac{ml^{\tilde{u}_i} \cdot r^{\tilde{c}_i^{DC}} + mr^{\tilde{c}_i^{DC}} \cdot l^{\tilde{u}_i}}{\left(mr^{\tilde{c}_i^{DC}}\right)^2},\ \frac{mr^{\tilde{u}_i} \cdot l^{\tilde{c}_i^{DC}} + ml^{\tilde{c}_i^{DC}} \cdot r^{\tilde{u}_i}}{\left(ml^{\tilde{c}_i^{DC}}\right)^2} \right) \end{aligned}$$

Bei der Interpretation der Zielkostenindizes ist im Besonderen die Lage der 1-Niveaumengen zu beachten. Wie im scharfen Fall orientiert sich die Interpretation auch im unscharfen Fall am Wert 1 oder 100 %. Da jedoch die Lage von ganzen Intervallen zu beurteilen ist, erscheint eine etwas großzügigere Interpretation als im scharfen Fall angemessen.

7.3.5 Unscharfe Bereichspositionierung im Zielkostenkontrolldiagramm

Besonders deutlich und aussagekräftig wird die Unschärfe bei der unscharfen Positionierung der Produktkomponenten im Zielkostenkontrolldiagramm. Statt einer Punktpositionierung wird eine Bereichspositionierung durchgeführt, indem die 1-Niveaumengen der unscharfen Kosten- und Nutzenanteile der Produktkomponenten in das Zielkostenkontrolldiagramm eingetragen werden.[554] Alle anderen Elemente des Zielkostenkontrolldiagramms bleiben erhalten. Dadurch wird auch ein direkter Vergleich der scharfen und unscharfen Ergebnisse ermöglicht. Abbildung 7.14 (Seite 267) zeigt die Bereichspositionierung der Produktkomponenten, die in Abbildung 7.5 (Seite 249) exemplarisch als scharfe Punkte positioniert sind.

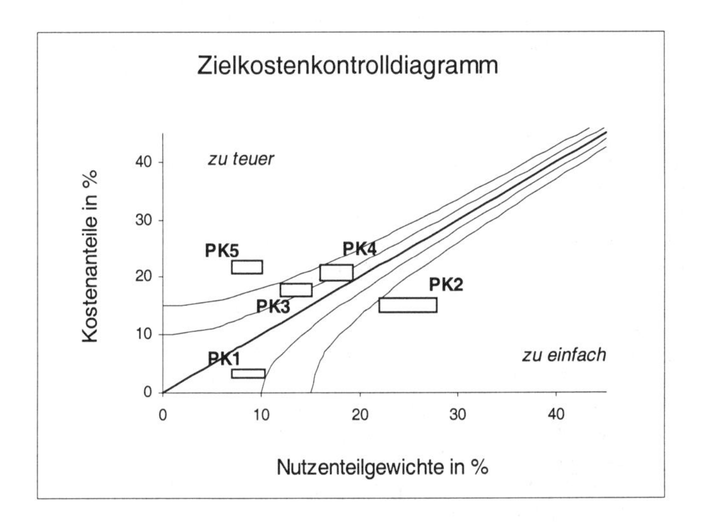

Abbildung 7.14: Bereichspositionierung im Zielkostenkontrolldiagramm

Beim Vergleich der Abbildungen 7.5 (Seite 249) und 7.14 (Seite 267) zeigt sich die Aussagekraft der Bereichspositionierung. Es wird deutlich, dass in diesem Fall die Unschärfe der Nutzenteilgewichte höher ist als die Unschärfe der Kostenanteile. Durch die Lage der 1-Niveaumengen können die Produktkomponenten wesentlich realistischer eingeschätzt werden als bei der Punktpositionierung. Bei der Produktkomponenten PK5 zeigt sich in beiden Diagrammen, dass sie zu teuer ist und deshalb über dem Zielkostenkorridor positioniert ist. Liegen PK3 und PK4 im scharfen Zielkostenkontrolldiagramm noch im engen Zielkorridor bzw. auf der Ideallinie, so zeigt das unscharfe Diagramm, dass beide Produktkomponenten tendenziell dazu streben, zu teuer zu sein. Selbst die Ideallage von PK4 ist anzuzweifeln. Beide Komponenten müssen auch in Zukunft sorgfältig beobachtet werden. Die Beurteilung von PK1 ändert sich auf Grund seiner geringen Bedeutung auch im unscharfen Diagramm nicht. Bei PK2 zeigt sich, dass die Vermutung, die Komponente sei viel zu einfach konstruiert und erfülle möglicherweise die vom Markt gewünschten Funktionen nicht ausreichend, in dieser Stärke nicht bestätigt werden kann. Vielmehr zeigt sich die Tendenz zu einem akzeptablen Kosten-Nutzen-Verhältnis.

[554] Grundsätzlich ist es möglich, jede andere α-Niveaumenge oder auch mehrere α-Niveaumengen der betrachteten unscharfen Größen in das Diagramm einzutragen.

Nach dem gleichen Prinzip ist eine unscharfe Erweiterung des Zielkostenkontrolldiagramms möglich.

7.4 Vergleich der beiden Ansätze

Target Costing ist aufgrund seines strategischen Charakters mit Unschärfe behaftet. Die unscharfe Bereichspositionierung zeigt Teile der Unschärfe und stellt damit im Vergleich zur klassischen Punktpositionierung eine realistischere Modellierung der Kosten-Nutzen-Anteile der Produktkomponenten dar. Dabei spiegelt die unscharfe Bereichspositionierung den Wissensstand des Target Costing Teams bzgl. der Inputgrößen des Modells wider. Je geringer und unkonkreter der Wissensstand ist, desto größer werden die Unschärfebereiche der Produktkomponenten sein. Je mehr sich die Inputgrößen mit der Zeit konkretisieren, desto stärker nähert sich die Bereichspositionierung einer Punktpositionierung an. Die Größe der Bereiche kann somit auch als Maß für die Unschärfe des Wissenstandes verstanden werden.

Grundsätzlich ist jede Dimension der Unschärfebereiche gesondert zu analysieren. Den größten gestalterischen Einfluss hat das Target Costing Team auf die Kostendimension. Hier kann aktiv überlegt werden, wie Kosten gestaltet, verändert, reduziert und konkretisiert werden können. Die Nutzendimension dagegen ist wenig zu beeinflussen. Hier gilt es zuverlässigere und somit weniger unscharfe Ergebnisse über die Nutzenteilgewichte zu erhalten. Zusätzlich zur Anwendung der Conjoint-Analyse können hier z.B. Marktkenntnisse der unternehmenseigenen Marketingabteilung, des Vertriebs, des Services oder der Kundenbetreuer genutzt werden.

Durch die Angabe von Bereichen im Zielkostenkontrolldiagramm wird das vorhandene Chancen- und Risikopotenzial der einzelnen Komponenten besser sichtbar. Dazu ist die Lage der Bereiche zur Ideallinie und zum Zielkostenkorridor zu interpretieren. Tendieren Bereiche aus der Zielzone hinaus, ist ihre Lage kritischer zu beurteilen, als dies im Allgemeinen bei der Punktpositionierung der Fall wäre. Umgekehrt brauchen Komponenten, deren Bereiche zur Zielzone hin tendieren, weniger Aufmerksamkeit als ursprünglich vermutet. Durch diese verbesserte Beurteilung ist eine gezieltere und abgestufte Auswahl derjenigen Komponenten möglich, die noch einer intensiven Bearbeitung bedürfen. Somit wird unter diesem Aspekt vor allem der Steuerungscharakter des Target Costings gestärkt.

Das Zielkostenkontrolldiagramm dient der laufenden Kontrolle des Kosten-Nutzen-Verhältnisses. Durch Einbeziehung der Unschärfe und durch das ständige Bemühen um die Reduzierung der Unschärfe wird der feed-forward Charakter und somit die strategische Ausrichtung der Kontrolle unterstrichen. Der Vergleich von zeitlich aufeinander folgenden Value Charts veranschaulicht die Wirkungen von eingeleiteten Maßnahmen bezüglich der Produktkomponenten. Dieser Aspekt wird besonders wichtig, wenn man bedenkt, dass z.B. die Änderung des Kostenanteils bei einer Komponente auch Auswirkungen auf alle anderen Komponenten hat.

Durch die gezielte Berücksichtigung der Unschärfe im Target Costing Modell erübrigen sich auch Sensitivitätsanalysen, die zur Evaluierung der scharfen Ergebnisse eingesetzt werden. Der Effekt, der durch Sensitivitätsanalysen erreicht wird, ist bei Benutzung von Zugehörigkeitsfunktionen zur Beschreibung der unscharfen Größen bereits enthalten.

7.5 Fallstudie

Die Anwendung und Aussagekraft des unscharfen Target Costing Ansatzes wird beispielhaft durch die im Folgenden beschriebene Fallstudie verdeutlicht.[555]

7.5.1 Ausgangssituation

7.5.1.1 Scharfe Beschreibung

Die Pedalo AG hat in einer Vorstandssitzung beschlossen, ein neues Fahrradmodell zu entwickeln. Von dem neuen Modell erhofft man sich neben der Abrundung der Programmpalette vor allem eine Stärkung der Erträge. Nach intensiven Diskussionen beschließt der Vorstand, das neue Modell durch folgende Produktausprägungen zu kennzeichnen: Mit etwa 12 kg soll das Fahrrad eher ein hohes Gewicht haben. Der Komfort sowie die Laufruhe sollen eine mittlere Bewertung erhalten. Auf die Sicherheit wird hoher Wert gelegt. Zudem wird nicht zwischen einer Damen- und Herrenfahrradvariante unterschieden, sondern das gleiche Design wird für beide Geschlechter angeboten. Das Fahrrad soll sich durch eine hohe Zuverlässigkeit auszeichnen und einen moderaten Preis haben.

Erstmalig in der Geschichte der Pedalo AG wird die Entwicklung des neuen Modells durch das Target Costing begleitet und unterstützt. Um die Ertragslage der Pedalo AG zu stärken, wird eine Umsatzrendite von 15 % angestrebt.

Die Marketingabteilung ermittelt mit Hilfe eines Marktforschungsinstituts eine potenzielle Absatzmenge von 12.000 Fahrrädern und einen potenziellen Stückpreis von 1.000 DM. Zudem ergeben sich mit Hilfe einer Conjoint-Analyse folgende Nutzenteilgewichte für das Modell:

Produktfunktionen	Nutzenteilgewichte
Gewicht	10 %
Laufruhe/Komfort	13 %
Sicherheit	40 %
Design	17 %
Zuverlässigkeit	20 %

Tabelle 7.2: Scharfe Nutzenteilgewichte der Produktfunktionen

Als Erhebungsdesign zur Conjoint-Analyse wird die Trade-Off-Methode angewandt.

Aus Erfahrung weiß die Pedalo AG, dass die wesentlichen Komponenten eines Fahrrads das Bremssystem, der Rahmen, die Schaltung und die Beleuchtung sind. Die übrigen Teile eines Fahrrades werden unter "Sonstiges" zusammengefasst. Mit Hilfe der Konstruktionsabteilung werden von der Kostenrechnung aufgrund des Rohentwurfs des Fahrradmodells die Herstellkosten der einzelnen Produktkomponenten geschätzt. Dabei werden die gegenwärtigen Produkt- und Prozesstechnologien zugrunde gelegt. Außerdem orientiert man sich an Erfahrungswerten von Vorgängermodellen. Als Schätzungen für die Drifting Costs ergeben sich:

[555] Die Fallstudie ist in abgewandelter Form aus Coenenberg (1997 b), S. 197-212 entnommen. Auch in Horváth/Gleich/Voggenreiter (1996) ist eine Fallstudie zum Target Costing enthalten.

Drifting Costs

Produktkomponente	DM-Betrag	%-Anteil
Bremssystem (K1)	375 DM	25 %
Rahmen (K2)	300 DM	20 %
Schaltung (K3)	375 DM	25 %
Beleuchtung (K4)	75 DM	5 %
Sonstiges (K5)	375 DM	25 %
Summe	1.500 DM	100 %

Tabelle 7.3: Scharfe Kostenschätzungen für das neue Modell

Neben den oben angegebenen Herstellkosten müssen noch Gemeinkosten für Entwicklung, Verwaltung und Vertrieb von insgesamt 1.200.000 DM berücksichtigt werden.

Vertreter aus der Controlling-, Marketing-, Konstruktions- und Fertigungsabteilung legen in einer äußerst kontrovers verlaufenden Sitzung gemeinsam die Anteile fest, mit denen die einzelnen Komponenten zur Erfüllung der vom Kunden gewünschten Produkteigenschaften beitragen. Das Ergebnis wird in der Funktionsmatrix zusammengefasst:

Komponenten \ Funktionen	Gewicht	Laufruhe/ Komfort	Sicherheit	Design	Zuverlässigkeit
Bremssystem (K1)			50,0 %		25,0 %
Rahmen (K2)	80,0 %	77,0 %	12,5 %	29,5 %	25,0 %
Schaltung (K3)			12,5 %	29,5 %	25,0 %
Beleuchtung (K4)			12,5 %	11,5 %	
Sonstiges (K5)	20,0 %	23,0 %	12,5 %	29,5 %	25,0 %

Tabelle 7.4: Scharfe Funktionsmatrix

Nach Abschluss des oben beschriebenen Datenbeschaffungsprozesses haben einige Beteiligte ein ungutes Gefühl, das durch das hohe, aber unangemessene Ausmaß an Exaktheit der Inputdaten begründet ist. Sie zweifeln an der Qualität des Datenmaterials, da ihnen bewusst ist, dass vor allem Schätzungen in den Target Costing Prozess eingehen. Deshalb wird die Frage aufgeworfen, ob es nicht möglich sei, die Unschärfe der Inputdaten im Target Costing Ansatz auszudrücken.

Der Controllingchef hat bereits etwas von einem unscharfen Target Costing Ansatz gehört, so dass die Pedalo AG beschließt, sowohl scharfe als auch unscharfe Lösungen für die auftretenden Fragen erarbeiten zu lassen. Bei den unscharfen Lösungen werden trapezförmige und dreiecksförmige unscharfe Intervalle zur Modellierung der Zugehörigkeitsfunktionen verwendet.

Folgende Beschreibung des Datenmaterials liegt der unscharfen Analyse zugrunde:

7.5.1.2 Unscharfe Beschreibung

Nach Rückfrage beim Marktforschungsinstitut ist man sich darüber einig, dass das Umsatzvolumen durchaus 400 Einheiten um die vorgegebene Zahl von 12.000 Fahrrädern schwanken kann. Keinesfalls wird das Volumen jedoch unter 11.000 Einheiten oder über 12.800 Einheiten liegen. Damit ergibt sich das folgende unscharfe potenzielle Absatzvolumen $\tilde{t}_v$:

$$\tilde{t}_v = (11.600,\ 12.400,\ 600,\ 400)$$

Da die scharfe Preisschätzung sehr vorsichtig angesetzt wird, ist auch ein etwas höherer Preis zu rechtfertigen. Als absolute Preisuntergrenze werden 950 DM und als Preisobergrenze 1150 DM gesehen. Es ergibt sich der unscharfe Stückpreis $\tilde{t}_p$:

$$\tilde{t}_p = (1.000,\ 1.075,\ 50,\ 75)$$

An der gewünschten Zielrendite von 15 % wird festgehalten.

Bei den Gemeinkosten sieht man nur geringe mögliche Abweichungen vom scharfen Wert. Die erwarteten Schwankungen liegen im Bereich von 50.000 DM oberhalb bzw. unterhalb des scharfen Wertes von 1.200.000 DM. Somit ergibt sich eine dreiecksförmige Zugehörigkeitsfunktion:

$$(1.200.000,\ 1.200.000,\ 50.000,\ 50.000)$$

Abbildung 7.15 (Seite 272) veranschaulicht die Zugehörigkeitsfunktionen des unscharfen Absatzvolumens, des unscharfen Stückpreises und der unscharfen Gemeinkosten.

Die Zugehörigkeitsfunktionen der Teilnutzenwerte $\tilde{g}_i$ werden nach dem Vorschlag aus Formel 39 (Seite 265) ermittelt, da die Trade-Off-Methode bei der Ermittlung der Nutzenanteile der Produktfunktionen benutzt wird. Die Verantwortlichen gehen davon aus, dass die Bandbreite der ermittelten Teilnutzenwerte bei $b = 15\%$ liegt. Damit ergeben sich die in Abbildung 7.16 (Seite 273) dargestellten und in Tabelle 7.5 (Seite 271) aufgeführten fünf unscharfen Nutzenteilgewichte.

Produktfunktion	$\tilde{g}_i$	Zugehörigkeitsfunktion
Gewicht	$\tilde{g}_1$	(8,88%, 10,00%, 6,38%, 3,00%)
Laufruhe/Komfort	$\tilde{g}_2$	(12,66%, 13,15%, 2,66%, 3,85%)
Sicherheit	$\tilde{g}_3$	(40,00%, 41,13%, 7,50%, 6,38%)
Design	$\tilde{g}_4$	(16,70%, 17,23%, 3,70%, 2,78%)
Zuverlässigkeit	$\tilde{g}_5$	(19,89%, 20,84%, 2,81%, 6,66%)

Tabelle 7.5: Unscharfe Nutzengewichte

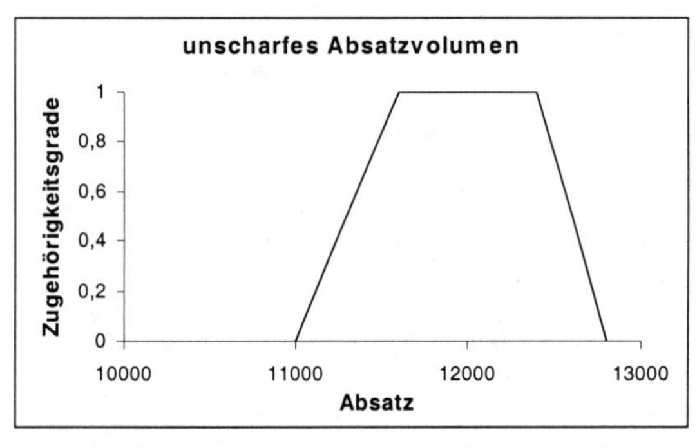

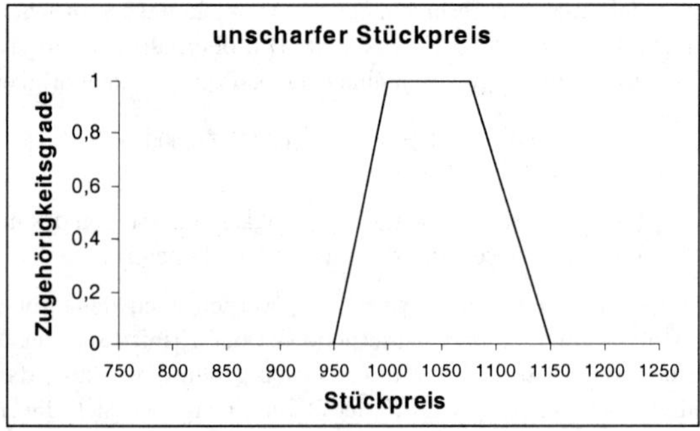

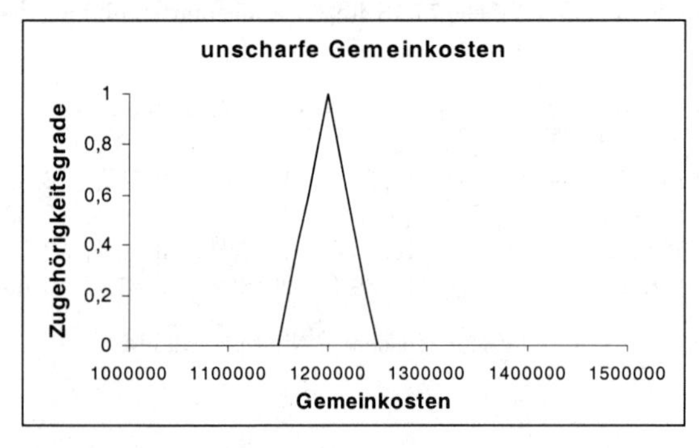

Abbildung 7.15: Unscharfes Absatzvolumen, unscharfer Stückpreis und unscharfe Gemeinkosten

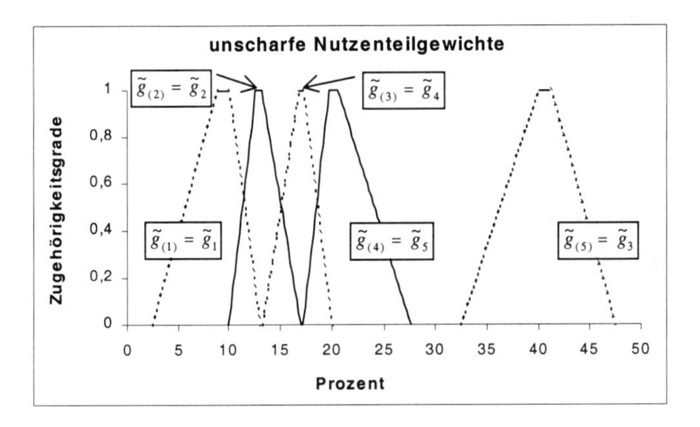

Abbildung 7.16: Unscharfe Nutzenteilwerte

Nach heftigen Diskussionen einigt man sich schließlich auf die in Tabelle 7.6 (Seite 273) angegebenen und in Abbildung 7.17 (Seite 274) dargestellten **unscharfen Herstellkosten** auf Basis der Drifting Costs für die Produktkomponenten:

Komponente	$\tilde{c}_i$	Zugehörigkeitsfunktion			
Bremssystem (K1)	$\tilde{c}_1^{DC}$	(355;	375;	7,5;	5)
Rahmen (K2)	$\tilde{c}_2^{DC}$	(295;	310;	5,0;	5)
Schaltung (K3)	$\tilde{c}_3^{DC}$	(375;	375;	15,0;	5)
Beleuchtung (K4)	$\tilde{c}_4^{DC}$	(75;	78;	2,0;	5)
Sonstiges (K5)	$\tilde{c}_5^{DC}$	(370;	390;	10,0;	15)
Gesamt		(1.470;	1.528;	39,5;	35)

Tabelle 7.6: Unscharfe Herstellkosten auf Basis der Drifting Costs

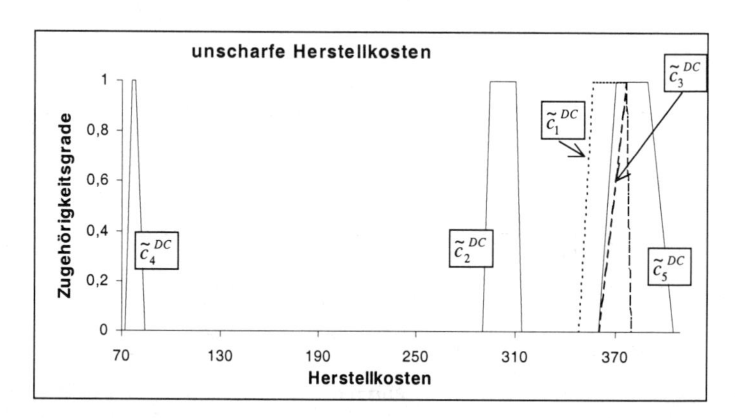

Abbildung 7.17: Unscharfe Herstellkosten auf Basis der Drifting Costs [556]

Das Target Costing Team ist besonders über die Möglichkeit erfreut, unscharfe Angaben zu den Elementen der Funktionsmatrix zu machen, da hier die heftigsten Diskussionen bei der Festsetzung der scharfen Werte stattgefunden haben. Nach intensiver Aussprache einigt man sich auf die in Tabelle 7.7 (Seite 275) angegebenen unscharfen Intervalle zur Beschreibung der Elemente der Funktionsmatrix. Die Abbildungen 7.18 (Seite 276) und 7.19 (Seite 277) veranschaulichen die entsprechenden Zugehörigkeitsfunktionen.

[556] Die Zugehörigkeitsfunktionen von $\tilde{c}_1^{DC}$, $\tilde{c}_3^{DC}$ und $\tilde{c}_5^{DC}$ liegen sehr eng beieinander. Sie überlappen sich teilweise. Die rechten Referenzfunktionen von $\tilde{c}_1^{DC}$ und $\tilde{c}_3^{DC}$ fallen sogar zusammen.

Gewicht

Bremssystem (K1)	$\tilde{f}_{11}$				
Rahmen (K2)	$\tilde{f}_{21}$	80 %	85 %	5 %	0 %
Schaltung (K3)	$\tilde{f}_{31}$				
Beleuchtung (K4)	$\tilde{f}_{41}$				
Sonstiges (K5)	$\tilde{f}_{51}$	20 %	25 %	3 %	2 %
Summe		100 %	110 %	8 %	2 %

Laufruhe / Komfort

Bremssystem (K1)	$\tilde{f}_{12}$				
Rahmen (K2)	$\tilde{f}_{22}$	75 %	80 %	5 %	5 %
Schaltung (K3)	$\tilde{f}_{32}$				
Beleuchtung (K4)	$\tilde{f}_{42}$				
Sonstiges (K5)	$\tilde{f}_{52}$	20 %	25 %	3 %	2 %
Summe		95 %	105 %	8 %	7 %

Sicherheit

Bremssystem (K1)	$\tilde{f}_{13}$	48 %	53,0 %	3 %	5 %
Rahmen (K2)	$\tilde{f}_{23}$	10 %	12,5 %	2 %	3 %
Schaltung (K3)	$\tilde{f}_{33}$	10 %	12,5 %	2 %	3 %
Beleuchtung (K4)	$\tilde{f}_{43}$	10 %	12,5 %	2 %	3 %
Sonstiges (K5)	$\tilde{f}_{53}$	10 %	12,5 %	2 %	3 %
Summe		88%	103,0 %	11 %	17 %

Design

Bremssystem (K1)	$\tilde{f}_{14}$				
Rahmen (K2)	$\tilde{f}_{24}$	27 %	30 %	2 %	5 %
Schaltung (K3)	$\tilde{f}_{34}$	27 %	30 %	5 %	2 %
Beleuchtung (K4)	$\tilde{f}_{44}$	10 %	15 %	3 %	5 %
Sonstiges (K5)	$\tilde{f}_{54}$	27 %	30 %	5 %	2 %
Summe		91 %	105 %	15 %	14 %

Zuverlässigkeit

Bremssystem (K1)	$\tilde{f}_{15}$	25 %	30 %	0 %	5 %
Rahmen (K2)	$\tilde{f}_{25}$	22 %	25 %	0 %	5 %
Schaltung (K3)	$\tilde{f}_{35}$	25 %	25 %	5 %	0 %
Beleuchtung (K4)	$\tilde{f}_{45}$				
Sonstiges (K5)	$\tilde{f}_{55}$	25 %	30 %	5 %	0 %
Summe		97 %	110 %	10 %	10 %

Tabelle 7.7: Unscharfe Elemente der Funktionsmatrix

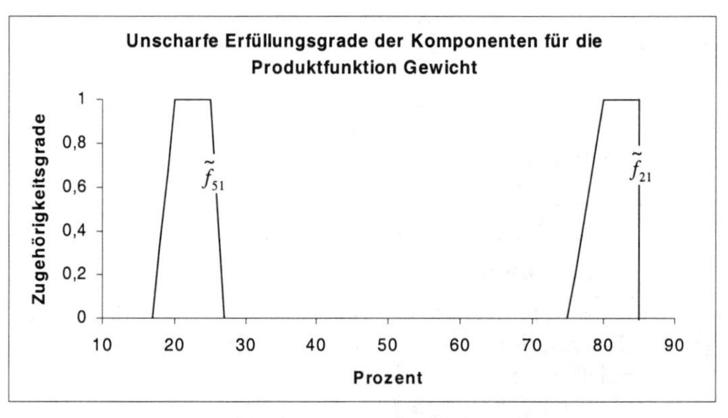

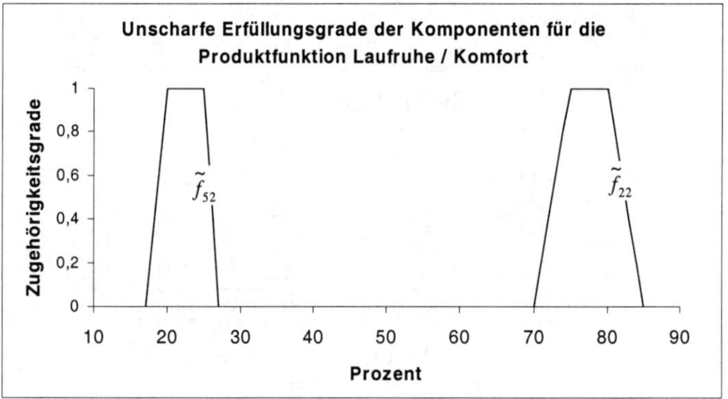

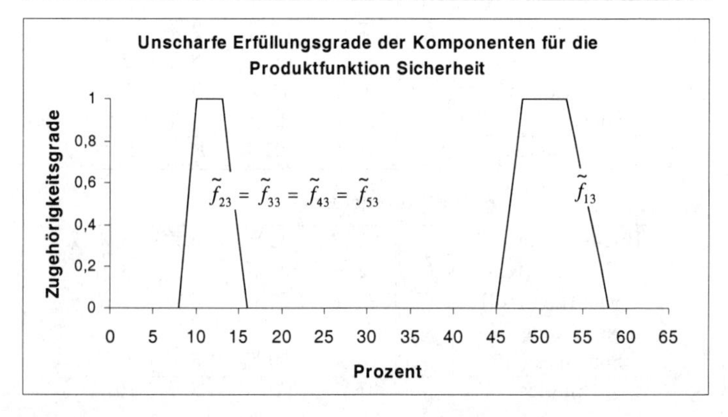

Abbildung 7.18: Unscharfe Elemente der Funktionsmatrix: Teil 1

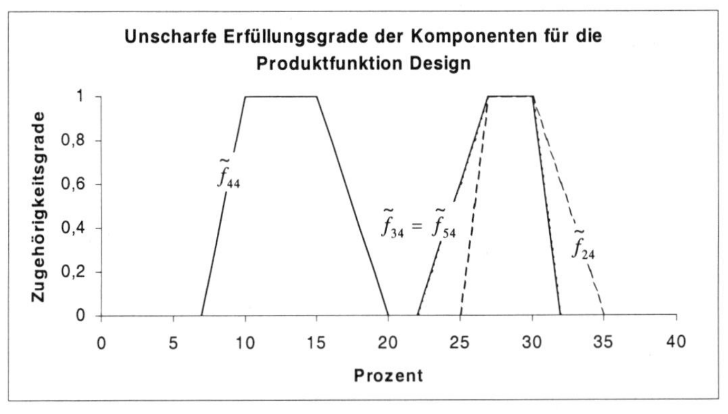

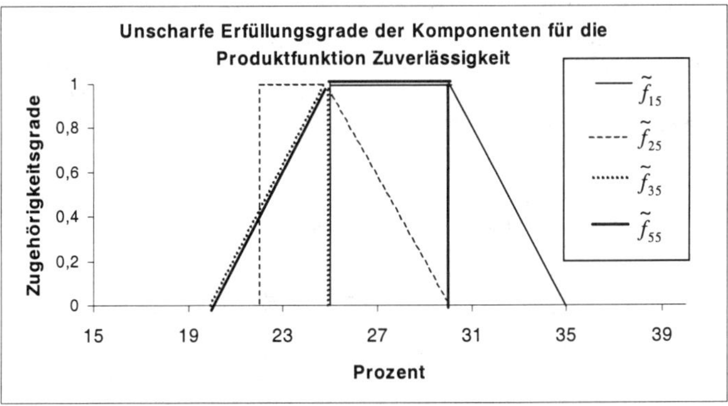

Abbildung 7.19: Unscharfe Elemente der Funktionsmatrix: Teil 2[557]

Aus diesen Angaben ergeben sich Fragen nach

- den Allowable Costs und dem Kostensenkungsbedarf,
- den Nutzenanteilen der Produktkomponenten,
- der Positionierung der Produktkomponenten im Zielkostenkontrolldiagramm sowie der Interpretation ihrer Position und
- den Schlussfolgerungen aus dem erweiterten Zielkostenkontrolldiagramm.

[557] Die Zugehörigkeitsfunktionen von $\tilde{f}_{23}$ bis $\tilde{f}_{53}$ aus der unteren Graphik von Abbildung 7.18 stimmen überein und fallen somit zusammen.

Die Zugehörigkeitsfunktionen von $\tilde{f}_{34}$ und $\tilde{f}_{54}$ aus der oberen Graphik von Abbildung 7.19 stimmen überein. Diese beiden Funktionen schneiden sich auch stark mit der Zugehörigkeitsfunktion von $\tilde{f}_{24}$. Die vier Zugehörigkeitsfunktionen zur Beschreibung der Zuverlässigkeit in der unteren Graphik von Abbildung 7.19 liegen sehr eng beieinander und überlappen sich alle stark.

Bei der nächsten Sitzung der Pedalo AG werden scharfe und unscharfe Lösungen zu diesen Fragen vorgestellt:

7.5.2 Allowable Costs und Kostenreduktionsbedarf

Frage:

Wie hoch sind die maximal zulässigen Gesamtkosten bzw. Kosten pro Stück? Welcher Kostenreduktionsbedarf ergibt sich aufgrund dieser Ergebnisse?

Scharfe Lösung:

Die maximal zulässigen Gesamtkosten errechnen sich durch Abzug der gewünschten Umsatzrendite von den potenziellen Umsatzerlösen. Diese Größe wird auch Allowable Costs *im weiteren Sinne (i.w.S.)* genannt. Zieht man von diesem Betrag noch zusätzlich die veranschlagten Gemeinkosten ab, erhält man die Allowable Costs *im engeren Sinn (i.e.S.)*, die dann Ausgangsbasis für den weiteren Zielkostenfindungsprozess sind:

potenzielle Umsatzerlöse (12.000 Stück x 1.000 DM/Stück)	12.000.000 DM
– gewünschte Zielrendite (15 % von 12.000.000 DM)	–1.800.000 DM
= allowable costs i.w.S.	= 10.200.000 DM
– veranschlagte Gemeinkosten	–1.200.000 DM
= allowable costs i.e.S.	= 9.000.000 DM

Bei einer potenziellen Absatzmenge von 12.000 Stück ergeben sich maximal zulässige Kosten von 750 DM pro Stück. Diesem Betrag stehen Drifting Costs von 1.500 DM pro Stück gegenüber. Daraus ergibt sich ein Kostensenkungsbedarf von 750 DM (= 50%) pro Stück.

Unscharfe Lösung:

Zur Beantwortung der ersten Frage wird die gleiche, aber unscharfe Rechnung durchgeführt wie im scharfen Modell. Somit ergeben sich die Werte aus Tabelle 7.8 (Seite 279).

Abbildung 7.20 (Seite 280) zeigt das unscharfe und das scharfe Umsatzvolumen sowie die unscharfe und die scharfe Zielrendite.

Deutlich sind die für sicher gehaltenen Bandbreiten der verschiedenen Größen zu erkennen. Die 1-Niveaumenge des potenziellen unscharfen Umsatzes liegt z.B. im Intervall [11.600.000 DM; 13.330.000 DM]. Somit können die für sicher gehaltenen Umsatzerlöse durchaus bis zu 1.330.000 DM über den Umsatzerlösen des scharfen Modells liegen. Auch bei der Zielrendite zeigt sich, dass knapp 200.000 DM mehr an Zielrendite sicher möglich sind. Andererseits lässt sich erkennen, dass bei der beschriebenen unscharfen Situation davon ausgegangen werden kann, dass die Zielrendite nicht unter 1.563.000 DM liegen wird.

	alle Angaben in DM			
potenzielle unscharfe Umsatzerlöse	(11.600.000	13.330.000	1.180.000	1.360.000)
⊖ gewünschte scharfe Zielrendite (=15%)	-(1.740.000	1.999.500	177.000	204.000)
= unscharfe allowable costs i.w.S.	=(9.600.500	11.590.000	1.384.000	1.537.000)
⊖ veranschlagte unscharfe Gemeinkosten	-(1.200.000	1.200.000	50.000	50.000)
= unscharfe allowable costs i.e.S.	=(8.400.500	10.390.000	1.434.000	1.587.000)

Tabelle 7.8: Unscharfe Berechnungen

Die unscharfen Drifting Costs pro Produkteinheit (Tabelle 7.6, Seite 273) von

$$(1.470,00;\ 1.528,00;\ 39,50;\ 35,00), \qquad \text{(in DM)}$$

die sich aus den Angaben zu den unscharfen Herstellkosten der Produktkomponenten ergeben, sind mit den unscharfen Allowable Costs i.e.S. pro Einheit zu vergleichen. Die gesamten unscharfen Allowable Costs i.e.S. sind deshalb durch das unscharfe potenzielle Absatzvolumen zu dividieren. Für die unscharfen Allowable Costs i.e.S. pro Stück ergibt sich:

$$(677,46;\ 895,69;\ 137,50;\ 183,14), \qquad \text{(in DM)}$$

Durch Anwendung der erweiterten Subtraktion ergibt sich ein unscharfer Kostenreduktionsbedarf pro Produkteinheit von

$$(574,31;\ 850,54;\ 222,64;\ 172,50) \qquad \text{(in DM).}$$

Abbildung 7.21 (Seite 280) zeigt die unscharfen und die scharfen Allowable Costs (gestrichelte Linien) und Drifting Costs (durchgezogene Linien, rechts) sowie den daraus resultierenden scharfen und unscharfen Kostenreduktionsbedarf (durchgezogene Linien, links).

Der für sicher gehaltene unscharfe Kostenreduktonsbedarf liegt also im Intervall von [574, 31 DM; 850, 54 DM] gegenüber 750 DM im scharfen Modell. Es können somit Konstellationen eintreten, bei denen die Kostenreduktion etwa 175 DM unter der im scharfen Modell angegebenen Größe liegt. Es ist auch ersichtlich, dass bei der angenommenen Datenkonstellation der gesamte Kostenreduktionsbedarf nicht unter 351 DM, aber auch nicht über 1023 DM liegen wird.[558]

[558] Die beiden letzten Zahlen sind gerundet.

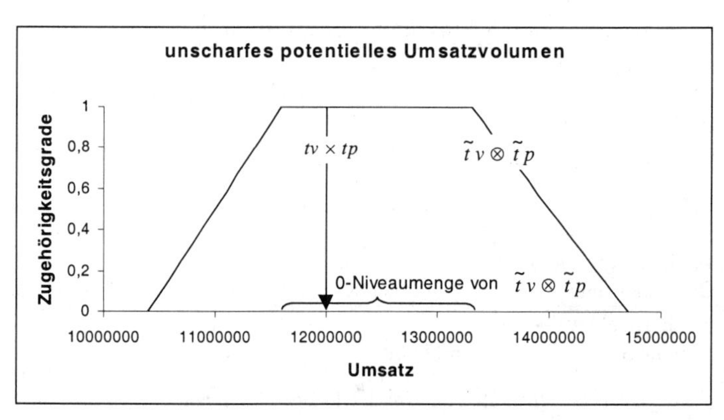

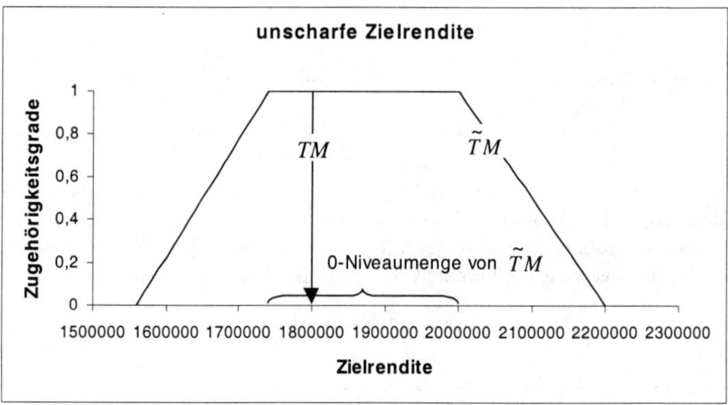

Abbildung 7.20: Umsatzvolumen und Zielrendite

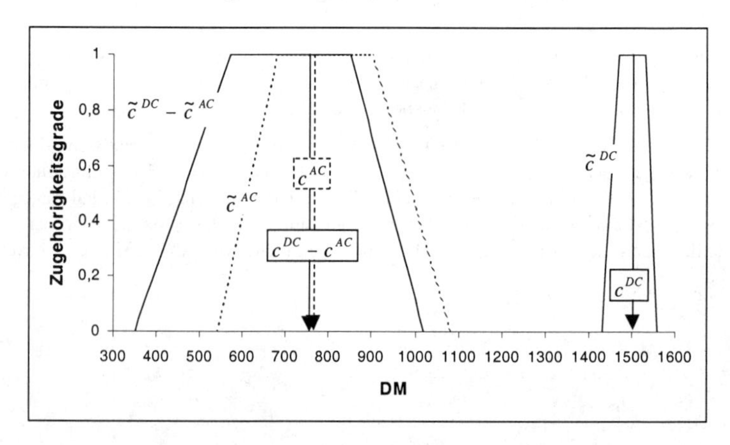

Abbildung 7.21: Allowable Costs, Drifting Costs und Kostenreduktionsbedarf

7.5.3 Nutzenanteile der Produktkomponenten

Frage:

Welche Nutzenanteile lassen sich für die Produktkomponenten bei Berücksichtigung der Kundenanforderungen ermitteln?

Scharfe Lösung:

Um die Nutzenanteile der Produktkomponenten bestimmen zu können, ist eine Zielkostenspaltung durchzuführen. Gewichtet man hierzu die Spalten der Funktionsmatrix mit den vorgegebenen Nutzenteilgewichten der Funktionen, erhält man folgende Funktions-Komponenten-Matrix:

Komponenten \ Funktionen	Gewicht	Laufruhe/ Komfort	Sicherheit	Design	Zuverlässigkeit
	Nutzengewichte der Funktionen				
	10 %	13 %	40 %	17 %	20 %
Bremssystem (K1)			20 %		5 %
Rahmen (K2)	8 %	10 %	5 %	5 %	5 %
Schaltung (K3)			5 %	5 %	5 %
Beleuchtung (K4)			5 %	2 %	
Sonstiges (K5)	2 %	3 %	5 %	5 %	5 %

Die Zeilensummen der Funktions-Komponenten-Matrix ergeben die Nutzenteilgewichte u_i der Produktkomponenten über sämtliche Produktfunktionen:

$$u^T = (25\ \%,\ 33\ \%,\ 15\ \%,\ 7\ \%,\ 20\ \%)$$

Die wichtigste Produktkomponente ist somit der Fahrradrahmen, die zweitwichtigste das Bremssystem. Die Beleuchtung wird nur mit einem Nutzenteilgewicht von 7 % bewertet und bildet die unwichtigste Komponente.

Unscharfe Lösung:

Zur Bestimmung der unscharfen Nutzenanteile der Produktkomponenten ist eine unscharfe Zielkostenspaltung durchzuführen, wie sie im Abschnitt 7.3.4 (ab Seite 265) beschrieben wurde.

Die scharfen Teilnutzengewichte der Produktfunktionen wurden mit der Conjoint-Analyse unter Verwendung der Trade-Off-Methode ermittelt. Da bekannt ist, dass diese Werte nicht absolut zu interpretieren sind, wird eine Fuzzifizierung der scharfen Werte gemäß Formel (39) (Seite 265) vorgenommen. Die Ergebnisse sind bereits in Tabelle 7.5 (Seite 271) aufgeführt. Die unscharfen Angaben zu den Elementen der Funktionsmatrix sind in Tabelle 7.7 (Seite 275) zusammengefasst.

Bevor mit der eigentlichen Zielkostenspaltung begonnen wird, sind die unscharfen Anteilswerte zu normieren. Der Grundgedanke der benutzten Normierung wird im Folgenden an der Funktionsmatrix verdeutlicht: Jede Funktion kann durch die unterschiedlichen Produktkomponenten nur zu 100 % erfüllt werden. Diese Tatsache ist im scharfen Modell klar, gilt aber auch im unscharfen Modell. Deshalb wurde in Tabelle 7.7 (Seite 275) für jede einzelne Funktion die Summe der Erfüllungsgrade über die Produktkomponenten gebildet. Die unscharfe Summe der Funktionserfüllung darf nur im Bereich von 0 bis 100 positive Zugehörigkeitswerte aufweisen. Deshalb ist für jede einzelne Produktfunktion eine Normierung auf dieses Intervall vorzunehmen. Dazu werden sämtliche Stützstellen der Zugehörigkeitsfunktionen, die zur Beschreibung der Funktionserfüllung der Komponenten einer Funktion angegeben wurden, durch einen Normierungsfaktor dividiert, der sich durch Addition der rechten Stützstelle der 1-Niveaumenge und der rechten Spannweite der zuvor gebildeten Summe der Erfüllungsgrade ergibt.[559]

Für die Stützenstellen der Zugehörigkeitsfunktionen der Erfüllungsanteile der Produktfunktion *Gewicht* ergibt sich z.B. der Normierungsfaktor 110%+2% = 112% und für die Produktfunktion *Laufruhe/Komfort* der Normierungsfaktor 105%+7% = 112%.[560] Addiert man nach Normierung der unscharfen Intervalle den zweiten und vierten Wert des unscharfen Intervalls der Summe der Erfüllungsgrade je Funktion, ergibt sich gerade der Wert 100 % (bis auf Rundungsfehler).

Tabelle 7.10 (Seite 283) zeigt sämtliche normierte Stützstellen der unscharfen Funktionsmatrix, die bei den weiteren Berechnungen der Zielkostenspaltung benutzt werden.[561]

Zusätzlich spricht für diese Normierung, dass die Dimensionen des Zielkostenkontrolldiagramms Prozentangaben zwischen 0 und 100 widerspiegeln.

Nach dem gleichen Prinzip und mit gleicher Argumentation werden die unscharfen Teilnutzenwerte der Produktfunktionen aus Tabelle 7.5 (Seite 271) normiert. Der Normierungfaktor beträgt 125,02 %.[562] Es ergeben sich folgende normierte unscharfe Nutzenwerte:

Produktfunktion	$\tilde{g}_i$	Zugehörigkeitsfunktion			
Gewicht	$\tilde{g}_1$	(7,10%,	8,00%,	5,10%,	2,40%)
Laufruhe/Komfort	$\tilde{g}_2$	(10,13%,	10,52%,	2,13%,	3,08%)
Sicherheit	$\tilde{g}_3$	(32,00%,	32,90%,	6,00%,	5,10%)
Design	$\tilde{g}_4$	(13,36%,	13,78%,	2,96%,	2,22%)
Zuverlässigkeit	$\tilde{g}_5$	(15,91%,	16,68%,	2,25%,	5,33%)
Summe		(78,50%,	81,88%,	18,44%,	18,13%)

Tabelle 7.9: Normierte unscharfe Nutzenteilgewichte

[559] Siehe hierzu auch die theoretischen Ausführungen auf Seite 265.

[560] Diese Werte sind aus Tabelle 7.7, Seite 275 entnommen.

[561] Die angegebenen Werte der Matrix sind ganzzahlig gerundet. Gerechnet wurde mit den exakten Werten.

[562] Dieser Wert wurde mit den gerundeten Angaben aus Tabelle 7.5, Seite 271 berechnet. Er setzt sind wie folgt zusammen: $125,02 = 102,35 + 22,67 = (10 + 13,15 + 41,13 + 17,23 + 20,84) + (3 + 3,85 + 6,38 + 2,78 + 6,66)$.

Gewicht

Bremssystem (K1)	$\tilde{f}_{11}$				
Rahmen (K2)	$\tilde{f}_{21}$	71 %	76 %	4 %	0 %
Schaltung (K3)	$\tilde{f}_{31}$				
Beleuchtung (K4)	$\tilde{f}_{41}$				
Sonstiges (K5)	$\tilde{f}_{51}$	18 %	22 %	3 %	2 %
Summe		89 %	98 %	7 %	2 %

Laufruhe / Komfort

Bremssystem (K1)	$\tilde{f}_{12}$				
Rahmen (K2)	$\tilde{f}_{22}$	67 %	71 %	4 %	4 %
Schaltung (K3)	$\tilde{f}_{32}$				
Beleuchtung (K4)	$\tilde{f}_{42}$				
Sonstiges (K5)	$\tilde{f}_{52}$	18 %	22 %	3 %	2 %
Summe		85 %	94 %	7 %	6 %

Sicherheit

Bremssystem (K1)	$\tilde{f}_{13}$	40 %	44 %	3 %	4 %
Rahmen (K2)	$\tilde{f}_{23}$	8 %	10 %	2 %	3 %
Schaltung (K3)	$\tilde{f}_{33}$	8 %	10 %	2 %	3 %
Beleuchtung (K4)	$\tilde{f}_{43}$	8 %	10 %	2 %	3 %
Sonstiges (K5)	$\tilde{f}_{53}$	8 %	10 %	2 %	3 %
Summe		72 %	84 %	11 %	16 %

Design

Bremssystem (K1)	$\tilde{f}_{14}$				
Rahmen (K2)	$\tilde{f}_{24}$	23 %	25 %	2 %	4 %
Schaltung (K3)	$\tilde{f}_{34}$	23 %	25 %	4 %	2 %
Beleuchtung (K4)	$\tilde{f}_{44}$	8 %	13 %	3 %	4 %
Sonstiges (K5)	$\tilde{f}_{54}$	23 %	25 %	4 %	2 %
Summe		77 %	88 %	13 %	12 %

Zuverlässigkeit

Bremssystem (K1)	$\tilde{f}_{15}$	21 %	25 %	0 %	4 %
Rahmen (K2)	$\tilde{f}_{25}$	18 %	21 %	0 %	4 %
Schaltung (K3)	$\tilde{f}_{35}$	21 %	21 %	4 %	0 %
Beleuchtung (K4)	$\tilde{f}_{45}$				
Sonstiges (K5)	$\tilde{f}_{55}$	21 %	25 %	4 %	0 %
Summe		81 %	92 %	8 %	8 %

Tabelle 7.10: Normierte unscharfe Elemente der Funktionsmatrix

Durch Anwendung der erweiterten Multiplikation auf die normierte unscharfe Funktionsmatrix (Tabelle 7.10, Seite 283) und die normierten unscharfen Nutzenteilgewichte (Tabelle 7.9, Seite 282) ergibt sich schließlich die unscharfe Funktions-Komponenten-Matrix, die in Tabelle 7.12 (Seite 285) abgebildet ist.[563]

Nach erweiterter Summation der Zugehörigkeitsfunktionen der Produktkomponenten über alle Produktfunktionen aus der unscharfen Funktions-Komponenten-Matrix und nach einer weiteren Normierung ergeben sich die in Tabelle 7.11 (Seite 284) angegebenen unscharfen normierten Nutzenwerte der Produktkomponenten.

Komponente	$\tilde{u}_i$	Zugehörigkeitsfunktion in %
Bremssystem (K1)	$\tilde{u}_1$	(16,11; 18,70; 3,52; 6,08)
Rahmen (K2)	$\tilde{u}_2$	(20,47; 23,96; 7,71; 9,37)
Schaltung (K3)	$\tilde{u}_3$	(9,01; 10,37; 3,08; 3,43)
Beleuchtung (K4)	$\tilde{u}_4$	(3,79; 5,16; 1,45; 2,44)
Sonstiges (K5)	$\tilde{u}_5$	(12,09; 15,20; 4,64; 5,30)

Tabelle 7.11: Normierte unscharfe Nutzenwerte der Produktkomponenten

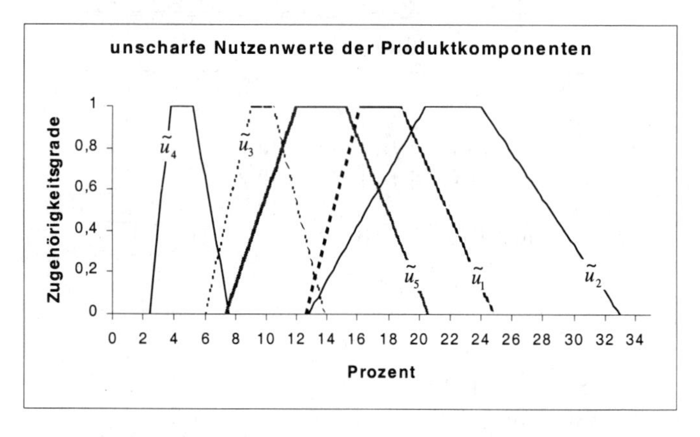

Abbildung 7.22: Unscharfe Nutzenwerte der Produktkomponenten

Abbildung 7.22 (Seite 284) veranschaulicht die unscharfen Nutzenwerte der verschiedenen Produktkomponenten. Deutlich ist die relativ große Spannweite der 1-Niveaumengen der unscharfen Nutzenwerte zu erkennen. Dies ist unter anderem dadurch zu erklären, dass bei Anwendung mehrerer erweiterter Operationen die Unschärfe in der Regel zunimmt. Andererseits wird dadurch das Unschärfepotenzial, das hinter den Nutzenwerten steckt, wirklich offensichtlich.

Vergleicht man die scharfen Nutzenwerte mit den unscharfen Werten, ist zu erkennen, dass die 1-Niveaumengen der unscharfen Nutzenwerte, oft sogar die 0-Niveaumengen in dieser Fallstudie kleiner als die scharfen Nutzenwerte sind. Hierfür sind im Wesentlichen die notwendigen Normierungen verantwortlich. Das gleiche Verhalten tritt auch bei den unscharfen normierten Kostenanteilen der Produktkomponenten auf. Da beide unscharfen Wertegruppen in die gleiche Richtung tendieren, hat dieser Effekt auf die weiteren Betrachtungen keinen Einfluss.

[563] Die angegebenen Werte sind auf 2 Nachkommastellen gerundet.

Gewicht

Bremssystem (K1)	$\tilde{kf}_{11}$				
Rahmen (K2)	$\tilde{kf}_{21}$	5,07 %	6,07 %	3,96 %	1,82 %
Schaltung (K3)	$\tilde{kf}_{31}$				
Beleuchtung (K4)	$\tilde{kf}_{41}$				
Sonstiges (K5)	$\tilde{kf}_{51}$	1,27 %	1,79 %	1,10 %	0,68 %

Laufruhe / Komfort

Bremssystem (K1)	$\tilde{kf}_{12}$				
Rahmen (K2)	$\tilde{kf}_{22}$	6,78 %	7,51 %	1,88 %	2,67 %
Schaltung (K3)	$\tilde{kf}_{32}$				
Beleuchtung (K4)	$\tilde{kf}_{42}$				
Sonstiges (K5)	$\tilde{kf}_{52}$	1,81 %	2,35 %	0,65 %	0,88 %

Sicherheit

Bremssystem (K1)	$\tilde{kf}_{13}$	12,80 %	14,53 %	3,20 %	3,62 %
Rahmen (K2)	$\tilde{kf}_{23}$	2,67 %	3,43 %	1,03 %	1,35 %
Schaltung (K3)	$\tilde{kf}_{33}$	2,67 %	3,43 %	1,03 %	1,35 %
Beleuchtung (K4)	$\tilde{kf}_{43}$	2,67 %	3,43 %	1,03 %	1,35 %
Sonstiges (K5)	$\tilde{kf}_{53}$	2,67 %	3,43 %	1,03 %	1,35 %

Design

Bremssystem (K1)	$\tilde{kf}_{14}$				
Rahmen (K2)	$\tilde{kf}_{24}$	3,03 %	3,47 %	0,90 %	1,14 %
Schaltung (K3)	$\tilde{kf}_{34}$	3,03 %	3,47 %	1,23 %	0,79 %
Beleuchtung (K4)	$\tilde{kf}_{44}$	1,12 %	1,74 %	0,59 %	0,86 %
Sonstiges (K5)	$\tilde{kf}_{54}$	3,03 %	3,47 %	1,23 %	0,79 %

Zuverlässigkeit

Bremssystem (K1)	$\tilde{kf}_{15}$	3,31 %	4,17 %	0,47 %	2,03 %
Rahmen (K2)	$\tilde{kf}_{25}$	2,92 %	3,47 %	0,41 %	1,80 %
Schaltung (K3)	$\tilde{kf}_{35}$	3,31 %	3,47 %	1,13 %	1,11 %
Beleuchtung (K4)	$\tilde{kf}_{45}$				
Sonstiges (K5)	$\tilde{kf}_{55}$	3,31 %	4,17 %	1,13 %	1,33 %

Tabelle 7.12: Unscharfe Funktions-Komponenten-Matrix

7.5.4 Positionierung im Zielkostenkontrolldiagramm und Interpretation

Frage:

Wie stellen sich die einzelnen Produktkomponenten im Zielkostenkontrolldiagramm dar? Wie kann die Lage der einzelnen Punkte im Diagramm interpretiert werden?

Scharfe Lösung:

Um festzustellen, ob die Prämisse des Nutzen-Kosten-Gleichgewichts der Produktkomponenten erfüllt ist, werden die jeweiligen Nutzen- und Kostenanteile miteinander verglichen und in das Zielkostenkontrolldiagramm eingetragen. Basis für die Kostenanteile sind hier die Drifting Costs. Aus dem direkten Vergleich der Anteile ergeben sich zuerst die Zielkostenindizes:[564]

Produkt-komponente	Nutzenanteil u_i	Kostenanteil c_i^{DC}	Zielkostenindex z_i^{DC}	
Bremssystem (K1)	25	25	1,00	(ideal)
Rahmen (K2)	33	20	1,65	(zu einfach)
Schaltung (K3)	15	25	0,60	(zu aufwendig)
Beleuchtung (K4)	7	5	1,40	(zu einfach)
Sonstiges (K5)	20	25	0,80	(zu aufwendig)

Tabelle 7.13: Zielkostenindizes der Produktkomponenten

Abbildung 7.23 (Seite 287) zeigt das entsprechende Ergebnis im Zielkostenkontrolldiagramm. Zur Festlegung der Zielkostenkorridore werden die Parameter $q_1 = 10$ % und $q_2 = 15$ % gewählt.

Die Produktkomponente K1 liegt auf der Ideallinie. Ihr Zielkostenindex beträgt 1, so dass die Prämisse des Zielkostenansatzes in diesem Fall vollständig erfüllt ist. Die Komponente K2 dagegen erscheint viel zu einfach konstruiert. Obwohl sie einen Nutzenanteil von 33 % besitzt, beträgt ihr Kostenanteil nur 20 %. Der Zielkostenindex von 1,65 weist ebenfalls auf diesen Sachverhalt hin. Bei Komponente K2 ist zu fragen, ob sie wirklich den vom Markt gewünschten Nutzen in der gegenwärtigen Ausführung erfüllen kann. Ist das nicht der Fall, muss K2 nachgebessert werden. K3 erweist sich als zu teuer. Diese Komponente liegt gänzlich oberhalb des äußeren Zielkostenkorridors und weist einen Zielkostenindex von 0,6 auf. Obwohl der Abstand von K3 zur äußeren Zielzone geringer erscheint als der von K2 und der Abstand von z_3^{DC} zum Wert 1 geringer ist als bei z_2^{DC}, erweist sich K3 als die Komponente, die am dringlichsten nachbehandelt werden muss. Dies ist dadurch zu begründen, dass K3 mit den höchsten Kostenanteil bei den Komponenten besitzt. K4 liegt nahe der Ideallinie und ist sehr gut im Zielkostenkorridor platziert. Dies ist um so erstaunlicher, als ihr Zielindex den Wert 1,4 besitzt. Da K4 sowohl einen recht kleinen Kosten- wie auch einen kleinen Nutzenanteil aufweist, darf z_4^{DC} jedoch stärker vom Idealwert 1 abweichen, als das z.B. die Komponenten K2 oder K3 dürfen. K5 liegt auf dem Rand der äußeren Zielzone und somit am äußeren Rand des Toleranzbereiches für das Kosten-Nutzen-Verhältnis. Auch bei K5 sollte bereits überlegt werden, welche kostensenkenden Maßnahmen möglich sind. Werden die Anstrengungen jedoch zuerst auf

[564] Die Kostenanteile sind bereits in Tabelle 7.3 auf Seite 270 angegeben worden. Die Nutzenanteile werden im letzten Abschnitt auf Seite 281 berechnet.

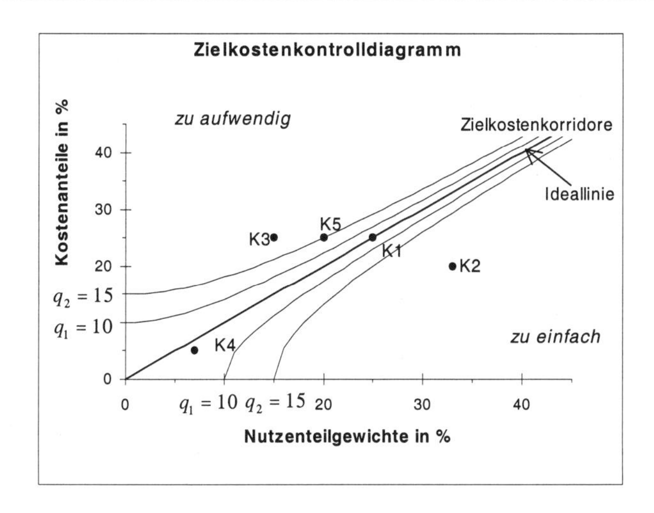

Abbildung 7.23: Zielkostenkontrolldiagramm der Pedalo AG

K3 und K2 konzentriert, sollte das Target Costing Team die Auswirkungen von Änderungen für K5 besonders genau verfolgen.

Unscharfe Lösung:

Um die Produktkomponenten in das Zielkostendiagramm eintragen zu können, sind auch die unscharfen Kostenanteile der Produktkomponenten nach dem oben benutzten Vorgehen zu normieren. Sämtliche Stützstellen der unscharfen Herstellkosten aus Tabelle 7.6 (Seite 273) sind dazu durch den Wert $1.528 + 35 = 1.563$ zu dividieren. Durch Anwendung der erweiterten Division mit den gesamten unscharfen Herstellkosten erhält man die normierten prozentualen unscharfen Herstellkosten auf Basis der Drifting Costs:

Komponente	$\tilde{c}_i^{DC}$	Zugehörigkeitsfunktion
Bremssystem (K1)	$\tilde{c}_1^{DC}$	(21,28%; 23,36%; 0,86%; 0,95%)
Rahmen (K2)	$\tilde{c}_2^{DC}$	(17,68%; 19,31%; 0,69%; 0,84%)
Schaltung (K3)	$\tilde{c}_3^{DC}$	(22,48%; 23,36%; 1,39%; 0,95%)
Beleuchtung (K4)	$\tilde{c}_4^{DC}$	(4,50%; 4,86%; 0,22%; 0,45%)
Sonstiges (K5)	$\tilde{c}_5^{DC}$	(22,18%; 24,30%; 1,09%; 1,61%)

Tabelle 7.14: Normierte unscharfe Herstellkosten in Prozent

Durch Anwendung der erweiterten Division auf die normierten Kostenanteile und die normierten Nutzenanteile (Tabelle 7.11, Seite 284) der Produktkomponenten werden die unscharfen Zielkostenindizes bestimmt. Tabelle 7.15 (Seite 288) gibt die entsprechenden unscharfen Intervalle an. Abbildung 7.24 (Seite 288) veranschaulicht die Größen.

Zur Interpretation der Zielkostenindizes genügt es, sich im Wesentlichen auf die 1-Niveaumengen zu konzentrieren. Grundsätzlich orientiert man sich im unscharfen wie auch im scharfen Fall

Komponente	$\tilde{z}_i^{DC}$	Zugehörigkeitsfunktion			
Bremssystem (K1)	$\tilde{z}_1^{DC}$	(68,96%;	87,87%;	17,16%;	33,49%)
Rahmen (K2)	$\tilde{z}_2^{DC}$	(105,98%;	135,49%;	42,66%;	60,63%)
Schaltung (K3)	$\tilde{z}_3^{DC}$	(38,57%;	46,15%;	14,17%;	19,25%)
Beleuchtung (K4)	$\tilde{z}_4^{DC}$	(77,96%;	114,88%;	33,81%;	62,76%)
Sonstiges (K5)	$\tilde{z}_5^{DC}$	(49,75%;	68,55%;	21,00%;	28,61%)

Tabelle 7.15: Unscharfe Zielkostenindizes

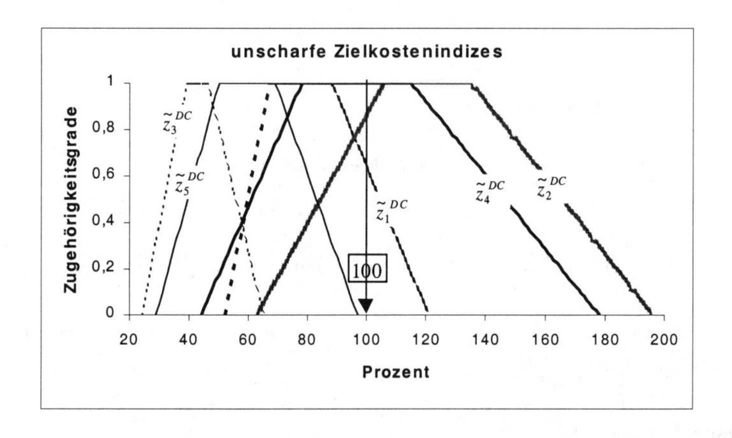

Abbildung 7.24: Unscharfe Zielkostenindizes

am Wert 100 %. Aus den Angaben in Tabelle 7.15 (Seite 288) und aus Abbildung 7.24 (Seite 288) ist deutlich zu erkennen, dass die Produktkomponente K2 zu einfach ist, da die gesamte 1-Niveaumenge der Rahmenkomponente größer als 100 % ist. Nur bei Komponente K4 ist eine ideale Positionierung um die Ideallinie möglich, da der Wert 100 % innerhalb der 1-Niveaumenge der Beleuchtungskomponenten liegt. Die Komponenten K1, K3 und K5 sind dagegen zu teuer. Dies trifft insbesondere für K3 und K5 zu. Auch für die erste Komponente wird deutlich sichtbar, dass sie dazu tendiert, zu teuer zu sein, da sie ein unausgeglichenes Nutzen-Kosten-Verhältnis aufweist. Eine Erkenntnis, die im scharfen Fall nicht ersichtlich ist.

Trägt man die unscharfen Kosten- und Nutzenanteile ins Zielkostenkontrolldiagramm ein, wird zusätzlich die Richtung der Lage der einzelnen Produktkomponenten zur Ideallinie bzw. von der Ideallinie weg ersichtlich. Statt einer Punktpositionierung wie im scharfen Fall erhält man im unscharfen Zielkostenkontrolldiagramm eine Bereichspositionierung. Abbildung 7.25 (Seite 289) zeigt die Bereichspositionierung für unsere Fallstudie.

Zuerst ist zu überlegen, wie die Unschärfe der Nutzen- und Kostenanteile ins Diagramm übertragen werden kann. Es wird vorgeschlagen, sich auf die 1-Niveaumengen der Kosten- und Nutzenanteile zu beschränken, da hier nur die für sicher gehaltenen Anteile betrachtet und deren Bandbreiten veranschaulicht werden. Es können z.B. auch (0,9), (0,8) oder (0,75)-Niveaumengen eingetragen werden. Die Unschärfe kann sich dadurch wesentlich erhöhen. Zudem kann man sich so bei der Interpretation ausschließlich auf sichere Bereiche mit Zugehörigkeitsgraden von 1 beziehen.

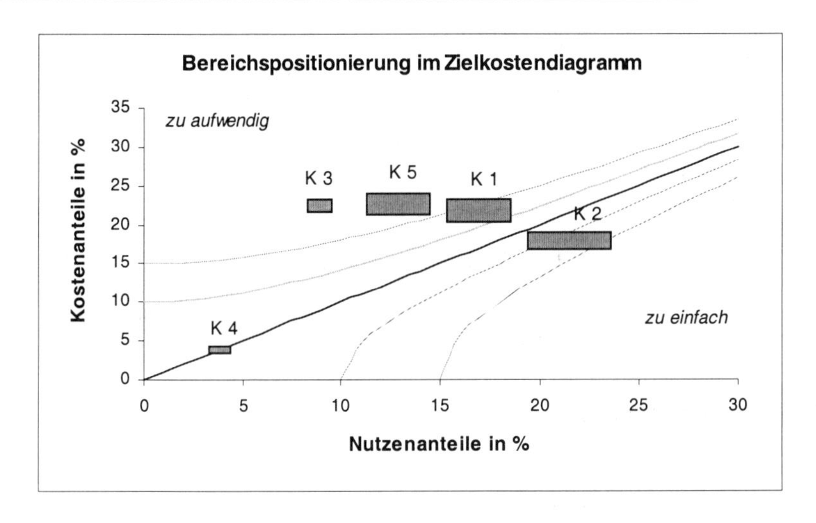

Abbildung 7.25: Unscharfe Bereichspositionierung

Die Bereichspositionierung der Produktkomponenten erlaubt eine aussagekräftigere Interpretation als die Punktpositionierung. Grundsätzlich wird durch die Bereichspositionierung erkennbar, dass die Größen, die in den Target Costing Prozess eingehen, Schätzwerte sind. Alle Beteiligten sollten daran interessiert sein, die verwendeten Angaben zu konkretisieren, sobald dies möglich ist. Verbesserungen in den Angaben bewirken kleinere Bereiche in einer nächsten Abbildung.

In Abbildung 7.25 (Seite 289) ist ersichtlich, dass die Unschärfe der Nutzenteilgewichte in unserer Fallstudie größer ist als es die Unschärfe der Kostenanteile ist. Dem Target Costing Team wird somit ständig verdeutlicht, dass besonders die Ergebnisse der Conjoint-Analyse einen recht großen Spielraum für die Positionierung der Produktkomponenten bedingen können. Außerdem zeigt sich, dass die Unschärfe der Kostenanteile für die einzelnen Produktkomponenten unterschiedlich groß ist. Bei den Komponenten K3 und K4 ergeben sich recht kleine 1-Niveaumengen der Kostenanteile, während man besonders bei den Komponenten K5 und K1 daran interessiert ist, die unscharfen Angaben weiter zu verbessern.

Vergleicht man die exakten Punktpositionierungen aus Abbildung 7.23 (Seite 287) mit den Bereichspositionierungen aus Abbildung 7.25 (Seite 289), so ergibt sich folgendes Bild: Im scharfen Zielkostenkontrolldiagramm ist Komponente K1 auf der Ideallinie, während der unscharfe Bereich der 1-Niveaumengen bei der Bereichspositionierung im Wesentlichen zwischen der ersten und zweiten oberen Linie der Zielkorridore liegt. Somit wird durch die Verarbeitung der Unschärfe in den Inputdaten deutlich, dass die Positionierung auf der Ideallinie zu optimistisch ist, da der unscharfe Bereich der 1-Nivaumengen der Kosten- und Nutzenanteile nicht einmal bis zur Ideallinie hinreicht. Des Weiteren ist offensichtlich, dass der unscharfe Bereich der 1-Niveaumengen von K1 von der Ideallinie weg tendiert. Betrachtet man den gesamten Bereich unter den Zugehörigkeitsfunktionen des Kosten- und Nutzenanteils von K1, so liegen einige Punkte der Ideallinie innerhalb der 0-Niveaumengen, aber die entsprechenden Zugehörigkeitsgrade der Punkte auf der Ideallinie sind sehr gering.

Bei der Komponente K2 erscheint dagegen die scharfe Positionierung zu pessimistisch. Zwar zeigt auch die Bereichspositionierung, dass K2 zu einfach konstruiert ist, aber der Bereich von

K2 bei der unscharfen Positionierung tendiert stark in den Zielkostenkorridor hinein. Die Dringlichkeit der Nutzenerhöhung, die im scharfen Diagramm angezeigt wird, liegt in diesem Maße nicht vor. Dagegen erscheint es dringlicher, sich auf die Komponenten K3 und K5 zu konzentrieren, da auch bei der Bereichspositionierung offensichtlich ist, dass diese Komponenten nicht zum Zielkorridor hin tendieren. Im Gegenteil, es wird im unscharfen Diagramm deutlich ausgewiesen, dass K5 eine echte Problemkomponente ist. K4 erscheint dagegen wie bei der scharfen Positionierung eine unproblematische Produktkomponente zu sein, bei der das Kosten-Nutzenverhältnis ausgeglichen ist.

Eine besondere Stärke der Bereichspositionierung ist somit darin zu sehen, dass die Richtung der Lage der Produktkomponenten zur Ideallinie bzw. zum Zielkostenkorridor deutlich wird. Diese wesentliche Hilfestellung bewirkt eine verbesserte und realistischere Beurteilung der Lage der einzelnen Produktkomponenten.

7.5.5 Erweitertes Zielkostendiagramm

Frage:

Welche Schlussfolgerungen sind aus dem erweiterten Zielkostendiagramm zu ziehen?

Scharfe Lösung:

Im Standard-Zielkostenkontrolldiagramm werden die Kostenanteile bzgl. der Drifting Costs verwendet. Ziel des Target Costing Ansatzes ist es jedoch, die Allowable Costs zu erreichen. Deshalb werden in Abbildung 7.26 (Seite 290) zusätzlich zu den Kostenanteilen bzgl. der Drifting Costs auch die Kostenanteile bzgl. der Allowable Costs eingetragen.

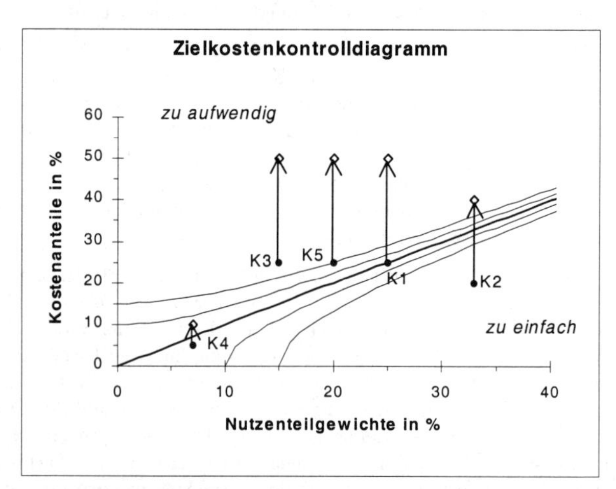

Abbildung 7.26: Erweitertes Zielkostenkontrolldiagramm der Fallstudie

Die Kostenanteile bzgl. der Allowable Costs erhält man, indem man die Drifting Costs der einzelnen Produktkomponenten auf die Allowable Costs von 750 DM pro Stück bezieht (siehe z.B. auch Spalte 6 in Tabelle 7.16, Seite 291). Hier findet eine Umbasierung von den Drifting

	Nutzen-anteile	Ist-Kosten-anteile (DC)	Ist-Kosten abs. (DC)	nutzen-konforme Kosten abs. (AC)	Ist-Kosten-anteile (AC)	Kosten-reduk.-bedarf
	u_i	c_i^{DC}	c_i^{DC}	c_i^{AC}	c_i^{AC}	$c_i^{DC} - c_i^{AC}$
	in %	in %	in DM	in DM	in %	in DM
K1	25	25	375,00	187,50	50	187,50
K2	33	20	300,00	247,50	40	52,50
K3	15	25	375,00	112,50	50	262,50
K4	7	5	75,00	52,50	10	22,50
K5	20	25	375,00	150,00	50	225,00
$\sum$	100	100	1500,00	750,00	200	750,00

Tabelle 7.16: Scharfe Kostenaufteilung

Costs auf die Allowable Costs statt. Damit ergeben sich folgende Kostenanteile auf Basis der Allowable Costs:

$$\left(c^{AC}\right)^T = (50,\ 40,\ 50,\ 10,\ 50) \qquad \text{(in \%)}$$

Abbildung 7.26 (Seite 290) zeigt deutlich, dass die Kostenanteile sämtlicher Produktkomponenten über der Ideallinie liegen. Besonders die Komponenten K3, K5 und K1 erweisen sich als viel zu teuer. Dies ist um so bemerkenswerter, als K1 im Standard-Diagramm (Seite 287) noch auf der Ideallinie lag. Auch bei K2 ergibt sich im erweiterten Zielkostenkontrolldiagramm eine wesentlich andere Interpretation. K2 erscheint nun nicht mehr zu billig im Sinne von zu einfach konstruiert sondern sogar zu aufwendig konstruiert, da K2 knapp oberhalb des äußeren Zielkostenkorridors positioniert ist. Allein K4 kann im Wesentlichen seine Position und damit auch seine Interpretation behaupten.

Im erweiterten Zielkostenkontrolldiagramm sind nur die relativen Differenzen zwischen den beiden Kostenanteilen ersichtlich. Die absoluten Differenzen müssen rechnerisch ermittelt werden. Dazu werden die Nutzenanteile u_i, die Kostenanteile auf Basis der Drifting Costs c_i^{DC} und die gesamten Allowable Costs c^{AC} als Ausgangsinformationen benötigt. In Tabelle 7.16 (Seite 291) stehen diese Angaben in den Spalten 2, 3 und 4 sowie in der untersten Zeile von Spalte 5.

Um die nutzenkonformen Kosten auf Basis der Allowable Costs zu berechnen (Spalte 5 in Tabelle 7.16, Seite 291), bedient man sich wieder des Grundgedankens des Target Costing Ansatzes, der besagt, dass ein ausgeglichenes Kosten-Nutzen-Verhältnis erreicht werden soll. Deshalb werden die gesamten Allowable Costs (unterste Zeile von Spalte 5) mit den Nutzenanteilen der einzelnen Komponenten (2. Spalte) gewichtet, um so die nutzenkonformen Kosten der Produktkomponenten auf Basis der Allowable Costs zu erhalten. Bezieht man die absoluten Kosten der Produktkomponenten auf Basis der Drifting Costs c_i^{DC} (4. Spalte) auf die gesamten Allowable Costs, ergeben sich die prozentualen Ist-Kostenanteile auf Basis der Allowable Costs (6. Spalte). Der absolute Kostenreduktionsbedarf (Spalte 7) ergibt sich direkt als Differenz der aktuellen Ist-Kosten (Spalte 4) und der nutzenkonformen Kosten (Spalte 5).

Beim Kostenreduktionsbedarf kann auch ein negatives Ergebnis auftreten. Ein negativer Betrag bedeutet, dass die Produktkomponente auch mit Bezug auf die Allowable Costs noch zu einfach konstruiert sein kann. Bei dieser Komponente sind noch zusätzliche Kosten zur Verbesserung der Produktfunktionen erlaubt.

Die erweiterten Ergebnisse aus Abbildung 7.26 (Seite 290) und Tabelle 7.16 (Seite 291) zeigen ein deutlicheres und realistischeres Bild für die Beurteilung der Komponenten. Komponente K3 bedarf, gefolgt von den Komponenten K5 und K1, am dringensten einer Nachbearbeitung, da bei diesen Komponenten der Kostenreduktionsbedarf am höchsten ist. Erstaunlich ist, dass der Reduktionsbedarf für Komponente K1 bei 50 % liegt.

Unscharfe Lösung:

Bevor die unscharfen Kostenanteile auf Basis der Allowable Costs in das erweiterte Zielkostenkontrolldiagramm eingetragen werden können, sind auch diese zu normieren. Damit für die normierten unscharfen Kostenanteile bzgl. der Drifting Costs und Allowable Costs die gleiche Basis gilt, muss in beiden Fällen der gleiche Normierungsfaktor benutzt werden. Es wird der Normierungsfaktor benutzt, der bei der Normierung der unscharfen Kostenanteile bzgl. der Drifting Costs zugrunde liegt.

Bezieht man die unscharfen Kostenangaben der einzelnen Produktkomponenten auf Basis der Drifting Costs (Tabelle 7.6, Seite 273) auf die gesamten erlaubten unscharfen Allowable Costs pro Einheit (Seite 279) und normiert die Ergebnisse wie oben beschrieben, ergeben sich die normierten unscharfen Kostenanteile auf Basis der Allowable Costs aus Tabelle 7.17 (Seite 292).

Komponente	$\tilde{c}_i^{AC}$	Zugehörigkeitsfunktion
Bremssystem (K1)	$\tilde{c}_1^{AC}$	(36,22%; 50,59%; 8,17%; 10,94%)
Rahmen (K2)	$\tilde{c}_2^{AC}$	(30,01%; 41,82%; 6,66%; 9,16%)
Schaltung (K3)	$\tilde{c}_3^{AC}$	(38,26%; 50,59%; 9,35%; 10,94%)
Beleuchtung (K4)	$\tilde{c}_4^{AC}$	(7,65%; 10,52%; 1,77%; 2,81%)
Sonstiges (K5)	$\tilde{c}_5^{AC}$	(37,75%; 52,61%; 8,74%; 12,70%)

Tabelle 7.17: Normierte unscharfe Kostenanteile auf Basis der Allowable Costs

Trägt man zusätzlich zu den 1-Niveaumengen der normierten unscharfen Kostenanteile auf Basis der Drifting Costs die 1-Niveaumengen der unscharfen normierten Kostenanteile auf Basis der Allowable Costs in das Diagramm aus Abbildung 7.25 (Seite 289) ein, erhält man die erweiterte unscharfe Bereichspositionierung, wie sie in Abbildung 7.27 (Seite 293) abgebildet ist. Es fällt auf, dass die unscharfen Bereiche der 1-Niveaumengen bei Berücksichtigung der Kostenanteile bzgl. der Allowable Costs eine wesentlich größere Bandbreite ausweisen als bei Berücksichtigung der Kostenanteile bzgl. der Drifting Costs. Dies ist damit zu begründen, dass die Kostenanteile bzgl. der Allowable Costs durch Anwendung der erweiterten Multiplikation auf die unscharfen Allowable Costs pro Einheit und die unscharfen Nutzenanteile der Produktkomponenten berechnet wurden. Da bereits die Spannweiten der 1-Niveaumengen der unscharfen Nutzenanteile groß sind, wird dieser Effekt bei weiteren Berechnung verstärkt.

Bei allen Komponenten außer K4 ist auch im unscharfen Modell ein großer Kostenreduktionsbedarf festzustellen. Wie groß die Bandbreite des Kostenreduktionsbedarfs bezogen auf die 1-Niveaumengen sein kann, verdeutlichen die durchgezogenen und die gestrichelten Linien in Abbildung 7.27 (Seite 293). Die durchgezogenen Linien stehen stellvertretend für den gering-

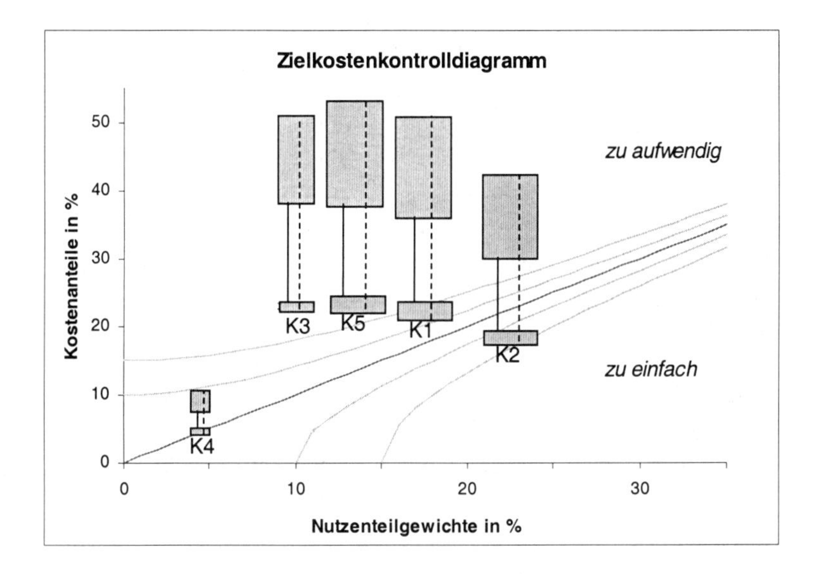

Abbildung 7.27: Erweiterte unscharfe Bereichspositionierung

sten Kostenreduktionsbedarf der jeweiligen Produktkomponente bezogen auf die 1-Niveaumenge. Die gestrichelten Linien stellen dagegen den schlechtesten Fall dar. Sie stehen stellvertretend für den größten Kostenreduktionsbedarf der jeweiligen Produktkomponente bezogen auf die 1-Niveaumenge. Die analytisch ermittelten 1-Niveaumengen des Kostenreduktionsbedarfs sind in Tabelle 7.18 (Seite 293) zusammengefasst. Abbildung 7.28 (Seite 294) veranschaulicht den unscharfen und den scharfen Kostenreduktionsbedarf.

Komponente	1-Niveaumenge (in DM)
K1	[184, 68; 263, 98]
K2	[76, 76; 168, 98]
K3	[280, 50; 312, 91]
K4	[27, 96; 51, 89]
K5	[231, 52; 306, 72]

Tabelle 7.18: 1-Niveaumengen des unscharfen Kostenreduktionsbedarfs der Produktkomponenten

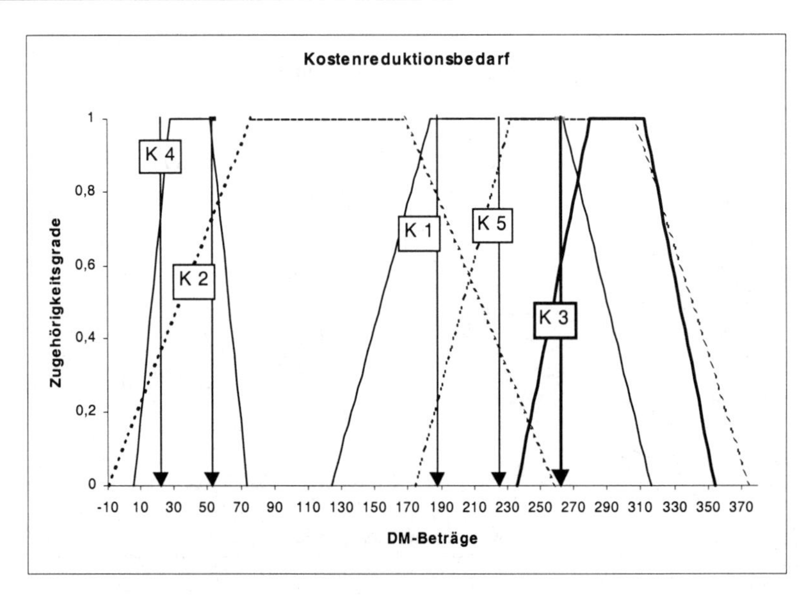

Abbildung 7.28: Kostenreduktionsbedarf

Vergleicht man die scharfen Werte des Kostenreduktionsbedarfs der Produktkomponenten[565] mit den 1-Niveaumengen des jeweiligen unscharfen Kostenreduktionsbedarfs, so lässt sich erkennen, dass die Ergebnisse der erweiterten Kostenspaltung im scharfen Modell noch zu optimistisch sind. Die scharfen Werte liegen unterhalb der 1-Niveaumengen. Es wird jedoch sowohl im scharfen wie im unscharfen Modell graphisch und analytisch klar, dass der Kostenreduktionsbedarf in der Fallstudie erheblich ist.

[565] Siehe auch Spalte 7 in Tabelle 7.16, Seite 291.

8 Zusammenfassung

Die Ausführungen zeigen, dass es grundsätzlich viele Ansatzpunkte für den Einsatz der unscharfen Mengen im Controlling gibt. Natürlich muss im Einzelfall geprüft werden, ob die Anwendung angemessen, vorteilhaft und nicht zu aufwendig ist.

Eine wichtige Zukunftsfrage des Controllings wird sein, wie unscharfe Größen und Zusammenhänge problemadäquat dargestellt, operationalisiert und objektiviert werden können. Die Elemente der Fuzzy Set-Theorie bieten hierbei einen vielversprechenden Ansatzpunkt. Darauf weisen auch die beiden folgenden Zitate aus der aktuellen Controllingliteratur hin:

"Fuzzylogische Modelle können" die Arbeit des Controllers "bei vielen Aspekten der Vorbereitung einer Entscheidung" unterstützen. "Sie sind damit ein durchaus geeignetes Mittel, um reale Entscheidungsprobleme eines Unternehmens zu modellieren, insbesondere, da die Teildaten und deren Interdependenzen so integriert werden können, wie sie ein Nichtcontroller aus einer Fachabteilung sieht".[566]

"Insgesamt erscheint es möglich, über die Verwendung linguistischer Variablen und durch Fuzzy-Verknüpfungsverfahren menschliche Denkprozesse zu formalisieren und damit Expertensysteme für das strategische Controlling zu konstruieren. Auch wenn Forschungsaktivitäten auf diesem Gebiet erst noch in den Kinderschuhen stecken, sind doch bereits erste vielversprechende Ansätze zu verzeichnen".[567]

Der systematische Umgang mit Unschärfe unterstützt das Controlling in vielfacher Hinsicht:

- Durch die Integration der Unschärfe können **Struktur und Gestaltung des Planungs- und Kontrollinstrumentariums** des Controllings besser an die Realität angepasst werden. Unscharfe Ergebnisse zeigen deutlich Handlungsspielraum, aber auch Handlungsbedarf auf. Dadurch werden besonders die Aufgaben der Feed-Forward Kontrolle unterstützt und plausibel gemacht.

- Ein objektiver Umgang mit Unschärfe erlaubt eine wertfreie **Antizipation** von Sachverhalten und deren Formulierung. Unscharfe Planungsannahmen können umfassend und realitätsnah formuliert werden. Starre Planungsannahmen werden aufgegeben.

- Wird Unschärfe in der Unternehmensplanung benutzt, ist die Notwendigkeit offensichtlich, bei Erkenntnisfortschritten die unscharfen Größen und Beziehungen anzupassen. Die Anwender müssen und wollen ständig **lernen** und **aktualisieren**, da ihre unscharfen Annahmen besser hinterfragt und verifiziert werden können.

- Entscheidungsprozesse werden durch eine unscharfe Formulierung **transparenter** und **öffentlicher**. Es wird die Grundlage für eine echte Auseinandersetzung über die richtige Entscheidung gelegt, weil konkret dargestellt wird, was Unschärfe bedeutet.

---

[566] Kraus (1997), S. 431.

[567] Ossadnik (1996), S. 331.

- Da komplexe Zusammenhänge und Beziehungen natürlichsprachig durch **Wenn-Dann-Beziehungen** systematisiert und ausgewertet werden können, sind objektivere und rationalere Beurteilungen und Entscheidungen möglich.

- Die natürlichsprachige Formulierung von unscharfen Größen und Zusammenhängen hilft auch bei der **Kommunikation** weicher Daten und Sachverhalte. Sowohl innerhalb unterschiedlicher Hierarchiestufen als auch zwischen verschiedenen Abteilungen werden Sprachbarrieren abgebaut und eine breitere und objektivere Kommunikationsplattform ermöglicht. Hierdurch wird auch die **Schnittstellenproblematik** innerhalb der Unternehmung und zwischen Abteilungen entschärft.

- Bei der Anwendung von unscharfen Regelwerken und Zielhierarchien ist es häufig möglich, das Gesamtziel oder Gesamtproblem in Teilprobleme aufzuspalten. Die Einzelteile können separat bearbeitet werden und sind anschließend durch verbindende Regeln wieder zusammenzuführen. Die **Modularisierung** des Problems trägt wesentlich zur Übersichtlichkeit bei. Zudem können die einzelnen Module von unterschiedlichen Abteilungen oder Bereichen bearbeitet werden. Für jeden Einzelblock ist deutlich zu erkennen, dass er und wie er zum Gesamtergebnis beiträgt. Dadurch wird die Verantwortung jeder Abteilung für ihren Block und den Gesamtzusammenhang deutlich. Bei Änderungen von Beziehungen und Bewertungen ist eine Abstimmung mit verbundenen Abteilungen nötig. Gelingt die Abstimmung nicht, ist die Ursache schnell auszumachen. Dadurch wird eine verbesserte **Koordination** und **Lenkung** im Unternehmen ermöglicht. Zudem wird das ganzheitliche Denken gefördert.

Es wird deutlich, dass eine Integration der unscharfen Mengen ins Controlling nicht nur direkte Einflüsse auf das Controllinginstrumentarium haben wird. Sie wird auch indirekt die zukunftsbezogene Controllerarbeit, die Koordination, die Kommunikation im Unternehmen und den Umgang mit der Unternehmensumwelt beeinflussen.

Die Ausrichtung des Controllings hat sich von der Kostenrechnung zur strategischen Steuerung entwickelt. Dies spiegelt sich in der Weiterentwicklung der Controlling-Konzeptionen deutlich wieder. Bis jetzt haben nur wenige Unternehmen diese Entwicklung in ihrer ganzen Breite nachvollzogen bzw. ihre Bedeutung erkannt. Nach wie vor wird das strategische Controlling vernachlässigt. Weshalb ist das so?

Der Umgang mit strategischen Fragestellungen ist der Umgang mit ständigen Veränderungen, mit komplexen Zusammenhängen, mit unscharfem Wissen und subjektiven Einschätzungen. Fehleinschätzungen können zu Schwierigkeiten im Unternehmen oder sogar zum Konkurs des Unternehmens führen. Vielfach wird es vorgezogen keine Entscheidung zu treffen oder Entscheidungen zu verzögern, als eine Entscheidung auf unscharfem Wissen zu begründen. Häufig wird die Existenz von Unschärfe auch ignoriert, da man nicht weiß, wie man mit Unschärfe umgehen soll.

Die Unfähigkeit, mit Unschärfe umzugehen, ist weit verbreitet. Der Begriff und das Wesen von Unschärfe wird als zu allgemein und zu umfassend empfunden. Das Verständnis für Unschärfe ist noch nicht ausgebildet, es ist zu weich und erscheint nicht greifbar. Es fehlt in der Regel ein Zugang, um Unschärfe zu systematisieren und für den täglichen Gebrauch handhabbar zu machen.

Wenn es jedoch bei der Entscheidungsfindung in Unternehmen nicht möglich ist, das generelle Phänomen Unschärfe in Teilaspekte aufzusplitten, so stellt sich die Frage, ob nicht der umgekehrte induktive Weg mehr Erfolg verspricht. Gelingt es, die Unschärfe im kleinen Bereich z.B. durch Zugehörigkeitsfunktionen und linguistische Variablen konkret zu benennen und zu bewerten, ist ein erster Schritt in Richtung Unschärfebewältigung getan. Durch ein unscharfes Controllinginstrumentarium kann der Umgang mit Unschärfe geübt und gelernt werden. Ist der Umgang mit Unschärfe erst alltäglich geworden, dann ist der Schritt zur Entwicklung von weitreichenden Strategien mit unscharfem Charakter nicht mehr weit. Der Umgang mit unscharfen Controllinginstrumenten kann helfen, den Weg zu einem umfassenden deduktiven zukunftsgerichteten Controllingverständnis zu öffnen.

Der Zugang zu unscharfen Anwendungen kann für ein Unternehmen z.B. dadurch erleichtert werden, dass zuerst bestehende, bekannte Instrumente fuzzifiziert und ihre Ergebnisse interpretiert werden. Hier können alle Beteiligten den Umgang mit Unschärfe in einem bekannten Umfeld üben. Anschließend sind Anwendungen in Angriff zu nehmen, die dabei helfen, völlig neue Fragestellungen zu beantworten.

Die Fuzzy Set-Theorie bietet eine Möglichkeit Unschärfe konkret zu benennen und anschaulich abzubilden. Sie kann den oben beschriebenen deduktiven Weg der Unschärfebewältigung im Controlling unterstützen. Jetzt ist es nötig, unscharfe Controllinginstrumente bereitzustellen. Hierzu leistet die vorliegende Arbeit einen Beitrag.

Anhang

A Anhang zur Fallstudie der Szenarioanalyse

A.1 Konsistenzmatrix

$k_{i,j}$	$A_{1,1}$	$A_{1,2}$	$A_{1,3}$	$A_{2,1}$	$A_{2,2}$	$A_{3,1}$	$A_{3,2}$	$A_{4,1}$	$A_{4,2}$	$A_{5,1}$	$A_{5,2}$
$A_{1,1}$											
$A_{1,2}$											
$A_{1,3}$											
$A_{2,1}$	2	2	−1								
$A_{2,2}$	−2	−2	2								
$A_{3,1}$	1	0	−1	1	−1						
$A_{3,2}$	−1	0	1	−1	1						
$A_{4,1}$	2	2	−1	2	−2	1	−1				
$A_{4,2}$	−1	−1	1	−1	2	−1	1				
$A_{5,1}$	1	1	−1	2	−1	1	−1	1	−1		
$A_{5,2}$	−1	−1	1	−1	1	−1	1	−1	1		
$A_{6,1}$	1	1	−1	1	−1	1	0	1	0	1	1
$A_{6,2}$	−1	−1	1	0	1	0	0	1	0	0	0
$A_{7,1}$	0	0	0	1	−1	0	0	0	0	0	0
$A_{7,2}$	0	0	0	0	0	0	0	0	0	0	0
$A_{8,1}$	1	1	−1	0	0	1	0	0	0	1	0
$A_{8,2}$	−1	−1	1	0	0	0	0	0	0	0	0
$A_{8,3}$	−1	−1	1	0	0	1	0	0	0	0	0
$A_{9,1}$	−1	−1	2	0	0	1	0	0	0	0	0
$A_{9,2}$	1	2	0	0	0	0	1	0	0	0	0
$A_{10,1}$	0	0	1	0	0	−1	1	−1	0	−1	1
$A_{10,2}$	1	1	0	0	0	1	−1	1	0	1	−1
$A_{11,1}$	−1	−1	0	0	0	0	0	0	0	0	0
$A_{11,2}$	1	1	−1	0	0	0	0	0	0	0	0
$A_{12,1}$	1	−1	−1	0	0	0	0	0	0	0	0
$A_{12,2}$	0	1	1	0	0	0	0	0	0	0	0
$A_{13,1}$	2	2	−1	0	0	1	−1	0	0	0	0
$A_{13,2}$	−1	−1	1	0	0	−1	1	0	0	0	0
$A_{14,1}$	2	0	−1	1	0	2	−1	0	0	0	0
$A_{14,2}$	−1	1	0	0	1	0	1	0	0	1	0
$A_{15,1}$	0	1	1	0	0	1	−1	0	0	0	0
$A_{15,2}$	1	1	0	0	0	0	1	1	1	0	0
$A_{15,3}$	2	1	−1	0	0	−1	1	1	1	0	0
$A_{16,1}$	2	0	−1	1	0	1	−1	1	0	1	0
$A_{16,2}$	−1	1	1	0	1	0	1	0	1	−1	1
$A_{17,1}$	1	1	0	1	1	1	1	0	1	0	1
$A_{17,2}$	1	1	0	1	−1	1	0	1	1	1	−1

Tabelle A.1: Konsistenzmatrix zur Fallstudie: Teil 1

$k_{i,j}$	$A_{6,1}$	$A_{6,2}$	$A_{7,1}$	$A_{7,2}$	$A_{8,1}$	$A_{8,2}$	$A_{8,3}$	$A_{9,1}$	$A_{9,2}$	$A_{10,1}$	$A_{10,2}$
$A_{1,1}$											
$A_{1,2}$											
$A_{1,3}$											
$A_{2,1}$											
$A_{2,2}$											
$A_{3,1}$											
$A_{3,2}$											
$A_{4,1}$											
$A_{4,2}$											
$A_{5,1}$											
$A_{5,2}$											
$A_{6,1}$											
$A_{6,2}$											
$A_{7,1}$	2	−1									
$A_{7,2}$	−1	2									
$A_{8,1}$	2	−1	0	0							
$A_{8,2}$	−1	1	0	0							
$A_{8,3}$	−2	2	0	0							
$A_{9,1}$	−1	1	0	0	−1	1	2				
$A_{9,2}$	1	−1	0	0	2	0	−1				
$A_{10,1}$	1	0	0	0	0	0	0	1	−1		
$A_{10,2}$	−1	0	0	0	0	0	0	0	0		
$A_{11,1}$	1	0	1	1	−1	0	1	0	−1	0	0
$A_{11,2}$	0	1	0	0	1	0	−1	0	1	0	0
$A_{12,1}$	−1	1	0	0	1	0	−1	1	−1	0	0
$A_{12,2}$	1	−2	0	0	0	0	1	−1	1	0	0
$A_{13,1}$	1	−1	0	0	1	0	−1	0	0	0	1
$A_{13,2}$	−1	1	0	0	−1	0	1	0	0	1	−1
$A_{14,1}$	1	0	0	0	1	1	1	−1	1	1	1
$A_{14,2}$	1	1	0	0	0	1	1	1	−1	0	0
$A_{15,1}$	0	1	0	0	0	1	1	0	0	1	0
$A_{15,2}$	1	0	0	0	1	1	−1	0	0	0	1
$A_{15,3}$	1	−1	0	0	1	1	−2	0	0	1	0
$A_{16,1}$	1	−1	0	0	1	0	−1	−1	2	−1	2
$A_{16,2}$	−1	1	0	0	−1	1	−1	2	−1	1	−1
$A_{17,1}$	0	1	0	0	1	1	1	0	1	0	1
$A_{17,2}$	0	0	0	0	1	1	−1	0	1	0	1

Tabelle A.2: Konsistenzmatrix zur Fallstudie: Teil 2

$k_{i,j}$	$A_{11,1}$	$A_{11,2}$	$A_{12,1}$	$A_{12,2}$	$A_{13,1}$	$A_{13,2}$	$A_{14,1}$	$A_{14,2}$
$A_{1,1}$								
$A_{1,2}$								
$A_{1,3}$								
$A_{2,1}$								
$A_{2,2}$								
$A_{3,1}$								
$A_{3,2}$								
$A_{4,1}$								
$A_{4,2}$								
$A_{5,1}$								
$A_{5,2}$								
$A_{6,1}$								
$A_{6,2}$								
$A_{7,1}$								
$A_{7,2}$								
$A_{8,1}$								
$A_{8,2}$								
$A_{8,3}$								
$A_{9,1}$								
$A_{9,2}$								
$A_{10,1}$								
$A_{10,2}$								
$A_{11,1}$								
$A_{11,2}$								
$A_{12,1}$	0	0						
$A_{12,2}$	0	0						
$A_{13,1}$	0	0	0	0				
$A_{13,2}$	0	0	0	0				
$A_{14,1}$	0	0	0	0	1	-1		
$A_{14,2}$	0	0	0	0	-1	1		
$A_{15,1}$	0	0	0	0	0	0	1	0
$A_{15,2}$	0	0	0	0	0	0	0	1
$A_{15,3}$	0	0	0	0	0	0	1	1
$A_{16,1}$	0	0	0	0	1	-1	2	-1
$A_{16,2}$	0	0	0	0	-1	1	-2	1
$A_{17,1}$	0	0	0	0	1	0	1	-1
$A_{17,2}$	0	0	0	0	0	-1	-1	1

Tabelle A.3: Konsistenzmatrix zur Fallstudie: Teil 3

$k_{i,j}$	$A_{15,1}$	$A_{15,2}$	$A_{15,3}$	$A_{16,1}$	$A_{16,2}$	$A_{17,1}$	$A_{17,2}$
$A_{1,1}$							
$A_{1,2}$							
$A_{1,3}$							
$A_{2,1}$							
$A_{2,2}$							
$A_{3,1}$							
$A_{3,2}$							
$A_{4,1}$							
$A_{4,2}$							
$A_{5,1}$							
$A_{5,2}$							
$A_{6,1}$							
$A_{6,2}$							
$A_{7,1}$							
$A_{7,2}$							
$A_{8,1}$							
$A_{8,2}$							
$A_{8,3}$							
$A_{9,1}$							
$A_{9,2}$							
$A_{10,1}$							
$A_{10,2}$							
$A_{11,1}$							
$A_{11,2}$							
$A_{12,1}$							
$A_{12,2}$							
$A_{13,1}$							
$A_{13,2}$							
$A_{14,1}$							
$A_{14,2}$							
$A_{15,1}$							
$A_{15,2}$							
$A_{15,3}$							
$A_{16,1}$	1	0	0				
$A_{16,2}$	0	0	0				
$A_{17,1}$	1	1	1	1	0		
$A_{17,2}$	1	0	0	1	0		

Tabelle A.4: Konsistenzmatrix zur Fallstudie: Teil 4

A.2 Regelbasen

A.2.1 Regelbasis zur Beurteilung der Konsistenz

Nr.	*anz(-1)*	*anz(0)*	*anz(1)*	*anz(2)*	*Konsistenz*
1	niedrig	niedrig	niedrig	niedrig	niedrig
2	niedrig	niedrig	niedrig	hoch	hoch
3	niedrig	niedrig	hoch	niedrig	hoch
4	niedrig	niedrig	hoch	hoch	hoch
5	niedrig	hoch	niedrig	niedrig	niedrig
6	niedrig	hoch	niedrig	hoch	hoch
7	niedrig	hoch	hoch	niedrig	hoch
8	niedrig	hoch	hoch	hoch	hoch
9	hoch	niedrig	niedrig	niedrig	niedrig
10	hoch	niedrig	niedrig	hoch	niedrig
11	hoch	niedrig	hoch	niedrig	niedrig
12	hoch	niedrig	hoch	hoch	hoch
13	hoch	hoch	niedrig	niedrig	niedrig
14	hoch	hoch	niedrig	hoch	niedrig
15	hoch	hoch	hoch	niedrig	niedrig
16	hoch	hoch	hoch	hoch	hoch

Tabelle A.5: Regelbasis zur Konsistenz

A.2.2 Regelbasen zur Beurteilung der Stabilität

A.2.2.1 Regelbasis bei Änderung einer Deskriptorausprägung

Nr.	Δ_{-11}	Δ_{01}	Δ_{11}	Δ_{21}	*1-Änderung*
17	niedrig	niedrig	niedrig	niedrig	niedrig
18	niedrig	niedrig	niedrig	hoch	niedrig
19	niedrig	niedrig	hoch	niedrig	niedrig
20	niedrig	niedrig	hoch	hoch	niedrig
21	niedrig	hoch	niedrig	niedrig	niedrig
22	niedrig	hoch	niedrig	hoch	niedrig
23	niedrig	hoch	hoch	niedrig	niedrig
24	niedrig	hoch	hoch	hoch	hoch
25	hoch	niedrig	niedrig	niedrig	niedrig
26	hoch	niedrig	niedrig	hoch	niedrig
27	hoch	niedrig	hoch	niedrig	niedrig
28	hoch	niedrig	hoch	hoch	hoch
29	hoch	hoch	niedrig	niedrig	niedrig
30	hoch	hoch	niedrig	hoch	hoch
31	hoch	hoch	hoch	niedrig	hoch
32	hoch	hoch	hoch	hoch	hoch

Tabelle A.6: Regelbasis bei einer Änderung

A.2.2.2 Regelbasis bei Änderung zweier Ausprägungen

Nr.	Δ_{-12}	Δ_{02}	Δ_{12}	Δ_{22}	*2-Änderungen*
33	niedrig	niedrig	niedrig	niedrig	niedrig
34	niedrig	niedrig	niedrig	hoch	niedrig
35	niedrig	niedrig	hoch	niedrig	niedrig
36	niedrig	niedrig	hoch	hoch	niedrig
37	niedrig	hoch	niedrig	niedrig	niedrig
38	niedrig	hoch	niedrig	hoch	niedrig
39	niedrig	hoch	hoch	niedrig	niedrig
40	niedrig	hoch	hoch	hoch	hoch
41	hoch	niedrig	niedrig	niedrig	niedrig
42	hoch	niedrig	niedrig	hoch	niedrig
43	hoch	niedrig	hoch	niedrig	niedrig
44	hoch	niedrig	hoch	hoch	hoch
45	hoch	hoch	niedrig	niedrig	niedrig
46	hoch	hoch	niedrig	hoch	hoch
47	hoch	hoch	hoch	niedrig	hoch
48	hoch	hoch	hoch	hoch	hoch

Tabelle A.7: Regelbasis bei zwei Änderungen

A.2.2.3 Regelbasis bei Änderung dreier Ausprägungen

Nr.	Δ_{-13}	Δ_{03}	Δ_{13}	Δ_{23}	*3-Änderungen*
49	niedrig	niedrig	niedrig	niedrig	niedrig
50	niedrig	niedrig	niedrig	hoch	niedrig
51	niedrig	niedrig	hoch	niedrig	niedrig
52	niedrig	niedrig	hoch	hoch	niedrig
53	niedrig	hoch	niedrig	niedrig	niedrig
54	niedrig	hoch	niedrig	hoch	niedrig
55	niedrig	hoch	hoch	niedrig	niedrig
56	niedrig	hoch	hoch	hoch	hoch
57	hoch	niedrig	niedrig	niedrig	niedrig
58	hoch	niedrig	niedrig	hoch	niedrig
59	hoch	niedrig	hoch	niedrig	niedrig
60	hoch	niedrig	hoch	hoch	hoch
61	hoch	hoch	niedrig	niedrig	niedrig
62	hoch	hoch	niedrig	hoch	hoch
63	hoch	hoch	hoch	niedrig	hoch
64	hoch	hoch	hoch	hoch	hoch

Tabelle A.8: Regelbasis bei drei Änderungen

A.2.2.4 Regelbasis zur Beurteilung der Gesamtstabilität

Nr.	*1-Änderung*	*2-Änderungen*	*3-Änderungen*	*Stabilität*
65	niedrig	niedrig	niedrig	hoch
66	niedrig	niedrig	hoch	hoch
67	niedrig	hoch	niedrig	hoch
68	niedrig	hoch	hoch	niedrig
69	hoch	niedrig	niedrig	hoch
70	hoch	niedrig	hoch	niedrig
71	hoch	hoch	niedrig	niedrig
72	hoch	hoch	hoch	niedrig

Tabelle A.9: Regelbasis zur Gesamtstabilität

A.2.3 Regelbasen zur Beurteilung der Unterschiedlichkeit und Repräsentativität

A.2.3.1 Regelbasis zur Beurteilung der Eignung als Extremszenario

Nr.	*max-D*	$h-(d_1) =$ $h-(17)$	$h-(d_1-1) =$ $h-(16)$	*Eignung als Extremszenario*
73	niedrig	niedrig	niedrig	niedrig
74	niedrig	niedrig	hoch	niedrig
75	niedrig	hoch	niedrig	niedrig
76	niedrig	hoch	hoch	hoch
77	hoch	niedrig	niedrig	niedrig
78	hoch	niedrig	hoch	hoch
79	hoch	hoch	niedrig	hoch
80	hoch	hoch	hoch	hoch

Tabelle A.10: Regelbasis für ein Extremszenario

A.2.3.1 Regelbasis zur Beurteilung der Eignung als Extremszenario

Nr.	*h-($d_{0,5}$-1)=* $h-(8)$	*h-($d_{0,5}$)=* $h-(9)$	*h-($d_{0,5}$+1)=* $h-(10)$	*max-D*	*Eignung als mittleres Szenario*
81	niedrig	niedrig	niedrig	niedrig	niedrig
82	niedrig	niedrig	niedrig	hoch	niedrig
83	niedrig	niedrig	hoch	niedrig	niedrig
84	niedrig	niedrig	hoch	hoch	niedrig
85	niedrig	hoch	niedrig	niedrig	niedrig
86	niedrig	hoch	niedrig	hoch	niedrig
87	niedrig	hoch	hoch	niedrig	hoch
88	niedrig	hoch	hoch	hoch	hoch
89	hoch	niedrig	niedrig	niedrig	niedrig
90	hoch	niedrig	niedrig	hoch	niedrig
91	hoch	niedrig	hoch	niedrig	hoch
92	hoch	niedrig	hoch	hoch	niedrig
93	hoch	hoch	niedrig	niedrig	hoch
94	hoch	hoch	niedrig	hoch	hoch
95	hoch	hoch	hoch	niedrig	hoch
96	hoch	hoch	hoch	hoch	hoch

Tabelle A.11: Regelbasis für ein mittleres Szenario

A.2.3.3 Regelbasis zur Beurteilung der Eignung als Zwischenszenario

Nr.	h-($d_{0,33}$-1) *h-(5)*	h-($d_{0,33}$) *h-(6)*	h-($d_{0,33}$+1) *h-(7)*	h-($d_{0,66}$-1) *h-(11)*	h-($d_{0,66}$) *h-(12)*	h-($d_{0,66}$+1) *h-(13)*	*max-D*	*Eignung als Zwischen-szenario*
97	niedrig	niedrig	niedrig	niedrig	niedrig	niedrig	niedrig	niedrig
98	niedrig	niedrig	niedrig	niedrig	niedrig	niedrig	hoch	niedrig
99	niedrig	niedrig	niedrig	niedrig	niedrig	hoch	niedrig	niedrig
100	niedrig	niedrig	niedrig	niedrig	niedrig	hoch	hoch	niedrig
101	niedrig	niedrig	niedrig	niedrig	hoch	niedrig	niedrig	niedrig
102	niedrig	niedrig	niedrig	niedrig	hoch	niedrig	hoch	niedrig
103	niedrig	niedrig	niedrig	niedrig	hoch	hoch	niedrig	niedrig
104	niedrig	niedrig	niedrig	niedrig	hoch	hoch	hoch	niedrig
105	niedrig	niedrig	niedrig	hoch	niedrig	niedrig	niedrig	niedrig
106	niedrig	niedrig	niedrig	hoch	niedrig	niedrig	hoch	niedrig
107	niedrig	niedrig	niedrig	hoch	niedrig	hoch	niedrig	niedrig
108	niedrig	niedrig	niedrig	hoch	niedrig	hoch	hoch	niedrig
109	niedrig	niedrig	niedrig	hoch	hoch	niedrig	niedrig	niedrig
110	niedrig	niedrig	niedrig	hoch	hoch	niedrig	hoch	niedrig
111	niedrig	niedrig	niedrig	hoch	hoch	hoch	niedrig	niedrig
112	niedrig	niedrig	niedrig	hoch	hoch	hoch	hoch	niedrig
113	niedrig	niedrig	hoch	niedrig	niedrig	niedrig	niedrig	niedrig
114	niedrig	niedrig	hoch	niedrig	niedrig	niedrig	hoch	niedrig
115	niedrig	niedrig	hoch	niedrig	niedrig	hoch	niedrig	niedrig
116	niedrig	niedrig	hoch	niedrig	niedrig	hoch	hoch	niedrig
117	niedrig	niedrig	hoch	niedrig	hoch	niedrig	niedrig	niedrig
118	niedrig	niedrig	hoch	niedrig	hoch	niedrig	hoch	niedrig
119	niedrig	niedrig	hoch	niedrig	hoch	hoch	niedrig	hoch
120	niedrig	niedrig	hoch	niedrig	hoch	hoch	hoch	niedrig
121	niedrig	niedrig	hoch	hoch	niedrig	niedrig	niedrig	niedrig
122	niedrig	niedrig	hoch	hoch	niedrig	niedrig	hoch	niedrig
123	niedrig	niedrig	hoch	hoch	niedrig	hoch	niedrig	niedrig
124	niedrig	niedrig	hoch	hoch	niedrig	hoch	hoch	niedrig
125	niedrig	niedrig	hoch	hoch	hoch	niedrig	niedrig	hoch
126	niedrig	niedrig	hoch	hoch	hoch	niedrig	hoch	niedrig
127	niedrig	niedrig	hoch	hoch	hoch	hoch	niedrig	hoch
128	niedrig	niedrig	hoch	hoch	hoch	hoch	hoch	niedrig

Tabelle A.12: Regelbasis für Zwischenszenario: Teil 1

Nr.	h-($d_{0,33}$-1) *h-(5)*	h-($d_{0,33}$) *h-(6)*	h-($d_{0,33}$+1) *h-(7)*	h-($d_{0,66}$-1) *h-(11)*	h-($d_{0,66}$) *h-(12)*	h-($d_{0,66}$+1) *h-(13)*	*max-D*	*Eignung als Zwischen-szenario*
129	niedrig	hoch	niedrig	niedrig	niedrig	niedrig	niedrig	niedrig
130	niedrig	hoch	niedrig	niedrig	niedrig	niedrig	hoch	niedrig
131	niedrig	hoch	niedrig	niedrig	niedrig	hoch	niedrig	niedrig
132	niedrig	hoch	niedrig	niedrig	niedrig	hoch	hoch	niedrig
133	niedrig	hoch	niedrig	niedrig	hoch	niedrig	niedrig	niedrig
134	niedrig	hoch	niedrig	niedrig	hoch	niedrig	hoch	niedrig
135	niedrig	hoch	niedrig	niedrig	hoch	hoch	niedrig	hoch
136	niedrig	hoch	niedrig	niedrig	hoch	hoch	hoch	niedrig
137	niedrig	hoch	niedrig	hoch	niedrig	niedrig	niedrig	niedrig
138	niedrig	hoch	niedrig	hoch	niedrig	niedrig	hoch	niedrig
139	niedrig	hoch	niedrig	hoch	niedrig	hoch	niedrig	niedrig
140	niedrig	hoch	niedrig	hoch	niedrig	hoch	hoch	niedrig
141	niedrig	hoch	niedrig	hoch	hoch	niedrig	niedrig	hoch
142	niedrig	hoch	niedrig	hoch	hoch	niedrig	hoch	niedrig
143	niedrig	hoch	niedrig	hoch	hoch	hoch	niedrig	hoch
144	niedrig	hoch	niedrig	hoch	hoch	hoch	hoch	niedrig
145	niedrig	hoch	hoch	niedrig	niedrig	niedrig	niedrig	niedrig
146	niedrig	hoch	hoch	niedrig	niedrig	niedrig	hoch	niedrig
147	niedrig	hoch	hoch	niedrig	niedrig	hoch	niedrig	hoch
148	niedrig	hoch	hoch	niedrig	niedrig	hoch	hoch	niedrig
149	niedrig	hoch	hoch	niedrig	hoch	niedrig	niedrig	hoch
150	niedrig	hoch	hoch	niedrig	hoch	niedrig	hoch	niedrig
151	niedrig	hoch	hoch	niedrig	hoch	hoch	niedrig	hoch
152	niedrig	hoch	hoch	niedrig	hoch	hoch	hoch	hoch
153	niedrig	hoch	hoch	hoch	niedrig	niedrig	niedrig	hoch
154	niedrig	hoch	hoch	hoch	niedrig	niedrig	hoch	niedrig
155	niedrig	hoch	hoch	hoch	niedrig	hoch	niedrig	hoch
156	niedrig	hoch	hoch	hoch	niedrig	hoch	hoch	hoch
157	niedrig	hoch	hoch	hoch	hoch	niedrig	niedrig	hoch
158	niedrig	hoch	hoch	hoch	hoch	niedrig	hoch	hoch
159	niedrig	hoch	hoch	hoch	hoch	hoch	niedrig	hoch
160	niedrig	hoch	hoch	hoch	hoch	hoch	hoch	hoch

Tabelle A.13: Regelbasis für Zwischenszenario: Teil 2

Nr.	h-($d_{0,33}$-1) *h-(5)*	h-($d_{0,33}$) *h-(6)*	h-($d_{0,33}$+1) *h-(7)*	h-($d_{0,66}$-1) *h-(11)*	h-($d_{0,66}$) *h-(12)*	h-($d_{0,66}$+1) *h-(13)*	*max-D*	*Eignung als Zwischen-szenario*
161	hoch	niedrig	niedrig	niedrig	niedrig	niedrig	niedrig	niedrig
162	hoch	niedrig	niedrig	niedrig	niedrig	niedrig	hoch	niedrig
163	hoch	niedrig	niedrig	niedrig	niedrig	hoch	niedrig	niedrig
164	hoch	niedrig	niedrig	niedrig	niedrig	hoch	hoch	niedrig
165	hoch	niedrig	niedrig	niedrig	hoch	niedrig	niedrig	niedrig
166	hoch	niedrig	niedrig	niedrig	hoch	niedrig	hoch	niedrig
167	hoch	niedrig	niedrig	niedrig	hoch	hoch	niedrig	hoch
168	hoch	niedrig	niedrig	niedrig	hoch	hoch	hoch	niedrig
169	hoch	niedrig	niedrig	hoch	niedrig	niedrig	niedrig	niedrig
170	hoch	niedrig	niedrig	hoch	niedrig	niedrig	hoch	niedrig
171	hoch	niedrig	niedrig	hoch	niedrig	hoch	niedrig	niedrig
172	hoch	niedrig	niedrig	hoch	niedrig	hoch	hoch	niedrig
173	hoch	niedrig	niedrig	hoch	hoch	niedrig	niedrig	hoch
174	hoch	niedrig	niedrig	hoch	hoch	niedrig	hoch	niedrig
175	hoch	niedrig	niedrig	hoch	hoch	hoch	niedrig	hoch
176	hoch	niedrig	niedrig	hoch	hoch	hoch	hoch	niedrig
177	hoch	niedrig	hoch	niedrig	niedrig	niedrig	niedrig	niedrig
178	hoch	niedrig	hoch	niedrig	niedrig	niedrig	hoch	niedrig
179	hoch	niedrig	hoch	niedrig	niedrig	hoch	niedrig	niedrig
180	hoch	niedrig	hoch	niedrig	niedrig	hoch	hoch	niedrig
181	hoch	niedrig	hoch	niedrig	hoch	niedrig	niedrig	niedrig
182	hoch	niedrig	hoch	niedrig	hoch	niedrig	hoch	niedrig
183	hoch	niedrig	hoch	niedrig	hoch	hoch	niedrig	hoch
184	hoch	niedrig	hoch	niedrig	hoch	hoch	hoch	hoch
185	hoch	niedrig	hoch	hoch	niedrig	niedrig	niedrig	niedrig
186	hoch	niedrig	hoch	hoch	niedrig	niedrig	hoch	niedrig
187	hoch	niedrig	hoch	hoch	niedrig	hoch	niedrig	hoch
188	hoch	niedrig	hoch	hoch	niedrig	hoch	hoch	niedrig
189	hoch	niedrig	hoch	hoch	hoch	niedrig	niedrig	hoch
190	hoch	niedrig	hoch	hoch	hoch	niedrig	hoch	hoch
191	hoch	niedrig	hoch	hoch	hoch	hoch	niedrig	hoch
192	hoch	niedrig	hoch	hoch	hoch	hoch	hoch	hoch

Tabelle A.14: Regelbasis für Zwischenszenario: Teil 3

Nr.	h-($d_{0,33}$-1) *h-(5)*	h-($d_{0,33}$) *h-(6)*	h-($d_{0,33}$+1) *h-(7)*	h-($d_{0,66}$-1) *h-(11)*	h-($d_{0,66}$) *h-(12)*	h-($d_{0,66}$+1) *h-(13)*	*max-D*	*Eignung als Zwischen-szenario*
193	hoch	hoch	niedrig	niedrig	niedrig	niedrig	niedrig	niedrig
194	hoch	hoch	niedrig	niedrig	niedrig	niedrig	hoch	niedrig
195	hoch	hoch	niedrig	niedrig	niedrig	hoch	niedrig	hoch
196	hoch	hoch	niedrig	niedrig	niedrig	hoch	hoch	niedrig
197	hoch	hoch	niedrig	niedrig	hoch	niedrig	niedrig	hoch
198	hoch	hoch	niedrig	niedrig	hoch	niedrig	hoch	niedrig
199	hoch	hoch	niedrig	niedrig	hoch	hoch	niedrig	hoch
200	hoch	hoch	niedrig	niedrig	hoch	hoch	hoch	hoch
201	hoch	hoch	niedrig	hoch	niedrig	niedrig	niedrig	hoch
202	hoch	hoch	niedrig	hoch	niedrig	niedrig	hoch	niedrig
203	hoch	hoch	niedrig	hoch	niedrig	hoch	niedrig	hoch
204	hoch	hoch	niedrig	hoch	niedrig	hoch	hoch	hoch
205	hoch	hoch	niedrig	hoch	hoch	niedrig	niedrig	hoch
206	hoch	hoch	niedrig	hoch	hoch	niedrig	hoch	hoch
207	hoch	hoch	niedrig	hoch	hoch	hoch	niedrig	hoch
208	hoch	hoch	niedrig	hoch	hoch	hoch	hoch	hoch
209	hoch	hoch	hoch	niedrig	niedrig	niedrig	niedrig	niedrig
210	hoch	hoch	hoch	niedrig	niedrig	niedrig	hoch	niedrig
211	hoch	hoch	hoch	niedrig	niedrig	hoch	niedrig	hoch
212	hoch	hoch	hoch	niedrig	niedrig	hoch	hoch	niedrig
213	hoch	hoch	hoch	niedrig	hoch	niedrig	niedrig	hoch
214	hoch	hoch	hoch	niedrig	hoch	niedrig	hoch	niedrig
215	hoch	hoch	hoch	niedrig	hoch	hoch	niedrig	hoch
216	hoch	hoch	hoch	niedrig	hoch	hoch	hoch	hoch
217	hoch	hoch	hoch	hoch	niedrig	niedrig	niedrig	hoch
218	hoch	hoch	hoch	hoch	niedrig	niedrig	hoch	niedrig
219	hoch	hoch	hoch	hoch	niedrig	hoch	niedrig	hoch
220	hoch	hoch	hoch	hoch	niedrig	hoch	hoch	hoch
221	hoch	hoch	hoch	hoch	hoch	niedrig	niedrig	hoch
222	hoch	hoch	hoch	hoch	hoch	niedrig	hoch	hoch
223	hoch	hoch	hoch	hoch	hoch	hoch	niedrig	hoch
224	hoch	hoch	hoch	hoch	hoch	hoch	hoch	[illegible]

Tabelle A.15: Regelbasis für Zwischenszenario: Teil 4

A.2.4 Regelbasen zur abschließenden Gesamtbewertung der Szenarien

A.2.4.1 Regelbasis zur Beurteilung der Gesamteignung als Extremzentrum (1. und 2. Zentrum)

Nr.	*Konsistenz*	*Stabilität*	*Eignung als Extremszenario*	*Gesamteignung als Extremzentrum*
225	niedrig	niedrig	niedrig	schlecht
226	niedrig	niedrig	hoch	schlecht
227	niedrig	hoch	niedrig	schlecht
228	niedrig	hoch	hoch	schlecht
229	hoch	niedrig	niedrig	schlecht
230	hoch	niedrig	hoch	schlecht
231	hoch	hoch	niedrig	schlecht
232	hoch	hoch	hoch	gut

Tabelle A.16: Regelbasis zur Gesamteignung als Extremszenario

A.2.4.2 Regelbasis zur Beurteilung der Gesamteignung als mittleres Zentrum (3. Zentrum)

Nr.	*Konsistenz*	*Stabilität*	*Eignung als mittleres Szenario*	*Gesamteignung als mittleres Zentrum*
233	niedrig	niedrig	niedrig	schlecht
234	niedrig	niedrig	hoch	schlecht
235	niedrig	hoch	niedrig	schlecht
236	niedrig	hoch	hoch	schlecht
237	hoch	niedrig	niedrig	schlecht
238	hoch	niedrig	hoch	schlecht
239	hoch	hoch	niedrig	schlecht
240	hoch	hoch	hoch	gut

Tabelle A.17: Regelbasis zur Gesamteignung als mittleres Szenario

A.2.4.3 Regelbasis zur Beurteilung der Gesamteignung als Zwischenzentrum (3. und 4. Zentrum)

Nr.	*Konsistenz*	*Stabilität*	*Eignung als Zwischenszenario*	*Gesamteignung als Zwischenzentrum*
241	niedrig	niedrig	niedrig	schlecht
242	niedrig	niedrig	hoch	schlecht
243	niedrig	hoch	niedrig	schlecht
244	niedrig	hoch	hoch	schlecht
245	hoch	niedrig	niedrig	schlecht
246	hoch	niedrig	hoch	schlecht
247	hoch	hoch	niedrig	schlecht
248	hoch	hoch	hoch	gut

Tabelle A.18: Regelbasis zur Gesamteignung als Zwischenszenario

A.3 Quantile der Merkmale

A.3.1 Quantilswerte der Konsistenzbewertungen

α-Quantil	*anz(-1)*	*anz(0)*	*anz(1)*	*anz(2)*
$x_{0,00}$	1	58	33	4
$x_{0,01}$	3	60	38	5
$x_{0,02}$	4	61	40	7
$x_{0,03}$	4	61	40	7
$x_{0,04}$	5	61	41	7
$x_{0,05}$	5	62	41	8
$x_{0,10}$	6	63	43	8
$x_{0,15}$	7	64	44	9
$x_{0,20}$	8	64	45	9
$x_{0,25}$	8	65	45	9
$x_{0,30}$	9	65	46	10
$x_{0,35}$	9	66	47	10
$x_{0,40}$	10	66	47	10
$x_{0,45}$	10	67	47	10
$x_{0,50}$	10	67	48	11
$x_{0,55}$	11	68	48	11
$x_{0,60}$	11	68	49	11
$x_{0,65}$	11	69	49	11
$x_{0,70}$	12	69	50	12
$x_{0,75}$	12	70	50	12
$x_{0,80}$	12	71	51	12
$x_{0,85}$	13	72	52	12
$x_{0,90}$	13	73	53	13
$x_{0,95}$	14	74	54	13
$x_{0,96}$	15	75	55	13
$x_{0,97}$	15	75	55	14
$x_{0,98}$	15	76	56	14
$x_{0,99}$	16	77	56	14
$x_{1,00}$	18	80	58	15

Tabelle A.19: Quantilswerte der Konsistenzbewertungen

A.3.2 Quantilswerte der Stabilitätsbewertungen

α-Quantil	Δ_{-11}	Δ_{01}	Δ_{11}	Δ_{21}	Δ_{-12}	Δ_{02}
$x_{0,00}$	1	2	6	2	1	4
$x_{0,01}$	2	2	7	2	2	4
$x_{0,02}$	2	2	7	3	3	4
$x_{0,03}$	2	3	7	3	3	5
$x_{0,04}$	3	3	7	3	4	5
$x_{0,05}$	3	3	8	3	4	5
$x_{0,10}$	3	3	8	3	5	6
$x_{0,15}$	3	4	8	3	6	6
$x_{0,20}$	4	4	8	3	6	6
$x_{0,25}$	4	4	9	4	7	6
$x_{0,30}$	4	4	9	4	7	7
$x_{0,35}$	5	4	9	4	7	7
$x_{0,40}$	5	4	9	4	7	7
$x_{0,45}$	5	4	9	4	8	7
$x_{0,50}$	5	5	9	4	8	8
$x_{0,55}$	5	5	10	4	8	8
$x_{0,60}$	5	5	10	4	8	8
$x_{0,65}$	5	5	10	4	9	9
$x_{0,70}$	6	6	10	5	9	9
$x_{0,75}$	6	6	10	5	9	9
$x_{0,80}$	6	6	10	5	9	10
$x_{0,85}$	6	6	11	5	10	10
$x_{0,90}$	7	6	11	5	10	11
$x_{0,95}$	7	7	11	6	11	12
$x_{0,96}$	7	7	11	6	11	12
$x_{0,97}$	7	7	11	6	11	12
$x_{0,98}$	8	7	12	6	11	13
$x_{0,99}$	8	7	12	6	12	13
$x_{1,00}$	8	7	12	6	13	14

Tabelle A.20: Quantilswerte der Stabilitätsbewertungen: Teil 1

α-Quantil	Δ_{12}	Δ_{22}	Δ_{-13}	Δ_{03}	Δ_{13}	Δ_{23}
$x_{0,00}$	10	4	1	5	14	4
$x_{0,01}$	12	4	3	6	16	5
$x_{0,02}$	13	4	4	6	17	5
$x_{0,03}$	13	4	4	7	17	5
$x_{0,04}$	13	5	4	7	18	6
$x_{0,05}$	13	5	5	7	18	6
$x_{0,10}$	14	5	6	7	19	6
$x_{0,15}$	15	5	7	8	19	7
$x_{0,20}$	15	6	7	8	20	7
$x_{0,25}$	15	6	8	8	20	7
$x_{0,30}$	16	6	8	9	21	7
$x_{0,35}$	16	6	8	9	21	8
$x_{0,40}$	16	6	9	9	21	8
$x_{0,45}$	16	6	9	10	21	8
$x_{0,50}$	16	6	9	10	22	8
$x_{0,55}$	17	6	10	10	22	8
$x_{0,60}$	17	7	10	11	22	8
$x_{0,65}$	17	7	10	11	23	8
$x_{0,70}$	17	7	11	11	23	9
$x_{0,75}$	18	7	11	12	23	9
$x_{0,80}$	18	7	11	12	24	9
$x_{0,85}$	18	7	12	13	24	9
$x_{0,90}$	18	8	12	14	25	9
$x_{0,95}$	19	8	13	15	25	10
$x_{0,96}$	19	8	13	15	25	10
$x_{0,97}$	19	8	13	15	26	10
$x_{0,98}$	19	9	14	16	26	10
$x_{0,99}$	20	9	14	16	26	11
$x_{1,00}$	20	9	15	17	26	11

Tabelle A.21: Quantilswerte der Stabilitätsbewertungen: Teil 2

A.3.3 Quantilswerte der Distanzbewertungen

α-Quantil	$h-(1)$	$h-(2)$	$h-(3)$	$h-(4)$	$h-(5)$	$h-(6)$
$x_{0,00}$	1	6	7	1	0	0
$x_{0,01}$	3	8	11	6	1	0
$x_{0,02}$	4	11	19	52	117	186
$x_{0,03}$	4	17	43	84	149	219
$x_{0,04}$	5	19	52	102	168	229
$x_{0,05}$	5	20	57	113	178	238
$x_{0,10}$	5	24	74	153	232	267
$x_{0,15}$	6	26	80	171	263	292
$x_{0,20}$	6	28	86	179	280	308
$x_{0,25}$	7	29	90	189	297	318
$x_{0,30}$	7	30	93	200	308	326
$x_{0,35}$	7	32	97	207	315	334
$x_{0,40}$	7	33	100	215	323	339
$x_{0,45}$	8	34	104	221	333	343
$x_{0,50}$	8	36	108	228	340	349
$x_{0,55}$	8	37	112	236	346	353
$x_{0,60}$	9	38	115	241	351	357
$x_{0,65}$	9	40	119	249	359	360
$x_{0,70}$	9	43	126	257	365	364
$x_{0,75}$	10	46	134	266	372	367
$x_{0,80}$	11	49	139	277	379	371
$x_{0,85}$	11	53	150	289	386	377
$x_{0,90}$	12	58	162	306	397	382
$x_{0,95}$	13	66	185	331	408	392
$x_{0,96}$	14	69	195	342	410	395
$x_{0,97}$	14	73	203	353	413	397
$x_{0,98}$	14	75	210	363	416	400
$x_{0,99}$	15	82	230	390	423	404
$x_{1,00}$	16	91	267	449	438	426

Tabelle A.22: Quantilswerte der Distanzbewertungen: Teil 1

α-Quantil	$h-(7)$	$h-(8)$	$h-(9)$	$h-(10)$	$h-(11)$	$h-(12)$
$x_{0,00}$	0	0	0	0	0	0
$x_{0,01}$	0	5	2	0	0	0
$x_{0,02}$	91	19	2	0	0	0
$x_{0,03}$	106	36	3	0	0	0
$x_{0,04}$	136	48	4	0	0	0
$x_{0,05}$	147	53	7	0	0	0
$x_{0,10}$	184	71	15	0	0	1
$x_{0,15}$	205	81	19	0	0	2
$x_{0,20}$	220	92	24	2	0	2
$x_{0,25}$	231	101	28	3	1	3
$x_{0,30}$	239	110	33	5	2	5
$x_{0,35}$	247	117	38	8	2	5
$x_{0,40}$	254	124	43	9	3	6
$x_{0,45}$	261	133	48	12	4	7
$x_{0,50}$	267	140	54	15	5	8
$x_{0,55}$	273	146	59	18	6	9
$x_{0,60}$	277	153	65	22	8	9
$x_{0,65}$	281	164	71	26	9	10
$x_{0,70}$	285	174	77	31	11	10
$x_{0,75}$	290	184	86	38	13	11
$x_{0,80}$	296	197	97	43	17	11
$x_{0,85}$	301	210	108	52	23	12
$x_{0,90}$	307	238	136	69	34	14
$x_{0,95}$	316	264	187	101	54	21
$x_{0,96}$	318	269	202	113	67	22
$x_{0,97}$	321	275	213	129	78	25
$x_{0,98}$	324	281	226	145	98	37
$x_{0,99}$	332	288	242	162	155	298
$x_{1,00}$	357	307	273	189	252	396

Tabelle A.23: Quantilswerte der Distanzbewertungen: Teil 2

α-Quantil	$h-(13)$	$h-(14)$	$h-(15)$	$h-(16)$	$h-(17)$	max-D
$x_{0,00}$	0	0	0	0	0	12
$x_{0,01}$	0	0	0	0	0	12
$x_{0,02}$	0	0	0	0	0	13
$x_{0,03}$	1	0	0	0	0	13
$x_{0,04}$	1	0	0	0	0	13
$x_{0,05}$	1	0	0	0	0	13
$x_{0,10}$	3	1	0	0	0	14
$x_{0,15}$	5	2	0	0	0	14
$x_{0,20}$	6	3	0	0	0	14
$x_{0,25}$	7	5	0	0	0	14
$x_{0,30}$	7	5	1	0	0	15
$x_{0,35}$	8	6	1	0	0	15
$x_{0,40}$	8	7	2	0	0	15
$x_{0,45}$	9	8	3	0	0	15
$x_{0,50}$	10	8	3	0	0	15
$x_{0,55}$	10	9	4	0	0	15
$x_{0,60}$	10	10	4	0	0	15
$x_{0,65}$	11	10	5	0	0	15
$x_{0,70}$	11	10	6	1	0	16
$x_{0,75}$	11	11	6	2	0	16
$x_{0,80}$	12	11	8	2	0	16
$x_{0,85}$	12	12	9	3	0	16
$x_{0,90}$	13	13	10	4	0	16
$x_{0,95}$	14	14	12	6	1	17
$x_{0,96}$	15	15	13	8	2	17
$x_{0,97}$	15	17	14	9	3	17
$x_{0,98}$	21	18	18	18	4	17
$x_{0,99}$	410	352	196	44	4	17
$x_{1,00}$	472	454	269	76	8	17

Tabelle A.24: Quantilswerte der Distanzbewertungen: Teil 3

A.4 Zugehörigkeitsfunktionen der Merkmale

A.4.1 Zugehörigkeitsfunktionen der Konsistenzbewertungen

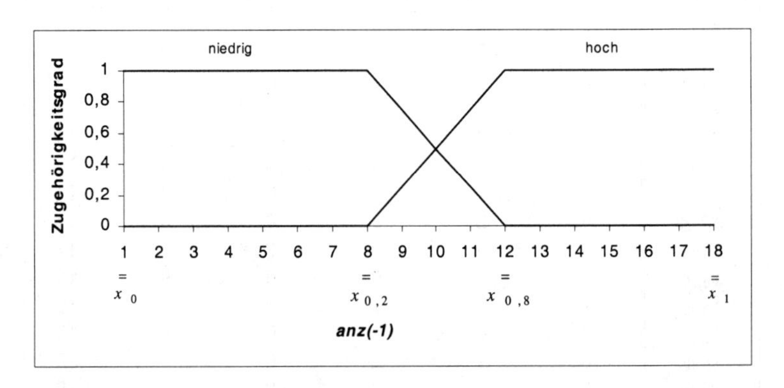

Abbildung A.1: Zugehörigkeitsfunktionen zu *anz(-1)*

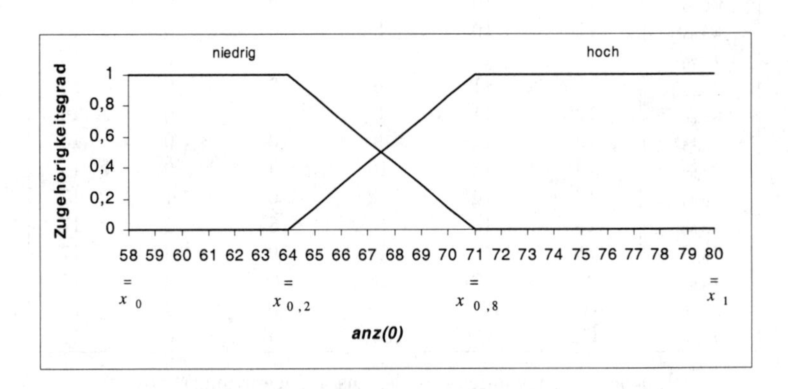

Abbildung A.2: Zugehörigkeitsfunktionen zu *anz(0)*

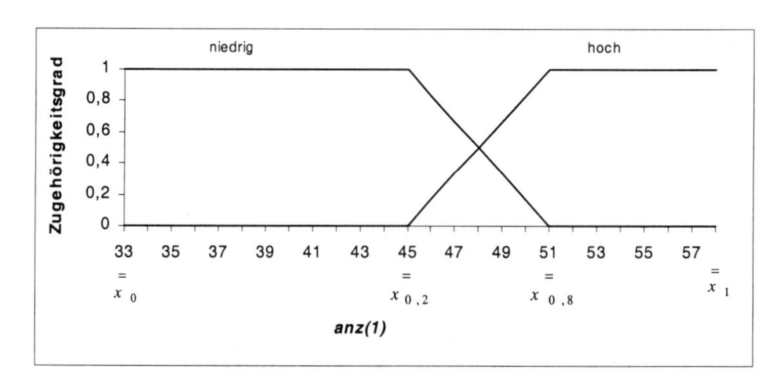

Abbildung A.3: Zugehörigkeitsfunktionen zu *anz(1)*

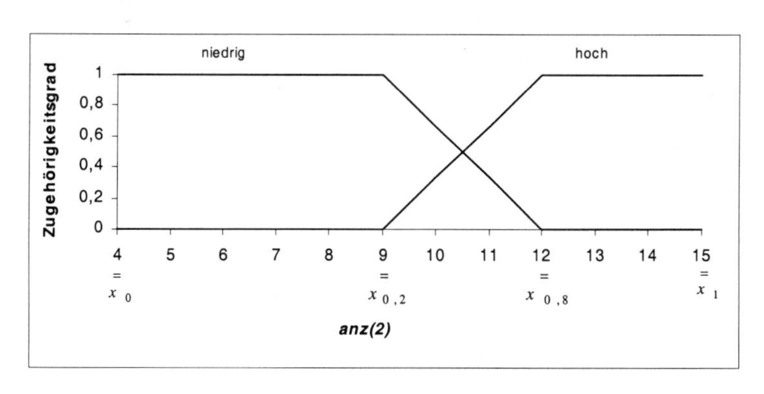

Abbildung A.4: Zugehörigkeitsfunktionen zu *anz(2)*

A.4.2 Zugehörigkeitsfunktionen der Stabilitätsbewertungen

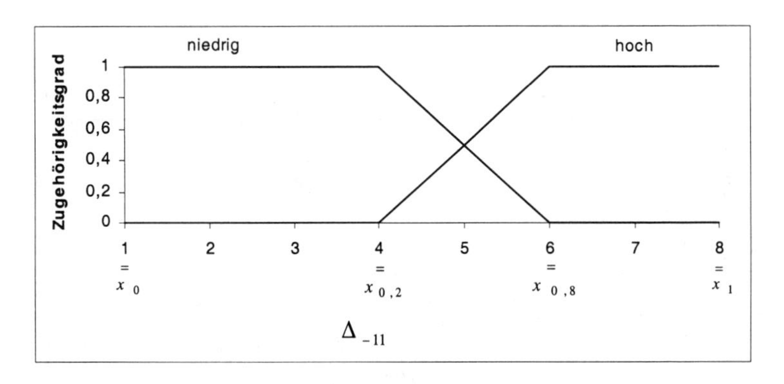

Abbildung A.5: Zugehörigkeitsfunktionen zu Δ_{-11}

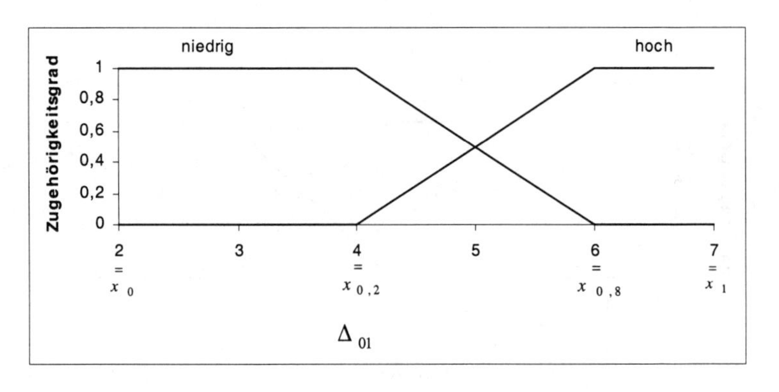

Abbildung A.6: Zugehörigkeitsfunktionen zu Δ_{01}

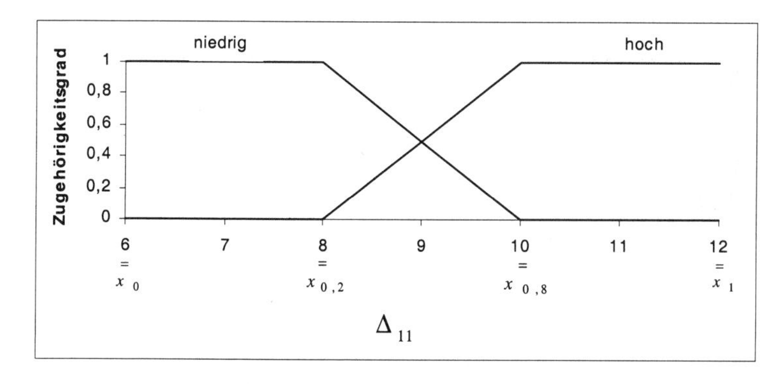

Abbildung A.7: Zugehörigkeitsfunktionen zu Δ_{11}

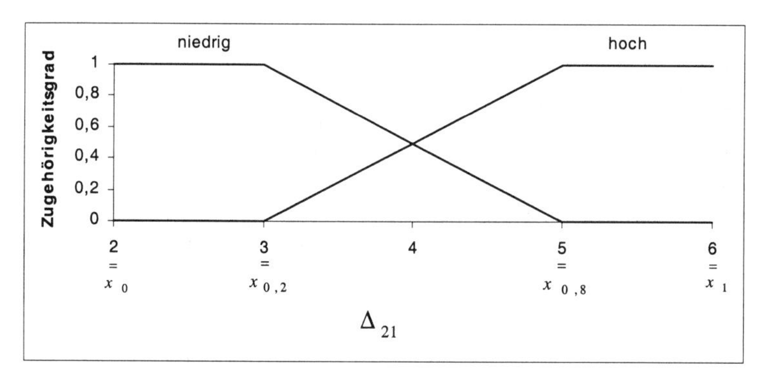

Abbildung A.8: Zugehörigkeitsfunktionen zu Δ_{21}

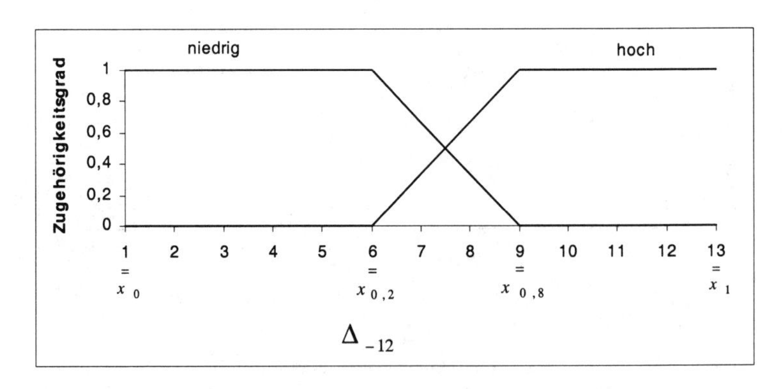

Abbildung A.9: Zugehörigkeitsfunktionen zu Δ_{-12}

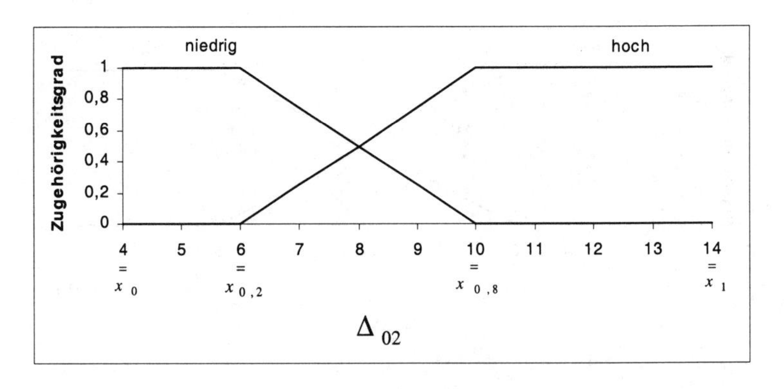

Abbildung A.10: Zugehörigkeitsfunktionen zu Δ_{02}

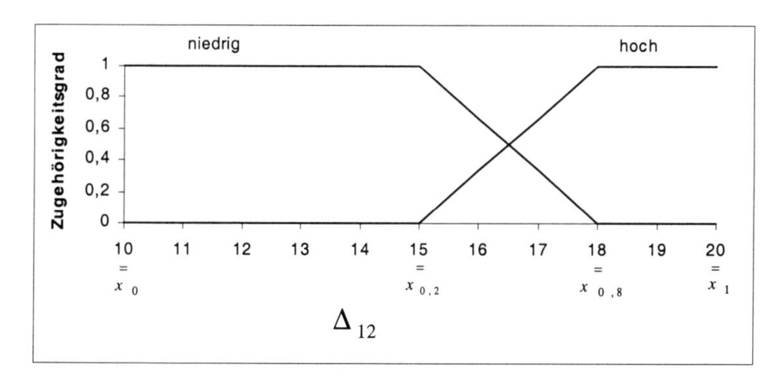

Abbildung A.11: Zugehörigkeitsfunktionen zu Δ_{12}

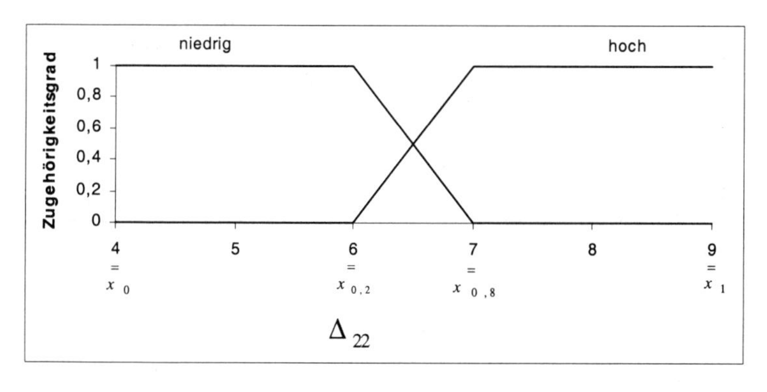

Abbildung A.12: Zugehörigkeitsfunktionen zu Δ_{22}

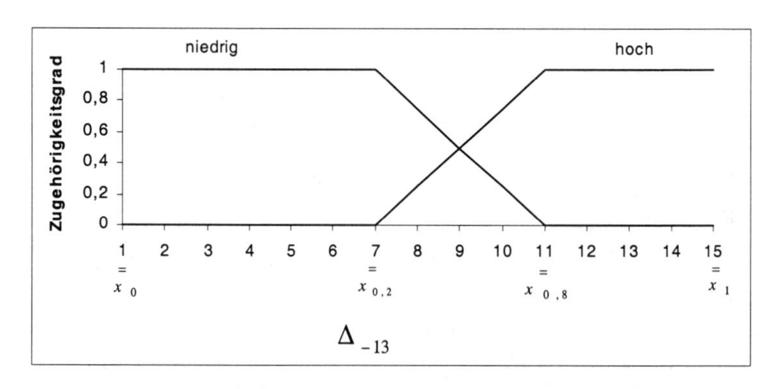

Abbildung A.13: Zugehörigkeitsfunktionen zu Δ_{-13}

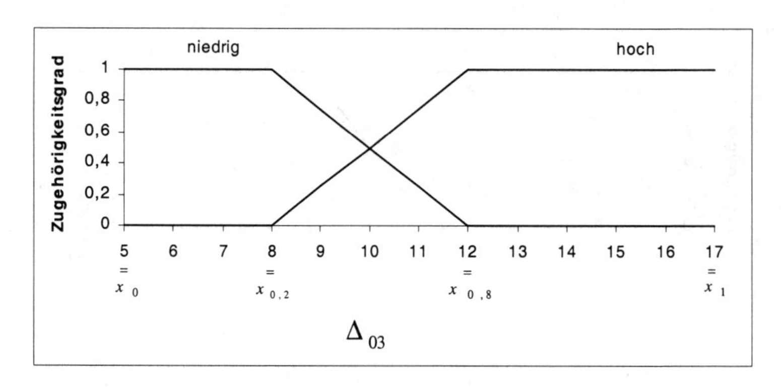

Abbildung A.14: Zugehörigkeitsfunktionen zu Δ_{03}

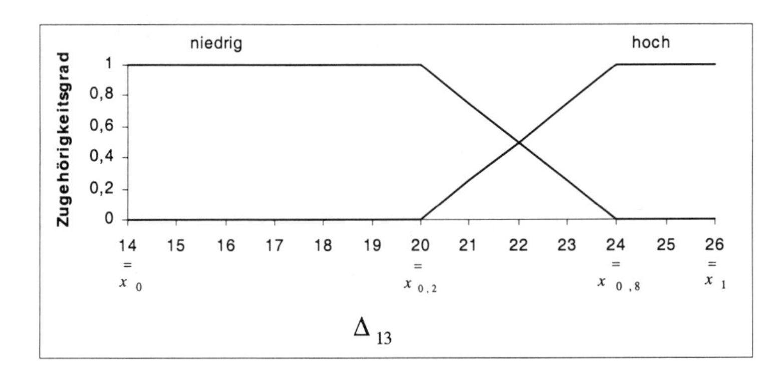

Abbildung A.15: Zugehörigkeitsfunktionen zu Δ_{13}

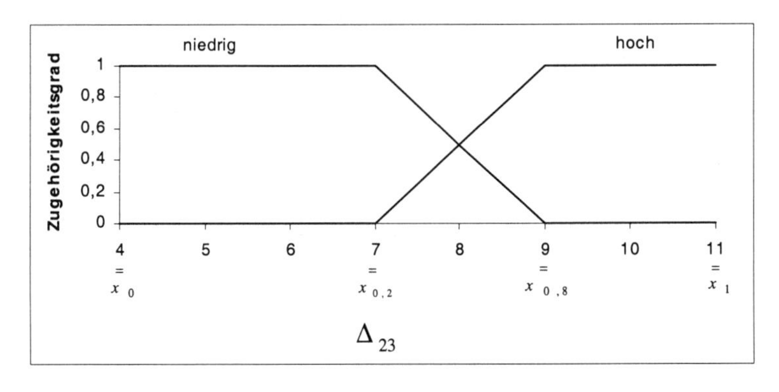

Abbildung A.16: Zugehörigkeitsfunktionen zu Δ_{23}

A.4.3 Zugehörigkeitsfunktionen der Distanzbewertungen

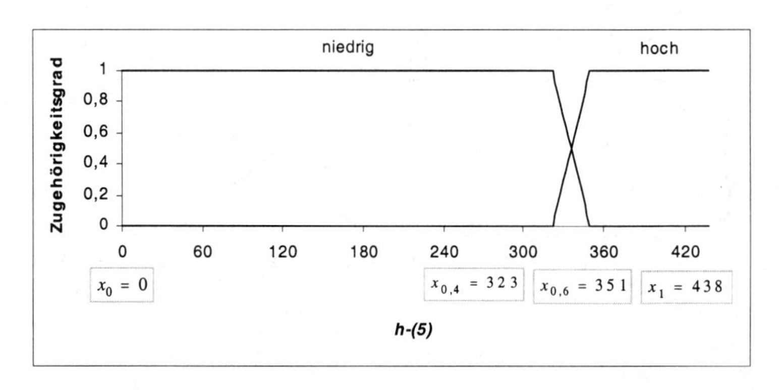

Abbildung A.17: Zugehörigkeitsfunktionen zu $h-(5)$

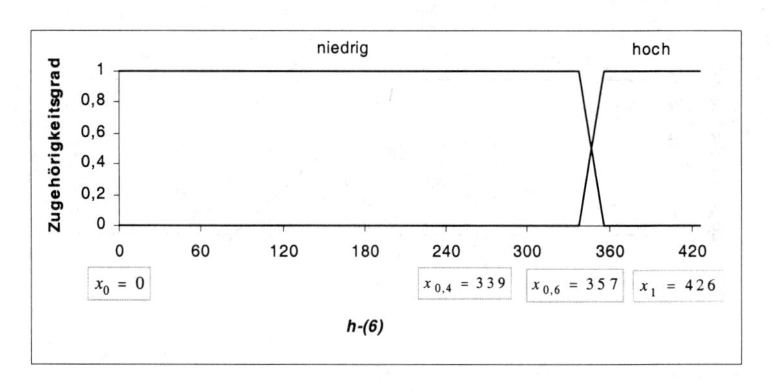

Abbildung A.18: Zugehörigkeitsfunktionen zu $h-(6)$

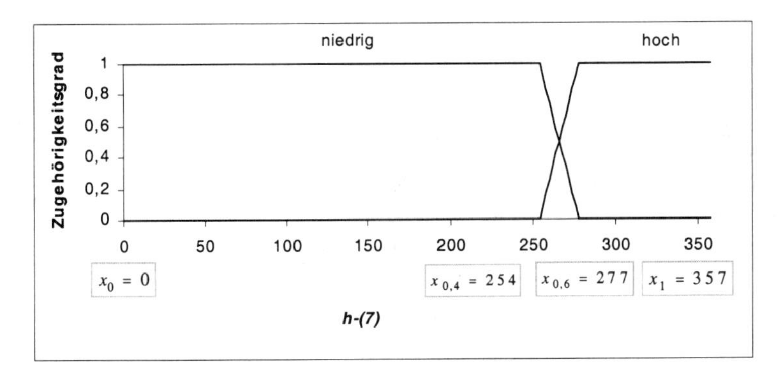

Abbildung A.19: Zugehörigkeitsfunktionen zu $h-(7)$

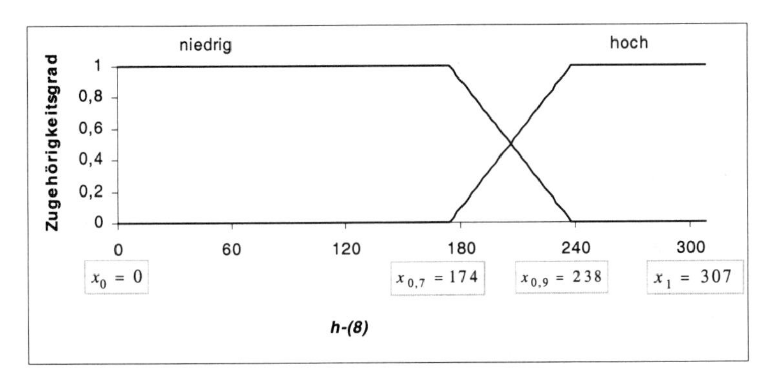

Abbildung A.20: Zugehörigkeitsfunktionen zu $h-(8)$

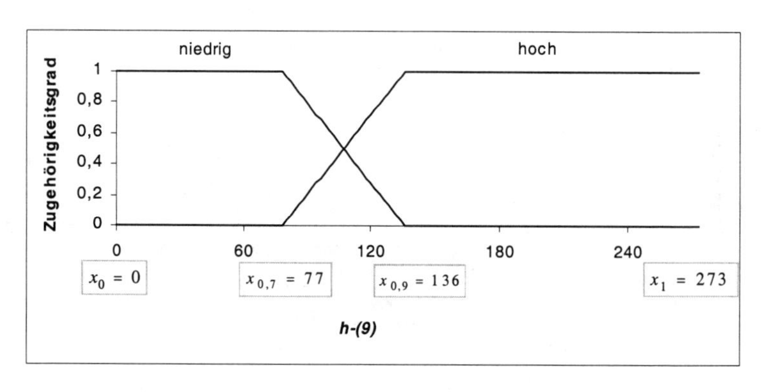

Abbildung A.21: Zugehörigkeitsfunktionen zu $h-(9)$

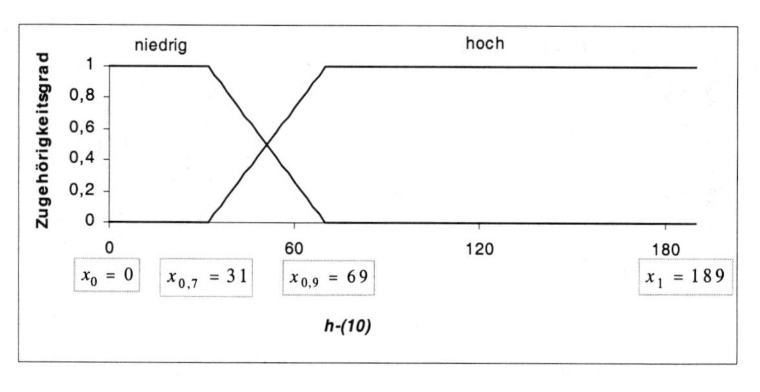

Abbildung A.22: Zugehörigkeitsfunktionen zu $h-(10)$

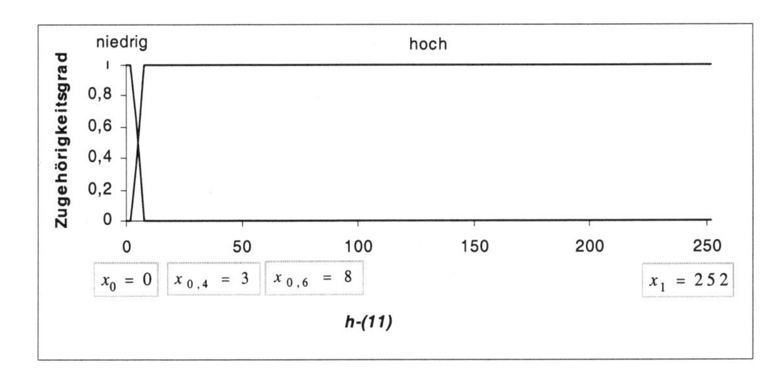

Abbildung A.23: Zugehörigkeitsfunktionen zu $h-(11)$

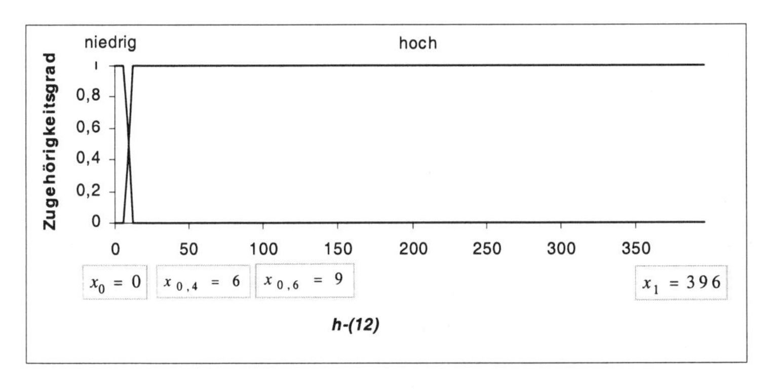

Abbildung A.24: Zugehörigkeitsfunktionen zu $h-(12)$

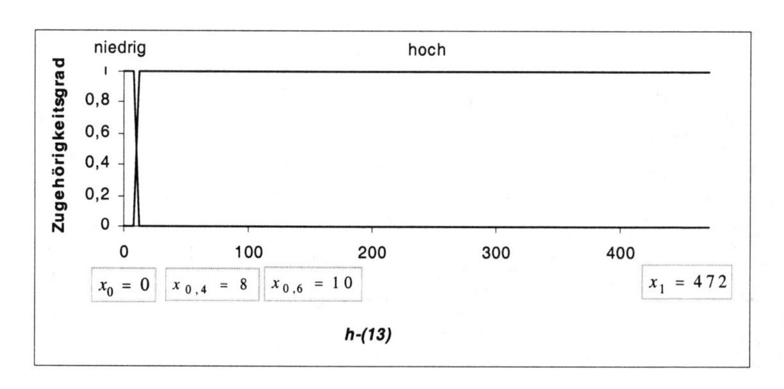

Abbildung A.25: Zugehörigkeitsfunktionen zu $h-(13)$

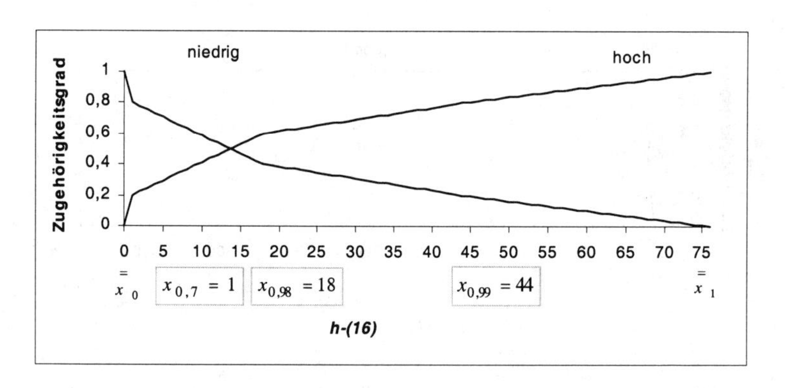

Abbildung A.26: Zugehörigkeitsfunktionen zu $h-(16)$

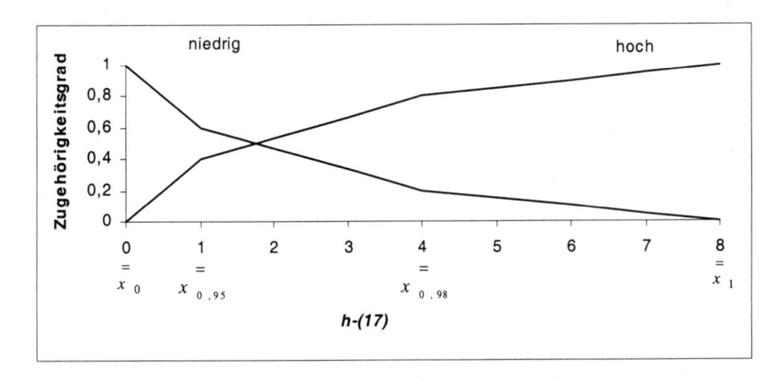

Abbildung A.27: Zugehörigkeitsfunktionen zu $h-(17)$

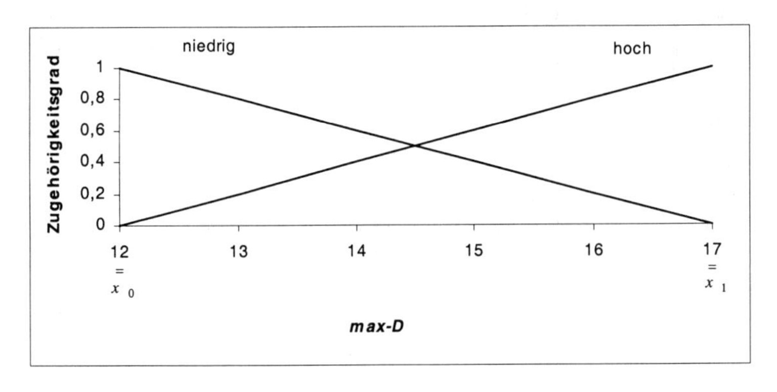

Abbildung A.28: Zugehörigkeitsfunktionen zu *max-D*

A.5 Geordnete Ergebnislisten

A.5.1 Geordnete Ergebnisliste zur Gesamteignung als Extremzentrum

Gesamteignung als Extremzentrum				
	nicht normiert		normiert	
Sz. Nr.	schlecht	gut	schlecht	gut
1574	0,00	1,00	0,00	1,00
1592	0,00	1,00	0,00	1,00
1575	0,17	0,83	0,17	0,83
1594	0,17	0,83	0,17	0,83
1596	0,17	0,83	0,17	0,83
1577	0,19	0,81	0,19	0,81
1579	0,19	0,81	0,19	0,81
1581	0,19	0,81	0,19	0,81
1583	0,19	0,81	0,19	0,81
1585	0,19	0,81	0,19	0,81
1587	0,19	0,81	0,19	0,81
1570	0,19	0,81	0,19	0,81
1571	0,19	0,81	0,19	0,81
1573	0,19	0,81	0,19	0,81
126	0,19	0,81	0,19	0,81
857	0,19	0,81	0,19	0,81
440	0,19	0,81	0,19	0,81
1217	0,19	0,81	0,19	0,81
157	0,20	0,80	0,20	0,80
900	0,20	0,80	0,20	0,80
200	0,20	0,80	0,20	0,80
959	0,20	0,80	0,20	0,80
199	0,20	0,80	0,20	0,80
958	0,20	0,80	0,20	0,80
158	0,20	0,80	0,20	0,80
901	0,20	0,80	0,20	0,80
155	0,28	0,72	0,28	0,72
156	0,28	0,72	0,28	0,72
197	0,28	0,72	0,28	0,72
898	0,28	0,72	0,28	0,72
...	...	...	...	...
...	...	...	...	...

Tabelle A.25: Geordnete Ergebnisliste zur Gesamteignung als Extremzentrum

A.5.2 Geordnete Ergebnisliste zur Gesamteignung als mittleres Zentrum

Gesamteignung als mittleres Zentrum				
	nicht normiert		normiert	
Sz. Nr.	schlecht	gut	schlecht	gut
634	0,00	1,00	0,00	1,00
632	0,10	0,90	0,10	0,90
633	0,30	0,75	0,29	0,71
611	0,30	0,70	0,30	0,70
593	0,33	0,67	0,33	0,67
595	0,33	0,67	0,33	0,67
612	0,33	0,67	0,33	0,67
613	0,33	0,67	0,33	0,67
614	0,33	0,67	0,33	0,67
635	0,44	0,75	0,37	0,63
615	0,56	0,75	0,43	0,57
642	0,55	0,45	0,55	0,45
594	0,70	0,52	0,57	0,43
596	0,70	0,52	0,57	0,43
640	0,58	0,42	0,58	0,42
638	0,58	0,42	0,58	0,42
597	0,70	0,50	0,58	0,42
1372	0,86	0,51	0,63	0,37
1370	0,86	0,51	0,63	0,37
616	0,85	0,50	0,63	0,37
636	0,85	0,50	0,63	0,37
1408	0,84	0,49	0,63	0,37
535	0,87	0,50	0,64	0,36
1404	0,95	0,50	0,66	0,34
505	0,99	0,51	0,66	0,34
643	0,78	0,40	0,66	0,34
1546	0,96	0,48	0,66	0,34
539	0,96	0,48	0,66	0,34
541	0,96	0,48	0,67	0,33
543	0,97	0,49	0,67	0,33
....				
....				

Tabelle A.26: Geordnete Ergebnisliste zur Gesamteignung als mittleres Zentrum

A.5.3 Geordnete Ergebnisliste zur Gesamteignung als Zwischenzentrum

Gesamteignung als Zwischenzentrum (3 und 4)				
	nicht normiert		normiert	
Sz. Nr.	schlecht	gut	schlecht	gut
426	0,21	0,79	0,21	0,79
513	0,28	0,72	0,28	0,72
514	0,30	0,70	0,30	0,70
515	0,30	0,70	0,30	0,70
786	0,35	0,65	0,35	0,65
1105	0,35	0,65	0,35	0,65
783	0,37	0,63	0,37	0,63
632	0,40	0,60	0,40	0,60
634	0,40	0,60	0,40	0,60
638	0,40	0,60	0,40	0,60
640	0,40	0,60	0,40	0,60
642	0,40	0,60	0,40	0,60
64	0,55	0,75	0,42	0,58
776	0,57	0,72	0,44	0,56
778	0,45	0,55	0,45	0,55
337	0,45	0,55	0,45	0,55
365	0,45	0,55	0,45	0,55
1330	0,63	0,69	0,48	0,52
425	0,61	0,65	0,48	0,52
698	0,64	0,68	0,49	0,51
1103	0,62	0,63	0,49	0,51
1120	0,62	0,63	0,49	0,51
404	0,66	0,67	0,50	0,50
789	0,50	0,50	0,50	0,50
1107	0,50	0,50	0,50	0,50
1110	0,50	0,50	0,50	0,50
1119	0,50	0,50	0,50	0,50
1328	0,58	0,57	0,50	0,50
700	0,76	0,73	0,51	0,49
66	0,64	0,61	0,51	0,49
...	...	...	...	...
...	...	...	...	...

Tabelle A.27: Geordnete Ergebnisliste zur Gesamteignung als Zwischenzentrum

A.6 Auszüge aus Distanzmatrizen

A.6.1 Distanzen der Kandidaten für die Extremzentren

Sz. Nr.	1574	1592
	Distanzwerte	
1575	1	2
1594	2	1
1596	2	1
1577	2	1
1579	3	2
1581	3	2
1583	3	2
1585	4	3
1587	4	3
1570	1	2
1571	2	3
1573	3	4
126	15	16
857	15	16
440	17	16
1217	17	16
157	14	15
900	14	15
200	16	17
959	16	17
199	15	16
958	15	16
158	15	16
901	15	16

Tabelle A.28: Distanzen der Kandidaten für die Extremzentren

A.6.2 Distanzen der Kandidaten für das mittlere Zentrum

Sz. Nr.	1574	1592	440	1217	200	959
	Distanzwerte					
634	13	12	6	7	7	8
632	12	11	6	7	7	8
633	13	12	5	6	6	7
611	12	11	6	7	7	8
593	11	10	7	8	8	9
595	12	11	7	8	8	9
612	13	12	5	6	6	7
613	13	12	6	7	7	8
614	14	13	5	6	6	7
635	14	13	5	6	6	7
615	13	12	5	6	6	7

Tabelle A.29: Distanzen der Kandidaten für das mittlere Zentrum

A.6.3 Distanzen der Kandidaten für die Zwischenzentren 3 und 4

Sz. Nr.	1574	1592	440	1217	200	959	426
	Distanzwerte						
426	15	14	3	4	4	5	0
513	12	13	6	7	5	6	6
514	13	14	5	6	4	5	5
515	13	14	6	7	5	6	5
786	13	14	6	5	5	4	3
1105	14	13	5	4	6	5	4
783	12	13	6	5	5	4	4
632	12	11	6	7	7	8	6
634	13	12	6	7	7	8	5
638	13	12	5	6	6	7	5
640	14	13	5	6	6	7	4
642	14	13	4	5	5	6	5
64	13	14	5	6	4	5	2
776	12	13	6	5	5	4	6
778	13	14	6	5	5	4	5
337	14	13	3	4	4	5	4
365	14	13	4	5	5	6	3
1330	14	13	5	4	6	5	4
425	14	13	4	5	5	6	1
698	12	13	6	7	5	6	5
1103	13	12	5	4	6	5	5
1120	15	14	4	3	5	4	3

Tabelle A.30: Distanzen der Kandidaten für die Zwischenzentren

A.7 Beschreibung ausgewählter Szenarien mit Bewertungen

Kenngrößen	Szenarien 1574	959	634	426	513
Beschreibung der Szenarien					
D_1	3	2	1	1	1
D_2	2	1	1	1	1
D_3	2	1	1	1	1
D_4	2	1	1	1	1
D_5	2	1	1	1	1
D_6	2	1	2	1	2
D_7	1	1	2	2	1
D_8	3	1	2	1	2
D_9	1	2	2	2	2
D_{10}	1	2	2	2	2
D_{11}	1	2	1	2	2
D_{12}	1	2	1	1	1
D_{13}	2	1	1	1	1
D_{14}	2	1	1	2	1
D_{15}	1	3	2	2	1
D_{16}	2	1	1	1	1
D_{17}	1	2	1	2	1
Werte der Kenngrößen zur Konsistenz					
anz(-1)	7	3	8	8	7
anz(0)	72	64	73	64	71
anz(1)	51	56	43	54	47
anz(2)	6	13	12	10	11

Tabelle A.31: Ausgewählte Szenarien: Teil 1

Kenn-größen	Szenarien				
	1574	959	634	426	513
Werte der Kenngrößen zur Stabilität					
Δ_{-11}	2	1	4	4	5
Δ_{01}	3	3	7	4	7
Δ_{11}	9	10	7	10	8
Δ_{21}	3	4	5	4	5
Δ_{-12}	4	2	6	7	6
Δ_{02}	6	5	14	7	12
Δ_{12}	17	18	13	18	14
Δ_{22}	5	7	8	6	8
Δ_{-13}	5	3	7	8	7
Δ_{03}	9	7	16	9	15
Δ_{13}	22	25	18	25	20
Δ_{23}	6	9	9	8	9
Werte der Kenngrößen zur Unterschiedlichkeit					
$h-(5)$	3	386	241	391	331
$h-(6)$	0	190	286	358	358
$h-(7)$	0	96	288	207	277
$h-(8)$	0	58	238	63	161
$h-(9)$	4	37	138	13	54
$h-(10)$	26	12	51	0	7
$h-(11)$	119	0	18	3	5
$h-(12)$	317	0	12	10	10
$h-(13)$	450	0	6	12	11
$h-(16)$	60	18	0	0	0
$h-(17)$	8	4	0	0	0
max-D	17	17	14	15	15

Tabelle A.32: Ausgewählte Szenarien: Teil 2

Literaturverzeichnis

Adam D. (1993): Planung und Entscheidung: Modelle – Ziele – Methoden, Fallstudien und Lösungen, Gabler, Wiesbaden

Albach H., Weber J. (Hrsg.) (1991): Controlling: Selbstverständnis, Instrumente, Perspektiven, ZfB Ergänzungsheft 3/91, Gabler, Wiesbaden

Alewell K. (1974): Break Even-Analyse, in: Marketing-Enzyklopädie, Band 1, Verlag Moderne Industrie, Landsberg/Lech, S. 305-317

Altrock C. von (1993): Fuzzy Logic, Band 1: Technologie, Oldenbourg, München, Wien

Amshoff B. (1993): Controlling in deutschen Unternehmungen. Realtypen, Kontext und Effizienz, Wiesbaden

Anthony R.N., Mattessich R.V. (1969): Harvard-Fälle aus der Praxis des betrieblichen Rechnungswesens, Bertelsmann Universitätsverlag, Bielefeld

Backhaus K., Erichson B., Plinke W., Weiber R. (1994): Multivariate Analysemethoden, 7. Auflage, Berlin, Heidelberg

Bagus T. (1992): Wissensbasierte Bonitätsanalyse im Firmenkundengeschäft der Kreditinstitute, Dissertation, Frankfurt/Main

Ball G.H., Hall D.J. (1967): A Clustering Technique for Summarizing Multivariate Data, in: Behaviour Science, 12, pp. 153-155

Bamberg G., Baur F. (1998): Statistik, 10. Auflage, Oldenbourg, München, Wien

Bamberg G., Coenenberg A.G. (1996): Betriebswirtschaftliche Entscheidungslehre, 9. Auflage, München

Bandemer H., Gottwald S. (1993): Einführung in Fuzzy-Methoden, 4. Auflage, Berlin

Bandemer H., Näther W. (1992): Fuzzy Data Analysis, Dordrecht

Baum H.-G., Coenenberg A.G., Günther T. (1999): Strategisches Controlling, 2. Auflage, Schäffer-Poeschel Verlag, Stuttgart

Bausch T., Opitz O. (1993): PC-gestützte Datenanalyse mit Fallstudien aus der Marktforschung, Vahlen, München

Bea F.X., Haas J. (1997): Strategisches Management, Uni-TB GmbH, Stuttgart

Becker J. (1992): Konstruktionsbegleitende Kalkulation als CIM-Baustein, in: Männel W. (Hrsg.) (1992 a): Handbuch Kostenrechnung, Wiesbaden, S. 552-562

Becker W. (1990): Funktionsprinzipien des Controlling, in: Zeitschrift für Betriebswirtschaft ZFB, 60. Jg., Heft 3, S. 295-318

Beiersdorf H. (1995): Informationsbedarf und Informationsbedarfsermittlung im Problemlösungsprozeß "Strategische Unternehmensplanung", Rainer Hampp Verlag, München, Mering

Bellman R.E., Zadeh L.A. (1970): Decision-Making in a Fuzzy Environment, in: Management Science, Vol. 17, No. 4, pp. B-141 to B-164

Berens W., Delfmann W. (1995): Quantitative Planung: Konzeption, Methoden und Anwendungen, Schäffer-Poeschel, Stuttgart

Berliner C., Brimson J.A. (1988): Cost Management for Today's Advanced Manufacturing Environment, Boston (Mass.)

Berthel J. (1984): Unternehmensführung im Wandel? Perspektiven für Theorie und Wandel, in: Zeitschrift für Organisation, 53, S. 7-12

Bertram U. (1995): Höhere Effektivität des Controlling durch Nutzung der Früherkennungsphilosophie, in: Steinle C., Eggers B., Lawa D. (Hrsg.) (1995 a): Zukunftsgerichtetes Controlling: Unterstützungs- und Steuerungssystem für das Management; Mit Fallbeispielen, Gabler, Wiesbaden, S. 61-78

Bezdek J.C. (1974): Numerical Taxonomy with Fuzzy Sets, in: Journal of Mathematical Biology, 1, pp. 57-71

Bezdek J.C. (1981): Pattern Recognition with Fuzzy Objective Function Algorithms, New York

Biethahn J., Huch B. (Hrsg.) (1994): Informationssysteme für das Controlling, Springer, Berlin, Heidelberg

Biethahn J., Hönerloh A., Kuhl J., Nissen V. (Hrsg.) (1997): Fuzzy Set–Theorie in betriebswirtschaftlichen Anwendungen, Vahlen, München

Biewer B. (1997): Fuzzy-Methoden, Springer, Berlin, Heidelberg

Bischoff J. (1994): Das Shareholder-Value-Konzept, Gabler, Wiesbaden

Blazek A. (1997): Das Pflichtenheft des Controllers im Jahr 2005, in: Rieder L. (Hrsg.) (1997 a): Controllers Zukunft, Orell Füssli, 1997, S. 33-43

Bloech J., Götze U., Huch B., Lücke W., Rudolph F. (Hrsg.) (1994): Strategische Planung: Instrumente, Vorgehensweisen und Informationssysteme, Physica, Heidelberg

Bock H.H. (1974): Automatische Klassifikation, Göttingen

Bock H.H. (1979): Clusteranalyse mit unscharfen Partitionen, in: Bock H.H. (Hrsg.): Klassifikation und Erkenntnis III: Numerische Klassifikation, Studien zur Klassifikation, Frankfurt am Main, Band 6, S. 137-163

Bortolan G., Degani R. (1985): Ranking Fuzzy Subsets, in: Fuzzy Sets and Systems, 15, pp. 1-19

Bothe H.-H. (1995): Fuzzy Logic: Einführung in Theorie und Anwendungen, 2. Auflage, Springer, Berlin, Heidelberg

Botschatzke W. (1995): Koordination und Informationsversorgung als Kernfunktion des Controlling, in: Steinle C., Eggers B., Lawa D. (Hrsg.) (1995 a): Zukunftsgerichtetes Controlling: Unterstützungs- und Steuerungssystem für das Management; Mit Fallbeispielen, Gabler, Wiesbaden, S. 95-106

Bramsemann R. (1993): Handbuch Controlling: Methoden und Techniken, Hanser, München

Braun S. (1994): Die Prozeßkostenrechnung: Ein fortschrittliches Kostenrechnungssystem?, Dissertation, Verlag Wissenschaft & Praxis, Ludwigsburg, Berlin

Brauers J., Weber M. (1986): Szenarioanalyse als Hilfsmittel der strategischen Planung: Methodenvergleich und Darstellung einer neuen Methode, in: Zeitschrift für Betriebswirtschaft, 56. Jg., Heft 7, S. 631-652

Brauers J., Weber M. (1988): A New Method of Scenario Analyses for Strategic Planning, in: Journal of Forecasting, Vol. 7, pp. 31-47

Brockhoff K. (1977): Prognoseverfahren für die Unternehmensplanung, Wiesbaden

Bühner R. (1990): Das Management-Wert-Konzept: Strategien zur Schaffung von mehr Wert im Unternehmen, Schäffer, Stuttgart

Büschken J. (1994): Conjoint-Analyse: Methodische Grundlagen und Anwendungen in der Marktforschungspraxis, in: Tomczak T., Reinecke S. (Hrsg.) (1994): Marktforschung, Verlag Thexis, St. Gallen, S. 72-89

Buggert W., Wielpütz A. (1995): Target Costing: Grundlagen und Umsetzung des Zielkostenmanagements, Hanser Verlag, München, Wien

Camp R.C. (1994): Benchmarking, München, Wien

Carlsson C. (1984): On the Relevance of Fuzzy Sets in Management Science Methodology, in: Zimmermann H.-J., Zadeh L.A., Gaines B.R. (eds.) (1984): Fuzzy Sets and Decision Analysis, North Holland, Amsterdam, New York, Oxford, pp. 11-28

Chan Y.L., Yuan Y. (1990): Dealing with Fuzziness in Cost-Volume-Profit Analysis, in: Accounting and Business Research, Vol. 20, No. 78, pp. 83-95

Chen S.J., Hwang C.L. (1992): Fuzzy Multiple Attribute Decision Making, Springer, Heidelberg

Cibis C., Niemand S. (1993): Planung und Steuerung funktioneller Dienstleistungen mit Target Costing – dargestellt am Beispiel der IBM Deutschland GmbH, in: Horváth P. (Hrsg.) (1993): Target Costing: Marktorientierte Zielkosten in der deutschen Praxis, Stuttgart, S. 191-228

Claassen U., Hilbert H. (1995): Controlling: Vom Rechnungswesen zum Potentialmanagement, in: Steinle C., Eggers B., Lawa D. (Hrsg.) (1995 a): Zukunftsgerichtetes Controlling: Unterstützungs- und Steuerungssystem für das Management; Mit Fallbeispielen, Gabler, Wiesbaden, S. 341-357

Coenenberg A.G. (1967): Die Berücksichtigung des Absatzrisikos im Break-even-Modell, in: Betriebswirtschaftliche Forschung und Praxis, Band 19, S. 343-355

Coenenberg A.G. (1993): Kostenrechnung und Kostenanalyse, 2. Auflage, Verlag Moderne Industrie, Landsberg/Lech

Coenenberg A.G. (1997 a): Kostenrechnung und Kostenanalyse, 3. Auflage, Verlag Moderne Industrie, Landsberg/Lech

Coenenberg A.G. (1997 b): Kostenrechnung und Kostenanalyse — Aufgaben und Lösungen, Verlag Moderne Industrie, Landsberg/Lech

Coenenberg A.G. (1999): Kostenrechnung und Kostenanalyse, 4. Auflage, Verlag Moderne Industrie, Landsberg/Lech

Coenenberg A.G., Baum H.-G. (1987): Strategisches Controlling: Grundfragen der strategischen Planung und Kontrolle, USW-Schriften für Führungskräfte, Band 12, Stuttgart

Coenenberg A.G., Fischer T. (1991): Prozeßkostenrechnung — Strategische Neuorientierung in der Kostenrechnung, in: Die Betriebswirtschaft, 51, 1, S. 21-38

Coenenberg A.G., Fischer T., Schmitz J. (1994): Target Costing und Product Life Cycle Costing als Instrumente des Kostenmanagements, in: Zeitschrift für Planung, Heft 5, S. 1-38

Coenenberg A.G., Fischer T., Schmitz J. (1997): Target Costing und Product Life Cycle Costing als Instrumente des Kostenmanagements, in: Freidank C.-C., Götze U., Huch B., Weber J. (Hrsg.) (1997): Kostenmanagement: Aktuelle Konzepte und Anwendungen, Springer, Berlin, Heidelberg, S. 195-232

Cooper R. (1992 a): Japanese Cost Management Systems, Vortragsunterlagen zum EIASM Workshop "Some New Directions in Management Accounting Research", Madrid

Cooper R. (1992 b): Target Costing — Japanische und amerikanische Erfahrungen, in: Tagungsunterlagen des Workshops "Target Costing", veranstaltet von Horváth & Partner GmbH, 11. Juni 1992, Haus der Wirtschaft, Stuttgart

Cunha C.J.C.A. (1989): Ein Modell zur Unterstützung der Bewertung und Auswahl von Strategiealternativen, Dissertation, Aachen

Dambrowski J. (1992): Wie man mit Lean Target Costing effizient arbeiten kann, in: Horváth P. (Hrsg.) (1992): Effektives und schlankes Controlling, Stuttgart, S. 277-288

Dannenberg J. (1990): Mirkocomputergestützte Instrumente der strategischen Unternehmensplanung, Dissertation, DUV, Wiesbaden

Dave R. (1990): Fuzzy shell-clustering and applications to circle detection in digital images, in: International Journal of General Systems, 16, pp. 343-355

Dederichs J. (1993): Ein computergestütztes Basismodul kollektiver strategischer Controllingsysteme, Dissertation, Bergisch Gladbach, Köln

Deimer R. (1986): Unscharfe Clusteranalysemethoden, Schulz-Kirchner, Idstein

Deisenhofer T. (1993): Marktorientierte Kostenplanung auf Basis von Erkenntnissen der Marktforschung bei der AUDI AG, in: Horváth P. (Hrsg.) (1993): Target Costing: Marktorientierte Zielkosten in der deutschen Praxis, Stuttgart, S. 93-118

De Kluyver C.A., Moskowitz H. (1984): Assessing Scenario Probabilities via Interactive Goal Programming; in: Management Science, Vol. 30, No. 3, pp. 273-278

Demant B. (1993): Fuzzy-Theorie oder Die Faszination des Vagen: Grundlagen einer präzisen Theorie des Unpräzisen, Vieweg, Braunschweig/Wiesbaden

Deyhle A. (1989): Controller-Praxis: Unternehmensplanung und Controller-Funktion, Band I, 7. Auflage, Gauting/München

Deyhle A. (1991 a): Kommentar der 12 Thesen im Beitrag von Küpper/Weber/Zünd zum Verständnis und Selbstverständnis des Controlling, in: Albach H., Weber J. (1991): Controlling: Selbstverständnis, Instrumente, Perspektiven, ZfB Ergänzungsheft 3/91, Gabler, Wiesbaden, S. 1-7

Deyhle A. (1991 b): Entwicklungsperspektiven des Controlling, in: Risak/ Deyhle (Hrsg.) (1991): Controlling. State of the Art und Entwicklungstendenzen, Wiesbaden, S. 359-385

Dittmar J. (1997): Entwicklungstrends im Controlling 1996 – eine Literaturanalyse, in: Horváth P. et al. (1997 a): Controlling — Jahrbuch 1997, Stuttgart, S. 133-139

Döpper K. (1992): Target orientiertes Controlling bei Toshiba in Europa, in: Horváth P. (Hrsg.) (1992): Effektives und schlankes Controlling, Stuttgart, S. 245-259

Dörfel F. (1992 a): DV-Projektmanagement und Fuzzy Logic, in: DV-Management, 1, Teil 1: S. 40-47

Dörfel F. (1992 b): DV-Projektmanagement und Fuzzy Logic, in: DV-Management, 2, Teil 2: S. 91-98

Dörfler P. (1986): Controlling und Information — Informationsbedarf des Controlling und Informationsangebot unter besonderer Berücksichtigung der Häufigkeiten von Bedarf und Angebot, Dissertation, Universität Göttingen

Dombi J. (1990): Membership Function as an Evaluation, in: Fuzzy Sets and Systems, 35, pp. 1-21

Drösser Ch. (1994): Fuzzy Logic: Methodische Einführung in krauses Denken, Rowohlt, Hamburg

Dubois D., Prade H. (1978): Operations on fuzzy numbers, in: International Journal of Systems Sciences, Vol. 9, No. 6, pp. 613-626

Dubois D., Prade H. (1979): Fuzzy real algebra: some results, in: Fuzzy Sets and Systems, 2, pp. 327-348

Dubois D., Prade H. (1980): Fuzzy Sets and Systems: Theory and Applications, New York, London, Toronto

Dubois D., Prade H. (1986): Possibility Theory — An Approach to Computerized Processing of Uncertainty, Plenum, New York

Dubois D., Prade H. (1989): Fuzzy sets, probability and measurement, in: European Journal of Operations Research, 40, pp. 135-154

Dubois D., Prade H., Yager R.R. (eds.) (1993): Readings in Fuzzy Sets for Intelligent Systems, Morgan, San Mateo

Duignan P.A. (1998): Fuzzy Leadership, in: Reznik L., Dimitrov V., Kacprzyk J. (Hrsg.): Fuzzy system design: social and engineering applications, Physika, Heidelberg, New York, S. 3-23

Dunst K.H. (1983): Portfolio Management — Konzeption für die strategische Unternehmensplanung, de Gruyter, Berlin, New York

Duperrin J.C., Godet M. (1975): SMIC 74 — A Method for Constructing and Ranking Scenarios, in: Futures, August 1975, pp. 302-312

Dutta S. (1993): Fuzzy Logic Applications: Technological and Strategic Issues, in: IEEE Transactions on Engineering Management, Vol. 40, No. 3, August 1993, pp. 237-254

Dyckhoff H. (1994): Verknüpfungsoperatoren für unscharfe Mengen und ihre Anwendung in Mehrpersonenentscheidungen, in: Werners B., Gabriel R. (Hrsg.): Operations Research: Reflexionen aus Theorie und Praxis, Heidelberg, S. 221-241

Eggers B., Ahlers F. (1995): Vernetzendes Controlling im Rahmen eines ganzheitlichen Managements: Identifikation und Handhabung von Erfolgsfaktoren, in: Steinle C., Eggers B., Lawa D. (Hrsg.) (1995 a): Zukunftsgerichtetes Controlling: Unterstützungs- und Steuerungssystem für das Management; Mit Fallbeispielen, Gabler, Wiesbaden, S. 79-93

Ehrlenspiel K. (1985): Kostengünstig Konstruieren, Berlin, Heidelberg, New York, Tokyo

Eschenbach R. (Hrsg.) (1995 a): Controlling, Stuttgart

Eschenbach R. (Hrsg.) (1995 b): Controlling - State of the Art, Entwicklungsstand und -perspektiven im Controlling, Tagungsbericht des österreichischen Controllertags 1994, Wien

Eschenbach R. (1997): Controlling als Führungsfunktion — Tendenzen und Kontext, in: Rieder L. (Hrsg.) (1997 a): Controllers Zukunft, Orell Füssli, 1997, S. 15-32

Eschenbach R., Niedermayr R. (1995): Die Konzeption des Controlling, in: Eschenbach R. (Hrsg.) (1995 a): Controlling, Stuttgart, S. 49-95

Ewert R. (1997): Target Costing und Verhaltenssteuerung, in: Freidank C.-C., Götze U., Huch B., Weber J. (Hrsg.) (1997): Kostenmanagement: Aktuelle Konzepte und Anwendungen, Springer, Berlin, Heidelberg, S. 299-322

Fink A., Schlake O. (1995): Szenario-Management — Ein Rahmenkonzept zur Entwicklung von Leitbildern und Strategien, in: Gausemeier J. (Hrsg.) (1995 a): Die Szenario-Technik — Werkzeug für den Umgang mit einer multiplen Zukunft, Paderborn, S. 19-42

Fischer J. (1989): Qualitative Ziele in der Unternehmensplanung, Erich Schmidt Verlag, Berlin

Fischer M. (1996): Controlling im Wandel der Zeit - Zukünftige Herausforderungen aus der Sicht des Unternehmensberaters, in: Kostenrechnungspraxis, Heft 4, 40. Jahrgang, S. 193-196

Fischer T.M. (1993 a): Kostenmanagement strategischer Erfolgsfaktoren: Instrumente zur operativen Steuerung der strategischen Schlüsselfaktoren Qualität, Flexibilität und Schnelligkeit, Vahlen, München

Fischer T.M. (1993 b): Kosten frühzeitig erkennen und beeinflussen, in: io-Management Zeitschrift, 62, Nr. 9, S. 67-71

Fischer T.M., Schmitz J.A (1994): Informationsgehalt und Interpretation des Zielkostenkontrolldiagramms im Target Costing, in: Kostenrechungspraxis, Nr. 6, S. 427-432

Flemming K. (1977): Unscharfe Mengen — Ein Beitrag zur Theorie und einige Aspekte ihrer Anwendung in den Wirtschaftswissenschaften, Dissertation, Gesamthochschule Paderborn

Forschner M. (1996): Prozeßorientierte Investitionsbewertung von Informationssystemen mit Hilfe der Fuzzy Logic – Modell und seine Anwendung am Beispiel F&E, Universität Stuttgart

Franz K.-P. (1993): Target Costing: Konzept und kritische Bereiche, in: Controlling, Heft 3, S. 124-130

Freidank C.-C. (1999): Target Costing und andere Konzepte im Werkzeugkasten des Controllerdienstes, in: Mayer E., Liessmann K., Freidank C.-C. (Hrsg.): Controlling-Konzepte für das 21. Jahrhundert, 4. Auflage, Gabler, Wiesbaden, S. 353-391

Freidank C.-C., Götze U., Huch B., Weber J. (Hrsg.) (1997): Kostenmanagement: Aktuelle Konzepte und Anwendungen, Springer, Berlin, Heidelberg

Freidank C.-C., Zaeh P. (1997): Spezialfragen des Target Costing und des Kostenmanagements, in: Freidank C.-C., Götze U., Huch B., Weber J. (Hrsg.) (1997): Kostenmanagement: Aktuelle Konzepte und Anwendungen, Springer, Berlin, Heidelberg, S. 233-274

Gabriel R., Jaeger A. (Hrsg.) (1993): Fuzzy-Technologien: Prinzipien, Potentiale und Anwendungen, Institut für Unternehmensführung und Unternehmensforschung, Arbeitsbericht Nr. 55, Ruhr-Universität Bochum, Bochum

Gaiser B., Kieninger M. (1993): Fahrplan für die Einführung des Target Costing, in: Horváth P. (Hrsg.) (1993): Target Costing: Marktorientierte Zielkosten in der deutschen Praxis, Stuttgart, S. 53-74

Gausemeier J. (Hrsg.) (1995 a): Die Szenario-Technik — Werkzeug für den Umgang mit einer multiplen Zukunft, Paderborn

Gausemeier J. (1995 b): Szenario-Technik — Werkzeug auf dem Weg zur kreativen Nation, in: Gausemeier J. (Hrsg.) (1995 a): Die Szenario-Technik — Werkzeug für den Umgang mit einer multiplen Zukunft, Paderborn, S. 7-18

Gausemeier J., Fink A., Schlake O. (1995 a): Szenario-Management: Planen und Führen mit Szenarien, Hanser, München, Wien

Gausemeier J., Fink A., Schlake O. (1995 b): Entwicklung zukunftsrobuster Leitbilder durch Stakeholder-Szenarien, in: io-mamagement, Nr. 10, 64. Jahrgang, S. 32-36

Gaydoul P. (1980): Controlling in der deutschen Unternehmenspraxis, stmv, Darmstadt

Georgantzas N.C., Acar W. (1995): Scenario-Driven Planning: Learning to Manage Strategic Uncertainty, Quorum Books, Westport/Connecticut, London

Geschka H. (ohne Jahr): Handbuch INKA — Integrierte Nutzeroberfläche zur Konsistenzmatrix-Analyse, Darmstadt

Geschka H., Hammer R. (1986): Die Szenario-Technik in der strategischen Unternehmensplanung, in: Hahn D., Taylor B. (1986): Strategische Unternehmensplanung, 4. Auflage, Physika, Würzburg, Wien, S. 238-263

Geschka H., Reibnitz U. von (1986): Die Szenario-Technik — ein Instrument der Zukunftsanalyse und der strategischen Planung, in: Töpfer A., Afheld H. (Hrsg.) (1986): Praxis der strategischen Unternehmensplanung, Stuttgart, S. 125-170

Geyer-Schulz A. (1986): Unscharfe Mengen im Operations Research, Dissertation, Wien

Geyer-Schulz A. (1995): Fuzzy Rule-Based Expert Systems and Genetic Machine Learning, Physika, Heidelberg

Gierl H. (1995): Marketing, Kohlhammer, Stuttgart, Berlin, Köln

Gleich R. (1994): Kostenforechecking, in: Controlling, Heft 1, S. 48-50

Götze U. (1991): Szenario-Technik in der strategischen Unternehmensplanung, DUV, Wiesbaden

Götze U. (1993): ZP-Stichwort: Target Costing, in: Zeitschrift für Planung, Heft 4, S. 381-389

Götze U. (1994): Strategische Planung auf der Grundlage von Szenarien, in: Bloech J., Götze U., Huch B., Lücke W., Rudolph F. (Hrsg.) (1994): Strategische Planung: Instrumente, Vorgehensweisen und Informationssysteme, Physica, Heidelberg, S. 101-124

Götze U. (1997): Einsatzmöglichkeiten und Grenzen der Prozeßkostenrechnung, in: Freidank C.-C., Götze U., Huch B., Weber J. (Hrsg.) (1997): Kostenmanagement: Aktuelle Konzepte und Anwendungen, Springer, Berlin, Heidelberg, S. 141-174

Götze U., Rudolph F. (1994): Instrumente der strategischen Planung, in: Bloech J., Götze U., Huch B., Lücke W., Rudolph F. (Hrsg.) (1994): Strategische Planung: Instrumente, Vorgehensweisen und Informationssysteme, Physica, Heidelberg, S. 1-56

Goetzke W., Sieben G. (Hrsg.) (1982): Entwicklungen und Erfahrungen aus der Praxis des Controlling (II), Gebera-Schriften, Band 11, Köln

Gordon T.J., Hayward H. (1968): Initial Experiments with the Cross Impact Matrix Method of Forecasting, in: Futures, Januar 1968, pp. 100-116

Green P.E., Srinivasan V. (1990): Conjoint Analysis in Marketing: New Developments With Implications for Research and Practice, in: Journal of Marketing, 54, October 1994, S. 3-19

Green P.E., Wind Y. (1975): New way to measure consumers' judgments, in: Havard Business Review, July-August 1975, pp. 107-117

Green P.E., Wind Y., Jain A.K. (1972): Preference Measurement of Item Collections, in: Journal of Marketing Research, Vol. IX, November 1972, S. 371-377

Grob L. (1996): Positionsbestimmung des Controlling, in: Scheer A.-W. (Hrsg.) (1996): Rechnungswesen und EDV: Kundenorientierung in Industrie, Dienstleistung und Verwaltung, 17. Saarbrücker Arbeitstagung, Physica, Heidelberg, S. 137-158

Günther T. (1991): Erfolg durch strategisches Controlling? – Eine empirische Studie zum Stand des strategischen Controlling in deutschen Unternehmen und dessen Beitrag zu Unternehmenserfolg und -risiko, Vahlen, München

Günther T. (1997 a): Neuentwicklungen der Kostenrechung – eine Antwort auf geänderte Fragestellungen, in: Freidank C.-C., Götze U., Huch B., Weber J. (Hrsg.) (1997): Kostenmanagement: Aktuelle Konzepte und Anwendungen, Springer, Berlin, Heidelberg, S. 97-120

Günther T. (1997 b): Unternehmeswertorientiertes Controlling, Vahlen, München

Hahn D. (1993): Target Costing — ein überlebenswichtiges Konzept, in: Controlling, Heft 2, März/April 1993, S. 110-101

Hahn D. (1995): Unternehmungsziele im Wandel: Konsequenzen für das Controlling, in: Controlling, Heft 6, November/Dezember 1995, S. 328-338

Hahn D. (1996): PuK, Controllingkonzepte: Planung und Kontrolle, Planungs- und Kontrollsysteme, Planungs- und Kontrollrechnung, 5. Auflage, Wiesbaden, Gabler

Hahn D., Taylor B. (Hrsg.) (1986): Strategische Unternehmensplanung, 4. Auflage, Physika, Würzburg, Wien

Hahn D., Taylor B. (Hrsg.) (1997): Strategische Unternehmensplanung — Strategische Unternehmensführung: Stand und Entwicklungstendenzen, 7. Auflage, Physika, Heidelberg

Hamacher H. (1978): Über logische Aggregationen nicht-binär expliziter Entscheidungskriterien, Dissertation, Rita G. Fischer Verlag, Frankfurt/Main

Harbert L. (1982): Controlling-Begriffe und Controlling-Konzeptionen, Bochum

Hartung J., Elpelt B. (1984): Multivariate Statistik, Oldenbourg, München, Wien

Hasselberg F. (1989): Strategische Kontrolle im Rahmen strategischer Unternehmensführung, Verlag Peter Lang, Frankfurt/Main

Hauke W. (1997): Bereichspositierungen bei Produkt-Portfolio-Darstellungen, in: Zeitschrift für Planung, Heft 8, S. 277-290

Hauke W. (1998): Fuzzy-Modelle in der Unternehmensplanung, Physica, Heidelberg

Hauke W., Opitz O. (1996): Mathematische Unternehmensplanung: eine Einführung, Verlag Moderne Industrie, Landsberg/Lech

Hayya J.C., Ferrara W.L., Nachmann D.A. (1972): Normalcy of Profit in the Jaedicke-Robichek Model, in: The Accounting Review, Vol. 47, pp. 299-307

Hazebrouck J.-P. (1998): Anforderungsanalyse und Konzeption einer modellbasierten MSS-Komponente zur unternehmerischen Frühaufklärung unter Nutzung der Fuzzy-Logic, Dissertation, Universität Bamberg

Henzler H. (1974): Der Januskopf muß weg, in: Wirtschaftswoche, H. 38, S. 60-63

Hilliard J.E., Leitch R.A. (1975): Cost-Volume-Profit Analysis under Uncertainty: A Log Normal Approach, in: The Accounting Review, Vol. 50, pp. 69-80

Hiromoto T. (1988): Another Hidden Edge — Japanese Management Accounting, in: Havard Business Review, Jul/Aug, 66, 4, pp. 22-26

Hiromoto T. (1989): Management Accounting in Japan, in: Controlling, Heft 6, S. 316-322

Hörschgen H. (1992): Grundbegriffe der Betriebswirtschaftslehre, 3. Auflage, Stuttgart

Homburg C. (1998): Quantitative Betriebswirtschaftslehre: Entscheidungsunterstützung durch Modelle; mit Beispielen, Übungsaufgaben und Lösungen, Gabler, Wiesbaden

Honton E.J., Stacey G.S., Millett S.M. (1984): Futures Scenarios: The BASICS Computational Method, Economics and Policy Analysis, Occasional Paper, No. 4, Battelle, Columbus/Ohio

Hopfenbeck W. (1992): Allgemeine Betriebwirtschafts- und Managementlehre, 5. Auflage, Landsberg/Lech

Hopfenbeck W. (1998): Allgemeine Betriebwirtschafts- und Managementlehre, 12. Auflage, Landsberg/Lech

Horváth P. (1978): Entwicklung und Stand einer Konzeption zur Lösung der Adaptions- und Koordinationsprobleme der Führung, in: ZfB, 48. Jg, S. 194-208

Horváth P. (Hrsg.) (1991): Synergien durch Schnittstellen-Controlling, Stuttgart

Horváth P. (1992): Effektives und schlankes Controlling - Herausforderungen an den Controller, in: Horváth P. (Hrsg.) (1992): Effektives und schlankes Controlling, Stuttgart

Horváth P. (Hrsg.) (1992): Effektives und schlankes Controlling, Stuttgart

Horváth P. (Hrsg.) (1993): Target Costing: Marktorientierte Zielkosten in der deutschen Praxis, Stuttgart

Horváth P. (1996 a): Controlling, 6. Auflage, Vahlen, München

Horváth P. (Hrsg.) (1996 b): Controlling des Strukturwandels, Stuttgart

Horváth P. (1997): Das Instrumentarium des Controllers im Jahre 2006, in: Rieder L. (Hrsg.) (1997 a): Controllers Zukunft, Orell Füssli, 1997, S. 95-112

Horváth P. et al. (1997 a): Controlling — Jahrbuch 1997, Stuttgart

Horváth P., Gleich R., Voggenreiter D. (1996): Controlling Umsetzen: Fallstudien, Lösungen und Basiswissen, Stuttgart

Horváth P., Kininger M., Mayer R., Schimank C. (1993): Prozeßkostenrechnung — oder wie die Praxis die Theorie überholt, in: DBW, 53. Jg, S. 609-628

Horváth P., Mayer R. (1993): Prozeßkostenrechnung — Konzeption und Entwicklung, in: Kostenrechnungspraxis, Sonderheft 2/93, S. 15-28

Horváth P., Mayer R. (1995): Konzeption und Entwicklung der Prozeßkostenrechnung, in: Männel W. (Hrsg.) (1995): Prozeßkostenrechnung, krp-Edition, Gabler, Wiesbaden, S. 59-86

Horváth P., Niemand S., Wolbold M. (1993): Target Costing — State of the Art, in: Horváth P. (Hrsg.) (1993): Target Costing: Marktorientierte Zielkosten in der deutschen Praxis, Stuttgart, S. 1-28

Horváth P., Seidenschwarz W. (1992 a): Die Methodik des Zielkostenmanagements, Controlling Forschungsbericht Nr. 33, Lehrstuhl für Allgemeine Betriebswirtschaftslehre und Controlling, Universität Stuttgart

Horváth P., Seidenschwarz W. (1992 b): Zielkostenmanagement, in: Controlling, Heft 3, Mai/Juni 1992, S. 142-150

Horváth P., Seidenschwarz W., Sommerfeldt (1993): Von Genka Kikaku bis Kaizen, in: Controlling, Heft 1, Januar/Februar 1993, S. 10-18

Imai M. (1992): Kaizen — Der Schlüssel zum Erfolg der Japaner im Wettbewerb, 3. Auflage, München

IFUA Horváth & Partner (1991): Prozeßkostenmanagement, Vahlen, München

Jaedicke R.K., Robichek A.A. (1964): Cost-Volume-Profit Analysis under Conditions of Uncertainty, in: The Accounting Review, Vol. 39, No. 10, pp. 917-926

Jakob F. (1993): Target Costing im Anlagenbau - das Beispiel der LTG Lufttechnik GmbH, in: Horváth P. (Hrsg.) (1993): Target Costing: Marktorientierte Zielkosten in der deutschen Praxis, Stuttgart, S. 155-190

Janschek O., Matje A. (1994): Target Costing — Darstellung und Kritik, in: Seicht G. (Hrsg.) (1994): Kostenrechung und Controlling, 2. erw. Auflage, Linde Verlag, Wien, S. 285-326

Jentzsch K., Weidt T. (1996): Target Costing-Implementation: Ein kommentierter Kriterienkatalog zur Unterstützung der Einführung des marktorientierten Zielkostenmanagements, in: Controller Magazin, 4, S. 243-251

Kahlert J., Frank H. (1994): Fuzzy-Logik und Fuzzy-Control, Vieweg, Wiesbaden

Kammermayer W. (1992): Produktkosten-Vorgabe abgeleitet vom Markt und dem geplanten Unternehmensergebnis, in: Horváth P. (Hrsg.) (1992): Effektives und schlankes Controlling, Stuttgart, S. 261-276

Kaplan R.S. (Hrsg.) (1990): Measures for Manufacturing Excellence, Boston

Keil R. (1996): Strategieentwicklung bei qualitativen Zielen, Verlag Wissenschaft & Praxis, Sternenfels, Berlin

Kistner K.P., Schmidt R. (Hrsg.) (1991): Unternehmensdynamik, Festschrift für H. Albach, Wiesbaden

Kleinebeckel H. (1976): Break-even-Analysen für Planung und Plan-Ist-Berichterstattung, in: Zeitschrift für betriebswirtschaftliche Forschung (Kontaktstudium), Heft 3, 28. Jahrgang, S. 117-124

Kleinebeckel H. (1982): Weiterentwicklung der Break-even-Analyse als ein Steuerungs- und Überwachungsinstrument im Controlling, in: Goetzke W., Sieben G. (Hrsg.): Entwicklungen und Erfahrungen aus der Praxis des Controlling (II), Gebera-Schriften, Band 11, Köln, S. 63-84

Klir G.J. (1987): Where do we stand on measures of uncertainty, ambiguity, fuzziness, and the like?, in: Fuzzy Sets and Systems, 24, pp. 141-160

Klir G.J., Folger T.A. (1988): Fuzzy Sets, Uncertainty and Information, Prentice Hall, New York

Klir G.J., Yuan B. (1995): Fuzzy Sets and Fuzzy Logic — Theory and Applications, Prentice Hall, New York

Kobayashi T. (1997): Target Cost Management: Der Stand und die Problematik in Japan, in: Küpper H.-U., Troßmann E. (Hrsg.) (1997): Das Rechnungswesen im Spannungsfeld zwischen strategischem und operativem Management, Duncker & Humblot, Berlin, S. 197-218

Köhler R. (1976): Die Kontrolle strategischer Pläne als betriebswirtschaftliches Problem, in: Zeitschrift für Betriebswirtschaft, 46. Jahrgang, Nr. 4/5, S. 301-318

Kosko B. (1993): fuzzy logisch — Eine neue Art des Denkens, Carlson, Hamburg

Kottas J.F., Lau H.-S. (1978): Direct Simulation in Stochastic CVP Analysis, The Accounting Review, Vol. 53. pp. 698-707

Kottas J.F., Lau A.H.-L., Lau H.-S. (1978): A General Approach to Stochastic Management Planning Models, An Overview, The Accounting Review, Vol. 53. pp. 389-401

Krapp M., Wotschofsky S. (2000): Stochastisches Target Costing, in: Zeitschrift für Planung, Band 11, Heft 1, S. 23-40

Kraus F. (1997): Fuzzylogische Controlling-Anwendungen, in: Controller Magazin, 6/97, S. 425-431

Kraus F. (1997 a): Fit für die Zukunkt — Die Zukunft des Controlling, in: Controller Magazin, 2/97, S. 99-101

Kreikebaum H. (1993): Strategische Unternehmensplanung, 5. Auflage, Kohlhammer, Stuttgart, Berlin, Köln

Krishnapuram R. (1992): The Fuzzy C Spherical Shells Algorithm: A New Approach, in: IEEE Transactions on Neural Networks, Volume 3, No. 5, September 1992, pp. 663-671

Kruse R., Gebhardt J., Klawonn F. (1991): Modellierung von Vagheit und Unsicherheit: Fuzzy Logik und andere Kalküle, in: Künstliche Intelligenz, Heft 4, S. 13-17

Kruse R., Gebhardt J., Klawonn F. (1993): Fuzzy Systeme, Stuttgart

Küpper H.-U. (1987): Konzeption des Controlling aus betriebswirtschaftlicher Sicht, in: Scheer A.-W. (Hrsg.) (1987): Rechnungswesen und EDV, 8. Saarbrücker Arbeitstagung, Heidelberg, S. 82-116

Küpper H.-U. (1988): Koordination und Interdependenz als Bausteine einer konzeptionellen und theoretischen Fundierung des Controlling, in: Lücke W. (Hrsg.): Betriebswirtschaftliche Steuerungs- und Kontrollprobleme, Gabler, Wiesbaden, S. 163-183

Küpper H.-U. (1990): Industrielles Controlling, in: Schweitzer M. (Hrsg.) (1990): Industriebetriebslehre. Das Wirtschaften in Industrieunternehmen, München, S. 781-891

Küpper H.-U. (1995): Controlling: Konzeptionen, Aufgaben und Instrumente, Stuttgart

Küpper H.-U. (1997): Controlling: Konzeptionen, Aufgaben und Instrumente, 2. Auflage, Stuttgart

Küpper H.-U., Troßmann E. (Hrsg.) (1997): Das Rechnungswesen im Spannungsfeld zwischen strategischem und operativem Management, Duncker & Humblot, Berlin

Küpper H.-U., Weber J. (1995): Grundbegriffe des Controllings, Stuttgart

Küpper H.-U., Weber J., Zünd A. (1990): Zum Verständnis und Selbstverständnis des Controlling, in: ZfB, 60. Jg., S. 281-293

Küpper W., Lüder K., Streitferdt L. (1975): Netzplantechnik, Physika, Würzburg, 1975

Küting K., Lorson P. (1995): Stand, Entwicklung und Grenzen der Prozeßkostenrechnung, in: Männel W. (Hrsg.) (1995): Prozeßkostenrechnung, krp-Edition, Gabler, Wiesbaden, S. 87-102

Kumagaya T. (1977): The Important Points of Cost Management in Custom-Made Industries, in: Cost Accounting (Genka keisan), Aug. 1977, 31

Lehmann F.O. (1992): Zur Entwicklung eines koordinationsorientierten Controlling-Paradigmas, in: Zeitschrift für betriebswirtschaftliche Forschung, 44, 1/1992, S. 45-61

Lehmann I., Weber R., Zimmermann H.-J. (1992): Fuzzy Set Theory, in: OR-Spektrum, Heft 14, pp. 1-9

Lewis Th. G. (1994): Steigerung des Unternehmenswertes: Total-value-Management, Verlag Moderne Industrie, Landsberg/Lech

Li B. (1996): Defuzzifikationsstrategie und Defuzzifikationsanalyse: Verbindung zwischen unscharfer Mengentheorie und praktischen Anwendungen, Dissertation, RWTH Aachen

Liao M. (1975): Model Sampling: A Stochastic Cost-Volume-Profit Analysis, in: The Accounting Review, Vol. 50, pp. 780-790

Liessmann K. (1999): Strategisches Controlling, in: Mayer E., Liessmann K., Freidank C.-C. (Hrsg.): Controlling-Konzepte für das 21. Jahrhundert, 4. Auflage, Gabler, Wiesbaden, S. 3-90

Lingnau V. (1998): Geschichte des Controllings, in: WiSt, Heft 6, Juni 1998, S. 274-281

Linneman R.E., Klein H.E. (1979): The Use of Multiple Scenarios by U.S. Industrial Companies, in: Long Range Planning, Vol. 12, No. 2, pp. 83-90

Lowen R. (1996): Fuzzy Set Theory: Basic Concepts, Techniques and Bibliography, Kluwer Academic Publishers, Dordrecht, Boston, London

Lücke W. (Hrsg.) (1988): Betriebswirtschaftliche Steuerungs- und Kontrollprobleme, Gabler, Wiesbaden

Lütz R.A. (1996): Membership functions for fuzzy poverty measurement — an approach using german panel data, Peter Lang, Frankfurt/Main

Mag W. (1995): Unternehmensplanung, Vahlen, München

Malik F. (1991): Controlling und vernetztes Denken, strategische Früherkennung, in: Risak J., Deyhle A. (Hrsg.) (1991): Controlling: State of the Art und Entwicklungstendenzen, Wiesbaden, S. 195-230

Männel W. (Hrsg.) (1992 a) : Handbuch Kostenrechnung, Wiesbaden

Männel W. (1992 b): Bedeutsame Ansätze, Konzepte und Instrumente des Kostenmanagements, in: Kostenrechnungspraxis, Heft 6, S. 340-343

Männel W. (1993): Moderne Konzepte für Kostenrechnung, Controlling und Kostenmanagement, in: Kostenrechnungspraxis, Heft 2, S. 69-78

Männel W. (Hrsg.) (1995): Prozeßkostenrechnung, krp-Edition, Gabler, Wiesbaden

Männel W. (1997): Aufgaben, Schwerpunkte und Instrumente des Kostenmanagements, in: Küpper H.-U., Troßmann E. (Hrsg.) (1997): Das Rechnungswesen im Spannungsfeld zwischen strategischem und operativem Management, Duncker & Humblot, Berlin, S. 161-184

Mag W. (1995): Unternehmensplanung, München

Mamdani E.H., Gaines B.R. (Eds.) (1981): Fuzzy Reasoning and its Applications, Academic Press, London

Mann R. (1991): Visionäres Controlling, in: Risak J., Deyhle A. (Hrsg.) (1991): Controlling: State of the Art und Entwicklungstendenzen, Wiesbaden, S. 387-400

Matschke M.J., Kolf J. (1980): Historische Entwicklung, Begriff und organisatorische Probleme des Controlling, in: Der Betrieb, 33. Jg., S. 601-607

Mayer A., Mechler B., Schlindwein A., Wolke R. (1993): Fuzzy Logic: Einführung und Leitfaden zur praktischen Anwendung: Mit Fuzzy-Shell in C++; Addison-Wesley, Bonn, Paris, Reading/ Mass. u.a.

Mayer E. (1991): Der Werkzeugkasten des Controllers - Vernetzung von strategischem und operativem Controlling, in: Risak J., Deyhle A. (Hrsg.) (1991): Controlling: State of the Art und Entwicklungstendenzen, Wiesbaden, S. 29-45

Mayer E. (1999): Herausforderungen deutscher Unternehmen im 21. Jahrhundert, in: Mayer E., Liessmann K., Freidank C.-C. (Hrsg.): Controlling-Konzepte für das 21. Jahrhundert, 4. Auflage, Gabler, Wiesbaden, S. 423-431

Mayer E., Liessmann K., Freidank C.-C. (Hrsg.) (1999): Controlling- Konzepte für das 21. Jahrhundert, 4. Auflage, Gabler, Wiesbaden

Mayer R. (1991): Prozeßkostenrechnung und Prozeßkostenmanagement: Konzept, Vorgehensweise und Einsatzmöglichkeiten, in: IFUA Horváth & Partner (1991): Prozeßkostenmanagement, Vahlen, München, S. 73-99

Mayer R. (1993): Target Costing und Prozeßkostenrechnung, in: Horváth P. (Hrsg.) (1993): Target Costing: Marktorientierte Zielkosten in der deutschen Praxis, Stuttgart, S. 75-92

McNeill D., Freiberger D. (1994): Fuzzy Logic — Die unscharfe Logik erobert die Technik, Droemer Knaur, München

Meier W. (1993): Analyse betrieblicher Daten mit Fuzzy-Datenanalysemethoden, in: Gabriel R., Jaeger A. (Hrsg.): Fuzzy-Technologien: Prinzipien, Potentiale und Anwendungen, Institut für Unternehmensführung und Unternehmensforschung, Arbeitsbericht Nr. 55, Ruhr-Universität Bochum, Bochum, S. 51-90

Mentzel K. (1982): Die Brücke zwischen verfügbaren quantitativen Methoden und praktischen Bedürfnissen des Managements - aus Managersicht, in: OR-Proceedings 1981, Springer, S. 59-67

Mertens P., Borkowski V., Geis W. (1993): Betriebliche Expertensystem-Anwendungen, 3. Auflage, Springer, Berlin, Heidelberg

Milling P. (1982): Entscheidungen bei unscharfen Prämissen — Betriebswirtschaftliche Aspekte der Theorie unscharfer Mengen, in: Zeitschrift für Betriebswirtschaft, 52. Jg., Heft 8, S. 716-734

Mißler-Behr M. (1993): Methoden der Szenarioanalyse, Dissertation, Wiesbaden

Mißler-Behr M. (1995 a): Scenario analysis with BASICS, in: Gaul W., Pfeifer D. (Eds.): From Data to Knowledge: Theoretical and Practical Aspects of Classification, Data Analysis and Knowledge Organization, Berlin, pp. 318-325

Mißler-Behr M. (1995 b): Eindeutige Anordnung im System-Grid, in: Zeitschrift für Planung, Band 6, Heft 3, S. 263-276

Mißler-Behr M. (1995 c): Methoden der Szenario-Erstellung, in: Gausemeier J. (1995 a) (Hrsg.): Die Szenario-Technik — Werkzeug für den Umgang mit einer multiplen Zukunft, Paderborn, S. 43-62

Mißler-Behr M. (1996 a): Der Einsatz der unscharfen Klassifikation bei der Suche nach strategischen Zukunftsbildern, in: Tagungsband des Symposiums 'Anwendungen von Fuzzy Technologien und Neuronalen Netzen', 19.-20. Juni, Erlangen, S. 109-114

Mißler-Behr M. (1996 b): Applying Fuzzy Classification in Strategic Planning, in: Zimmermann H.-J. (ed.): Eufit'96 — Fourth European Congress on Intelligent Techniques and Soft Computing, Aachen, Mainz, Volume 2, pp. 1302-1306

Mißler-Behr M. (1997 a): Unscharfe Szenarienendauswahl im strategischen Controlling, in: Biethahn J., Hönerloh A., Nissen V. (Hrsg.): Fuzzy Set Theorie in betriebswirtschaftlichen Anwendungen, Vahlen, München, S. 261-272

Mißler-Behr M. (1997 b): Supporting the Search for Final Scenarios by the Fuzzy-C-Means Algorithm, in: Klar R., Opitz O. (Hrsg.): Classification and Knowledge Organization, Springer, Berlin, Heidelberg, New York, pp. 588-595

Mißler-Behr M. (1997 c): Applying Fuzzy Clustering for a Better Representation of the Total Scenario Space, in: Zimmermann U., Derigs U., Gaul W., Möhring R.H., Schuster K.-P. (Eds): Operations Research Proceedings 1996: Selected Papers of the Symposium on Operations Research (SOR 96), Braunschweig, September 3-6, 1996; Springer, Berlin, Heidelberg, pp. 439-444

Mißler-Behr M. (1997 d): Fuzzy Cost Volume Analysis, in: Zimmermann H.-J. (ed.): Eufit'97 — Fifth European Congress on Intelligent Techniques and Soft Computing, Aachen, Mainz, Volume 2, pp. 1545-1549

Mißler-Behr M., Hötger B. (1996): Stochastische und unscharfe Ansätze in der Break-Even-Analyse, Arbeitspapier zur Mathematischen Wirtschaftsforschung, Institut für Statistik und Mathematische Wirtschaftstheorie, Universität Augsburg, Heft 145

Mißler-Behr M., Lechner W. (1996): Grundelemente der Fuzzy Set Theorie, Arbeitspapier zur Mathematischen Wirtschaftsforschung, Institut für Statistik und Mathematische Wirtschaftstheorie, Universität Augsburg, Heft 148

Monden Y. (1989): Total Cost Management System in Japanese Automobile Corporations, in: Monden Y., Sakurai M. (Hrsg.) (1989): Japanese Management Accounting: A World Class Approach to Profit Management, Productivity Press, Cambridge, Norwalk, pp. 15-33

Monden Y., Sakurai M. (Hrsg.) (1989): Japanese Management Accounting: A World Class Approach to Profit Management, Productivity Press, Cambridge, Norwalk

Moore R.E. (1966): Interval Analysis, Prentice Hall, Englewood Cliffs

Müller A. (1996): Grundzüge eines ganzheitlichen Controlling, Oldenbourg, München, Wien

Müller H., Wolbold M. (1993): Target Costing im Entwicklungsbereich der "ElektroWerk AG", in: Horváth P. (Hrsg.) (1993): Target Costing: Marktorientierte Zielkosten in der deutschen Praxis, Stuttgart, S. 119-154

Müller-Hagedorn L., Sewing E., Toporowski W. (1993): Zur Validität von Conjoint-Analysen, in: Zeitschrift für betriebswirtschaftliche Forschung, 45, 2/1993, S. 123-148

Munakata T., Jani Y. (1994): Fuzzy Systems: An Overview, in: Communications of the ACM, Vol. 37, No. 3, March 1994, pp. 69-76

Natke G.H., Ben-Haim Y. (Hrsg.) (1997): Uncertainty: Models and Measures, Akademie Verlag, Berlin

Nauck D., Kruse R. (1997): Fuzzy-Systeme und Soft Computing, in: Biethahn J., Hönerloh A., Kuhl J., Nissen V. (Hrsg.): Fuzzy Set-Theorie in betriebswirtschaftlichen Anwendungen, Vahlen, München, S. 3-21

Niedereichholz J., Schuhmann W. (Hrsg.) (1993): Wirtschaftsinformatik - Beiträge zur modernen Unternehmensführung, Frankfurt/Main, New York

Niedermayr R. (1993): Entwicklungsstand des Controlling: System, Kontext und Effizienz, Dissertation, DUV, Wiesbaden

Niemand S. (1996): Target Costing für industrielle Dienstleistungen - Kundenzufriedenheit durch neue Angebotsstrukturen, in: Horváth P. (Hrsg.) (1996 b): Controlling des Strukturwandels, Stuttgart, S. 189-208

Nitzsch R. von (1989): SCENARIO-ANALYSIS — Ein neues Programm zur Unterstützung der Szenarioanalyse, Arbeitsbereicht 89/6 Institut für Wirtschaftswissenschaften, RWTH Aachen, Aachen

Nitzsch R. von, Weber M., Wietheger D. (1985): "KONMACA" — Ein Programmsystem zur Unterstützung der Szenarioanalyse, Arbeitsbericht 85/03, Institut für Wirtschaftswissenschaften, RWTH Aachen, Aachen

Nguyen H.T. (1978): A Note on the Extension Principle for Fuzzy Sets, in: Jounal of Mathematical Analysis and Applications, 64, pp. 369-380

Opitz O. (1980): Numerische Taxonomie, Stuttgart

Opitz O. (1997): Mathematik — Lehrbuch für Ökonomen, 6. Auflage, Oldenbourg, München, Wien

Opitz O., Mißler-Behr M. (1993): Klassifikationsverfahren in der Szenarioanalyse, in: Niedereichholz J., Schuhmann W. (Hrsg.) (1993): Wirtschaftsinformatik - Beiträge zur modernen Unternehmensführung, Frankfurt/Main, New York, S. 240-256

Ossadnik W. (1996): Controlling, Oldenbourg, München, Wien

Pape U. (1997): Wertorientierte Unternehmensführung und Controlling, Verlag Wissenschaft und Praxis, Berlin

Paysen N. (1992): Unternehmensplanung bei vagen Daten, Dissertation, Frankfurt/Main

Popp H. (1994): Anwendungen der Fuzzy-Set-Theorie in Industrie- und Handelsbetrieben, in: Wirtschaftsinformatik, 36 (3), S. 268-285

Popp H., Protzel P., Weierich P., Wetzel D., Bitterlich N., Lödel D. (1993): Fuzzy-Technik in Theorie und Praxis — Applikationen am FORWISS, Report des Bayerischen Forschungszentrums für wissensbasierte Systeme, Nr.: FR-1993-007, Erlangen

Preißler P.R. (1995 a): Controlling: Lehrbuch und Intensivkurs, 6. Auflage, München

Preißler P.R. (1995 b): Controlling-Lexikon, München

Rabl K. (1990): Strukturierung strategischer Planungsprozesse, Gabler, Wiesbaden

Rappaport A. (1986): Creating shareholder value, The Free Press, New York

Rappaport A. (1995): Shareholder value: Wertsteigerung als Maßstab für die Unternehmensführung, Gabler, Wiesbaden

Raster M. (1995): Shareholder-Value-Management: Ermittlung und Steigerung des Unternehmenswertes, Gabler, Wiesbaden

Rau K.-H. (1997): Konzeption zur Anwendung des Zielkostenmanagements auf die Entwicklung von Anwendungssoftware, in: Küpper H.-U., Troßmann E. (Hrsg.) (1997): Das Rechnungswesen im Spannungsfeld zwischen strategischem und operativem Management, Duncker & Humblot, Berlin, S. 219-240

Reibnitz U. von (1983): Szenarien als Grundlage strategischer Planung, in: Harvard-Manager, Heft 1, S. 71-79

Reibnitz U. von (1987): Szenarien — Optionen für die Zukunft, McGraw-Hill, Hamburg

Reibnitz U. von (1991): Szenario-Technik: Instrumente für die unternehmerische und persönliche Erfolgsplanung, Gabler, Wiesbaden

Reibnitz U. von, Geschka H., Seibert S. (1982): Die Szenario-Technik als Grundlage von Planungen, Battelle, Frankfurt

Reichmann T. (1993): Controlling mit Kennzahlen und Managementberichten, 3. Auflage, München, Vahlen

Reichmann T. (1995): Controlling mit Kennzahlen und Managementberichten - Grundlagen einer systemgestützen Controlling-Konzeption, 4. Auflage, München, Vahlen

Reidmacher H.P. (1992): Logisches Schließen bei Unsicherheit, Peter Lang, Frankfurt am Main

Reiß M., Grimmeisen M. (1995): Komplexitätsmanagement im Dienste des Controllings – Optimierte Projektstrukturen durch komplexitätsorientiertes Schnittstellenmanagement, in: Steinle C., Eggers B., Lawa D. (Hrsg.) (1995 a): Zukunftsgerichtetes Controlling: Unterstützungs- und Steuerungssystem für das Management; Mit Fallbeispielen, Gabler, Wiesbaden, S. 39-59

Remmel M. (1991): Zum Verständnis und Selbstverständnis des Controlling: Anmerkungen, in: Albach H., Weber J. (1991): Controlling: Selbstverständnis, Instrumente, Perspektiven, ZfB Ergänzungsheft 3/91, Gabler, Wiesbaden, S. 9-15

Remmel M. (1997): Entwicklungstendenzen im Controlling, in: Controller Magazin, 5/97, S. 303-307

Resconi G., Klir G.J., Harmanec D., St. Clair U. (1996): Interpretations of various uncertainty theories using models of modal logic: a summary, in: Fuzzy Sets and Systems, 80, pp. 7-14

Reznik L. (1997): Fuzzy Controllers, Newnes, Oxford

Reznik L., Dimitrov V., Kacprzyk J. (1998) (Hrsg.): Fuzzy system design: social and engineering applications, Physika, Heidelberg, New York

Rieder L. (Hrsg.) (1997 a): Controllers Zukunft, Orell Füssli, 1997

Rieder L. (1997 b): Controllers Verantwortung für zukunftsorientierte Systemgestaltung, in: Rieder L. (Hrsg.) (1997 a): Controllers Zukunft, Orell Füssli, 1997, S. 45-70

Riegler C. (1996): Verhaltenssteuerung durch Target Costing: Analyse anhand einer ausgewählten Organisationsform, Schäffer-Poeschel Verlag, Stuttgart

Risak J., Deyhle A. (Hrsg.) (1991): Controlling: State of the Art und Entwicklungstendenzen, Wiesbaden

Rommelfanger H. (1986): Rangordungsverfahren für unscharfe Mengen, in: OR-Spektrum, 8, S. 219-228

Rommelfanger H. (1993 a): Fuzzy-Logik basierte Verarbeitung von Expertenregeln bei der Beurteilung der Vermögenslage von Unternehmen auf der Grundlage von Jahresabschlußinformationen, in: Gabriel R., Jaeger A. (Hrsg.) (1993): Fuzzy Technologien: Prinzipien, Potentiale und Anwendungen, Beiträge zu einem Workshop, Arbeitsbericht Nr. 55, Institut für Unternehmensführung und Unternehmensforschung, Ruhr-Universität Bochum, Bochum, S. 27-49

Rommelfanger H. (1993 b): Fuzzy-Logik basierte Verarbeitung von Expertenregeln, in: OR-Spektrum, Heft 15, S. 31-42

Rommelfanger H. (1994): Fuzzy Decision Support-Systeme: Entscheiden bei Unschärfe, Heidelberg

Rommelfanger H., Unterharnscheidt D. (1986): Entwicklung einer Hierarchie gewichteter Bonitätskriterien für mittelständische Unternehmen, in: Österreichisches Bank-Archiv, 33, S. 419-437

Rommelfanger H., Unterharnscheidt D. (1988): Modelle zur Aggregation von Bonitätskriterien, in: Zeitschrift für betriebswirtschaftliche Forschung, 40, S. 471-503

Rousseeuw P.J. (1995): Fuzzy Clustering at the Intersection, in: Technometrics, August 1995, Volume 37, No. 3, pp. 283-286

Rousseeuw P.J., Kaufmann L., Trauwaert E. (1996): Fuzzy Clustering using scatter matrices, in: Computational Statistics & Data Analysis, 23, pp. 135-151

Rousseeuw P.J., Trauwaert E., Kaufmann L. (1995): Fuzzy Clustering with high contrast, in: Jounal of Computational and Applied Mathematics, 64, pp. 81-90

Rummel K.D. (1992): Zielkosten-Management – der Weg, Produktionskosten zu halbieren und Wettbewerber zu überholen, in: Horváth P. (Hrsg.) (1992): Effektives und schlankes Controlling, Stuttgart, S. 221-244

Saitoh J. (1978): The Net Profit of Eighty Million Yen Earned Through the Introduction of Target Costing, in: Factory Management (Kojoukanri), Dec. 1978

Sakurai M. (1989): Target Costing and how to use it, in: Journal of Cost Management for the manufacturing industry, No. 3, S. 39-50

Sakurai M. (1990): The Influence of Factory Automation on Management Accounting Practices – A Study of Japanese Companies, in: Kaplan R.S. (Hrsg.) (1990): Measures for Manufacturing Excellence, Boston, pp. 39-62

Sapio B. (1995): SEARCH (Scenario evaluation and analysis through repeated cross impact handling): a new method for scenario analysis with an application to the Videotel service in Italy, in: International Journal of Forecasting, Vol. 11, pp. 113-131

Sarin R.K. (1978): A Sequential Approach to Cross-Impact Analysis, in: Futures, Februar 1978, pp. 53-62

Schaufelbühl K. (1987): Entwicklungsstrategie für Informationssysteme, Dissertation, Hochschule St. Gallen

Scheer A.-W. (Hrsg.) (1987): Rechnungswesen und EDV, 8. Saarbrücker Arbeitstagung, Heidelberg

Scheer A.-W. (Hrsg.) (1992): Rechnungswesen und EDV: Spannungsfeld zwischen Integration und Dezentralisierung, 13. Saarbrücker Arbeitstagung, Physica, Heidelberg

Scheer A.-W. (Hrsg.) (1996): Rechnungswesen und EDV: Kundenorientierung in Industrie, Dienstleistung und Verwaltung, 17. Saarbrücker Arbeitstagung, Physica, Heidelberg

Scheffels R. (1996): Fuzzy-Logik in der Jahresabschlußprüfung, Dissertation, DUV, Wiesbaden

Schildbach T. (1992): Begriff und Grundproblem des Controlling aus betriebswirtschaftlicher Sicht, in: Spremann K., Zur E. (Hrsg.) (1992): Controlling. Grundlagen - Informationssysteme - Anwendungen, Wiesbaden, S. 21-36

Schmidt A. (1986): Das Controlling als Instrument zur Koordination der Unternehmensführung: Eine Analyse der Koordinationsfunktion des Controlling unter entscheidungsorientierten Gesichtspunkten, Lang, Frankfurt a. M. u.a.

Schneeweiß C. (1991): Planung 1: Systemanalytische und entscheidungstheoretische Grundlagen, Springer, Berlin u.a.

Schneeweiß C. (1992): Planung 2: Konzepte der Prozeß- und Modellgestaltung, Springer, Berlin u.a.

Schneeweiß C., Steinbach J. (1996): Zur Beurteilung der Prozeßkostenrechnung als Planungsinstrument, in: Die Betriebswirtschaft, 56, 4, S. 459-473

Schneider D. (1991): Versagen des Controlling durch eine überholte Kostenrechnung, in: Der Betrieb, 44. Jg., S. 765-772

Schneider D. (1992 a): Theorien zur Entwicklung des Rechnungswesens, in: ZfbF, 44. Jg., S. 3-31

Schneider D. (1992 b): Controlling im Zwiespalt zwischen Koordination und interner Mißerfolgs-Verschleierung, in: Horváth P. (Hrsg.) (1992): Effektives und schlankes Controlling, Stuttgart, S. 11-35

Schneider H. (1997): Zielkostenmanagement in frühen Phasen der Produktentwicklung, in: Küpper H.-U., Troßmann E. (Hrsg.) (1997): Das Rechnungswesen im Spannungsfeld zwischen strategischem und operativem Management, Duncker & Humblot, Berlin, S. 241-260

Schoemaker, P. (1995): Scenario planning: A tool for strategic thinking, in: Sloan Management Review, Vol. 36, Issue 2, pp. 25-40

Schön M. (1997): Das zukunftsbezogene Controlling, in: Controller Magazin, 4/97, S. 217

Schriefer A. (1995 a): Getting the most out of scenarios: Advice form the experts, in: Planning Review, Vol. 23, Issue 5, pp. 33-35

Schriefer A. (1995 b): Getting the most out of scenarios: Some questions and answers, in: Planning Review, Vol. 23, Issue 6, pp. 37-40

Schützdeller K. (1991): Neue Aufgaben für das Controlling, in: Harvard Manager, 13, S. 116-122

Schulte U. (1993): Einführung in Fuzzy Logik: Fortschritt durch Unschärfe, Franzis, München

Schwab K.D. (1983): Ein auf dem Konzept der unscharfen Mengen basierendes Entscheidungsmodell bei mehrfacher Zielsetzung, Dissertation, Frankfurt

Schweitzer M. (Hrsg.) (1990): Industriebetriebslehre. Das Wirtschaften in Industrieunternehmen, Vahlen, München

Schweitzer M., Friedl B. (1992): Beitrag zu einer umfassenden Controlling-Konzeption, in: Spremann K., Zur E. (Hrsg.) (1992): Controlling. Grundlagen - Informationssysteme - Anwendungen, Wiesbaden, S. 141-167

Schweitzer M., Troßmann E. (1986): Break-even-Analysen: Grundmodell, Varianten und Erweiterungen, Stuttgart

Schweitzer M., Troßmann E. (1998): Break-even-Analysen: Methodik und Einsatz, 2. Auflage, Duncker & Humblot, Berlin

Segner M. (1976): Szenario-Technik —Methodische Darstellung und kritische Analyse, Forschungsreihe Systemtechnik, Bericht 8, TU Berlin, Berlin

Seicht G. (Hrsg.) (1994): Kostenrechung und Controlling, 2. erw. Auflage, Linde Verlag, Wien

Seidenschwarz W. (1991): Target Costing - Ein japanischer Ansatz für das Kostenmanagement, in: Controlling, Heft 4, S. 198-203

Seidenschwarz W. (1993 a): Target Costing, Vahlen, München

Seidenschwarz W. (1993 b): Target Costing – durch marktgerechte Produkte zu operativer Effizienz oder: Wenn der Markt das Unternehmen steuert, in: Horváth P. (Hrsg.) (1993): Target Costing: Marktorientierte Zielkosten in der deutschen Praxis, Stuttgart, S. 29-52

Seidenschwarz W. (1994): Target Costing - Verbindliche Umsetzung marktorientierter Strategien, in: Kostenrechnungspraxis, Heft 1, S. 74-83

Serfling K. (1992): Controlling, 2. Auflage, Stuttgart

Simon H., D. Dahlhoff (1998): Target Pricing und Target Costing mit Conjoint Measurement — Wege zum Preiskonsens zwischen Controlling und Marketing, in: Controlling, Heft 2, März/April 1998, S. 92-96

Sjurts I. (1995): Kontrolle, Controlling und Unternehmensführung: theoretische Grundlagen und Problemlösungen für das operative und strategische Management, Wiesbaden, Gabler

Smithson M. (1987): Fuzzy Set Analysis for Behavioral and Social Sciences, Springer, New York, Berlin, Heidelberg

Sommerlatte T. (1995): Controllingsysteme 2005: Szenarien aus Sicht eines Unternehmensberaters, in: Steinle C., Eggers B., Lawa D. (Hrsg.) (1995 a): Zukunftsgerichtetes Controlling: Unterstützungs- und Steuerungssystem für das Management; Mit Fallbeispielen, Gabler, Wiesbaden, S. 327-340

Speckbacher G. (1997): Shareholder Value und Stakeholder Ansatz, in: Die Betriebswirtschaft, Heft 5, S. 630-639

Spies M. (1993): Unsicheres Wissen: Wahrscheinlichkeit, Fuzzy-Logik, neuronale Netze und menschliches Denken, Spektrum Akademischer Verlag, Heidelberg, Berlin, Oxford

Spremann K., Zur E. (Hrsg.) (1992): Controlling. Grundlagen - Informationssysteme - Anwendungen, Wiesbaden

Steinle C. (1995): Strategisch orientiertes Controlling als Erfolgsgarant, in: Steinle C., Eggers B., Lawa D. (Hrsg.) (1995 a): Zukunftsgerichtetes Controlling: Unterstützungs- und Steuerungssystem für das Management; Mit Fallbeispielen, Gabler, Wiesbaden, S. 19-37

Steinle C., Eggers B., Lawa D. (Hrsg.) (1995 a): Zukunftsgerichtetes Controlling: Unterstützungs- und Steuerungssystem für das Management; Mit Fallbeispielen, Gabler, Wiesbaden

Steinle C., Eggers B., Lawa D. (1995 b): Zukunftsorientierung des Controlling und Controlling in der Zukunft, in: Steinle C., Eggers B., Lawa D. (Hrsg.) (1995 a): Zukunftsgerichtetes Controlling: Unterstützungs- und Steuerungssystem für das Management; Mit Fallbeispielen, Gabler, Wiesbaden, S. 361-369

Stoermer M. (1996): Zukunftsorientierte strategische Kontrolle, DUV, Wiesbaden

Stops M. (1996): Target Costing als Controlling-Instrument, in: WISU, Heft 7, S. 625-628

Sugeno M. (Ed.) (1985): Industrial Applications of Fuzzy Control, Amsterdam

Tanaka M. (1989): Cost Planning and Control Systems in the Design Phase of a new Product, in: Monden Y., Sakurai M. (Hrsg.) (1989): Japanese Management Accounting: A World Class Approach to Profit Management, Productivity Press, Cambridge, Norwalk, S. 49-71

Teichert T. (1998): Schätzgenauigkeit von Conjoint-Analysen, in: Zeitschrift für Betriebswirtschaft, 68. Jg., Heft 11, S. 1245-1266

Teichmann U. (1990): Szenariotechnik, in: Controlling, 1, S. 43

Theuerkauf I. (1989): Kundennutzenmessung mit Conjoint, in: Zeitschrift für Betriebswirtschaft, 59. Jg., Heft 11, S. 1179-1192

Thole U., Zimmermann H.-J., Zysno P. (1979): On the suitability of minimum and product operators for the intersection of fuzzy sets, in: Fuzzy Sets and Systems, 2, pp. 167-180

Tilli T. (1993): Mustererkennung mit Fuzzy Logik, Franzis, München

Töpfer A., Afheld H. (Hrsg.) (1986): Praxis der strategischen Unternehmensplanung, Stuttgart

Tomczak T., Reinecke S. (Hrsg.) (1994): Marktforschung, Verlag Thexis, St. Gallen

Turksen I.B. (1991): Measurement of membership functions and their acquisition, in: Fuzzy Sets and Systems, 40, pp. 5-38

Verdegay J.-L., Delgado M. (eds.) (1989): The interface between Artifical Intelligence and Operations Research in Fuzzy Environment, Verlag TÜV Rheinland, Köln

Vogel F. (1989): Beschreibende und schließende Statistik, 5. Auflage, Oldenbourg, München, Wien

Volkart R. (1997): Zentralisierung versus Dezentralisierung, in: Der Schweizer Treuhänder, 11, S. 976-978

Vollmuth H.J. (1999): Unternehmenssteuerung mit Kennzahlen, Vahlen, München

Weber J. (1991): Kostenrechnung als Controlling-Objekt: Zur Neuausrichtung und Weiterentwicklung der Kostenrechnung, in: Kistner/Schmidt (Hrsg.): Unternehmensdynamik, Wiesbaden, S. 443-479

Weber J. (1992 a): Die Koordinationssicht des Controlling, in: Spremann K., Zur E. (Hrsg.) (1992): Controlling. Grundlagen - Informationssysteme - Anwendungen, Wiesbaden, S. 169-183

Weber J. (1992 b): Entfeinerung der Kostenrechnung?, in: Scheer A.-W. (Hrsg.) (1992): Rechnungswesen und EDV, 13. Saarbrücker Arbeitstagung, Heidelberg, S. 173-199

Weber J. (1995): Einführung in das Controlling, 6. Auflage, Stuttgart

Weber J. (1997): Zukunft des strategischen und operativen Controlling, in: Rieder L. (Hrsg.) (1997 a): Controllers Zukunft, Orell Füssli, 1997, S. 71-93

Weber J. (1998 a): Einführung in das Controlling, 7. Auflage, Stuttgart

Weber J. (1998 b): Controlling 2000 — Wohin geht der Weg der Controller, in: Controller Magazin, 1/98, S. 1-6

Weber J., Brettel M., Schäffer U. (1996): Gedanken zur Unternehmensführung, WHU-Forschungspapier Nr. 35 / April 1996, Vallendar

Weber J., Bültel D. (1992): Controlling-Entwicklung in Deutschland – Eine Erfolgsstory, in: Controller Magazin, 3/92, S. 161-164

Weber J., Kosmider A. (1991): Controlling-Entwicklung in der Bundesrepublik Deutschland im Spiegel von Stellenanzeigen, in: Albach/Weber (Hrsg.) (1991): Controlling: Selbstverständnis, Instrumente, Perspektiven, ZfB Ergänzungsheft 3/91, Gabler, Wiesbaden, S. 17-36

Weber K. (1988): Break-Even-Analyse, in: Die Unternehmung, Nr. 1, 42. Jahrgang, S. 94-110

Weber R., Zygan H., Barczewski T., Rust H.-J. (1996): Vorstellung eines Fuzzy Entscheidungssystems zur Bonitätsbeurteilung von Unternehmen, in: Anwendungen der Intelligenten Datenanalyse – Realisierungen mit Data Engine, 23. und 24. Oktober 1996, Frankfurt/Main, ©MIT - Management Intelligenter Technologien GmbH, Promenade 9, D-52076, S. 85-92

Welge M.K., Al-Laham A. (1992): Planung: Prozesse – Strategien – Maßnahmen, Gabler, Wiesbaden

Welge M.K., Holtbrügge D. (1998): Internationales Management, mi-Verlag, Landsberg am Lech

Welzel O. (1987): Möglichkeiten und Grenzen der stochastischen Break-Even-Analyse als Grundlage von Entscheidungsverfahren, Physika, Heidelberg

Werners B. (1984): Interaktive Entscheidungsunterstützung durch ein flexibles mathematisches Programmierungssystem, Dissertation, Minerva Publikation, München

Werners B. (1993): Unterstützung der strategischen Technologieplanung durch wissensbasierte Systeme, Habilitationsschrift, Aachen

Werners B. (1994): Approximative Inferenz mit linguistischen Variablen, in: Werners B., Gabriel R. (Hrsg.): Operations Research: Reflexionen aus Theorie und Praxis, Heidelberg, S. 243-274

Werners B., Gabriel R. (Hrsg.) (1994): Operations Research: Reflexionen aus Theorie und Praxis, Heidelberg

Wild J. (1982): Grundlagen der Unternehmensplanung, 4. Auflage, rororo, Reinbek bei Hamburg

Yoshikawa T., Innes Y., Falconer M. (1990): Cost Tables: A Foundation of Japanese Cost Management, in: Journal of Cost Management for the Manufacturing Industry, Fall 1990, pp. 30-36

Zadeh L.A. (1965): Fuzzy Sets, in: Information and Control, 8, pp. 338-353

Zadeh L.A. (1973): Outline of a New Approach to the Analysis of Complex Systems and Decision Processes, in: IEEE Transactions on Systems, Man and Cybernetics, SMC-3(1), Januar 1973, pp. 28-44

Zadeh L.A. (1975): The Concept of a Linguistic Variable and its Application to Approximate Reasoning, in: Information Sciences, Part I: No. 8, pp. 199-249, Part II: No. 8, pp. 301-357, Part III: No. 9, pp. 43-98

Ziegenbein K. (1992): Controlling, 4. Auflage, Ludwigshafen

Zimmermann H.-J. (1982): Strategische Planung - Eine potentielle Anwendung der Theorie unscharfer Mengen, in: OR-Proceedings 1981, Springer, pp. 369-376

Zimmermann H.-J. (1983): Using fuzzy sets in operational research, in: European Journal of Operational Research, 13, pp. 201-216

Zimmermann H.-J. (1987): Fuzzy Sets, Decision Making, and Expert Systems, Kluwer Academic Publishers, Boston, Dordrecht, Lancanster

Zimmermann H.-J. (1989): Strategic Planning, Operations Research and Knowledge Based Systems, in: Verdegay J.-L., Delgado M. (eds.): The interface between Artifical Intelligence and Operations Research in Fuzzy Environment, Verlag TÜV Rheinland, Köln, pp. 253-274

Zimmermann H.-J. (Hrsg.) (1993 a): Fuzzy Technologien - Prinzipien, Werkzeuge, Potientiale, VDI-Verlag, Düsseldorf

Zimmermann H.-J. (1993 b): Planung, Entscheidung und Linguistische Approximation, in: Hauschildt J., Grün O. (Hrsg.) (1993): Ergebnisse empirischer betriebswirtschaftlicher Forschung, Stuttgart, S. 797-812

Zimmermann H.-J. (1993 c): Prinzipien und Anwendungspotentiale der Fuzzy-Technologien, in: Gabriel R., Jaeger A. (1993): Fuzzy-Technologien: Prinzipien, Potentiale und Anwendungen, Institut für Unternehmensführung und Unternehmensforschung, Arbeitsbericht Nr. 55, Ruhr-Universität Bochum, Bochum, S. 7-26

Zimmermann H.-J. (1995 a): Datenanalyse: Anwendung von DataEngine mit Fuzzy Techologien und neuronalen Netzen, VDI-Verlag, Düsseldorf

Zimmermann H.-J. (1995 b): Neuro + Fuzzy: Technologien – Anwendungen, VDI-Verlag, Düsseldorf

Zimmermann H.-J. (1996): Fuzzy Set Theory and its Applications, 3. ed, Boston

Zimmermann H.-J. (1997): Uncertainty Modelling and Fuzzy Sets, in: Natke G.H., Ben-Haim Y. (Hrsg.) (1997): Uncertainty: Models and Measures, Akademie Verlag, Berlin, pp. 84-100

Zimmermann H.-J., Altrock C. von (Hrsg.) (1994): Fuzzy Logic, Band 2: Anwendungen, Oldenbourg, München, Wien

Zimmermann H.-J., Zadeh L.A., Gaines B.R. (eds.) (1984): Fuzzy Sets and Decision Analysis, North Holland, Amsterdam, New York, Oxford

Zimmermann H.-J., Zysno P. (1980): Latent Connectives in Human Decision Making, in: Fuzzy Sets and Systems, 4, pp. 37-51

Zimmermann H.-J., Zysno P. (1982): Zugehörigkeitsfunktionen: Modellierung, empirische Bestimmung und Verwendung in Entscheidungsmodellen, Arbeitsbericht 1. Teil des DFG-Projektes ZI 104/15-1, RWTH Aachen

Zimmermann H.-J., Zysno P. (1983): Decisions and Evaluations by Hierarchical Aggregation of Information, in: Fuzzy Sets and Systems, 10, pp. 243-266

Zysno P. (1981): Modelling Membership Functions, in: B.B. Rieger (Hrsg.) (1981): Empirical Semantics I - A Collection of New Approaches in the Field, Bochum